主　编　袁行霈　陈进玉

本卷主编　钟文典　刘硕良

中國地域文化通覽

广西卷

中華書局

图书在版编目(CIP)数据

中国地域文化通览.广西卷/袁行霈,陈进玉主编;钟文典,刘
硕良本卷主编.—北京:中华书局,2013.1(2015.11 重印)
ISBN 978－7－101－08595－2

Ⅰ.中…　Ⅱ.①袁…②陈…③钟…④刘…　Ⅲ.文化史－广
西　Ⅳ.K203

中国版本图书馆 CIP 数据核字(2012)第 057465 号

题　签　袁行霈
篆　刻　刘绍刚

书　　名　中国地域文化通览·广西卷
主　　编　袁行霈　　陈进玉
本卷主编　钟文典　　刘硕良
责任编辑　李肇翔
出版发行　**中华书局**
　　　　　(北京市丰台区太平桥西里 38 号　100073)
　　　　　http://www.zhbc.com.cn
　　　　　E-mail:zhbc@zhbc.com.cn
印　　刷　北京瑞古冠中印刷厂
版　　次　2013 年 1 月北京第 1 版
　　　　　2015 年 11 月北京第 2 次印刷
规　　格　开本/700×1000 毫米　1/16
　　　　　印张 37¼　插页 10　字数 550 千字
国际书号　ISBN 978－7－101－08595－2
定　　价　168.00 元

《中国地域文化通览·广西卷》组委会、编委会

组织工作委员会

主　任：李　康

副主任：吴建新　冼祖元　柳盛权　朱嘉新

编撰工作委员会

主　编：钟文典　刘硕良

副主编：卢斯飞　顾绍柏

编　委：（以姓氏笔画为序）

　　　　卢斯飞　朱嘉新　刘硕良　农学冠　杨东甫　李　康

　　　　吴建新　何　平　冼祖元　柳盛权　钟文典　顾绍柏

　　　　黄权才　彭书琳　蒋廷瑜　廖子良　廖明君

编撰办公室

主　任：冼祖元　柳盛权

副主任：朱嘉新

成　员：（以姓氏笔画为序）

　　　　韦　俊　李　力　晏玉英　凌上霄　凌沛钊　蔡　敏

广西历史文化地图

富源 ⊙ ⊙盘县

麻沙河
打邦河
曹洞河

贵 州

云

罗甸

蒙江

南

兴义市

罗平

黄泥河

盘江

罗甸

苗族跳坡节
红山那来洞智人化石
⊙隆林各族
自治县
仡佬族拜树节
彝族火把节
西林 ⊙
金钟山
岑氏宫保府
句町铜鼓墓
那劳村黔桂
滇三省会演

乐业 ⊙
天坑群

凤山
三门海

铜鼓四季调
白裤瑶铜鼓
天峨
南丹
瑶族服饰

池

壮族铜鼓习俗
莫一大王神话流传地

南

丘北

西林教案

广南

清水江

驮娘江

洋溪江

西隆江

北路壮剧
第一台师黄六练
田林
瑶族铜鼓舞

里
巴
河
马
县

岑王老山

高山汉

凌云

百
色
市

东兰
壮族铜鼓
壮族蚂蛤节

阳

巴马瑶族
自治县
长寿之乡

山

省

砚山

西畴

麻栗坡

马关

那坡

富宁

南利河

盘龙江

六

诏

山

那坡壮族民歌
感驮岩遗址
彝族跳弓节

龙梅河

"鹅"字碑
壮族织锦技艺
德保
镇安府
百粤坡
南路壮剧
戏状元黄现烔

赵翼知

干栏建筑
靖西

侬智高
(宋340年起义)

德天瀑布

天等

大新

扬美

平果

壮族嘹歌

隆安

桂南大石铲

南

商

方

扶绥

百色手斧

粤东会馆
⊙百色市

百谷遗址

田阳
布洛陀

古人类活跃地带

大化瑶族
自治县

都安

壮族狮舞

王守仁碑刻
横山寨
抗倭英雄
瓦氏夫人墓

田东 经正书院
万家坝型铜鼓
高岭坡遗址

黑水河

德天瀑布

崇

左

市

宁明县骆越王龙城
龙州官电局
龙州制造局

西盟型铜鼓

龙州

左江

凭祥市
孙中山亲临
镇北炮台

友谊关

北仑河

琼山

穷

越 南

扶绥

古人类化石
距今1.1万年
智人洞
归龙斜塔

崇左市
壮族诗人谢兰

宁明

花山岩画
壮族诗人黄焕中
黎申产

四

大

北

防万城
牛

京族哈节
京族
东兴市

图 例

★ 外国首都
◎ 省级行政中心
◎ 地级行政中心
（外国主要城市）
○ 县级行政中心
（外国一般城市）

──── 国界
──── 省级界
● 全国重点文物保护单位
■ 国家级非物质文化遗产

– ⋅ – ⋅ – 地级界
──────── 县级界
河流与水库
运河
✕ 关隘
▲ 山峰
大 明 山 山脉

比例尺　1 : 2 500 000

〔国界 省界等据广西地图院《广西政区图》〕

古代广西重要文献

牟　子：《理惑论》
莫休符：《桂林风土记》
范成大：《桂海虞衡志》
周去非：《岭外代答》
契　嵩：《镡津文集》
徐霞客：《粤西游日记》
张鸣凤：《桂胜》《桂故》
汪　森：《粤西通载》
谢启昆：《嘉庆广西通志》
梁章钜：《三管英灵集》
陈宏谋：《榕门全集》
龙启瑞：《古韵通说》

刘硕良/设计　　农舒婷/制图

阳朔风光：高田日出

灵渠

花山岩画

桂海碑林

冷水冲铜鼓
藤县冷水冲出土，广西壮族自治区博物馆藏

方形庑殿顶陶楼（全景图）
平乐银山岭汉墓出土，广西壮族自治区博物馆藏

勾连雷纹铜桶
贵港罗泊湾汉墓出土，广西壮族自治区博物馆藏

滑石人面具
柳江县新安汉墓出土，柳江县文物管理所藏

人面弓形格剑
灵山县石塘镇石滩出土，灵山县博物馆藏

羊角钮铜钟
贵港罗泊湾汉墓出土，广西壮族自治区博物馆藏

四足方台座滑石囷
梧州市云盖山汉墓出土，广西壮族自治区博物馆藏

羊角钮铜钟
西林县普驮铜鼓墓出土，广西壮族自治区博物馆藏

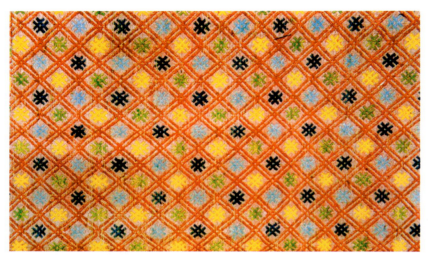

清代壮锦（故宫博物院藏）

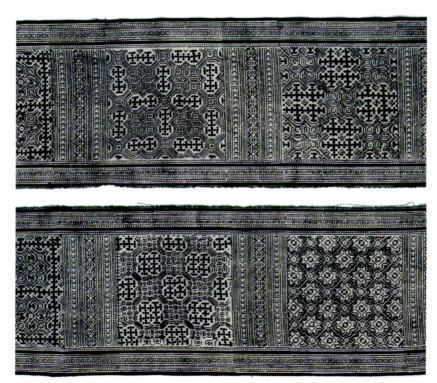

蜡染（隆林苗族）

靖西壮族妇女

龙胜壮族女上衣

田林盘瑶女上衣

贺州盘瑶男盛装

隆林壮族"三层楼"女衣裙

三江侗族男芦笙衣

龙胜红瑶女上衣

隆林栽姜苗女衣裙

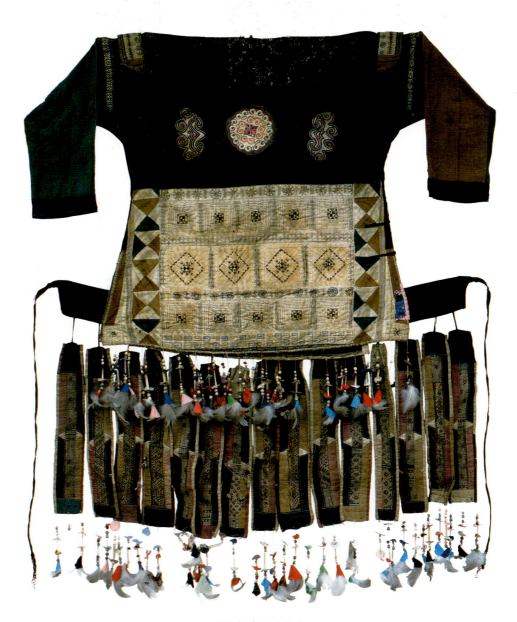

三江侗族男芦笙衣

总绪论

袁行霈

　　早在《尚书·禹贡》和《山海经》中已有关于中国地域的描述，包括九州的划分，各地的土地、山川、动物、植物、农产、矿产，还记载了一些神话，这两部书可以视为地域文化的发轫之作。此后出现了许多地理书籍，其中以东汉班固的《汉书·地理志》和北魏郦道元的《水经注》影响最为深远。前者记载了西汉的区划、户口、物产、风俗等，后者通过对《水经》的注解，记录了许多河流及沿岸的风物，保存了丰富的地理和人文信息。

　　本书对中国地域文化的研究，重视古代的传统，但就观念、方法、论述的范围、传世文献和考古资料的运用诸方面而言，都跟古代的舆地之学有很大区别。本书注重中国文化的空间分布和地域差异，将历时性的考察置于地域之中，而重点在于各地文化的特点和亮点，以及各地文化资源的开发利用。

　　近二十年来国内学术界出现了不少新的学术生长点和热点，地域研究便是其中之一。本书仅从"地域"这个特定的角度切入，至于中国文化的一般问题则不在本书探讨的范围之内。本书限于传统文化的范围，然而希望以古鉴今，面向未来，有助于当前和今后的文化建设。

第一节　多源同归与多元互补

中国文化的多个发源地　多源同归　以汉族为主体的各民族文化多元互补

中国文化明显地呈现出地域的差异，这些差异乃是统一的中国内部的地域差异[①]，是中国文化多样性的表现。

中国文化具有多个发源地：

黄河流域。黄河发源于青海巴颜喀拉山脉西端卡日扎穷山的北麓，其干流流经四川、甘肃、宁夏、内蒙古、陕西、山西、河南、山东，全长 5464 公里，流域面积 75.24 万平方公里[②]。黄河有众多的支流，这些支流为中华民族的先民提供了优越的生存环境，特别重要的有渭河、汾河、伊洛河、湟水、无定河，在这些支流的两侧分布着数量众多的古文化遗址，例如黄河上游的马家窑文化，黄河中游的仰韶文化—中原龙山文化，黄河下游的大汶口—龙山文化，证明黄河是中国文化最重要的发祥地[③]。标志着中国文化肇始的夏代[④]，文化已相当发达的商代和周代，这三个王朝的疆域均位于黄河流域，可见黄河在中国文化史上的重要地位。

长江流域。长江发源于青海唐古拉山脉最高峰各拉丹东峰的西南麓，其干流流经四川、西藏、云南、重庆、湖北、湖南、江西、安徽、江苏、上海，全长 6397 余公里，流域面积达 180.85 万平方公里[⑤]。其间分布着许许多多古文化遗址。20 世纪以来新的考古资料证明，长江上游的三星堆文化，长江中游的屈家岭文化，长江下游的河姆渡文化和良渚文化，在陶器、青铜器、玉器的制作，以及城市的建筑等方面都已达到相当发达的程度[⑥]。老子、庄子、屈原的出现，以及近年来在湖北、湖南出土的大量秦汉简帛和其他文物，证明了当时的楚文化已达到可以与黄河流域的文化并驾齐驱的辉煌程度。毫无疑问，长江跟黄河一样，是中国文化的摇篮。

此外，辽河流域文化、珠江流域文化，都可以追溯到很早，而且特点鲜明，对中国文化的发展起了重要的作用，这两大流域也应视为中国文化的发祥地。

总之，黄河、长江是中国文化的主要发祥地，在历史长河中，又广泛地吸取了其他地区的文化因素，逐渐交融，深度汇合，就像"江汉朝宗于海"一样，随着中国大一统局面的建立、巩固和发展，发源于不同地区的文化先后汇为中国文化的大海，我们称之为多源同归⑦。

中国文化又是多元互补的文化，以汉族为主体，自周、秦到明、清，在各个历史阶段随着民族间的交往、融合，吸取了少数民族的文化因素，56个民族共同创造出中华民族灿烂辉煌的文化。中国的疆域是各族共同开拓的，少数民族对东北、北部、西北、西南边疆的开发做出了重要的贡献⑧。

汉族的先民主要生活在黄河中下游地区，一般说来仰韶文化和龙山文化是汉族先民的文化遗存。传说黄帝之后的尧禅让于舜，舜或出自东夷⑨；舜禅让于禹，禹或出自西羌⑩，这表明了上古时期民族融合的趋势。汉朝以后，"汉"遂成为民族的名称，汉族的文化也成为中华民族文化的主体。

汉族在发展过程中，吸取了各少数民族的文化成分以丰富自己。赵武灵王推行胡服骑射，唐代吸取今新疆一带少数民族的音乐歌舞，都是很好的例证。中国古代的政治家、作家、书法家、画家中，出身少数民族的可以举出不少。例如唐代的宰相长孙无忌其先出自鲜卑拓跋部，元代著名作家萨都剌是回回人，元代著名书法家康里巙巙是色目康里部人，清代的著名词人纳兰成德是满族人，他们为中国文化的发展做出了重要贡献。另一方面汉族又对各少数民族文化产生重大的影响，有的少数民族入主中原时托黄帝以明正朔，如鲜卑拓跋部建立北魏，自称是黄帝之子昌意之后⑪。北魏孝文帝推行的改革，促进了鲜卑人与汉人的融合⑫。一些曾经入主中原的少数民族，如蒙古人在很大的程度上自觉学习汉人的文化。元朝至元四年（1267）正月，世祖下令修建曲阜孔庙，五月又在上都（今属内蒙古自治区）新建孔子庙⑬。元朝开国功臣耶律楚材，为保存汉族典章制度与农耕文化做出卓越的贡献⑭。满人入主中原前，努尔哈赤、皇太极在政权建设、社会发展等方面就已注意吸收汉文化，学习儒家典籍[15]，入关以后对汉族文化的吸取就更多、更自觉了，《全唐诗》和《四库全书》的编纂就是最好的证明。

各民族的文化互补，是中华文化不断发展的重要动力，也是形成中华民族凝聚力的重要因素。例如，内蒙古等北方草原的游牧文化雄浑粗犷，与汉族的农耕文化可以互补[16]。新疆各族的文化，以及新疆在丝绸之路上对中外文化交流所起的作用十分重要。藏传佛教影响广泛，藏族文化丰富多彩，在中华民族文化中的地位值得充分重视。壮族在少数民族中人数最多，其文化品格和文化成就同样值得充分重视。

总之，各地的文化交融，以及汉族与少数民族的文化交融，使中国文化既具有多样性又具有统一性。多元互补，乃是中国文化的一大特点，也是中国文化进一步发展繁荣的坚实基础。

第二节　文化中心的形成与转移

地域文化发展的不平衡　　中心形成与转移的若干条件：经济的水平　　社会的安定　　教育、藏书与科技　　文化贤哲的引领作用

某一地区在某一时期内文化发展较快，甚至居于中心地位，对全国起着辐射作用。而在另一时期，则发展迟缓，其中心地位被其他地区所取代。地域文化发展的不平衡，文化中心的转移，是常见的现象。下面举例加以说明：

陕西西安及其附近本是周、秦、汉、唐的政治文化中心，这几个统一王朝的辉煌，在不胜枚举的文化遗址和出土文物中都得到证实，周原出土的青铜器，秦始皇陵的兵马俑，众多的汉家陵阙和唐代宫阙、墓葬遗址，都是中国的骄傲。包括正史在内的各种文献资料，如诗歌、文章、书法、绘画，也都向世人诉说着曾经有过的辉煌。司马迁、班固等则是这片土地哺育出的文化巨人。但到了元代以后，特别是明清以来，这里的文化已经难以延续昔日的光彩。

河南原是商代都城所在，殷墟出土的甲骨文，证明了那时文化的

兴盛。东周、东汉、曹魏、西晋等朝定都洛阳，河南成为全国文化的中心。到了唐代，河南则是文学家集中涌现的地方，唐代著名诗人几乎一半出自河南，杜甫、韩愈、岑参、元稹、李贺、李商隐等人，为唐诗的繁荣发展做出了重大贡献。北宋定都开封，更巩固了其文化中心的地位，张择端的《清明上河图》反映了汴梁的繁华。但在南宋以后，河南的文化中心地位显然转移了。

由上述陕西与河南的变化，可以看出政治中心与文化中心之间的关系。政治中心的迁移，特别是那些维持时间较长的政治中心的迁移，往往造成文化中心的迁移。

山东在先秦是中国文化的中心。曲阜是孔子的故乡，邹城是孟子的故乡，对中国文化影响至深至巨的儒家即植根于此。虽然经过秦始皇焚书坑儒，山东在两汉仍然是儒家思想文化的中心之一，伏生、郑玄这两位经学家都是山东人。但魏晋以后，山东的文化影响力逐渐衰落，儒学的中心也逐渐转移到别的地方。唐代高倡儒学复兴建立儒家道统的韩愈，北宋五位著名的理学家周敦颐、张载、邵雍、程颢、程颐，南宋将理学推向高峰的朱熹、心学家陆九渊，以及明代的心学家王阳明，均非出自山东。

北京一带在春秋战国时期是燕国都城所在，汉唐时称幽州，是边防重镇，与陕西、河南相比，文化显然落后。后来成为辽、金、元、明、清的首都，马可波罗记载元大都之繁华，令人赞叹。元杂剧前期便是以元大都为中心的，元杂剧的杰出代表关汉卿、王实甫，以及其他著名剧作家马致远、杨显之、纪君祥、秦简夫都是大都人。明清两代建都北京，美轮美奂的紫禁城、天坛、圆明园、颐和园，标志着中国古代建筑的辉煌成就。朝廷通过科举、授官等途径，一方面吸纳各地人才进京，另一方面又促使精英文化向全国各地辐射，北京毫无争议地成为全国文化的中心。

上海原是一个渔村，元代开始建城，到了近代才得到迅猛的发展，19世纪中叶已经成为国际和国内贸易的中心，随后又一跃而成为现代国际大都会。各种新兴的文化门类和文化产业日新月异地建立起来，并带动了全国文化的发展。

广东文化的发达程度原来远不及黄河与长江流域其他地方，但到了唐代，广州已成为一个大都会，到了近代，广东在思想文化方面呈现明显的优势，黄遵宪、康有为、梁启超、孙中山等人都出自广东。

文化中心形成和转移的原因十分复杂，需要从多方面探讨。

首先，是由经济发展的水平所决定的。

经济的发达虽然不一定直接带来文化的繁荣，但经济发达的地区文化水平往往比较高。最突出的例证便是江苏和浙江。这两个地区在南朝已经开发，宋代以后以太湖为中心的地区，乃至浙江东部的宁波、绍兴，成为重要的粮食产区。到明清两代，随着精耕细作的农业技术广泛应用，粮食产量大幅增加。在松江、太仓、嘉定、嘉兴等地，棉花耕种面积扩大，棉纺织业迅速发展；植桑养蚕缫丝成为新兴的副业，湖州成为丝织品最发达的地区^⑰。农副业的发展带动了商业和市镇的繁荣，以及新兴市民的壮大。经济的发展与经济中新因素的成长，促成了江苏和浙江文化的繁荣，以及文化中新气象的出现。明代王阳明后学中的泰州学派开启了早期启蒙思想的潮流，明末以"公""正"为诉求的东林党具有代表江南地区士人和民众利益的倾向，其领袖顾宪成、高攀龙都是江苏无锡人。明中叶文人结社之风颇盛，如翟纯仁等人在苏州的拂水山房社，汪道昆、屠隆等人在杭州的西泠社，以及张溥在常熟、南京的复社，都在政治文化领域开启了新的风气，社会影响很大。至于文学方面，明清两代江苏和浙江文风之盛更是人所熟知的。著名的文人，明代有文徵明、徐渭、冯梦龙、施耐庵、吴承恩，清代有钱谦益、顾炎武、朱彝尊、沈德潜、郑燮、袁枚、龚自珍、李渔、洪昇等。江浙也是明清以来出状元最多的地方。

然而，文化的发展与经济的发展不一定同步，文化的发展除了受经济的制约外，还有其自身的规律。例如，在清代，晋商特别活跃，金融业发展迅猛。但是在这期间山西文化的发展却相对迟缓，如果与唐代的辉煌相比，已大为逊色。又如，北宋时期，关中的经济已经远不如唐代，但张载却在这里教授生徒，传播儒学，"为关中士人宗师"^⑱，关中成为儒学的中心之一。

其次，与社会稳定的程度有很大关系。

东汉首都洛阳，经过一百六十多年的经营，是当时的文化中心。中平六年（189），东汉灵帝病死，并州牧董卓借机率军进入洛阳，废黜少帝刘辩，立九岁的陈留王刘协为帝，是为汉献帝。献帝初平元年（190），在东方诸侯的军事压力下，董卓迁天子于西都。迁都之时，图书文献遭到了极大破坏[19]，东汉王朝在首都积累的文化成果毁于一旦[20]。

南朝齐梁二代文学本来相当繁荣，分别以齐竟陵王萧子良、梁武帝萧衍和昭明太子萧统、梁简文帝萧纲为首的三个文学集团，对文化的发展起了很大的推动作用。齐永明年间周颙发现汉语有平上去入四种声调，"竟陵八友"中的沈约等人根据四声以及双声叠韵，研究诗句中声、韵、调的配合，创制了"永明体"，进而为近体诗的建立打下基础。成书于齐代末年的刘勰所著《文心雕龙》则是中国文学批评史上最系统的著作。由于萧衍、萧统、萧纲父子召聚文学之士，创作诗歌，研究学术，遂使建康成为文化中心。萧统所编《文选》影响尤为深远。可是经过侯景之乱，建康沦陷，士人凋零，江左承平五十年所带来的文化繁荣局面遂亦消失[21]。

与此类似的还有唐朝末年中原一带的战乱对文化的破坏。唐代的首都长安是当时最大的国际都会，居住着许多外国的留学生、商贾、艺术家。在宗教方面，除了道教和佛教，祆教、景教和摩尼教也都得以传播，长安显然是当时的文化中心。到了五代，长安的文化中心地位消失了，而四川因为相对安定，士人们相携入蜀，文化也随之发达起来，俨然成为一个新的文化中心。后蜀主孟昶时镌刻石经[22]，后蜀宰相毋昭裔在成都刻印《九经》《文选》《初学记》《白氏六帖》，对四川文化的发展影响很大[23]。尤其值得注意的是词的繁荣，后蜀赵崇祚所编《花间集》，选录 18 家"诗客曲子词"，凡 500 首，其中 14 位作者皆仕于蜀。《花间集》是最早的文人词总集，奠定了以后词体发展的基础[24]。

我们也要看到，社会变革期往往伴随着社会的不稳定，以及各种思想和主张的激荡，这反而会促进文化的发展，并形成若干文化的中心，如在春秋战国时期，鲁国是儒家的中心，楚国是道家的中心。这从另一个方面提醒我们文化发展的复杂性。

复次，文化中心的形成与教育水平、藏书状况、科技推动有很大关系。

书院较多的地区，私人讲学之风兴盛的地区，蒙学发达的地区，往往也成为文化中心，突出的例子是明代的江西、浙江。据统计，明代江西有书院 51 所，浙江有书院 36 所，这些地方也就成为文化中心[25]。

文化的发达离不开书籍，书籍印刷和图书收藏较多的地区，往往会形成文化中心。例如四川成都是雕版印刷最早流行的地区之一，唐代大中年间已有雕版书籍和书肆[26]。唐末成都印书铺有西川过家、龙池坊卞家等[27]。此后，一直到五代、宋代，成都都是印刷业的中心之一，这对成都文化的发展起了重要作用。又如浙江、福建也是印刷业的中心，到了五代、宋，达到繁盛的地步。这两个地区在宋代人才辈出，显然与此有关。明清两代私家藏书以江浙一带为最盛，诸如范钦天一阁、毛晋汲古阁、黄虞稷千顷堂、钱谦益绛云楼、徐乾学传是楼、朱彝尊曝书亭、瞿绍基铁琴铜剑楼、陆心源皕宋楼、丁丙八千卷楼都在江浙，这对明清时期江浙文化的发展无疑起了巨大作用。

科技带动地域文化发展的例子，可以举李冰父子在四川修建都江堰为例。这项工程创造性地运用了治水的技术，将蜀地造就为"天府之国"，文化也随之发达起来[28]。

最后，要提到文化贤哲或学术大师的引领作用。

山东曲阜一带，如果没有孔子就难以形成文化中心，这是显而易见的。北宋思想家邵雍之于洛中，也是一个显著的例子，《宋史·邵雍传》曰："人无贵贱少长，一接以诚，故贤者悦其德，不贤者服其化。一时洛中人才特盛，而忠厚之风闻天下。"[29]南宋思想家朱熹长期在福建、江西讲学，"诸生之自远而至者，豆饭藜羹，率与之共"[30]。此外，宗教史上如慧能之于广东；思想史上如王阳明之于贵州，王艮之于泰州，都有重大的影响。文学史上也是如此，黄庭坚之于江西，杨慎之于云南，也都有重大影响。明代吴中出现了文徵明等一批兼通诗文、书画的著名文人，形成文化中心[31]。

第三节 地域文化的差异、交流与融合

南北之间的差异　东西之间的差异　沿海与内地之间的差异　文化
交流融合的途径：移民、交通与商贸、科举与仕宦

　　《诗经》与《楚辞》代表了先秦北方与南方两种不同的文化风格，
《诗经》质朴淳厚，《楚辞》浪漫热烈。关于先秦南北思想文化的差异，
王国维的论述具有启发性："我国春秋以前，道德政治上之思想，可分之
为二派：……前者大成于孔子、墨子，而后者大成于老子。故前者北方
派，后者南方派也。"㉜关于南北朝文风的差异，《隋书·文学传序》已
经给我们重要的提示："江左宫商发越，贵于清绮；河朔词义贞刚，重乎
气质。"㉝这种差异在南朝民歌和北朝民歌之间表现得十分清楚。唐代禅
宗有"北渐"、"南顿"二派。中唐时期第一批学习民间词的作家，他们
的作品往往有一种南方的情调。晚唐五代，词的两个中心都在南方。宋
代理学的四个主要学派：以周敦颐为首的濂学，以程颢、程颐为首的洛
学，以张载为首的关学，以朱熹为首的闽学，都带有地域性。在元代盛
行的戏曲，无论就音乐而论还是就文学风格而论，都显然存在着地域的
差异。四折一楔子的杂剧是在北方兴起的一种文艺形式，杂剧创作与演
出的中心在大都。稍晚，南方有一新的剧种兴盛起来，这就是南戏。它
在两宋之际产生于浙江温州一带，先流传到杭州，并在这里发展为成熟
的戏曲艺术，至元末大为兴盛。由宋元南戏发展出来的明代传奇，有所
谓四大腔：海盐腔、余姚腔、弋阳腔、昆山腔，都是南方的唱腔。由苏
州地区兴起的昆曲，在明末清初达到成熟阶段，成为全国最大的剧种。
清中叶至鸦片战争前后，形成五大声腔，除原有的昆腔外，还有高腔（由
弋阳腔演变而成，湘剧、川剧、赣剧、潮剧中都有此腔）、梆子腔（即秦
腔，源于陕西和山西交界处，流行于北方各地）、弦索腔（源于河南、山
东）、皮黄腔（西皮、二黄的合流，西皮是秦腔传入湖北后与当地民间曲
调结合而成，二黄是由吹腔、高拨子在徽班中演变而成），这些声腔都具
有明显的地方特色。乾隆年间四大徽班入京，与来自湖北的汉调艺人合
作，同时吸收昆曲、秦腔的因素，又部分地吸取京白，遂孕育出风靡全

国的京剧[34]，这是地域文化交融的绝佳例证。

东北三省与关内相比，也有自己的特色：粗犷、雄健、富于开拓性。内蒙古的草原文化自然、粗犷，在狩猎、畜牧中形成的与马有关的种种文化很有特色。宁夏回族的宗教、建筑、瓷器等等，都具有独特的民族风情。

东西之间文化的差异首先表现为民族的差异，西部多有少数民族聚居，这些民族的文化各有自己的特色，为中华民族文化增添了亮丽的色彩。其质朴、自然的风格，其文化与大自然的融合，都令人向往。在歌曲和舞蹈方面，更是多姿多彩，显示出少数民族独特的天赋。一些大型的民族史诗，如藏族的《格萨尔王传》、蒙古族的《江格尔》、壮族的《布洛陀经诗》、柯尔克孜族的《玛纳斯》等；还有一些创世纪神话叙事诗，如彝族的《阿细的先基》、瑶族的《密洛陀》、侗族的《侗族祖先从哪里来》、苗族的《苗族史诗》、拉祜族的《牡帕密帕》、阿昌族的《遮帕麻与遮米麻》、哈尼族的《奥色密色》、佤族的《西冈里》等等[35]，都是非常珍贵的文化遗产。

沿海与内地的文化差异也值得注意。早在秦汉时期，齐地多方士，他们讲神仙方术、海外三山，徐福被秦始皇派遣，率领童男童女数千人出海求仙，是颇有象征性的事件。东南沿海与国外的交往较早，南朝、隋唐时期这一地区与印度洋的商旅往来已相当频繁。宋元时期，江苏、浙江、福建、广东都有对外口岸，经这一带出口的瓷器，远销南亚、西亚，直到东非。而明代以后成为中国重要粮食的玉米、马铃薯、番薯等美洲作物，以及在中国广泛种植的烟草，一般认为都是经由东南沿海传入的。明万历年间意大利的耶稣会传教士利玛窦首先到达澳门，再进入内地传教，同时带来西方的科学技术。近代以来，广州、上海、天津等对外口岸在中外文化交流中发挥了重要作用。和内地相比，沿海地区的文化更具开放性和创新性。

文化交流融合有几种途径。

首先是移民，特别是大规模的移民潮。西晋末年、唐末五代以及北宋末年，大批中原的汉族迁徙到江南，对江南经济、文化产生了巨大的作用，移民所带来的文化与当地原有的文化交流融合，使当地文化出现新的特色。闽西和广东梅州客家人聚族而居的土楼（围龙屋），成为当地文化的独特景观。河北、山东一带人民闯关东，推动了东北原住民文化的发展。清代初年"湖广填四川"，促进了西南文化的发展，巴渝会馆的发达，川剧的形成都与移民有关。广西的文化与来自外地的移民和文化名人如柳宗元有关。台湾的文化与闽、粤的移民有极其密切的关系，这表现在民间信仰、建筑风格、生活习惯等许多方面。明末清初是移民台湾的高潮。香港的文化与广东移民有密切的关系，考古发掘证明了香港、澳门与珠江下游地区古代居民之间的关系和交往㊳。

交通与商贸也是各地文化交流融合的重要渠道。汉代以后丝绸之路的开通，对于所经中国内地之间的文化往来，以及中国与中亚、南亚、西亚，乃至欧洲、北非的文化往来，所起的作用显而易见。仅就甘肃河西走廊而言，那是丝绸之路上十分繁忙的一段，在汉唐时的地位类似近代的珠江三角洲和长江三角洲。隋代开通了纵贯南北的大运河，对沟通南北经济、文化起到巨大的作用。唐朝的政治中心在长安，但其经济却在很大程度上依赖江南，运河就成为其经济命脉。沿着运河出现了诸如杭州、苏州、扬州等经济与文化的中心。至于长江航道在交通运输上的作用，及其在文化传播方面的作用更是明显。李白离开家乡四川，沿长江而下，在一生中几乎走遍大江上下，留下许多诗篇。长江沿岸的重庆、武汉、九江、南京、扬州之所以文化发达，得益于这条大江者实在不少。长江流域的洞庭湖与鄱阳湖，以及湖边的黄鹤楼、岳阳楼，还有长江支流赣江边上的滕王阁，成为凝聚着浓厚诗意的地方。明清时期，随着徽商、晋商、粤商、宁波帮等几个活跃的商帮的足迹，文化也得以交流、传播。

科举与仕宦是文化融合的另一条重要渠道。各地的举子进京赶考，考中的或留京任官，或外放任职，考不中的则返回家乡，大批的举子往来于京城和各地之间，成为传播文化的使者。清代钱塘人洪昇，在北京做了约二十年太学生，与京中名流王士禛、朱彝尊、赵执信等人互相唱和。康熙二十七年（1688），其《长生殿》在京城盛演，轰动一时。清代北京的宣南成为进京举子汇聚之地，举子的来来往往，形成文化凝聚与辐射的局面，造就了独特的宣南文化。官员的升迁和贬黜也是文化交流融合的渠道，最突出的例子便是韩愈和王阳明。韩愈贬官潮阳，给当时文化尚不发达的潮州带来了中原文化。王阳明贬官贵州龙场驿，创办龙冈书院，开创了贵州一代学风，他的"知行合一"学说便是在贵州提出来的。此外，李德裕、苏轼等人贬官海南，对当地的文化教育影响巨大。再如清代黑龙江、新疆有许多被流放的官员，其中不乏高级文化人士，他们对当地文化的发展起了重要作用。

第四节　研究地域文化的意义与本书的宗旨

保护地域文化的多样性　地域文化与区域经济　按行政区划分卷
文献考订与田野调查　与地方志的区别　学术性、现实性与可读性
的统一　本书的宗旨与体例

地域文化是按地域区分的中国文化的若干分支。研究地域文化，实际上就是研究文化的空间分布及其特征。研究中国文化如果忽视对其地域性的研究，就难以全面和深入。地域性是中国这个幅员辽阔的大国的特点，是中国文化丰富多彩的重要表现。热爱祖国不是空泛的，首先要热爱生于斯长于斯的家乡。如果对自己家乡的历史文化都不清楚，那么热爱祖国就会落空。有些地区的传统文化正在逐渐削弱甚至濒临消亡，亟待政府采取切实措施加以保护。在文化建设的过程中切忌抹杀地域的特点，避免千城一面、万村一形。如果不论走到哪里看到的是同一种建筑，听到的是同一种戏曲，品尝的是同一种口味，体验的是同一种民俗，既没有关西大汉的铜琵铁板，也没有江南水乡的晓风残月，我们的生活将多么单调，中国展现给世界的形象将多么苍白！在坚定维护国家政治上统一的同时，必须保护各地文化的多样性，保护地域文化的特点，尊重人民群众多种多样的文化需求。这可以视为中国文化发展的战略性举措。地域文化又是港、澳、台人民以及海外华侨、华人寻根的热点，弘扬传统的地域文化有助于祖国的和平统一。从全球的眼光看来，中国这样幅员广阔的大国，如果失去了文化多样性，必然会减弱中国对世界的吸引力。

　　我们提倡文化的大局观，要站在全国看各地。只有将各地文化放到全国之中，才能更清楚地认识各地文化的特点；只有清楚地看到各地文化的特点，才能更深刻地认识中国文化的面貌。在弘扬地域文化特点的同时，要促进地域之间的文化交流，以推动各地文化共同繁荣。各地文化是互相联系互相渗透的，是在互动中发展的。如果画一幅中国地域文化地图，其中每一板块的变化都会造成整幅地图的变化。没有孤立的安徽文化，没有孤立的河北文化，没有孤立的云南文化，也没有孤立的西藏文化。某一地域文化的发展，都要依靠其他地域，并牵动其他地域。政府在致力于地域经济均衡发展的同时，也要致力于地域文化的均衡发展。再放大一点，在经济全球化的趋势下，国内某一地域文化的发展，也会受到国际因素的影响，上海、天津、福建、广东等沿海地区文化的发展，足以证明这一点。

　　地域文化的发展对地域经济的依赖和促进是十分明显的，但文化与经济不是搭台与唱戏的关系，应当互相搭台，一起唱戏。发展文化不仅是发展经济的手段，其本身就是目的，因为人民群众的需求以及社会的进步，不仅表现为经济的发展，也表现为文化的繁荣。文化长期滞后于经济快速发展的现状必须改变。发展经济与推动文化，要双管齐下，相互促进。小康社会的指标不仅是经济的，也是文化的。保护地域文化不可追求形式，不可急功近利，要吸取精华剔除糟粕。那种不管好坏，盲目炒作地方名人（包括小说中的人物），简单地打文化牌以拉动经济的风气不可助长。

　　区域经济的发展已经引起各级领导和全社会的注意，地域文化的发展也应提到日程上来。各地还存在大量文化资源有待开发、研究、利用。《中国地域文化通览》的编撰，就是对我国文化资源的一次普查。我们考察的重点在于各地文化的历史进程、特点、亮点及其形成的原因，各地文化发展的有利条件和制约因素，并力图说明各地文化在整个中国文化发展中的地位、作用，其与邻近地区相互交流相互影响的关系，并着重描述那些对本地和整个中华民族的进步产生过重大影响的标志性成果，彰显那些对本地和中国文化的发展做出重大贡献的人物。我们希望本书能为各地文化建设确立更明确、更自觉的目标提供一点帮助。

关于地域文化，目前已有许多研究成果，但大多是将全国分为几个区域，以先秦的诸侯国名或古代的地名来命名，如河洛文化、燕赵文化、吴越文化、齐鲁文化、荆楚文化、关陇文化、岭南文化等等。也有从考古学的角度，将中国文化分为几个大文化区系的[③]。以上的研究都有学术的根据，也都取得了可观的成就，是我们重要的参考。

本书拟从另一个角度切入，即立足于当前的行政区划，每一个省、自治区、直辖市各立一卷，港、澳、台也各立一卷。本书可以说是中国分省的文化地图。按照行政区划来写《中国地域文化通览》，也是有学理根据的。中国从秦代开始实行郡县制，大致确立了此后两千多年行政建置的基本框架。这既有利于维护大一统的局面，也因为一个行政区划内部的交流比较频繁，从而强化了各行政区划的文化特点。按行政区划分卷，对各地更清楚地认识本地的文化更为方便。其实，今日的行政区划是历史沿革的结果，这种分卷的体例与上述体例可以相互补充，相得益彰。大体说来，所谓齐鲁文化就是山东文化，燕赵文化就是河北文化，三秦文化就是陕西文化，蜀文化就是四川文化，徽文化就是安徽文化，晋文化就是山西文化，吴文化就是江苏文化，越文化就是浙江文化，仍然是与行政区划吻合的，只不过用了一个古代的称呼而已。如果从考古学的角度，研究文化的起源，当然不必顾及目前的行政区划；然而要对包括全国各地的文化分别加以描述，并且从古代一直讲下来，则按照当前的行政区划更为便利。何况，内蒙古、新疆、西藏是中国领土不可分割的一部分，研究中国的地域文化必须包括在内，按照当前的行政区划就不会将这些地区忽略了。

按行政区划编纂当地的文献早已有之，这属于乡邦文献。有的文献所包括的区域比省还小，如汉晋时期的《陈留耆旧传》、《汝南先贤传》、《襄阳耆旧传》等，记录了一郡之内的耆旧先贤。唐人殷璠所编《丹阳集》只收丹阳人的作品，属于地域文学集的编纂。宋人董弅所编《严陵集》，是他任严州（今浙江建德、淳安一带）知州时所编与当地有关的文集。宋人孔延之所编《会稽掇英总集》也属于这一类。近人金毓黻所编《辽海丛书》，张寿镛所编《四明丛书》都是如此。

研究地域文化，必须重视文献资料，特别是乡邦文献，包括各地的方志、族谱、舆图等。文献的搜集、考订和分析，是必不可少的基础性工作。编撰地域文化通览的过程，也就是搜集和整理有关文献的过程。然而文化绝不仅仅体现在文献中，还体现在人们的日常生活中，那是活生生的、每日每时都显现着的。文化除了思想、学术、文学、艺术等内容之外，还包括风俗习惯、衣食住行的方式等等，这乃是社会的各个阶层，尤其是广大民众所创造的。研究地域文化不仅要重视宫廷文化、士大夫文化、精英文化，还要重视平民文化、民间文化、民俗文化。研究地域文化在重视文献的同时，必须注重实地考察，从日常生活中寻找资料。只有将文献资料和实地考察结合起来，并利用新的考古资料，才能见其全貌。

本书跟地方志不同，地方志虽有历史的回顾，但详今略古，偏重于现状的介绍，包括本地当前的自然环境、资源、物产、社会、政治、经济、文化等方面的情况和数据，是资料性的著述。《中国地域文化通览》则是专就传统文化进行论述，下限在 1911 年辛亥革命，个别卷延伸到1919 年"五四运动"。地方志偏重于情况的介绍，注重资料性、实用性、检索性，《中国地域文化通览》则是研究性著作，强调在大量可信资料的基础上，纵横交错地展开论述，要体现历史观、文化观，总结文化发展的历史经验和规律，史论结合。

《中国地域文化通览》以学术性、现实性、可读性三者的统一为目标。

所谓学术性，简单地说就是符合学术规范，立足学术前沿，注重多学科的交叉融合。本书是一部学术著作，而不是通俗读物，更不是旅游手册。要以实事求是的态度，在认真钻研资料的基础上，力求对事实做出准确的描述、分析与概括。概括就体现为理论。

所谓现实性，就是立足现实，回顾历史，面向未来，希望能对本地文化的发展提供启发。立足现实，是从实际出发，关注当前经济社会文化的发展；回顾历史，是总结经验，以史为鉴；面向未来，是注意文化的发展方向，促进文化建设，促使中国文化以丰富多彩的姿态走向世界。地域文化是国情的重要部分，希望这套书能够成为中央和地方各级政府了解各地历史文化、风土人情的参考，成为因地制宜发展文化的参考。文化的主体是人，以人为本离不开对文化的深入理解。为政一方，既要了解当地的经济资源，也要了解当地的文化资源；既要了解现状，也要了解历史，这样才能最大限度地发挥地域的优势。

所谓可读性，就是要吸引广大读者，让一般读者看了长知识，专家学者看了有收获，行政领导看了受启发。在文字表达上，力求准确、鲜明、生动。

本书各卷都分为上下两编，上编对本地文化作纵向的考察，下编则对本地文化分门别类重点地作横向的论述，纵横结合，以期更深入细致地阐明各地文化的状况。各卷还有绪论，对本地文化从理论上加以探讨。本书随文附有大量插图，图文并茂，以增加直观的感受。

本书的编撰带有开拓性和探索性，我们自知远未达到成熟的地步，倘能对中国地域文化的研究，对中国文化的健康发展，起一点促进作用，参加编撰的大约 500 位学者将会深感欣慰。

> 2010 年 6 月 2 日初稿
> 2010 年 9 月 10 日第 7 次修改
> 2010 年 12 月 12 日第 11 次修改
> 2011 年 12 月 26 日第 12 次修改

【注释】

① 参见《世界地图集》中华人民共和国概况，中国地图出版社 2004 年版，第 228 页。

② 《中国自然地理图集》，中国地图出版社 2010 年版，第 221 页。

③ 参见侯仁之主编《黄河文化》第一编第一章第四节，华艺出版社 1994 年版，第 29 页。袁行霈、严文明、张传玺、楼宇烈主编《中华文明史》第一卷第一章《中华文明的曙光》，北京大学出版社 2006 年版，第 67—73 页。

④ 20 世纪的考古发现，特别是二里头文化的发现，证实了夏朝的存在。参见袁行霈、严文明、张传玺、楼宇烈主编《中华文明史》第一卷第二章《中华文明的肇始》，北京大学出版社 2006 年版，第 95—127 页。

⑤ 《中国自然地理图集》，中国地图出版社 2010 年版，第 222 页。

⑥ 关于长江流域旧石器和新石器时期的遗址，考古学界有许多发掘报告和研究成果。季羡林主编《长江文化研究文库》中《长江文化议论集》收有陈连开、潘守永《长江流域是中华文明的重要发源地》一文，对此有简明的综合介绍，湖北教育出版社 2005 年版，第 21—41 页。另外，此文库中严文明《长江文明的曙光》，李天元、冯小波《长江古人类》，赵殿增、李明斌《长江上游的巴蜀文化》，张之恒《长江下游新石器时代文化》均有综合性的介绍，本文均有参考。关于这些文化的年代，考古界的说法不尽一致，大致距今都在三千年以上，早的可达五六千年以上或更早。

⑦ 苏秉琦有"多源一统"的说法，见其《关于重建中国史前史的思考》，《考古》1991 年第 12 期。此所谓"多源同归"的提出受其启发，又与之不尽相同，更强调各个源头的文化之间动态的交融、汇合。

⑧ 参见《中国大百科全书·民族》"中华民族"条，中国大百科全书出版社 1986 年版，第 573—574 页。

⑨ 《孟子·离娄下》："孟子曰：舜生于诸冯，迁于负夏，卒于鸣条，东夷之人也。"杨伯峻《孟子译注》，中华书局 1960 年版，第 184 页。

⑩ 汉陆贾《新语·术事第二》："大禹出于西羌。"中华书局《诸子集成》本，1954 年版，第 4 页。《史记·六国年表》："禹兴于西羌。"中华书局点校本，1962 年版，第 686 页。

⑪ 《魏书》卷一《帝纪第一·序纪》："昔黄帝有子二十五人，或内列诸华，或外分荒服。昌意少子，受封北土，国有大鲜卑山，因以为号。……黄帝以土德王，北俗谓土为托，谓后为跋，故以为氏。"中华书局点校本，1974 年版，第 1 页。

⑫ 参见田余庆《北魏孝文帝》，《中华文明之光》上，北京大学出版社 2004 年第 2 版，第 338—344 页。

⑬ 《元史》卷六《世祖本纪》：至元四年正月"癸卯，敕修曲阜宣圣庙"，"五月丁亥朔，日有食之，敕上都重建孔子庙"。中华书局点校本，1976 年版，第 113、114 页。

⑭ 见《元史》卷一百四十六《耶律楚材传》，中华书局点校本，1976 年版，第 3455—3464 页。

⑮ 参见史革新《略论清朝入关前对汉文化的吸收》，《炎黄文化研究》第 2 辑，大象出版社 2005 年版，第 158—169 页。

⑯ 参见苏秉琦《苏秉琦考古学论述选集》，文物出版社 1984 年版。

⑰ 参见袁行霈、严文明、张传玺、楼宇烈主编《中华文明史》第四卷，北京大学出版社 2006 年版，第 26—33 页。

⑱《宋史》卷四百二十七《张载传》，中华书局点校本，1977 年版，第 12724 页。

⑲《后汉书》卷七十二《董卓传》云：董卓"尽徙洛阳人数百万口于长安，步骑驱蹙，更相蹈藉，饥饿寇掠，积尸盈路。卓自屯留毕圭苑中，悉烧官庙、官府、居家，二百里内无复孑遗。又使吕布发诸帝陵及公卿已下冢墓，收其珍宝"。中华书局点校本，1965 年版，第 2327—2328 页。

⑳《后汉书》卷七十九上《儒林列传》云："初，光武迁还洛阳，其经牒秘书载之二千余两，自此以后，参倍于前。及董卓移都之际，吏民扰乱，自辟雍、东观、兰台、石室、宣明、鸿都诸藏典策文章，竞共剖散，其缣帛图书，大则连为帷盖，小乃制为滕囊。及王允所收而西者，裁七十余乘，道路艰远，复弃其半矣。后长安之乱，一时焚荡，莫不泯尽焉。"中华书局点校本，1965 年版，第 2548 页。

㉑ 关于侯景之乱，参见《梁书》卷五十六《侯景传》，中华书局点校本，1973 年版，第 841—861 页。

㉒ 宋范成大《石经始末记》引《石经考异序》云："按赵清献公《成都记》：伪蜀相毋昭裔捐俸金，取九经琢石于学官……依太和旧本，令张德钊书。国朝皇祐中田元均补刻公羊高榖梁赤二传，然后十二经始全。至宣和间，席文献又刻孟轲书参焉。"见孔凡礼辑《范成大佚著辑存》，中华书局 1983 年版，第 159—160 页。

㉓ 参见张秀民著、韩琦增订《中国印刷史》上，浙江古籍出版社 2006 年版，第 32 页。

㉔ 参见袁行霈主编《中国文学史》第二卷，高等教育出版社 1999 年版，第 450 页。"诗客曲子词"之说见于欧阳炯《花间集叙》。又，《四部丛刊》影宋抄本《禅月集》昙域《后序》曰："众请昙域编集前后所制歌诗文赞，日有见问，不暇枝梧。遂寻检稿草及暗记忆者约一千首，乃雕刻成部，题号《禅月集》。"《四库全书总目提要》卷一百五十一《禅月集》曰："昙域《后序》作于王衍乾德五年，称'检寻稿草及暗记忆者约一千首，雕刻成部'。则自刻专集自是集始。"（中华书局影印本，1965 年，第 1304 页）亦可见蜀地文化的发展状况。

㉕ 参见曹松叶《宋元明清书院概况》（续），《国立中山大学语言历史学研究所周刊》第 10 集第 113 期，1930 年版，第 7 页。

㉖ 柳玭《柳氏家训序》："中和三年癸卯夏，銮舆在蜀之三年也。余为中书舍人，旬

休，阅书于重城之东南，其书多阴阳杂记、占梦、相宅、九宫、五纬之流，又有字书、小学，率雕板印纸，浸染不可尽晓。"见《旧五代史》卷四十三《唐书》十九《明宗纪》附《旧五代史考异》引，中华书局点校本，1976 年版，第 589 页。

㉗ 参见张秀民著、韩琦增订《中国印刷史》上，浙江古籍出版社 2006 年版，第 22 页。

㉘ 《史记》卷二十九《河渠书》曰："蜀守冰凿离碓，辟沫水之害，穿二江成都之中。……至于所过，往往引其水益用溉田畴之渠，以万亿计，然莫足数也。"中华书局点校本，1962 年版，第 1407 页。

㉙ 《宋史》卷四百二十七《邵雍传》，中华书局点校本，1977 年版，第 12727 页。

㉚ 《宋史》卷四百二十九《朱熹传》，中华书局点校本，1977 年版，第 12767 页。

㉛ 《明史》卷二百八十七《文徵明传》云："吴中自吴宽、王鏊以文章领袖馆阁，一时名士沈周、祝允明辈，与并驰骋，文风极盛。徵明及蔡羽、黄省曾、袁袠、皇甫冲兄弟稍后出。而徵明主风雅数十年，与之游者王宠、陆师道、陈道复、王穀祥、彭年、周天球、钱穀之属，亦皆以词翰名于世。"中华书局点校本，1974 年版，第 7363 页。

㉜ 《屈子文学之精神》，见《王国维遗书》第五册《静安文集续编》，商务印书馆，1940 年版，第 31—32 页。

㉝ 《隋书》卷七十六，中华书局点校本，1973 年版，第 1730 页。

㉞ 参见袁行霈主编《中国文学史》第四卷，高等教育出版社 1999 年版，第 342—343 页。

㉟ 参见《中国大百科全书·中国文学》，中国大百科全书出版社 1986 年版，第 697 页。

㊱ 香港特别行政区民政事务局与中国社会科学院考古研究所联合，在新界与大屿山岛之间的马湾岛东湾仔北，发现新石器时代中晚期至青铜时代早期的居址、墓葬和大批文物。被评为 1997 年全国十大考古新发现之一。见邹兴华、吴耀利、李浪林《香港马湾东湾仔北史前遗址发掘简报》，《考古》1997 年第 6 期。关于澳门的考古发现，参见邓聪、郑炜明《澳门黑沙》，香港中文大学出版社 1996 年版。

㊲ 苏秉琦把现今人口分布密集地区的考古学文化分为六大区系：以燕山南北长城地带为重心的北方，以山东为中心的东方，以关中（陕西）、晋南、豫西为中心的中原，以环太湖为中心的东南部，以环洞庭湖与四川盆地为中心的西南部，以鄱阳湖—珠江三角洲一线为中轴的南方。见《中国文明起源新探》，三联书店 1999 年版，第 35—36 页。

目 录

上 编

第一章　古人类活动的重要地区——先秦时期

合、广梧地域结合　颜延之首倡桂林"独秀"精神　广西最早官办学校——临贺郡学

汉末道教传入桂东南　都峤、白石、勾漏名列三十六洞天　佛教先从海路传入，而正式传播则自北而南　两晋南朝佛寺6座

俚僚贵铜鼓成为岭南民族风尚　陶四合院显示新的建筑意蕴　青瓷骑士俑反映交通状况的改善　滑石器体现立体思维能力的进步　买地券折射土地关系的变易

苍梧古歌发脉岭南文学　绿珠《懊侬歌》推动怨体诗创作　北部湾孕育海洋文学名作《海赋》　中国最早植物方志《南方草木状》　现存中国最早博物学著作《博物志》　早期医药急救学名著《肘后备急方》　纪传体正史载录广西地域文化史料

第四章　第一个高峰期的到来——隋唐五代时期

首批府、州、县学传薪播火　桂州、柳州、容州先行一步　人才产出率起点不低　民族学子受到照顾　李尧臣、赵观文、裴说、梁嵩金榜题名，广西第一个进士、状元诞生

客桂文士官宦的积极推导　柳宗元风范长垂　李商隐灵思独具　本土文人群崛起　壮族兄弟诗人韦敬办、韦敬一　晚唐名家曹唐、曹邺　"千古名句，不能有二"的来历

东亚最古老仿汉造字之一古壮字　歌圩兴起及其中心形成　千年等一回的民间歌手形象代表刘三姐　兼具合作与反抗二元意象的莫一大王史诗

鉴真传律宗　惠能传禅宗　全真传净土宗　天竺高僧游桂　桂林佛窟

第五章 新汇聚 新超越——宋元时期

域文化资料　陶瓷器精品　不一般的铜器银器锡器

音乐

下　编

第一章　山水

第二章　摩崖石刻

年代最早的博白宴石山造像　数量最多的桂林造像　显现印度艺术的
李寔造像　张孝祥题赞的刘真人像　名家合力玉成的米芾自画像　早
期观音像　贯休十六尊者像　靖江王府群贤刻像

第三章　铜鼓

第四章　建筑

第七章　民间文学（上）

第八章　民间文学（下）

试探对方的初识歌　表达爱慕的赞美歌　山盟海誓的定情歌　情意绵绵的相思歌

第九章　民俗

第十章　文化带

图片目录

彩 页

插　图

绪　论

　　广西壮族自治区是中国人口最多的少数民族——壮族的主要聚居地。壮、汉、瑶、苗、侗、仫佬、毛南、回、京、彝、水、仡佬等 12 个世居民族在这方古老神奇的土地上，共同创造了丰富多彩的文化。

　　广西地属岭南西部、百越（通粤）西部，古称岭西、粤西。宋太宗至道三年（997），全国划分 15 路，岭南为广南东西两路，今广西在广南西路，广西的得名从这时开始。由于古人以西为右，广右、粤右也成了广西的别名。至于迄今常见的代称"八桂"和简称"桂"则源自古已盛产的乔木桂树和最早建立的桂林郡。桂，指肉桂或玉桂，能补益圆散，驱瘴除疟，又可制作名贵香料，一向是上贡朝廷和远销海内外的珍品。

　　地以物名。商初南方古国中就有以桂命名的桂国①。战国至西汉初期成书的《山海经》描述"招摇之山，临于西海之上，多桂"②。《吕氏春秋》也说，"和之美者……招摇之桂"③。据中外学者考证，"招摇"当指十万大

图绪 -1　"南方奇木上药"——桂树的枝叶，右为桂皮。

山，"西海"即南海北部湾④。到西晋，嵇含《南方草木状》明确记载"桂出合浦"，"冬夏常青，其类自为林"⑤。桂和八桂、桂海逐渐成了广西地域的代名词，江淹的"文轸薄桂海，声教烛冰天"⑥，韩愈的"苍苍森八桂，兹地在湘南"，黄庭坚的"范侯来寻八桂路，走避俗人如脱兔"⑦传颂一时。范成大于赴川覆新途中犹不忘桂，在所撰《桂海虞衡志》中，称扬"桂，南方奇木上药也"⑧。桂不仅实用，而且意蕴馨美，内聚力强，生命力旺盛，在一定意义上寄寓和影响着广西的文化品格。

第一节　独特多维的自然环境

几大板块相交　山多、断裂多，落差大　母亲河：西江　北回归线上的绿洲　生物资源宝库　有色金属王国　受惠复受制，地利非百利

广西地处北纬 20°54′—26°24′，东经 104°26′—112°04′。北回归线横贯中部。东西长约 771 公里，南北宽约 634 公里，陆地面积 23.67 万平方公里⑨，在全国 31 个省、自治区、直辖市中居第 9 位。

打开中国地图，广西宛如一块浑朴厚重的大宝石镶嵌在祖国南疆。她濒临浩瀚南海西北的北部湾，隔海与宝岛海南相望，东面紧邻近代屡开风气之先的广东，东北接壤荆楚文化摇篮、中原延伸通道湖南，自北迤西连着内陆高原贵州，正西方同七彩云南交错而居，西南则与越南有着 696.125 公里

图绪 -2　中国地图上的广西

图绪 -3 华南第一高峰猫儿山之巅

陆地边界。广西是我国少有的沿江沿海又沿边的省区，而且正当中国南方东西部连接点和东盟经济圈与中国泛珠三角经济圈及西部经济圈的交汇处。生机、活力就在这交汇交融中萌生。

　　有意思的是广西地质也处于几大板块相交的地区。在欧亚板块、太平洋板块和印度板块的挤压下，隆起、凹陷和内陆盆地成为广西地质构造的基本形态。远古时代，这里大部分还在海中。大约 16 亿年前，桂北大苗山顶峰元宝山一带才最先露出水面。以后经历多次剧烈的地壳运动，到近 2 亿年前的侏罗纪至 7500 万年前的白垩纪，广西的山脉和地貌才在陆地上大致形成。其整体格局是西北高东南低、四周高中间低，在较大的盆地中，由于山脉、河流的切割，又分成若干中小盆地。盆地里有丘陵和平原。广西平原面积狭小，共约 3.41 万平方公里，占总面积的14.4%，最大的平原浔江平原也不到 700 平方公里。但这些平原都是经济人文繁茂之地，农耕文明历史悠久，水准较高。宋代广西粮食曾销往广东、江南等地。

　　所谓"八山一水一分田，再加一片海"，简洁地概括了广西的地貌特征。"八山"基本上由北、中、南三条套叠的弧形山脉组成,各组弧口向北,弧顶则突在南端。北弧最高峰猫儿山,海拔 2141 米,是广西也是华南第一高峰。其他大山、高峰有少数民族聚居地大瑶山、大苗山,五岭中的三岭——越城岭、都庞岭、萌渚岭,桂西北最高点岑王老山,森林富集区银竹老山、六万大山、大桂山,水源林区镇龙山、大明山、大容山,主要矿脉所在地凤凰山、九万大山,土特产和野生生物宝库天平山、云开大山、十万大山、八十里大南山等。

广西不惟多山,且形多奇异,魅力独具。经溶解性强的水溶液作用于可溶岩而形成的喀斯特地貌,亦称岩溶地貌,大面积分布于广西 80 个县市,面积近 9 万平方公里,占总面积 37%。这种典型性地貌组合的峰丛洼地、峰林岩地、孤峰平原和溶蚀丘陵千姿百态,争妍斗艳。除举世闻名的桂林——漓江——阳朔一带的喀斯特地貌外,桂西北乐业、凤山、巴马,桂西南靖西、大新、崇左以至桂中、桂东都有动人的岩溶景观。超大的乐业天坑群,面积 20 平方公里,海拔 1300—1500 米,最大深度 613 米,地下原始森林面积居世界第一,深度居世界第二,容积居

图绪 -4　喀斯特地貌一角:奇异美丽的桂林山水。

世界第三。

　　"一水"份额虽小，却通络全局，攸关生死。作为主动脉的西江，从云贵高原发源，进入广西后依地势自西北向东，一路汇集了上千条大小河流，经梧州进入广东，到三水汇合北江，注入南海。西江是我国年均径流量仅次于长江的大河珠江的主干性组成部分，在广西流域面积达20万平方公里，占广西陆地面积的86%。它所吸纳的北盘江、柳江、郁江、桂江、贺江流域面积均在1万平方公里以上。河旁台地，人烟稠密，物产丰饶；峡谷两岸，峭壁林立，水能富藏。黔江上的大藤峡被誉为"珠江流域第一峡"，长44公里，最深处水深85米，为西江最深点。徐霞客等学者名流曾到此畅游。西江完全称得上是广西的母亲河。在西江水系南北，还各有一组自成体系的河流。一组属长江水系，向北入湘，包括发源于兴安白石乡近峰岭的湘江，在广西境内长201公里；发源于资源老山界的资江，在广西境内长83公里。另一组为向南独立入海的河流，共123条。其中南流江发源于大容山，流经四县市，全长285公里；钦江流经2县市，全长195公里。

　　"一片海"对广西来说，既是宝贵的珠场、盐场、渔场，又是不可或缺的窗口和通道。沿北部湾，广西有1500多公里海岸线，东起合浦与广东廉江交界的洗米河口，西至东兴市与越南交界的北仑河口。海岸线曲折，天然港口众多，可建万吨级深水泊位120个以上。沿海有大小岛屿697个，总面积66.90平方公里。远近海域资源能源丰富，石油储采前景可期。

　　广西属低纬度地区，自北向南，分属中亚热带、南亚热带和北热带季风气候。年平均温度16.5℃—23.1℃。冬暖夏长，日照适中，热量充足。年平均降水量1086—2754毫米，年日照时数1169—2219小时。丰沛的水热能够同步，从而减轻了干旱引起的沙漠化危险，北回归线上的绿洲广西与同一线上的阿拉伯大沙漠、撒哈拉大沙漠形成鲜明的对照。但区内气温在地区与季节之间差异较大，大致北低南高，雨水集中在4—9月，其他月份为旱季，容易发生旱涝灾害。

　　独特的气候与地理环境创造了生物多样性的难得条件。广西植物种类之多仅次于云南、四川，居全国第3位，森林覆盖率和活立木蓄积量

图绪-5 北海银滩

以及甘蔗与多种水果产量均居全国前列。陆生脊椎动物种类占全国总数的43.3%，银杉、白头叶猴、东部黑冠长臂猿等珍稀物种和多达4000余种药用生物，更是广西的一大特色。以"有色金属王国"驰名的广西，矿产储量位居全国前10位的有64种，跻身前5位的有44种，特别是锰和其他有色金属占有突出的位置，锰、锑、铌钽、重稀土、铪、钪矿保有量为全国之冠，锡、铟矿居第2位，钛铁砂矿、锆矿、轻稀土矿居第3位，钒、钨、铝土等居第4位。大新下雷锰矿是我国最大的锰矿床所在，河池大厂锡矿储量占全国1/4。尽管这些数字是晚近统计的结果，但人们由此遥想在大片原生态地区未遭破坏，整个生态系统远胜于今日的古代广西，其自然环境更秀美、生物更丰富、可利用资源更充盈，是完全有据可信的。大象就是一个典型的例子。元明时期，桂南十万大山还常有野象成群出没。明洪武十九年（1386），思明府（今宁明）驯象卫曾组织2万人捕象上贡。此后野象大减，明中期就在广西消失了。

　　我们不惟地理史观是从，也不轻看地理环境对社会文化的影响。广西文化的成长势所必然地受惠于也受制于广西的地理环境。比如山多，断裂多，地势落差大，平原面积小，一方面为人们提供了相对稳定的独立生存空间，有利于个性的发展，有利于自主自强、刻苦勇猛意识的养成，但地理上的阻隔和闭塞，又不免带来狭隘保守。古代广西经济文化长时期落后于内地先进地区，至今仍时有"慢半拍"的喟叹，究其原因，与地理上的某些先天弱势是分不开的。又如喀斯特地貌令"山锐而立，水驶而清"（苏濬），"瑰丽诡怪，奇伟绝特"（黄佐），千百年来贻美惠福，生生不息。但美人有时也会弱不禁风，岩溶地貌也有其生态脆弱的一面，溶洞多，渗漏多，地表水不易贮存，少雨年份便容易发生干旱，乃至人畜饮水都发生困难。

反过来，不尽如人意的自然环境又会激发人绝处求生，险中致胜的刚毅和智慧。堪称庞然大物的五岭有三岭逶迤于湘桂边界，给南北沟通设置了莫大的障碍。但它并不是铁板一块，万山丛中自古就有羊肠小径，灵渠的凿建、零陵桂阳峤道的开通，再佐以潇贺古道功能的进一步发挥，将长江水系与珠江水系联接起来，大批人员物资自中原越五岭南下，可达南海之滨，大大加速了岭南的开发，受益的远不只是广西。著名史学家李济（1896—1979）指出，与湖南相比，江西与广东有着更多的交界线，但被一条高高的大庾岭隔开，而"湖南却通过改道广西而与广东保持了相当畅通的交往"。唐玄宗开元二十八年（740），"广西所有的 5 个人口逾万的县都在其东北角上；广东 24 个人口逾万的县中绝大多数都与广西的这 5 个县毗邻"⑩。地利之便所起的催化作用由此可见一斑。

第二节　古老丰厚的历史土壤

百色手斧惊现右江河谷　强大的西瓯部落　秦开三郡的前瞻性框架及后续政区的演变　羁縻制——土司制——改土归流　难能可贵的超越　沉寂中爆发，变幻中闪亮

有文字记载的广西文明从桂东北发轫，而上溯到更久远的旧石器时代，这一地域古人类最早的活动原点却在西部右江河谷。

从 1973 年至 2005 年，大批考古工作者穷二三十年之功，在百色、田阳、田东发现了 80 多处文化遗址，开掘面积近 3 万平方米，获得包括

大量砍砸器在内的石制品 3 万件以上。特别是 80 万年前的百色手斧的发现石破天惊，一举打破了统治国际学术界半个多世纪的"莫维斯理论"。这一理论的标举者、美国古人类学家莫维斯认为，以手斧为特征的"手斧文化圈"——欧洲、非洲，中东和印度半岛北部代表的是一种先进的文化，缺乏手斧的"砍砸器文化圈"——亚洲大陆属于落后的边缘地区。比欧洲手斧要早 30 万年的百色手斧的出土表明，古人类实际并非如此，东亚直立人同样拥有先进的石器制作技术和行为能力。考古结果在权威的美国《科学》杂志 2000 年 3 月号以彩色封面和专题报道刊布，顿时引起国际轰动，大批中外学者前来考察研究。

这一历史性突破不是孤立的现象。自百色手斧制作年代以降，距今 11.1 万年的崇左智人洞现代智人化石、距今 5 万年至 4 万年的柳江人头骨化石、距今 35600—24760 年的桂林宝积岩遗址、距今 36000—6800 年的柳州白莲洞遗址以及距今约 1 万年至 5000 年散布于四方河流沿线的 300 多处新石器时代遗址的陆续发现，有力地显示"广西是中国早期古人类不间断活动的主要地区之一"。

石器时代过去，青铜时代到来。广西文明在中原夏商周时期又翻开了新的一页。当时支系众多的百越人中的西瓯、骆越两大族群活跃在岭南，建立过分散的地方性邦国或部落联盟。《史记》《汉书》《淮南子》《盐铁论》等距离先秦时期不远的重要典籍和当代考古发掘都能确认西瓯的存在，有关骆越的认识学界中也多趋一致。大抵西瓯分布在秦设桂林郡大部分地区，相当于今桂江流域、西江中游等地。骆越活动中心则在西瓯以西，大体相当于左江流域、右江流域、邕江——郁江流域、海南以及越南北部红河流域①。西瓯、骆越有时两族并称，生活地域也有交错。《淮南子·人间训》载，秦始皇使屠睢发 50 万大军分五路攻岭南，"三年不解甲弛弩"，又使史禄凿灵渠转运粮草，"以与越人战"，付出很大代价才"杀西呕君译吁宋"。"而越人皆入丛薄中，与禽兽处，莫肯为秦虏。相置桀骏以为将，而夜攻秦人，大破之，杀尉屠睢，伏尸流血数十万，乃发适戍以备之"。从这段描述不难看出西瓯军力当不在数十万之下，族群人数更要庞大多倍，而且战斗力旺盛，民族自尊心和自主意识浓烈。

最后秦军取得胜利，凭借的显然不只是兵威，还有趋向统一的人心和相关体制技术带来的先进生产力与文化影响力。秦始皇二十六年（前221）统一中国后，分天下为 36 郡。三十三年（前 214），在岭南开南海、桂林、象 3 郡。整个桂林郡在今广西境内，治布山（今贵港市贵城镇）。南海郡、象郡各有一部分为今广西所辖。桂北毗邻湖南的几个县和桂西北河池市分属长沙、黔中二郡。秦时布下的这一政区格局存续时间虽然短暂，但影响深远。今日广西的大部分和主体的核心的部分，仍集中在当年的桂林郡范围和象郡、南海郡与之交接的地域。这一基本轮廓和要害部位的长期稳定、融通和发展与由此绽生的凝聚力、辐射力，对地域经济文化的形成和发展至关重要。2200 多年前秦王朝的前瞻性布局为后世开了先河，也留下了因时就势进行调整变易的空间。

汉初南越国地方政权提出并率先践行的"和辑百粤"的思路和政策，包括衣越服、置越妆、任用越人、与越通婚等等破天荒之举，创立了良好的开端，而后期出现的矛盾对立也给朝廷极大的警示。南越既平，武帝为防地方势力尾大不掉，将幅员辽阔的岭南 3 郡析为 9 郡，以便管控。9 郡为南海、苍梧、郁林、合浦、交趾、日南、九真、朱崖、儋耳。今广西分属郁林[⑫]、合浦、苍梧 3 郡和周边的牂牁、零陵、武陵 3 郡。以后，全国分设 13 个刺史部，就近督察各郡县，岭南 9 郡属交趾刺史部，又称交州刺史部。治所先在越南赢陵（今越南顺城），后移苍梧郡广信县（今梧州市），7 年后再移南海番禺（今广州市）。

三国时，广西大部分属吴，一部分属蜀。两晋时分属交、广、宁、湘、荆 5 州。南朝时大部分地域先后归属宋、齐、梁、陈，其间区划变动频繁，小郡小县增多。但南朝刘宋、萧梁开始在土著民族地区设置左州、左县，委任民族首领管理，却是一项富有远见的创举，把土著民族地区的管理纳入体制框架，开启了有别于正州正县的半自治管理模式的探索和打造。

隋亡陈后，调整州县。唐初沿用隋制，后期地方政权实行道、州、县三级管理，道兼具监察和统军职能。京师及陪都所在地升州为府，但仍属地方二级政权。部分民族地区则置羁縻州、县，任土酋为官。唐懿宗咸通三年（862），分岭南道为东西二道，今广东为岭南东道，治所广州；今广西属岭南西道，治所邕州（今南宁市）。广西作为单独政区的雏形初

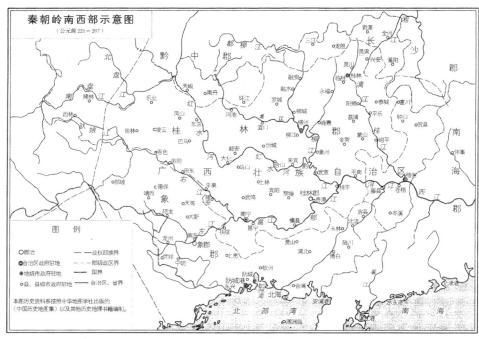

图绪 -6　秦代岭南西部示意图　　　　　　　　　　广西地图院编绘　2010 年 12 月
1. 本图上中国国界系按照中国地图出版社 1989 年出版的 1∶400 万《中华人民共和国地形图》
绘制。2. 本图今行政区划资料下迄 1992 年底。

现，南宁也由此首次成为广西首府。岭南西道下辖桂、容、邕三管，涵盖
今广西大部分及雷州半岛和海南岛，共有 31 州、156 县、42 羁縻州、42
羁縻县。中央王朝对岭南的管理一步步深入到边远民族地区。

　　五代建置与晚唐无大变化。末期广西大半属南汉，少部分属楚。

　　宋代在包括今广东、广西、海南等地区的广南路基础上，分置东西
两路。今广西属广南西路。广西由是得名。治所初在桂州，后改为静江
府，即今桂林市。路下州县有所省并，军事要地则设军，与州平行。宋
参唐制，析分土族部落，"大者为州，小者为县，又小者为峒"，"推其雄
长者为首领，籍其民为壮丁，以藩篱内郡"，"其酋皆世袭，分隶诸寨，
总隶于提举"⑬。北宋徽宗大观四年（1110），广西辖 25 州、3 军、56
县，南宋时辖 2 府、20 州、3 军，同时设置羁縻州、县、峒多处，将管
理体制延伸到了广大基层。

元代出于箝制反元力量的需要，将广西一分为三，在静江、邕州各立机构，又将钦廉、北海、雷州半岛、海南岛一带划入湖广行省。朝廷还将羁縻制改为土司制，进一步利用土官，镇压民变和农民起义，土官权力达到顶峰。至正二十三年（1363），元亡前五年，年少时曾在桂林潜居从学的元顺帝才将湖广行中书省南部划出，增设广西行中书省，是为广西建省之始。广西行中书省省会桂林，下辖 12 路、1 军、4 州、48 县，土司系列有 5 路、1 军、73 州、11 县、17 峒、3 寨、4 团、1 安抚司。

明洪武九年（1376），朱元璋着力强化中央集权，各省改设承宣布政使司、提刑监察使司和都指挥使司，分理行政、司法、军事，各成体系，互不统属。其辖区范围大体未变，省称继续通行。广西布政使司驻桂林。明朝改路为府，并将土司地方划小，以土人头目为长官，另派流官掌摄政务，开始改土归流，以补救日益衰落的土司制度。明末广西有11 府、9 直隶州和 1 直隶长官司。原湖广永州府的全州及其灌阳县于洪武二十七年（1394），划入桂林府，从此桂东北地区完整地成为广西的重要组成部分。

清代广西省下设道、府、县，在一些少数民族地区设厅。自明代开始的改土归流政策继续实施，雍正九年（1726），鄂尔泰任云南贵州广西总督时加大了改制力度，但格于内忧外患，分不出多少精力来管理土官，所以实际进展缓慢，有些土州直到民国成立之后才改为正县。最后一个土司忻城土司于 1928 年退出历史舞台。清末广西下辖 11 府、2 直隶州、2 直隶厅、15 州、49 县，25 土州、4 土县、3 长官司、10 土巡检司。桂林仍为省会。

从左州左县到羁縻制、土司制，再到改土归流，统治阶级对待土著民族的政策策略在不断变化，不变的或最难改变的是根深蒂固的不平等观念和统治阶级利益的不可侵犯。能多少超越这种局限，改变陈腐观念，调整利益诉求，则民族关系、军民关系就会相对平和，社会就会走向稳定繁荣。而内部巩固了，作为广西头等大事的保边任务也就有了可靠的保障。纵观两千多年的历史，不同程度上臻于这一境界的时段、地域或事例还是不少的。东汉灵帝建宁三年（170），郁林郡太守谷永通过宣抚惜民，一举招引 10 万乌浒人归属政府，并专辟 7 个县进行安置，还授予乌浒人爵位，大大推进了民族间的团结和融合。当地百姓特为谷永立祠志念。隋朝出身世家大族的名臣令狐熙（540—602），官拜桂州总管十七州诸军事，并获御赐帐内亲兵和便宜行事特权，到任后却很低调。他一改往日治桂大吏动辄"以兵戎相胁"的钦差做派，采取团结绥抚和施教安民政策，很快取得民心，各溪峒首领接受感召，迅速来附。钦州俚人首领、安州刺史宁猛力骄横自恃，目中无人，令狐熙亲笔修书，表达愿与其肝胆相照，交为朋友的诚意，并主动送药给宁母治病，终于感动宁猛力结束长达 15 年的观望，亲到桂州求见，表示愿意归附，岭南大局由此底定。宁猛力临终还告诫儿子宁长真，要恪守诚信，效忠国家。宋太宗端拱元年（988），进士柳开知全州时，西延峒苗族粟氏聚众数百人抗官扰民，柳开派得力下属前往安抚，并帮助造屋，拨田，奏封酋长佐官，使事态得以顺利平息。宋太宗奖赐 30 万钱，柳开全部用来兴学，成为开化全州第一人。后人在他所筑读书堂上建立的清湘书院成为广西著名书院之一。

然而，这只是历史的一面，翻开另一面，我们看到的是朝廷昏暗，官逼民反，农民起义、少数民族起义此起彼伏，延绵不绝。北宋羁縻州广源州壮族首领侬智高（1025—1055）逐步统一左右江诸部之后，累求内附宋朝，"求一官以统诸郡"；为抗击交阯侵犯，更极力争取北宋王朝的支持，"始乞……补田州刺史。不得，又乞教练使，又乞徒赐袍笏，又乞每南郊时贡金千两，愿常于邕州互市"。而北宋王朝对外忍让软弱，"恐疆场生事"，屡却不受。"今吾既罪于交阯，中国又不纳我，无所容，只有反耳"。侬智高起义虽然被镇压下去了，这位年仅 30 岁的悲剧英雄的命运和求生存的愤怒呐喊与斗争精神却博得人们深深的同情和共鸣[①]。

实际上，广西各土著民族为地区稳定发展和国家统一富强所做的贡献，历代皆有，史不绝书。南朝梁至隋初俚僚大首领冼夫人（522—602），在国家分裂动荡之际，秉持大义，不乱方寸，帮助丈夫、儿子恢复了两粤的稳定，维护了国家的统一和中央政令的通行，被尊为"岭南圣母"、"诚信夫人"，朝野倾仰，千古流芳。明代田州僮（壮）族女首领瓦氏夫人（1498—1557）奉命率俍兵 6800 人，跋涉数千里，赶赴沪浙海滨，抗击入侵倭寇。在金山卫等战斗中，与俞大猷部合作，歼敌 4000

余人。瓦氏挥舞双刀上阵，作战英勇，军纪严明，"倭寇畏之"，当地百姓誉为"石柱将军"，"花瓦家，能杀倭"的民谣流传至今。

历史是由人物和细节缀成的。我们还可以就某些断面来看历史沧桑。广西落后于世的时候确有，但石器时代的古人类却在长时期瞠乎其后的右江盆地创造了以百色手斧为代表的先进文化。今之梧州，望广东而兴叹，比邕、桂、柳而嗟艾，但秦汉三国两晋时期的广信即今梧州可是整个岭南最早的政治文化中心，也是中原与湘粤桂边地及琼海交趾联通的枢纽，在这里孕育了盛极一时的广信文化和特殊的汉语方言广府白话。与梧州对应的广西另一头、高原丛山中的西林一带，今天也不属人们注目的中心，但古时却是牂牁要地，出过一门三总督，发生过引燃第二次鸦片战争的西林教案。纺织品现在我们是有大量外来品可供选择的了，但远在唐代"桂布"就已名满京都，白居易曾吟咏过"桂布白如雪"，唐文宗（826—840）还亲自穿着桂布衣裳，引来满朝权贵观赏。尽管古代广西许多时段默默无闻，但进入近代却在中国一系列重大事件中扮演了非比寻常的角色，令人刮目相看：第一次鸦片战争，广西出了大力；第二次鸦片战争的导火线埋在广西；另一场反侵略战争中法战争，给敌人以重创的主力有广西名将刘永福统领的黑旗军，其兵源粮饷主要来自广西；广西还是中国历史上最大的农民起义太平天国运动的策源地和推翻数千年封建统治的辛亥革命的中坚之一。

物无常态，事可穷通，需要我们去细细考究的兴衰底蕴很多。正如国学大师钱穆（1895—1990）所说，"欲为大人，勿忘赤子。欲求进步，勿忘历史。欲讨论文化问题，勿忘宇宙洪荒，乃至原始人之野蛮时代"[15]。

第三节　多元共生，交融共进的文化

人口及变迁　壮族形成　多民族汇聚　三类型汉族移民　扩大团结范围以求共存　外来文化的吸纳　本土文化的生长　地域性、民族性、交融性　风气、平台与人才

2006 年广西人口 4961 万（其中常住人口 4719 万），在全国 31 个

省、自治区、直辖市中居第 10 位，大致和幅员面积在全国的排位相当。在 5 个自治区中，广西人口最多，密度最大，每平方公里 221 人。

广西人口达到今天的规模，经历了漫长的岁月。据我国最早的人口统计资料，汉平帝元始二年（2），广西地区人口约 26.77 万，顺帝永和五年（140），首破百万大关，增至 115.71 万。三国两晋南北朝时，生产遭到极大破坏，灾祸频仍，人口锐减，至南朝宋孝武帝大明八年（464），仅余 5.78 万。唐玄宗开元元年（713），恢复到 63.46 万。宋代重跨百万，元代 200 多万，明代又回落到 130 万—180 万之间。清乾隆三十二年（1767），增至 517.17 万。19 世纪中叶的道光年间已有 900 多万，宣统二年（1910），1109.1 万。从公元纪年肇始到 20 世纪初叶封建制度崩溃，1908 年间，广西人口增长了 41 倍。

广西 12 个世居民族的人口，汉族超过 60%；少数民族人口据 2005 年抽样调查结果，为 1794 万，占全自治区人口 36.1%。少数民族人口以壮族最多，共 1518 万，占自治区人口 30.6%。瑶族 150.37 万，苗族 47.39 万，侗族 31.02 万，仫佬族 17.3 万，毛南族 7.51 万，回族、京族、水族、彝族、仡佬族各有一定的数量。此外，还有满、蒙古、朝鲜等 40 多个民族在广西居住。全国 85% 的壮族，60% 的瑶族，10% 的侗族，5% 的苗族，90% 以上的仫佬族、毛南族、京族分布在广西。大体湘桂铁路以东的桂东北、桂东、桂东南地区，以汉族为主；铁路以西的桂西北、桂西、桂西南地区，以壮族居多，其他的民族或集中在一个地域，或分散杂居。民族分布呈大集中、小分散，相互交叉的格局。

这样一幅图景较之古代广西已经发生了巨大的变化，新石器时代后期至先秦时期，今广西地域已有多支越人居住，五岭北面过来的华夏族民虽不排斥其存在，为数肯定有限。秦始皇将岭南第一次纳入中国大一统版图，西瓯、骆越等族群一部分接受新的环境，融入新的体制，一部分则进入边远山林，向西部转移，从而在史书记载中消失。继之而起的是不脱瓯越渊源的乌浒、俚、僚。壮族就是在这众多先民发展过程中逐步形成的。

唐宋时期土著地区的羁縻州峒既为政区，也是居民共同体的称呼，西原蛮、黄峒蛮、南丹蛮、环州蛮都是因原居地而得名的。这些辖区内的百姓在长期相处中接触频繁，命运相连，心理行为日益趋同，作为交流工具的古壮字应运而生，为谋集群生存而联合起来反抗王朝统治的英勇斗争进一步考验和锻炼了合群战斗力，并凝聚成共同的强烈意志和自尊心。一个人数众多、根深叶茂的新民族——壮族诞生了。南宋广南制置使李曾伯（1198—1268）在《帅广条陈五事奏》中，谈到宜州一地即有"土丁、民丁、保丁、义丁、义效、撞丁共九千余人"。"撞丁"、"撞军"之名开始出现。到元代，"撞民"、"撞人"的名称指向逐渐清晰。明代"獞人"出现的频率明显增多。俚、僚、乌浒等族群名称大多统一为"獞"。1932年广西大学校长马君武（1881—1940）力主改掉这一犬字旁的侮辱性名称，代之以人字旁的"僮"字，并在《安南纪游》中带头改了过来。中华人民共和国成立后，所有带犬旁的族名统统改用了人旁。1953年经有关方面协商，侬族、沙族、偏族统称僮族。由于"僮"字还有其他读音，为免读音歧异带来的不便，1965年12月，国务院批准将僮族改写为壮族。

　　壮族居地辽阔，支系众多，往往各有其名。历史上著名的俍人就是壮族的别称之一。明嘉靖二十五年（1546），"广西一省狼人居其半，其二瑶人，其二居民"[⑮]。"居民"指汉人。狼与僮同族而异名，"狼"在后来史籍中已改为"俍"。至于僮族自称更多达数十种，布壮、布侬、布土、布越、布傣、布僚、布板、布央、布偏、布陇、布敏都是。"布"意为人，从这些自称中亦可见壮民分布之广袤、枝叶之繁茂和与自然环境人文历史的紧密联系。

　　壮族是广西的主体民族，在云南、广东、贵州等省也有分布。壮族还与东南亚地区的侬、老、泰、掸等民族有着广泛的历史文化渊源。对此，壮学研究先驱徐松石做过很好的研究；当代壮族学者潘其旭从母语同源、稻作为本、习俗相类三方面进行了论证[⑰]；壮学领军人物张声震主编的三卷本《壮族通史》[⑱]和大型"壮学丛书"所收覃圣敏主编、壮泰学者共同编撰的洋洋五卷本《壮泰民族传统文化比较研究》进一步取得了丰硕的成果[⑲]。壮族历史文化研究引起了中国和东南亚及日本、美国相关学者的关注，成为活跃的新兴学术领域。

　　同属壮侗语族的侗族、仫佬族、毛南族都从中国古代南方的百越族群或其中西瓯的一支发展而来。仡佬族在明代由贵州兴义迁入。瑶族族源，学界观点不一，多数认为源于秦汉时期的长沙武陵蛮。隋唐时期瑶族开始进入广西，到明代，这里成为瑶族最主要的聚居地，大部分分散，小部分集中，支系、名称也很多，依自称、习俗的不同而分为盘瑶、布努瑶、茶山瑶三大支系。苗族的迁出地也为湖南，还有一部分从贵州迁来，彝族则从云南迁入。回族迁入广西始于元末明初，先祖原籍河北、江宁、成都等地。京族从越南迁入，是中国惟一以海洋捕捞为生的少数民族。

从古时地广人稀到人口日形稠密，广西移民社会的特征十分明显，其中汉族进入广西为数最多，对广西人口总量、居民结构和政治经济文化的发展有着基础性导向性的重要作用。其进入途径主要有军事、经济和政治三种类型。军事型移民包括随战争、戍边而来的官卒和常驻人员及其家属。秦入岭南、汉武平南越、马援征交趾和狄青南征等重大军事行动中都有不少人留下来，既事卫戍，也谋生计。明代广西卫所千户所士兵7万余人，加上家属达21万人以上。桂林为三司所在，又有靖江王府，军吏及其家属约5万人之多。他们大都来自安徽、浙江、江西、湖南、湖北等地，许多人长住下来，变成了广西人，名相吕调阳（1516—1580）就是其中的显例。桂北灌阳有史料记载的100多个外来姓氏中，有37个是明代卫所的后人。桂南横州因有驯象卫所的设置，人员来历混杂，以致城内方音带有明显的江浙口音。经济型移民包括前来垦荒、种植、经商、开矿、做手工各色人等，以来自近邻湖南、广东两省的人最多，从福建、江西等地迁移来的数目也很可观。地域性、行业性商会、会馆随之产生。因特殊技艺或祖籍地居住地及某种背景而形成的汉族移民支系如菜园人、蔗园人、射耕人、伢人和疍民以及山左人、中县人等陆续出现，并有大批客家人从水陆两路进入广西，现代广西是中国第三大客家人聚居地。政治型移民因仕宦、贬谪、避难而居留广西，多集中在政治中心和边陲要地。唐宋八大家四家与桂有缘，苏门四学士三士南来，甚至贵为皇帝亦有岭南及广西经历。南朝宋、齐、梁、陈四代开国皇帝都曾在岭南为官，宋高宗、元顺帝年轻时曾来桂潜修。无论原由如何，广西乃藏龙卧虎之地，不时会现"杂花生树，群莺乱飞"的景象。

各种背景的移民和流寓人士的到来，无疑大有利于广西的开发和进步。像柳宗元之于柳州，其价值无论怎么高估都不为过。明末清初，原籍多为山西、陕西的农民起义军余部和反清力量以及为逃避征税征兵而四散流落的汉民，迁徙到桂西北西林、隆林、田林、凌云、乐业 5 县的高山之上，被当地壮人称为"甫孟"，即高山汉，人数 3 万左右，构成活化石般的一道民族奇观。

　　广西的民族构成和地理环境不仅有着内在的联系，甚至还有形态上的近似，即交融交汇，犬牙相错。桂东地区，汉族大面积聚居，壮族多取融入态势。桂西地区的情况约略相反，大面积聚居的壮族，特别是边远腹地的壮族，原有文化保持得较多较完整，少量进入的汉族被壮族融合的过程也较缓慢。即使已经融合的民族，依然不同程度地存留着心理习惯等更深层次的民族特征。桂中地区，介乎东西两者之间，"民夷参错，混同其生"，往往你中有我，我中有你。广西民族融合除因地而异外，还因族而异。由于长达数千年的交融衍化，广西壮族性格的诚朴、开朗、通达和兼容，使之较易接纳汉文化和外来文化，这也是广西民族关系趋向平和、融合进程较快的重要原因。实际上，无论何种民族关

图绪 -7　左起：百年前的壮族女子，今天的壮族姑娘，那坡黑衣壮妇女。
　　1900 年，法国官员苏雅拍下左面这张照片，题为"蒙娜丽莎的微笑"。当代摄影家王梦祥、余亚万、李桐镜头里的南丹壮族姑娘和那坡黑衣壮女子，"省略了头上的金饰银钗，抛却了脸上的深沉和无奈，笑得轻松！笑得自在！"
　　——选自吕胜中主编《广西民族风俗艺术》卷四《五彩衣裳》(下)，广西美术出版社，2001 年。

系，都应有作为人类一部分的共同的出发点，包括求集团生存的本能的驱动。"一部人类的历史，正是人类逐渐扩大其团结范围，以共求生存的历史。"⑳千百年来，广西地域内的团结范围不断扩大、内涵逐渐提升，同时始终得到中央政权的保障与扶持，同周边省份也能长时期相应相助，其间纵有曲折，而大趋势不改。广西是中华民族大家庭团结的模范，广西各民族人民扩大团结，共求生存的历史壮怀激烈，丰厚绵长。在这个大背景下来看广西文化，其源也广，其类也多，其色也彰，其神也融。归结到一句话，就是多元共生，交融共进。

关于广西文化的源头，教育家雷沛鸿（1888—1967）在 1938 年一次讲演中曾指出三个渊源：一是中原文化，二是高原文化，三是低地文化或海洋文化。其中高原文化指与桂西北相接的云贵高原及经桂西南与湘鄂西而联通广西的西北地区文化；低地文化或海洋文化指由苏浙海边南移福建，复达广东而入广西的文化，这是"海洋文化自北而南进广西之路"，另一条"自南而北进广西之路"则为"亚细亚洲南部之人口及其文化"，"从南洋群岛，尤其从苏门答腊、马来半岛、缅甸、暹罗、安南等地，以包围广西西部及西南部，而迄龙州明江上思一带，而移殖及于广西"。雷先生认为，"广西人口的祖先，有一部分是把古代吴越、瓯越、闽粤、百粤、骆越以及马来的人种混合而成"㉑。雷先生视野很开阔，不只注意到中原文化传播到广西所产生的巨大影响，还多方面探寻了广西文化之源。我们今天所获得的史料远超乎 20 世纪 30 年代，在注目外来影响的同时，理应将土著民族长期积淀起来的本土文化列入广西文化的源头，外来文化也就不致成为孤立的进入和存在了。事实上，从作于公元前 528 年的经典性古歌《越人歌》和先民留下的巨型杰作左江岩画与各地考古发现的大量陶器青铜器，即可见出广西土著先民的伟大文化创造力，当时的百越大地决不是空白一片。

广西文化源流深广，其发展也是多头并进，有本土文化的生长，有中原文化的传播和外来文化的进入，以至多元文化的形成，文化类型则有汉文化、壮文化及其他少数民族文化、移民文化、山水文化、边关文化、海洋文化等等。不同类型的文化显示不同的特质，却无关乎高下，并各有其存在的因由，合当得到应有的尊重与包容。

广西文化的特色，以地域性、民族性、多样性和交融性为基本。前三者是原色是基础，交融起来便更具活力和张力。而所有特色的酿育，端赖环境与人才。石器时代广西地域的古人类活动走在前列，东汉三国时期广西文化出现了以二陈布道、士燮传经、刘熙讲学、牟子论佛、陆绩清政、杨孚博物为标志的早期辉煌，可惜由于中原战乱的波及，未能持续下去。广西文化整体性的建设与繁荣在唐宋时期开科取士、渐兴教育和民族地区走向较稳定发展之后。从那时开始，中原大批名士学人到广西为官，或被贬到广西，他们本身就是学养丰富的文化人，和文化有着天然的亲情，走到哪里便在那里营造出尊重知识尊重人才的社会氛围，并搭建起文化繁荣所必不可少的通道、载体和平台，使文有所归、人有所依。自古传承至今的中国历史文化名城桂林、柳州、北海以及广西古代众多的重要文物遗存和非物质文化遗产就是最好的证明。

本书在广西多年积累的调查和研究成果基础上，试图较为全面而又有所侧重地通览广西文化。上编 7 章按先秦、秦汉、三国两晋南北朝、隋唐五代、宋元、明、清 7 个时期，对广西文化发展脉络作了梳理；下编 10 章分别从山水、石刻、铜鼓、建筑、文学、戏曲、民间文学、民俗到文化带等方面观照了广西文化特色；书末附录资料 4 篇。从纵向或横向观察中我们清晰地看到环境和人才的决定性作用，而环境又终归是靠人才去创造去撑持的。文化繁荣的标志和主角是人才，是冒尖的出众超群的一流人才，是登高一呼、举足轻重的领军人物，并且不是自说自话，而是众望所归，经得起时间的考验。为此本书经过多方面权衡比较，尝试列举了特别值得忆念的 20 位历代旅桂文化名人和 20 位广西历史文化名人。

20 位历代旅桂文化名人是：史禄、刘熙、颜延之、元结、李渤、柳宗元、李商隐、苏轼、黄庭坚、秦观、范成大、王正功、周去非、王守仁、徐霞客、汪森、赵翼、谢启昆、梁章钜、康有为。

20 位广西历史文化名人是：陈钦、士燮、牟子、曹邺、曹唐、契嵩、蒋冕、谢良琦、石涛、谢济世、陈宏谋、冯敏昌、张鹏展、吕璜、郑献甫、龙启瑞、唐景崧、王鹏运、况周仪、马君武。

这样一种排名很难完全允当，但有助于后人记住前贤，毋忘历史。

他们的事迹和贡献本书有关各章都有申明，书后并对20位广西历史文化名人列表加以简括的介绍。此外，还有许多曾为广西增色生辉的著名人士，如李靖、褚遂良、宋之问、张九龄、鉴真、全真、赵观文、李师中、陶弼、冯京、王安中、李曾伯、曹克明、楚圆、米芾、周敦颐、程颐、程颢、方信孺、张孝祥、张栻、袁枚、解缙、董传策、汤显祖、李秉礼、张鸣凤、陈继昌、罗辰、倪鸿、周位庚，以及终其一生未来过广西却慕名为广西为桂林做了最有力推赞的韩愈、杜甫、白居易，同样令我们感念不已。我们还要特别对任过中枢宰辅、当过多处封疆大吏，在全国广有影响，并为经世致用，哺育人才奋力一生的岭南大儒陈宏谋，表示深深的敬意。像陈宏谋和其他历史文化名人这样的杰出者在广西不是多了，而是少了，这正是广西与其他先进省区的差距之一。惟其如此，我们对历代先贤不能不格外地珍视。而这种态度本身就是一种涵养，一种文化。

新儒学代表人物张君劢（1887—1969），1933年在广西行政会议演讲时，分析"广西地位及其性质大约有五特点：一、广西省在中原文化上为后起；二、广西人富于自信心；三、广西人有勇气；四、广西人诚朴，故易一心一德；五、广西人能刻苦耐劳，故合于革新时代所需要之清教徒精神"[22]。张先生满怀热忱地希望大家"把自信心坚强起来，由此而推广到西南，再进而到长江流域，到黄河流域"。

张先生将集中体现广西文化精神的国民性归结为诚朴，一心，自信，有勇气，能吃苦耐劳，确实是广西古代历史发展的经验总结。行看八桂儿女，有两大人群特别夺目。一是军人。广西兵不怕死，能打硬仗。从译吁宋到侬智高、刘永福、冯子材以至近代桂军，勇武顽强，团结作战，写下了许多动人篇章。二是妇女。广西妇女不独操持家务，而且自古以来就是户外劳动的主力军。与全国许多地区不同，广西农村田间地头的活大部分是妇女完成的。她们明事理，敢担当，吃苦在前，劳作在前，真正起到了扛起"半边天"的脊梁作用。冼夫人、瓦氏夫人的英名早已彪炳史册，美丽动人的刘三姐故事歌谣至今仍在八桂大地流传不绝。

广西文化积淀的亮点还表现在制度文明的建设上。广西多民族文化融合程度之所以比较高，广西汉族之所以能和壮族与其他少数民族精诚团结，广西壮族之所以人口众多、进步显著而又长葆自身的特质和活力，广西民族区域自治之所以在全国范围内产生良好的影响，都可以从广西几千年文化发展中找到渊源、先机和动力。

【注释】

① 《逸周书·王会解》，《四库全书》本。

② 袁珂校注：《山海经校注》，上海古籍出版社，1980 年，第 1 页。

③ 汉高诱注：《吕氏春秋》，《诸子集成》（6），中华书局，第 142 页。

④ 郭郛校注：《山海经注证》，中国社会科学出版社，2004 年，第 12—15 页。

⑤ [晋] 嵇含：《南方草木状》，广东科技出版社，2009 年，第 27 页。

⑥ 江淹诗，见《杂体诗三十首》之第二十七首，《文选》卷三一，中华书局，1977 年，第 454 页。

⑦ 韩愈诗、黄庭坚诗，分见清汪森编《粤西诗载》，第 3 册，92 页；第 2 册，第 114 页。广西人民出版社，1988 年。

⑧ [宋] 范成大：《桂海虞衡志》（齐治平校补），广西民族出版社，1984 年，第 28 页。

⑨ 参见《广西大百科全书》，中国大百科全书出版社，2008 年。本书所列广西史地数据资料均出自该书历史卷、地理卷、民族卷、文化卷、社会卷等，恕未一一注明。

⑩ 李济：《中国民族的形成》，上海人民出版社，2008 年，第 174 页。

⑪ 蒋廷瑜：《桂岭考古论文集》，科学出版社，2009 年，第 71 页。

⑫ 郁林（原为"鬱林"），治所在今贵港市。

⑬ 参见张声震主编：《壮族通史》，民族出版社，1977 年，第 680—686 页。

⑭ 同⑧。

⑮ 钱穆：《晚学盲言》上册，广西师范大学出版社，2007 年，第 46 页。

⑯ [清] 汪森辑：《粤西丛载》下册，广西民族出版社，2007 年，第 1114 页。

⑰ 潘其旭：《加强壮学研究，促进广西对东南亚开放》，见《壮学论稿》，广西民族出版社，1995 年，第 23—31 页。

⑱ 张声震主编:《壮族通史》,民族出版社,1997 年。

⑲ 覃圣敏主编:《壮泰民族传统文化比较研究》,广西人民出版社,2003 年。

⑳ 黎东方:《我对历史的看法》,学林出版社,1997 年,第 12 页。

㉑ 《雷沛鸿文选》,广西师范大学出版社,1998 年,第 32—37 页。

㉒ 张君劢:《民族复兴之学术基础》,中国人民大学出版社,2006 年,第 253—254 页。

上

编

第一章

古人类活动的重要地区
——先秦时期

广西是中国南方古代文明的发祥地之一。百色盆地旧石器时代早期文化遗址的发现，说明距今 80 万年前，已有人类在这里生息繁衍。比欧洲手斧还早 30 万年的百色手斧的出土，打破了传统的"莫维斯理论"，引起国际学术界极大关注。崇左智人洞早期现代人下颌骨化石的发现，为探索人类起源于非洲还是多地区连续进化提供了有力的证据。晚更新世的柳江人被认为是迄今我国以至整个东亚发现最早、最完整的新人阶段的代表，是南方蒙古人种的共同祖先。春秋战国时期，已与中原文化发生密切联系的西瓯、骆越先民，大步迈开跨入文明社会的历史步伐。

第一节　旧石器时代

岭南人类历史提前　百色手斧　崇左现代人化石　宝积岩遗址　白莲洞遗址　南方蒙古人种发源地之一

20 世纪七八十年代，广西西部的百色盆地发现一大批旧石器时代早期人类文化遗址，其中石器散布地点 100 多处，采集石器标本 8000 多件。这些发现表明，百色盆地在距今 80 万年以前已有人类繁衍、生息，是人类早期活动的重要地区。

　　百色旧石器是一种硕大粗犷，加工原始的砾石石器。原料采自附近河滩或阶地的砾石层，制作简单粗糙，用直接打制法单面打击即可制成，器身绝大部分保存着或多或少的砾石面。这些石器大小悬殊，但以大型石器为主，重量在 100—200 克左右的居多。石器类型则以大型砍砸器为主，次为尖状器、手斧、手镐、刮削器、石锤等，而以既有砍砸功能又有尖割功能的尖状砍砸器，和两面加工匀称、器形规整的手斧，以及一端单面加工成尖刃、另一端保留砾石面的厚重手镐为典型代表。从石器构成和分布数量与规模不难看出，这一带当

图上 1-1　距今 80 万年前的百色手斧，百色市百谷遗址出土，广西壮族自治区博物馆藏。

年拥有可观的石器工场，其存在物的组合形式在我国已知的旧石器遗址中尚不多见。

　　手斧是一种重型打制石器，用砾石、结核或大石片两面打击而成。通常有一个比较宽厚的把端和与之相对应的尖薄刃端，器身轮廓呈梨形、椭圆形或杏仁形，以长轴为中心左右对称。手斧是旧石器时代早期制作技术要求高、形制稳定的工具，具有切割、砍伐和挖掘功能。这种石器在欧洲、非洲、西亚等地旧石器时代较为流行，而以欧洲阿布维利亚文化和阿舍利文化中的手斧最为典型。百色手斧是在砍砸器基础上由尖状器直接演变而来的，以石英岩、砂岩砾石为原料，在制作技术上使用直接打击法，个别用碰砧法，主要是横向加工，也有纵向加工，还使用了交互打击和两面加工技术。总的来说，器形硕大，制作简单，几乎都保留有砾石面，基本上属于早期类型手斧。百色手斧不但与欧洲、非洲和西亚的手斧不同，也与印度尼西亚爪哇巴芝丹、越南清化的手斧不完全相同，有它本身的特点，因而被命名为"百色手斧"②。比欧洲手斧

还早 30 万年的百色手斧的发现，展示了东亚早期直立人的行为能力和高超的石器工业技术，打破了"莫维斯理论"，在国际学术界引起轰动，将人类在岭南活动的历史也大大提前了。

　　除百色手斧和大量砍砸器在百色河谷盆地出土外，广西旧石器时代中晚期文化遗址还大量发现于岩溶洞穴中，并以崇左智人洞、桂林宝积岩、柳州白莲洞为代表。

　　智 人 洞 位 于崇左市江州区罗泊乡木榄山的半山腰上，距崇左生态公园 2 公里。2008 年5 月，中国科学院古脊椎动物与古人类研究所在此发掘出了一件智人下颌骨前部断块和大量哺乳动物化石。该下颌骨呈黄褐色，

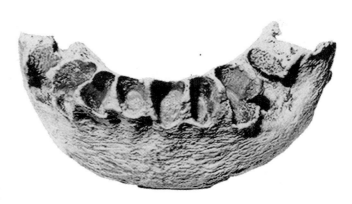

图上 1-2　距今 11 万年前的崇左智人下颌骨化石，2008 年 5 月在崇左市江州区罗泊乡木榄山洞穴中发现，现藏中国科学院古脊椎动物与古人类研究所。

较为纤细，颏隆突略为发育。古人类学家吴新智院士认为，明显发育的颏隆突和下颌体外表面凹陷是现代人类的典型特征，直立人和古老型智人一般缺这两项特征。而该下颌骨已具有现代智人的这两项特征，但表现较弱，尚处于早期初始发育状态。经中国科学院地球环境研究所和美国明尼苏达州立大学同位素实验室测定，此一古人类化石距今已 11.1 万年。从上世纪 80 年代起，有关人类演化史一直存在两种对立的理论：一种认为人类在大约 20 万年前起源于非洲；另一种则认为人类是在同一阶段多点多地区进化而来。大家都十分关注大约 10 万到 5 万年前这一时间段的人类化石，因为这一时段的人类化石是解决这两个对立学派争论的关键所在。崇左智人洞化石的发现，在一个重要环节上为"多点多地区进化"说提供了最有说服力的证据[③]。

　　宝积岩位于桂林市中山北路西侧宝积山南麓，是一个山崖下部的洞

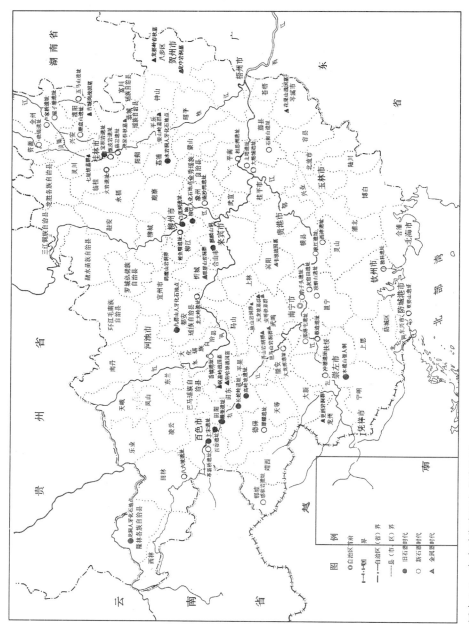

图上 1-3　先秦时期广西文化遗址图

窟。1970 年发现这里是一处旧石器时代文化遗址，1979 年在灰黄色堆积中发现人牙化石 2 枚、打制石器 12 件和大量哺乳动物化石。2 枚人牙同属一个个体，年龄在 50—65 岁之间；石器由砾石制成，以自然面作为台面直接打制，器形较大，保留自然面较多，有砍砸器、刮削器和石核。动物化石有猕猴、长臂猿、中国熊、猪獾、巴氏大熊猫、最后斑鬣狗、华南豪猪、竹鼠、巨貘、中国犀、野猪、鹿、麂、水牛、羊、剑齿象等 6 目 16 种，其中 5 种为灭绝种，是华南晚更新世典型的"大熊猫——剑齿象"动物群中的常见成员。地质时代为更新世晚期稍早阶段，C^{14} 测定年代距今 24760—35600 年。在岭南地区以往发现的旧石器时代洞穴遗址中，出人类化石和打击石器的比较多，但一般或仅出人类化石，不出石器；或仅出石器，不出人类化石；像宝积岩这样既有人类化石、又有打击石器，还有大量哺乳动物化石伴出的极为少见。宝积岩是岭南地区旧石器时代出土材料最齐全的一处洞穴遗址[④]。

白莲洞位于柳州市东南郊白面山南麓。文化堆积分属旧石器时代晚期、中石器时代和新石器时代 3 期文化。旧石器时代晚期文化层出有石器、人牙和动物化石。人牙化石是左、右侧 2 枚下第三臼齿。石制品250 多件，依石料和制作方法及工具用途可分为两大类：一是用黑色燧石制作的小型石器，加工方法除一般的锤击法外，有时还采用压削法，相当多小器物带有细石器的特点，器形以石片石器为主；另一类是用砾石制作的大型工具，多采用单向打击而成，器形有砍砸器、敲砸器、刮削器、穿孔石器等。C^{14} 测定年代为距今 36000±2000 年至 6880±125 年[⑤]。

广西至今已发现 22 处古人类化石地点，其中 8 处有文化遗物共存。这些化石都出现在石灰岩洞穴中，并和第四纪华南地区常见的"大熊猫——剑齿象动物群"成员的化石共存，而人类化石则以牙齿居多。从洞穴堆积情况和共存的动物群与人类化石特征判断，这些人类化石都是晚更新世的晚期智人，属于旧石器时代晚期人类。其中以柳江人化石为典型代表。柳江人化石是 1958 年 9 月在柳江县新兴农场通天岩发现的，是一具比较完整的人类化石，包括一个完整的头骨（缺下颌）、最下的四个胸椎和全部五个腰椎，及骶骨、右髋骨和左右股骨各一段。除左右股骨可能属另一个个体之外，其余骨骸都属一个约 40 多岁的男性个体，考

图上 1-4 "柳江人"复原头像，根据柳江人头骨化石复原。柳江人化石藏中国科学院古脊椎动物与古人类研究所。

古学家称之为"柳江人"。柳江人化石头骨属中头型，颧骨较大且前突，鼻骨低而宽，鼻梁稍凹，鼻根点不低陷，梨状孔下缘不成锐缘而低凹，鼻前窝浅，鼻前棘小，犬齿窝不明显，齿槽突颌程度中等，上门齿舌面呈铲形，种种迹象显示出蒙古人种的特征。柳江人脑容量为 1480 毫升，比各种猿人和古人进步，但较山顶洞人和资阳人原始，是正在形成中的蒙古人种的一种早期类型，也是迄今在我国以至整个东亚发现的最早、最完整的晚期智人阶段的代表，是南方蒙古人种的共同祖先。与之伴出的哺乳动物化石有猩猩、猕猴、大熊猫、柯氏黑熊、豺、豪猪、巨獏、中国犀、东方剑齿象、獾、野猪、水獭等 16 种，这些动物都是典型的大熊猫——剑齿象动物群的常见成员。其时代属更新世晚期[6]。

除了柳江人、宝积岩人、白莲洞人外，先后还在来宾市桥巩乡麒麟山，灵山县马鞍山，荔浦县两江苏村水岩洞，都安瑶族自治县加贵乡干淹岩、地苏乡九楞山，柳州市都乐岩、九头山，田东县祥周镇定模山，忻城县古蓬镇怀山甘怀岩，柳江县土博镇四案村甘前洞，隆林各族自治县祥播乡红山那来洞、者保乡岜内村龙洞，扶绥县东罗镇东罗矿务局那法矿区南山洞等十多处洞穴发现过晚期智人化石。在地理分布上，北自湘桂走廊南端的桂林，南到六万大山西麓的灵山，西到云贵高原的隆林，几乎凡是石灰岩岩溶地貌发育较好的地区都有人类化石的发现。如此众多的晚期智人化石的发现，表明早在更新世晚期，广西地区就已遍布人类活动的踪迹。不仅柳江人头骨化石具有蒙古人种较突出的特色，甘前人的一枚门齿呈铲形，灵山人的 3 枚门齿也呈铲形，都显示出蒙古人种的重要标志，广西地区很可能是蒙古人种的发源地之一。

从与晚期智人化石伴出的动物化石可以看到，自中更新世后期到晚更新世末，广西河谷地区气温较高，属湿热的亚热带季风气候区；地面广布原始森林，杂有部分林间草地。在靠近江河沿岸一带的低洼地区，夏秋水积成湖，冬春水面缩小，河湖边缘形成水草丰茂的草场，到处都是奇花异果、飞禽走兽，可供古人类食用的动植物众多，加之大量可供栖息的溶洞，为人类生存提供了得天独厚的条件。广西古人就是在这种自然环境中创造和发展了具有地方特色的先进旧石器文化，开启了广西人类历史的伟大篇章。

第二节 新石器时代

1.5 万年前的古陶器 华南最富代表性的早期洞穴遗址——甑皮岩
典型的内河流域贝丘遗址——顶蛳山 大型石器工场遗址——革新
桥 炭化稻展现早期农耕文明 陶祖标示父系氏族社会形成 大石
铲：从工具到文化的象征 感驮岩：与中原夏商文明联系的见证

大约距今 1 万年前左右，居住广西的人类开始步入新石器时代。他们从岩溶洞穴、河谷阶地走向大河流域和海滨、丘陵，逐渐脱离原始森林，移居到较低的河岸和接近水源的洞穴，过着较稳定的定居生活。他们使用各种石器、木器、骨器和蚌器，从事采集、捕捞、狩猎活动，并开始驯养家畜家禽，种植粮食作物，烧制陶器，从而使社会不断进步。随着生产力的提高，社会分工的扩大，财富积累增多，私有财产出现，距今 4 千年左右，步入文明社会。

广西发现新石器时代文化遗址 300 余处，经过考古发掘的也有 40 余处，原始居民像满天繁星撒播在大大小小的河流沿线。

考古学通常把陶器的出现作为新石器时代到来的基本要素之一。广西是中国乃至世界上最早出现陶器的地区之一，目前发现最早的陶器遗址是桂林庙岩遗址。庙岩位于桂林市雁山镇李家塘村附近 1 座孤立的石

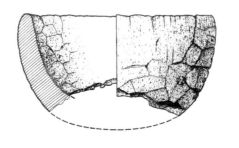

图上 1-5　桂林甑皮岩遗址。左中、左下：出土距今 12000 年前的陶片，以之复原成的陶釜是现知广西最原始的陶器。　采自《桂林甑皮岩》，文物出版社 2003 年版。

山。1988 年在此处文化层堆积的第 5 层发现数片素面无纹的夹砂灰黑色陶片，C^{14} 年代测定为距今 15000 多年。随后桂林甑皮岩、南宁顶蛳山、柳州鲤鱼嘴等遗址，也发现距今 1 万年前后的原始陶片。甑皮岩遗址第 1 期文化层中发现的 1 件残陶器，是甑皮岩人在居区附近随机选取粘土，再从河漫滩检取石英，砸碎后羼进粘土内，加水调匀，拍打成器，然后放在平地焙烧而成的。其烧成温度未超过 250℃，尚未完全陶化，各方面都具有非常原始的特征，年代距今 12000—11000 年。顶蛳山遗址早期陶器仅见手制圜底釜，器胎中夹石英颗粒，器壁厚薄不匀，器表施以粗绳纹，口沿捺压花边，下有附加堆纹，年代距今 1 万年左右。陶器的出现证实广西距今 1 万年前后就进入了新石器时代。

由于地理和生态环境的多样性，广西新石器时代各阶段的遗址类型和文化内涵比较复杂，一方面反映了文化发展的不平衡，一方面也反映了广西的原始文化经历较长时期的发展，从早期到晚期，有明显的阶段性的不同。广西历来就是多民族聚居地区，原始氏族部落在开创过程中就各自打下不同的印记，逐渐形成丰富多彩的文化类型。

桂林市区及其周围主要是洞穴遗址，已发掘的有临桂大岩、桂林庙岩和甑皮岩，而以甑皮岩的遗迹、遗物最为丰富。

甑皮岩位于桂林市南郊约 9 公里，在桂林至阳朔的公路西侧。其所在山体为独山，外貌形似当地居民蒸锅之盖，方言称之为"甑皮"，故名"甑皮岩"。1965 年发现它是一处新石器时代洞穴遗址，1973 年开始发掘，有墓葬、灰坑、火塘等遗迹，出土石器、骨器、蚌器、陶器及大量动物骨骼。石器继承了砾石石器传统，以打制石器为主，有少量的磨制石斧、石锛。陶器以夹砂红褐陶为主，制法主要为泥片贴塑法，纹饰以印痕较深、较细密的中绳纹最具特点，器形均为圜底的釜罐类，有敞口罐、高领罐、敛口罐、敛口釜等。在距今 1.1 万年左右的文化层中发现一件

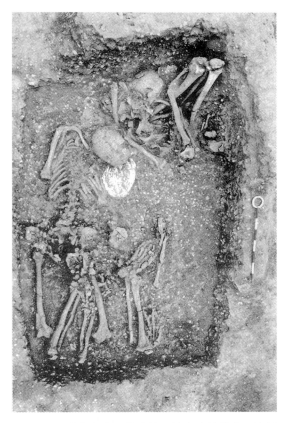

图上 1-6　南宁邕宁区蒲庙镇顶蛳山遗址墓葬。肢解葬为"顶蛳山文化"内容之一。

敞口浅弧腹的圜底釜，是中国目前发现最早的成型陶容器之一。骨器有精致的骨针，反映了当时的缝纫技术。墓葬葬式为蹲踞葬，墓内放置石块，有以蚌壳覆盖头部的现象。C^{14}测定结果，甑皮岩遗址最早地层距今12500—11400年，最晚地层距今8800—7600年，是中国南方富有代表性的新石器时代早期洞穴遗址[⑦]。

桂中地区包括柳江及其上游的洛清江、融江、龙江流域，遗址有洞穴、台地等类型。年代跨度约为距今9000年至5500年。其中位于柳州市区大龙潭公园龙山南麓岩厦下的鲤鱼嘴遗址分为三期，第1期石器以燧石石器为主，砾石石器次之，表现出典型的华南地区旧石器时代晚期的器物特征和技术风格，属于旧石器时代向新石器时代的过渡阶段。第2期石器以燧石质细小石器和较大的砾石打制器为主，陶器多为夹粗砂红褐陶，器形以敞口、束颈的圜底釜罐类器物为主，器表多饰粗绳纹或中绳纹，部分器物的口沿上压印一周花边，下施一周附加堆纹，墓葬为屈肢葬，年代约距今9000年前后。第3期石器以磨制石器为主，燧石质细小石片石器和砾石石器基本消失，陶器则以细绳纹为主，同时出现了轮修技术，年代距今6500年左右。

桂南地区主要包括左江、邕江、右江下游流域，最重要的遗址是顶蛳山遗址。顶蛳山遗址位于南宁市邕宁区蒲庙镇九碗坡自然村东北、邕江支流八尺江与清水泉交汇处的台地上，是一处典型的内河流域贝丘遗址，先民以采食软体动物和捕鱼狩猎为主要生活来源。顶蛳山遗址分居住区和墓葬区。文化堆积可分4期：第1期属新石器时代早期，大约距今1万年左右，出土大量的玻璃陨石质细小石器、石核，少量穿孔石器和陶器残片。第2期属新石器时代中期早段，距今约8000年左右。出土磨制石器、蚌器、陶器和少量玻璃陨石质细小石器，陶器数量明显增加，出现墓葬，葬式有仰身直肢、侧身屈肢、俯身屈肢和蹲踞葬4种。第3期属新石器时代中期晚段，距今约7000年左右。发现墓葬较多，新出现数量较多的肢解葬。第4期距今约6000年左右，发现长方形干栏式建筑遗迹，陶器仍以砂质陶为主，但新出现泥质陶，开始运用轮制技术。第2、第3期是顶蛳山遗址的主要堆积，其文化面貌与南宁豹子头、邕宁长塘、横县西津、扶绥敢造等新石器时代贝丘遗址相类似，被命名为"顶蛳山文化"。顶蛳山文化主要集中分布在以南宁为中心的左江、右江、邕江及其支流附近，其显著特点是文化堆积中含大量螺壳和水陆生动物遗骸；陶器以敞口、束颈、深腹、圜底罐及敛口深腹圜底釜为主，纹饰早期多篮纹，晚期盛行绳纹，骨蚌器特别发达，在遗物中占有很大比例，其中又以形态各异的鱼头形穿孔蚌刀最富特色；遗址中墓葬密集，葬式以各种屈肢葬为主，而以肢解葬最有地方特点⑤。

桂南沿海地区也有贝丘遗址。较具代表性的为防城亚婆山、马兰嘴、杯较山，东兴社山等遗址。对亚婆山、马兰嘴 2 处遗址作过试掘，出土打制石器、磨制石器、骨器、蚌器、陶片和动物遗骸。其中以打制石器为最普遍的生产工具，石器形体厚重，主要采用扁椭圆形砾石，在它的边缘上交互打击成形。器形以具备尖端和厚刃的蚝蛎啄为最典型。当时的经济生活以采蚝、捕鱼为主，也上山狩猎和兼营农业。为新石器时代面向海洋的居民点，年代约当新石器时代中晚期。

桂西右江上游的革新桥遗址位于百色市西约 11 公里处，主要文化层属新石器时代中晚期，最早年代距今约 6000 年。经过发掘，在这处遗址剥离出了当时人类的生活面、石器制作场和墓葬，采集到的遗物有数以万计的石器、陶片及小量动物遗骸和果核。石器原料主要是从附近河滩采集的砂岩和灰绿岩砾石。制作出来的器物，主要是砍砸器、刮削器、切割器、研磨器、斧、锛、凿等。制作石器所用的工具有石锤、石砧和砺石。经过加工的生产工具几乎都有毛坯、半成品和残品等不同阶段的产品。最大的石砧重达 30 多公斤，有的石砧兼作砺石使用，除了崩疤，还有砥磨造成的凹槽。整个石器制作场面积超过 500 平方米，在这个范围内有成片的石料散布，有石器粗加工所需的石砧、石锤，有适用于打磨大小不同、形制各异的石器所需的各种砺石，和在制作石器过程中废弃的大量石核、崩片，以及石器毛坯、半成品、成品残件，由此可以看出当时石器制作的工艺流程和规模、水平⑥。该遗址被评为 2001—2002 年我国十大考古发现之一。

红水河中游的北大岭遗址位于都安瑶族自治县百旺乡八甫村那浩屯北大岭上，面向红水河，刁江从左侧来汇。2004—2005 年发掘 1 万平方米，早期遗迹主要有石器制作场和墓葬，石器制作场面积达 1600 平方米，留下大量的原料、毛坯、半成品和工具，石器中打制石器和磨制石器并存。早期的陶器以夹粗砂红褐陶为主，器型多为敞口圜底釜，墓葬葬式有仰身屈肢、侧身屈肢和肢解葬3种。晚期发现双肩石器坑，陶器有夹细砂和泥质陶两种，纹饰主要为细绳纹，其次为刻划纹，器型多圜底和圈足，圈足多有镂孔。双肩石器坑的发现，为探讨广西大石铲的起源找到了新的证据。

桂北地区资江上游和湘江上游流域，以山坡遗址为主。文化内涵比较清晰的有资源晓锦遗址和灌阳五马山遗址。晓锦遗址位于资源县延东乡晓锦村后龙山上，属距今4500—5000年间的新石器时代中晚期，不仅发现了房屋柱洞、红烧土居住面、多处完整的圆形居住遗迹，还发现了平地堆烧陶器的陶窑。在遗址文化层的灰土中淘洗出炭化稻米3万多粒，经广西农业科学院品种资源研究所鉴定，是较原始的栽培粳稻，其中也有籼稻，是广西新石器时代考古的重要发现[⑩]。五马山遗址位于灌阳县水车乡夏云村附近的五马山西北麓，属新石器时代晚期，发现圆形灰坑和布局凌乱密集的柱洞，出土石器有的只磨光刃部，部分通体磨光。陶器为手制，质地以夹砂红陶为主，大多素面，少量饰细绳纹，器形有罐、豆、碗、盘、器座、支脚等，以高柄竹节形豆最具特色。

桂东地区主要包括贺江、桂江、郁江、浔江流域等区域，是广西境内多条河流的汇集处，新石器时代文化面貌也呈现出多样性和复杂性。平南县思界乡思界村相思洲遗址是一处石制品密集的加工场，发现为数颇多的打制砾石砍砸器和磨制石锛，其中最具特色的是一种侧面有弧形磨面的扁平椭圆形砾石。桂平市寻旺乡上塔村西南的上塔遗址和桂平市寻旺乡大塘城村西北河岸台地上的大塘城遗址也发现石制品密集分布的石器加工场，内含大量的石料和石锤、砺石及石器毛坯、半成品，还有陶片。平南县大新镇新和村石脚山遗址发现的陶器有夹砂和泥质两种，而以灰褐陶为主，次为黑皮陶、红褐陶、黄陶，还有少量白陶。夹砂陶多夹方解石碎粒、石英砂、粗石子等。陶器内外壁涂一层薄泥，再压印纹饰。器形种类有釜、鼎、罐、豆、盘、杯、纺轮、支脚等。当时已使用快轮制作陶器，豆的圈足和罐的领、肩有轮旋痕迹。纹饰有绳纹、篮纹、席纹、网格纹和几何印纹、刻划纹。其中浅灰陶最多，白陶最少；

其中一件白衣黑彩陶，是广西地区出土年代最早的彩陶。

新石器时代晚期末段，广西许多原始居民进入父系氏族社会，有代表性的文化遗址是钦州独料、隆安大龙潭和那坡感驮岩遗址。

独料遗址位于钦州市那丽镇独料村西侧的禾塘岭。1977 年和 1978 年进行发掘，发现灰坑、灰沟、柱洞等遗迹和石器、陶片、果核等大量遗物。石器多磨制，器类有斧、锛、凿、铲、锄、犁、镰、镞、刀、矛、硾、杵、磨盘、磨棒、弹丸等，其中部分斧、铲为有肩石器。陶器均为夹砂陶，以粗砂红陶为主，纹饰以绳纹为主，次为篮纹、曲折纹、网纹、指甲纹及少量的划纹、拍印纹。器形多为敛口或直口的釜、罐类，还发现了一件捏制的陶祖。C^{14} 测定结果，遗址年代约距今 4500 年，属新石器时代晚期。从出土大量的农业工具和谷物加工工具来看，这里的居民主要从事农业经济。出土陶祖，说明男子在当时生产中已占居重要地位，显示母系氏族社会进入父系氏族社会[①]。

隆安县乔建镇博浪村石人山东侧的大龙潭遗址，处右江南岸二级阶地上，东临右江，西靠石人山，南面有开阔的农耕地。地面到处散布着大石铲及其碎片。1979 年发掘 820 平方米，发现灰坑、沟漕、红烧土坑及一些不同形式排列的石铲组合遗迹。灰坑约有 20 个，其中以圆形竖式最多，次为袋形、椭圆形和不规则形。灰坑内有红烧土、炭屑和石铲或石铲残片。有的放置得十分散乱，但也有些以一定形式摆放，如把石铲平放在坑中上下二层，围成圆圈；有的将石铲石片竖护坑壁，坑内密集有序地竖立排列大石铲及石片；也有的坑内石铲及残块层层叠压，底部有几件石铲刃部

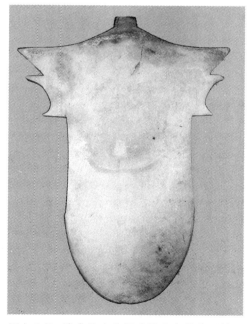

图上 1-7　隆安县大龙潭遗址出土的大石铲，距今 4000 年前，现藏广西壮族自治区博物馆。

朝天立放。出土的石铲形体硕大，制作精细，平整光滑。尤其是束腰石铲，双肩对称，肩下逐渐向内收作弧形，使肩角成为锐角尖端，极其精致美观[12]。

　　这种石铲是作何用的呢？最初大家认为是农业生产工具。当时沿江坡地已得到开垦，这种石铲最好用来起土。大量石铲的出现是稻作农业发展的标志。但是有的石铲形体特别巨大，已超出一般人力掌握的可能，如1件长达72.1厘米、宽33厘米、厚1.5厘米的石铲完全可称得上"石铲之王"。这种巨大石铲在邻近的大新县也有出土。从一些石铲残片来看，肯定还会有比这更大的石铲。这么大的石铲怎么能作为生产工具操作呢？相反，有的石铲特别小巧，小得只有1个大拇指那么大，同样没有实用的价值。再从制作来说，这类石铲多为板岩页岩，质地很脆，几乎一碰就裂，也不宜于实用。更何况作为农业工具，通常容易损坏，没有必要花那么大的功夫制作得如此精美。因此，人们怀疑它另有用途。作为主要农业工具的石铲，在使用过程中，由于其作用巨大，受到人们的崇敬而被神秘化，以至祭祀时隆重陈列，以之祈年、拜日、报天，向大地祈求丰收。久而久之，祭祀用的石铲从生产用的石铲中分化出来，为取悦被祭祀的神灵，制作得越来越考究，越来越只具象征意义了。

　　就目前所知，出土大石铲的这类遗址已发现60多处，遍及广西南部19个县、市，大都分布在靠近江河湖泊的坡岗上，而以隆安县东南、扶绥县北部、南宁市区西北部，即以左江、右江向南宁汇合成邕江的三角地带最密集、最典型。这时的人类社会已经开始复杂化了，大规模的祭祀活动，需要有人出来组织。而组织这些活动的人要有一定的权力，能控制方圆几十公里之内的人群。他们已凌驾于一般氏族成员之上，成为酋邦的首领。最巨大的石铲和最漂亮的石铲即是他们权力的象征，手中的专利品。可见，在距今4千年前的左右两江汇流处，就已存在着一个活跃的文明部落。

　　在今那坡县城区人民公园内有一个宽敞的岩洞，名为感驮岩。壮语"感"是岩洞，"驮"是河流，"感驮"就是有水流出的岩洞。洞口向西，有一股清澈的泉水流出，注入洞前的那坡河。1958年在洞里发现从

图上 1-8　那坡感驮岩遗址（距今 3000—4000 年前）。右为遗址出土的角质牙璋，现藏广西壮族自治区博物馆。

新石器时代晚期至商周的文化遗址，1959 年春作了试掘，采集到不少磨制石器和陶片。1997 年 8 月至 1998 年 1 月正式发掘，发现有灰坑、墓葬和用火痕迹，采集到玉石器、骨器、蚌器、陶器千余件。玉石器磨制精细，器类繁多。陶器以夹砂为主，绳纹盛行，刻划纹发达，还有镂空、乳钉纹，有圜底器、圈足器和三足器。有些陶器、玉石器与越南冯原文化的同类器物相似，特点鲜明，风格独具，代表一种新的考古学文化。此遗址时间跨度较大，可分为 2 期。第 1 期是新石器时代晚期，杯形罐的造型与云南永平新光遗址的侈口罐比较相似，高领罐与邕宁顶蛳山第 4 期的相近。从器形和纹饰看，陶器与新石器晚期平南石脚山的也相似。对炭化编织物进行 C^{14} 测定，距今 4718±50 年，树轮校正后是公元前 3560±205 年。第 2 期为青铜文化早期，相当于中原地区的夏商时期，出土了砂石铸范和角质牙璋[13]。砂石铸范是用粉砂岩雕凿的，铸范的出现，表明当时人类已经铸造青铜器。牙璋则是礼器，最早见于黄河流域的龙山文化，到夏代发展兴盛，商代分布范围更加广阔，南方各地也就有其踪迹了。礼器牙璋和大量精美玉石器的出现，表明距今 3000—4000 年前，僻处桂西南的那坡感驮岩附近也活跃着一个文明古国，这个古国和中原的夏商文明有着比较密切的接触。

第三节　青铜器时代和早期铁器时代

原住民与中原王朝交往历史悠久　西瓯和骆越两大方国并存　南北
墓葬透出不同文化信息　青铜器铸造技术由低到高　铜鼓的传入和
岭南铜鼓文化的开创

夏、商、周时期，中国进入青铜时代，青铜器广泛使用，产生了高
度发达的物质文化，并由此产生了财富积累和大量剥削现象，出现阶级
对立，从而形成国家，进入奴隶制社会。

根据历史文献记载，中原地区进入夏、商、周奴隶制王朝以后，广
西仍属"百粤（越）"。《墨子·节用中》说："古者尧治天下，南抚交趾，北降幽都，东西及日所出入，莫不宾服。"⑭《尚书·尧典》也曾说到："申命羲叔宅南交。"⑮这"交趾"、"南交"都是泛指岭南"蛮夷"之区。《史记·五帝本纪》说，帝舜"践位三十九年，南巡狩，崩于苍梧之野，葬于江南九疑，是为零陵"。《逸周书·王会解》叙述周武王成周之会，四方部落代表前来贡献方物，其中有岭南的观赏鸟"苍吾翡翠"，并将"苍吾"注为"苍

图上 1-9　武鸣元龙坡西周至春秋墓群考古发掘现场。上
图为墓葬出土圆形器砂石铸范。

吾蛮"⑯。说明西周初年南方有一个以苍吾（即苍梧）命名的部族，其活动地域相当广阔，并与广西关连至大，帝舜南巡到过这些地方。从以上文献可知，早在夏、商、周时期，中原王朝已关注远在广西的部族。河南安阳发现的甲骨文中，也有商代晚期向南用兵的记载。殷墟出土的海贝、龟版，经鉴定，有不少是南海产的。

1974 年 1 月武鸣县马头公社全苏大队勉岭东南坡，出土 1 件色泽晶莹、纹饰繁缛的青铜卣。这件铜卣带盖，有提梁、圈足，器体呈椭圆形，通高 40 厘米，腹部宽 19.4 厘米，重 10 公斤。身、盖四面有高耸的扉棱，通体以云雷纹为地，饰以 3 重花纹。盖面和腹部是浮雕式的兽面纹，目、眉、耳突起，目似圆球，眉如卧蚕，眉尖突出器外。盖上的兽面向左右，腹部的兽面向前后，上下互相错开。盖的边缘、颈部、足部，各饰一圈夔纹，夔身上又饰勾云纹。盖缘的夔向左行，颈部的夔向右行，足部的夔又向左行，富于变化。盖的左右棱脊伸出，脊的侧面呈圭形，有阴线蝉纹。提梁呈弓形，由两两背向的夔龙组成三角带，三角内也填饰蝉纹。提梁两端作牛头形。盖内有一个"天"字铭文。整件器物构图严整，刻镂精美。铜卣是一种盛酒器，只见于商代和西周前期。从这件铜卣的器形、纹饰、铭文的整体和细部看，都与中原地区商代晚期的同类器物作风格一致，可以断定是从中原内地传入的商代晚期遗物⑰。

1985 年 3 月，又有人在铜卣出土地勉岭东约 1.5 公里的元龙坡出土 1 件铜盘。这件铜盘高圈足，折沿浅腹，腹侧有一对半环耳，器底有一个半环钮，盘内中心饰六瓣花纹，六瓣花纹之外有重环纹，器外腹部饰窃曲纹，圈足外饰云雷纹。在造型和纹饰上都有西周晚期风格。当年 10 月初，考古工作者根据铜盘线索在元龙坡发现一处规模颇大的先秦墓地。随后进行考古发掘，清理了 350 座古墓。这些墓墓室狭长，有的在两端留有二层台，有的把墓坑挖成船形，个别的墓有半圆形耳室。随葬品较少，有将随葬品打碎分散埋葬的特殊习俗：有的将罐、釜、钵之类夹砂陶器打破成数块，分别放在填土中和墓室底；有的将玉镯折断，或将石范打碎，分置填土和墓底。从出土的青铜器来看，其年代初步推断为西周至春秋时期，从墓地采集的木炭作 C^{14} 测定，所得结果也基本与此相符。这是目前广西发现年代最早的青铜时代墓群。墓群出土的一批砂石

图上1-10　蛇戏蛙纹铜尊，恭城县金堆桥春秋晚期墓出土，现藏中国国家博物馆。

铸范，内有烧焦痕迹，说明它们已被使用过。而墓内随葬的一些铜钺、铜刀、铜镞和圆形器，放入相应的石范中恰好吻合，说明它们就是用这些石范浇铸出来的。石范的发现，说明当地已有自己的青铜冶铸业⑱。

1971年11月恭城县嘉会公社秧家大队的社员在金堆桥附近取土修路时发现了一座春秋晚期墓，出土了一批青铜器。其中一件大铜鼎，圆口，附耳，深腹，圜底，马蹄足，浑厚凝重，饰以纤细的蟠虺纹，是典型的楚式礼器。同时出土两件铜尊，喇叭形口，袋形腹，矮圈足，形制与中原的铜尊相同，但纹饰有明显南方风格。尤其是那件蛇戏蛙纹尊，小巧玲珑，只有16厘米高，身上布满纤细的花纹，肩部和腹部都有一层精细的雷纹作地纹，再在上面铸出半浮雕式的蛇戏青蛙图案。肩部的图案为四组，每组都是蛇二条和青蛙一只。蛇身粗短，成蜷曲状，头向上，两两相对，共同顶住一只青蛙。青蛙匍伏在地，四肢平展，作向前跳跃状。在蛇蛙相戏的空隙处，还填饰了多道S形纹，显得繁缛多变。腹部的图案也是四组，更加复杂有趣。蛇体变粗加大，青蛙反而缩小了。每组两条蜷曲的蛇共顶一只跳跃的青蛙，有意思的是，蛇头都是高高昂起，把青蛙顶离地面，使蛇头和整只青蛇变成立体塑像，突出器体之外。其他如靴形钺、柱形器、浅腹鼎也很具地方特色，应是本地铸造的。从整体来看，墓主人生前过着钟鸣鼎食的贵族生活，也反映了南方此时已有很高的青铜铸造工艺⑲。

到战国时期，广西出现西瓯、骆越两大方国。西瓯又作西呕，最早见于汉代文献，刘安《淮南子·人间训》记述秦始皇平定岭南时，说秦军"与越人战，杀西呕君译吁宋"。西瓯大致分布在今桂江流域和西江中游浔江流域一带。骆越最早也见于西汉时期的文献中，《盐铁论·地广篇》说过："荆楚罢于瓯骆。"《史记·南越列传》记载，赵佗"以兵威边，财物赂遗闽越、西瓯、骆，役属焉"。这里的"骆"就是"骆越"。《吕氏春秋·本味》说到"越骆之菌"，其中"越骆"就是"骆越"的倒写。骆越分布地区十分广泛，包括广西西部和南部、广东雷州半岛和海南岛，以及越南北部。广东的茂名至广西的陆川、博白、玉林、贵港、灵山、合浦一带是西瓯、骆越交错聚居的地区。

　　广西东部地区，除零星出土一些商周时期的青铜器外，春秋战国以前的遗存属印纹陶文化，以含几何形印纹硬陶为主要特征。印纹陶绝大部分是泥质硬陶，也有部分夹砂硬陶和少量的泥质软陶，纹饰以拍印的云雷纹、曲折纹、夔纹、米字纹、方格纹为主。20世纪70年代到90年代，桂东发掘了100多座春秋战国时期的墓葬，其中以平乐银山岭战国墓最集中。这批墓葬的形制和随葬品有比较浓厚的地方民族特色：

　　第一，墓底设腰坑。腰坑就是死者腰部的土坑，设腰坑是古人的一种丧葬习俗。最早出现于中原地区，是商和西周时期十分普遍的现象。进入春秋时代，腰坑数量大为减少，到春秋中期几乎全部消失。但广西平乐银山岭战国墓葬还普遍设腰坑，而且比例很大，设腰坑的墓约占总墓数的79%。中原地区的腰坑一般埋一只狗，个别墓中的腰坑埋殉葬人。银山岭战国墓的腰坑埋一件陶容器。腰坑的形状、大小、深浅也不相同，小的腰坑仅埋一只小陶盒或小陶杯。大的腰坑则埋一件大陶瓮或陶罐。类似这种腰坑，在广东德庆、肇庆、四会、广宁等地的战国墓中也曾发现，有十分明显的地域特色。

　　第二，随葬品组合有规律。随葬品以实用器为主，基本上没有礼器。其基本组合是铜兵器（或陶纺轮）＋生产工具＋生活用器。铜兵器为剑、矛、镞配套；生产工具为锄、刮刀配套；生活用器为鼎、盒、杯配套。此外，普遍伴出砥砺兵器和工具的砺石。有铜兵器的墓不出陶纺轮，有陶纺轮的墓都不出铜兵器，相当整齐划一。剑是防身和近距离接触肉搏时用的兵器；矛是进攻型兵器；镞配上弓，是远射程兵器。这样搭配在一起，是一幅全副武装的形象。铁锄是农业锄耕工具，刮刀是编织手工工具，纺轮是纺纱工具。这样搭配成一幅耕织图象，说明丧葬部族亦兵亦民，拥有较强大的经济实力和军事战斗力。

第三，随葬器物地方特色浓厚。其中以铜扁茎短剑、铜双肩铲形钺、靴形钺、铜铁刮刀和铜盘口鼎最为突出。扁茎短剑形体短小，一般只有15—21厘米长；形制特殊：扁茎，无格，折肩，短身，茎上有穿孔，剑首与剑身分离，靠木片或竹片捆绑衔接，剑身中脊起棱，锋刃砥砺得相当锐利。铜铲形钺与岭南地区新石器时代晚期流行的双肩石斧很相近，有的肩二折，刃面向一侧起弧形铲状。刮刀有铜铁两种，一般放置在死者腰与脚之间，常同铁锄、陶纺轮、砺石放在一起，是一种劈麻或编织竹器用的手工工具。此外，铜柱头饰，陶器中的盒、杯、罐、鼎、米字纹瓮等也都特色鲜明。

这些特点，代表了一种地方性文化，即西瓯文化[20]。

广西西部地区的先秦遗存，在20世纪80年代以后有大量的发现，如武鸣马头元龙坡、安等秧墓地，田东南哈坡和大岭坡战国墓，武鸣、来宾、忻城、大化、宜州、龙州等地的岩洞葬等。

在元龙坡西南约300米处，有一座高出附近地面约200米的小土岭，当地壮话称为"安等秧"。历年村民多次在坡地上采集到青铜矛剑之类遗物。1985年10月考古工作者在调查元龙坡时发现了这处墓地，随即作了抢救性发掘，先后清理出土坑墓86座，不明方形土坑12个。这处墓群单墓规模小，形制简单。由于水土流失，残存的墓坑很浅，随葬品也比较少，一般为实用兵器、生产工具、生活用具和少量装饰品，青铜器、玉石器、陶器都有，铁器也有一件。其中铜剑、矛、钺、刮刀、铁锸等器物与平乐银山岭战国墓出土的相似，陶器中的米字纹、水波纹、篦点纹罐、杯也与前者的相同。据此推断它们的年代也是战国时期[21]。

武鸣马头先秦墓葬，包括元龙坡和安等秧，带有明显的地方烙印：墓穴排列整齐、集中而有序，说明是一处受着某种观念制约的公共墓地。这些墓都是狭长的小型竖穴土坑，墓圹长宽之比在4：1以上，有的达7：1，显得特别狭窄。墓中随葬品少，一般由实用青铜兵器、生产工具、日用陶器或玉石器组成。柄部带花纹的短剑和各种铜镯，为平乐银山岭战国墓所没有，而与田东锅盖岭战国墓和云南滇族墓的器物相类似。

右江地区也发现有战国墓，田东县祥周镇联福村修福屯西的锅盖岭发现 2 座，随葬品有青铜器和玉石器。在田东林逢镇和同村大岭坡及田东祥周镇联福村联合小学大门前南哈坡都发现有随葬铜鼓的墓葬，同时出土铜甬钟或铜罍。

桂西又是早期岩洞葬的集中分布区。岩洞葬是人类利用天然的石灰岩洞穴存放装殓死者尸骨棺材的一种特殊葬俗：葬所隐秘，有的用大石块封堵洞口；尸骨平地摆放，不造墓坑，不加掩埋，流行多人合葬；在仪式中有用火烧尸骨的做法，随葬品也多平地摆放。最早的岩洞葬出现于新石器时代末期，如武鸣仙湖镇邓吉村雷蓝屯的弄山岩洞葬，年代大致在距今 4000—4500 年间。属于商末周初时期的有武鸣县陆斡镇覃内村旁岜马山岩洞葬，人体遗骸和随葬品放在两侧壁的自然壁洞，陶器均为夹砂陶，薄胎，器形较规整，器表打磨光滑，火候较高，器类有壶、釜、杯及纺轮，石器则通体磨光，有锛、戈、刻刀、砺石，玉器有镯。属于战国时期的武鸣县两江镇三联村独山岩洞葬，死者和随葬品摆放在洞室最里端的一个长方形岩穴内，出土青铜器、陶器、玉石器，青铜器有剑、钺、斧、矛、戈、镞、刮刀等器类，扁茎无格剑、圆銎双肩钺、饰变形"王"字纹矛等是典型的越式兵器[22]。

对照文献记载，广西西部地区的商周墓也是特色鲜明的骆越文化的一部分。

进入春秋战国时期，广西青铜冶铸业有了较大的发展。青铜器出土的地点明显增多，还发现许多随葬铜器的墓葬。这些铜器大致可分为中原内地传入和根据中原器形仿制以及本地特制三大类。属于中原内地或楚地传入的有戈、矛、剑、斧、削、蹄足鼎；根据中原器形仿制的有罍、尊、甬钟；本地特有的是盘口鼎、各种钺、扁茎短剑、弓形格剑、"门"纹矛、刮刀、柱形器、叉形器和铜鼓等。甬钟虽然形状和中原地区的相似，但细看仍有很多区别，如外形多圆筒直甬式，甬中空，与体腔相通，甬上的旋有的很细，甚至不明显；枚细而尖，也有呈双叠式的；大量采用栉齿纹、叶脉纹、圆圈纹、云纹、雷纹，与当地几何印纹陶器上的装饰花纹一脉相承。铸造这些青铜器，用砂石范显然难以达到要求，必须用泥范或者石范与泥范结合。观察这些青铜器，推测当时应已采用单范、多范、复合范。铸造工艺有浑铸法、铸接法和铸后焊接法，并且掌握了热处理和退火工艺。青铜铸造水平得到了明显的提高。

特别重要的是铜鼓的出现。铜鼓在春秋时期发源于云南西部礼社江流域，战国时期经南盘江传入广西，生活在右江流域的骆越人吸收了铸造铜鼓的技术，开始形成使用铜鼓的习俗。田东县林逢镇和祥周镇的战国墓出土过原始形态的万家坝型铜鼓，这些铜鼓鼓面小，胸部突出，腰内缩，下部外撇，足极短，鼓面太阳纹中心隆起，有不规则的芒，胸、腰间有两对小扁耳，显得十分原始古朴。而百色龙川、隆林扁牙等地出土的早期石寨山型铜鼓，鼓面已较宽大，胸部突出，足部变高，纹饰讲究布局对称，并开始朝写实图案的方向发展，鼓面出现翔鹭纹，鼓腰出现牛纹等装饰。这些铜鼓虽然并不完美，但开创了岭南铜鼓文化，为汉晋铜鼓文化的繁荣奠定了基础。

广西青铜文化是在中原文化影响和当地原始文化基础上发展起来的。它萌生于商末周初，开始以接受中原青铜文化为主，到西周春秋时期掌握了青铜冶铸技术，开始铸造青铜器，产生了自己的青铜文化，这种青铜文化具有浓厚的土著色彩，到战国秦汉时期发展到了鼎盛阶段。

【注释】

① 20 世纪 40 年代初，美国哈佛大学人类学家莫维斯（H.L.Movius），按照早期人类的技术和行为能力，从地理上把旧大陆分为两个"文化区"：西部以地中海为中心，包括北面的欧洲、南面的非洲和东面的中东，以一种工艺比较复杂的旧石器手斧为特征，称为"手斧文化区"，代表先进的文化；东部主要是东亚、东南亚以及印巴次大陆北部，以所谓工艺简单的砍砸器为特征，称为"砍砸器文化区"，这个区域缺乏手斧，代表一种落后的文化。莫维斯把古代亚洲大陆贬低为"文化滞后的边缘地区"。他划分的这条无形的技术学鸿沟，被称为"莫维斯线"，在学术界统治了半个多世纪。

② 谢光茂：《关于百色手斧问题》，《人类学学报》2002 年第 1 期。

③ 韦汉楼：《左江日报》2009 年 10 月 29 日报道。

④ 王令红、彭书琳、陈远璋：《桂林宝积岩发现的古人类化石和石器》，《人类学学

报》1983 年第 1 期。

⑤ 柳州白莲洞洞穴科学博物馆等：《广西柳州白莲洞石器时代洞穴遗址发掘报告》，《南方民族考古》第 1 辑，1987 年。

⑥ 吴汝康：《广西柳江发现的人类化石》，《古脊椎动物与古人类》1959 年第 3 期。

⑦ 中国社会科学院考古研究所等：《桂林甑皮岩》，文物出版社，2003 年。

⑧ 中国社会科学院考古研究所广西工作队等：《广西邕宁县顶蛳山遗址的发掘》，《考古》1998 年第 1 期。

⑨ 广西壮族自治区文物工作队：《广西百色市革新桥新石器时代遗址》，《考古》2003 年第 12 期。

⑩ 广西壮族自治区文物工作队等：《资源县晓锦新石器时代遗址发掘简报》，《广西考古文集》，文物出版社，2004 年。

⑪ 广西壮族自治区文物工作队等：《广西钦州独料新石器时代遗址》，《考古》1982 年第 1 期。

⑫ 广西壮族自治区文物工作队：《广西隆安大龙潭新石器时代遗址发掘简报》，《考古》1982 年第 1 期。

⑬ 广西壮族自治区文物工作队、那坡县博物馆：《广西那坡县感驮岩遗址发掘简报》，《考古》2003 年第 10 期。

⑭《诸子集成》（四），中华书局，1988 年，第 102 页。

⑮《十三经注疏》（上），中华书局，1980 年，第 119 页。

⑯《四库全书》史部别史类。

⑰ 梁景津：《广西出土的青铜器》，《文物》1978 年第 10 期。

⑱㉑ 广西壮族自治区文物工作队等：《广西武鸣马头元龙坡墓葬发掘简报》，《文物》1988 年第 12 期。

⑲ 广西壮族自治区博物馆：《广西恭城出土的青铜器》，《考古》1973 年第 1 期。

⑳ 蒋廷瑜：《从银山岭战国墓看西瓯》，《考古》1980 年第 2 期。

㉒ 广西文物考古研究所、南宁市博物馆：《广西先秦岩洞葬》，科学出版社，2007 年。

第二章

在大一统推动下阔步向前
——秦汉时期

公元前 214 年，秦始皇平定岭南，置桂林、南海、象郡，广西正式纳入秦王朝版图，大部分属桂林郡。秦末战乱，代理南海郡尉的龙川令赵佗，乘机割据岭南，建立半独立状态的南越国，历 5 世 93 年，后被汉武帝派兵平定。公元前 111 年，岭南地区重新统一于汉帝国，所设 9 郡中的苍梧、郁林、合浦 3 郡在今广西境内。在大一统体制与潮流的强力推动下，广西阔步向前。灵渠的开凿、合浦港的崛起、经济文化的迅速发展和二陈布道、刘熙讲学、杨孚博物、牟子论佛以至西瓯、骆越民族艺术的大放异彩，令秦汉时期的广西开局良好，气象不凡。

第一节　教育　学术

汉字广泛推行　汉人迁入与"和辑百粤"　私学兴起和经学大师陈钦陈元　刘熙讲学和他的训诂名作　杨孚《异物志》忠实展现岭南风物　牟子《理惑论》首倡佛教中国化

秦始皇的最大功绩是建立统一的中央集权国家，实行郡县制度，统一法令，统一文字和度量衡。尽管他在位时间不长，远处西南边陲的广西也长时期感受到他的影响。

随着秦汉政权对岭南地区政治统治的确立和众多军卒、家属与流徙人员及大量中原移民的南下，作为汉文化载体的汉字在岭南地区得到广泛传播。广西发掘的汉墓中发现不少文字材料，贵港罗泊湾汉墓出土的一件《从器志》木牍上，正反两面都有用略带篆意的隶书写下的墨书文字，共372字和19个标点符号；一件自名为《东阳田器志》的木牍残留14字；另一件记载农具的残木牍可见29字；还有10余枚残木简，每枚书写3—8字不等。出土的铜器上也有地名和计重、计量、计容的汉字铭文；漆器残片上烙印铭文；棺具上刻写汉字。不论是毛笔书写，刀锥刻划，还是烙印、錾刻，都是秦汉时代的书体，与全国各地发现的秦汉文字风格一致。说明秦统一岭南后，文字统一工作令行效显，汉字已在广西上层社会中流通。汉字的流通，无疑为汉文化的传播创造了基本的前提①。

南越国统治岭南时期，南越王赵佗开始以"中国人相辅"，依赖中原南迁的汉人，后来发现这还不够，为加强其统治，实行"和辑百粤"（"粤"通"越"）政策：利用财物大量笼络西瓯、骆越部族的首领，继而任用他们为官；尊重越人习俗，带头穿着越服，在朝廷上"魋结箕踞"，自称"蛮夷大长老"；鼓励南来的中原人与当地越人互通婚姻，如南越明王赵婴齐娶越人为妻，越人吕嘉宗族"男尽尚王女，女尽嫁王子弟"（《汉书·西南夷两粤朝鲜传》），对平民百姓起示范作用。在赵氏集团的带头鼓励下，中下级官吏兵卒及其他中原汉人与越族通婚的更加普遍。汉越民族的沟通、融合，有力地推动了岭南经济文化的发展。

迁入广西的汉人特别是文人学士，以各种方式带来了中原的先进文化，逐渐在广西形成汉文化传统。以岭南政治中心交州治所广信（今梧州）为中心，私学在两汉间出现并发展起来。其中以苍梧陈氏师承家法的古文经学最具代表性。苍梧广信人陈钦，自幼受到良好的教育，修读《易》《书》《诗》《礼记》，成年后师从古文经学家贾护学《左传》，专攻《左氏春秋》，著《陈氏春秋》，自成一家，被交州刺史举为贤良方正，于西汉建始年间（前32—前28）被朝廷立为五经博士，拥有全国最高学衔。王莽曾从陈钦学习古文经，篡汉后任其为厌难将军。在古、今两大经文学派的辩论中，陈钦坚决站在古文经学派一边，与大学问家刘歆齐

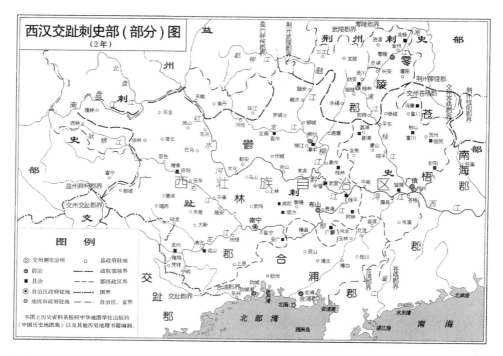

图上 2-1 西汉交趾刺史部图（部分）　　　　　广西地图院编绘　2010 年 12 月
1. 本图上中国国界系按照中国地图出版社 1989 年出版的 1：400 万《中华人民共和国地形图》绘制。2. 本图今行政区划资料下迄 1992 年底。

名，被公认为左氏传人。东汉初年，今文经学内容已十分庞杂，思想体系空疏荒诞，日益谶纬化。古文经学便在反谶纬思潮的影响下得到进一步发展，不少人在民间聚徒讲学，注重训诂，解释经文，举其大义，反对繁琐的章句推衍。陈钦的经学主要传给儿子陈元。陈元"少传父业，为之训诂，锐精覃思"，研习古文经《春秋左氏传》，参与反对谶纬思想的斗争，其学术成就和思想锋芒超过了父亲。建武四年（28）因立《左传》博士诣阙上书，为古文经学辩护，驳倒了今文经学权威范升。他积极倡议在太学增设《左氏春秋》，使光武帝刘秀同意立古文经的左氏学博士。当时太常选博士 4 人，陈元位居第一。著有《春秋训诂》《左氏同异》，与著名学者桓谭、杜林、郑兴同为当时学者所宗，而其思想被稍后的王充所吸收。陈元老病归家，传其学于子陈坚卿，陈坚卿亦精通经学，擅于文章。史家因此称陈氏祖孙 3 人为"三陈"。汉赵歧在《三辅决录》中称誉说"《左氏》远在苍梧",充分肯定陈家父子的贡献。可见广西虽然僻处南疆,也深受汉文化的熏陶,产生了全国一流的经学大家。

除经学外,汉代广西在自然科学方面也有不少成就。东汉末年,训诂学家和教育家刘熙避乱南来,往来于苍梧、南海之间讲授经学十余年,教授生徒数百人。他在教授过程中,即物名以释义,著《释名》27篇、《谥法》3卷传世。其中《释名》以语言学视角研究训诂,以音同音近的字解释字义,是我国第一部用声训释字义的训诂著作,包含了许多自然科学内容,对后世影响深远。

我国历史上最早全面记载岭南风物的学术著作要数东汉时期杨孚的《异物志》。杨孚是南海郡番禺(今广州市海珠区)人,生活在东汉章帝、和帝两朝(76—105)。早年攻读经史,钻研颇深,受地方官推荐,到都城洛阳接受"贤良对策"考试,官拜议郎,成为参与议政的皇帝近臣。那时岭南地区已盛产龙眼、荔枝等美味佳果,是上贡朝廷的珍品,郡县官吏为了讨好朝廷,乘机搜刮,怨声载道。杨孚了解此情,上奏朝廷,揭发不法官吏,并把岭南土特产分列条目,写成《异物志》一书。《异物志》辑录96篇短文,分别记载岭南山川、物产、民族风土、民间传说,全面展现了岭南风物。前16篇主要记述古代民族情况,其中雕题国、乌浒、合浦民等传说,是研究广西古代社会及民族状况较早的史料。书中对岭南地区大量的动植物种类和生长,以及它们的开发利用,作了忠实的记录,并介绍了岭南双季稻和多种经济作物特别是甘蔗的种植情况,证实中国早在东汉时期就已有制糖业。此外,他对荔枝、龙眼、柑橘、芭蕉、椰子、石榴等岭南佳果的描述无不淋漓尽致,还在篇目下注明出处,附辑者按语,考校文字异同。这些都为后人研究汉代岭南植物学、动物学、矿物学提供了宝贵的第一手资料。

佛教传入中国始于西汉后期,传播路线有陆、海两路。陆路沿陆上丝绸之路,约在西汉末年抵达中原。海路是从中南半岛往北部湾沿海地区,经南流江——北流江进入梧州,再溯桂江北上,传入桂北,越过五岭,进入中原;同时又向东沿着海岸线往中国东南沿海和东北亚传播。广西位于佛教入华的海路交通要道,佛教传入较早。在合浦、梧州、兴安等地的汉墓中出土过一些胡僧俑,高鼻、深目、多须,属于典型的欧罗巴人种印度地中海类型，他们是随海船东来的外国行僧造影还只是外贸物品，尚有待更多的发掘考证，但佛教已较早地在广西传播生根并为学者所研究是没有疑义的。东汉至三国之际，苍梧出现了著名佛教学者牟子，其所作《理惑论》是中国最早阐述佛学的著作。牟子生卒年不详，只知道他原是儒生，博览经传诸子，东汉中平六年（189）携母避乱交趾，26 岁归苍梧娶妻，因见世乱，无意仕宦，锐志佛学，于是著《理惑论》。《理惑论》又称《牟子理惑论》，采取一问一答形式，仿照《佛经》三十七品和老子《道德经》三十七章而设三十七对问答，详细论述了佛教最初传入中国时的情景，以及儒、释、道三教之间的关系，涉及后来儒、释、道三教争论的许多问题。内容大体分为三类：一类是侧重介绍释迦牟尼出家、成道、传教的事迹及佛教教义、戒律、佛经的数量；二类是分析辩解佛教与中国传统伦理道德观念的异同，广引儒、道经典中的观点与事例，论证佛教与儒、道观点的一致之处，以证明佛教教义并不违背中国传统思想观念和伦理道德；三类是批驳长生不死及神仙方术的谬误。《理惑论》在中国佛教史和文化史上第一次论述中国传统文化与印度佛教文化的相互碰撞、相互融合，是我国最早的佛学经典，为佛学中国化及其传播做出了卓越的贡献。

第二节　科学技术

稻作农业提升　畜禽饲养增加　粮食储备受到重视　制陶、冶铸、玻璃、纺织业发展　南珠驰名天下

汉代农业的发展，首先表现在工具的改进和耕作技术的改造。考古发现表明，汉代广西的农具已脱离木石阶段，绝大部分用铁来制造。在生产技术上，除了自身的发展提高以外，还从先进地区引进农业耕作技术。

贵港罗泊湾汉墓出土一件《东阳田器志》木牍。"东阳"是地名，故地在今江苏盱眙县。"田器"就是农具。"田器志"就是墓中陪葬农具的登记单。广西汉墓中出现《东阳田器志》，说明当时对从江淮地区引

图上 2-2　汉代农耕工具——铁锸，贵港罗泊湾汉墓出土，现藏广西壮族自治区博物馆。

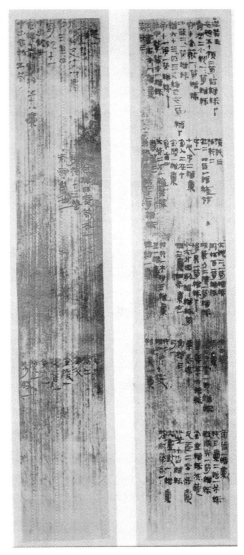

进农具和农耕技术已十分重视。志中所记载的农具有锸"五十三"、"四十八"，鉏"一百十六"、"一百廿具"，鈂"一百二挑"、"十五具"等。锸是挖土工具，翻土、理埂、挖沟、开渠都要用它，是汉代使用最普遍的农具之一。"鉏"是"锄"字，《盐铁论·申韩》说"犀铫利鉏，五谷之利而闲草之害也"，也是当时的主要农具。"鈂"，《说文解字》释为"锸属"，估计和铁锸近似，其作用和锸差不多，主要用于翻土和中耕。广西汉墓中经常发现铁锸、铁锄等铁农具。《东阳田器志》所列各种农具的件数可能是个虚数，但动辄一项就是十几件、几十件、一百多件，表明当时劳动规模很大，某些田庄里一定驱使着成批的农业劳动力。

图上 2-3　木牍《从器志》，贵港罗泊湾汉墓出土，现藏广西壮族自治区博物馆。

　　贺州莲塘的东汉墓中出土过铁铧，说明当时已用犁耕。东汉建武年间（25—56）任延任九真郡太守，把牛耕向南推广到九真郡（今越南清化、河静一带）。广西地当中原至九真的必经之道，先九真而行牛耕应该是不成问题的。多地汉墓中出土过铁耙、铁铲、铁镰、铁刀，说明广西已广泛使用铁农具。铁农具的普遍推广，使砍伐森林，开垦荒地，兴修水利，深耕细作都可以较大规模地进行。

汉代对于合理施肥和培选良种已很重视。贵港罗泊湾汉墓《从器志》木牍提到"仓种"，这种仓种就是经过挑选的种子。残木简上写有"客籼米"。据汉扬雄《方言》，江南呼粳为籼，是稻之不粘而早熟者。客籼就是从外地引进来的籼稻。

汉代广西主要粮食作物是水稻。贵港、合浦汉墓中发现过稻谷。合浦、贵港、梧州、平乐出土的陶屋模型内都附有执杵舂米和端着簸箕簸米的劳作俑，说明当时水稻种植的普遍。贵港、梧州等地的汉墓还发现过粟粒、大麻籽和豆。《汉书·南粤传》记载，汉武帝平南越时，楼船将军杨仆曾截获过南越成船的粟米。此外，岭南的薏苡也很著名。平乐银山岭汉墓一件陶簋内盛满了薏米。薏是一种一年生草本植物，薏米可以和在稻米里煮成粥饭或磨成面，还可入药。《后汉书·马援传》说，马援看上了岭南薏苡实大，在回洛阳时装了一大车薏米，有人误以为他装的是珍珠，为此招来一桩大冤案。

从汉墓出土的植物种实初步鉴定来看，除了粮食，还有多种瓜果。合浦堂排 2 号汉墓的一件铜锅里盛满了稻谷和荔枝。其荔枝果皮和果核都保存完整，是目前发现最早的荔枝标本。岭南的龙眼、荔枝自古以来就载誉中原。据《西京杂记》载，西汉初，南越王赵佗曾将荔枝作为珍品进献给汉高祖刘邦。又据《三辅黄图》记载，汉武帝平定南越后，把荔枝移植到长安去栽种，还特地起了一座"扶荔宫"。

猪、羊、牛、犬、鸡、鸭、鹅等畜禽模型明器在广西汉墓中屡见不鲜，这些畜禽成了当时人们拥有财富多寡的一个重要标志。猪的饲养尤为普遍，从陶屋模型看，几乎每家每户都有猪圈，圈栏内的猪少则一二头，多则四五头；有肉猪，也有带仔的母猪；猪的姿态有静卧的，吃食的，还有喂奶的。贵港一座东汉墓出土的栅居式三合院模型，屋内有 6 人，分别在舂米、簸米，屋后是矮墙相围，有一人从内走出，双手捧着猪潲桶，向猪食槽内倾倒猪潲，猪圈内一头肥猪正低头进食；屋外有 3

只羊，爬上阶梯，鱼贯式地进入羊圈。鸡笼也有发现，钟山县牛庙东汉墓出土过半球形的鸡笼，平底，圆顶，顶上有短柄，笼的一侧向外开一扇长方形门。另外，都安九如东汉墓出土一座陶楼模型，在屋檐下有鸽子伏窝的塑像，说明至迟在东汉时期广西就已经驯化鸽子了。

由于农业发展，粮食自给有余，粮食储备受到重视。粮仓模型明器几乎每一座汉墓都有。这些粮仓平面都是长方形的，像一间平房，前面有一道或两道门，门槛很高，其他三面密闭，无窗无门，和住人的房屋有明显的区别。有的粮仓则高架起来，成为干栏式建筑。如合浦县望牛岭汉墓出土的铜仓，悬山式瓦顶，左、右、后三壁皆以木板封死，只有前壁正中开一处双扇对开的大门，门前有避风雨的回廊，廊前有栏杆。仓底下立8根圆柱，把整个仓房顶离地面。梧州市低山的东汉墓铜仓，底下是4根圆柱，将仓房架空，出土时，仓内尚存大量稻谷。储粮设备还有圆形的粮囷。昭平北陀东汉墓出土的两件，都呈直筒状，侧面开一道门。一件门前有一人在从仓内往外取谷，旁边两只鸡拍着翅膀扑过去夺食，有一只鹅也赶过去叮食，十分生动有趣。

无论粮仓还是粮囷，下部均设计桩柱。把仓房高架起来脱离地面的做法，显然是南方多雨地区农民为防水防潮而创造出来的。仓囷数量多，设计讲究，说明有大量的粮食储备。有了丰足的粮食，能养活更多脱离农业劳动的手工业工人、商人和脑力劳动者。汉代广西的制陶、冶铸、纺织及漆器、玻璃生产都较发达，商业交通也很繁盛。当时一些郡县所在地，如郁林郡的布山（今贵港）、苍梧郡的广信（今梧州）、合浦郡的合浦（今合浦），都是人口稠密的工商业都市，合浦甚至发展成为我国与东南亚各国通商贸易的重要海港，从合浦港出发的商船可以航行到印度洋沿岸许多国家。

广西烧造陶器的历史悠久，秦汉时期也是广西制陶业迅速发展的重要时期。各人口稠密地区都有窑场，重要窑址有梧州富民坊窑、苍梧大坡窑、藤县古龙窑、象州运江窑。这些窑址的窑室均为马蹄形，由窑门、火膛、窑床和烟道组成，能够有效控制火候，使燃料充分燃烧，并有效利用余热。先秦时期广西的陶器种类还不足20种，到东汉已增至50多种，除日用饮食盛储器皿外，新出现了屋、仓、井、灶、牛、羊、猪、狗、鸡、鸭等模型器，还生产了砖、瓦等建筑材料。制陶技术主要采用轮制，兼用手制和模制。圆形生活用器普遍采用快轮技术生产，器形较为规整、均衡、对称。专门用于陪葬的雕塑陶制品工艺更显精致，具有很强的立体感。如贵港、梧州等地东汉墓出土的陶屋或城堡，有的是楼阁式，实际就是当时一组建筑单元的微缩，屋内全部镂空，屋檐、脊棱、门窗、回廊、围墙、厨房、猪圈乃至正在舂米、簸米的家奴，和看门的小狗等，都雕塑得栩栩如生，充分展现了工匠们娴熟的雕塑和烧制技艺。这个时期的陶制品装饰花纹，由印纹向刻划纹发展，并出现施釉技术，凡是胎质坚硬的陶器，表面几乎都挂有一层玻璃釉。到东汉，釉陶已在广西广泛流行，施釉均匀，结合紧密，能成功地烧制青瓷。贵港、合浦、荔浦、兴安等地东汉墓中出土的青瓷罐、青瓷高足碗，数量和品种日渐增多，标志着当时开始进入瓷器生产阶段。

中国古代青铜工艺经过商至春秋时期的繁荣阶段以后，到秦汉时期规模有所下降。汉代青铜器从先秦那种庄严、厚重、古朴的风格中变得轻便、灵巧，纹饰也崇尚简朴。但在中国南方，特别是岭南地区，以合浦、贵港为中心却兴起了一种錾刻花纹工艺，即在薄胎青铜器上用坚硬而精细的金属工具，錾凿和镂刻出繁茂精致的几何纹样和动植物图案，使器物显得特别精美华丽。錾刻花纹铜器包括盛食器、饮食器、熏炉和灯具，都是居室日用器具，有的动物塑像如鸡、鸭，甚至仓、灶模型明器上也錾刻精细花纹。花纹内容丰富，最常见的几何形图案是锯齿纹、菱形回纹、勾连S纹、网纹、叶脉纹、四叶纹、羽状锦纹、菱形锦纹；植物纹样有花树，动物纹样以凤、龙、鹿最普遍，还有猴、虎，游鱼等。这些制作工艺开创了中国南方青铜器发展的新局面。

让我们看看汉代广西制作的几盏铜灯。一是贵港罗泊湾汉墓出土的扶桑树形灯，又名九枝灯，其主干上端为上细下粗的圆柱形，下端为宝瓶形，底座为覆盘形。主干上分三层向外伸出9条长短不一的枝桠，每条枝头各置1只桑叶形灯盘，主干顶端平置1只展翅飞翔的金乌形灯盘。灯的底座、主干、9条枝桠、9只桑叶形灯盘和金乌形灯盘，都分别铸造，刻有接合记号，通过预制的榫卯套扣，合成一体，不用时可以拆卸分装。10只灯盘同时点燃，有如火树银花，光彩夺目。二是合浦望牛岭汉墓出土的凤凰灯，做成一对凤鸟形，凤凰翘首回望，收翅垂尾，双足并立，尾羽下垂及地。足、尾形成鼎立之势支撑全身，显得稳重大方。头、冠、颈、翅、尾、足，各部位轮廓清楚，比例匀称。通体细刻羽毛，精致美观。背部留一圆孔，平置一只带长柄的灯盘。颈向后伸高弯转，由两条套管衔接，可自由转动和拆装。嘴含喇叭形灯罩，罩在

图上 2-4　铜凤凰灯，合浦望牛岭汉墓出土，现藏广西壮族自治区博物馆。

灯盘上方。腹腔内空，可以贮水。当灯盘中的蜡烛点燃时，烟灰经过灯罩纳入颈管，再由颈管转入腹腔，溶入水中。这种设计能防止烛烟污染空气，保持室内清洁卫生。三是昭平县北陀大平岭东汉墓出土的人形吊灯，由一捧灯人和一灯盘组成。捧灯人高鼻深目，大耳，头戴双旋云纹瓜皮帽，上身裸露，下身着袍。双腿跪坐，双手向前捧住灯盘，盘中心立一乳钉形灯钎，灯盘前侧有一蹄形足，与捧灯人的双膝构成鼎立之势。将灯平置，显得平稳。捧灯人额前、脑后各设一环，与一条活动链相连，链条上端有勾，将其悬挂，成为平稳的吊灯，构思极合力学原理。

由于上层统治者的刻意追求，汉代既从海外输入玻璃用品，也在内地烧制玻璃。经对广西出土的 17 件

图上 2-5　玻璃托盏高足杯，贵港东汉墓出土，现藏广西壮族自治区博物馆。

玻璃制品作能谱分析和密度测定，发现它们分别属于 3 个不同的系统，其中 13 件属钾硅（K_2O-SiO_2）玻璃，3 件属铅钡（PbO-BaO-SiO_2）玻璃，1 件属钾钙（K_2O-CaO-SiO_2）玻璃，没有西方古代的钠钙玻璃。属于铅钡玻璃的耳珰、鼻塞和璧，其形制与中国传统玉制的同类器相似，是中国的传统产品。属钾硅玻璃的则为各种珠饰、环、盘、龟形器、圜底杯、高足杯等。烧制这些钾硅玻璃选用了铁、钴、锰、铜作主要着色剂，颜色特别鲜艳。

晋代葛洪《抱朴子·论仙》记载："外国作水精碗，实是合五种灰以作之，今交广多有得其法而铸作之者。"这里所说的"水精碗"实际上是玻璃碗，"交广"地区，即今广东、广西和越南北部。这一记录说明，在晋代或晋代以前，两广地区的人已掌握了烧制玻璃的技术。又据《南州异物志》记载，"琉璃本质是石，欲作器，以自然灰治之。自然灰状如黄灰，生南海滨，亦可浣衣，用之不须淋，但投之水中，滑如苔石。不得此灰，则不可释"。生于南海之滨的自然灰，应是一种自然纯碱或草木灰，是制造玻璃的一种助溶剂。广西出土的含钾量较高的玻璃制品，可能利用了这种自然灰作助溶剂，因而可以把这种钾玻璃称为"南海玻璃"。

秦汉时期广西的纺织手工业也达到了一定的水平。从梧州、合浦、贵港、平乐等地的汉墓中，曾发现过丝绸、麻布、纱衣、织锦、漆纚纱帽等残片或印痕。贵港罗泊湾汉墓《从器志》木牍记录了不少纺织品的名称、数量，包括成匹的缯、布，用缯、布做成的衣服和囊袋，使用量相当大。根据这些出土文物和有关的历史文献，可知广西秦汉时的纺织品主要是丝、麻和葛织品。《汉书·地理志》说南粤"女子桑蚕织绩"。说明当时养蚕取丝以织布。广西汉墓中发现的麻织品都是平纹织品，有粗细两种，粗麻布用于做鞋、袜，细麻布用来做衣料。经广西轻工业局绢纺工业研究所初步鉴定，纱衣残片为平纹组织的麻织物，其支数无法确定，估计每平方厘米纱的支数在 200 支以上；所织图形的经纬密度为每平方厘米经线 41 根，纬线 31 根，可以同长沙马王堆汉墓出土的最精细的麻织物相媲美。漆纚纱帽残片也是平纹织物，编织图形经纬密度为每平方厘米经线 18 根，纬线 10 根。丝织品主要是平纹的绢、纱衣料，十分纤细。罗泊湾汉墓出土过黑地橘红色回纹织锦残片，颜色颇为鲜艳，其原料应是家蚕丝。广西还发现不少纺织工具的零部件，显示广西在汉代已经使用纺车，并达到全国纺织业的同等水平。

合浦珍珠的珠母主要是马氏珍珠贝，俗称珍珠螺。珠母海，又称珠池，是当地人采珠的地方，主要散布在白龙珍珠城附近的海里。自白龙海湾起，有杨梅、珠砂、青婴、乌泥、平江、断望等6大珠池。这6大珠池，池池相挨，连绵不断，一直延伸到北海市区附近的海岸。这一带海底为砂质，海水比重在1.014—1.024之间，咸淡适中；水温平均为22—25℃，温度适宜；加上水质肥沃，硅藻类浮游生物繁多，饵料丰富，十分有利于珠贝的繁殖生长。所产的珍珠浑圆凝重，莹润皎洁，俗称"南珠"，是世界上最名贵的珍珠，也是古代地方官向朝廷进贡的稀世珍宝。汉代合浦的采珠业已很兴盛。据《汉书·王章传》记载，西汉成帝阳朔元年（前24）京兆尹王章得罪大将军王凤，遭陷冤死，其妻子被流放到合浦，"以采珠为业"，七八年间，"致产数万"。由于合浦珍珠久负盛名，汉朝历代皇帝不断派官前来搜采。所派之官，多数贪污腐败，采取杀鸡取卵办法，驱逼珠民无限制地搜采，很快将珍珠采绝，还误以为珍珠跑到国外海域去了，以致行旅不至，人物无资，贫者饿死于道。到东汉桓帝时（147—167），出身郡吏世家的孟尝受州郡长官的推荐，来做合浦太守。孟尝到任后，革除弊政，与民休息，组织珠民有节制地采珠，珍珠得以自然繁殖。迁到别处的珍珠随之又回到合浦珠池来。这就是合浦"去珠复还"的故事（《后汉书·孟尝传》）。合浦珍珠也因此更加名播天下，百姓返其业，商货广其源。孟尝为恢复和发展合浦采珠业所作的重大贡献，至今仍深得人民的崇敬和怀念。

第三节　水上交通

灵渠：科技含量很高的伟大工程　沟通长江珠江，联接中原海外
合浦：古代中国与东南亚、西亚和欧洲距离最近的港口　海上丝绸之路始发港　人员往来、物资交流的枢纽

广西背靠南岭和云贵高原，面向南海北部湾，境内天然河道纵横，

沿海港湾连绵，水资源十分丰富，为水上交通提供了独特的优越条件。

秦始皇三十三年发50万大军，沿水陆五路进攻岭南越人。由于岭南地区境况复杂，气候多变，越人又占有熟悉的地形，殊死抵抗，致使秦军"三年不解甲弛弩"，监御史禄"无以转饷"，碰到了极大困难。后来"以卒凿渠而通粮道"，再与越人战，才取得统一岭南的胜利。

秦监史禄所凿之渠即今灵渠，在桂林兴安县境内，也叫兴安运河。它沟通湘江和漓江，把五岭相隔的长江水系和珠江水系连接起来[②]。

湘江和漓江是两条发源不同，流向相背的河流。湘江发源于兴安县白石乡近峰岭，上源称白石河，流至高尚，有海阳河来汇，由南向北流，至兴安城东始称湘江。漓江发源于越城岭主峰猫儿山，上源叫乌龟江，至千家寺称六洞河，至司门前以下称大溶江，由北向南流，至桂林称为漓江。两条流向相背的河流如何沟通，是当时一个重大的科技

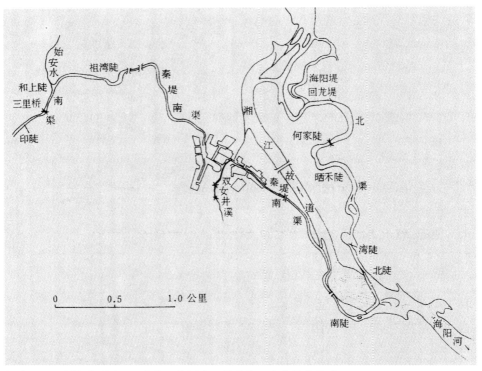

图上 2-6 灵渠平面图   采自《中国大百科全书》文物博物馆卷四

难题。修渠者聪明地选在兴安城东2.5公里的龙王庙山麓把海阳河拦腰堵截，作为分水塘，缘始安岭、城台岭、排楼岭山麓开渠，穿过太史庙山，沟通发源于点灯山的始安水，汇入灵河，导入漓江。始安水和湘江最近距离仅1.5公里，同湘江的水位高差只6米，它们之间的始安岭、城台岭、排楼岭和太史庙山都是低矮的山隘，在这里凿渠是最佳的选择。

灵渠的主要工程由铧堤、天平、渠道、秦堤和陡门组成，每个部分都有很高的科技含量。

铧堤和大小天平，位于分水塘，是截江分水、引湘入漓的关键工程。铧堤又叫铧嘴，突出于分水塘中心，上锐下钝，形状如犁铧，用巨石叠砌而成，长52.6米，宽22.8米。锐端所指方向与海阳河主流方向成一直线，把河水当面劈开，形成"三七"分流，三分从南渠引入漓江，七分从北渠导归湘江。大小天平紧接在铧堤之后，是截江分洪工程，其两侧分别向南北伸延。大小天平都用青石砌成，有内堤和外堤，内堤石与石之间有细腰连槽，灌铁浆扣住；外堤用条石鳞比嵌砌，内高外低，形成斜坡堤坝。大天平在北，长344米，宽12米；小天平在南，长130米，宽4.5米。大小天平作108°夹角的"人"字形与流水方向斜线相交，堤面低于河岸，枯水期，拦截海阳河全部水量流入灵渠，保证灵渠有足够的水通航；洪水期，暴涨的河水越过堤面泄入湘江故道，不致溢入灵渠，保证了灵渠的安全流量。因此，大小天平既可拦水，又能泄洪，不用设闸启闭，而自行调节水位，保持渠水相对平稳，称为"天平"，名符其实。

渠道是灵渠的主体工程。包括南渠和北渠。渠槽宽一般在5—7米左右，水深1—2米。北渠开挖在湘江河谷平原上，几乎与湘江故道平行。由大天平拦水入渠，往北流至观音阁前，向西转东成环形，往下作"S"形行进，至高塘村对面汇入湘江，流程长约4公里。由分水塘至高塘直线距离不过2公里，但水位落差4米，北渠之所以不作直线通过，而采取左右迂折的路线，延长流程几达一倍，就是为了减少比降，降低流速，以利储水通舟。南渠从南陡口引水入渠，向西北经兴安城东，至大湾陡折向西，通过太史庙山，经铁炉陡，连接始安水，入灵河；过此向西南，到赵家堰村与石龙江汇合，再向南到青石陡与螺蛳水汇合，南流到灵河口与大溶江汇合，进入漓江，全长 33.5 公里。其中从南陡口到铁炉陡约 5 公里的一段是全渠最艰巨的工程。为了提高南渠水位，从南陡口到大湾陡的 3 公里是劈开土岭从山麓挖出的渠道。这一段渠道一面靠岭脚，另一面靠人工筑砌的秦堤围护。自大湾陡至铁炉陡一段则凿通太史庙山，形成深陷渠槽。为了减少比降，在六口岩附近筑建黄龙堤，阻障灵河故道，使渠水折进螺蛳塘，倒流到青石陡，另劈人工渠道循马鞍山南麓至小马山再归回灵河故道，使渠道迂回如钩，起到储水缓流，以利行舟的作用。

秦堤是指从南陡口至兴安城东上水门的一段堤岸，长约 2 公里，是灵渠的保护性工程。由于这一段渠道是劈山开成，和湘江故道平行推进，两水相距近，落差大，其中最窄处在飞来石附近，堤岸只宽三四米，而水位落差高达 5 米以上。堤岸壁立，极易崩塌。传说猪婆龙作孽的地方就是这一带。

泄水天平在南陡口下游约 1.5 公里处，也是灵渠的保护性工程。其建筑形式和大小天平相似，起泄洪作用，分内外堤，长 42 米，宽 17.6 米。洪水期，上游山涧下来的水会暴涨，渠槽容纳不了，便可漫过天平泄入湘江故道，免除堤岸承受过量的压力。类似天平的石堤还有数处，如兴安城内的马嘶桥堤，南渠六口岩村附近的黄龙堤，北渠水泊村旁的回龙堤等，都起排洪作用。

灵渠设陡闸，是为了集中比降，提高水位，便于舟楫通航。因此灵渠又称为"陡河"。陡门设置在渠道较浅、水流较急的地方，分布于南北二渠，比较集中的是始安水至灵河一段。秦代陡门已不复存在，现存陡门是秦以后建筑，最多的时候是宋、明两代，多达 36 陡。这些陡门都用方形石块叠砌而成，两岸相对作半圆形，弧线相向。陡门一般宽 5.5 米左右，最宽的 6.8 米，最窄的只有 4.7 米。陡堤上凿有搁面杠的凹槽，一边堤跟有搁底杠的鱼嘴，水底铺鱼鳞石。陡门的使用，南宋周去非《岭外代答》中有记述："渠内置陡门三十有六，每舟入一陡门，则复闸之，候水积，而舟以渐进，故能循崖而上，建瓴而下，以通南北之舟楫。"其使用方法，明代《徐霞客游记》中亦有记载：灵渠"以箔阻水，俟水稍厚，则去箔放舟焉"。根据向近人调查得知，船来之时，先架陡杠，包括面杠、底杠和小杠，次将竹箔逆水置于陡杠上，将水堵住，等水位升高到可以行舟的时候，即将陡杠抽去，舟楫就可驶过陡门。陡门的设置，使得浮舟翻山越岭，成为古代一大奇观。后来世界各大运河的船闸都是根据这一原理设计，灵渠陡门被称为"船闸之父"，可谓当之无愧。

南越国时期，致力于岭南交通网的建设，以都城番禺（广州）为中心，溯西江而上，经梧州北上桂林，借助灵渠入湘江，进入长江水系；从梧州再往西，通过牂牁江（红水河），深入云贵高原夜郎故地。汉武帝平南越借用了这些航道，武帝以后更开辟了西江溯北流河入南流江至合浦的通道。东汉马援南征交趾，主要从湘江水路经灵渠转入漓江，主力横穿西江南部，开辟了经南流江至合浦通往交趾的交通路线。而这条向交趾进军的路线，以合浦港为起点，"缘海而进，随山刊道千余里"（《后汉书·马援传》），进入交趾境内。

合浦是古代中国与东南亚、西亚和欧洲距离最近的中国海港。殷商时，岭南越人就向中原王朝贡献象齿、文犀、玳瑁、珠玑、翠羽。这些

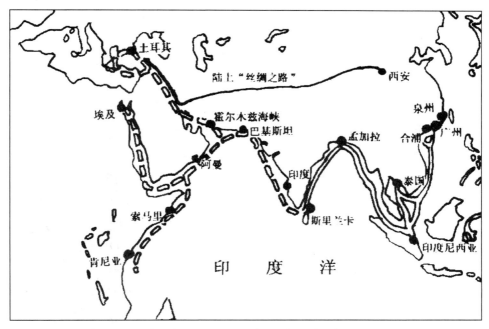

图上 2-7　汉代海上丝绸之路示意图　采自《海上丝绸之路研究》

奇珍异宝除了岭南所产外，有的是越人通过海外贸易获得的，说明民间的海上丝绸之路已经存在。秦代开凿灵渠，沟通湘漓二水，促进了这条丝路的发展。西汉前期，南越国已派人管理海上贸易，到汉武帝在此设郡之前，这里已是海上交通枢纽和主要贸易口岸，成为一个商贾云集的经济中心，至汉武帝时进而成为海上丝绸之路的始发港③。

合浦位于广西南部，南海北部湾的东北岸，西与钦州、防城港相连，南与海南岛隔海相望，北靠六万大山。附近是冲积平原和三角洲平原，地势平坦，土地肥沃，光热充足，灌溉便利，盛产稻谷和蚕桑。港湾水深、无礁，东有雷州半岛、海南岛及北海冠头岭阻挡风浪袭击，使之风平浪静，成古代天然良港。这里地处北部湾的中心位置，又是南流江出海口，可进行江海联运，海陆兼备的优势使合浦成为我国古代向东南亚、南亚最便捷的海上通道起点，也是海上丝绸之路最理想的港口。汉元鼎六年（前111）合浦开始置县，并为合浦郡郡治所在，是汉代海上丝绸之路的始发港之一。

合浦作为海上丝绸之路始发港的最早记载见于《汉书·地理志》：

> 自日南障塞、徐闻、合浦，船行可五月，有都元国；又船行可四月，有邑卢没国；又船行可二十余日，有谌离国；步行可十余日，有夫甘都卢国。自夫甘都卢国船行可二月余，有黄支国，民俗略与珠厓相类，其州广大，户口多，多异物，自武帝以来皆献见。有译长，属黄门，与应募者俱入海市明珠、璧流离、奇石异物，赍黄金杂缯而往。所至国皆禀食为耦，蛮夷贾船，转送致之。亦利交易，剽杀人。又苦逢风波溺死；不者，数年来还。大珠至围二寸以下。平帝元始中，王莽辅政，欲耀威德，厚遗黄支王，令遣使献生犀牛。自黄支船行可八月，到皮宗；船行可二月，到日南、象林界云。黄支之南有已程不国，汉之译使自此还矣。④

这段文字是关于中国海外交通史最早、最具体的记录。它记载了两千多年前汉朝使节走出国门的航程及相关情况。汉朝使者带着翻译和应募商人，从日南、徐闻、合浦乘船出海，先后到达了都元、邑卢没、谌离、夫甘都卢、黄支、已程不等国，历时一年有余。然后返航，途经皮宗，回到日南郡象林县。

当时远洋航行的船只主要是木帆船，航海技术较低，抗风浪能力有限，又没有指南针指示方向，只能缘海岸而行。北部湾是季风气候区，冬季多行东北风，夏季多行西南风，顺风扬帆，比较方便。缘海岸而行也容易取得粮食和淡水的补给，不断推进航线。

合浦作为海上丝绸之路的始发港主要反映在人流、物流的各个方面。汉代的郡守都是由中央直接委派的，边郡长官除了个别少数民族地区就地选用以外，多数也由内地派往。西汉南越王曾令二使者管理交趾、九真二郡，后来汉武帝派伏波将军路博德征讨南越，军到合浦，"越王令二使者赍牛百头，酒千锺，及（交趾、九真）二郡民户口簿诣路将军。（路）乃拜二使者为交趾、九真太守，诸雒将主民如故"⑤。可见，交趾、九真二郡最初的太守都是南越王国的"使者"，归汉以后则由伏波将军路博德委派。西汉末年的九真太守任延是南阳（今河南南阳）人（《后汉书·任延传》），东汉交趾太守锡光是汉中（今陕西汉中）人（《后汉书·岑彭传》），日南太守李善也是南阳人（《后汉书·李善传》）。他们从中原内地到九真、日南任职，都是从合浦乘船而去的。

海外使节来中国贡献也经由此路。《后汉书》对此有许多记载。如《南蛮西南夷列传》中说：西汉平帝元始二年（2），日南之南黄支国来献犀牛；东汉光武帝建武十二年（36），九真徼外蛮里张游率种人慕化内属；明年（37），南越徼外蛮夷献白雉、白菟。肃宗元和元年（84），日南徼外蛮夷究不事人邑豪献生犀、白雉。安帝永初元年（107），徼外僬侥种夷陆类等三千余口举种内属，献象牙、水牛、封牛；延光元年（122），九真徼外蛮贡献内属；顺帝永建六年（131），日南徼外叶调王遣使贡献；灵帝熹平二年（173），日南徼外国重译贡献；光和六年（183），日南徼外国复来贡献。《后汉书·西域传》说，天竺国（今印度）"至桓帝延熹二年（159）、四年（161），频从日南徼外来献"。大秦国（即罗马帝国）于桓帝延熹九年（166），"遣使自日南徼外献象牙、犀角、瑇瑁"。九真、日南以外的南海诸国和部落首领与汉朝政府往来，和汉朝使节往返一样，仍以徐闻、合浦、日南障塞海港登岸，因此，自汉武帝以来，朝贡必由交趾之道。这些贡献都经过海路从合浦等港入境，转往中原内地。每次贡献，汉政府都有回赠，而回赠最多的是"彩缯"。这种贡赠关系实际上是以异国"珍宝"换取中国"丝绸"的一种变相的官方贸易。

西汉后期，佛教从陆路传入中国。由于海上交通的发展和繁荣，往返于中国、印度之间的高僧同时使用海路。不少佛教僧人从合浦港登陆，经此扬帆北去中原，海上丝绸之路也成了佛教南传之路。

海上丝绸之路最大的交流是物资交流，官方贸易带出去的主要是黄金、杂缯，从海外购入的是明珠、璧琉璃、奇石异物。

黄金是一种贵重金属。从春秋时期开始，中国已把黄金作货币使用。汉代的黄金具有价值尺度、支付手段、贮藏手段和世界货币等多种职能，使用的数量相当惊人。合浦望牛岭1号墓出土过两枚金饼，一枚直径6.3厘米，重249克，刻一"大"字，"大"字下方再细刻"太史"2字；一枚直径6.5厘米，重247克，刻一"阮"字，"阮"字上方再细刻一个"位"字。这2枚金饼的大小、轻重都与中国内地出土的汉代金饼规格相近。汉代规定"一黄金一斤"，这2枚金饼的实际重量都接近汉代标准重量一斤。金饼在合浦发现，也是海上贸易用作大宗支付手段或国际货币的反映。

杂缯，也叫綵缯，就是各种丝绸。古代称丝织品为缯，丝绸之路因此而得名。贵港罗泊湾汉墓出土的《从器志》木牍，写有"缯六十三∨匹三丈"，表明该墓用了63匹丝绸陪葬，可见数量之巨。汉代长沙国首府临湘（今长沙）是一处向海外输出丝绸的集中地，各地生产的丝绸，通过长江运到长沙集中，再通过湘江、灵渠、漓江、北流江、南流江运到合浦港出口。

璧流离是指古玻璃。广西出土汉代玻璃器，包括珠、管、璧、环等佩饰品和杯、盘、碗等饮食器皿。其中以珠最多，据不完全统计，总数上万枚，一般每座墓少则1枚，多则千余枚。这些明珠、流离（玻璃）在合浦登陆后，再运到郁林（今贵港）、苍梧（今梧州），由内河转运到全国各地。在同一交通线上的贵港、梧州、昭平、平乐、兴安的汉墓中也有玻璃饰物和玻璃器皿出土，与当年这种远洋贸易不无关系。

异物应该包括香料，广西汉墓土不少铜质和陶质的熏炉，有的熏炉内还留存有少量香料和灰烬。燃熏香料已成为社会上层人士奢靡生活的时尚。中国当时不产香料制品，这些香料主要从东南亚等海外舶来。

第四节　民族艺术

岭南特有的越人乐器　美妙动人的羽人舞蹈　精巧传神的绘画雕塑
古老神秘的左江岩画

汉代广西流行的乐器主要是越人乐器。贵港罗泊湾汉墓出土有铜鼓、羊角钮钟、筒形钟、铜锣、木腔革鼓、竹笛和筑、十二弦乐器部分残件。木牍《从器志》列有"大画鼓"、"越筑"等乐器名称，可反映汉代广西常用乐器的组合[⑥]。

这些乐器可分为两类，一类如木腔革鼓、筑，为中原内地传入；一类如铜鼓、羊角钮钟、筒形钟，是岭南特有的民族乐器。十二弦乐器不同于中原内地的琴瑟，竹笛形制也较特殊，都应是土著乐器。

从测音结果来看，大铜鼓两音间音程关系与五度关系的特点接近，生律法倾向属纯律。小铜鼓两音间相差不到 20 音分，实发一音。两件筒形钟形制相同，大小相次，每钟各发一音，构成纯律小三度音程关系。羊角钮钟能发 2 音，音程关系、生律法倾向与筒形钟相同，但音域比筒形钟高一个 8 度。若从实际演奏的角度来观察，筒形钟（MI：36）的隧音 E_4+25，当为主音——宫，大铜鼓的鼓心音与它相当，相差 8 音分，等于一个大微音差，可视为同律之音。由此可构成一个以 E 为宫的羽调式音阶。其中小三度（$^{\#}C_4$-E_4）、大六度（E_4-$^{\#}C_5$）大致倾向纯律，大三度（E_4-$^{\#}G_4$）则倾向三分损益律，主音的高 8 度 E_5 明显偏低。从上述钟鼓的发音情况分析，这套乐器可能以竹笛为主奏乐器，奏出主旋律。另用编钟和铜鼓奏出音阶骨干音或由不同音程组成的和音进行伴奏。它们演奏时大致是这样：两件筒形钟与铜鼓在同一个 8 度上同时演奏，筒形钟分别奏 E 调的 6、1（羽、宫）二音，铜鼓奏同调的 1、3（宫、角）二音，羊角钮钟则在其高 8 度上奏出 6、1（羽、宫）二音，由此形成和弦，在主旋律之间穿插伴奏，进行烘托[⑦]。

这些乐器既有中原内地常见的，又有属于岭南特有的，但以当地民族乐器为主，反映了当时音乐的主调。这是一种以青铜定音打击乐器为主，与皮膜打击乐器相配合的打击乐合奏，各种乐器可以通过不同节奏、不同音高的声音组合，构成各种特定的打击乐曲，在祭神时传递神灵的讯息，为歌唱和跳舞作伴奏。钟鼓管弦之声悠扬岭外，也是当时文化艺术发展的一个重要标志。

歌和舞紧密相连，能歌者亦善舞。汉代广西越人舞蹈的盛况，从铜鼓上的舞蹈图案可见一斑。在广西汉代铜鼓上，常常有头戴羽冠，身披羽饰，手舞足蹈的人物形象。这些"羽人"，实际上是化装成鹭鸟的"舞人"。铜鼓上的这种画面，反映了当时现实生活中的舞人模仿鹭鸟跳舞的场面。贵港罗泊湾 10 号铜鼓有舞人 8 组，每组 2 至 3 人。舞人头戴羽冠，头顶插羽牌，髻缀翼形羽饰，脸向左侧上昂，上身裸露，自腰以下围以鹭尾舞裳，双臂下曲，向左右侧伸，作耸肩状，双手叉开呈人字形，左腿前伸，右腿后蹲，上身稍向后仰，扭动腰身，翩翩起舞。各组舞人之间用锯齿纹、同心圆纹组成的纹带作边饰，加以分隔。单独地看，是 2 人或 3 人在舞蹈，连接起来看，却成一幅 8 组集合 20 人构成一个整体的大型集体舞的壮丽场景。西林普驮 280 号铜鼓腰部画面有舞人 12 组，每组 2 人。舞者的装扮和舞姿与贵港罗泊湾铜鼓上的相同。舞人化装成鹭鸟，头戴羽冠，顶饰簔毛，髻缀双翼，身着连衣舞裳，以手为仪容，扭动腰身，表现鹭鸟飞翔停落的姿态。舞者有的曲张双臂，如临空振翼；有的斜俯双手，如垂翼低飞。其中 2 人双手叉腰，有如敛翼停落之态。各对舞人之间以几何纹带作边饰加以分隔，自成一幅双人舞的特写画面。将这 12 幅画面连接展开，就成一幅长画卷，分开的双人舞汇成多姿多态的大型集体舞。这场舞蹈，有如群鹭飞翔，或高或低，忽上忽下，翩然有序，美妙动人⑧。

美术方面，汉代广西的绘画艺术和雕塑艺术亦有辉煌的成就。绘画艺术主要表现在陶器、铜器和漆器的装饰上。装饰图案题材广泛，按其内涵大致上可分为象征性图案、写实性图案和叙事性图案 3 类。

象征性图案，即几何形纹饰，是以最单纯的点、线以及圆形、方形、三角形等为基本要素，按照美的法则构成的图案。如绹纹、栉纹、云纹、锯齿纹、三角纹、圆涡纹、菱形回纹、叶脉纹等。这些纹样，并不是当时人们不假思索、任意绘制的，它是一种美的反映，是美术上的构思和布局。在錾刻花纹铜器上，锯齿纹，一般多重边，二方连续，构

图上 2-8　罗泊湾 10 号铜鼓纹饰展示图

成纹带，常作主纹的边饰。菱形回纹，单个菱形有二重边、三重边的，有的留出中心方格为阳纹，每个菱形外对角相连，构成二方连续的纹带作为主体花纹的边饰；也有二个或三个菱形块拼成一个单元，然后错相连续，构成较宽的主体纹带。叶脉纹，又称羽状纹，正中一条直线，向两边分出对称的斜排短线，既像飞禽的

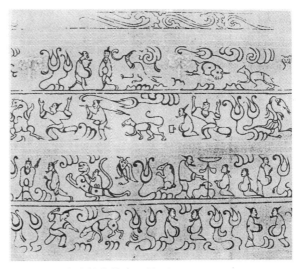

图上 2-9　漆绘竹节筒漆画展示图

单片羽毛，又像某些植物的长叶。羽状锦纹，呈鱼鳞状，层层覆盖，每块鳞片内又刻划一个伞状图案，鳞片内侧錾刻细如毫发的短毛纹，是一些华丽铜器的主体纹样。南方多孔雀，孔雀开屏时，展开的翅膀和尾羽就是这种色彩斑烂的图案，这种图案很可能就是孔雀羽毛的模写。菱形锦纹，单个图案是菱形方块，呈四方连续展开成片，其间用椭圆形锁扣相连，每个菱形方块中又填以一个垂直的双层菱形图案，周边錾刻细线纹，从而构成绚丽的织锦。在贵港罗泊湾铜鼓上有圆圈纹、栉纹、勾连

雷纹、三角齿纹，铜桶上遍布栉纹、勾连雷纹和同心圆纹，代表着一种完整的构思，带着自身的韵律和节奏，产生出引人入胜的艺术魅力。

写实性图案，见于刻划在铜鼓上的悠然自得的游鱼、振翅高飞的鹭鸟、手舞足蹈的舞人、疾驶水中的轻舟，还有铜牌饰上翘首回望的山羊，无一不是现实生活的直接反映。船纹都装饰在铜鼓胸部，它的设计、安排受到鼓胸圆突这一特定环境的制约，不可能在一个平面出现几只船同时迸发的场面。因而设计师要在一个环形曲面上作文章，尽量利用每一块空间，作多层次的排列。船纹以船和船上的人物为中心，把要表现的主题合理地填饰在铜鼓胸部的曲面上。粗看起来，每一只船像是孤立的，但展开来看，又是一船追逐一船，围绕着鼓身，循环往复，趋向无穷。与此同时，在船头船尾的空隙处，绘上鱼、鳖、鸟，作恰如其分的补白，表示船在水中的生态环境。在布局上，人与人之间，人与物之间，物与物之间，错落有致，和谐统一，但统一之中又有变化，使整个画面富有节奏韵律感。

叙事性图案，表面上类似写实性图案，但具有故事性，由几个连续的画面组成，有如后代的连环画。例如，贵港罗泊湾出土的漆绘铜盆，外壁以两对铺首为界，分隔成4段，每段既自成一个画面，又互相关联。其题材似乎是叙述某场战争的经过。画面中有人持械争斗，人与兽搏斗；有坠于马下的骑士，有遗下主人狂奔的战马；有盘膝而坐的主帅，也有前来参谒的部下。显然，这些画面共同反映一个连贯的故事内容。另外，叙事性图案不仅表现现实生活，也描绘一些在现实生活中并不存在的神话故事。例如，贵港罗泊湾的漆绘竹节筒，环绕筒身有4组叙事画，从下往上看，是一幅方士引导墓主灵魂一步步升上天国的图景，画面上有拱手相揖的方士，有降服神犬的力士，有张牙舞爪的怪兽，还有腾云驾雾的神鸟。这些人物、异兽、珍禽，隐现于缥缈的云气中，把人们带入神仙世界。

广西各地汉墓中发现了许多立体雕塑，质地有铜、陶、滑石等，形体有单个的动物或人物，也有人、畜、物共组反映某种场面的群雕。这些雕塑所运用的线条和比例大小比较完美，不仅能示其形，而且能传其神。在单体雕塑中，西林普驮西汉墓出土的铜骑士俑、跽坐俑，贵港风流岭汉墓出土的拉车铜马，合浦风门岭汉墓出土的铜马、铜牛，形象逼真，气势宏伟，有着很高的艺术价值。骑士俑包括马、鞍、骑士3个部分，马是雄性，膘肥体壮，昂首而立，两耳直竖，迎风嘶鸣。除马尾单独铸造外，整匹马为一次性浑铸而成，轮廓清晰，光洁圆润；鞍鞯方形，上隆下弧，覆在马背上；骑士也是一次性浑铸而成，头戴武冠，身穿袴褶，臂束鞲，腿缚裤，脚蹬统靴，双腿跨坐鞍上，两手放置胸前作勒缰状，目光前视。风流岭铜马也是雄性，用沙模空心浇铸而成，分头、耳、身躯、四肢、尾等9段，依榫

图上 2-10　铜骑士俑，西林普驮西汉墓出土，现藏广西壮族自治区博物馆。此墓主人为西南夷中的句町首领，以铜鼓为葬具，随葬器物 400 多件。

卯装配成一整体，形体高大，自足至耳高 115.5 厘米，长 109 厘米，背宽 30 厘米，肌肉丰满，四肢刚健，昂头竖耳，张嘴掀鼻，右前腿提起，作嘶鸣奔驰状。这是一匹拉车的马，其木质车身已腐朽无存，留有驾车的铜驭手。驭手为一老者，高鼻深目，颌下有须，头戴高冠，身着长袍，袍外套披肩，罩鱼鳞甲，外表涂朱，两眼前视，双腿踞坐，双手前屈作执缰状。风门岭的铜马也是拉车的马，分头、身、尾、四肢7个部分铸成，头略昂起，圆睁眼，张口露牙，作嘶鸣状，腰肥腔圆，前腿较直，右侧提起，后腿略曲，似欲前奔。踞坐俑皆男俑，戴冠，着长袍，穿鞋，踞坐，姿势各不相同，其中一位左掌交举于耳际，右掌贴膝；一位右掌高举于右肩前，左掌贴膝；一位右掌心向上置于膝上，左掌贴膝；一位双手抚膝，与六博棋盘同出，是正在下棋的情景。

　　汉代陶屋、陶囷（仓）、陶井、陶灶等模型明器也是艺术性很高的雕塑品。陶屋塑造出的外形，有干栏式、楼阁式，有围墙，有门窗，有瓦

顶，里面分隔有居室、碓房、畜圈；此外还有在里面活动的人畜，诸如静坐的主人，在碓房劳作的仆人，在门口或角楼放哨的卫士，以及畜圈内的猪、羊。这一切都是日常生活情景的再现。他如陶囷门前有人往外取谷，旁边有鸡鹅叮食，也很生动传神。陶井则仿真水井制作，有井盖井身，井盖以防异物落入井中污染井水，围栏则是防地面脏水流入，也防人畜坠落，反映了当时的环保意识。陶灶更是实用灶的缩影，有的灶面有 3 只火眼，置 2 釜 1 甑；有的灶门前地台上堆有柴薪，有俑作烧火或看火状；有的灶壁两旁附设水缸，有烧火的俑和猫、狗等动物俑，共同组成一幅家居生活的生动画面。

有些陶塑小件既有实用价值，又有观赏价值。梧州云盖山汉墓出土的虎座陶灯，灯座设计为一条卧虎。卧虎四肢趴在地上，全身略往后缩，两眼警觉地前视，背上竖插一条粗大灯柱，柱顶置一只又深又大的灯盘，虎尾上翘，从后面顶住灯盘的一侧。虎的形体全是手捏，捏成粗坯后，用竹片作简单的修饰，勾勒出眼、耳、口、四肢及爪，刀笔极为简练传神。虎是深山猛兽，被视为兽中之王，人们对它常怀敬畏之心。制陶工匠突破世俗之见，大胆地把它引进到人们的住宅中来，用夸张的手法，令它匍伏于厅堂或卧室，与人为伴。当灯盘中的灯芯点燃之后，摇晃的灯光，明灭飘逸，灯盘下的卧虎，会给清静的夜间平添几分生意。合浦县凸鬼岭东汉墓出土的马形座陶灯也是一件杰作。它的基座作蹲坐的马形兽状，口半开，头上方有一弧形帽檐，马的面、胸、臂、腿均刻毛发，四肢有趾爪。后腿前踞，前腿以夸张的长度在后腿内侧触地，背负灯柱，上支圆形灯盘，灯盘外饰一周刻划纹和戳印涡点纹。既是实用品，又是供陈设的工艺品。

广西南部的左江，流经龙州、宁明、崇左、扶绥，蜿蜒于岩溶峰林之中，两岸峰回路转，风景秀丽。战国时期至汉代，生活在这里的骆越人，在其中 200 多公里的悬崖峭壁之上，用赭红色颜料反反复复，画出一幅幅巨型画像，构成一座世所罕见的艺术长廊。这就是著名的左江岩画⑨。

左江岩画以宁明城北 15 公里的花山规模最大，图像最多，场面最为壮观。在高 40 余米，长 221 米的一片灰黄色崖壁上，至今仍然保存着

1900 多个图像。这些图像若隐若现，似动非动，在周围青黑色的山体、翠绿色的植物衬托之下，倒映在碧波鳞鳞的江面上，令人叹为观止。

左江岩画是用氧化铁加动物胶混合剂调制成颜料，用毛、草类软物体制成的"笔"蘸上，采用色块平涂法，直接在岩壁上勾勒、涂绘出人或物的轮廓，显示出"剪影"般的艺术效果。画师们还没有掌握立体透视绘画技巧，但已有较高的形体概括力，各种物像构图工整、形象生动、特征鲜明。尤其是对形体魁梧的正身人像，身体各部的线条均衡对称，粗而不俗，同其周围矮小的侧身人像形成强烈的对比。对侧身人、狗和其他器物，寥寥几笔，便表现得惟妙惟肖。这些画，无论画面多么宏大，图像数量和种类多么众多，但都显得井然有序，繁而不乱，主次分明，充分体现了约 2000 年前画师们的聪明才智和艺术表现力。

图上 2-11　战国至东汉年间，骆越人绘在悬崖峭壁上的左江岩画（局部）。

人物图像是左江岩画的主体图像，表现出头、颈、躯体、四肢，但不见五官。基本造型有正身和侧身两种。正身人像形体较大，均双臂向两侧平伸，曲肘上举，双腿叉开，弯曲半蹲。发式有断发、椎髻，个别人头戴高冠，或插鸟羽装饰，腰间横佩长刀、长剑。侧身人像数量众多，形体较小，多属双臂自胸前伸出上举，两腿前迈，曲膝半蹲，头微昂起，面向一侧，作跳跃状。头上有的断发，有的椎髻，有的发辫后垂。

动物画像只有兽类和鸟类，以"巨兽"为最普遍。巨兽是灵犬，竖耳、张嘴、弯腰、弓背、曲腿、尾上指或后扫，是一种向前小跑的姿势。它们大多处在正身人的下方，应属祭祀活动中的圣物或牺牲。鸟的图像仅见3例，双足站立，尾翼作扇形展开，处在高大正身人头顶上，可能与图腾崇拜有关。

器物图像主要有刀、剑、铜鼓、铜钟等。刀、剑一般佩带在正身人的腰部，也有的被持于手中，其中以环首刀居多，次为长剑，很少短剑。铜鼓数量很多，有的画成一个圆圈，有的在大圆圈内再画小圆圈，有的在圆圈内画星星，星星有多种光芒，表现出古代铜鼓的鼓面形象。这些铜鼓图像有的在正身人的胯下，有的在正身人身旁，有的在侧身人的手端或胸前，像是作演奏的样子。铜钟只在宁明花山和高山两处发现，形状是上小下大，底边平直，顶端有倒八字形錾钮，每4个一组，分上下两行悬褂在"丰"形架上，极像羊角钮铜钟。

这些图像在画面上交错并存，组合成一幅幅完整的有固定内容的图画。其中典型的组合是：以一个高大魁伟、身佩刀剑的正身人为中心，其脚下有一只狗，胯下或身旁有一面或数面铜鼓，四周或左右两侧有众多的、形体矮小、动作一致的侧身人。整个场面布局规整，疏密相间，有浓厚的动态。这种画面可能是一场庄严而又欢快的祭祀活动的写照。形象高大的正身人是祭祀活动的主持者，或是首领、或是巫师，他们所佩带的刀剑是象征着权威的法器，陈设的铜鼓、铜钟是祭祀用的乐器，脚下的狗是图腾崇拜物或祭祀的牺牲。

左江岩画选择的地点是靠江临水或人迹罕至的悬崖绝壁。在这种地方作画，不仅极为困难，而且相当危险，非有超乎寻常的魅力，不能把人引导到这种瞬息就会丧生的地方去完成如此艰巨的杰作。这些图画又多绘在肉眼很难看清的高度，除了给人一种特别神秘的气氛之外，完全缺乏观赏的外在条件。因此，绘制这些图画的目的绝对不是为了一时闲暇娱乐或单纯供人欣赏，也不是简单记录生活的世俗画。画面上的人物动作姿态固定，带有明显的程式化，人物、动物、器物的排列组合，密密麻麻，富有浓厚的神秘色彩。这些图画应与巫术礼仪有关，是弥漫于中国南方的巫术文化的产物，是巫术文化的某种历史陈迹。

左江岩画以其宏大的规模，磅礴的气势，险要的环境，高大而众多的图像，以及神秘的意境和独特的民族色彩，显示了强大的魅力。它不仅是中华民族古代文化艺术宝库中的一颗璀璨明珠，放在世界民族艺术之林，也是风韵独标，别具一格的异卉奇花。（参见下编第二章《摩崖石刻》）

【注释】

① 广西壮族自治区博物馆：《广西贵县罗泊湾汉墓》，文物出版社，1988 年。

② 参见唐兆民：《灵渠文献粹编》，中华书局，1982 年。

③ 蒋廷瑜、彭书琳：《汉代合浦及其海上交通的几个问题》，《广西环北部湾文化研究》，广西人民出版社，2002 年。

④《汉书·地理志》卷二八下，中华书局，1962 年，第 1621 页。

⑤ [北魏] 郦道元：《水经注》卷三七，陈桥驿点校，上海古籍出版社，1990 年，第639 页。

⑥ 参见蒋廷瑜：《广西贵县罗泊湾出土的乐器》，《中国音乐》1985 年第 3 期。

⑦ 吴钊：《贵县罗泊湾一号墓青铜乐器音高测定及相关问题》，《广西贵县罗泊湾汉墓》附录二，文物出版社，1988 年。

⑧ 广西壮族自治区博物馆：《广西贵县罗泊湾汉墓》，文物出版社，1988 年；广西壮族自治区文物工作队：《广西西林县普驮铜鼓墓葬》，《文物》1978 年第 9 期。

⑨ 广西壮族自治区文化厅文物处等：《广西左江岩画》，文物出版社，1988 年。按：图像原统计为 1800 多个，最新统计为 1900 多个。

第三章

纷乱中别有一番景色
——三国两晋南北朝时期

三国魏晋南北朝时期约 360 余年，今广西境内政区划辖变动频繁，但广西作为中华一体格局下的地域幅员没有改变，并在岭南、西南和湘桂关系中扮演着自己独特的角色。这一时期内地动荡纷乱、岭外相对和平，大批中原和江南移民，带来了比较先进的文化，推动广西区域文化渐次得到综合性提升，并形成显著的中原与岭南二元交融的地方特色。苍梧最先成为岭南地区的文化中心和重要基地，呈现学术与教育结合、汉越文化结合、广梧地域结合的兴旺态势，留下众多颇具开创意义的文化成果。

第一节　学术、教育

苍梧成为岭南文化教育的发轫之地　学术与教育结合、汉越文化结合、广梧地域结合　颜延之首倡桂林"独秀"精神　广西最早官办学校——临贺郡学

三国时期，今广西境大部分属吴国管辖，小部分属蜀国管辖。两晋时期，大部分属广州，小部分属交州、宁州、湘州和荆州。南北朝时期，主要属南朝辖域。南朝历宋、齐、梁、陈 4 代共 170 年，至陈末，

政区均在今广西辖境的有 10 州、39 郡、101 县，其区辖跟三国两晋变动较大。尽管政区多变，政局欠稳，广西始终未脱离中华一体格局，并与岭南其他地区保持紧密的联系，和湖南、西南也长时期交错相处。

　　这个时期，由于北方多事，江南地区亦常陷入战乱或割据之中，而岭南相对和平，因此，不仅自三国到西晋永嘉之乱，而且南朝宋齐梁陈更替时期，相继有大批中原和江南的汉人迁入广西，逐步改变了汉越人口的基数比例，带来了比较先进的生产技术和语言文字文化，推动了规模性农耕文明的发展，从而使岭南广西文化，在秦汉时期阔步向前的基础上，取得了多方面的突破和收获。其中最耀眼的是自古即为著名地标的苍梧，到东汉三国时期进一步凸显其重要作用，成长为岭南最早的文化中心和发轫之地。

　　古代岭南的文化教育，发端于苍梧郡（治广信，今广西梧州市），由三大条件促成：

　　首先是西汉王朝对岭南设治中心的重大改变。秦南海郡（治番禺，今广州市）代郡尉赵佗于公元前 207 年自立南越王国，赵佗之后，番禺

图上 3-1　士燮，苍梧广信（今梧州）人，字威彦。经学家，政治家，汉末纷乱时岭南大治的关键人物和学术领袖。图为苍梧京南圩桂江畔石壁上纪念士燮的刻字。

越族集团首领吕嘉又于汉武帝元鼎五年（前 112）发动兵变。两大突发事件促使朝廷将岭南政治中心移设苍梧。元封五年（前 106），汉武帝在全国设置十三州刺史部，其中交趾刺史部先设治于赢陵（属今越南顺城），同年即移到苍梧广信，监察岭南全部九郡，一直到汉献帝建安八年（203）改交州刺史部为交州，治所仍驻苍梧，建安十五年（210）才移治广州，历时 316 年之久。在此以前岭南的文化教育，自始皇到汉武，因偏重于军政设点驻防而未及提上日程。随着南越叛异的平定，中央政权连续 300 多年对新建岭南政治中心的强势支持，苍梧迅速发展成为岭南文化教育基地便有了最重要的保障。

其次是苍梧地望与族群更古老于广州，且自有其得天独厚的条件。苍梧位于珠江主干西江咽喉，以浔江会通桂越滇黔，以桂江经灵渠会通湖广中原，以贺江会通桂粤湘赣，以北流江经玉林陆埠会通南流江出南海北部湾，以西江经高要会通广州湾。这样的优越条件，使苍梧自舜帝"南抚交趾……崩于苍梧之野"始[①]，就成为岭南人文开发的首要地望之一。经两汉三国中央政权的决策支持，苍梧在经济厚重上虽不及广州，但已成为比广州更具综合优势的社会公共管理中心和人居中心，聚集了岭北南下的强大官宦知识群体。许多中原官宦学者，最先在这里居留安置或经此分流。

第三是在上述两个条件下，苍梧建构起了岭南包括属今两广琼越区域的文化教育核心基地。这样一个核心基地同时也是中原汉文明和岭南越族文明交融更新的基地，例如中原王朝在岭南最早的盐铁管理中心设在苍梧，汉越语言交汇而成的新的汉方言——粤语发育于广信，岭南汉语言文学滥殇——苍梧古歌也在此诞生。可见当年苍梧不是一个孤立的点而是一个综合中心。需要说明的是两汉时的苍梧郡在政区辖域上与今广东封开形成一个整体，只是由于南越王赵佗族弟赵光一支驻屯苍梧，苍梧成为汉王朝强势支持的核心基地罢了。

苍梧作为岭南文化教育最早的基地，具有三大显著特点。概言之，一开始就体现学术与普及结合，汉越结合，广梧结合的势头。

第一，学术与普及结合。三国蜀吴政权中一些知名官宦学者，如后来成为东吴太子太傅的程秉、太子少傅的薛综，成为蜀政权大长秋的许慈以及太傅许靖等，均受益于在岭南执教的著名学者刘熙[②]。程秉著

《〈周易〉摘》《〈尚书〉驳》和《〈论语〉弼》，凡 3 万余言。"摘"即摘录要点，"驳"即驳论商榷，"弼"即释疑参考。这是已知岭南早期将学术探讨与普及教育结合得最全面的重大课题。他在苍梧成功作育人材后，名播江东，被孙权拜为太子太傅③。苍梧文教团体的其他知名人物，亦多以学术成就而为师资者。如许慈，在苍梧师事刘熙并成为得力助教，治《易》《尚书》《三礼》《毛诗》。后与许靖入蜀，传播岭南经学。薛综，著《私载》，定《五宗图述》《三京解》，皆传于世。其子薛莹奉东吴末帝孙皓命，仿乃父续作长篇四言诗以献④。虞翻，因直言得罪孙权贬交州，但讲学、著述两不误，先后为《老子》《论语》《国语》作了训注⑤。陆绩，亦因直言得罪孙权，贬为交州鬱（郁）林太守，在任勤政清廉，并作《浑天图》，注《易》、释《玄》，成就斐然⑥。总之，开学术为教育普及之先河并借教育以光大学术，苍梧学者们在艰难时世中做出了巨大的努力。他们不满足于潜心著述，尤关注向社会的普及，能形成较大的规模效应。著名的陈氏私学、士氏私学，不仅教育本族子弟，还广及于社会。刘熙授徒，立足于苍梧，往复于苍梧番禺之间，而规模之大，与虞翻并同，门徒常数百人。

　　第二，汉越结合。即中原汉族文化与岭南越族文化相结合。以汉语言文字与儒学经典及价值观为主导，以越族民众与子弟为主体，以学者官宦群体为师资，使岭南子弟和基层行政人员在历史上第一次大面积受到中原经学文化的熏陶，从而为南越地区文化转型，扩大中原王朝的统治基础和确立儒学在岭南的文化主导地位，为中华一体格局的巩固与发展，披荆斩棘，播种耕耘，走过了极可宝贵的第一段路程。《三国志》卷五三载，薛综曾上书孙权，从广阔的社会文化层面指出当时统治基础的薄弱和面临形势之尴尬，其中最突出的问题是"习俗不齐，言语同异，重译乃通"⑦。"重译"即因双方对话互听不懂，需要双语分别转译。这就击中了文化交融的要害，必须在以吏为师即政教合一的前提下，对地方进行教化和移风易俗。而首要的是语言文字的普及，由语言信息的贯通来实现价值观是非观的认同。粤语的产生和传播并成为两广汉方言的强大支脉，就根系于这一文教背景。在苍梧学者群体中，除刘熙拒绝担任政府官职外，其余各人都有较高官职，一度分布于岭南地区各郡要所，实质性推进各地文教与风化，并发挥了显著的作用。

第三，广梧结合。秦汉时期岭南政治中心的设置几经变动，广州（南海、番禺）计 119 年，梧州（苍梧、广信）为 316 年，河内（嬴陵）为 1 年，但无论是广州为中心，还是苍梧为中心，两个地方都是唇齿相依的。在广州为中心时，首先看重苍梧的西江咽喉作用和南越王赵佗族弟赵光宗支的实力，而倚为首辅；在苍梧为中心时，首先注重番禺广州的财气物产而目为后盾。当苍梧首先成为岭南文化教育重镇时，实际上仍以梧广一体化为指针往前发展。后来广州崛起为岭南第二代文教重心，苍梧仍因 300 多年的历史积储而不失其独特的重心作用。历东晋南朝隋唐，广州文化中心的优势才一步步全面凸显出来。就广义的岭南文化教育而言，两汉三国时期，无论是广东、广西、海南，还是五代以前同属于岭南政区的今越南中北部地区，中原汉文化教育在岭南发脉的第一基地是苍梧，即今广西梧州。

南北朝时期，岭南另一文化中心正在悄然潜起，这就是桂州，即今广西桂林。其发端的特殊地望，即湘桂走廊南端，不惟紧扼南北要冲，更以天生丽质迷人，引得多少名流雅士为之倾倒，与之共鸣。颜延之（384—456）就是其中较早的一个。据《宋书》卷七三载，颜延之字延年，琅邪临沂（今山东临沂）人。秉承孔子第一弟子颜渊的家学传统，在朝

图上 3-2 桂林独秀峰山脚颜延之读书岩

中是"颜（延之）谢（灵运）"并称的学问家和诗家，因受徐傅集团打压，被排挤到岭南，于刘宋武帝永初三年（422）赴任始安郡（治今桂林）太守。到任后在独秀峰下辟"读书岩"，赋五言诗："未若独秀者，峨峨郭邑间。"寥寥十字，成为桂林山水诗长河的开山祖。由于颜延之以行政长官身份倡导为政以学、以学养政，为桂林文化浸染了一种自主卓立的独秀精神。

据《文献通考》记载，并参《宋书》卷二一《礼志》，东晋穆帝永和年间（345—356），征西将军庾亮在武昌设立学官，建置学堂，凡参佐大将子弟悉令入学。因晋成帝（326—342年在位）时临贺郡属荆州，依政区同步之例，临贺郡也开办了学校，进行儒学普及教育⑧。临贺郡治所在今贺州市内，辖今贺州、钟山、富川、昭平等县市，以及湖南永明县一带。这是有史籍记载的今广西境内最早一所官办学校。荆州属一级政区，辖下临贺郡、始安郡等为二级政区。因此，临贺郡学为二级政区署所学校，可见今广西境内当时还没有县学，国学普及率极低，但毕竟开始了具有国家统一规范的文化教育事业。

第二节　道教　佛教

汉末道教传入桂东南　都峤、白石、勾漏名列三十六洞天　佛教先从海路传入，而正式传播则自北而南　两晋南朝佛寺6座

岭南广西的规范性宗教，最先传入的是道教和佛教。

道教传入广西，约在东汉末期。依次进入容县都峤山、桂平白石山和北流勾漏山。北宋道教理论家张君房奉宋真宗之命，编辑自汉到北宋道教资料《大宋天宫宝藏》后，又从中择编出《云笈七签》，对道家三十六小洞天进行排序，将广西都峤山列为第二十洞天，白石山列为第二十一洞天，勾漏洞列为第二十二洞天。这是根据道教的规则，按其资历及影响力度进行排列的。据文物遗址遗物及南朝以前的文献，东汉末年道教在广西已开始点的传播而非面的推广。这是因为，汉末道教并未统一规范。另一个原因是早期道教构成因素之一的岭北巫术，跟广西壮

图上 3-3　道教二十二洞天北流勾漏洞

族先民的越巫年度转生观等发生冲突。汉献帝时就曾引发过南阳人张津到岭南传道遇难的事件。《三国志·孙策传》裴松之注对此作过记载。嗣后，《晋书》卷一〇〇《孙恩传》载，五斗米教首领孙泰"浮狡有小才，诳诱百姓"，被流放到岭南，以郁林太守职务之便推行道教，也无多大实效。西晋末年到东晋，道家葛洪及其弟子两次南下，先入广东罗浮山炼丹、传道，还可能到过其他一些名山古洞，以炼丹、行医为切入口，渐次扩大了群众基础。到南朝时，道教终于在民间传播。桂林、灵川、融安出土的南朝墓滑石"买地券"，多数券文最后特书"如律令"等道教专用语。这些墓多为平民墓葬，可见道教权威性已经得到本地民间认可⑨。但是，今广西境内没有早期道教宫观遗址，到唐宋时期才有较多的观所建立。境内现存较好道观为梧州"白鹤观"及唐代阳朔"白鹤观"。"观"为南北朝道教指称，上承汉晋时代道教指称的"治"或"庐"。广西道教早期根系于南传一脉，上承四川鹤鸣山和江西龙虎山的张氏道派，后受武当山北方玄天大帝（真武大帝）主神观影响，并尊三清或三元。迄今以正一道为主，桂林则有全真道，但这是后来形成的派脉。从都峤山、白石山、勾漏洞名为洞天、有炼丹灶遗址和供奉葛洪像的早期状况看，道教所传并非灵魂超度的信仰，而是个体现世长生的追求，因较易于证伪，导致信仰传播不及佛教之盛。

据考古材料，迄今已知佛教最早传入广西的时间约在西汉中期，经由印度洋孟加拉湾和南海北部湾而来，早于陆路。梁启超《佛教之初输入》一文揣测："佛教之来，非由陆而由海，……时以广东之徐闻、合浦为海行起点。"罗香林在《唐代桂林摩崖佛像考》中也认为："佛教当非自中原传入，而实在印度先传安南，而再传梧州。"在今合浦、贵港、梧州等地的西汉中晚期墓葬中，出土许多深目高鼻、络腮胡子的陶胡人俑，多与佛教有关，成为佛教最早传播的文物佐证。梁、罗的上述言论，提升了岭南地区的佛教史地位。但即使古时印度有佛教徒前来岭南地区，由于语文不通，要授受佛教是很困难的。至于合浦出土的陶制印欧人种塑像，由于没有指认释迦牟尼及早期佛教法嗣传人的陶塑证据，更大的可能性是物品交换的结果，而不独为宗教传播的证据。虽说佛教在西汉已经开始入传岭南广西，但除东汉末年苍梧学者牟子著有《理惑论》外，在两汉三国这400多年间，迄今找不到寺院遗址和文献支撑佛教在岭南已经传播的论说。依理佛教在岭南的传播，须待中原学者翻译出汉语言文字的佛教经典，才由北向南传开，而此时已是东汉晚期⑩。约略言之，与佛教相关的文物可能于西汉中晚期从海路经苍梧传入广西，但作为一门宗教的传播应在东汉晚期，到晋代广西才有佛寺。按《南朝梁会要》，东晋简文帝咸安元年（371），广信已建有佛台寺院，但佛教发展缓慢。这个时期修建的佛寺已知有6座，即今平乐龙兴寺、合浦灵觉寺、贺州信都禅封寺、富川福堂寺、桂林文昌桥缘化寺、梧州东门外开皇寺。现在看到的寺院遗传，多非昔日面目，因为佛寺建筑基本按禅宗的伽蓝七堂制，没有更早的规制遗传，一旦被毁，重建时便少依循。历代保存较好的佛教寺院主要有灵觉寺和缘化寺。灵觉寺寺址在今合浦县城廉州镇东山路39号。始建于晋代，唐武宗灭佛时遭毁。北宋时在旧址上重建，历代均有重修。今存山门，天王殿，观音殿四壁。缘化寺寺址在今桂林市民主路万寿巷。建于南朝，初名缘化寺，唐初改名开元寺。唐玄宗天宝九年（750），鉴真和尚第五次东渡日本受挫，由海南北返经广西，在此留居近一年。寺址今存。整个广西佛教，以大乘派为主。若是南传或海传佛教，不仅应有南亚文字佛经，而且应以小乘为主。因此，梁启超和罗香林的岭南佛教入传见解未获学界广泛认同。广西自东汉末出现苍梧牟子《理惑论》这一国内首部佛学理论著作以来，佛教仪轨和佛经都采用汉学北传佛教。

第三节　铜鼓与文物

俚僚贵铜鼓成为岭南民族风尚　陶四合院显示新的建筑意蕴　青瓷骑士俑反映交通状况的改善　滑石器体现立体思维能力的进步　买地券折射土地关系的变易

三国两晋南北朝时期，广西的冷水冲型和北流型、灵山型铜鼓，一度成为整个岭南地区的铜鼓主流类型，形成"俚僚贵铜鼓"的岭南土著民族风尚。铜鼓文化是包括广义岭南地区并扩及东南亚诸国的一种文化事象。迄今已知铜鼓发端于公元前 7 世纪春秋时期云南中部地区的万家坝型铜鼓及战国时期的石寨山型铜鼓，然后向东发展到贵州和广西、广东地区。自秦汉至隋唐，以广西桂南为中心，分派出冷水冲型（今属藤县）和北流型、灵山型铜鼓，逐渐形成南部中国云南、贵州、川南、湘西、广东北江以西、广西南部及桂东南、桂西北地区的铜鼓文化区。

进入中国近现代，铜鼓文化功能在庆祝、娱乐、祭祀、联通等传统功能基础上有了新的时代性的提升。由于滇桂系铜鼓从万家坝型、石寨山型、冷水冲型到遵义型、麻江型和粤桂系灵山型铜鼓鼓面的主流太阳星光都是 12 芒，体现出一种长期积淀而成的文化价值认同，以太阳星辰为中心发射 12 道角芒的凸面铸像，被采选为旗帜设制的核心参照图样，起到良好的鼓舞和指引作用[①]。（参见本书下编第三章《铜鼓》）

人类定居特别是永久性定居的部分建筑样式，至迟自秦汉时代已经从中原荆湖地区传入桂东北以迄桂东南。从出土文物看，到三国两晋南北朝，民居式陶屋已经增多，其中典型的是苍梧南朝陶四合院建筑模型明器，1980 年 4 月在苍梧倒水镇（今属梧州市）南朝墓出土。这一正方形两层四合院结构，在四边墙体对称性构建 8 个单间哨屋，十分精美；不仅在制作工艺上值得研究，在整体风格上也传递了一种相对和平景象的官署行政院落或北来士族居所的建筑意蕴。但广西四合院不是对中原岭北四合院建筑样式的照搬，而因应岭南自然气候居住环境的不同，作了必要的革新。其中最大特点是墙体气窗密布，以便透气消暑或化浊除瘴。一些民居与仓储呈干栏式，较之北亰四合院式建筑在本地的历史更为悠久与实用。显然，岭南四合院既保留了岭北四合院格局特点，也吸收了南方越族的干栏式长处，是四合院与干栏式的结合，或南北建筑文化的优化重组。以往学界对此认识不足，实际上，不独建筑方面，进而推及北传文化的各方面，亦多有一个岭北与岭南融合出新的问题，在成型过程与表现形态上，往往兼有源与流的二元重构特性。

　　两晋南朝广西的青瓷，是铁着色剂浅层窑产品变为釉色青绿的瓷器，多出土于墓葬。晋及南朝前期施釉质量较好，中后期较差。器形种类特征、胎质、釉色及花纹装饰多与浙江、湖南、湖北3省接近。由于中国传统青瓷，要到唐宋才达到精湛程度，仅仅从瓷器审美角度来认识此前的广西青瓷不是主要的，而应更多地从它所表达的同时期地域文化的意蕴来加以考量。其中，最著名的是南朝墓葬明器"青瓷骑马俑"。1980年6月苍梧县倒水镇南朝墓中出土1件，1981年永福县百寿镇南朝墓出土1件。两者均以骑代步，鞍辔完备，表明桂东南桂东北陆驿中原坐骑式交通状况较之前代大为完善。永福县出土的"青瓷步辇俑"，并有中原传统平肩行舆的格式化写意。南朝著名的青瓷文物还有恭城青瓷唾壶、青瓷六系罐、青瓷五足砚。梧州、贵县出土的青瓷四系罐，以及梧州、桂林、藤县、融安等地出土的两晋南朝茶具"青瓷鸡首壶"，从不同方面显示了当时青瓷制作水平和社会生产生活风貌，也是珍贵文物。南朝墓葬出土的陶瓷文物中，苍梧县倒水镇出土的南朝"陶牛耕俑"和"南

图上3-4　贺州将军山南朝墓出土的牛车人物瓷俑、骑士俑。现藏贺州市博物馆。

图上 3-5 南齐秦僧猛"买地券"拓片，原件为桂林市东郊尧山南朝墓出土，现藏桂林博物馆。

朝陶牛车"等模型明器透出当年制作时的许多信息。陶牛耕俑是双牛并耕，陶牛拉篷车再现道路交通规模建设的进步。这些牛都是南方水牛，是当时社会生产力构成的重大因素。

如果说青瓷制器属于泥塑烧制作品，则汉代广西玉刻文字和砖刻文字，以及南朝的滑石器制作，属于石质塑刻作品范畴[12]。玉石属硬体岩石，滑石属软体岩石。用滑石制成的明器，即滑石雕刻作品。广西的滑石雕像技艺在汉代已有相当长进，名作有梧州市云盖山出土的滑石囷、柳江县白沙乡出土的滑石人面具，以及合浦县出土的徐闻令印、藤县出土的猛陵丞印等。南朝滑石器主要发现于融安、桂林、恭城、兴安、灵川、鹿寨等地的墓葬中。制件以动作与表情为审美要素的人物和动物雕像为主，较之汉代以器具为主，所需立体思维能力更强，代表作是黄家寨滑石俑和碑式买地券等。汉以迄南朝的滑石与玉石软硬两类型雕刻造形铭文和砖刻铭文，为隋唐广西的规模性岩石雕刻作了准备。

三国两晋南北朝时期北方大批移民进入岭南，解决吃饭问题成为首要生存条件。广西土地的开发垦耕速度由此加快，土地买卖进入了较规范的契约交换阶段。本着事死如生的观念，当时出现一种社会习俗，为死者提供石质买地券，并作为随葬冥器埋入墓中。表面上看似迷信，本质上却深刻反映了土地买卖和兼并对于社会民心造成的冲击。迄今为止，桂东北的桂林、灵川、鹿寨、融安等地先后出土南朝随葬滑石地契多份，包括桂林出土的刘宋泰始六年（470）《欧阳景熙买地券》、南齐永明五年（487）《秦僧猛买地券》，灵川县出土的南齐永明五年《黄道丘买地券》、南梁天监十五年（516）《熊薇买地券》、南梁普通四年（523）《熊悦买地券》，鹿寨县出土的南梁中大通五年（533）《周当界买地券》等。为了省工和长久保存，地券都用滑石制成，外形扁薄长方，券文直行刻写，由右向左顺读，内容包括真实性的丧葬具体时间、墓主姓名、墓葬地名，虚拟性的买地所费银两、地亩面积或四至地界、证人姓名等[13]。地券有助于判断墓葬时代、墓葬所在地的地名沿革和墓主身份，对认识当时社会生产关系有一定的启发作用。

第四节　文史典籍

苍梧古歌发脉岭南文学　绿珠《㦗侬歌》推动怨体诗创作　北部湾孕育海洋文学名作《海赋》　中国最早植物方志《南方草木状》　现存中国最早博物学著作《博物志》　早期医药急救学名著《肘后备急方》　纪传体正史载录广西地域文化史料

东汉三国两晋南北朝时期，苍梧古诗赋的发育，亦领岭南之先。东汉明帝永元六年（94），学者养奋以赋文应对汉和帝"策问"，形式上以《诗经》四言体为参照。同在永元年间，苍梧郡太守喻猛因广施仁政，郡人特作四言体《喻猛歌》以颂之。诗曰："于惟苍梧，交趾之城。禹贡厥人，岛夷卉服。大汉惟宗，迪以仁德。出自中台，镇于外国。鸠集以礼，南人入服。简于帝廷，功化毕植"。此外，还有两首佚名七言体诗《陈临歌》，歌颂勤政惠民的苍梧太守陈临，歌云："苍梧府君惠及死，能令死人不绝嗣"，"苍梧陈君恩广大，令死罪囚有后代"，对昔日官场十分难得的人道精神给予很高的评价。到了南北朝时，陈临的人道政德仍传颂于社会。北齐诗人魏收在社会采风中，见状而感慨系之，特作五言古体《午日咏岭外风土》以纪念："喧林尚黄鸟，浮天已白云。……因想苍梧郡，兹日祀东君。"以上所作均为古诗，而非骈赋，内容以称扬政德嘉风为意蕴。诗中反复出现名重四方的地域核心词"苍梧"，可总称之为苍梧古歌。这是迄今为止所见到的岭南最古老的汉体诗[14]。苍梧古歌发岭南诗词之先绪，可惜本土作者姓名已佚。今天能见到的个人署名诗作，最早的是西晋惠帝元康年间（292—299）博白县美女绿珠所作《懊侬歌》14 首⑮。第一首曰：

> 丝布涩难缝，令侬十指穿。黄牛细犊车，游戏出孟津。

这首《懊侬歌》是应和石崇五言诗《王明君词》"我本汉家子，将适单于庭……朝花不足欢，甘与秋草并"的唱酬作品。在文学史上，被奉为红颜薄命之咏典。先收入东晋《古今乐录》——见宋郭茂倩辑《乐府诗集》卷四六，又相继为刘宋少帝、南齐太祖、萧梁武帝以迄于明代刘伯温，一直到当代郭沫若所激赏，续作纪咏者代不乏人。

　　自汉至晋，岭南广西诗作呈现两大构成：一方面以《诗经》四言体为主要参照系，初步开发出五言古体和七言体诗歌形式，并以人物颂扬和心境抒发为主题调，"诗"与"歌"互动同构。这对于后来的诗歌与民歌格调，有着传统性影响。另一方面，客桂诗人从一开始就表现出两种风格，即北齐魏收《午日咏岭外风土》，展现苍梧生物多样性与地方民俗风情的特色；横州隐士董京则以"归我自然之室"，营构隐逸诗风，两者兼有忧世问道、寄情风物的共通性，首开客桂作家骚人的风物情景诗风格。

　　据《南齐书》卷四一《张融传》载，南朝宋孝武帝（454—464 年在位）时，新安王北中郎参军、吴郡（今苏州）人张融出为封溪令（治今越南永福省安朗东）。当时，封溪县和北部湾西域属交趾（治今越南河内东）管辖，交州东界到今广西合浦南流江口。张融在此起航前往交州，在北部湾海域作长篇《海赋》，这是继西晋木华（玄虚）《海赋》之后的又一篇海洋文学杰作，也是描写南海的第一篇大赋。全文可划分为 12 个文段，约 2030 字，生动地道出了大海的壮丽诡异景象，并引出上善仁达和雷电摧折的双重性格⑯。这篇海洋文学杰作，对后来的江海文学颇具影响力，如"若夫增云不气，流风敛声，澜文复动，波色还惊。明月何远，沙里分星。至其积珍全远，架宝谕深……淹汉星墟，渗河天界。风何本而自生，云无从而空灭"等句笔意，深得东晋南朝玄佛激荡、道法自然之旨趣，于宋代范仲淹《岳阳楼记》和苏轼《前赤壁赋》的创作亦不无影响。

　　三国魏晋南北朝时期，广西开启了地方史志和风物志的编写历程，主题是岭南迥异于岭北的山水物产和民族风情。自此之后，广西典籍以山水风物为主要纪载的传统特色，迄今没有改变。早期记载物产风情的著作主要有《南方草木状》《博物志》和《交州记》，其文化价值意义标志着中国植物方志学和博物方志学的初步形成。《南方草木状》是中国现存最早的地方植物志。3 卷，西晋嵇含撰。嵇含（263—306），河南巩县人，任广州刺史时，葛洪曾任他的军事参议[17]，任上博览岭南要籍，进行社会与自然调查。晋惠帝永兴元年（304），他在遇害前两年将自己掌握的岭南植物知识编写成书，记载广东、广西、海南及越南的植物共 80 种。卷上为草类，记 29 种；卷中为木类，记 28 种；卷下为果类，记 17 种，另有竹类 6 种。书中一个特别之处，是记载利用蚂蚁防治柑橘虫害，即引用蚂蚁去咬柑虫，封锁柑虫活动，达到防治目的。这种以虫克虫的方法是世界历史上最早关于生物防治的记载。今本已经后人整理增删，并非全是嵇含原著。《博物志》为事物笔记类著作，西晋张华撰，10 卷。多取材于古书，也有个人进行地方事物调查的成果心得。原书已佚，今本由后人搜辑汇成。分类记载山川地理、人物考记、神话传说，特别是草木虫鱼鸟兽及神仙方术等内容。其中，从文化人类学角度考察和记载古越人或僚人的衣食住行习俗、地方民族图腾崇拜等方面，不乏独特的地域文化参考价值。又因《博物志》书名并无地域限制，为后世继续开发储存了空间，到宋代又有李石作《续博物志》共 10 卷。此二书是中国古代博物学形成的重大标志。《交州记》是记载古岭南事物的著作，共 2 卷，晋刘欣期等撰。原书已佚，今本由清代曾钊从《太平御览》等古文献中辑出。这个辑本的特点是以类相从，简明扼要。卷一为刘原撰，有竹鼠、金螺䴕、古度树、多感子、椰浆、合浦杉、土肉为脠、黉炙等种类。卷二为刘澄之、姚文咸补撰。刘澄之是宋代人，姚文咸生平未考。交州为古岭南地，辖境相当于今广东、广西的大部、海南和越南承天以北诸省。书中记述岭南的各种奇闻异事，兼具博物与古史的参考价值。

　　需要特别提到的还有《肘后备急方》。这是迄今岭南最古老的医药文献，也是中国早期急救医药学名著之一。东晋葛洪撰，原 3 卷。葛洪是两晋之际名臣，也是著名道家、医学家，西晋末东晋初两度南来广州。第一次为广州刺史嵇含（即《南方草木状》作者）的军事参谋。嵇含遇害后，葛洪北归。不久又再次南来，求为勾漏令。之后率子侄门徒长期制丹行医于广东罗浮山，有人认为广西勾漏洞和白石山等地也有其足迹。此书是他本人摘取自著《玉函方》中可供急救并在两广地方实用过的有效单方验方以及简要灸法，汇编而成，取名《肘后救卒方》，简称《肘后方》。梁代陶弘景增修，录方101首，改书名为《(补阙)肘后百一方》。金代杨用道又摘录唐慎微《证类本草》中的有效单方作为附方，称《附广肘后方》。三书合并更名《肘后备急方》。"肘后"含有祸起肘腋和掣肘以止的共义。共8卷73篇（现缺3篇），记述内、外、妇、儿、眼各科疾病，特别是各种急性病症的治疗方药及针灸与外治等方法。其最大特色是所选民间常用单方验方，确切有效；其次是药味简单，便于就近采用，可以普及到乡村。如关于常山治疟、麻黄治喘、大黄治泻、雄黄和茶叶解毒的记载即是浅显易行的宝贵医疗经验。本书的另一价值是不乏首创之论。如首次描述羌虫病、食道异物的治疗技术；又如提出用狂犬脑髓敷治狂犬咬伤伤口以防治狂犬病，这是古代以毒攻毒免疫思想的萌芽。

《二十四史》所载三国两晋南北朝时期广西地域历史文化文献，主要由《三国志》《晋书》《宋书》《南齐书》《梁书》《陈书》《南史》《魏书》《北齐书》《周书》《北史》记载的广西原始资料构成。

以上11种纪传体正史文献，从宏观层面收录了岭南广西三国两晋南北朝时期的地域文化资料。共收帝王83纪，454条有关岭南广西事务。主体内容为秉承秦汉以来岭南广西纳入中华一体格局战略方针，因应不同时势和区域人群关系而作出的战抚决策、政区调整、任官变动和公共管理安排，总的精神是宏观调控。其中以吴主传、晋武帝纪、宋文帝纪、梁武帝纪、陈高祖纪、魏太宗纪、北齐文宣帝纪、隋高祖文帝纪等条事为要⑱。而诸志、诸表和列传（含个人传、区域族群传）主要从各个侧面展现中华一体格局下岭南广西各方面情势及互动同构关系。其中地理志、州郡志、职官志、食货志纪载政区设置、行政吏治和物产赋税制度。列传则是事关宏观调控的人力资源配置状况。它们共同构成了岭南广西地域文化最基本的，同时也是最权威的文献资料。

【注释】

① 《史记·五帝本纪·舜帝纪》。

② 参阅《(雍正)广西通志》卷八六,《四库全书》本;《三国志》卷五三《程秉传》;李彦福等编:《广西教育史料·第一位来广西讲学的学者——刘熙》,广西人民出版社,1989 年;《岭南文化大百科全书》,中国大百科全书出版社,2006 年,第533 页、659 页。

③④⑤⑥⑦ 分见《三国志》卷五三《程秉传》、卷四二《许慈传》、卷五七《虞翻传》《陆绩传》、卷五三《薛综传》。中华书局,1959 年。

⑧《宋书·礼志一》,中华书局,1974 年。

⑨⑩《广西大百科全书·历史上卷》,中国大百科全书出版社,2008 年,[宋]周去非:《岭外代答》卷七,中华书局,1999 年。

⑪ 台湾综合研究院研究员龙村倪先生认为,中华民国所用青天白日满地红旗即十二角形芒圆饼太阳纹这一图案沿自创建民国的中国国民党党徽,其渊源应追溯到铜鼓鼓面中心的太阳纹。《中国艺术文物讨论会论文集·器物(上)》357—358 页,台北故宫博物院,1992 年。

⑫ 参见《广西大百科全书·历史》"出廊六字玉璧"条、"汉代玉印"条,中国大百科全书出版社,2008 年,第 124 页;《灵山县志》"东汉砖刻文字",广西人民出版社,2000 年,第 1176 页。

⑬ 参见《广西大百科全书·历史》,中国大百科全书出版社,2008 年,170—171 页。

⑭ 韦湘秋:《广西百代诗踪》,广西人民出版社,1995 年,第 7—11 页。

⑮ [南朝宋]郭茂倩辑:《乐府诗集》,中华书局,1979 年,第 667 页。

⑯《海赋》字数,据 1972 年中华书局校点本《南齐书》卷四一《张融传》所录全文计算。按,西晋木华(玄虚)的《海赋》虽比张融的《海赋》早百余年,但并非完篇,仅有 1070 字。

⑰《晋书》卷七二《葛洪传》,中华书局,1974 年。

⑱ 参见广西壮族自治区通志馆摘编:《二十四史广西资料辑录》(一),广西人民出版社,1989 年,第 145—147 页。又见《三国志》第 185—191 页,《晋书》第 237—249 页,《宋书》第 303—307 页,《南齐书》第 339—345 页,《梁书》第 371—379 页,《陈书》第 411—427 页,《南史》第 499—501 页,《魏书》第 517—518 页,《北齐书》第 522 页,《周书》第 533—536 页,中华书局,1959—1974 年校点本。

第四章

第一个高峰期的到来
——隋唐五代时期

　　隋唐重新统一中国，岭南再聚强劲合力。良将贤臣的开明卓识，文士名流的播火传薪，给已经初步发展的八桂大地带来新的稳定和希望，带来民族关系调整和文明教化的契机。唐懿宗咸通三年（862），岭南西道的设置开广西政区雏形，桂州、柳州、邕州、容州等核心地区的发展提速。隋唐五代时期——主要是唐代，广西区域文化由分散发展向较统一的分级管辖的集中发展演化，迎来多头并进、亮点纷呈的第一个高峰期，教育科举、文人创作、民族文化、宗教艺术、科技创造都有突破性进展。

第一节　教育、科举

首批府、州、县学传薪播火　桂州、柳州、容州先行一步　人才产出率起点不低　民族学子受到照顾　李尧臣、赵观文、裴说、梁嵩金榜题名，广西第一个进士、状元诞生

　　隋王朝统一中原及江南后，企图用军事力量改变170年间南朝形成的地方政权格局，遭到番禺地方势力王仲宣集团的强烈反抗。隋大臣裴

矩在土著领袖冼夫人支持下，巡抚安定了岭南 20 余州①。令狐熙、侯莫
陈颖又先后为"桂州总管十七州诸军事"②，在桂州开设总管府，统辖桂
东北、桂中以至桂东南 17 州地区。武德四年（621），唐高祖派遣赵郡
王李孝恭、大将军李靖率军进占桂州③，第 2 年李靖在独秀峰正南百余步
处（属今广西师范大学王城本部办公楼址所）筑桂州官府，派人分道招
抚岭南各民族首领。自太宗贞观四年（630）起，唐王朝在广西实施羁縻
制度。至唐末，左右江及郁江、南北盘江及红水河、龙江及融江等桂西
南、桂西北地区先后设置羁縻州 50 个，羁縻县 51 个，开始了广西古典
式"一域两制"的历程。唐懿宗咸通三年（862），岭南分列东、西两部，
中央正式设岭南西道于邕州（今广西南宁市）。岭南西道是广西成为独立
一级政区建置之始端，辖域包括今广西、海南省境和广东省雷州半岛，
并节制安南都护府（今属越南中北部）。南宁也由此首次成为一级政区统

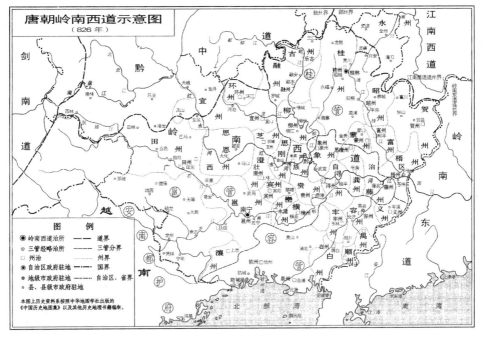

图上 4-1　唐代岭南西道地图　　　　　　　　　　广西地图院编绘 2010 年 12 月
1. 本图上中国国界系按照中国地图出版社 1989 年出版的 1∶400 万《中华人民共和国地形图》
绘制。2. 本图今行政区划资料下迄 1992 年底。

治中心。五代十国初期，广西北部归属楚国（都今湖南长沙），南部归属南汉（都今广东广州）。最后，全部归入南汉④。唐末以迄五代十国时期，岭南广西最大的区域格局变化，除了楚汉争桂而全境并入南汉政权外，受岭南西道节制的安南都护府（治今越南河内）在这一分裂割据时代独立出去，建立了交趾国政权。北宋初期统一岭南时，承认了这一历史形成的新格局。

唐代是广西文化发展的第一个高峰期，首先在教育和科举方面超越前期，形成了儒学普及的第一个高潮。

隋唐时期的教育以官办为主，并开始兴建府学、州学、县学三级制学校教育。广西最早的县级官学是灌阳县学，创建于隋炀帝大业十三年（617）。进入唐代，官办教育扩展。唐高祖武德五年（622），建岑溪县学，并在相近时段建立了永福县学和武缘（今武鸣）县学。太宗贞观年间（627—649），建容州州学、北流县学、博白县学。代宗大历（766—779）年间，建桂州州学、象州州学。宪宗元和十年（815），建柳州州学。另外，古县（今永福境）县学和灵山县学，也创建于唐代。这些官学多习经科及诗赋，主要培养诗赋和明经人才。核心地带是以相思埭运河为枢纽的桂柳地区，北流江南流江地区，并带动交邻区域的发展。当时广西正州地方官吏，有一部分已重视教化，比较突出的是桂州刺史兼桂管观察使李昌巙，柳州刺史柳宗元，容州刺史兼容管经略使韦丹等地方官，他们促使所治州域先走一步，成为文化先进地区。虽然有唐一代所设州学县学，不及州县总数的1/10，并且羁縻州县未设官学；邕州作为总管府治所，也未建州学，总体教育状况明显落后于岭北、中原，但毕竟有了可以燎原的星星之火，所起的示范作用是很大的。何况为数不多的学校，能按国家规范进行教学，使教育质量得到了确保。

据文献记载，藤县李尧臣于唐太宗贞观七年（633）中选，成为广西第一个进士。唐昭宗乾宁二年（895），临桂赵观文状元及第，是广西籍考生中的第一个状元⑤。10年以后，又一个桂州人裴说在唐哀帝天祐三年（906）考取状元，成为广西第二个状元。到五代南汉，平南县梁嵩在白龙元年（925）殿试中以《赋荔枝诗》及策对荣登进士榜首，可算是第三个状元及第。从唐到五代有史籍纪录的广西考生共计14人考取进士，其中桂州的裴说、裴谐（谐一作诣），兄弟分列同科状元、榜眼。遵化县（今灵山县）进士姜公辅，成为广西第一位翰林学士和宰相级人物（同中书门下平章事）⑥。

唐代教育的另一个重大事件是，开始了少数民族学校教育的历程。在广大羁縻州县尚未设置州学县学的情况下，政府允许壮族先民子弟进入当地正州正县的学校接受教育，民族地区文教事业得到局部发展。钦州壮族子弟宁原悌中进士，事在武则天永昌元年（689），是广西第二位有确切纪年的中进士者。从学校普及率与人才产出率的比例上衡量，广西的教育质量，到唐代后期由于连中状元、榜眼，已达到全国中上水平。尤其 12 名进士中有 2 名状元、1 名榜眼，进士与状元比例为 6：1，从中可以看出广西籍进士不弱的文化素质。迄于宋、清，广西先后搏出 2 名三元及第，成为中国科举史上 13 名三元及第的五大来源省区之一，这跟唐代一开始就从严要求教育素质的传统是直接相关的。

广西在推行科举制度同时，也推行"南选"制度。这是唐代中后期对江淮以南，特别是黔中、岭南地区实施的特殊性地方官选任制度，开始于唐高宗上元二年（675）。原因是中原地区的人才多不愿来瘴疠严重的岭南地区做官。南选制度对科举落选人才可以视其考试成绩，进行特殊的类似于准公务员的选补，以充任地方民族官员。

第二节　文人创作

客桂文士官宦的积极推导　柳宗元风范长垂　李商隐灵思独具　本土文人群崛起　壮族兄弟诗人韦敬办、韦敬一　晚唐名家曹唐、曹邺　"千古名句，不能有二"的来历

在隋唐五代广西文学发展史上，北来的官宦名流和文人学士是一个兼有主导、示范、推动作用的群体。文人创作方面，客桂文士所带来并推动发展的，乃是情感复杂的风物山水格律诗歌。他们的格律诗词创作范式改进了本土民歌的表达形式，成为促进歌圩形成的积极因素。其中，起特殊作用的是贬官。他们分布于桂东北、桂中和桂东南等正州正

县地区。如桂州的褚遂良、张九龄、李渤、郑亚（兼带李商隐），柳州的柳宗元、刘蕡，梧州的韩益、郑畋、杜让能，象州的韦挺、柳爽、王承颜，昭州的王锡、韦陟、穆宁，龚州和严州的张直方、李守德、宇文融，富州的李邕、王昶，贺州的宋浑、王士平、李宙等，以桂州最多，达20名。加上钦州张说、横州张大安、藤州李嗣真等分散性成员，计约80名。这些人的主要特点是独立思考能力较强，社会关注度高，作品思想深刻而影响较大。如柳宗元、张九龄、李渤、褚遂良等一大批人才，是全国高度知名的人物，对广西文化和文学起到了有力的引导作用。

读史可知，在广西士众的文艺审美视野中，对于贬官中的褚遂良、宋之问、沈佺期、张九龄、李渤、韩愈等人，非贬官中的李靖、李昌夔、元晦、元结、李商隐、戎昱等人的文品才具，欣赏度更高。上述13人是唐代广西山水文学特别是桂林山水感怀文学的不同时期的领军人物。其中沈佺期和韩愈并非客桂但同属谪官岭南，并对桂林和边疆山水感怀文学独有贡献，因而一并列名以纪。

李靖（571—649）是唐初统一岭南广西的关键人物，这位著有中国七大兵书之一《李卫公问对》和《六军镜》的大军事学家，文武兼备，剑笔相长，一度主持广西地方文化建设，在正确对待民族问题上率先做出了榜样。

李昌夔以李唐宗室、御史中丞出任桂州刺史6年（773—779），统兵

图上 4-2　元代柳宗元石刻像，原碑现藏柳州市柳侯祠。

屠杀2万西原潘长安起义队伍后，厉行"化戎为农"的政策，招抚20万地方民族武装共建家园，多少弥补了前期的重大错失。他建桂州州学于独秀峰下，并修建孔庙和颜延之读书岩，使桂林第一文化景观得以形成规模。他还重修虞山舜庙，全面整合从尧虞到孔子的国学资源，为地方文化开发做了大量前驱性努力。

元晦是唐朝著名诗人元稹之侄，会昌二年（842）以京官出任桂管观察使，撰《叠彩山记》《四望山记》《于越山记》刻于石壁，还为宝积山吟就《岩光亭三十韵》60句长歌。即将离桂时，特作《除浙东留题》，表达了对广西山水人文的依恋之情。

褚遂良（596—658或659），初唐著名书法家。贬到桂林后为敕建的善兴寺舍利塔书写非凡的《金刚经》并勒石为碑。《金刚经》得书法大家再现华彩，身价更增。此一宝碑存留1000多年，对于弘扬佛教和传授书法产生了十分深远的影响。

宋之问（656—712或713），中唐著名宫廷诗人，与沈佺期齐名，号称"沈宋"。他的突出作用是以诗才、诗作及社会名望，带动广西地方文人诗歌创作，留下"崖喷落江泉，巨石潜山怪"等名句，对五言诗传播颇具影响。

沈佺期（656—713），于中宗神龙元年（705）因涉武则天、张易之案流放岭南道驩州（今属越南），途经广西北流鬼门关时作五言《入鬼门关诗》。后又到崇左城北青连山即崇山一带游历，作南疆边地名篇《从崇山向越常》，其中佳句"桂叶藏金屿，藤花闭石林。天窗虚的的，云窦下沉沉"广为后人传诵。作为五言名家，沈、宋都是在流放岭南后不仅诗兴大发，而且在广西山水风情及个人忧伤心态的刺激下，诗作格调清新，成为全唐山水诗中的一个亮点⑦。

张九龄（678—740），曾贬任桂州都督兼岭南道按察使摄御史中丞，写有五言古体《巡按自漓水南行》诗，并撰《祭舜庙文》。他的诗作和政绩，都在广西流传。

元结（719—772），大历三年（768）调任岭南道容州刺史，他最为人称誉之处是断然否定以武力解决容州民变，竭力以文化从政和以文化化人，在文学题咏上也有建树。

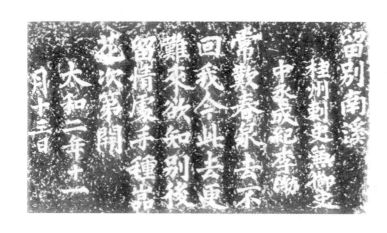

图上 4-3　李渤《留别南溪诗》石刻，刻于桂林隐山北牖洞。

　　李渤（772—831），宝历元年（825）触怒敬宗，贬为桂管观察使兼桂州刺史。在桂 4 年，以远见卓识，着力开发桂林多处主要风景，其《南溪诗序》《新开隐山记》《隐山六洞记》对此有详细记载。他的《留别南溪》诗刻于白龙洞口，《留别隐山》刻于北牖洞口。

　　在文人创作中，唐代客桂作家以柳宗元和李商隐尤为突出，而柳宗元的推导之功至伟。柳宗元（773—819），唐宋八大家中到广西的第一人。因柳宗元在广西，韩愈在广东，时称东韩西柳。柳宗元因参与王叔文领导的政治革新运动，遭谪贬后又于元和十年（815）三月迁柳州刺史。任上兴办州县学校，修缮孔庙，兴佛寺以补儒学终极关怀之不足。公务之余写下《柳州东亭记》《桂州訾家洲亭记》《柳州山水近治可游者记》《邕州马退山茅亭记》《柳州上本府状》《井铭》等文，以及诗作数十篇。桂林、柳州、南宁都在他的笔下生辉。在柳宗元任官柳州 4 年间，柳州成为整个岭南两大学术中心之一。《新唐书》卷一六八《柳宗元传》载："南方为进士者，走数千里，从宗元游，经指授者，为文辞皆有法。世号柳柳州"[⑧]。韩愈与柳宗元因共同倡导唐宋时期的古文复兴运动，世称"韩柳"。柳宗元去世后，韩愈深为痛惜，为柳宗元写墓志。唐穆宗长庆二年（822），柳宗元已去世 3 年，朝议大夫严谟出任桂州刺史，韩愈作《送桂州严大夫》为之送行。诗云："苍苍森八桂，兹地在湘南。江作青罗带，山如碧玉簪。户多输翠羽，家自种黄柑。远胜登仙去，飞鸾不暇骖。"着意写出桂林山川物产之美异。诗中"户多输翠羽"即指上贡的百鸟衣。而"家自种黄柑"，则是怀念好友柳宗元在柳州城西种黄柑300株一事。这首诗将桂柳连在一起来写，用意深沉，也是对严大夫的期许，勉励他要像柳子厚那样做一个惜物爱民，文教风化之人。而"江作青罗带，山如碧玉簪"的人性化描绘，使它在桂林山水文化史诗上，与颜延之"未若独秀者，峨峨郭邑间"、王正功"桂林山水甲天下"诗，并称为千古名句。

戎昱（约741—791），在桂州近两年，为李昌巙府上幕宾。写有《桂州腊夜》《桂州岁暮》《宿桂州江亭呈康瑞公》《桂州西山登高上陆大夫》《桂城早秋》《再赴桂州先寄李大夫》《桂州口号》《上桂州李大夫》等诗，是唐代以桂州为题写诗最多的全国知名诗人之一，对推动桂林山水文学发展有特殊贡献。

李商隐（约813—858）至桂管、昭州不到一年，共写诗文100多篇，创作高产时期之一。同时他也是唐代写感怀广西山水诗最多的著名诗人。其中《桂林》诗"城窄山将压，江宽地共浮"句，从地底落笔，手法跟韩愈"江作青罗带，山如碧玉簪"的美人状拟手法大异其趣。他的《朱槿花二首》，也在一千一百多年后，为将朱槿花评选为广西首府市花的南宁市民所热情咏诵。

正如客桂学者一贯以极大兴趣搜集和记载岭南广西殊异于岭北的物产风情，客桂作家作品的最大特色是用一种距离审美和比较审美，由衷地赞颂广西，从而抽象出广西风物优越的重大觉悟因素，为岭南诗人和画家提供了养分。

广西籍诗人的诗歌创作也精彩纷呈，突出表现在两个方面。一是在全国占有一席之地。《全唐诗》收录曹邺诗作108首、曹唐诗作2卷计140（另说158）首①，裴说诗作51首，王元诗作5首及残句3联，翁宏诗作3首及残句9联。《全唐文》收录赵观文尧舜颂词文1篇。《全五代诗》收钟允章、王元、石仲元的诗作若干篇。以上虽仅以略大于1%的量进入，但毕竟是一个历史性突破。二是出现诗人群体。如上林县的二韦（韦敬办、韦敬一），桂林地区的二曹（曹邺、曹唐）和二裴（裴说、裴谐），五代桂林的王元夫妇。

整个唐朝，广西第一家诗人是上林壮族韦敬办、韦敬一兄弟。韦敬办的代表作，是写于高宗永淳元年（682）的《澄州无虞县六合坚固大宅颂》碑四言八句颂诗 3 首和《咏六合坚固大宅颂》五言诗 1 首。韦敬一作《廖州大首领左钰钤卫金谷府长上左果毅都尉员外置上骑都尉检校廖州刺史韦敬办智城碑一首并序》，署万岁通天二年（697）韦敬一制，内容即是对智城洞和韦敬办的颂文。其四言颂词共 7 首，并有序言，皆仿《诗经》颂体写成。无论构意还是表达，都有可圈可点之处。两碑文中出现武则天所创 7 个特别字和最早的可识读的 5 个古壮字，是汉壮文化结合的产物，历 1300 多年今存[⑩]。

晚唐时期桂林地区的曹邺、曹唐，活跃于 9 世纪下叶。曹邺以五言古诗鸣世，著作名录为《曹祠部集》《古风诗》和《经书题解》。明代唐诗研究名家胡震亨在其所著《唐音癸签》中指出："晚季以五言古诗鸣者，曹邺、刘驾、聂夷中、于濆、邵谒、苏拯数家……就中邺才颖较胜。"从全国范围上讲，曹邺五言诗是晚唐五言诗的一流。他的代表作之一《奉命齐州推事毕寄本府尚书》揭露："州民言刺史，蠹物甚于蝗。"怒斥长官害民损物甚于蝗灾。曹邺作为唐代诗坛名家，不仅以五言诗著称，而且以七言诗流传。同样直抒人民公意的七言诗《官仓鼠》及《捕鱼谣》等，亦为其代表作。如《官仓鼠》："官仓老鼠大如斗，见人开仓亦不走。"极言贪官污吏之横虐无忌，直刺国家政治体制，千年吟诵较衰。曹唐的最大特点是以"病马"自称，如 5 首七言诗《病马》中谓"病来颜色半泥沙……失云龙骨瘦牙槎"，指斥晚唐的社会政治生态每况愈下，人才无所适用。特别是所作"游仙诗"，以七言律绝为形式，勾画出诡幻的神仙世界。其七言游仙诗在整个唐诗中，以独特的题材和表达形式迥异于他人，具有不可取代的地位。他的诗作在唐代已进入名家选集，如韦庄《又玄集》、韦毅《才调集》等均收入其诗作。

曹唐、曹邺生平史载不详，所以能双双走出广西，成为粤西文人文学跻身于全国名家之列的开端者，靠的是经得起时间淘洗的优秀作品。唐诗历史中，桂州真正以兄弟并称的诗人有"二裴"。兄裴说名作有《怀素台歌》《寄曹松》等，其中《怀素台歌》一诗杂有三言、五言、六言、七言 4 种句式，是中国诗史中句式最复杂的篇章之一。更因内有"我呼古人名，鬼神侧耳听"名句，无愧于状元诗人之誉。《全唐诗》收其诗作

1 卷计 51 首。弟裴谐，传世名作《观修处士画桃花图歌》为七言 16 句长诗，其中"多少游蜂尽日飞，看遍花心求入处"一语多关，有非同一般的生活体验力。桂林还有另一名状元文人赵观文，以直言得罪宰相崔胤，只好辞官回桂。从此脱离国史馆视野，言行无所记载，生前著述不详。《全唐文》仅存《桂州新修尧舜祠祭器碑》颂词体一文。但他头试中而受阻于人，再试终能夺冠，其不俗的实力当时即已为世所折服，也就足以令人记住这位八桂状元第一人了。

　　五代时期广西还有多位诗人。如桂州夫妻诗人王元和黄氏。王元代表作有五言诗《怀翁宏》和《登祝融峰》。夫人黄氏则有《听琴》等传世。《全唐诗》收有他的 5 首诗和 3 联断句。邕宁籍的钟允章，有代表作《罗浮山》诗。平南籍诗人梁嵩，代表作是殿试时所作七言律诗《赋荔枝诗》，诗云："露湿胭脂拂眼明，红袍千裹画难成……金门若得栽培地，须占人间第一名。"并以此夺得桂冠。富川籍诗人林楚材，有代表作《怨诗》。桂林诗人石仲元，有代表作《唐帝庙》。贺州籍诗人翁宏，有代表作《春残》《秋残》等，《春残》中的"落花人独立，微雨燕双飞"，仅以 10 字即对偶出 4 种物事状态，被北宋词人晏几道引入名作《临江仙·梦后楼台高锁》一词中。清代词论家谭献在其《谭评词辨》中虽不知其原始出处，但却鉴赏出晏词仅此二句为"名句千古，不能有二"。

第三节　民族文化

东亚最古老仿汉造字之一古壮字　歌圩兴起及其中心形成　千年等一回的民间歌手形象代表刘三姐　兼具合作与反抗二元意象的莫一大王史诗

　　广西的民族文化，包括今广西境内 12 个世居民族的文化。在唐代，最早形成的地方民族文化是壮族文化。限于篇幅，本文仅从若干表征性因素入手，对早期形成的壮族文化进行简述。至于师公道公教另见宗教一节，科举教育另见教育一节，壮医药学另见科技一节，诗文另见文人创作一节，在宏观结构上它们与本节内容同属于壮族文化。

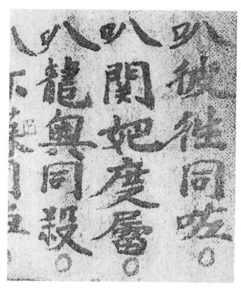

图上 4-4 古壮字。旧稿本《布洛陀》书影，原件藏广西民族古籍整理出版办公室。

隋唐时期，吸收汉字造字法的方块古壮字已开始记刻于石碑文中。最先见于唐高宗永淳元年（682）上林县《六合坚固大宅颂》碑和唐武则天万岁通天二年（697）上林县"智城"碑，廖州刺史韦敬办与无虞县令韦敬一所制，是全国重点文物保护单位[①]。经学者进行国际性对比，可以确认古壮字是迄今已知整个东亚地区最古老的仿汉造字之一。仿汉造字包括越南字喃、朝鲜谚文和日本平假名以及契丹大字、西夏文、女真文、方块白字和方块瑶字等，古壮字即方块壮字，属其中最古老之列。在广西境内的少数民族古文字中，虽不及古彝文（蝌蚪文）古老，但先于京族字喃、毛南文、古瑶文、古苗文、古仫佬文和水书等。它在壮语中叫法不一，有 sawndip（生僻字）、sawfwen（壮歌字）、sawdauh（道公字）等名称。又由于主要利用汉字偏旁部首，仿照"六书"方法并结合壮语发音特点构造而成，形构虽跟汉字的二维平面构形规则一样，但在以形表意、一字一音节一语素这两个规则上跟汉字有差别。因这一亦同亦异的二重特性，古壮字又被称为仿汉造字。汉族文人则称其为"土俗字"，至迟于宋代已经广泛使用。南宋范成大《桂海虞衡志》称"边远俗陋，牒讼券约，专用土俗书，桂林诸邑皆然"，并在书中例举临桂所用古壮字10个。周去非也在《岭外代答》中举例解释13个古壮字。古壮字构字类型有假借字、形声字、会意字、借汉字、新造字或自造字等。其中多数假借字是借汉字的音作为壮语的同音代替字，如念广西汉平话或粤方言或桂柳方言的音。正是这一类借字的扩大化，特别是用汉语的语音表达汉学事物的内容方式，使壮语在隋唐以后夹带较多的广西汉语平话，岭南粤方言或西南官话（如桂柳话）成分，有壮汉夹音夹读的特点。但夹汉壮语不是对汉语方言的被动吸收，在发生学上广西境内汉语方言也有对岭南土著壮侗语因素吸收的历程与内容。秦汉以降，由于壮语一部分嵌入汉语事物整句串读，使壮语作为汉藏语系中的壮侗语族特色愈益明显，而跟原先的"壮泰"（泰即东南亚泰语或云南省傣族的傣语）原始共有亲邻特性渐趋分离了；因此可称为岭南壮汉夹语音系，这种状况可以从当今电视广播新壮语节目频道中普遍见到和听到。从社会应用上看，由于方块壮字规则和训读规则难以统一而无法普及，习惯上只能够多用于特定地方性或门派性记载壮族民歌和壮族宗教经文。已经出版的有古壮字版《壮族麽经布洛陀影印译注》（8 卷本，2003），古壮字集成《古壮字字典》（初稿，1989）等。迄今收集、整理、会通的古壮字单字 10700 个，其中解读比较一致的常用字 4918 字[⑫]。这些古壮字跟中华人民共和国成立以后的拼音文字类壮文大有区别，是壮族传统文化的必要组成部分。

在岭南广西壮族文化形成过程中，歌圩兴起及其中心形成是一个重大要素。"歌圩"是汉语称名，源于壮语的"窝坡"、"窝墩"、"欢龙垌"和"欢窝敢"等称名。广义上，包括岭南壮族、黎族和苗族的三月三歌节，以及侗族大歌和布依族对歌等传统民间歌会习俗。这里所讲的歌圩，主要指壮族及其先民定期聚会唱歌，并以男女对唱情歌为核心内容的一种传统习俗。其起源和形成是民俗自发性的，从来没有官方主持或介入的因素，跟今天官方介入组织的"民歌节"有明显区别。歌圩在隋唐时期初成定制。南宋周去非的《岭外代答》对此已有较多的记载。历史上的歌圩有如下几个特点：

一是地理空间范围。大致在羁縻地区及其与正州正县交错地带，因歌成圩。

二是歌圩的规模和内容结构。跟汉族诗歌的个体文人出句寻对不同，而以群体之间七言组歌对唱为主，并且诗与歌结合，因而带有节日的隆重性热烈性。歌圩中，集古老、复杂和典雅于一体的是"勒脚欢"。它脱胎于五言、七言腰脚韵体，有 8 句、12 句、18 句等句式唱法。一般是五言 4 句 1 首，2 首 8 句叠作 12 句，对于押腰脚韵、押脚韵有特殊规定，而区别于汉语诗词与异地少数民族的押韵格律规则[⑬]。歌圩在规模上，小的数百至千人，一二天结束；大的方圆几十里甚至百里以外的都赶来参加，成为人声鼎沸的万人集会，因歌手歌帮的才艺不相上下，又因络绎后进者踏场挑战，往往持续四五天之久。按举行的时机和特征，歌圩有 3 种类型：即定期性歌圩，临场性歌圩和竞赛性歌圩。定期性歌圩又叫节日歌圩，其中农历三月三歌圩是最流行最盛大的歌节。三月三是壮族祭祖节日，事如汉族的清明节。在旧历三月三及相邻祭祖期间举行歌圩，有求偶和繁殖的寓义。临场性歌圩，是带有特定主题的趁圩相遇、求偶、逗情、婚嫁、满月酒、落成新居及应对难题等临场唱酬。竞赛性歌圩，即约定命题对歌比赛。歌圩作为一项社会文化活动，是歌与诗，歌与圩，歌与情，歌与节庆的结合，因歌成圩但不全是唱歌，常常伴有抛绣球（"绣球"是汉化称谓，古壮族先民在宋代及以前称"飞綌"或"飞驼"）、抢花炮、碰蛋、博扇、猎情活动，甚至有师公戏、原始壮剧、方技杂耍等表演，各式小贩小吃随地摆卖。

三是歌圩兴起后经自然淘汰和文化积储，形成若干地方性民歌中心，以及刘三姐崇拜、壮族民歌多声部等文化品牌。经过轮番比对，级

图上 4-5　阳朔城郊大榕树，相传歌仙刘三姐当年曾在此对歌。

差性地方中心歌圩得以产生。而无论歌手、歌帮还是歌圩中心，都必须经过歌海沉浮的历练。在歌圩史上，由于夹杂不落夫家习俗，又因对歌才艺的较量，不断淘留出歌星，而以歌仙刘三姐为其形象代表。在艺术手法上则从众多游散歌中逐渐孕育出典礼大歌或经典多声部唱法。这种发展形态特别是后一点，往往为汉族民歌或中原诗歌所不及。由于同一歌场群体性参与者来自不同地方，歌韵风格同中有别（如同题异调），听众与和歌者的情感倾向和审美情趣也有较大差异，叫好叫孬叫混的都有。各种各样的声音，连带嗯哨、喝彩、起哄、帮衬，组成一个同歌挽音体系，久而久之，便浸染成经典式多声部唱法，从而打破了西方学者臆断中国无多声部唱法的定说。

　　歌圩中心和歌师都在歌海中沉浮，经过逐级淘汰和提升，由羁縻洞溪到羁縻州县再进到正州正县交错地带，进而遭遇到主导文化的唐代汉学格律诗的回应或挑战。经过一再较量和对比，民族地区的歌师由于具有强大的群体支撑和大规模定期歌圩的洗炼提升而胜出。刘三姐传说和形象的凸现，正是这一社会文化背景的必然产物。这是从歌圩汇对淘汰过程上讲的。如果将刘三姐传说放到南方更大的范围里讨论，则其文化意义并不限于与广西歌圩的渊源关系。事实上，除了广西宜山、柳州、来宾、贵港、恭城、扶绥，湖南、广东、海南、云南、贵州的汉族和少数民族地区，也各有自己版本的刘三姐歌谣传说。即使从广西材料看，本区的瑶、苗、侗和仫佬等民族均尊刘三姐为歌祖，声称本民族山歌是三姐所传。如广西宜山仫佬族歌手吴老年所唱叙事歌《刘三姐》，开头即称："三姐世居在罗城，生养在那古立村……姐歌唱到下枧村，村排下枧紧相邻。居住山间石崖下，茅草盖棚来安身……"这首溯源性歌谣，申明罗城仫佬族也有自己的刘三姐。清道光八年（1828）《庆远府志》和1918年《宜山县志》均载："刘三妹相传唐时下枧村壮女，性爱唱歌。"上述广西材料并不独证刘三姐是壮族的，但却是羁縻地区的，且有女性流动性或不落夫家习俗。辩证地说，一方面，由于刘三姐传说和刘三姐歌谣在壮族地区最为密集，并且兼带不落夫家的旧俗特性，所以不能排除刘三姐是壮族歌仙形象代表的可能性。另一方面，"刘三姐"的"刘氏"从来不是单一民族的姓氏，更非壮族原先姓氏；南方有几个省，几个民族都有刘三姐传说和刘三姐歌谣。因此，比较兼容的说法应是：刘三姐是以壮族地区为中心，包括岭南各地方民族的民间歌手形象代表。这一说法由于兼顾到自唐宋以来各族的文献与传说，所蕴含的民族团结和民族共享的文化意义更大。

据《旧唐书》卷三八《地理志》、卷四一《岭南道五管》及《新唐书》卷四三《地理志》记载，唐朝统治下，早期的岭南道和晚期的岭南西道为一级政区，道以下的总管府（或都护府）为二级政区，正州为三级政区。而羁縻州县多为四级政区，受总管府或都护府所署正州统辖。因此在政区民族关系上，便具有这样的双重性质：一方面，广西壮族处于中华一体格局下社会文化的进步提升之中。但另一方面，民族压迫和民族反抗又激烈于前代。正因为如此，具有鲜明的民族合作与民族反抗双重精神特征的莫一大王传说，在这个时期形成了。这个故事传说，依其天人合一的造神构意，可以抽象为羁縻地区壮族人民既维护祖国统一又反抗中原王朝专制黑暗统治，并着力提升改造自然的能力，争取自由美好生活的民族诉求。莫一大王是壮族神话传说，有神话传说和师公唱本两种版本。每种版本又有多种地域分支版本。说明莫一大王有很多人在追述、颂扬，从桂中、桂西北、桂北深入到壮区各地。现存莫一大王庙、莫一大王节，就说明莫一大王精神不死。古代民间宗教师公唱本中的莫一大王形象，塑造得比较完整饱满，载于《中国歌谣集成·广西卷》（蒙光朝 1956 年整理）和单行本《莫一大王》（覃耀庭、黄勇刹等整理）。除了传颂莫一大王与中原皇帝之间既任官又反抗的复杂关系外，壮族民间还认为莫一从道仙中学到改造自然的知识技艺，并发现和保护了五谷，因此立神位祭供他。后来逐渐形成了每年旧历六月初六举行小祭，逢地支子午年（相隔 6 年）举行大祭的节俗，成为壮族"吃六月六"的由来。总之，莫一大王传说表达了中央王朝与羁縻地区、统治阶级与壮族先民之间复杂的社会矛盾关系，表达了壮族先人反抗中原王朝民族压迫的精神和改造自然、推动地方社会进步的愿望，标志着壮族族群中古时代核心精神的初步形成。

第四节　宗教文化

鉴真传律宗　惠能传禅宗　全真传净土宗　天竺高僧游桂　桂林佛窟造像神奇　道教兴盛扎下根基　儒教人文崇拜显示广西特色　尧庙、舜庙和孔庙格外受到尊崇

据资料统计，属今广西地域在唐以前建造的佛教寺院 6 所，唐时增建 45 座，五代建 8 座，以桂林、柳州、贵港、梧州、全州五地的寺院知名度最高。桂林开元寺（缘化寺），唐时增设 9 层塔林 1 座，门前加立初唐四大书法家之一褚遂良真书《金刚经》碑，称"金刚塔林"，闻名天下。扬州大明寺住持律宗大师鉴真和尚，在天宝九年（750）留居开元寺近 1 年，开席讲法，授戒百姓。鉴真在桂林期间，也曾往隋代高僧昙迁开山的江东七星岩栖霞寺讲法。桂林西山的西庆林寺（又称延龄寺或西峰寺），初建于隋，唐武宗会昌五年（845）废佛被毁，唐宣宗（847—860 年在位）时按禅宗伽蓝制重建，供奉卢舍那佛。此寺规模宏大，高僧云集，与云南鸡足寺等并列唐代南方五大禅林。紧邻西庆林寺的李寔造窟阿弥陀佛像，明显带有印度本土菩提伽野大觉塔佛雕嫡传手法，公认与北传北派不同，为当时佛事活动所用。柳州地区在武则天时期，建

图上 4-6　隋代昙迁开山，唐代重建、后世重修的桂林栖霞寺。

起大云寺。先后在柳江北南两岸建寺 5 座，僧房共计 900 间，形成佛圩夹江的奇观。惜建成不久即毁于大火。唐宪宗元和十年（815），柳宗元任柳州刺史，下令修复柳南大云寺，并作《柳州复大云寺记》。贵港南山寺，武则天敕赐该寺佛经 5000 卷，命建楼贮藏，成为南方佛教重镇之一。梧州有开皇寺（亦名重轮寺）、慈福寺（后称光孝寺）、罗汉寺（后称冰井寺）、云盖寺等 4 大寺院。鉴真和尚路过梧州时亦住锡传法，为百姓授戒。唐武则天时，禅宗南派创始人慧能大师到永明（今永福）双瑞岩讲经，扩大了禅宗南派对广西的影响。如果说，鉴真以授戒形式为特点之一的律宗传教，属于菩萨戒与具足戒合一的戒律文化传教，慧能则以无须文字的佛根自启文盲传教。但广西佛教协和万方的能力并不止于此二宗。中唐以后，小乘宗一派也传入广西。而本于大乘佛教、始派于晋代慧远法师、流行于唐以迄民国的净土宗传入，是广西佛教史上的又一重大突破。唐肃宗至德元年（756），自号"无量寿佛"的湖南郴州人释全真（谱号寂照大师）到全州创建净土院，弘传净土法门，成为"楚南第一名刹"湘山寺的开山。净土宗在广西的影响后来居上，是广西佛教重大特点之一。净土宗以弥陀愿力为外缘，以行者念佛行业为内因，在打入与请入双功并修的作用下自性成佛。修行程序是口念 13 种阿弥陀佛（迎请佛）名号，只要心口如一，即可转生极乐世界。跟禅宗南派的共通之处是无须文字背经，只要心中有佛，反复诵行即可成佛。这就为佛教大众化提供了特有格式。净土宗与禅宗共同形成社会大面积普及的佛教流派。到元代净土宗得到弘传，对两广文化和东南亚佛俗两界产生新一轮影响[⑩]。

至唐中晚期，桂林佛教已知名于天下。天竺（今印度）高僧觉救等人前来桂林游历考察，即是引起广泛关注的大事。觉救是汉文佛称，本姓褪陆多罗，天竺罽宾人，通晓中文，是著名梵汉双语翻译大师，曾居中国佛教圣地之一洛阳白马寺，译成《大行圆觉了义经》，并校对部分汉译佛经。唐宪宗元和十二年（817）九月，觉救随同释怀信、无业、无等、惟则、惟亮结伴到桂林，巡察佛寺佛窟，浏览七星岩、芦笛岩和南溪山。他们在芦笛岩和南溪岩题名留念，释怀信还在七星岩栖霞洞题留赞美桂林山水与佛有缘的五绝一首。6 位中外名僧携手巡佛游桂，留下的题名诗文，成为唐代佛教传播史和桂林文化史的珍贵记录之一。

广西境内已知最早的佛教岩雕，是博白宴石山和桂林西山的摩崖造像。广西石刻艺术以桂林山体群落特别是西山群落和伏波山诸洞为龙头，以相思埭运河为纽带，往洛清江之永福及柳江支流龙江之宜州、融江之融州发展，形成密集的石窟分布带。数量众多、艺术独特的桂林佛窟在很大程度上代表了中国岭南石窟艺术的风貌和水准。（参见下编第二章《摩崖石刻》）

隋唐五代时期的广西道教，在分布格局上可以划分为两个次区域，即桂东南和桂东北地区，亦即正州正县的道教，其形式与内容跟南部中国

图上 4-7　桂平西山龙华寺内的千手观音

道教大体一致。当时建有道观 14 座，桂东北和桂东南平分秋色。但桂林约占 1/4，成为官方道教基地。所建庆林观、天庆观和普陀岩 3 址，都集中在城东和东南市区，正好跟佛寺以西山为核心的西南——西北部的布局相对，开始了七星岩和南溪山主要作为道教名胜的历程。其中庆林观系李靖奉唐太宗之命兴建并由唐太宗命名，最具皇家气派，而建于南溪诸峰间的天庆观则被誉为广西最美的道观。此外，桂北灵川有庆真观、阳朔有庆真观和白鹤观，而梧州也有白鹤观和神霄观，博白县有紫极宫和紫阳观，北流勾漏山有灵宝观和韬真观。桂东南的道观虽然没有桂林道观的皇家气派，但却秉承东晋葛洪巡行炼丹治病养生的历史轨迹和传统。容县都峤山、桂平白石山和北流勾漏山，在道教圣地 36 洞天的地位得到进一步确立，其社会影响和道术权威不亚于官方所建宫观，是广西道教文化的传统基地。

图上 4-8 梧州白鹤观三清殿

　　儒学和儒教，道学和道教，佛学和佛教在羁縻地区即桂西南桂西北地区是矛盾式发展的。格律诗和儒学古文复兴运动在这里受到地区民歌矛盾性的吸收与压抑，反弹出歌圩形式的规范化形成。佛教整体上虽得不到认可，但梵天王、西方佛、罗汉、菩萨、药师等被纳入保护神系列，部分佛教仪轨程式得到借鉴，部分汉译佛经得到古壮字宗教文本的吸收。相比较而言，道家学说和道教形式比佛教得到更大程度的借鉴与改造，从而助益壮族神话体系的初步完善和本土宗教体系的初步构架。如一元化三清被吸收改造为布洛陀神话古经中的一气变三界（天、地、人间），道法自然与太极阴阳论的模式被借鉴改造为自然始祖与教祖合一的布洛陀神；道教八仙的赶山神话成为莫一大王成败关键因素之一；民间宗教越巫在道教、佛教影响下向麽教过渡。此外，道教还在很大程度上促成了道公教（壮语称佬道、巴师、佬师）或师公教（壮语叫公师）的初步形成。这一切使壮族神话与宗教信仰纳入中华文化一体多元格局之中，并形成由本民族文化因子和汉字框架相结合的特性。

岭南广西儒教是一种具有政教信仰倾向的社会意识形态。它跟中原地区有一些区别，对于炎黄崇拜淡薄，对于禹、汤、文、武和周公不热衷，一以贯之的是对尧舜孔子的崇拜。尧舜南巡交趾，成为最早的无为羁縻鼻祖。但广西儒教始于何时，史载不确。以漓江为界，桂林东有尧山，西有虞山。尧山在唐代建尧帝庙。虞山亦因纪念舜帝南巡，崩于苍梧而命名。至迟在唐代建有虞帝庙，为李昌巙于大历、建中之际（约779年）在虞山南麓旧祠原址上建置，今存原址柱墩和记载李昌巙建庙实况的《舜庙碑》，碑文后语颂扬李昌巙立庙功德。碑由韩愈叔父韩云卿撰文，书法家韩秀实隶体真书，李白的从叔李阳冰篆额。李昌巙除立舜庙外，在桂林独秀峰建州学同时，特建宣尼庙于附近，时间约为大历（766—779）末年，事载建中元年（780）监察御史郑叔齐《独秀山新开石室记》刻文。广西地域的孔子庙，较早的是建于隋大业十三年（617）的灌阳县文庙，其遗址今为文物保护单位。次为象州孔庙，县志载建于唐大历十二年（777），遗址现作学校用。孔子在广西儒教中不是神，而是教祖或圣师，对构建宗法伦理秩序和儒学科举教育的解读具有无上权威性。

第五节　科学技术

冶铁业发达推动生产力水平提高　相思埭运河促进桂柳宜一体化
有色金属采炼技术进步显著　水力滚轮提水车诞生　早熟稻问世
荔枝广泛种植　桂布载誉京师　壮医形成特色　彗星观测记录古远

隋唐时期广西铁矿开采冶炼业有了长足进步。当时开采的铁矿石主要是赤铁矿和褐铁矿。永州的湘源（今广西全州）、桂岭（今贺州）的朝冈及北朝冈等地，均有官办铁矿投入生产⑮。各地还有零星的民办小铁矿。铁矿及冶铸工场的增多，使铁制工具得到进一步普及，提升了核心生产力，促进了对自然资源的开发。首先，耕屯面积扩大。如唐中宗景龙三年（709），王晙任桂州都督，开屯田数千顷（1顷=100亩）；德宗贞元二年（786），李去思任容州刺史，开置屯田500余顷；宪宗元和元

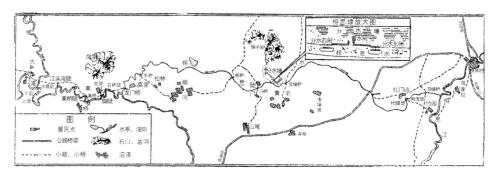

图上 4-9　相思埭示意图　　采自《桂林文物》1984 年第 5 期

年（806），韦丹任容州刺史，屯田 24 处。此前代宗大历十二年（777），李昌巎在镇压潘长安领导的左江西原（今属扶绥、崇左等县市）世居民族起义后，给予被俘的 20 多万西原人以耕牛和种粮，令其回原地安居，由此铁犁牛耕技术推广到桂西南地区。其次，城市建筑拓展。主要表现为桂州、邕州、柳州、容州、融州、宜州、贺州、钦州等重要城镇的崛起，其规模有的已不亚于或接近苍梧、廉州、贵州（今属贵港）、浔州（今属桂平）、全州等老城。其中桂州城扩建达 3 次之多，这是历史上从未有过的。再次是交通道路发展。唐太宗贞观十二年（638），修复了从钦州到新置瀼州（今上思县境）的道路，加强了桂越间的联系。第二年，渝州（今属重庆）人侯弘仁开辟牂牁道，打通滇黔桂三省，成为自西赵（今贵州贞丰）经添州（今广西百色）抵达邕州，串连广西西部并开通滇黔桂走廊的第一条古驿道，到宋代称为"买马路"。唐武则天长寿元年（692），按照兴安灵渠版本，开凿临桂相思埭运河（官方称临桂运河或桂柳运河）⑯。这条运河是古代广西流通量最大的运河，使广西由兴安灵渠的"湘桂一体"和桂江的"桂梧一体"获得一个加权，即"桂柳宜一体"成为现实。桂林获得"西南咽喉"称号，到宋代开始成为广西的政治文化中心。唐代因铁器工具辅以烧淬法修凿的重大航运工程，桂东北有李渤、鱼孟威先后疏浚灵渠，桂东南则有天威遥运河（今防城境）和南流江马门滩（今博白境）工程。这三条交通线的修通和改善，大大提升了广西资源的整合功能。此外，铁制工具的推广，对唐代选址于山岩间的寺院建筑、石刻艺术等等，无疑也起到了积极的推动作用。

广西铜、锡、锌、铅等有色金属的采炼，在隋唐五代时期进入到了一个较高的档次。北流铜石岭成为国家重点开发区，改行政区名为"铜州"（今北流、容县境），还新开发了容县、岑溪、陆川、博白和横县等地的铅矿石。贺州的临贺枝桔山铜铅锡矿，冯乘县（今属富川）水岩坝和烂头山的锡矿，连州（今属广东）和镡津县（今藤县）的铜矿，都是当时开发热点。矿冶业发展的最直接后果之一，是促进广西冷水冲、北流、灵山3大类型铜鼓的亚型衍变。铜器发展的另一个特征是，出现了自己铸造的铜钱、铜镜和铜钟。桂州出产的铜镜，因其精细异常而被列为贡品，如唐玄宗开元年间（713—741）桂州贡铜镜44面（一说40面）。藤州的"莲花纹铜镜"，甚至历1000多年后于今仍可照出须毛细发。高祖武德五年（622）五月，唐政府在桂州设监铸造铜钱，桂州监成为中央造币的重要分支机构之一。大型铜器特别是铜钟铜佛的铸造更显示了唐代广西科技发展水平的一个重要方面，今存融水县信乐寺铜钟，容县开元寺铜钟，浦北县唐昭宗乾宁五年铜钟，五代时期梧州感报寺铜钟，贺州乾亨寺铜钟，以及平乐报恩广孝寺铜佛，都是佛教与科技联手交融的文化精品。从科技文化成就的格局说，桂东南、西南和西北主要以铜鼓制艺而在全国占有一席之地，桂东北、桂东南则以铜镜、铜钱、铜钟和铜佛像的制艺而在全国崭露头角。后者表达的是全国性正州正县的流行文化。

隋唐五代时期，广西科学技术的显著进步还表现在农业、渔业、轻工业、壮医药学等方面。水利传输技术，最突出的是使用了水力滚轮自动提水筒车[17]。在河流岸边的提水效率比北方中原的脚踏龙骨水车快3倍以上。唐代农副业产品品种的改良，亦不在少数。桂南部分州县已出现两熟制稻作。澄州（今上林县）选育出的早熟品种蝉鸣稻，缩短了"青黄不接瓜菜代"历程。环大明山区域，除了大米蝉鸣稻，还有小米凤粟也是早熟产品，故武则天时的上林《智城碑》称："前临沃壤，凤粟也蝉稻芳敷。"麦和茶已经在广西经营性种植。柳宗元在《夏昼偶作》诗中，明确纪录柳州当地人加工"臼茶"。象州和容州作为茶业知名产地，载入唐代茶圣陆羽《茶经》所列的42个产茶州清单。桑蚕，广西始殖于唐代。油茶和荔枝此时已成功选育出优良品种。油茶在战国成书的《山海经》中称为"南方油实"，唐代遍植于桂西南西北及桂东北，是广西重要的绿色食油来源。荔枝在唐代广植，今灵山县新圩镇即有一株世界最古老的、至今仍硕果累累的香荔树，据中国科学院及中山大学测检，其树龄超过 1500 年。《新唐书》卷七六《后妃玄宗贵妃杨氏传》记录了广西荔枝进贡朝廷的历史。渔业方面，开始鱼花繁殖探索和远海捕捞，但最著名的是珍珠采集史上的第二次"合浦珠还"。事载唐代宗广德二年（764）宁龄先的《合浦珠还状》。唐代广西养鹅风行，桂西南主要品种是体形如船之右江鹅，而桂东南一带的主要品种是狮头鹅。轻工业方面，首先是木棉所纺棉布即官方所称的"桂布"，成为上贡朝廷并行销各地的名牌，唐文宗和左拾遗侯孜的对话，以及白居易《新制布裘》五言诗都有生动的反映。唐代广西另一个上贡品牌是苎麻布，有贵州（贵港市）的纻布和宾州（宾阳县）的筒布。筒布因将苎布贮入竹筒而得名，是精品布储运保险的先进技术。

由于广西陆海兼领，处于热带、北亚热带和北温带三个纬度带，并受太平洋季风、印度洋季风和北冰洋寒流的复杂影响，从而使本区域生物和人民，处于独特的生态环境之中。有别于中原岭北地区汉医药学的壮医药学，就形成于这一特殊区域并服务于这里的民众。其历史上溯久远，至唐宋时期逐渐生发实际的形态和作用。壮医学的首要命题是具有预防学意义的人居干栏式建筑，即人住于防潮湿、防瘴气、防毒虫蛇兽伤害的第二层上，且否定地面砌墙不透气的作法，否定按中轴线三进两厢的中原式建筑法。后来，即使汉族客家人迁入高大一体之围龙屋，也遵循干栏式"卫生"学原则，尽量不在地面一层住人，特别是妇女和小孩要住楼上。第二个命题是解毒解蛊解瘴救伤。第三个命题才是类似于狭义的中医（汉医）中药学框架。在中医自宋代系统传入普及之前，壮医药学是杰出的原创成果。隋唐时期壮医药学已进入到主要难题——毒、瘴、伤、病的诊治施药总结。壮医药学的主体构成是医学史、壮医理论、壮医诊断、壮医治疗、壮医药物及医药学交流借鉴等 6 项。医学史从广西自然生态、壮族历史和武鸣县元龙坡出土的商周时期青铜大针讲起，渊源很长，但书面表达包括医药学名普遍借用汉语文献，因此可以把壮医学理解为汉藏语系中华医药学的岭南民族医药学分支之一。在理论、诊断、治疗、用药等方面，显示了岭南西部及桂粤琼越滇黔湘交错地区的独特性。首先在壮医理论上，其穷究对象与中医（汉医）相同之处是都属于天人物事认知程序的自然观范畴，与中医同中有别的则有七大方面：一在阴阳为本的原则下分支出天、地、人三气同步，这跟壮族有布洛陀古经的一气变三界的世界观完全一致。二在以脏腑气血经络体系中又分支出龙路（中枢在心脏的水血路）观和火路（中枢在脑颅的信息传感道）观。三在病因病机体系中分支出毒虚致百病说。四在望闻问切体系中分支出独到的目诊和甲诊。五在内因外因不内外因辩证施治范畴中分支出疏通调气和解毒补虚治疗原则。六在中华医学病症名谱中分支出痧、瘴、蛊、毒、风、湿 6 大类，进而在风毒两类中细化为 36 种风和 72 种毒。七在针灸与药物施治体系中分支出药线、点灸、刺血、火罐、刮痧等外治法和解毒补虚、解蛊消瘴等药物治法，形成独到的解瘴毒、解蛊毒、解物毒、解蛇毒、解疟疾、解伤寒、解秽邪、解暑、解伤瘀疾痛和防毒害、防风湿痹症、防避瘴疫、防避瘟痧疫疠、防避毒蛇毒虫伤害、鼻饮醒脑等疗防并举体系。

自唐宋以来，经过漫长的沉淀、检验、研讨，壮医学逐步得到祖国中医药学界确定为一个分支的认可。到 2002 年壮医理论及其临床学的发掘整理成果，通过了由国家中医、中西医结合专家组成的鉴定委员会的技术鉴定，成为中国第一个通过鉴定的民族传统医学理论，壮医从此正式定名为"壮医学"，自立于中国与世界传统医学之林。在隋唐时期，壮医理论与临床的核心要素毒虚并构观——包括毒虚致百病说、解毒补虚调气诊治原则和毒虚防治并举体系、毒虚用药与临床手法，大体已经形成。另一方面，壮医学某些内容的适用范

图上 4-10　著名壮药：见血封喉，学名箭毒木（Antiaris toxicaria），桑科，用于制作毒箭。

围，受一定地域的限制。如瘴气瘴毒，主要是桂林以南特殊性气候与生物多样性副作用交互作用下的地方性病类。范成大在《桂海虞衡志》中关于"瘴，两广惟桂林无之"的观点，也有助于我们解读为什么北宋以迄民国，桂林一直是广西治所的原因；在这个问题上，不应仅仅从政治经济文化因素考虑，而应结合自然生态，从卫生环境上综合考虑。

广西方志中，关于彗星观测的记载有 192 条（中国古代史书合计为 500 余次），其中纪录哈雷彗星出现有 30 次。唐文宗开成二年（837）三月，宾州（今宾阳县）一带观测到哈雷彗星出现于张天区，尾长"八丈余"（约合 27 米多）。所谓张天区，是中国古代天文星占学根据 3 垣 28 宿划分的 31 个天区之一，在南方。本次观测及记录是已知广西境内观测到哈雷彗星的首次记录，比哈雷的发现早 843 年。中国彗星观测记录是世界最多连续性最好的，但没能进行简单的除法将其周期率揭示出来。而英国牛津大学的哈雷（Edmond Halley，1656—1742）却用万有引力定律推算出其绕日运行轨道，计算出约 76 年的周期率，故彗星以其名字命名。全中国 31 次哈雷彗星观测记录，包括广西的所有观测和记录都成了西方科学家的旁证素材，说明中国及广西古代的自然观未能进化到科学观，因而达不到更高的认识阶段。

第六节　典籍文物

国史所载隋唐时期广西文献　《岭表录异》《桂林风土记》《北户录》　隋唐时期广西正史资料　铜器、瓷器与石刻

唐代，划定羁縻州县并统一纳入道以下总管府和正州官署的管理体制之中。中原文化为主导文化已成定局。唐朝的国史编修由中央政府国史馆统一进行，对前代文献进行整理编纂。对于岭南广西而言，一个重大的工作是疏理三国以迄隋唐主要书目文献。据广西通志馆所编《二十四史广西资料辑录》，《隋书·经籍志》和《旧唐书·经籍志》《新唐书·艺文志》这三大史志一共著录相关广西区域及其互动同构的文献约 70 余种[⑬]。其中《隋书·经籍志》存目 38 种，自三国吴卫将军士燮注《春秋经》11 卷到

南朝宋零陵令辛邕之撰《博阳秋》1卷，均予收录。因有 14 种亡佚，实存 24 种。《旧唐书·经籍志》收存 13 种，其中 10 种与《隋书·经籍志》重复，仅《广州先贤传》7 卷（陆胤撰）和《嵇含集》10 卷等为新增。此两志之著录文献，均为三国两晋南朝文献。《新唐书·艺文志》著录 22 种，其中与《隋书·经籍志》《旧唐书·经籍志》两书重叠的 10 种。单独与《旧唐书·经籍志》重叠的有 1 种，即陆胤《广州先贤传》7 卷。单独与《隋书·经籍志》重叠的 2 种，即《湘州记》《牟子》。其中《湘州记》二卷本注名庾仲雍撰，另有《湘州记》一卷本注名郭仲产撰，并有《湘州图副记》一卷。湘州治今湖南长沙，历史上一度领辖今属广西之全州、桂林、贺州等地，《湘州记》表达了"湘桂一体"的历史实际，故而作为岭南广西典籍文献而收录。但《隋志》的《湘州记》为 2 卷，作者庾仲雍；《新唐志》的《湘州记》为 4 卷，书名同而版本异。迄于《旧唐书·经籍志》，著录《湘州图记》一卷，而《新唐书·艺文志》则著录《湘州记》四卷、《湘州图副记》一卷。内容上跟《隋书·经籍志》所著的三种文献存在重迭交叉现象。此外，《新唐书·艺文志》除上述 12 种与前二志重叠外，还自增约 10 种，即刘芳《广州先贤传》7 卷，王范《交广二州记》1 卷，房千里《南方异物志》1 卷，孟琯《岭南异物志》1 卷，刘恂《岭表录异》3 卷，韦宙《零陵录》1 卷，莫休符《桂林风土记》3 卷，《岭南急要方》2 卷，《曹邺诗》3 卷，《曹唐诗》3 卷。

在上述约 73 种书目中，除去亡佚与重叠之外，计有 36 种左右。它们一并在隋唐存书或存目，是我们了解隋唐时期相关岭南广西文献学的基本材料。在约 36 种

图上 4-11　容县唐贞元十二年（796）景子铜钟，自铭重"三千五百斤"，是广西现存古代最大的铜钟。

书目中，仅《新唐书·艺文志》后 7 种书目属于隋唐时期所撰文献。《二十四史广西资料辑录》虽然提供了一个书目清单，但并未完善，一些具有相关性价值及上下延伸关系的著作没有收录，例如《宋史·艺文志》所载旧题柳宗元《龙城录》（1 卷）等等⑲。另外，"辑录"也未包括今传份额较大的《粤西三载》中自汉迄唐及五代的文史资料。

上述典籍的共同特征是以记述广西的风土人情为主。就地域文化而言，较具综合性的是唐代刘恂所撰的《岭表录异》，段公路的《北户录》和莫休符的《桂林风土记》。前 2 种多方面凸现岭南广西跟中原岭北风土人情的不同之处。因其参照系是中原文化，而材料由岭南地域文化构成，所以较之一般文人文学著作，具有更综合的认识价值。

《岭表录异》3 卷，岭南地理风物著作，唐刘恂撰。"岭表"，义通"岭南"、"岭外"及"北户"等地名概念，"录异"即是记录与中原不同的风物人情。作者刘恂曾于昭宗光化年间（898—901）任广州司马。此时，岭南已早于咸通三年（862）分成东、西两大政区，但作者仍亲赴广西梧州、容州、廉州、邕州实地考察，以亲身所见，对民风习俗，农耕养殖，廉州的采珠，富州、宾州、澄州的采矿，当地民族的铜鼓铸造术，岭南的土特产龙眼、荔枝、蛤蚧等，以及虫鱼草木禽兽各项，了解更为真实。《新唐书·艺文志》和《宋史·艺文志》均著录《岭表录异》为 3 卷。原书已佚，因其文字散见于《太平寰宇记》《太平广记》《太平御览》《永乐大典》等书中，清代学者辑成今传之书，弥足珍贵，堪补正史及地方史志之不足。今版亦按旧说分 3 卷，卷上、卷中各 41 条，卷下 42 条，共 124 条。鲁迅看重该书，以 25 种典籍为依据加以注释，增益流传。

《桂林风土记》，桂林名胜风物志，唐莫休符撰，唐昭宗光化二年（899）成书。莫休符，封州开建（今属广东封开）人，以检校散骑常侍守融州刺史。任职期间，留心收集奇观胜迹，退居后整理编排，共 42 篇。记载桂林祠、冢、庙、亭、寺、洲、城、渠、宅、潭、井等名胜古迹，以及人物掌故、地理山川、民族风情等。文中夹录诗文，多是唐人佚诗，后被清人辑入《全唐诗》。所记内容附有作者考证议论，于文后注"休符驳"、"休符驳议"。原书已佚。今本约 1 万字，其中地名沿革 2 篇，岭岩 5 篇，江流 3 篇，名胜古迹 20 篇，人物传记 9 篇，神怪传说 3

篇。由清代学者从《永乐大典》等典籍中辑出。主要版本有《四库全书》本等。因是辑录而成，已非原貌，但无可替代。

　　《北户录》3卷，岭南风物志，唐段公路撰。所谓"北户"，义通"北向户"。是北方中原学者对五岭以南地区的泛指。从书的内容看，大体是岭南风土人情及物产多样性的纪录，猎奇色彩浓厚。卷一记通犀、孔雀媒、鹧鸪、鹦鹉瘴、赤白吉了、绯猨（红猿猴）、蚺蛇（蟒蛇）牙、红蛇、蛤蚧、红蟹壳、蛱碟枝、红蝙蝠、金龟子、乳穴鱼、鱼种、水母。卷二记蚊母扇、鹅毛被、潮州红虾盃、番禺鸡毛笔、鸡卵卜、鸡骨卜、象鼻炙、鹅毛脡、桃榔炙、恩州红盐、广州米饼、食目、睡菜、水韭、蕹菜、斑皮竹笋。卷三记无核荔枝、变柑、山橘子、橄榄子、山胡桃、白杨梅、偏核桃、红梅、五色藤筌蹄、香皮纸、枹木犀、红藤簟、方竹杖、山花燕支、鹤子草、越王竹、无名花、指甲花、相思子蔓、睡莲。作者段公路是唐代齐州临淄人（今属山东省），官至万年尉。晚唐懿宗咸通年间（860—874）游历岭南，搜集民俗土风、饮食衣制、歌谣哀乐等有异于中原者，录而志之。本书的文献部分内容较之《桂林风土记》《岭表录异》等更古朴，因为此二种是辑佚书，无法还回原状，而《北户录》一直有足本传世。

　　二十四史中，广义记载了广西地域文化的资料文献，主要有《隋书》《旧唐书》《新唐书》《旧五代史》和《新五代史》。以上5种纪传体正史文献，从宏观上收录了隋唐五代时期岭南广西的地域文化资料。总计收帝王57纪共567条关涉岭南广西的决策大事，体现了中华一体格局战略方针的贯彻。以隋《高祖纪》、唐《高祖纪》和《太宗纪》依次以重构岭南广西社会政治秩序为首要。唐首次在广西实施羁縻制度、南选制度和首次设立岭南西道，成为中央推行地方民族自治政策的滥觞。诸志、表及列传，也从各个侧面展现中华一体化在岭南广西的进展状况。特别是唐书的本纪、诸志、诸表和列传更为具体切实。这正是解读广西地域文化何以在唐代达到第一个高峰期的第一手权威资料。

　　隋唐时期的广西方物，以铜器及瓷器为代表。铜器方面，唐武德五年设桂州钱监，北宋神宗熙宁四年（1071）设梧州钱监，都铸造铜钱，兼有扼制铜鼓铸造资源的作用。以广西实地命名的冷水冲型、北流型、灵山型铜鼓至此已进入中晚期，辉煌不再。北流型晚期铜鼓主要有陆川县古城镇陆落村"何莫铜鼓"和北流市"荔枝场铜鼓"。灵山型中晚期铜鼓主要有灵山县丰塘镇太丰村"猫岭铜鼓"及毗邻的横县南乡镇广龙村龙水屯"广龙铜鼓"。另一方面，由于广西铜鼓所具粤桂、滇桂两系的兼有性，在唐代促成了粤桂系晚期铜鼓的一个新品种产生，这就是"西盟型铜鼓"。西盟型铜鼓早期发端于广西左江流域龙州、靖西等中越边境线，除了吸收灵山型铜鼓的小鸟纹和菱形填线纹外，还吸收了冷水冲型铜鼓的变形羽人纹、栉纹、同心圆纹等，从而显示了特有的纹饰图案格式。西盟型早期铜鼓的代表之一是龙州县"龙江村铜鼓"。西盟型早期铜鼓在左江流域初步发展后，即沿中越边境向西传播，在今缅甸、云南边境发展为完备的西盟型铜鼓。隋唐时期的广西，又一次为岭南—东南亚铜鼓文化，作出了自己的贡献。

正州地区制造的精品铜器，留存下来的有多种。一是铜印，即按国家规定的格式样品铸刻的全铜质官印。著名的有唐代"武夷县之印"和"纯化县之印"。武夷县是唐置县，属今广西隆安县境。纯化县属桂州所领10县之一。两印都是唐对县级政权进行有效整治的实物证据。二是铜镜。工艺水准达到国家名牌档次，隋唐两类铜镜在今广西境内均有遗存。圆形铜镜是隋代产品，其中兴安县城铜镜以铭"阿房照胆"起头，钦州市久隆双墩铜镜以"淮南起照"起头，制作精湛，铭文清晰。方形铜镜是唐代制造，著名者称"海兽葡萄纹铜方镜"。其中藤县城关三合村出土的1件，灌阳县黄关白竹铺出土的1件，都是铜镜中的精品。以上4件具有代表性的铜镜，其主要特点是花果鸟兽多种多样，反映了当时广

图上 4-12　唐"武夷县之印"印文及印盒。隆安县城厢镇出土。现藏广西壮族自治区博物馆。

西生态的多样性。而祝词之类，则主要袭用中原的格式。三是铜钟，现存
5 件。其中融水县信乐寺唐德宗贞元三年（787）铸造铜钟，自铭"重肆佰
斤"，实重 187 公斤。浦北县旧州唐城遗址出土的唐昭宗乾宁五年（898）
铸造铜钟，重仅 14 公斤。容县开元寺贞元十二年（796）铸造铜钟，自铭
"重三千五百斤"，是广西现存古代最大的铜钟。因椭圆形体，在狭面区
和广面区叩击时发出明显不同两种声音并混同出三音，是典型的多音变音
钟，这种情趣设计可以跟广西本土特有的民歌多声部相映成趣。四是铜铸
佛像，即平乐报恩广孝寺铜佛等，亦属珍贵文物。

唐代岭南始发的海上丝绸之路，由于国家严格控制铜钱和丝织物流
通等原因，商品物流已经转型为海上瓷器之路。7—10 世纪海上瓷器之路
的交流，使一些波斯陶器进入中国。所谓波斯陶即波斯湾地区生产的陶
器。1990—1998 年间，桂林市和容县发现的 10 余处唐代遗址中，均有波
斯陶残器残片出土。波斯陶瓶是中东货船上用于装葡萄酒的容器，运到
中国后，一部分成为权贵猎奇追逐的奢饰品，一部分成为景教（基督教）
在中国传播时不可缺少的"圣餐"用具，并为唐代《大秦景教流行中国
碑》记载景教在中国"法
流十道，寺满百城"的说
法，从一个侧面提供了地
域实物佐证。按碑题"大
秦"，在 395 年罗马帝国
分裂后通常指东罗马帝
国。但迄今广西和许多地
方没有发掘出任何古基督
教堂遗址，地方杂记史志
也没有关于景教流行的记
载。因此，《大秦景教流
行中国碑》是否完全可
靠，桂林、容县等地出土
唐代波斯陶器残片是否就
可以肯定基督教入传广

图上 4-13　隋代阿房四神十二生肖纹铜镜，1976 年兴安
县城上游街 119 号山墙中发现。现藏桂林博物馆。

西，仍有探索空间。

从隋代开始，广西出现长方截体石刻墓志，唐代发展到山体崖壁石刻群落的形成，其中桂林就有 28 处之多。无论分布规模、作者层次与表现艺术都达到较高的水准，尤其值得注意的是记录汉壮文化融合的宁赟墓碑、上林智城碑和六合坚固大宅颂碑，它们真实披露了广西羁縻地区最知名的钦州宁氏家族原籍冀州临淄、上林韦氏家族原籍京兆长安，到广西后第二、三代即与本土壮族先民通婚混血成为壮族，是汉裔壮族化的典籍案例。古壮字最先见于武则天时代上林韦氏两大唐碑，可作为古壮字是东亚最古老之一仿汉古字的佐证。在中国文化通史上，广西的上林唐碑与西藏《唐蕃会盟碑》、西北的西夏文版刻等遥相呼应，相映生辉。隋唐广西石刻蕴含的诸多深意，值得进一步探究。它打破了壮族文化是壮族独自发展和汉族南来不受壮族深度影响的非壮即汉成见，有助于把壮族文化自有的渊源、体系和汉壮融合发展的历史过程以及它们之间相互影响与关连，做出合乎实际的科学的观察和分析。

【注释】

① 《隋书》，中华书局，1973 年，第 1577—1578 页，1800—1803 页。

② 《隋书》，中华书局，1973 年，第 1381—1382 页，1386 页。

③ 《旧唐书》，中华书局，1975 年，第 2347—2349 页，2477 页。

④ 参见《广西大百科全书·历史（上）》，中国大百科全书出版社，2008 年，第 4 页，第 218 页。

⑤ 《（万历）广西通志》，明万历二十七年刻本，卷二七，第 10 页。

《（康熙）广西通志》，清康熙二十二年刻本，卷二七，第 9 页。

《（雍正）广西通志》，《文渊阁四库全书》影印本，卷七六，第 6 页。

⑥ 参梁春禄等主编：《灵山县志》，广西人民出版社，2000 年，第 1037 页，1357 页。另参〔康熙〕《钦州志》（清康熙抄本）卷十《乡贤志》。〔雍正〕《钦州志》清雍正元年刻本，卷十，4 页。李彦福等编：《广西教育史料》，广西人民出版社，1990 年，第 56—72 页，83—97 页。

⑦《旧唐书》，中华书局，1975 年，第 5017、5025 页。

⑧《新唐书》，中华书局，1974 年，第 5141—5142 页。

⑨ 关于曹邺、曹唐的诗集卷数，《新唐书·艺文志》著录《曹邺诗》和《曹唐诗》各三卷，参见中华书局，1974 年校点本。

⑩⑪ 参考《桂西文史录》卷一《唐代最早的文学家韦敬办及其碑文》（黄日昌整理），广西人民出版社，1995 年，第 177—182 页。党丁文：《广西历代名人名胜录》"韦厥"，广西民族出版社，1991 年，第 32、33 页。广西壮族自治区通志馆：《广西历史上的今天》"《智城碑》刻成"，广西民族出版社，2003 年，第 84 页。

⑫ 苏永勤、蔡培康等：《古壮字字典》（初稿），广西民族出版社，1989 年。

⑬ 欧阳若修等：《壮族文学史》第一册，广西人民出版社，1984 年，第 223—226 页。

⑭《岭南文化百科全书》，中国大百科全书出版社，2006 年，第 149—150 页"禅宗南宗"条。

⑮ 覃尚文、陈国清主编：《壮族科学技术史》，广西科学技术出版社，2003 年，第 243 页。

⑯ 褚锡斌主编：《中国少数民族科学技术史丛书》之《地学·水利·航运卷》，广西科学技术出版社，1996 年，第 114—117 页。参见高言弘：《广西水利史》，新时代出版社，1988 年，第 192—194 页。

⑰ [清] 董诰、徐松等编：《全唐文》卷九四八陈延章《水轮赋》，中华书局影印清嘉庆内府刻本。

⑱ 参见《隋书》，中华书局，1973 年，第 928—1089 页。《旧唐书》，中华书局，1975 年，1978—2061 页。《新唐书》，中华书局，1974 年，第 1437—1614 页。广西壮族自治区通志馆编：《二十四史广西资料辑录》（二），广西人民出版社，1989 年，第 17—19 页，110—111 页，259—261 页。

⑲ 参见：广西壮族自治区通志馆编：《二十四史广西资料辑录》（三），广西人民出版社，1989 年，第 102 页。《宋史》，中华书局，1977 年，第 5220 页。

第五章

新汇聚　新超越
——宋元时期

北宋至道三年（997）广南西道的设立，不独为广西得名之由来，更为广西的发展开辟了广阔的道路。有宋一代，广西政区辽阔，人口增加，壮族形成，侗族、仫佬族、毛南族开始有单一族称，苗族、瑶族规模性迁入，加之北方移民继续南下，多民族汇聚和融合在更大范围内展开；经济力量迅速壮大，区域文化深入发展，教育成绩突出，文艺、宗教、科技诸方面均能延续盛唐景象，而整体水平有所提升。进入元代，发展势头虽有阻滞，仍不乏新的创意和进取，如教育视野开阔，将蒙古字学、阴阳学、医学纳入国家教育轨道，科学技术、典籍方物亦有超越于前朝者。

第一节　教育

增办官学创设书院　贡院聚各路英豪　进士库为贫寒子弟搭桥　加大乡贡名额推行摄试选官　少数民族规模性教育起步　一户壮家三代进士　三名状元和第一个三元及第　落后的元代教育也有新意

宋元时期，广西步入中古后期。其最大特征是中华一体格局仍依历史惯性发展，但许多时段国家大一统的主导角色已非汉族而是长城以北

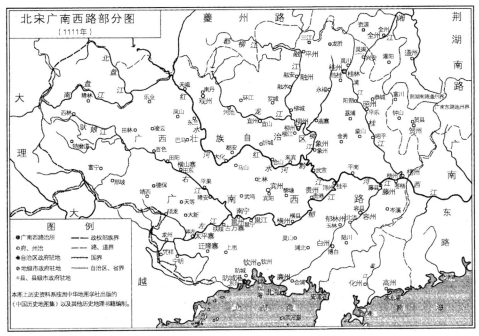

图上 5-1　北宋广南西路图（部分）　　　　　　　广西地图院编绘　2010 年 12 月
1. 本图上中国国界系按照中国地图出版社 1989 年出版的《中华人民共和国地形图》绘制。
2. 本图今行政区划资料下迄 1992 年底。

的蒙古族和女真族。这一时期，岭南的政区格局发生重大改变。北宋初
期，太祖赵匡胤开宝三年（970），以潭州防御使潘美为贺州军事统领，
发 10 州兵统一岭南，同时承认安南都护府（今越南中北部地区）独立出
去和南汉刘氏政权（治今广东广州）兼并岭南西部的事实，改唐代岭南
道为广南路，治广州①。北宋太宗至道三年，广南路分为广南东路（治今
广东广州市）、广南西路（治今广西桂林市）②，为“广东”、“广西”得
名之始。元顺帝至正二十三年（1363），朝廷将湖广行中书省的南部划
出，增设广西行中书省③，为“广西省”得名之始。宋代广西，一如晚唐
的岭南西道，政区的宽阔广大为全国之最。同时，由于临桂相思埭运河
使桂柳宜一体化和桂江、贺江流域的桂梧贺一体化这两大资源加权，宋
代广西首次实现了实质性统一，而显示出诸多区域特点与优势。元代中
央统治集团用游牧传统方式对农耕传统地区进行公共管理，打乱了资源

配置和农工商贸秩序与良好的发展态势。元廷除了把广西居民划为最下贱的"南人"外，为削弱反元力量，巩固自身统治，还将广西一分为三，使内陆的左右江宣慰司（治今南宁）、广西道宣抚司（治今桂林），跟海北海南道（治今广东雷州）截然分开。此种陆海分离使广西资源配置与市场格局发生重大结构性扭曲，导致在宋代发展势头良好的广西社会与经济遭受严重影响。但在某些方面，比如官营造船与航海业，官营手工业，官营驿漕交通业和军屯开垦等，仍有一定发展。只是，从政区划辖及资源配置的空间意义上说，自元代迄于中华民国，广西已没有了海域及海产，在很大程度上成为广西落后的重要原因。然而宋元时期特别是宋代广西所取得的成果和繁荣，仍在历史上留下长长的记忆。

宋代广西共设府学和州学 20 所，县学 21 所，已知其中 12 所为唐办之外，其余 29 所主要是宋代始创，总量为唐代的 3 倍多。但约 50% 的州县仍无官办教育，羁縻州县地区即整个左、右江和红水河中上游流域未设官学教育；即使正州正县官学也仅限于州县治所一地而没有渗透到乡间。所有官办学校都对地方教育发展和社会人文素质提高作出了独有的贡献。在这些官办学校中，最突出的是静江府学，较著者还有全州州学、兴安县学、柳州州学、容州州学、北流县学、梧州州学等。静江府学唐称桂州州学，宋张维重建，张栻扩建，朱熹亲笔为之作《重修静江府学记》。它在唐代便以国家正版《五经正义》为主要教材，唐末桂州涌现 2 名状元与此关系甚大。毫无疑问，桂州州学是国家规范学校，到宋代更是广西示范性学校。全州州学，因其秉承荆湖学脉之嫡传，以宽口径教学闻名于湘鄂桂粤四地。每逢初一、十五，集诸生祭孔后，由教官讲解《四书》《五经》，有条件的扩读《十三经》《二十一史》，并训练写作诏、表、策论及诗、赋、史等文体。武生还要学步骑技击，功底比较深厚。

除 41 所官办学校外，自南宋开始广西还兴建书院 10 所。以资历看依次为驾鹤书院、勾漏书院、太极书院、真仙书院、清湘书院、龙溪书院、江东书院、昇乡书院、明经书院、宣成书院。大抵乡级书院设立为教育发达区，县级则次之。它填补了地方官学之不足，成为社会教育普及和提高的新生事物。最著名的是全州清湘书院和桂州宣城书院，但因建立较晚，到宋元之际才显现优势。上述书院的分布跟官学成正比例状态，仍以桂东北、桂中和桂东南为多。全州开办到乡级地方，即太极、昇乡、明经 3 书院，遗憾的是这里当时尚属湖南辖区。对比全国来说，南宋广西书院仍处于较低的水准。第一，书院始于唐代，广西南宋才有，落后了两三代。第二，比重太小。仅及宋代全国书院约 739 所的 1/74，湖南约 46 所的 1/4 不到，广东约 20 所的 1/2。考虑到当时广西是全国最大政区，幅员和人口占全国 8%，按均值算应达到约 60 所，而仅及 1/6，并且全州还属湖南辖域。这种明显的滞后状态自然会制约中举中进士的基数和社会文化进步的总体水平。

宋代从中央到地方，为推进和提升广西的教育，作出过较大的努力，其中不乏历史首创之举。一是增加广西乡贡名额。北宋真宗天禧四年（1020），朝廷准许广南（含今广东、广西、海南及港澳地区）贡举人数不限定额，以培养更多地方县官，配套向北防御向南开发的偏安战略，但迄今找不到广西明确办理的案例。二是南宋王朝开始在广西创设贡院，静江（今桂林市）成为全国一级政区考试中心之一。贡院最早设于唐朝，广西贡院跟书院一样仍迟设三代，却来之不易。因唐宋时代广西仍属最偏远政区之列，有经济条件赴京考试的人极少，广西贡院的设置，实现了广西人自唐代以来 300 年间望眼欲穿的教育认证平等，鼓舞了广大才子。三是在岭南除实施普通的全国统一的科举制度外，还推行摄试制度和摄官办法，对唐朝南选制度作了有效的改革。北宋太宗雍熙四年（987）始，每 2 年 1 次，以两举进士落榜者参试，类似今天民族地区干部的选拔培养，人数以地方官缺员为额。如左右江地区罕见科举正途，但每次也给解额 2 名。这种由中央定额的摄试选官办法，促进了地方科举第二层次人才的开发。由于岭北人才不愿到岭南供职，岭南民族地区考生又难以通过科举正途入仕，广西子弟有的即使能够考上也会因回避制度等原因仍不能回乡当官，以致广西缺官严重。摄试制度和摄官办法在相当大程度上缓解了这个急需，对广西教育和社会发展的贡献，并不亚于以走出广西为目的的正途科举和进士功名的博取。四是地方政府设法资助贡生赴京应试进士。虽文献仅见宾州创设进士库一例，亦属难得。因为广西偏远，考生前往京城，往返一个来回要走四五千里路程，步骑舟渡加上吃住打点，耗资极大，多数不能成行，严重影响到广西进士及第的基数。宋理宗淳祐年间（1241—1252），知州王节为宾州学子建立进士晤面题名碑，内容包括面谈调研和立约存档，为赴京应试的士子资助旅差费用。尽管支助事例无载，其体恤贫寒学子的良苦用心与务实举措已足可光耀史册。

宋代广西教育，除正州正县的官学和书院得到发展外，壮族、仫佬族、瑶族的教育也相应发展。首先是壮族教育，它有三大特点：第一，主要使用汉语言文字解读儒学经典和诗词赋文，中间有一个民族语文转换程序，从而增加了非母语学习难度，这是额外于汉族考生的。第二，有些地方也使用古壮字进行族群子弟和民族传统文化教育，主要是民歌与宗教的传承。第三，以家族式教育为主要的传授形式，同样获得极大的科举成就。例如武缘（今武鸣）县葛圩刘定遒先祖，于宋末办刘氏私塾，专教本族子弟。最后，壮家人因重视教育，也博取了功名。从北宋太祖开宝五年到仁宗庆历五年（972—1045）间，桂西北融州大乐乡太平村壮族覃光佃、覃庆元、覃昌三代连中进士，祖、父、孙分别官至光禄大夫上柱国、御史中丞、国子祭酒，显赫一时。如果把钦州宁氏也算作壮族，则最早的壮族进士家族是唐代宁氏。即钦州宁原悌在唐代第二个中进士，其裔嗣宁宗乔、宗谔兄弟在南宋均中进士④。其次是仫佬族教育。宋初创建天河县学（今罗城仫佬族自治县内），推动地区民族教育。再次是瑶族教育，在宋代已建立学舍，以恭城、富川、融州较为发达。

宋代广西常科（文科）进士279名，是唐代12名的约23倍，甚至超过日后明代的239名。这一时期广西产生了3名状元，即永福县的王世则、宜州的冯京、富川县的毛自知。冯京是广西历史上第一个三元及第者。三元及第是平均100年全国才出1名，其成就无疑极大地振奋了广西所有青年学子，巩固了儒学作为主导文化的传统基础。宋代教育对广西历史产生的另一个显要作用，是促进了羁縻地区社会政治管理模式的转型。如前所述，中央王朝对广西官员人才的选拔，第一层次是正规的科举考试，在国家统一考试中拣选出贡士而后进士。这一层次无任何地方性照顾。第二层次，是在赴京考进士两次落选的人员中，进行两年一次的地方性摄试，以拣选出摄官即"假版官"，类似于候补性准公务员。其录取名额按广西地方民族官员缺额而定，其中有一部分选派到羁縻州县做地方长官的书记官，相当于现在的科级干事或办公室主任一类。按宋代州郡签厅制，从中央到地方都由国家派出文秘干事参赞州郡政务，以规范公务传递，实现以文制武、以文扼政的偏安监察方针，避免出现五代十国时期地方割据的尴尬情势。羁縻长官为世袭，多数文化不通。宋廷派出摄官进行文秘监理，实现了大面积的地方首领世袭而机构办公流派的双轨管理制，从而为改土归流作了切实准备。这是宋代教育附带产生的一个具有深远意义的成果。

元代广西教育规制包括儒学、蒙古字学、阴阳学、医学和武学、社学等类别。其中儒学数量最多，共有 34 所，具体分为路学 7 所、州学 9 所、府学（平乐府）1 所、县学 17 所，较之宋代减少了 7 所。书院则仅 3 所，比南宋也减少 7 所。儒学特别是科举教育的成绩相当之差，元代自仁宗延祐二年（1315）才恢复开科取士，此时已处于元朝中后期。到元末才考中进士 10 人，另有 7 人获出身授官，倒退到唐代而且不及。但元代为普及伦理道德教育，要求在乡村设立社学，并有官立和私立等不同形式，却是唐宋政府所没有做到的，这一创举给明清乡村教育开了一个好头。依元制，50 户为 1 社，每社设学校 1 所。如此一来，几乎村村寨寨都要兴办学校教育了。由于思路好，明承元制，广设社学。但广西教育还是滞后，直到清初才在较大乡镇置办社学。清中期以后，逐步以义学取代。由此观之，元朝启动的以儒家伦理道德为核心内容的社学，是要全方位推进社会文明建设。这个构想，比唐韩愈、柳宗元所倡导，宋王安石、欧阳修所推进的儒学古文复兴运动，视野与胸襟更为宽阔。遗憾的是蒙古统治者在行为上更热衷于铁骑箭艺，对于文化教育关注不够，很好的设想也就流于形式乃至破产了。

元代广西教育的丰富还表现在蒙古字学、阴阳学和医学的相继增设上。这些前代不曾有过的地方官学分支，为地方教育增添了新内容新气象。其中蒙古字学创办于仁宗延祐四年（1317），教学目的是培养蒙汉双语翻译人员，配合蒙汉一体的政治统治。这对于打破汉字独尊，巩固中华一体格局具有十分积极的意义。可惜，办学时断时续。世祖至元二十八年（1291）六月，元廷下令诸路设置阴阳学。而各路医学教育的设立更早在世祖中统二年（1261）。也就是说，忽必烈下令统管区各地设医学时，全国还没有统一。后来广西也在静江设医学专门学校，与阴阳学校都选址于今桂林市三皇路。元朝所有阴阳学由中央太史院统一管理。教学内容分为天文与术数两科，而诸路医学学校则直属中央太医院。从教学内容看，阴阳学和医学跳出了《四书》《五经》框架，具有明显的强化自然知识基础的倾向。阴阳学专业课程以天文学和数学、历法学为主要内容，但又搀杂星相术与堪舆术，内存一些神秘与迷信成分。医学专业课程以普通医学理论《黄帝内经》中的《素问》与疑难杂症理论《难经》为基础，同时要求讲授临床诊断治疗和中医方剂药学。像元廷这样把天文历算和中医药学作为国内各地官办学校建设来抓，在中国历史上尚属首次。但另一方面，以广西为例，元朝的教育又有其自相矛盾的重大缺陷。一是政策与行为脱节，而终归于收效不显，乃至于整体水平下滑。实际上唐代科举已有明经、明法、明算和诗赋等学科，北魏和唐代先后设太医博士、太医署等机构，在原始发端上，专业学科教育并非宋元之际服务于蒙元统治者的汉学家们所首创。二是元代虽然设立静江蒙古字学、静江阴阳学、静江医学，并依法例成为地方官办系统教育，但地位普遍低下，都是"从九品"，相当现在的乡长一级。学校教育管理的官级地位，低到无法再低，因而明显带有敷衍色彩。三是把科举即文官考选、乡村社会伦理道德、自然与医学综合起来的国家教育规划虽然很好，如果联系到欧洲文艺复兴与自然科技萌动前夜的趋势，可以说是一种中国式的应对世界东西方竞争的战略预设。但由于元朝政策的不稳定和政策与行为的矛盾性，以及后来在明代遭受强烈反弹，并出现由独尊儒术到独尊朱术（程朱理学）这一意想不到的偏狭，中国国学和中国教育终于走进更为狭窄的胡同。

第二节　文学艺术

唐宋八大家三家客桂　苏轼和苏门学士南来　名流雅集文运弘通
本籍作家应声四起　释契嵩深为欧阳修称许　石刻艺术全国一流

唐宋时期是中国文学的黄金时代，同时也带动了广西文学的初步繁荣。唐宋八大家中，柳宗元为柳州刺史，苏轼、苏辙于被贬谪时曾寓居广西。苏门四学士中，秦观和黄庭坚被划入元祐党籍而谪居广西。秦观编管横州（今横县）。黄庭坚则押宜州编管。苏、黄、秦 3 人在宋代文学弘开三派，苏轼开"豪迈派"，黄庭坚开"江西诗派"，秦观为"婉约派"领军人物之一，他们的到来自然极有助于广西文学的发展。对广西的文学思潮产生特殊影响的代表性人物还有：贬流于广西宾州

图上 5-2 黄庭坚（1045—1105）画像（影印明万历刊本《三才图会》）

和廉州的尚书曾布，贬流广西昭州（今平乐县）的邹浩和黄葆光，贬流昭州再移宾州和广西路化州（今属广东）的范祖禹，贬流广西路高州（今属广东）的刘安世，贬流贺州的李周，贬流廉州的陈瓘，贬流象州和化州的龚夬，等等。

贬官之外，属于非流黜的客桂地方官，更是一支在广义文化领域开发广西的集群力量。首要者是南宋开国皇帝高宗赵构，他以桂州（今桂林）作为潜邸即到地方锻炼起山之地，即帝位后于绍兴三年（1133）升桂州为静江府，并中断北宋以来不断派军镇压广西民族起义的历史。广西贡院之始设，书院之创立，桂林石刻之密布，等等，均此"皇恩广被"之彰显。其次是大批文人名士和有为之吏，如北宋的范旻、柳开、米芾、程节、周敦颐、程颢、程颐、姚坦、陈尧叟、胡

图上 5-3 范成大（1126—1193）画像

宗回、陈执中、燕肃、孙抗、张岘、张庄、梅挚、陶弼、萧固、余靖、许彦先、丁谓、吕渭、林逋、李师中、曹辅、李彦弼、张田、刘谊、苗时中、尚用之；南宋的李邦彦、王安中、何先觉、李弥大、李光、李纲、吕愿忠、曾几、张孝祥、张维、范成大、张栻、王正功、朱晞颜、吴猎、岳霖、詹仪之、林岊、梁安世、方信孺、张自明、林采、赵师恕、李桂高、李曾伯、刘克庄、史渭、曾宏正、黄畴若、谭惟寅，等等，在《宋史》列传及《广西通志》宋代人物传中多有记载，他们对于八桂文运的弘开具有多方面深刻影响。

官宦文人当中的大部分，是宋代广西41所官学和10所书院开办、修建的鼎力支持者。他们广施教化，奖褒人才，直接形成强大的文化引力场，带动了广西文学的发展。如苏轼及黄庭坚、秦观等"苏门学士"，本身即成就三大诗词流派，又在广西多有诗文著作，且开筵讲学，言传身教，对广西地方文化所起的推动作用不能低估。另有一些名流，如陈抟、司马光、朱熹、陆游，元代的赵孟頫等一流名家，虽未到广西但却赠赐作品，对提升广西文化品位和鼓舞士气也起到特殊的作用，同时具有人文方面的开宗发脉意义。举其代表性人物，如北宋理学开山周敦颐，本湘桂交邻之湖南道县人，携学生程颢、程颐到广西龚州（今平南）、浔州（今桂平）省父游学，不仅使广西成为北宋两程理学的摇篮之一，而且周敦颐本人也在今广西富贺地区留有族群后裔⑤。又如山东青州蒋瓒家族，五代时到今属广西之兴安县发脉，逮于宋代其子蒋来叟、来复、来凤三兄弟均中进士，孙辈也有10人为进士，伯父炳文一支，叔父允济、允州、允中一支，都是文科进士的密集世家⑥。

宋代广西本土的文学，在体裁的广泛性及作家作品数量上都超过了唐代。以林勋、李时亮和释契嵩及其文集为代表的散文创作引人注目。特别是释契嵩的文集能整集传世而不佚，在广西唐宋文学史上，形成了全国知名的"二曹一僧"奇观。

释契嵩（1007—1072），《宋史》也作僧契嵩，俗姓李，字仲灵，号潜子，宋仁宗封号"明教大师"。原籍北流江汇入浔江江口之镡津（今藤县）。他也是北宋时期的古文大家，颇受欧阳修称许。他那篇《非韩》长文，直接批判韩愈鼎鼎有名的"五原"大论——《原道》《原性》《原人》《原鬼》《原毁》，同时又肯定儒家的天人合一和伦理道德、家国同构观念。这一思路是汉魏以来独尊儒术、崇尚玄道和佛学滋张三个方面社会思潮的整合，要比韩愈的尧舜禹汤文武周公孔孟之一脉道统，以及由韩愈柳宗元发动，柳开、王安石、欧阳修弘扬的儒学古文复兴运动，更为兼顾并适应社会现实。契嵩《辅教编》等宗教理论著作，正好在社会思潮上配合了融会儒道禅的周程理学，使宋代宗教哲学与人文哲学两相配套，走出魏晋南北朝和五代十国分裂割据的历史阴影，为宋代以政统教的理论构架，作出了历史性贡献。契嵩也是一位诗文高手，其特点是佛论入诗。代表作有五言体《送卢隐士归庐山》和《感遇九首》、七言体《杨蟠惟晤既有奉和余诗再次韵奉酬》和《遣兴三绝》等；其中后者第三首诗曰："去年聊驻江头寺，今寄林僧岩下局。莫谓此身无定迹，人生都类一浮萍。"道出对佛家、对一切人都一样公平贴切的奥秘之所在。也许正是这种难得的解悟，成为契嵩作品能够避免历代文学家作品多有失传结局的自身根源。（参见下编第五章"文学"）

　　北宋以论文及诗作知名于当时的，还有博白人李时亮。他于仁宗嘉祐二年（1057）登"榜眼及第"，后知廉州（治今合浦县城），在北部湾畔主政多年，深知桂越关系的顺逆直接影响双边的生存与发展。神宗熙宁年间（1068—1077），交趾犯境，李献《平边十策》及《时政得失五十事》提案，论列举措，获神宗嘉许并采纳，调兵击败交趾，重构边防和平。他不仅善文，亦长于诗，陶弼任职于陆州（今陆川县）时相与唱酬，有二人唱和诗集行世。广西籍另一位以论文鸣世的人物是贺州人林勋，他活跃于北宋徽宗政和五年（1115）到南宋高宗建炎三年（1129）前后。据《宋史·艺文志》载，林勋撰《本政书》10卷，指斥赋税失当及征敛之弊，建议改革土地税制。又撰《本政书比较》2卷及《治地旁通》1卷⑦，论列桂州垦田和地利开发不够，从而为新一轮农田水利开发特别是梯田建设作了政策论证。林勋的文章观点对当世决策具有实质性影响，被列入官书农家类要目；后来得到朱熹、陈亮的肯定，并成为明清之际王夫之关于土地症结《噩梦》的思想资源之一。

　　群体诗人的涌现，是宋代广西本土文学的又一亮色。一是北宋时代融州著名的覃家一门三代三进士。祖父覃光佃博学能文，以诗赋中进士并且是宋代广西第一名进士。子覃庆元以五绝《登立鱼峰》传颂于当时，孙覃昌则有《祭酒文集》留世。二是北宋博白县同籍诗人李时亮、徐瑞和秦怀忠，被誉为"博白三公"。李诗《飞云山》后两句"于今待汝为霖雨，莫向山中变白衣"，借《诗经》和杜工部典，道出百姓盼望风云为雨的心声。徐瑞以五七言长短变体诗《绿珠渡》知名，其后四句"江水流古今，滔滔不相顾。今不见古时人，依旧青山路如故"，明了《易经》周流六虚说，载入《永乐大典》卷二三四四中。秦怀忠歌颂家乡名山之七言诗《盘龙山》，亦为《永乐大典》所收录。三是被南宋诗词名家张孝祥誉为"南方凤之徒"的临桂诗人石安民及弟安行、安持，史称"三石"。其中石安民有《惠叔文集》等，以《西江月·叠彩山题壁》传世。四是象州壮族兄弟诗人谢洪、谢泽，他俩又是北宋末徽宗宣和三年（1121）辛丑科何涣榜的同胞双进士，兄弟诗文结集为《二凤集》，盛名于两宋之际。

　　除了上述诗文群体外，两宋作家还有下列数位：状元王世则，存世代表作有鹿寨县白象岩的石刻三诗《高岩立春日》等。冯京，以文才对应礼部赋题《无逸为元龟》和殿试赋《盖轸象天地》而获三元及第，名列《宋史》神宗朝宰辅表⑧。有《灊山文集》和奏议30卷传世。七律《谢鄂卒南宫诚》中"尝思鹏海隔飞翻，曾得天风送羽翰"二句，隔，通翮；翰，通瀚，双语四关，不难窥见中国科举史上百年一遇的三元及第构意之弘阔深远。桂林诗人欧阳辟，被北宋名家梅尧臣称为"凤巢在桂林"，所作七古长诗《寄京师画院待诏王公器》等，载《宋诗纪事》。全州诗人陶崇、宜州壮族诗人区革，都名重于当时而有作品传世。

　　广西到两宋时期，发展成为全国第一岩体石刻基地，石刻艺术公认为全国一流，其独特价值粗略展示在以下六方面。第一，名家荟萃。首先是唐宋八大家三家集于一碑，即纪颂柳宗元的柳州《荔子碑》，内容主题纪颂柳宗元，诗文由韩愈手撰，文字由苏轼真书。其次是宋元名家荟萃。北宋四大书画家有三家在广西有铭刻。苏轼书法石刻见于如上柳州碑，未包括在宋属广西路的海南、雷州和廉州的作品。黄庭坚，在宜州有自画像、书帖石刻传世。他的刻帖于清初顺治时被贪官郡守赵玉壁用船载走。但在桂林龙隐岩尚存三方《五君咏》行书石碑。米芾在桂林伏波山还珠洞有自画像、诗文书法石刻。元代首屈一指的书画家赵孟頫在永福县百寿岩有真书石刻。此外，北宋历史学家司马光在融水县真仙岩有真书石刻，诗人陆游在桂林象鼻山水月洞有四方诗刻。第二是艺术形式全面，书画字体浮雕阴刻阳刻全都具有。见于一碑诸字体书画的如永福县百寿镇寿城村百寿岩的"寿"字石刻碑，有 101 个寿字，字体无雷同，自图画文字到篆隶真行草都有，并注明文字出处。至于碑刻群落集中地更不用说了。第三是世界稀世珍品的石刻。中国现存古代最早最全面的城市建设图文石刻有二处，一处是苏州的城市图文石刻，一处是广西桂林

图上 5-4　北宋年间，刻于桂林还珠洞的米芾（1051—1107）自画像。　采自《桂林石刻选》，1980 年。

的城市军事防御系统图文石刻，即桂林鹦鹉山胡颖、章时发《静江府修筑城池图并记》（又称《静江府城防图石刻》），为中国已知最大岩刻城防图，在世界石刻史上是罕见珍品。详见本章科学技术一节。第四是中国仅存两方宋代《元祐党籍碑》都在广西，一在桂林龙隐洞岩壁，一在融水县真仙岩（已截取到县博物馆藏）。第五是反常石刻。反常是不正常乃至于颠倒。除去已见于唐代桂林石刻有从左向右读的反读反排石刻，被称为中国与西方阅读顺序初步接轨的"左读祖碑"外，宋代还有一碑倒写、倒读、倒刻的"三倒石刻"，见于广西富川县麦岭乡月塘村御史岩，为南宋嘉定八年（1215）刻在岩体上的《穿石岩刻》石刻。第六是佛窟浮雕造像的西方图式。不同于北传中原佛窟风格，见于宜州市庆远镇北郊会仙山北宋元符元年（1098）《普贤造像》。这个西式佛窟造像不仅仅是头脸穿着的西式，而是"全盘西化派"样式。佛窟造像还有一方

为全国之最，即宜州白龙公园白龙洞刻于北宋元符元年（1098）的《供养释迦如来住世十八尊五百大阿罗汉圣号》碑，比号称中国最早的已毁的《江阴军乾明院罗汉尊号》（刻于绍兴四年即1134年）还要早36年，也是迄今为止世界佛教界最早的五百罗汉实名碑。但广西宋代石刻也有自己的弱点，概括起来有三少：一是大字榜书题刻较少，二是皇家气派的石刻少，三是南宋迄今最为流行的书法字体秦（桧）体，即"仿宋体"的碑刻少。这三少说明广西石刻艺术虽然公认全国一流，仍颇有一些项目不如别地。

宋代傩面具木刻艺术也处于国内一流水平。桂林傩面具不仅形象传神，且能变脸，同一面具可以套装凶、善、丑等木壳，并有另一种变脸，即一副木雕傩脸由800个袖珍傩脸构成。陆游《老学庵笔记》对此有载："政和中，大傩，下桂府进面具。比进到，称一副。初讶其少，乃是以八百枚为一副，老少妍陋无一相似者，乃大惊。至今桂府作此者，皆致富，天下及外夷皆不能及。"⑨另据宋代周去非《岭外代答》称，由于桂林傩面具天下驰名，"佳者一值万钱"。

第三节　宗教

广西佛教盛极于宋　净土宗优势初见端倪　释楚圆门徒弘佛日本
释契嵩首撰禅宗通史　宋廷偏安偃道教　民族师公教形成　伊斯兰
教入传桂北

佛教在中国的传播，因唐代自开中国—东亚佛传体系而达到鼎盛。广西则因国际影响而盛极于宋。从规模上看，宋代广西新建佛寺131座，连同宋代以前的59座，总数达到190座，并已扩展到桂西少数民族地区。除桂林和全州仍保持原有地位外，以相思埭为纽带，在桂中柳州、桂西北宜州与融州建成了新的佛教中心。从地位上看，广西佛教成为中国佛教思潮与大乘主流禅宗净土宗的重要根据地，出现禅宗门派开山或宗师级人物楚圆、契嵩和觉昕。宋代佛学思潮仍以禅宗为主，但在修行信众上净土宗的念号法式愈益流行，敬阿弥陀佛的特别多，寿佛

寺、寿佛院、寿佛庵、寿佛塔在新建
寺院中份额加大，净土崇拜在发展势
头上开始超过禅宗。壮汉民族交错地
带，如宜州等建有崇宁寺、广化寺、
西竺寺，凌云则建起迎晖寺。广西佛
教到宋代接连涌现高僧大德，驰名全
国并有著作或灯录传世者达 10 多人。
当时广西 3 位著名住持，两个在桂
州，一个在柳州。桂州佛寺住持一称
善资，是禅宗南派五家之一临济宗黄
龙派克文法嗣。全州人楚圆本为临济
宗七世祖，其门下分出黄龙、杨岐两
脉。黄龙开宗者慧南，在 83 个法嗣中
以祖心、克文、常总三僧为上首。善

图上 5-5 慈明大师楚圆（986—1040）
画像

资是克文的传人，论地位列入佛教宗支谱史。二是普照，桂州觉华寺主
持，是禅宗派云门宗祖师文偃法嗣，列入佛教史宗派源流谱系。三是觉
昕法师，乃柳州天宁万寿禅寺住持，传法净悟大师，大乘禅宗临济宗九
世及南岳十三代。在岭南桂中佛教史上，能够新建全国知名大寺院的只
有唐代柳宗元和宋代觉昕法师，此两人为地方弘佛厥功至伟。

宋代广西佛教有两位高僧，即楚圆（986—1040）和契嵩（1007—
1072）。两僧的共同特点，可以 9 个"都"概括之：都本姓李，都属禅宗
一系，都游学大江南北后成才，都曾师从瑞州洞山（今江西高安）晓聪
禅师学法，都以自己的佛教理论推动中国佛教的发展，都是皇帝御赐大
师称号，且称号都带"明"字（楚圆为"慈明"，契嵩为"明教"），都
具有国际性影响，都死在外地。楚圆的法身地位，是唐代释义玄开创的
临济宗七世祖禅师，属大乘禅宗南宗南岳法系。他的弟子慧南、方会，
将临济宗发展成黄龙派、杨岐派两个分支。南宋时，两派都传入日本，
推动了日本佛学发展和中日文化交流。楚圆的成佛理论即"骨出髓"，悟
透自性即是佛。这也使他在"骨出髓"的佛格化过程及其他事务中易受
刺激，54 岁时死于中风。门徒慧南将其生前所述编为《慈明和尚五会语

录》，收入《五灯会元》流传至今。另一位高僧大德释契嵩，其特殊贡献一是通过《辅教编》和系列论文《非韩》，运用比较法企图证明佛教"五戒十善"与儒家"五常仁义"的根本一致性。《辅教编》的上、中、下篇分别以《原教》《广原教》和《真谛无圣论》等，否定单方面的原教旨主义，否定只有某种教派才有圣人而别的教派没有，因而相互排斥以至仇恨的论调。二是在大乘系禅宗传播史上，第一次全面而清晰地整理了自佛祖释迦牟尼发脉印度西土 28 祖，到东土中国化禅宗南宗六祖（即慧能第 33 祖）及其下嗣正宗分旁法嗣 1300 余人的传教通史。表达载体为《传法正宗记》和《传法正宗定祖图》。《正宗记》载入汉文《中华大藏经》和日本《大正新修大藏经》，《传法正宗定祖图》收入《碛砂版大藏经》。契嵩既肯定"原教"但更肯定"广原教"，否定惟我独是而惟他独非，主张"真谛无圣论"，努力寻求不同宗教或中西文化的相同点与制衡点，这种和平开放精神，经过发掘弘扬，可以长久为人类的宗教事业服务。这是宋代广西佛教理论对于人类之特殊贡献。

赵宋王朝在夏辽金蒙和交趾（今属越南）、大理（今属云南等）环列的情势下，政区疆域狭小，自然资源有限。为使社会各阶层各地方配合其"无为而治"以图偏安方针的贯彻，宋廷借重道教与老子，封老子为"混元上德皇帝"，超过孔子所得到的尊号。北宋真宗大中祥符年间（1008—1016），朝廷诏令天下建天庆观以志"天书下降"之喜。广西桂州、鬱林（今玉林）、昭州（今平乐）都修建了天庆观。有宋一代，广西陆续建观约 38 座，连偏远的桂西田东县江城也凿造了八仙摩崖道窟，道教势力发展到了羁縻地区，而桂东南都峤山、白石山、勾漏洞等地仍继续发挥其洞天魅力，保持传统性道教重镇的地位。尽管赵宋王朝是从"道法自然"和"乘势而作"的政治大局意向弘教，而道教界的"真人"们却以寻求"全性葆真"等与政治目的无关的另一个道真为目的，道教传播对于中央政治偏安方针和地方文化发展都曾经起到推进作用。

宋元时期，广西世居民族中的侗族、毛南族、仫佬族、苗族和彝族等民族，已紧随壮族在境内形成或移居。这些民族借鉴佛教和道教的一些要素或因子，与本族原有习俗信仰结合重组，形成自己新的民族宗教。师公（道公）教的形成，是一个典型案例。道公和师公在岭南广西

皆名出道教，即一教两名，是壮族
乃至于汉、侗、苗、瑶、毛南、仫
佬各民族在不同时期、不同流派、
不同地区、不同法事的同教异名。
师公和道公的最狭义的分合，指在
同一道场中执行不同的法事程序。
师公在道场法事中多武多舞多傩
具，道公在道场法事中则多文多诵
多偈词。以壮族民间为例，宋代以
来形成的师公教要点包括四个方
面：一是组织特征。出于道场法事
开设而组建，属民间松散性组织。
二是师公神祇。按行话来说有 36
神 72 相，即 108 神位，但据查总

图上 5-6　元文宗图帖睦尔所书南山寺额石
刻，拓片藏广西壮族自治区博物馆。

计 200 名以上，这还不包括南壮和北壮，以及广西境内信奉道教的汉、
彝、瑶、侗、苗、仫佬、毛南等民族支系的民间不同神祇。但各地的神
祇大同小异，大致可分为本教神、道教神、佛教神、土俗神、亦鬼亦神 5
类。三是师公流派。按发祥地分，有湖南梅山派和江苏茅山派。梅山派
又来自武当山，它和茅山派都可从江西龙虎山张氏派系及其发脉地四川
鹤鸣山等处找到根源。茅山派和梅山派传入广西，经和壮族民间原始宗
教或习俗信仰重组，称茅山派师公和梅山派师公。茅山派经文用汉字写
成，梅山派经文一般是用古壮字写成，据此，又有了道公（道师）、师公
（麽公）的不严格区分。按表演风格分，梅山派师公称武师，以表演武功
为主；茅山派师公又称文师，以诵经念偈为主。两派虽有区别，但无门
户之见，往往组合分工在同一道场法事中。四是师公法事仪式凡 8 大类
以上，有打醮（群众性神会）、超度亡灵（分做斋、砍殇）、跳岭头（野
祭祈安）、跳南堂（祈求还愿）、调香火（族群宗法）、游神（神诞纪庆）、
赶鬼（特定地方）、符箓（符号施法）、演武（团体祝祷）、解秽（驱邪
化难）、契约咒誓等，其中以超度亡灵为主要。操作特点是巫、道、释、
俗的综合，总的目的是达成逢凶化吉、祈福禳灾的心愿。这是宗教介入

社会秩序、社会生活和终极关怀的精神文化要素。

宋末元初之际，伊斯兰教传入广西。坚守静江府城的南宋左武卫将军马塈和率兵攻陷静江府城的蒙元平章阿里海牙，这两大对头都是伊斯兰教穆斯林，分别为自己的国家拼杀。元初，在穆斯林士兵驻守的今桂林穿山，建立了广西最早的清真寺。伊斯兰教最大的特点之一是民族性宗教，广西信教的主要民族是色目人或回族人，清真寺随着穆斯林的迁移而出现。元代，不少穆斯林官员南下广西执政，如顺帝至元三年（1337），波斯人伯笃鲁丁自金陵到桂林任粤西廉访副使，落籍广西繁衍后代，成为广西白姓回族的祖先。有确切记载的元代广西，仅修建清真寺2座，即桂林漓江东岸穿山清真寺和桂林西外（今民族路2号）清真寺。这两座清真寺在数量上略嫌其少，但毕竟是伊斯兰教在广西规模性扎根的开端。到了明代，又以相思埭为纽带，在临桂、永福、柳州新建6座，清代达到33座和现在约90处。伊斯兰教在中国没有遭遇类似于兴佛与灭佛两种极端对待，在广西是依据回族与穆斯林的分布流动状况而相应稳定发展的。穆斯林的社会地位也是确保的，如元代波斯人伯笃鲁丁的嫡系后裔桂林人白崇禧曾出任中华民国国防部长，在广西世居12个民族中，除了汉族的李宗仁（临桂人）和李济深（苍梧人）外，其他民族迄今为止还没有谁出任这样的高级职务。

第四节　科学技术

水利技术显著进步　三季稻开始出现　瓷器制造臻于鼎盛　乌樠木船柁载誉四方　左右江练子布丝不可及　"政和通宝"在贺州铸造壮医攻克治瘴难题　《太平圣惠方》推动医药规范　本土雕版印刷典籍名著

宋代是广西农业发展势头最好的时期之一，大批余粮输往广州和岭北地区，人口在南宋增殖较快。其直接原因，是大力兴修水利工程和积极引进并改良水稻品种。首先是水利。经常维修相思埭，前后7次整修灵渠，增加船闸总数，利于旱季小流量抬水航行，节省水资源用于农业灌溉。更多的地方新修水利工程，仅神宗熙宁三到九年（1070—7076），修建水利工程计 879 处，增加溉灌面积 2738 顷。许多地区推广自动式水翻筒车和引流水笕。水翻筒车是一种已见于唐代的水力自动式转轮提水工具，在河流低水头条件下，其效能比中原岭北使用的人力转动龙骨车更为先进，可以高效调配水流较急的水资源上槽渠分流；其缺陷是在静水区不可使用，提水级别不如脚踏龙骨车和戽斗。水笕也是一种自动式引水设施。在竹竿或木杆上凿 V 形纵向槽后相交对接，从水源处接水一直接引至目的地。

　　隋唐以后，广西单季稻地区开始试种双季稻，同时选育出适季优良稻种。到宋代，发展为精品粮、大面积双季稻和高产稻。精品粮，一是桂中象州一带培育出油粘细米，宋王象之《舆地纪胜》中称"长腰玉粒"，范成大《劳畲耕》诗注中称"箭子"米，因细滑软熟留香，在国内大米市场颇为抢手。二是右江流域的"真珠米"，粒圆而香滑，种植核心区是中国著名香米之乡横山寨（今属田东县）。中国十大香米品牌中，右江百色地区的田东、靖西即占有 2 种，粳糯都有。宋代广西还开始了"三禾"即三稻三熟尝试。南宋周去非在《岭外代答》中说："钦州……地暖，故无月不种，无月不收。正二月种者曰早禾，至四五月收。三四月种曰晚早禾，至六七月收。五六月种曰晚禾，至八九月收。"三种三收无疑展现了农业生产力的提高⑩。越南是传统稻作故乡，宋代广西边民最先从越南引进了占城稻，此品种耐旱，分蘖力强，早晚两熟；后由中央政府推广到全域，加以驯化改良，由旱谷为主变为水稻为主，逐渐成为籼稻系列的主要品牌。

　　唐宋是广西城市建筑发展时期，次区域州一级中心城镇多在此时兴建扩建。其中以桂林的扩建最为典型，在唐宋时期有 8 次修建记录。难能可贵的是始终贯彻城市发展与城市安保相兼顾的建筑方针。唐代李靖始筑子城，北宋仁宗至和二年（1055）余靖又筑外城。南宋理宗宝祐六年（1258）到度宗咸淳八年（1272），静江府贯彻朝廷旨意，为防御蒙古军队，用 14 年时间前后 4 次修筑城防工事体系。根据"襟山带河以立天险"的筑城指导方针，先后由李曾伯、朱祀孙、赵汝霖、胡颖主其事。经数次兴建，将静江府城建成北倚诸山，东临漓江，由城壕、羊马墙、月城组成的纵深防御体系。其中城门用券洞和瓮城设箭楼。咸淳八年竣工时，胡颖、章时发将《静江府修筑城池图并记》刻于鹦鹉山南麓崖壁。图面摩高 3.4 米，界宽 3 米，由城图和图记两部分组成。这是现知中国古代最大的城市国防工程竣工平面图[①]。图中运用 36 种符号，在世界石刻地图史上开创大量使用地图符号表示地物地貌的先河，也是最早成功表示岩溶地貌的古地图，为总结中国古代城防建筑规划所能达到的综合水平，提供了典范案例。

手工制造业在宋代得到很大发展，其中在国内外占有一席之地的是制瓷业、造船业、矿冶业、纺织业和海盐业。宋代是广西制瓷业的鼎盛时期，与广西在唐宋时期丝绸之路转型为瓷器之路相适应，以青瓷、青白瓷、瓷腰鼓产品质量为最。其中前两种是广西作为全国四大瓷器出口基地（两广闽浙）之一的物业资源。大致分为两大类型，一是湘江上游、漓水、洛清江、柳江、左右江的青瓷类型，二是北流河流域的青白瓷类型。窑体结构以坡式龙窑为主。青瓷占总数 2/3 以上，胎质厚重，釉色以青为基础，其中兴安严关窑的月白、玳瑁釉器和点彩器，永福县窑田岭窑的青绿釉印花器较具特色。青瓷的传布以灵渠和相思埭为纽带。青白瓷是宋代制瓷业的重大成就之一，其胎质洁白细腻，坚硬轻薄，釉色莹润光洁，北流河流域的藤县中和窑、容县城关窑和北流岭峒窑具有代表性。上述瓷窑产品详见本章典籍、方物一节。瓷腰鼓也是广西宋代制瓷业特色成就之一，产品以永福县窑田岭窑为著。

两宋时期，广西海域面积之大居全国第一。广西江海航运工具的制造技术达到国内一流水平。其核心标志是整体设制观念具有明确的特定水域适航性能指标，即广西造船及航器技术要求以适航水流落差较大的珠江中上游和海深浪险礁多的南海水域、印度洋北部海湾为指导。在宋代国内沙船、乌船、福船和广船 4 种船型中，广西主要采用广船、福船及改进型船只。福船主要兼顾东海与南海的交邻航运。广船主要在南海水域航运，是岭南两广琼越区域主要特有船型，属于木帆船的革新船体，特点是船体长尖，吃水较深而重心稳定[②]。有学者称"广船"就是广东船，显然未注意到宋代广西政区还包括今海南省境和广东雷州半岛及南海部分海域在内。广船的特例是大型海船"木兰舟"。周去非《岭外代答》卷六《器用门》称它为当时世界最大海船之一。木帆船是广船的老祖，又是木板船的革新型，船头安装排浪板，船尾设有封闭的尾仓，以增强消浪能力。在燃油机动船普及之前，木帆船一直是民间最称心的船只。钦州乌婪木船柁和乌婪木桅杆，是宋代广西造船最具特质的航具之一。船匠们发现用乌婪木、紫荆木和坡垒（别称万年木）这些特产于十万大山的珍稀木材做船舵和桅杆，抗扭能力强，安全系数大，其中尤以乌婪木为第一。《岭外代答》对此亦有记录，指出一船之生命，系于一桅杆一舵橹，而用钦州所产乌婪木做的船舵和桅杆，虽遇急风恶浪，且舵桅长达 5 丈，也能够从容调拨航向而不折断，确保船只穿行于适宜位置。因而乌婪木舵桅，闻名国际，走俏市场。

宋代广西矿冶业一些项目在全国占有举足轻重的地位，并以北宋神宗熙宁到元丰年间（1068—1085）最为发达。到徽宗时期（1101—1125），广西矿业中的金、银、铜、铁呈大幅下降趋势，但铅、锡、硃砂、陶瓷土的开发上升，在全国仍占重要位置。宋代开发的主要品种有氧化锌、汞矿、朱砂、陶瓷土矿、锡矿及夹锡钱铸造。氧化锌古称"桂粉"，由铅锌矿经火水之法提炼而成，是当时畅销的时尚化妆品。广西宜州是宋代三大朱砂产地之一，与湖南沅陵所产辰砂齐名。朱砂系储存于岩砂中的固态矿物，又名汞矿，有毒，具有镇静、杀虫（防腐）的特性。元丰元年（1078），全国朱砂总产量 3646 斤（宋 1 斤 =633 克），宜州朱砂产量 3386 斤，约占全国总产量的 93%。北宋徽宗政和二年（1112），因对北方政权和议损耗大量铜银等硬通货，并有鉴金、辽二国收购宋铁钱熔制兵器，宋朝决定铸造质地较脆的夹锡钱流通市场，以在兵器技术上弱化对方。为此，宋政府在贺州设置造币钱监，管理夹锡钱铸造，成为全国最大造币基地之一。当时铸出的铁锡合金硬币，称"政和通宝"，俗称铁钱，流通各地。经广西冶金研究院测试中心采用化学定量分析法，北京科技大学冶金与材料史研究所采用原子吸光谱法，分别对 9 枚贺州宋代遗址出土的政和通宝进行测定，铁钱含锡量在 0.36%—2.54% 之间，误差量控制在 2.18% 以内，完全合乎官方要求。

宋代广西另一重要的手工业成就是纺织业。有緂、練子、瑶斑布、柳布、象布、古县布、吉贝、武缘布、水紬、蕉葛、竹子布等品种，以苎麻织品和棉织品享誉全国。苎麻织品中瑶人织造的瑶斑布以染制技术独特而著称。左、右江俚僚所造的練子布，1 匹 13 米以上，仅重二两（宋代 1 两≈37.30 克），是名闻全国的精品布，誉为"丝不可及"，上品每匹价值 10 余缗（宋 1 缗＝1000 文铜钱）。棉纺织技艺也颇有影响。宋代广南西路辖及的海南岛、雷州、化州、廉州和宾州等地，称灌木木棉的果絮为"贝"，用它织成棉布称为"吉贝"，属汉字记音，织制的棉布种类繁多，品质精致⑬。

广西地方民族医药学是中华传统医药学的有机组成部分。两宋时期广西境内的苗医、瑶医、侗医等少数民族医药学开始形成，壮医更在若干方面显现自己的疗效特点与优势。一是治瘴气。瘴是古时热带亚热带气候与生物多样性亚区域的疑难杂症。岭北士人谈瘴色变。至宋代，壮族民众和壮医对瘴气的防治已积累了一套独特经验，首创瘴气分类法，计有 4 类 20 种。因应不同病因病理及病势演变，采取不同施治措施，在针灸部位和药物方剂的选择上多有考量。青蒿、常山、菖蒲、羌黄、槟榔、虎杖等约 30 种地方中草药被列为一般性用药，但没有特效药和固定验方，诊治必须兼及风、痹、疟、毒、痛、瘟、寒、热等程度及交叉关系，进行主次辩证和因症加减。其中，疏毒渲郁是临床要则之一。广西陆地植物种类仅次于云南、四川，在全国排名第三，这还不包括广西海域生物种量。宋代壮医对本区药物形态、功效、性味以及采集、加工、分类已有了比较全面的认识。药学与诊断学的结合，增强了壮医的疗效确切性。经历史积累，壮医用药多达 2000 余种⑭。

宋代广西医学方面还有两件大事。一是在宜州出现中国历史上第一次实绘的人体内脏解剖图，即《区希范五脏图》，图中对肝、肾、心、大网膜等解剖位置和形态记载基本正确。这次解剖，事载桂林铁封山宋仁宗庆历五年（1045）孔延之撰刻《瘗宜贼首级记》碑。解剖结果本属北宋王朝残酷镇压广西民族起义的副产品，但在中华医学史上，较之于西汉末年王莽参与主持的人体解剖更有实际参考价值。二是中央开始关注岭南地方医药卫生事业，并着手规范医药方剂。景德三年（1006）七月，宋真宗赐广南《太平圣惠方》100 卷。此书与《太平惠民和剂局方》、《圣济总录》并称两宋三大医药大典且为首部，是对宋太祖时《开宝重定本草》的改版增订，由北宋著名医药学家王怀隐、王佑、陈昭遇等奉敕编纂。由于雕板印刷术的推广，医学文献批量印行成为可能，因此，《圣惠方》成为中国历史上首次由帝王亲自颁发的普及性医药学大典。全书把病症划分为1670门，收方16843副，是中国历代医药学成果的第一次集成。这部医药经典的赐授，使广西正州正县中医药学处于全国同一规范的发展水平；同时，主要适用于羁縻地区的壮医药学在吸收借鉴本书的内容之后，逐渐纳入中华医药学框架。

北宋晚期中原雕版印刷术开始传入广西，启动了广西著作刊刻印刷的历史。北宋哲宗绍圣二年（1095），桂州牒准奉旨开雕王叔和的《脉经》10卷。这是广西第一部官刻本文献。《脉经》的批量刊行，推动了岭南诊断学发展。南宋高宗绍兴四年（1134），柳州州署雕版印制《河东先生集》，推动全国性对柳宗元的学习研究，书成第二年新任柳州知州文安礼，就编出《柳先生年谱》发行全国。雕版印刷术传入广西，还附带产生三种积极结果。一是从图书刊刻相通性上，对石刻文化具有版范提升意义。二是鼓励本籍人士出书传世。三是因著作刊行跟外地名家有对等交流之机会。林勋的文稿刊行即是一个例证。容州官署在绍兴初年，刻印宋代贺州进士林勋所撰的《本政书》10卷附《比较书》2卷，虽非全集，但却避免此前上溯到两汉的本土名人作品几乎十不存一的状况。

第五节　典籍、方物

> 《宋史·艺文志》等文献著录有关广西的典籍　释契嵩《镡津文集》
> 范成大《桂海虞衡志》　周去非《岭外代答》　纪传体正史所载广西
> 地域文化资料　陶瓷器精品　不一般的铜器银器锡器

宋代有关广西的典籍，见著录于文献的有：（1）《宋史·艺文志》地理类13种：江文叔《桂林志》、蔡戡《静江府图志》、范成大《桂海虞衡志》、韦楫《昭潭志》、（不知作者）《临贺郡志》、范旻《邕管杂记》、《广西郡邑图志》（张维序）、张田《广西会要》、谈揆《邕管溪洞杂记》（谈揆，应为谭揆。桂林石刻中有"谭揆"）、黄畴若《龙城图志》、胡至《重修龙城图志》、胡槻《普宁志》、余元一《清湘志》；文集类 6 种（此不详列）。（2）宋王象之《舆地碑记目》卷三记录与《宋史·艺文志》不重复的 8 种：《象郡志》（丁世英序）、《苍梧志》（薛诚之编）、《怀泽志》（谭景光序）、《建武志》（尹安中编，乐公明序）、《浔江志》（黄钟序）、《宾州安城志》（吴远编）、《宁越郡志》〔林会序〕、《郁林图志》；（3）《祕书省续四库书目》地理类著录《广西路图经》一百六卷；（4）宋赵希弁《郡斋读书志·附志》著录周去非《岭外代答》十卷。

这些文献，有的属于全国性著作的有机组成部分，如《广西郡邑图志》《广西会要》。有许多则属于广西地方史志，有 15 种，即《桂林志》

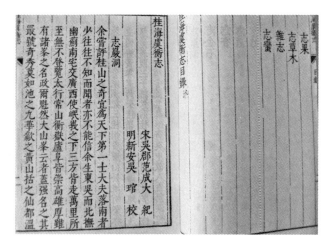

图上 5-7　范成大《桂海虞衡志》（《景印元明善本丛书十种古今逸史》本）

图上 5-8　周去非《岭外代答》（《知不足斋丛书》本）

《静江府图志》《昭潭志》《临贺郡志》《龙城图志》《重修龙城图志》《普宁志》《清湘志》《象郡志》《苍梧志》《怀泽志》《建武志》《浔江志》《宾州安城志》《宁越郡志》《郁林图志》。这些史志，否定了所谓广西地方修志晚于中原或岭北的观点。同时，揭示唐宋时代广西的地方中心，主要是南宁（邕州、邕管）、桂林（静江、桂州、临桂）、柳州（龙城，含今柳城县）、容州（普宁即今容县、北流）、贺州（临贺、八步）、全州（清湘），连同上列的交广、交趾、安南边、广南市舶、南越、广东西城（域）等，显然梧州（苍梧）、合浦（廉州）、钦州等亦属地方中心之一。这些地方在唐宋时期已经有了地区的通志，跟全国是同步的⑮。

　　宋人所著且跟广西关系较为密切的著述，今天仍能见到，主要有如下 11 种：周去非《岭外代答》、释契嵩《镡津文集》及《辅教编》、罗泌《路史》、余靖《武溪集》、蔡绦《铁围山丛谈》、王铚《默记》、文同《丹渊集》、苏辙《龙川别志》、滕元发《孙威敏征南录》。上述现存 11 种宋代著作，今桂林图书馆均有馆藏，并分别设置条目简介于《广西大百科全书》第 1 卷《历史》上卷。这里补加 1 种，即全州籍释楚圆（986—1040）的《慈明和尚五会语录》。在今传主要典籍中，一般以《镡津文集》、《桂海虞衡志》和《岭外代答》3 种为要。《镡津文集》是佛学著作和诗文著作合集。作者释契嵩圆寂于杭州灵隐山永安寺后，门人收其著述，辑成 22 卷。内中属于契嵩的 21 卷，含文 19 卷，诗 2 卷；附录 1 卷；日本《大正藏》第 52 册收录，流传于国际佛学界。《桂海虞衡志》是历史地理著作，收入《四库全书》，南宋范成大撰，原书 3 卷，今存 1 卷。桂，泛指今广西。虞衡，古官名，在《周礼·地官·司徒》中称分掌山林国泽之政。故此，学界也有将《桂海虞衡志》列入自然科学著作类。作者范成大是江苏苏州吴县人，为南宋名吏，并富诗名，知静江府兼广南西路经略安抚使两年多；宋孝宗淳熙二年（1175），由桂林入蜀（任四川制置使）途中追忆作此。现在看到的只是当时回忆录 3 卷中的一部分，现版 1 卷分 13 篇，大致按 1 篇 1 志的思路叙述，依次为：志岩洞，志金石，志香，志酒（桂林三花酒品牌形成于宋，迄今为中国米香型白酒代表之一），志器，志禽，志兽（其中的大象条文值得深思，广西捕象史是一部生物失衡灾难史），志虫鱼，志花，志果，志草木，杂志（雪、风、水等），志蛮（记5个少数民族），全书约16000字。本书的最大价值是地理学中的生态多样性纪录；同时所穿插的广西古代民俗风情，也引人注意。其价值受到中国科学院《中国古代地理学史》的肯定。《岭外代答》是历史地理著作，作者为南宋周去非，浙东路永嘉（今属温州）人。周去非和范成大两人均于南宋孝宗淳熙年间（1174—1189）在广西调研，范早若干年。周是以桂州通判和钦州教授头衔进行社会采访的。据其所撰序言，当时即记录所见所闻400余条，后整理编次为294条。今版《岭外代答》共分20门（1门佚名，内容为军制户籍），全书约75000字，记载当时岭南广西地方的山川、资源、物产、古迹，以及地方民族社会经济、生活习俗等情况。以"外国"（上、下）篇幅最大，约10000字，计20多个国家与地区，并以较大篇幅纪载12条广西各港口始发的国内外海运路线，涉及现在的南洋诸岛国、大秦（属东罗马帝国）和木兰皮国（Murabits，今非洲西北部和西班牙南部），反映当时岭南和海外国际交通情况。由于中国古代海航线主要经往南海和印度洋，所以本书不仅是研究广西、广东、海南的古代社会历史地理名著，也是研究东西方古代海上交通史的必备参考书之一。

纪传体断代史《宋史》和《元史》，是宋元时期广西地域文化最基本的宏观必读典籍。《宋史》所载广西资料有四大项目：

一、本纪，计15帝2国公共17本纪，396条事，较之《明史》本纪广西130条事，《旧唐书》和《新唐书》本纪广西392条事都多，广西地位更显重要。北宋仁宗朝53条事，真实纪载广西地方民族对北宋初期土地物权配置和民族政策不满，终于爆发区希范起义和侬智高起义。北宋残酷镇压起义，导致邕州民族地区人口凋零，边防力量虚弱，使交趾（今越南中北部）有机可乘，对邕州屠城[⑯]。国防边疆危机迫使宋廷不得不调整对广西的统治政策。《宋史》卷二四至卷三二高宗本记载，南宋开国皇帝宋高宗对广西决策达80条事，为二十四史历代帝王本纪中关注广西地方最多的帝王。高宗是在做"千岁"的时候，到桂林"潜邸"即地方锻炼成长之后才回京都崛起为"万岁"的。他面对的问题是南渡后，如何在狭小的政治资源空间内有效地整治江南和岭南秩序，把广西这个全国最大面积的政区建设为南宋可以与北方政权周旋的战略后方和跟南方政权交趾、大理对峙的战略前线，以便南宋在开局时从容应对南北列国的强势钳夹，从而顺其自然地开出一个更好的向北防守、向南开发的偏安局面。《高宗本纪》80 条事对此有真实记载。另一个是南宋末期的宋理宗，他对广西的决策用事跟北宋仁宗一样达到 53 条，此时蒙古铁骑已造成经陕川进军滇黔的声势，迂回配合另一支铁骑对华北进而对江淮—东南南宋朝廷的进犯。宋理宗不得不考虑加紧建设融、宜、柳、桂、邕等州城防和阻抗蒙古军入桂的多条路线⑰。

二、志，有 13 志记载广西事务。其中《艺文志》详收宋元时期所见广西典籍数十种，《地理志》详载广西政区设置；《河渠志》《食货志》《兵志》《职官志》等则说明岭北中央王朝从宋代开始全面考虑广西多种资源的配置组合，使广西同时胜任对北为后方、对西南为前线的两个大角色。由于安南已在五代时期独立出去，故而《宋史·地理志》一改《史记》以迄《唐书》传统，不再记载该区域政区设置。

三、表，有 2 个，即宰辅表和宗亲世系表，是中央政权跟广西关系比较密切的记录。

四、传，人物传 517 条。其中涉外 6 传，西南蛮夷区域性族群 9 传，都涉及国内外对广西的区域互动⑱。单个人物传约 500 名，构成一个复杂的个体并构系统，指示政区设置、公共管理、人员配置、区域关系调整，以及北宋如何"平南""平蛮"的许多事件。以冯京、范旻、冯伸己、狄青、王尧臣、苏绅、杜杞、杨畋、周渭、陶弼、余靖、王安石、李师中、陆诜、司马光、范祖禹、苏轼、邹浩、龚夬、张舜民、李纲、韩世忠、岳飞、杨再兴、范成大、张孝祥、詹体仁、辛弃疾、林勋、文天祥、李曾伯、苏缄、马墍、程颢、张栻、柳开、黄庭坚、秦观、曾布、蔡京、秦桧、韩侂胄等人物对广西影响较大，他们与广西的关系在《宋史》列传中记述较多。地域族群性的南汉刘氏政权和西南蛮、南丹州蛮、抚水蛮、广源州蛮、环州蛮及相关的政权更替、民族起义等亦纪载较详。

《元史》记载广西地域历史文化的资料也有四大项目。本纪部分，计 9 帝 9 纪共 258 条事，决策条事较之《明史》为多。其中以元世祖忽必烈 64 条事最详。他是秦皇汉武以来，对岭南政区秩序进行根本改置的三大帝王之一。他将宋代广西一分为三，独立设置海北海南道，使海南岛、雷州半岛、廉州、钦州及南海相关海域脱离广西政区的决策，在历史上首开岭南广东、广西在资源与市场配置上两极反差的纪录。其次是元末顺帝44条事。他年少时驻居静江府避难皇族内耗，13岁被迎请回大都（今北京）继任帝位，对广西印象颇佳。在任上坚决纠正广西不得立省（从属于湖广行省）的决策，于至正二十三年（1363），"立广西行中书省，以廉访使也儿吉尼为平章政事"⑲。

本纪之外，《元史》有8志涉记广西事务，以《地理志》和《食货志》较为详要；《诸王表》仅1人，皇族罕有来广西者；列传93人，以皇亲国戚蒙古人、色目人占主导地位，儒学、良吏、方技3种仅见1人，是历代最少的。

宋元时期的广西方物，这里特指形器文物，主要是陶瓷、铜、银、锡四类。陶瓷器分为陶瓷成器和印花瓷模2类。代表性器物有青釉彩绘花腔腰鼓（永福县窑田岭窑），青白釉缠枝菊花纹印花碗（河池市古马山窑），青白釉摩羯水波纹瓷盏（藤县中和窑），青釉凤纹构件（桂林柘木镇上窑村桂州窑），青黄釉褐彩执壶（全州江凹岭窑），酱釉葵口折腰碟（容县城关窑），青白瓷镂空围栏魂瓶（北流市勾漏村），嘉熙二年款瓷印花盏模（藤县中和窑），绍熙五年款瓷印花盘模（北流市岭峒窑），癸未款陶印花碗模（兴安县严关窑），元祐七年款印花碗模（容县城关窑）和绍兴款陶地券（陶质朱书地券，容县下河村）等。元代以青花

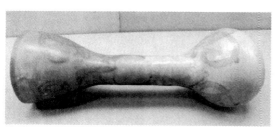

图上 5-9　青釉彩绘花腔腰鼓，1979 年永福窑田岭宋代窑址出土，现藏广西壮族自治区博物馆。

图上 5-10　红釉残瓷盏，永福窑田岭宋代瓷窑遗址出土，现藏广西壮族自治区博物馆。

人物故事图罐为代表，如以绘釉《尉迟恭单鞭救主图》为器身主纹的 1 尊，于 1980 年在横县出土，是晚元景德镇窑的青花瓷杰作。从瓷器品种看，宋代广西瓷器产品样式主要有耀州窑系青瓷、景德镇青白瓷窑系青白瓷、定窑系酱釉瓷和绿釉瓷、钧窑系天青釉和月白釉瓷以及红釉瓷等。采用这些天下名窑制烧技艺，使广西成为南宋时期四大瓷器出口基地之一，对岭南海上瓷器之路的形成与发展具有关键作用。但广西烧制技

图上 5-11　宋代錾花摩羯纹银匜，南丹小场乡虎形山出土，现藏南丹县文物管理所。

图上 5-12　南丹宋代鎏金银摩羯，南丹小场乡虎形山出土，现藏南丹县文物管理所。

术并非全部照搬岭北江南制艺，而有若干突破和创造。如宋代广西烧造的铜绿釉瓷为高温一次烧成，是中国古陶瓷史上首创，对后来的烧制工艺流程改革具有重大意义。永福县窑田岭窑址出土 1 件残瓷器高温铜红釉缠枝菊纹盏，是已知中国古陶器史上仅存的宋代纯色红釉瓷，属传奇卓绝之一笔。兴安县严关窑仿烧钧窑乳浊釉瓷，器形有月白釉花口碗、天青釉高足杯等，堪称宋代广西艺术釉瓷代表作。

铜器制品主要有铜镜、铜印、铜权 3 种类型。轩辕耕牛纹铜镜出土于桂林三里店砖厂宋墓，是广西本土具有代表性的铜镜。铜印是宋代官印，以南宁市民生码头边出土的"广南西路驻泊兵马都监铜记"12 字官印、桂林市榕湖南路出土宋代"静江府卖钞库之记"铜印为代表。铜权，以元代衡器铜铸"秤砣"为代表，其中临桂、恭城、灌阳、象州、来宾等地出土的铜权，对于了解衡量制度史、衡器制造史、政区设置史等具**有重要参考价值。**

银器和锡器制品分别著称于宋元。宋代银器文物，是整个中古史时期广西地域所有方物中，最为密集的文化遗传，南丹州制作给朝廷的贡品鎏金银摩羯和錾花摩羯银匣、锤揲花鸟摩羯纹高足银碗代表了当时银器制作的最高水平。元代锡器，以田阳县弄山村村民在岩洞中发现的宝塔顶盖锡壶、长流军持带盖锡壶最为知名。

【注释】

①②《宋史》卷二《太祖本纪》、卷八五《地理志》设路载事，卷九〇"广南西路"政区纪要，中华书局，1977 年第 31 页、2094—2095 页、2239—2249 页。

③《元史》卷四六《顺帝本纪》，中华书局，1976 年，第 963 页。

④ 郑超雄：《广西钦州俚僚酋帅宁氏家族研究》，载潘琦主编：《广西环北部湾文化研究》，广西人民出版社，2002 年，第 164—197 页。又，《广西通志·教育志》，广西人民出版社，1995 年，第 71—75 页。

⑤⑥ 党丁文：《广西历代名人名胜录》，广西民族出版社，1991 年，第 68—70 页，第 105 页。

⑦⑧ 分别见《宋史》卷二〇五《艺文志》，卷二一一《宰辅表》神宗朝冯京事略，中华书局，1977 年，第 5 页，第 5486—5492 页。

⑨ 钟文典主编：《桂林通史》，广西师范大学出版社，2008 年，第 92—93 页。《广西大百科全书·历史卷（上）》，中国大百科全书出版社，2008 年，第 249 页。

⑩ 覃尚文、陈国清主编：《壮族科学技术史》，广西科学技术出版社，2003 年，第 15 页。

⑪《广西通志·自然地理志》之《桂州城图》，广西人民出版社，1994 年，第 425—426 页。《广西通志·大事记》，至元九年（1272）记事，广西人民出版社，1998 年，第 42 页。

⑫ 马依、舒瑞萍主编：《广西航运史》，人民交通出版社，1991 年，第 49—50 页。

⑬ 钟文典主编：《广西通史》第一卷，广西人民出版社，1999 年，第 272 页。黎灼仁、高言弘主编：《广西财政史》，广西人民出版社，1998 年，第 96 页。

⑭ 洪武娌主编：《中国少数民族科学技术史丛书》之《医学卷》，"壮族先民的医疗卫

生实践"，广西科学技术出版社，1996年，第68—79页。参见覃尚文、陈国清主编：《壮族科学技术史》，广西科学技术出版社，2003年，第341—385页。《岭南文化百科全书》，中国大百科全书出版社，2006年，第450—451页。

⑮ 广西壮族自治区通志馆编：《广西史志资料丛书·广西方志提要》附录《广西地方志佚书目录》，广西人民出版社，1988年，第434—445页。

⑯ 《宋史》卷二八八《孙沔传》，卷二九〇《狄青传》、卷二九二《王尧臣传》、卷三二〇《余靖传》、卷四八八《外国交趾传》、卷四九五《蛮夷广源州蛮传》，卷二八五《冯拯传附冯伸己传》、卷三〇〇《杜杞传》及《徐的传》、卷四九五《蛮夷环州蛮传》，中华书局，1977年，第9688—9689页、9718—9721页、9775—9776页、10407页—10411页、14057—14072页、14214—14218页、9612—9613页、9962—9963页、9968—9969页、14220—14221页。黄现璠、黄增庆、张一民：《壮族通史》，广西民族出版社，1988年，第750—758页。

⑰ 《宋史》卷四一至卷四五《理宗本纪》，中华书局，1977年，第790—887页。《广西通志·大事记》宝祐六年（1258）记事，广西人民出版社，1998年，第40页。

⑱ 《宋史》517条人物传的资料，是广西通志馆从1982年到1980年间组织有关专家对《宋史》全书进行通读后摘录并经审核确认，与《元史》所载关涉广西资料，合辑为《二十四史广西资料摘录》第三册，于1989年由广西人民出版社出版的。

⑲ 《元史·顺帝本纪》至正二十三年（1363）三月记事，中华书局，1976年，963页。

第六章

前进步伐加快
——明代

公元 1368 年，朱元璋建立大明王朝，正式宣告元王朝的覆灭。新的政治格局、政治环境，对广西文化影响深远。尽管明代广西文化现状依然与中原地区有较大差距，"蛮荒"的帽子未能完全摘除。但是，多方面的动力特别是经济的发展，各民族的渐次融合，以及"改土归流"的初见成效，使明代广西的文明步伐开始加快，一个由基层社学、府州县官学以及书院共同组成的基本教育体系初步建立，科举取士呈蒸蒸日上局面，特别是桂西桂南一些州县于此时初破天荒，史志著作成就瞩目，作家作品数量大增，建筑、手工业等领域的科学技术发展亦有可喜表现。

第一节　教育科举

府州县学基本普及　书院大兴崭露头角　社学始建注重基础　科举得士超迈前代

明代之前，由于种种原因，已有为数众多的汉族人陆续迁入广西，到明代更有大幅度的增加，各方言体系的汉族人包括迁居规模日大的客家人已成为广西的重要民族。而回族、京族的迁入，加上原来已有的壮族、瑶族、侗族、苗族、仫佬族等，明代广西多民族聚居区域的特点、优势和伴随而来的诸多矛盾进一步突显出来，历代实行的羁縻制、土司制已不能适应新的形势的发展。于是改土归流的政策脱颖而出。所谓"土"，指世世代代统治少数民族地区的土司土官；"流"，指流官，即朝廷派遣的官员，因其数年一换，并非固定，有如流水，故称流官。各土司土官在他们的势力范围内施行绝对的独裁统治，不仅使得朝廷政令难申，更严重阻碍了这些地区的经济发展和文明进步。所以，明朝廷一直在努力设法废除土司治权并收归朝廷。其途径基本上是渐进的智取，主要利用土官犯罪、绝嗣、争讼、被告发等等机会，废黜土官改任流官。这一变革虽未能在明代全部完成，但也初见成效。改土归流使得相关土司土官失去世袭的特权，以及财富、荣誉包括高高在上的地位，从而引起他们极大的不满；而对于广大土著民众而言，

图上 6-1　王文成公讲学处碑，在今南宁市北宁路。

却无异于改天换地，文明的曙光开始照临他们头上，他们的子孙从此逐渐得以接受教育，知书识礼，做官为宦。这是一个政治变革，也是一场文化变革，其效应在明代就已显现。之前，在所有这些原土司地区，没有一所官学，而明代仅府、州、县官学就有了 20 多所；之前，这些地区甚少科举中式之人，而在明代，已有了不少举人甚至进士，在原本荒凉落后的太平府（治所在今崇左），明代有 74 人中举；而崇善（在今崇左）人邓宗孔在嘉靖四十一年（1562）中了进士[①]。对他们的祖先来说，这是根本无法想象的。

　　明代以前的广西教育，本就起点尚低；而明朝直接承继的元朝，整个社会教育急剧衰退，广西更是每下愈况。宋代广西已建书院 10 所，元代不但没有增加，反而锐减至 3 所；宋代广西有府、州、县官学 41 所，

元代减为 34 所，且其中几所在元后期被毁，其余各校规模质量也大为下降。至于科举，整个元代，广西仅有 9 人考中进士，且其中只有两人得任州县小官。几乎可以不计。

明代广西的教育、科举，远非元代所能望其项背。即使与宋代相比，也同样有着十分明显的进步，各级各类学校，包括府州县学、书院、社学、武学等，数量大增，在县级行政区划基本普及；尤其是在土司土官地区兴建官学的罕见举措，更是明代广西教育兴盛的突出体现。

明代广西所设府有 12 个（包括原属广东的廉州府。另曾有田州土府，在明中期降为州），下辖州县时有变动，平均约在百个左右。而所设置的府州县学共 69 所。按平均数计，尚未达到所有府州县都有一所本行政区级官学的标准。但事实上，未能"达标"者，基本上集中于桂南桂西（此处所谓桂北、桂东、桂南、桂西，只是大致而分）几个多土州土县的府，而较发达的桂北、桂东各府均达到了这一目标。其中，桂林府（治所在今桂林）辖 2 州 7 县，有府学 1、州学 2、县学 7；柳州府（治所在今柳州）辖 2 州 10 县，有府学 1、州学 2、县学 10；平乐府（治所在今平乐）辖 1 州 7 县，有府学 1、州学 1、县学 7；梧州府（治所在今梧州）辖 1 州 8 县，有府学 1、州学 1、县学 8；浔州府（治所在今桂平）辖 3 县，有府学 1、县学 3；廉州府（治所在今合浦）辖 1 州 2 县，有府学 1、州学 1、县学 2。均达标。而差距最大者，一是镇安府（治所为今德保县），从未建立府州县学；二为太平府（治所在今崇左），辖 17 州 3 县，貌似庞然大物，实则大多是地僻人稀的土州土县，仅建有 1 所府学和 3 所州学[②]。单就明代本身看，桂西桂南地区仍是教育落后的地区；然而与前代相比，却已发生了巨大的变化，而彼时广西有关官府官员为此做出的努力殊堪圈点。这也正是明代广西教育的一个亮点。明代 69 所府州县学中，属新建者有 20 余所。这些新建官学，大部分分布在原先未立官学、在学校教育方面鸿蒙未开的桂南桂西地区，如太平府学（在今崇左）、思恩府学（在今武鸣）、思明府学（在今宁明）、左州州学（在今崇左）、养利州学（在今大新）、永康州学（在今扶绥）、新宁州学（亦在今扶绥）、隆安县学（在今隆安）、宣化县学（在今南宁）、河池州学（在今河池）、思恩县学（在今环江）、罗城县学（在今罗城）、上思州学（在今上思）等。其中，太平府学建于洪武三十年（1397），是桂南桂西地区第一所官学。在一定程度上可以说，官学的设立，给这些地区此后的发展打下了人文的桩脚。

书院是与府州县官学并行的重要教育机构，多由个人（官员或士绅）创建。而其教学方式、学风等与府州县官学则有区别，较为自由，办学宗旨并非以参加科举考试为主要目的，学术研究的风气更为浓厚。以"大兴"形容明代广西书院之建置状况，是适宜的，这从与前代书院数量的对比即可证明：广西书院始建于宋，共 10 所；元代减为 3 所；而明代，则激增至 70 所，其中新创建者就有 66 所之多，大多建于明中期之后。而大儒王守仁建敷文书院于此起到了表率引领作用。王守仁于嘉靖六年（1527）以兵部尚书兼左都御史提督两广军务，改镇压为招抚，平息了广西思恩、田州土司之乱。乱平之后，他认为不开化、缺少教育是当地包括各边陲地区频生动乱的重要原因，欲破"乱贼"，须先破"心中贼"，即加强教化，从根本上预防。为此目的，他驻军南宁时，即于城内创建敷文书院，命其门徒季本为山长，并亲自讲学，宣扬其心学，影响甚大。此后广西新建书院纷起。明代广西书院的分布，亦具府州县官学分布情况的若干特点，即：桂北、桂东亦为重点区域，桂西仍是最薄弱之地（镇安府及后降为州的田州府一所也没有）。而桂南则有较大发展，南宁、太平、思恩、思明等桂南各府均已建有书院，甚至一些荒僻州县包括土州土县亦有设立，如思明府思明州（在今宁明）有太子泉书院，太平府左州（在今崇左）有左阳书院。书院是聚众讲学的处所，其设立需要相应的文化环境。书院的大增，尤其是土著民族地区书院的出现，不仅可以说明明代广西各级地方官员对教育的重视，也可以视为彼时广西文化文明程度提高的一个标志。

社学、武学的问世，则是明代广西教育发展的另一标志，这些教育机构是此前广西基本上尚未有过的。社学是设于乡村的地方教育机构，有官立也有私立。这是一种略同于今之小学至初中程度的基础性教育机构，其重要性不言而喻。广西社学正式始于明代，藤县南山社学是广西最早的社学，建于洪武八年（1375）。以后发展很快。万历《广西通志·学校志》："今社学之建，广西都邑处处有之，大县十余所，小县一所，有社学 232 所。"③可见其盛。至于其具体数字，杨新益、梁精华、赵纯心《广西教育史》第五章统计为 241 所，但实际数应当更多，因为所据文献的相关记载难称齐全，而据前引"大县十余所，小县一所"之语，以百个州县计，亦当超出此数。武学方面，明弘治间朝廷下诏令各地设立武学。广西于弘治十年（1497）在桂林建武学。其他各府武学设立情况不详。但即便武学数量不多，也同样标志着广西学校教育形式的开始多样化，同样是明代广西教育兴盛的一个表现。

明代广西教育较前大为兴盛，一个最直接的效应，是科举取士的兴盛。这点与前代纵向相比所显示的进步，至少可从两个方面观察：

一是进士人数占总数比例之提高。这要与前代作对比才能见出，而前代又只有宋代最为适宜。因为，从宋代开始，广西科举情况在文献中才有了比较可靠的数据；而元代科举不常，难以对比。宋朝立国 320年，文科进士试总共举行 118 科，其中 11 科数据失载，其余 107 科总计取 35659 人④。广西中进士数为 279 人⑤，约占全国总数 0.78%⑥。明代立国 277 年，文科进士试共举行 90 科，总计取进士 24877 名⑦，广西共取中进士 239 人，约占全国总数 0.96%。纵向相比，是有一定程度的提高的。不过，明代广西进士中，无一人中状元；且入一甲者仅 2 人：临桂吕调阳，嘉靖二十九年榜眼；全州舒宏志，万历十四年探花。这一点，比之唐宋却不免要算是退步。明代广西科举进士试中式人数，在各府级行政区划的分布情况是：桂北：桂林府 108 人，柳州府 34 人，庆远府 12人，共 154 人；桂东：梧州府 32 人，浔州府 7 人，平乐府 16 人，共 55人；桂南：南宁府 11 人，廉州府 15 人，太平府 1 人，思明府无，共 27人。桂西：思恩府 3 人，镇安府无⑧。不难看出：桂北占有绝对优势，尤其是桂林府一柱撑天；而桂西则处于绝对劣势，仅仅有了零的突破而已。而桂南的思明府，其天荒未破之状，与桂西镇安府同。

二是举人的录取情况。诚然，这一点无法与前代作机械的对比，因为此前并无同样性质的考试与录取数。（前代虽已有"举人"之称，但乃是指被举荐参加全国性科举考试的考生，并非一级正式的功名。）还有，各省的乡试录取举人的名额，是由朝廷规定的，并非由全国性的考试竞争来决定。广西每届乡试录取名额，从景泰四年（1453）起定为 55

人；此前则每届 20 人或 30 人。明代广西共取举人 5098 人。在各府级行政区划的分布情况是：桂北：桂林府 2442 人，柳州府 556 人，庆远府 99 人，共 3097 人；桂东：梧州府 713 人，浔州府 249 人，平乐府 249 人，共 1211 人；桂南：南宁府 455 人，廉州府 98 人，太平府 74 人，思明府无，共 627 人；桂西：思恩府 163 人，镇安府无。与进士分布情况是基本成正比的⑩。但是，从这一领域依然可以领略到前进的步伐，依然可以将其视为明代广西文化、科举进步的一个例证：首先，5000 余名举人本身，即可视为文化、科举进步的证据之一。因为，尽管各省举人的名额由朝廷决定，但朝廷也是依据各省的文化状况（例如进士中榜情况）来定的，并非随心所欲，更非完全按人口比例分配或是平均分配。明代广西每届的举人名额由最初的 20 名，逐渐增至 55 人，这就意味着国家对广西文化状况改善的肯定。其次，正如上文已经略为提及的，亘古以来不知科举为何物的太平府，也包括与太平府相去无几的思恩府等，都已经在这一领域有了令人瞩目的可喜进展。这说明，广西各地区间的文化差距在开始缩小，少数民族聚居区的文化状况有了明显改观，广西总体文化品位在提升。

第二节　文学创作

总体成就较前提升　蒋冕与《湘皋集》　戴钦等"柳州八贤"　吴廷举等桂东文人　萧云举等桂南文人

这里所讲的文学创作，主要是指广西本土文人的文学创作。至于他省旅桂文人以广西为对象的文学作品，只可作为一种特殊的文学现象看待，不宜将其视为真正的广西文学创作。

"国家不幸诗家幸，赋到沧桑句便工。"赵翼诗中此一名句无数次被后人引用，视为文学真言。然而这只可当作文学语言看待，未便深究。因为很显然，即便有着国家兴亡沧桑巨变这样的大好题材，而没有与之相副的文才，没有真正的"诗家"，那也不可能下笔而自然"工"的。明代之前的广西，绝非缺乏文学创作的素材，但却很少见到本土文人的佳作——即使是不佳之作也不很多。固然，唐之"二曹"特别是曹邺是各种中国文学史著作中大抵都要提及的广西诗人，宋代亦有契嵩等几位广西文人有过诗文集，然而也就仅此而已了。清人汪森编《粤西文载》《粤西诗载》，搜罗清代之前以广西为对象的诗文作品，计收文1600余篇、诗3100余首。其中，属于明代之前广西本土文人的作品，寥若晨星，几可不计。清代广西巡抚梁章钜编《三管英灵集》，收广西历代诗人诗作3500余首，其中属明代之前者仅百首左右。又如词作，今所知明代之前广西本土词人作品，居然不足10首。这其中尽管有文献散佚的原因，但本身原来就没有多少作品应是不争的事实。

此种状况，在明代有了较大程度的改善。

诚然，如果把明代广西文学置之于当时整个中国文坛中观察，依然底气不足，缺乏具有全国性影响的作品和作家。但是，对广西文学自身而言，就没有理由低估明代广西作家们的成绩。

已知的明代广西文人的诗文集，有80种左右[⑩]。这已超过今所知此前历代广西文人同类著述总和（约20种）的数倍。遗憾的是，这些集子已大多失传。

文人、文集在省内各大区域的分布，与明代科举取士的情况大致相称。

以桂林、全州、柳州为代表的桂北遥居榜首，有文集近50种，约占总数6成。其中尤可表出者，应推全州乡贤蒋冕。蒋冕（1462—1532），

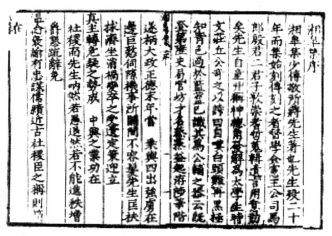

图上6-2　蒋冕《湘皋集》，明刊本吕调阳序书影。

成化二十三年进士，官至吏部尚书、大学士、太傅，嘉靖三年任过短期的内阁首辅，为一代名臣。他虽不以文学立身扬名，但事实上却不妨视之为明代广西文学的代表作家之一。蒋冕著有传世诗文集《湘皋集》，其中，

文三十二卷，含奏章、序跋、传记、墓志等多种体式，用笔沉稳，尤具史料价值；诗词八卷，有诗 600 余首、词 30 余首。诗风自然，如写其家乡名胜湘山寺的组诗《曩予家食时尝游城西之湘山寺作数小诗今书遗寺僧觉静》其一："孤塔望中青，钟声隔烟树。朝暮见云飞，不见云归处。"颇有唐人风味，令人作出世想。其词风骨亦近诗。晚清词坛巨擘况周仪编《粤西词见》，置蒋冕词于首位。蒋冕乡人陈邦偁，正德九年进士，亦有文名，著有《静斋漫稿》、《算集》，已佚；《粤西文载》收其文《重修全州城记》。桂林人张鸣凤，字羽王，生卒年不详，嘉靖三十一年（1552）举人，官应天府通判、桂林府通判。他既是史学家，又是文学家，著有诗文集《浮萍集》《东潜集》《河垣集》《越台集》等，惜皆不传。柳州在明中后期有被称为"柳州八贤"的戴钦、张翀、周琦、龙文光、佘勉学、佘立、徐养正、孙克恕等人，他们均有功名并任过中高级官员，在文学方面也大多有建树，佼佼者首推戴钦。戴钦（1493—1526），字时亮，号玉溪子，正德九年进士，官刑部郎中等。《四库全书总目提要》卷一七六《别集类存目》录存其《鹿原存稿》9 卷，云："明戴钦撰。……其集刻于闽者八卷，曰《玉溪存稿》，刻于滇者二卷，曰《戴秋官集》。此则其侄希颢所合辑，凡文二卷，诗七卷。钦与何景明、李濂、薛蕙等，同时友善，所作颇刻意摹古，然不越北地之馀派。"今《四库全书存目丛书》收其《鹿原集》十卷。戴钦善写景，七律《谒柳子厚祠》后二联云："荒冢草寒惟夜月，断碑芜没自斜阳。遥将万古英雄泪，洒向江流孰短长。"惺惺相惜，格调清冷。《粤西文载》卷七十《戴钦传》称其"为文及诗，清新俊逸"。张翀（1502—1578），字子仪，号鹤楼、浑然子，嘉靖三十二年进士，官兵部侍郎兼右佥都御史、漕运总督、刑部侍郎等，是嘉靖间弹劾巨奸严嵩的"八谏臣"之一。著有诗文集《鹤楼集》十二卷及传奇《锦囊记》，均佚。又有文集《浑然子》（亦作《张鹤楼先生浑然子》），存，分《神游》《田说》等十八篇，每篇谈一主题，如忠孝之理、为臣之道之类，以主客问答形式论析。《粤西文载》又存其叙记、碑文《浔州书院记》等 4 篇。周琦（？ —1495?），字廷玺，号东溪，成化十七年进士，官户部员外郎。著《东溪日谈录》十八卷，《四库全书》子部儒家类收录，属笔记性质，分 13 类，谈学术、著述、物理、文词等。徐养正（？ —1589？），字吉夫，号蒙泉，嘉靖二十年进士，亦为弹劾巨奸严嵩的廷臣之一，官至南京工部尚书。著有诗文集《蛙鸣集》，已佚。龙文光（？ —1644），字焕斗，号西野，天启二年进士，官至佥都御史、巡抚四川，著有《乾乾篇》等，亦佚。佘勉学，字行甫，号东台，生卒年不详，嘉靖二年进士，官至福建按察使。佘立（1537—？），字季札，号乐吾，嘉靖四十一年进士，官至兵部侍郎。两人著述多佚，未详其文集情况，雍正《广西通志》卷一〇六收有佘勉学文《柳州北郭碑记》，《粤西文载》存佘立《复怀远县治记》。其他桂北文人如象州人吕景蒙，弘治十七年举人，官监察御史等，"著有《藏用集》三十卷，又有《定性发蒙》、《象郡学的》二书及《柳州府志》十六卷"⑪。等等。

桂东文人，有诗文集近 20 种，以吴廷举、张溎、王贵德等为代表。与蒋冕同时的苍梧（在今梧州）人吴廷举，亦称名臣，亦为有成就的文学家。吴廷举（1459—1525），字献臣，号东湖，成化二十三年进士，官至右都御史、南京工部尚书。著有诗集《东湖集》二卷，今尚存。诗风洒脱。《赠唐寅次韵》："洞庭气岸自英英，不落燕台第二名。物外丹青于世贵，人间腐鼠任鸢争。尊无北海开宾馆，水有东湖照客缨。把钓抛书惊岁晚，非熊何梦到三卿？"既见唐伯虎气质，也见自家胸襟。又有《西巡类稿》八卷，《四库全书总目提要》录入存目集部，称"此集乃其正德初官广东按察司副使时，巡历省治以西诸郡所上奏疏及往来文牍诗词之类，故曰《西巡类稿》。"此集已佚。至于他尚传世的《春秋繁露祷雨直解》，则不好算作真正的文学作品。张溎（1462—1519），字仲湜，号泾川，成化十四年进士，官至南京兵、吏二部尚书。著有《泾川文集》《应制集》《全湘忆录》等，已佚。《粤西文载》存其《贵县学记》《浔州参将府题名碑》等 3 篇文章。王贵德（1593—1652），字正源，容县人。万历四十六年（1618）举人，任知县、学官等，又曾在南明隆武朝任监军佥事。著有诗集《青箱集》，原书已佚，其七世孙王维新辑得部分佚作，编为《青箱集剩》五卷。民国前期陈柱编《粤西十四家诗钞》，选录《青箱集剩》作品 409 首。清梁章钜编《三管英灵集》，录广西诗人 570 家之诗作 3500 余首，平均每人不足 7 首，而王贵德之诗选入者 96 首。其诗写景抒怀、叙事记人，俱有可观。写其家乡名胜之五律《游都峤宝元观》：

"峰如拔地起，洞自倚天开。老佛遗金碧，残碑蔚草莱。钟声随月散，僧影带云回。一宿元宫夜，清光映素梅。"置之唐宋人诗作中，亦无愧色。此外，名将袁崇焕之诗亦应予以一席之地。袁崇焕（1584—1630），字自如，藤县人（其籍贯亦有不同说法），万历四十七年进士，官至兵部尚书，为天启、崇祯间抗击清军的主将，后被昏庸的崇

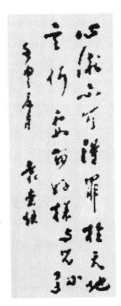

图上 6-3　袁崇焕（1584—1630）画像及其手迹

祯帝自毁长城杀害。崇焕有文武才，后人辑其遗作成《袁督师遗集》3卷（或名《袁崇焕遗稿》），《三管英灵集》存其诗 66 首，《独秀山》云："玉笋瑶簪里，兹山独出群。南天撑一柱，其上有青云。"写景既传神，而收结更有"直薄青云"之壮志豪气在。他如桂平人马文祥有《西园羡传集》，桂平人龙国禄有《向若编》《洪澼绪言》，贵县人甘泉有《东津稿》，郁林州（在今玉林市）人文国华有《止园诗文集》，等等。惜皆无存。

桂南、桂西在明代均属文化欠发达地区。桂西尤甚，几无较具成就的文人可言。桂南则有文集 10 余种，其中武缘（今武鸣）即有 5 种：李璧《剑阁集》《琼瑰集》，黄凤翔《就正集》《就玉集》，黄子来《采芝集》。以李璧较为突出。李璧（？—1525？），字白夫，号琢斋，弘治八年举人、正德间进士，官剑州知州等，著述颇多，除两种诗文集外，尚有史志著作《剑阁志》《剑门新志》《剑阳名儒录》等，然均已不存，《三管英灵集》《峤西诗钞》尚存其少量诗作，清新可读。而宣化（在今南宁市）人萧云举尤称拔萃之士。萧云举（1554—1627），字允升，号玄圃，万历十四年进士，官至礼部尚书，加太子太保衔，是明代桂南人中品级最高

的官员，他与当时文学界著名的"公安三袁"有交往，而明清之际颇受诟病的文坛耆宿钱谦益为其门人。萧氏亦为文化热心人，《粤西文载》卷七十一《萧云举传》赞其"平生嗜古著书，其气节文章，有过人者"。曾校刻《南史》《北史》《南齐书》《周书》《梁书》《元史》等多种正史；著有诗文集《青萝集》五十卷，惜已佚。尚有序记类散文若干篇存世，《粤西文载》录其《重修南宁府江城记》；清宣统《南宁府志·艺文志》录其《游聚仙岩记》《送童大尹序》等多篇。

第三节　史地志乘

省志肇开先河　府州县志鼎盛　专志引人注目　野史笔记丰富

如果说明代广西文坛的成就尚不足以起前代之衰的话，那么在史志著作方面，明代广西就堪称郁郁乎盛哉了。

《四库全书·史部·目录·经籍之属》收清初学者黄虞稷《千顷堂书目》，其卷七著录明代广西史地志乘68种。其中，通志5种：周旋《广西通志》六十卷，黄佐《广西通志》，苏濬《广西通志》四十二卷，张鸣凤《广西通志》，杨芳《广西通志》；佚名《广西附志》五卷，可算一种准通志。

府、州、县志46种：如陈琏《桂林志》三十卷，傅时望《桂林志》，

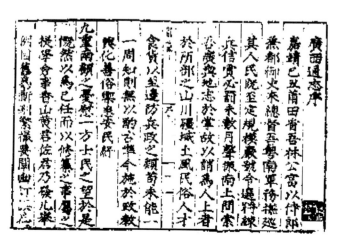

图上 6-4　明嘉靖刊本《广西通志》蒋冕序书影

华全《灵川县志》，黄榜《义宁县志》，王莹之《全州志》，王大融等《全州志》，谢少南《全州志》七卷，吕景蒙《柳州府志》十六卷，甘应可《象州志》，郭棐《宾州志》，平顺《上林县志》，王文炳《庆远府志》，王文炳《平乐府志》，应槚《苍梧军门志》二十四卷，曾三接《恭城县志》，周笃棐《富川县志》，吕文峰《荔浦县志》，廖宪《永安州志》，林乔南、陈鉴、陈熙《梧州府志》，谢君惠《梧州府志》二十卷，薛诚之《苍梧志》，傅鉴中《藤县志》，王好善《藤县志》四卷，郑儒《容县志》，彭清《容县志》，周希舜等《郁林州志》，彭懋祖《陆川县志》，冒诤臣《兴业县志》，张楷《平南县志》，方瑜《南宁府志》十一卷，郭棐《右江大志》三十卷，袁璧《隆安县志》，陆舜臣《横州志》，童时明《永淳县志》八卷，刘寓春《上思州志》，甘东阳《太平府志》，孔从先《养利州志》一卷，朱衮《思恩府志》，党绪《思恩府志》四卷，郑学醇《武缘县志》，等等。

专门志 4 种：曹学佺《广西名胜志》十卷，张鸣凤《桂故集》八卷、《桂胜集》十六卷，佚名《府江道路考》一卷。

野史笔记 10 种：田汝成《炎徼纪闻》四卷，魏濬《西事珥》八卷，《峤南琐记》二卷，朱衮《西南纪事》三册，李文凤《月山丛》（引者按：应为《月山丛谈》）四卷，邝露《赤雅》三卷，叶继熙《临桂杂识》一卷，王济《君子堂日询手镜》一卷，佚名《永宁州事略》，张七泽《梧浔杂佩》。

这是对明代广西史志著作的比较集中的记载。以作者一人之所知所见，又限于当时的信息条件，自不可能没有遗漏；但仅此也可略见其盛了。未列入《千顷堂书目》的明代广西史志著作尚有不少，特别是笔记野史。例如：林希元《钦州志》，杨芳《殿粤要纂》，徐霞客《粤西游日记》，韩雍《平蛮录》，张瑄《南征录》，郭应聘《西南纪事》，唐顺之《广右战功录》，田汝成《桂林行》，佚名《广西乡试录》，等等。这还不包括那些不以广西为唯一对象、但书中有记广西事或人物之专章专节的著作，如欧大任《百越先贤志》、俞大猷《正气堂集》、马光《两粤梦游记》、王士性《广志绎》、于谦《南征疏稿》、何镗《古今游名山记》、董传策《奇游漫记》、佚名《土官底簿》、高岱《鸿猷录》，等等。此外，失载者肯定不少。例如府州县志，明代广西先后设府、州、县 110 余个，而上列有志的府、州、县只有约三分之一，甚至连临桂这类名县都未见当时县志，这是不正常的。

而从这些著录也可以看出另外一个现象：明代广西史志之书虽称繁盛，但也是中后期方有之事，上列近百种著作，少有嘉靖之前问世者，即为明证。明苏濬《重修广西通志序》："粤西通志修于嘉靖初。"说明广西省志之纂修是嘉靖初才有的事。这与整个明代的政治大环境有关，也与之基本合拍。

修史之盛，在明代并非仅仅广西如此，而是一个全国性普遍现象。其根源首先来自于统治者的政治意图。曾任广西容县知县的明人彭清，在其《重修容县志序》中提及："永乐十六年，岁在戊戌，诏天下纂修志书，自闾里达于有司，汇府择之而呈藩臬。"这清楚地表明，明代的全国性修史之风，在明代前期即已形成。永乐帝朱棣之所以要"诏天下纂修志书"，其本意与修《永乐大典》同，都是企图以此标榜自己重视文化，旨在改善自己因篡位且草菅人命而在臣民中留下的叛逆加暴君的不佳形象。而且，他还可以借此查证各地所修史书中是否有不利于他的内容。不过，这在客观上对文化事业是有益的。但是，尽管永乐间就已有了这样的诏令，广西的史书修纂却显然未能闻风而动，其盛况是迟至百年以后才有的。其中缘由，大约有二：一是明前期朱元璋、朱棣父子而下的统治者专制横暴，官员动辄得咎，人人自危。修史亦属敏感之事，容易惹火上身，地方官对此缺乏兴致。中期之后，宦官专权，朝纲大乱，但文化专制却无形中渐趋宽松，思想界渐趋活跃。无论文学创作还是学术研究，都进入高潮。全国如此，广西自不能例外。二是广西在明代前期爆发了长达数十年的瑶民起义，广西官方穷于应付疲于奔命，修史之类不急之事自先搁置。而后在中期成化、嘉靖间韩雍、王守仁等率明军平定事态，此后局势渐趋稳定。这也有利于文化事业的繁荣。

前举各书，有若干已不存世。此处择要介绍一些不同门类的传世著作。

5种明代《广西通志》中，今存嘉靖本、万历本2种。其中，署林富修、黄佐纂的嘉靖十年（1531）刻本《广西通志》，是今存最早的广西省志。（古代方志之作者署名中，所谓某人"修"者，其人一般多为地方长官，名义上主持其事，实际上一般并不参与编纂工作；署名某人"纂"者，其人才是实际编纂者或编纂工作负责人。）林富，字守仁，福建莆田人，生卒年不详，弘治十五年（1502）进士，嘉靖间任广西巡抚。黄佐（1490—1566），字才伯，号泰泉，广东香山（今中山）人，正德十五年（1520）进士，曾任广西提督学政、少詹事等。其著述甚多，除《广西通志》外，尚有《广东通志》《南雍志》《广州府志》《香山县志》《广州人物传》等史志著作以及诗文集《泰泉集》等。其主纂之《广西通志》，非其首创，是在弘治本《广西通志》的基础上纂成。此志共六十卷，分图经、表、志、列传、外志五类。图经二卷，对疆域山川等以图示之；表八卷，对历代沿革、分野、秩官、选举等内容以表格示之；志三十卷，下分风俗、户口、兵防等 18 门；列传九卷，记载各类人物 340 人事迹；外志十一卷，杂录土官、夷情等。《四库全书总目提要》录此书入史部地理类存目，肯定其"颇谨严"、"体例亦善"，但也批评其部分内容如《艺文志》等归类不当。万历本署戴耀修、苏濬纂，成于万历二十五年（1597）。戴为福建长泰（在今漳州）人，隆庆二年进士，先后官广西巡抚、两广总督、兵部尚书等。苏濬为福建晋江（在今晋江）人，万历五年进士，官广西按察副使、广西左参政等。其《重修广西通志序》云："粤西通志修于嘉靖初，后靡续者。而旧本残缺漫漶几半。万历辛卯，蔡中丞绍介荐绅张羽王图成是编，羽王往矣，书竟弗传。会廷开史局，蒐罗掌故，中丞戴公，侍御黄公、林公，佥谓粤西故多事，而信史无征，何以称天子右文意？因命濬纂修。"可知在此前的万历十九年广西当局曾委托临桂文学家张鸣凤对嘉靖本《广西通志》进行修订，但因张去世，书不传世，实际上应该尚未完成。上引《千顷堂书目》列张鸣凤本《广西通志》，可能只是据传闻之辞而录，并未见到原书。因为与张鸣凤同时而且也负责同样撰述任务的苏濬都说张本《广西通志》"书竟弗传"，数十年后的《千顷堂书目》的作者又何能见到？万历本《广西通志》只有四十二卷，分 21 个门类，其中兵防、财赋、外夷等类内容较富。然而其所谓"外夷"者，却是指明代广西的土司土官地区，称谓甚为不当。总体看，万历本比之嘉靖本，自有特点，但也无其特别过人之处。

明代广西府州县志数量众多，惜存世者亦不甚多。其中，时代最早者为陈琏纂于洪武间（1368—1398）的《桂林郡志》。陈琏，字廷器，生卒年不详，广东东莞人，明初举人，洪武间任桂林府府学教授时纂此

图上 6-5　天一阁藏明代方志选刊：林希元编纂《钦州志》。

书。上引黄虞稷《千顷堂书目》著录此书为三十卷，未知其所据版本。此书本应为三十二卷，初刻本已佚，今存景泰元年（1450）重刻本，只存卷一至卷二十三。所志对象，为桂林府及其在明初所辖的临桂、兴安、全州、灌阳、阳朔、灵川、荔浦、永福、修仁、义宁、理定、古县等 12 个州县。时间始自上古迄于洪武二十六年。内容分类甚细，除第十四卷至第十九卷记州县事外，其余各卷，从地理、风俗、人口、赋税、学校、仓储、城池、碑刻等等诸多不同角度，分类叙其历史现状。此书亦为存世广西本土出版雕版书中时代最早者。又《钦州志》，林希元纂修。林希元（1481—1565），字茂贞，号次崖，福建同安人，正德十二年（1516）进士，官大理寺评事等，著有《林次崖集》等。他曾于嘉靖十五年至十八年任广西钦州知州，在任时修此志。《钦州志》九卷，分疆域、山川、风俗、食货、学校、兵防、名宦、人物等 28 类，其中《食货》类记钦州物产、户口、钱粮、赋税等，占两卷，最详；《山川》所记潮汐情况、《风俗》所记民俗均有特色。他如：郭楠纂修的嘉靖十七年（1538）版《南宁府志》，王尚贤等纂修的崇祯四年（1631）版《梧州府志》，郑抱素纂修的崇祯十年（1637）版《廉州府志》，应櫄等纂修的万历九年（1581）版《苍梧总督军门志》，都是弥足珍贵的明代广西方志，国内图书馆尚有收藏；而其他一些尚传世的同类典籍，如甘东阳等纂修的万历五年（1577）版《太平府志》、方瑜等纂修于嘉靖后期而重刻于崇祯间的《南宁府志》、郭棐纂修的万历十五年（1587）版《宾州志》等，虽尚存世而国内却无藏本，均藏于日本内阁文库。屈辱历史，言之痛心！

野史笔记大抵可分3类：一是记叙明朝官军在广西的重大军事行动者，包括张瑄《南征录》、韩雍《平蛮录》、唐顺之《广右战功录》、郭应聘《西南纪事》等。作者大多是亲历事件的重要人物。如：张瑄（1417—1494），字廷玺，江浦（在今江苏南京）人，正统七年（1442）进士，官至刑部尚书。天顺八年（1464），他以监军身份与明军将领范信、徐宁率军万余镇压广西少数民族暴动，历时两月余平定，他以日记形式记载每天的经历见闻，成《南征录》一卷。韩雍（1422—1478），字永熙，江苏长洲（在今苏州）人，正统七年（1442）进士，官左副都御史、提督两广军务等，于成化元年（1465）率军16万镇压广西大藤峡、府江一带农民暴动，历时3年，杀数万人，作《平蛮录》七卷以纪其事，内容为与此有关的各种奏疏、文稿、诗文等。郭应聘（1520—1586），字君宾，号华溪，莆田（今属福建）人，嘉靖二十九年（1550）进士，在广西任过南宁知府、广西巡抚，官至两广总督，隆庆、万历间，多次参加广西军事行动，著《西南纪事》六卷以纪其事。唐顺之（1507—1560），字应德，一字义修，号荆川，常州武进（今江苏武进）人，嘉靖八年（1529）状元，官至右金都御史、凤阳巡抚，明代文学流派"唐宋派"中坚人物。其《广右战功录》一卷，所叙非其亲历，乃记当时广西将领沈希仪用兵广西田州、思恩、永安、大藤峡等地之事，《明史·沈希仪传》几乎全部抄自此篇。第二类是杂记广西风土民情山川物产者，如王济《君子堂日询手镜》、魏濬《峤南

图上6-6　徐霞客（1586—1641）来桂，撰《粤西游日记》。

琐记》、邝露《赤雅》等，各具特色。作者多为外省人至广西做官或游历者，他们以外地人的立场角度观察和叙写他们此前素昧平生的异景奇俗，自然别有韵味。《赤雅》三卷，作者邝露（1604—1650），字湛若，广东南海人，崇祯间到广西土司地区生活数年，南明时又在广西永历朝为官，熟悉广西少数民族事，其书所记虽不无传闻之辞，但有关广西土司区域之异俗奇事尤多，多有史料价值。《君子堂日询手镜》一卷，则以平实笔法记叙广西横州（治所在今横县）民俗特产等，作者王济，字伯雨，一字雨舟，吴兴（在今浙江湖州）人，正德十六年（1521）在横州任判官。魏濬字禹卿，松溪（在今福建松溪）人，万历进士，曾在广西任知府、提学佥事等，熟悉广西事，《峤南琐记》二卷，杂记广西琐事。第三类为既记广西历史地理、大事要闻，也记风物特产民情民俗者，如魏濬《西事珥》、田汝成《炎徼纪闻》等。《西事珥》八卷，记广西建制沿革、土司制度、与越南关系、土著民族风习等等，《四库全书总目提要》赞其"考订颇不苟，叙述亦为雅洁"。田汝成，字叔禾，钱塘（今浙江杭州）人，嘉靖五年（1526）进士，嘉靖十七年（1538）任广西布政使司左参议，分守左江道，曾数次平定土官之乱和瑶民暴动，其《炎徼纪闻》四卷，主要记叙广西土司之事及少数民族风物习俗。

上文所谓"专门志"，主要是指以广西的某一方面作为记叙内容、近乎专题性的史志著作。自然，此类与一般笔记野史方志著作在体例方面也多有相似之处，分其为一类也只是就其侧重点而言。此种分类，无须过于深究。徐霞客《粤西游日记》、曹学佺《广西名胜志》和张鸣凤《桂胜》《桂故》等，大略可归此类。《粤西游日记》是著名的《徐霞客游记》的重要组成部分，20余万字，篇幅约占全书三分之一，记叙作者于崇祯十年（1637）闰四月开始在广西历时一年、经30多个府州县的游历所见所闻的山水奇景，其间也涉及风物民情，但毕竟以山水为主。曹学佺（1573—1646），字能始，号石仓，闽侯（今福建福州）人，万历二十三年（1595）进士，官户部郎中、四川按察使、广西右参议、南明隆武朝礼部尚书等，抗清死。著述甚多。其《广西名胜志》十卷，以广西府、州、县为标目，主要记叙广西各地山川名胜及名人，也涉及历史沿革、土司制度等。而张鸣凤之《桂胜》《桂故》，则应特别标举。张鸣凤其人，前文学创作部分已有简介，他曾纂修《广西通志》，未成而卒。其《桂胜》十六卷、《桂故》八卷（书名亦作《桂胜集》《桂故集》），从宏观看属方志性质，但具一定专题性。"桂"者，桂林也；"胜"者，名胜也；"故"者，故实、典故也。两书均记桂林事而侧重点不同：《桂胜》主要记叙山川名胜如伏波山、七星山、漓江等等以及相关的题咏诗文，《桂故》则主要记叙桂林建制沿革、与各名胜景点有关的典故、名人事迹等。二者相辅相成。《四库全书总目提要》称赞二书"详人所略，略人所详"、"博瞻而有体"。

第四节　科学技术

建筑技术可圈可点　酿造纺织水平可观　冶炼铸造亦有佳绩

总体观之，明代广西的科学技术，在全国范围内尚不足以称先进；但在部分领域，仍不乏可圈可点之处。

最出色者当为建筑技术领域。所谓"建筑"，所指甚广，举凡民居官舍、楼阁殿堂、陵墓寺庙、佛塔亭台、桥梁道路、城池关塞等等，皆是。而仅就保留至今的一些建筑物观察，明代广西的建筑技术已经具有颇高水平。

楼阁的代表作，有真武阁、大士阁、燕窝楼等。容县的真武阁以其杰出的木结构技术闻名遐迩，今为全国重点文物保护单位。阁建于万历间，三层，方塔形，高 13.2 米，宽 13.8 米，进深 11.2 米，全木结构，以数千条形制不一的木构件上下左右交错穿插构成。整体形态，优美庄严。最为人啧啧称道者，是其二楼的 4 根承重内柱，居然"脚不点地"，离楼面 2 厘米悬空而立。因为建筑师巧妙运用杠杆原理，将内柱与外檐串联，利用外檐的重量将内柱挑起，故尔如此。而阁基乃是一方长 50米、宽 15 米、高 4 米的土台，此台亦大有来历，被称为"经略台"，传为唐代容管经略使、名诗人元结所建，用于军队操练。台阁互映，相得益彰。清人王维新《三台》词咏之曰："凤洲旁芳草嫩绿，百尺台连经略。枕绣江，春至浪花浮，爱前代添来高阁。"[12]中国现代古建筑学权威梁思成研究过真武阁后，赞之为"天南杰构"。大士阁在合浦，始建于洪武年间。大士者，观音也，因其供奉观音而名。阁宽 9.64 米，3 间；进深长 16.55 米，6 间。分为两层，上层铺以楼板，四周以雕花门窗隔板围之；下层无围护设施。其整体为前后进相连形式，均为木结构，由 14 根檐柱、4 根角柱、10 根内金柱、2 根山柱、4 根童柱支撑，柱与柱之间在上部以长方形厚木梁串联。阁顶四处均设传统飞檐，而于檐翘、屋脊各处均有各种雕塑，如龙凤草木之类。自上观之，雕梁画栋；自下观之，巨柱阵列，别具风貌。今为全国重点文物保护单位。燕窝楼在全州，为该县著名大姓蒋氏宗祠。"燕窝"为俗称，因其正面观之斗拱排列牌楼悬空状如燕窝而名。全州蒋氏在明清两代累世科甲，明代时尤为显赫，如蒋冕官至大学士、内阁首辅，其兄蒋昇官至尚书，其族人蒋淦官工部侍郎，等等。此楼即为蒋淦于正德六年（1511）所建。其楼迎面为高 8 米多、流金溢彩气势恢弘的牌楼，有横匾曰"科甲传芳"；牌楼之后有门厅、厢房、中堂、后堂、亭廊、天井等，占地 450 余平米，堂皇宽敞。其楹柱有明大学士叶向高题联："累朝荣荫家声远；历代科名世泽长。"与匾额相互辉映，点出主人最为得意之处。今亦为全国重点文物保护单位。

　　恭城古建筑群则楼台庙宇俱备而皆精妙，乃是一个群体性建筑精品，今为全国重点文物保护单位，其中重要建筑物有文庙、武庙、周渭祠等。文武两庙同居一处，并不多见。文庙始建于永乐八年（1410），祀孔子，北靠印山而建。以面阔 5 间、进深 3 间的大成殿为主体，殿为穿斗式木结构，周边门窗隔板布满了精致的木雕饰物或本身即是镂空雕花形式；殿顶为重檐歇山式，屋脊同样饰以各种人物鸟兽等雕塑。羽翼大殿的其他建筑尚有左右庑殿、崇圣祠、名宦祠、乡贤祠以及棂星门、泮池、状元桥、大成门等等。布局合理，肃穆雄伟。武庙祀关羽，建于万历三十一年（1603），由正殿、两侧配殿、后殿、雨亭、头门等组成。而正殿之前，又有戏台一座。戏台是中国不少庙宇的辅助设施，从性质说不应视为庙宇的组成部分。但从建筑艺术的角度看，恭城武庙的戏台却是其精华所在：台高 1.3 米，基座以青石砌成，前有三顾茅庐等 3 幅古代人物故事石雕画。台上建筑物，前台为重檐歇山顶，后台为硬山顶，均以黄绿色琉璃瓦盖屋顶，屋脊有各种雕塑饰物。下方神龛、隔扇、窗棂等均为镂空雕花形制。此两庙在广西现存同类古庙中，均称佼佼。周渭祠为祀周渭而建，周为北宋恭城人，官监察御史、两浙转运使等，在其家乡声望甚高。其祠建于成化十四年（1478），主体建筑为门楼，形制奇特，两层，正面为3间，上部为重檐歇山式，碧瓦红柱，飞檐画栋，5层斗拱既是装饰，又是不可缺少的构成要件，其中的米字枋承载着屋顶。重檐状如蜂窝，通过的气流在此产生回流，时发呜呜之声，故鸟雀等不敢在此筑巢。俗谓之蜜蜂楼。建筑群还包括湖南会馆，但为清代所建。

　　靖江王陵为广西明代陵墓方面的代表性建筑。靖江王为朱明皇室分封在广西桂林的藩王，自洪武初年第一世、朱元璋侄孙朱守谦始，共传位11世。历代靖江王及其妃子（明亡后横死的两位末代王不计），包括其宗亲有封爵者如将军等300余人，死后均葬在桂林尧山西麓，形成一个庞大的墓群，陵园长约15公里，宽约7公里，共有墓320座，占地面

图上6-7　明宣德年间（1426—1435）青花携琴访友图梅瓶（上右）及访友图局部展开图（下），1972年靖江安肃王墓出土；明嘉靖年间（1522—1566）青花瓷岁寒三友仙人故事带盖大梅瓶（上左），1982年靖江宪定王墓出土。均江西景德镇烧制，藏桂林博物馆。

积超过 100 平方公里。其中以 11 座王墓最为雄伟。王墓均为王、妃合葬墓，各墓规模如占地面积大小、封土高低等并不一致。以面积论，最大者达 210000 平方米，最小者不足 5000 平方米。但其形制则无甚区别：整体为长方形，分外园、内宫两大部分。外园的建筑包括陵门、朝房、神道、玉带桥、华表等，神道两旁有相对陈列的石人及石狮、石马等石兽。内宫建筑有地宫、享殿、中门等等。作为一个巨型建筑群，靖江王陵的壮观在古代广西是罕有其匹的。今为全国重点文物保护单位。

而修建于洪武前期的靖江王府邸所在的桂林王城，则代表着明代广西城池建筑的最高水平（参见本书下编第四章《建筑》相关内容）。

明代广西佛塔建筑亦有不少佳作，典型者有归龙塔、板麦石塔、普贤塔等。归龙塔又名镇海宝塔、水宝塔，今亦称左江斜塔。位于崇左市江州区太平镇左江中小岛鳌头山上，建于天启元年（1621）。塔身平面为八角形，建材为青砖，5 层，逐层收缩，下大上小。内部空心，有螺旋形砖梯升至顶层。各层均铺设楼板，皆开有窗洞。其最为奇特之处是，塔身向西南方向倾斜，倾斜角达 4°24′46″，凭肉眼即可明显看出其倾斜之状；而与其他类似斜塔不同处更在于：据专家考证，此塔并非由于自然力使之逐渐倾斜，而是建筑师在建造之时考虑到江心特殊的地理位置以及风力、水流等可能影响塔身安全的因素，而有意造成如此倾斜状的。历近 400 年斜而不倒，堪称奇迹。板麦石塔在崇左市左州区江州镇板麦村宝塔山上，塔身平面为六角形，建材为料石，7 层，亦是逐层收缩，各层均有短飞檐；基座为铜鼓形，而塔顶则为球形。塔为实心，全塔各层的每一面均有雕饰。其中，第二层正面为碑文，第六层各面均为罗盘状梵文，其余 30 余面则为佛像、佛经故事图、佛经经文等。其整个造型以及雕饰，都颇为少见。此塔为万历四十年（1612）江州土官黄河汉为超度其子黄绍伦而建（黄绍伦为佛教徒）。今为广西文物保护单位。普贤塔在桂林著名景点象鼻山上，其状怪异，有如一只葫芦形巨瓶，又像一柄刺入象背的宝剑的剑柄部分，故又名宝瓶塔、剑柄塔；而之所以名普贤者，是因为佛教故事中的普贤菩萨是骑象的，而此塔高踞于象鼻山顶，遂联想而名之；且塔上亦嵌有普贤菩萨石刻像。此塔建于明初，砖材，实心，由"瓶身"和"瓶颈"两大部分组成，高 13 米余，"瓶颈"上一圆形伞盖覆之，盖顶则为双层相轮。今为桂林市文物保护单位。

桥梁方面，以遇龙桥和花桥最具特色。遇龙桥在阳朔县白沙镇遇龙村，建于永乐十年（1412），为单拱石拱桥，桥面有护栏，长54.9米，宽5.2米，其最大特点在其桥拱之规模：拱洞长17米，水面至拱顶高8.5米。单拱而有如此大的跨度，这至少在广西现存古桥中是罕见的。花桥在桂林小东江与灵剑江汇合处，为石桥，本名嘉熙桥，因其周边花木繁盛，故称花桥。始建于嘉靖十九年（1540），全长134米余，为拱桥，分水桥、旱桥两部分，水桥部分宽6.9米，4拱；旱桥部分宽5.3米，7拱。比例匀称，外观优美。两桥今均为广西文物保护单位。

据明人方瑜《南宁府志·货物》所载，明代广西的纺织品主要有葛布、苎麻布、络布、竹布、棉布、兼丝布等[13]。纺织业是相当发达的。而明代广西郁林州（治所在今玉林市玉州区）出产的葛布，是朝廷指定的贡品，其质量之优、纺织技术之高，自不待言。葛是一种野生植物，以其纤维织布，是为葛布，既薄又轻，是当时制作夏衣的极佳材料。明万历间，朝廷下令郁林州每年进贡葛布1000匹，工部认为地方负担过重，力争后减为100匹。

酿酒在广西历史悠久，宋人范成大《桂海虞衡志》即记有瑞露、古辣等名酒。明代自然更有发展。明人王临亨笔记《粤剑编》卷二：“寄酒产自粤西，采寄生酿之，色纯白而味清旨。……粤东供贵客多用之。”[14]《粤西丛载》卷十九《酒》亦称：“桑寄生酒，出梧州，色白，味颇清洌。”此寄生酒无疑属明代广西名酒之一。《粤西丛载》同篇又载：“会城宗藩家，多自酿，以其别号名酒，不下十数种。然多以火酒杂之。间有似绍兴豆酒者。此外有莲花酒、阳朔酒、茅庐酒、春分酒。”[15]会城即省城，宗藩指靖江王。王府固多名酒，民间亦不乏佳酿。

明人宋应星在其科技名著《天工开物》卷一一四，有关于明代广西锡矿冶炼业的记载，令人振奋：“古书名锡为贺者，以临贺郡产锡最盛而得名也。今衣被天下者，独广西南丹、河池二州，居十八。”[16]亦即当时全国所用的锡，百分之八十产于广西。明代广西炼锡业之繁盛、冶炼技术之高，不难想见。

铸造技术亦不可小觑。今尚存于南宁市人民公园内的明代铜钟，为明嘉靖十年（1531）在南宁铸造，钟高 1.8 米，口径 1.2 米，重 1000 公斤。如此庞然大物一次铸造成型，没有颇高的技术是办不到的。以此一例，可以概想其余。

第五节　宗教信仰

天主教初入广西　原有外来宗教缓慢发展　地方民族宗教多元化

明代之前，世界三大宗教中的佛教、伊斯兰教均已传入广西，惟有基督教尚无踪影。明朝末年，作为基督教最大教派的天主教也开始涉足广西。最先来到广西传教的天主教传教士是意大利人罗明坚，他于明神宗万历十年（1582）前往广东肇庆，三年之后他来桂林，尝试开展传教事业，但当时的广西民众对此不感兴趣，且地方政府对罗某的行为提出了警告，他只好无功而返。不过经他此番投石问路之后，其继起者的努力终于使天主教在广西有了立足之地。而广西境内最早的一批中国天主教徒中，居然包括南明永历王朝的皇太后、皇后和一些重臣，甚至连永历帝也算是其信徒。永历朝在广西先后以梧州、桂林、南宁等地为临时都城，其首辅大臣瞿式耜本就是天主教徒，这就使得天主教士有了可乘之机。进入南明朝廷进行传教活动的天主教教士，是奥地利人瞿纱微和波兰人卜弥格。在此前数十年的万历年间，他们的前辈意大利传教士利玛窦已经踏入明朝宫廷，但那不是在远离京城的广西边陲。瞿纱微首先说服永历身边的心腹太监庞天寿接受洗礼，改名为庞亚基楼利当昔，随即通过庞天寿向皇太后、皇后等人传教，并成功使皇太后、皇后以及皇太子入会，且各有教名，这一点有永历帝之母王太后致耶稣总会长之书信为证："大明宁慈肃皇太后烈纳谕耶稣教会大尊总师神父：予处宫中，远闻大主之教，倾心既久；幸遇尊会之士瞿纱微，逐领圣洗，使皇太后玛利亚、中宫皇后亚纳及皇太子当定，并入圣教，领圣水，阅三年矣。……"[①]至于永历皇帝本人，因为嫔妃众多，与天主教教规不符，没有正式入会，但也可算信徒之一。瞿纱微的《中华帝国局势之总结》一文记载："次日（永历二年三月初十日）永历帝抵达我们所在地（南宁）。

王太后命他在天主像前跪拜……"⑱今尚存一则永历帝向天主祈祷的文字："永历皇帝臣由榔，于十月初二日，诚心祈祷，天主慈悲，挽回赣永之虏寇，化为良民。怜万姓生灵，万民有罪，责臣一人；臣若有罪，毋贻万方。敬沥微忱，仰祈。"⑲当然，这些显赫人物之所以皈依天主教，主要原因在于国势危机，想以此为契机获得教廷支持，助其恢复明朝的一统天下，并非真的对耶稣基督学说有了什么深刻的体悟。不过，天主教虽在南明宫廷取得较为辉煌的传教成绩，但在民间的传教收效不大。这应与其教规有关，比如规定不能再拜天主之外的其他神灵，这在信奉多神的广西少数民族地区，肯定是难以得到认同的；而不能娶妾一类教规，在当时也不会受到欢迎。

此前已经进入广西的佛教、道教、伊斯兰教，在明代仍旧存在，但发展不快，影响不大。

广西的佛教在唐宋时期曾颇为兴盛，本书前四、五章于此有所表述。入元之后，渐次衰微。明代亦未能恢复昔日气象，但尚可维持其教统在粤西不坠。全州湘山寺、贵县南山寺等名刹在明代依旧兴盛，诗人文士题咏甚多。而横州（治所在今横县）寿佛寺由于据说是削发为僧的原建文帝朱允炆在此驻锡，一度大兴，"其徒归者千数……殿宇甚华美，有腴田数百顷，临街店屋四五十间"⑳。要而言之，到明代为止，佛教在广西先前曾有的兴盛现象，主要也只是在城市和汉族地区才有，少数民族地区则是一直难以流行的。他且不论，仅仅是削发为僧、不能娶妾生育以致无后这一点，就会让绝大部分广西人望而却步。当然，佛教对地方民族宗教的影响是存在的，比如如来佛、观音菩萨也是明清广西道公教的崇拜对象之一，但此种崇拜也只是取其所需罢了。

道教传入广西亦甚早，但它不可避免地要在一定程度上被本土化，因为道教修仙炼丹之类在广西广大少数民族地区是不易找到知音的，而它的驱鬼治病、超度亡灵等功能，却能在这些地区被普遍接受。道公教在明代广西相当流行，而道公教实际上可以视为其时广西本土化的、世俗化的道教。此教所奉神灵并不仅仅是太上老君、玉皇大帝，还有布洛陀、莫一大王一类土著神祇以及如来佛、观音菩萨等佛教之神，其所诵经书也大多并非传统的道藏，而是《三皇经》《孝悌歌》之类。其法事活动包括求子、酬神、驱鬼、超度亡灵等等。其神职人员称为道公，大抵并非专职。

伊斯兰教在宋元初进入广西，入明后得到一定程度的发展。因为明初统治者在天下初定之时，为缓和社会矛盾，对各种宗教都取宽容态度。原已定居广西的一些穆斯林，如桂林的白姓家族（白崇禧的先祖）等，逐渐发展。明代广西已建有清真寺6座，其中桂林东江穿山清真寺规模较大，"民国《桂林市年鉴》载：'桂林东江穿山清真寺，建于明时，因遭明清鼎革之变，该地清真寺毁于兵燹，教胞迁徙流亡，至前清顺治康熙间，始复集于桂林。清顺治十八年与西门外购地重建清真寺'"㉑。伊斯兰教由于有其严格的民族性限制，在广西没有更多的会众加入。

古代广西本土的民间信仰，实际上不易说清其门类名称，可以说是一种多元化的存在，或者说是一种泛神观念和多神教的存在。古代广西居民中以少数民族居多，而各少数民族所奉祀崇拜的神祇多而杂，除了由人演化而成的诸神外，山、水、花、树乃至狗、蛇、青蛙之类皆可成神。而至少从明代开始，这些多元的宗教形式都不同程度地受到佛教、道教等输入型宗教的影响，形成原始宗教信仰与输入型宗教部分思想观念包括法事活动的结合，成为具有地方和民族特点的宗教文化。在明代，这些地方性的宗教，以师公教、麽教和道公教为代表。师公教在前章已有介绍，道公教上文亦已提及，此两教在明代广西仍然拥有众多的信众。麽教是一种壮族民间宗教，"壮族麽教是在壮族古代巫文化土壤上发生发展形成的。麽教虽然已经建立有自己非正式的组织团体，有半职业化的布麽，有系统的麽经和共同崇奉的至上神，也就是说，麽教已经是一种民间宗教形态，但是，它毕竟还是从巫文化发展而来。……从壮族麽经手抄本记载的历史事件、人物、地名、古壮字等内容特征，以及手抄本形成的时间年代来看，壮族麽教的鼎盛时期应该是在明末清初"㉒。麽教所奉祀崇拜的大神是布洛陀，其宗教职业人员称"布麽"；亦有经文，称"司麽"，分为"麽龙"（大显经）、"麽廖"（小显经）和"麽额姆"（秘经）三大类以及鸡卜书等；宗教法事活动叫"荷麽"㉓。此教也相信生死轮回、因果报应，且亦立有戒杀慈不救众生等戒律，这明显受到佛教的影响。其法事活动，则有祭祀神灵、超度亡魂、召回生魂、驱邪逐鬼、战争庙算等方面，此处又可见出道教的影响。而事实上，师公教、麼教和道公教之间也并无鸿沟，彼此间有着不少相通处。

【注释】

① 此处数据采自钟文典主编《广西通史》第一卷，广西人民出版社，1999 年，第 337 页。

②⑤⑧⑨ 数据参见杨新益等《广西教育史》第五章，广西师范大学出版社，1997 年。

③ [明] 苏濬纂：《（万历）广西通志》，万历二十七年刻本。

④ 据陈茂同《中国历代选官制度》第七章《宋代登科总目表》所列数据统计计算，华东师范大学出版社，1994 年。

⑥ 杨新益等《广西教育史》将宋代所缺 11 科数据以每科 542 人之平均数补齐总数，计算广西中进士数占总数百分比为 0.67%（广西师范学院出版社 1997 年，54 页），似欠准确，因为，其平均数既失准，又未考虑到所缺 11 科中应当有一定数量的广西进士。

⑦ 据陈茂同《中国历代选官制度》第十章《明代状元、会元、登科人数一览表》所列数据统计计算，华东师范大学出版社，1994 年。

⑩ 据《广西历代文人著述目录》统计，广西民族学院图书馆编（内刊），1983 年。

⑪⑮ [清] 汪森辑：《粤西文载》，《四库全书》本。

⑫ 杨东甫编著：《八桂千年游——古代广西旅游文学作品荟萃》，广西人民出版社，2005 年。

⑬ 钟文典主编：《广西通史》卷一，广西人民出版社，1999 年。

⑭《贤博编·粤剑编·原李耳载》，中华书局，1997 年。

⑯ 顾廷龙主编：《续修四库全书》，上海古籍出版社，1995—2002 年，第 1115 册。

⑰⑱⑲ 张西平：《关于卜弥格与南明王朝关系的文献考辨》，《史学史研究》，2009 年第 2 期。

⑳ [明] 王济：《君子堂日询手镜》，《丛书集成初编》，第 3120 册。

㉑ 翁乾麟：《略述伊斯兰教在广西的传播》，《广西民族研究》，1990 年第 2 期。

㉒ 黄桂秋：《壮族民间麼教与巫文化——壮族麼文化研究系列论文之三》，广西右江民族师专学报，第 19 卷第 2 期。

㉓ 何正延：《壮族麼教文化探讨》，《广西民族研究》，2005 年第 3 期。

第七章

前所未有的全面发展
——清代

　　长期滞后于中原先进地区的广西文化到了中国封建社会晚期、最后一个王朝——清代，终于在长期蕴积的基础上发出了更多夺目的光芒，取得了前所未有的全面发展。广西各民族文化素质得到大步的提升，学校教育盛况空前，科举考试中式人数及总体比例大增，名次质量也大为升格；粤西文苑异军突起，"晚清四大词人"中广西人居其半，"岭西五大家"古文具有全国性影响；艺术探索自具面目，石涛为国内画坛宗匠，少数民族艺术极具特色；史志著述体式多样，涉猎宽广；科学技术、医药卫生进步显著；而晚清时代东西文化的碰撞与融合更给广西文化打上了鲜明的时代烙印，并使之产生巨大深刻的变革。

第一节　盛况空前的教育科举

　　府州县学更上层楼　书院义学前无其比　进士状元人数剧增　土著地区频破天荒

　　从顺治末年到太平天国起事，近二百年间广西社会基本稳定。长时间的休养生息，统治阶级一些政策的明智，不少地方官的有效管理，各族人民的共同努力，使广西经济得到了长足发展。人口剧增，明朝270余年间，广西人口从未超过200万；至清亡时，已达1109.1万。如此巨量的人口增长，一方面是社会相对稳定的标志，另一方面也证明着社会经济的相应快速发展。明代广西经济已较前有了颇大起色，但全省财政收入还

图上7-1　康熙四十五年（1706），廉州知府建合浦海门书院讲堂，1905年书院改廉府中学堂，今为廉州中学。　采自《合浦县志》

不及江浙一府。有明一代广西自始至终未能做到财政自给，一半以上的支出需要中央政府调拨补贴。而在清代中前期的雍正间，广西财政已基本能实现自给，至道光间甚至已略有盈余。大环境改善，民族融合继续深化。壮、汉、瑶、苗、侗、仫佬、毛南、回、彝、京、水、仡佬等12个民族共居的民族格局，在清代广西已经完全形成，并加速了民族之间的相互沟通和影响，使各民族的文化素质得到了大步的提升，其中教育的作用至深且大。

　　清代教育，仍以传统的旧式教育为主流。而传统的旧式教育与科举是密不可分的，二者休戚相关，荣辱与共。广西在清代的科举成绩远超前代，就是以它同样较前繁荣的教育为基础的。

　　教育状况是一个国家或地区文化面貌的晴雨表，而学校状况则是晴雨表上的水银柱。纵向相比，古代广西的学校教育，莫盛于清代。其盛，一在形式多，二在数量众，三在质量高。

　　清代教育制度与明代基本相同。没有省级官学，省设总管全省教育的官员提督学政，实际上就是主管各府州县官学。府学、州学、县学仍是地方官学的主要形式，此三级官学，学生之资格相同，均为生员（秀才）。而学生数与主管教官官品有异：府学学生40名，主管教官为正七

图上 7-2　光绪三年（1877），恩隆县（今田东）"以造士为先"而兴建的经正书院，二十四年改称经正学堂，三十二年改为两等小学堂。

品的教授；州学学生 30 名，主管教官为正八品的学正；县学学生 20 名，主管教官为正八品的教谕。广西府州县学在明代已颇具规模，达到 69 所。这些官学在明末清初数十年战乱中几乎全部停办，而在康熙中全部恢复。而且，清代广西还增办了 10 多所官学。到光绪间，全省府州县官学已达 85 所（含廉州府、钦州直隶州官学而不计怀集县学）。这个数字，居历代广西之最①。

更为惊人的是书院数量的突飞猛进。明代广西书院达 70 所，比之宋元时代已是呈几何级增长；然而与清代相较，乃是小巫见大巫。清代广西书院总数达到创纪录的 223 所，为明代 3 倍有余。且尚非完全统计。其中新建者即有 207 所（明代书院在明末清初几乎无存，后来恢复了 16 所）。已经远远超过了平均每个府州县 1 所书院的规模。不少州县已有多所书院，例如，宣化县（在今南宁市青秀区内）就有蔚南书院、左江书院、正谊书院、修和书院、广学书院、右文书院、班峰书院、毓秀书院、含文书院、蒲津书院、南斌书院、甲峰书院、甘棠书院，竟达 13 所之多。一些尚未改土归流的土司土州县地区也已建有书院，如：上石西土州（属太平府，在今凭祥）有撷秀书院，思土州（属太平府，在今宁明）有思齐、思诚两书院；龙英土州（属太平府，在今天等）有观音山书院，等等②。

基层的学校则有义学和社学（实际上还应该有大量的私塾）。广西的社学在明代已臻兴盛，达 200 余所，但在清代却呈大为衰减之势，只有 67 所。然而这又不能视为清代广西不重基础教育，因为另一种明代所没有的新的学校形式在清代广西大兴，此即义学。义学也是一种基层学校，是面对大众的免费学校，靠公款或宗族祠堂租金场地设立，亦称义塾。广西最早的官办义学是建于康熙二十年（1681）的永安州（治所在今蒙山县）义学，由知州丁亮工主持创办。康熙二十四年（1685）广西布政使崔维雅发布《立义学以广文教议》的政令，此后历任广西巡抚多有发布同样内容之政令者，极大地推动了义学的发展。清代共建义学213所，且其中部分义学，其规模水平已与地方书院相同。清末废科举后义学均改为小学堂。

清代广西教育的水平和成效，从科举考试的辉煌成绩可以见其一斑。科举考试尤其是进士试（文科。下同）的结果，不仅能反映某一地区的社会教育状况，而且也可视为展示该地区文化发展状况的面孔。清朝立国268年，科举考试亦以进士试为正途，总共举行112科（含恩科25科。所谓恩科，指皇帝于正常的三年一科之外，遇登基之类喜事或别的原因特别加恩另开的科举考试），总计取进士26921人，平均每科240人[③]。而清代广西中进士者585人。其中，桂林府298人，柳州府27人，庆远府5人，梧州府50人，浔州府42人，平乐府38人，南宁府38人，太平府7人，郁林直隶州62人，廉州府、钦州4人，镇安府4人，思恩府7人，泗城府3人[④]。

这一数字，使得此前广西科举最为兴盛的明代与之相比也瞠乎其后：明代广西进士总数为239人，只有清代总数的四成左右，清代增加的部分比明代进士总数还多出百余人。而与明代广西进士数占全国总数0.96%对比，清代这一比例更是大大提高，占到了2.17%。

还须提及的是，这些数字，事实上还不能真正体现清代广西进士试的中式水平。或者说，这些数字本来还应更高。其原因是，广西在清初是南明永历朝的大本营，后来又是太平天国的发源地，近20年间战乱不绝，再加上别的一些骚乱，致使广西在清代共有多达12次的乡试无法举行。乡试是会试的资格选拔考，没有乡试，自然也就没有具备资格参加当届进士试的考生。所以，广西举缺考12科。如果以100科中式585人计，平均每科5.85人，乘以12科，为70人。也就是说，如果能参加全部考试，清代广西进士数还要多一些。

清代广西进士不仅中式人数及总体比例较之前代大增，而且名次质量也大为升格，一个标志就是有 4 人为状元（未计太平天国的武状元覃贵福）。清代各省中状元的人数，排在广西前面的只有 4 个省：江苏，49人；浙江，20 人；安徽，9 人；山东，6 人。广西获状元数在各省中位居第五。而且 4 名状元中还有一位乃是极为罕见的"三元"（整个清代仅有 2 名），更属难得。若从这一角度看，则清代广西已经进入文化较发达省份之列。

　　清代广西 4 位状元是陈继昌、龙启瑞、张建勋、刘福姚。值得一提的是，他们都是临桂县人。临桂是古代广西科举最为鼎盛的县份，在广西历代有据可查的 8 名全国性文状元（另有一位南汉国状元梁嵩，为龚州即今平南人）中，临桂一县竟然占了 5 名。这是广西文化史上一个奇特现象。陈继昌（1790—？），字哲臣，号莲史，是乾隆时名臣贤相陈宏谋的玄孙，嘉庆二十五年（1820）考中状元，而且乡试、会试均为第一，成为中国科举史上最后一名"三元及第"者。据称他在自家宗祠门上题一联曰："祖父当朝一品，元（玄）孙及第三元。"他先后任翰林修撰、

图上 7-3　中国科举史上最后一位"三元及第"陈继昌，临桂人，两广总督阮元特题"三元及第"匾，刻于桂林王城城门。

云南学政、甘肃布政使等职，官至江苏巡抚，著有《如话斋诗存》，《清史稿》卷三〇七《陈宏谋传》附有其小传。龙启瑞（1814—1858），字翰臣，道光二十一年（1841）状元，先后任过翰林院修撰、通政使司副使等，官至江西布政使。他是广西著名文学家，古文方面为桐城派后劲、"岭西五大家"之一；诗方面，为"杉湖十子"之一；词方面，为清代广西"三大中兴词人"之一。同时他也是很有成就的学者。其著述传下来的有《经德堂文集》《浣月山房诗集》《汉南春柳词钞》及《古韵通说》《尔雅经注集证》等。《清史稿》卷四八二《儒林传》有其传记（参见本章第二节、第三节）。张建勋（1848—1918），字季端，号愉谷，光绪十五年（1889）状元，先后任翰林院修撰、云南学政、黑龙江提学使兼民政使等，存《愉谷诗稿》一卷。

图上 7-4　广西最后一个状元刘福姚楷书七言联

广西最后一位状元刘福姚，字伯崇，号守勤，一号忍庵，生卒年不详，光绪十八年（1892）状元，他的官职也和张建勋近似，任过翰林院修撰及贵州乡试主考，浙江、河南乡试副主考，翰林院秘书郎兼学部图书局总校等。他能词，曾与王鹏运、朱祖谋两大词家唱和，以八国联军侵略事为题材共作词集《庚子秋词》。又著有《忍庵集》。

　　而清代广西进士人数在本省各府级行政区划的分布，与明代相比，同中有异。同者，主要是桂林一府仍居半壁江山。其中，临桂一县，竟然达 184 名之多，几乎占了全广西进士数的三分之一。与其一县四状元一样，实在令人叹为观止。而桂西地区，依旧名列榜末。而差异方面更为显著：首先是桂东南地区的崛起，雍正间新设的郁林直隶州（治所在今玉林市玉州区），只辖博白、陆川、北流、兴业 4 县而已，竟然跃居第二，盖过了向来稳居亚军的梧州府，仅次于桂林府，成为真正的后起之秀。而尤应注意的是，桂西镇安、泗城二府，从唐代正式开科举以降，直到明代灭亡，千年之久，从未有过任何人考中进士或举人。这一状况在清代终于有了改观：乾隆四年（1739），西隆州（在今隆林县，时属泗城府）举人黄文都中进士，破了天荒。乾隆十六年（1751）和十九年（1754），黄文都的西隆老乡张万鹏与周天柱也分别成为进士。镇安府的破天荒迟至同治二年（1863），由奉议州（在今田阳县，时属镇安府）举人谭子中打破。可怪的是，与泗城府三进士均为西隆州人一样，此后谭子中的三位继起者，同样也是他的奉议州同乡：廖干城，光绪九年（1883）；黄天怀，光绪十六年（1890）；韦锦恩，光绪二十一年（1895）。这一现象亦可研究。至于其他土著民族地区的州县，在清代进士考试破天荒者更不在少数。这些数字，有力地证明清代广西教育尤其是土著民族地区的教育在明代基础上又有了新的可喜进展。

举人方面，情况与明代相去不远。如上所言，清代广西乡试只开了100科。次数比明代多12科，录取人数则与明代基本持平，为5075人。这是因为清代朝廷给广西的乡试录取名额要比明代少一些⑤。

第二节 异军突起的粤西文苑

词坛二巨匠 "岭西五大家" 诗坛群星闪耀 作家作品众多 家族文人群体崛起

毋庸讳言，地处边陲的古代广西，在文学方面总体而言是底气不足的。尤其是清代之前，粤西文运不昌，是一个无法回避的事实：包括此前成绩最佳的明代在内，广西都很少有能在当时产生一定全国性影响的作家作品抑或文学现象。

清代广西文人们以自己的努力，部分地改变了这种令人沮丧的局面。其辉煌成绩，在全国范围内观察，堪称异军突起；而就广西文学自身发展历程评价，可谓振起百代之衰。

首先，在词和古文这两个领域，清代广西文人大抵可以在国内同行面前作一平视了。

当今不论何种中国文学史著作，恐怕都不能不提晚清四大词人；而此四大家中，广西临桂人王鹏运和他的同乡况周仪就占了半壁江山。词到清代，号称中兴，其盛况堪与两宋并驾，在某些方面甚至后来居上，例如词作数量，仅仅收录顺治、康熙两朝作品的《全清词》第一卷就达5万余首，是现存宋词的两倍多（其余4卷尚未出），计其总数当在宋词10倍以上。至于大家名作，虽略较宋词逊色，但也在在皆是。其中，并称"晚清四大词人"的王鹏运、况周仪、朱祖谋、郑文焯在有清词坛上据有显赫地位。清代之前的广西词坛，难称兴盛，能称为词人者及词作品屈指可数。清词中兴，给了广西词界一个勃发的氛围及背景，积蓄已久，喷薄而出，以王、况为代表的临桂词派问世，遂成大观。王鹏运（1849—1904），字佑退，亦作幼退，中年后号半塘老人、鹜翁，同治九年（1870）举人，两考进士未中。先后官监察御史、礼科给事中。晚年讲学于南洋公学和扬州仪董学堂。为"晚清四大词人"之首，在晚清词坛"有领导风气的作用"⑥。生前自编词集《袖墨集》《味梨集》《鹜翁集》《虫秋集》《蜩知集》《校梦龛集》《庚子秋词》《春蛰吟》《南潜集》，收词600余首，分乙、丙、丁、戊、己、庚、辛七稿。之所以缺"甲稿"者，因其憾于平生未能中"甲科"（进士）也。晚清著名词论家谭献于《复堂词话》评曰："《袖墨词》千辟万灌，几无炉锤之迹。一时无两。"又曾编选刻印《四印斋所刻词》和《四印斋汇刻宋元三十一家词》两种词总集。况周仪《蕙风词话》续编卷二赞之为"旁搜博采，精彩绝伦"。况周仪（1859—1926），后因避宣统帝溥仪之名讳而改为周颐，字夔笙，号阮庵、蕙风，光绪五年（1879）举人，任过内阁中书、国史馆校对等小官，清亡后寓居上海，卖文为生。词集甚多，有《蕙风词》《玉梅词》《新莺词》《二云词》《锦钱词》《菱景词》《餐樱词》《梦菊词》《存悔词》，此9集后辑为《第一生修梅花馆词》。尚有《玉梅后词》《蕙风琴趣》《秀道人修梅清课》等。王国维评其词"小令似叔原，长调亦在清真、梅溪间，而沉痛过之"⑦。又著《蕙风词话》《玉栖述雅》《词学讲义》《历代词人考略》《阮庵笔记五种》（含《退庵丛谈》《卤底丛谈》《兰云菱梦楼笔记》《蕙风簃随笔》《蕙风簃二笔》）《餐樱庑随笔》《香东漫笔》《天香楼漫笔》《眉庐丛话》等，另辑有《证璧集》，并选广西词作编为《粤西词见》二卷。叶恭绰于《广箧中词》评王、况二家："夔笙先生与幼退翁崛起天南，各树旗鼓。半塘气势宏阔，笼罩一切，蔚为词宗；蕙风则寄兴渊微，沉思独往，足称巨匠。各有其价，固无庸为之轩轾也。"虽略嫌空泛，但"词宗"、"巨匠"之号，却是盖棺论定之的评。

而古文"岭西五大家"同样未可小觑。清代古文，无疑须推桐城派执牛耳。而桐城派的后期盟主梅曾亮，就与"五大家"中的多数人有师生之谊，而且当龙启瑞、朱琦、彭昱尧、王拯等声名渐起之时，他就发出了有预见性的感慨："天下之文章，其萃于岭西乎？"⑧颇有汉代经学大家马融在其高足郑玄学成归去之时感叹"吾道东矣"之意味。而五大家的成绩也证明了他们并非浪得虚名。五大家中，吕璜年岁长于后四人30年左右，于四人乃属父师辈。吕璜（1777—1838），字礼北，号月沧，永福县人。嘉庆十六年（1811）进士，先后任知县、同知等，晚年返广西，主讲榕湖经舍和秀峰书院，彭昱尧即其学生。道光十八年卒，当时的广西巡抚、名学者梁章钜为之作墓志铭，赞其"于学无所不窥，诗古文皆有法"。吕璜被视为广西桐城古文之开山。他在江浙为官时，结识桐城派文学家吴德旋，相与讨论桐城古文理论二十余日，后来他在《自撰年谱》中说此次研讨使他"于古文义法乃益窥其深"。他将此次讨论内容记录整理，成为《初月楼古文绪论》一书，是有名的桐城派理论著作。其文学作品，有《月沧文集》八卷，存各类古文80余篇，各体诗歌80首。龙启瑞生平已见前第一节"状元风采"部分。他是文坛多面手，文、诗、词无一不精，量多而质优。作为古文大家，龙启瑞的著作今存《经德堂集》，收各体古文196篇。时任广西巡抚邹鸣鹤为此文集作序，赞龙之古文"深入理奥"，皆"至中至醇之文"。作为"杉湖十子"之一，他有诗集《浣月山房诗集》传世，收诗作572首，各体皆备。清人符葆森在其《寄心庵诗话》中赞龙诗"奇才妙笔，状难状之景，达难达之情，以真意剀切写之"。词作方面，他被况周颐评为清后期广西"三大中兴词人"之一，有词集《汉南春柳词钞》，收词103首。朱琦（1803—1861），字伯韩，号廉甫，临桂人，道光十五年（1835）进士。先后官翰林编修、监察御史、道员等。著有《怡志堂诗文集》，今存文61篇、诗289首。清人林昌彝《射鹰楼诗话》卷一赞朱琦诗"气韵沉雄，旁及昌黎，而能独成一子；遒劲似刘诚意，而魄力过之；忠爱似郑少谷，而真挚过之"。今人钱仲联《论近代诗四十首》亦赞之云："桂林天下奇，怡志诗坛首。"认为朱琦之诗可居当时诗坛之首。这些评价，虽未必完全的当，但应当能说明一些问题。王拯（1815—1876），原名锡振，字定甫，号少鹤，马平（在今柳州市）人。道光二十一年（1841）进士，先后任户部主事、大理寺卿、太常寺卿、署左副都御史、通政使。晚年辞官归乡，主讲桂林孝廉书院。王拯学有根底，淹通经史，著有《龙壁山房文集》《龙壁山房诗集》《茂陵秋雨词》《谈艺录》等。近人刘声木评王拯古文："淬厉精洁，雄直有气，而出以平夷纡徐，能自达其所欲言，使人得其妙于语言文字之外。"⑨彭昱尧（1809—1851），字子穆，一字兰畹，号阆石山人，平南人。道光十七年（1837）举人，然而此后五次参加会试均铩羽而归，郁郁而死，终生未仕。曾为广西巡抚梁章钜校《三管英灵集》，自著有《怡云楼诗集》四十卷、《致翼堂文集》二十卷。今其诗存 640 余首，文存 43 篇，词存 40 首。龙启瑞为其文集作序称："子穆于吾党中，学尤博，气尤伟，极其才之所至，可无所不到。"晚清著名学者王先谦编纂《续古文辞类纂》，选入清乾隆后古文作家 39 家，而广西即占 5 家（即"岭西五大家"），仅次于江苏（13 家）、安徽（8 家）。清代广西古文之全国性影响及地位，于此亦可见一斑。

其次，清代广西文苑总体成就十分可观，文人蜂起，作品如林（诗集尤盛），遍地开花，形成合力，构成气势。

下面以图表形式展示清代广西作家与文学作品集的数量及分布情况。主要依据《广西历代文人著述目录》一书（广西民族学院图书馆编，内部刊印于 1983 年 12 月）相关内容整理统计。此书细误甚多，所收书目也不能说十分完备，但至今仍是这方面的惟一书目，功不可没，且亦能大致反映真实情况。其中所收，并非全为文学作品，本表统计时即依其各书书名及其它相关情况判断收录。因《广西历代文人著述目录》所列作者籍贯是 20 世纪 80 年代初的行政区划名，此处为省事并与之大致对应，姑以今桂林、柳州、来宾三市所在区域为桂北，梧州、玉林、贵港、贺州四市所在区域为桂东，南宁、崇左、钦州、北海、防城港五市所在区域为桂南，百色、河池两市所在区域为桂西。至于一些跨越清代、民国或明清之际的作者之朝代归属是否妥当，这里不作考证。

清代广西作家与文学作品集分布情况表

作者所在地域	作者数	文学作品集数	大区作品集数	各大区作品数在全省总数中所占比例
桂北	296	492	492	54.2%
桂东	222	294	294	32.4%
桂南	75	104	104	11.4%
桂西	19	19	19	2%
总数	612	909	909	

从表列数字，结合对具体文学现象的考察分析，可以看出，除了前文所总结的两大特征外，清代广西文学还有如下特色与兴盛表现：

一、除上述的词、文两体之外，诗坛成就亦甚可观。诗人之众、诗集之多、诗作之佳、成就之大、地位之高，远超前代。曾任广西巡抚的清人张凯嵩在《杉湖十子诗钞序》中赞曰："粤中近数十年人文之盛，而诗其尤著也。"清代文坛名宿洪亮吉在其《论诗绝句》中说："尚有昔贤雄直气，岭南犹似胜江南。"乃至认为岭南诗人之成就已有盖过文士如云的江南地区之势。此"岭南"，应兼指两广。诸如此类的赞语，衡之实际，并非过誉。清代之前的广西本土诗苑，唐代虽有曹邺、曹唐等一二诗人可称，在广西固属佼佼，而置之于全国范围，则亦平平，作品不多（各百余首），名作亦少。而除二曹之外唐代广西又几无可提之诗人，连破天荒的状元赵观文也没有留下一首诗[⑩]。宋元明三代，就个体言，广西本土绝无超越二曹的诗人；就整体言，诗人诗作，数量不多，不能形成气势。虽然明代诗人成就总体看较前代大有起色，但尚不能具有任何全国性影响。正如晚清广西诗人、"杉湖十子"之一的李宗瀛在其诗《读九芝堂集》所咏叹的："有唐曹邺与曹唐，岭外风骚始破荒……此调千秋几绝响，后来几辈许升堂。"而清代广西诗坛，"升堂"入室甚至傲视前辈者指不胜屈。其远超前代，既体现在总体成就上的诗人蜂起，诗作如林，形成气势，也体现在若干诗人具有全国性影响。清人杨传第为朱琦诗文集作序，有云："近时都下之以诗名者，传第尝凭臆得数人焉……桂林朱伯韩先生其一也。"⑪说明朱琦当时在名家云集的京城已经是"以诗名"了。至于当今文学史著作中,广西诗人亦有一席地位。例如张炯等主编的十卷本《中华文学通史》,对朱琦、郑献甫的诗作了较为详细的介绍。⑫郭延礼《中国近代文学发展史》第一卷第一章标题即为"粤闽桂三诗人:张维屏、张际亮和朱琦";第十章有专节论郑献甫,赞之为"壮族文学史上的一颗巨星";此外还介绍了黄焕中、韦丰华、谢兰、农实达等其他广西诗人⑬。

　　二、清代广西 11 府中,除镇安府外,其余 10 府均有文学作品集。这说明文学创作的普及度大大提高。尤应特别一提的是,文化滞后的桂南桂西一些以土州土县为主的地区如太平府、思恩府,在文学创作方面尤其是诗领域,也出现了足可称道的诗人诗作,可证清代省内各地的文化发展渐趋平衡,文化差异已经逐步缩小。这些文学家如:黎申产(1824—1896?),字蕊庵,号十万山人,宁明人,道光二十六年(1846)举人,任庆远府训导、宁江书院山长等,著有《菜根草堂吟稿》等,存诗 700 余首。韦丰华(1821—1904),字剑城,号大鸣山散人,武缘人,拔贡,未仕。著有《今是山房吟草》七卷、《今是山房吟余琐记》七卷,存诗 1300 余首。刘定逌(1720—1806),字叙臣,一字叔达,号灵溪,武缘(今武鸣)人,乾隆十三年(1748)进士,任翰林编修,因不附巨奸和珅罢归,主讲广西多所书院。著有《灵溪诗稿》,已佚,存诗 50 余首、文若干篇。张鹏展(1760? —1840),字南崧,上林人,乾隆五十四年(1789)进士,历官监察御史、太仆寺卿、山东学政、通政使等。除编纂广西诗歌总集《峤西诗钞》外,又著有诗文集《谷贻堂全集》六卷、史学著作《读鉴绎义》等。韦天宝(1786—1821),字介圭,武缘人,嘉庆二十五年(1820)进士,赴任成都,旋卒,著有《存悔堂遗集》四卷。蒙泉镜(1833—1897),字芙初,武缘人,秀才,任阳朔县教谕等,著有《亦嚣轩诗稿》,存诗 400 余首。谢兰(1830? —1882?),字雨阶,崇善(在今崇左)人,无功名仕历,以教馆为业,著有《笔花吟馆诗钞》三卷。

　　三、与科举取士的情况相仿,桂北仍然一支独大:作品集数占总数的 54.2%,作者数占总数的 48.4%。桂北文学家较早成名者,有乾隆间朱

图上 7-5 文学家、教育家郑献甫
（1801—1872）画像

依真，其人生卒年不详，平生无功名亦未仕，著有诗集《九芝堂诗存》八卷，词集《纪年词》一卷，戏曲《人间世杂剧》《吊柳杂剧》。今存《九芝堂诗存》，收诗 419 首。袁枚早年游粤西时曾赞其为"粤西诗人之冠"。道光后名诗人尤多，其中佼佼如：廖鼎声（1814—1876），字金甫，临桂人，道光十二年（1832）举人，官云南宣威知州、思茅厅同知等，晚年返乡，穷病以殁。著有诗集《冬荣堂集》八十卷、《菊簃试帖诗》八卷、《红蕉山房诗词》一卷、《拙学斋论诗绝句》一卷，今仅存《冬荣堂集》前五十八卷，尚有诗 4000 余首，其诗作总数，当在 5000 首以上，数量之多，广西诗人中无人可比。其著述尚有：《味蔗轩诗话》二卷，《时还读我书室诗话》一卷，《拙学斋古文》一卷，《六经联语辑编》六卷，多不存。郑献甫（1801—1872），名存纻，字献甫，别字小谷，以字行，象州人。道光十五年（1835）进士，任刑部主事，年余辞官，未再出仕，先后在两广主讲越华书院、榕湖书院、秀峰书院等多所书院。在文学、经学等领域均有出色成就，文学作品存诗 3400 余首、文 500 余篇，辑为《补学轩诗集》八卷、《补学轩续刻诗集》十二卷、《补学轩文集》六卷、《补学轩文集续刻》七卷、《补学轩文集外编》四卷、《鸿爪续集》三卷等。与之同时代的广东名学者陈澧为郑氏文集作序，赞其"有学"、"有识"、"有才"。况澄（1799—1866），字少吴，号西舍，临桂人，道光二年（1822）进士，官给事中、河南按察使等。著述颇多，有未刊之《况氏丛书》88 卷。文学创作以诗最为出色，有《西舍诗钞》十六卷，收诗 2200 余首。同时代的全州诗人蒋琦龄在《况少吴先生诗集序》中评："选体驰骋于唐宋以来诸名家之场，无体不工；而近体声容全乎浑雅，思力穷乎清新，尤赅唐宋之妙。"其诗颇具文献价值。又如"杉湖十子"。杉湖为湖名，在桂林。清道光间，一些诗人常聚于湖畔补杉楼吟咏唱和，后来广西巡抚张凯嵩于同治七年（1868）选辑其中龙启瑞、朱琦、彭昱尧、李宗瀛、商书濬、汪运、曾克敬、赵德湘、杨继荣、黄锡祖等10人的诗作，成《杉湖十子诗钞》二十二卷刻印出版。后遂称此一诗派为"杉湖十子"。"十子"中，身为"岭西五大家"的龙启瑞、朱琦、彭昱尧3人成就最高，其余诸人，则无大过人之处。杨廷理（1747—1813），字清和，号双梧，马平（在今柳州市）人，乾隆四十二年（1777）拔贡，曾三任台湾知府，于开发建设台湾作出重要贡献，嘉庆帝赞其在台湾出了大力。著有诗集《西来草》《东归草》《南还草》《东游草》《北上草》《再来草》《双梧轩诗草》《候虫吟》等，后其子整理为《知还书屋诗钞》十卷，存诗1340首。他如龙献图（1755—1838），字则之，号雨川，临桂人，乾隆四十五年（1780）举人，官广西昭州（治所在今平乐）训导、云南盐道库大使等，著有《易安堂集》，收诗420余首。周益（1840—1896），字子谦，号次峰，临桂人，咸丰九年（1859）进士，官湖北恩施知县等，著有《树萱草堂文集》《树萱草堂诗词集》，等等。至于全州文人群，尚不计入，参见下述第六点"家族文人群的崛起"。

桂东奋起直追：作品集数占总数的32.4%，作者数占总数的36.3%。桂东的梧州府、浔州府俨然与桂林成诗阵敌国。清代此一地区以文学尤其是诗著称者，指不胜屈。例如：苏时学（1814—1873），字敩元，别字莲裳，号爻山等，藤县人，道光二十六年（1846）举人，两次参加进士试不第，一生未仕，以吟咏著述游历自娱，曾主讲藤州书院。有《宝墨楼诗册》十五卷，收诗1250余首，"岭西五大家"之一的王拯题其诗集有云："学海人来抱一编，光华惊喜万珠船。"著作尚有《墨子刊误》《爻山笔话》等。王维新（1785—1848），字景文，号都峤山人等，容县人，嘉庆十五年（1810）举人，历任教谕、教授等。才学广博，著有诗集《菉猗园诗草》二卷、《十省游草》八卷、《宦草》八卷、《峤音》二卷、《丛溪集》八卷，词集《海棠词集》六卷，赋集《古近体赋》二卷，地志著作《都峤山志》六卷，天文学著作《天学钩沉》八卷，音乐学著作《乐律辨正》二卷。还是广西少有的散曲作家，著有散曲集《红豆曲》二卷。以上除诗集等著作外，大多散佚。邓建英（1766—1821），字方辅，

图上 7-6　冯敏昌墨迹（清嘉庆九年 隔书）。原件存冯敏昌后人家中。

一字望卿，号白鹤山人，苍梧人，乾隆五十四年（1789）举人，官知县、通判，曾主讲苍梧传经书院和横县淮海书院。著有《玉照堂诗钞》，存诗 710 余首。又有《幼学斋诗文稿》，已佚。广西布政使钱楷为《玉照堂诗钞》作序，赞其"无格不备，无美不收"。苏宗经（1793—1864），字是程，号文庵，郁林直隶州人，道光元年（1821）举人，官梧州府教授、国子监丞等。著有《酾江诗草》二十六卷等。李璇（1830—1899），字庸庵，苍梧县人，同治二年（1863）进士，官监察御史、知府等。著有《白鹤山房诗钞》七卷。苏煜坡（1848—1892），字翰臣，号金堂、筱东行一，贺县（在今贺州市）人，同治六年（1867）举人，官临桂县教谕、永宁州学正。著有《萃益斋诗集》，存诗 600 余首。

桂南较之前代也大有进步。文人个体中，冯敏昌尤为杰出。冯敏昌（1747—1808），字伯求，号鱼山，钦州人。乾隆四十三年（1778）进士，官翰林编修、刑部主事等。曾参与《四库全书》编纂。后主讲广东越秀书院、端溪书院及钦州回澜书院等。以诗名，与广东张联芳、胡亦常并称"岭南三子"，存诗 1900 余首，编为《小罗浮草堂诗集》四十卷，又有《小罗浮草堂文集》九卷。名诗人张维屏评曰："鱼山先生诗集……宗派甚正，体格甚宏，洵属坛坫雄师、钟镛巨响。"[13]其著述尚有《孟县志》《华山小志》《河阳金石录》等。书画亦有名。死后其师翁方纲为之撰墓表，称其"天才独擅"，《清史稿》有传。

而桂西此时也开始出现引人关注的作品。

四、作家、作品集众多。据同一《广西历代文人著述目录》的数据统计，广西在清代之前各朝各代文学作品集总数为 101 种，清代则达 909

种，为此前总和的 9 倍。即使考虑到此前年代久远文献散佚情况更为严重这一因素，清代的文学创作的繁盛依然是不容否认的。

五、作家个体作品数量大增。清代之前的广西作家，所创作的文学作品集数量既少，而个人的作品数亦不多。以诗而论，就现存作品看，首屈一指的是明代蒋冕的 600 余首；而清代诗人的诗作，这样的数量毫不起眼，千首以上者就有多人，甚至数千首也不罕见。例如：廖鼎声今存诗 4000 余首，郑献甫存诗 3400 余首，况澄有诗 2200 余首，冯敏昌存诗 1900 余首，杨廷理存诗 1340 首，韦丰华存诗 1300 余首，苏时学存诗 1250 余首，等等。

六、家族文人群体的崛起，亦为可以注意的文学现象。此种群体，有全州蒋氏、全州谢氏、临桂况氏、临桂陈氏、临桂龙氏、藤县苏氏，等等。以全州蒋、谢二氏为例：蒋、谢二大家族，诗书传家，代有赓续，其科甲之盛，文学之优，令人刮目。今知清代全州蒋氏家族文人文学作品集超过 30 种。例如：蒋肇，康熙四十二年（1703）进士，官侍讲学士等，著有《近光集》《蛩鸣集》《归真集》；蒋良骐（1723—1789），乾隆十六年（1751）进士，官至通政使，著有《京门草》、《伤神杂咏》《覆釜记游》等；蒋琦龄（1816—1875），道光二十一年（1841）进士，官顺天府尹等，著有《空青水碧斋诗集》《空青水碧斋文集》《空青水碧斋尺牍》《南行和苏集》等；蒋励常，乾隆五十一年（1786）举人，任融县训导，著有《岳麓文集》；蒋启敭（1795—1856），道光二年（1822）进士，官至河道总督，著有《问梅轩诗草偶存》《问梅轩文稿偶存》《见闻随笔》；蒋培，道光二十七年（1847）进士，官国子监监丞等，著有《独秀山房诗文集》；蒋钟奇，道光十三年（1833）进士，官户部主事等，著有《松土诗集》；蒋英元，咸丰二年（1852）进士，官户部主事等，著有《茗雪斋诗文集》《楹联偶存》《洛阳百梦》《梦香吟草》等等。谢氏家族亦自不弱，作家作品诸如：谢良琦（1624—1671），明崇祯十五年举人，入清后历官知县、通判等，著有《醉白堂文集》《醉白堂诗集》；谢赐履（1661—1727），康熙二十一年（1682）举人，官至山东巡抚、右佥都御史，著有《悦山堂诗集》；谢济世（1689—1756），康熙五十一年（1712）进士，官监察御史、湖南粮储道等，以直声闻天下，著有《谢梅庄先生遗集》《西北域记》，《清史稿》卷二九三有传；其他尚有：谢清溪著《清溪诗草》，谢雅林著《宦游诗草》，谢天命著《勉善集》，谢月亭著《武林草》，谢廷瑜著《掷虚集》，谢煌著《复斋诗存》，等等。

至于文学作品总集的编纂，将在下面的第三节加以介绍。

第三节　亦可圈点的学术研究

文献整理卓有成效　经学小学研究成果不弱

"学术研究"乃是内涵宽泛的概念，所指甚广。这里主要指文献整理与经学、小学领域的研究。比之文学创作，清代广西的学术研究较为逊色，但在这几个领域却有不容忽视的贡献。

清代广西的文献整理，主要体现为地方文学总集的编纂。中国文学总集编纂的历史，可以上溯到《诗经》的成书，可谓悠久。但是，对广西而言，在清代之前，此一领域却仍属未开垦的处女地。其原因大抵有二：一是文学作品不多，编纂总集的必要性不大；二是无人顾及于此。清代广西学者文人不仅开此先河，而且成就可喜。这些学者文人既有广西本土的，也有外省人在桂为官的。其重要成果包括"粤西三载"《三管英灵集》《峤西诗钞》《杉湖十子诗钞》《粤西五家文钞》等。

"粤西三载"，即《粤西文载》《粤西诗载》《粤西丛载》的合称。辑编者汪森（1653—1723），字晋贤，号碧巢，安徽休宁人，移居浙江桐乡，拔贡，康熙间在广西为官多年，先后任临桂知县、桂林府通判、太平府通判等。在任时留心广西文献，广搜博采，卸任后以10余年时间编纂成这三种以广西文献为对象的大型典籍。《粤西文载》所收为清代之前的广西历代文章，七十五卷，分赋、制敕、奏表、奏状、奏疏、表、志、记、碑文、序、书、启、议、论、考、说、辨、解、题跋、赞、颂、铭、露布、檄、牒、谕、移文、青词、上梁文、杂著、传、墓志、祭文等33大类，以"记"类散文最多。除"传"外尚有文1600余篇，"传"类则有与广西有关的人物小传1700余则。《粤西诗载》二十五卷，收录清代之前广西诗词3100余首，作者830余人，分四言古、五言古、七言古、五言律、七言律、五言排律、七言排律、五言绝句、六言绝句、七言绝句、词等类。《粤西丛载》三十卷，为类书兼笔记性质，为明代之前广西除文学作品之外的各种文献资料的汇编，各卷无总题，但其内容则是专题性的，如卷一记石刻，卷二记题名，卷三、卷四为范成大《骖鸾录》等几种与广西有关的笔记之汇集，等等。内容杂而广，诸如山川地理、风物土产、习俗人情、土司制度、金石文物、历史人物、轶事轶闻等等，皆广泛涉及。《四库全书总目提要》对此"三载"多有赞誉，如称《文载》"搜采殊见广备"，称《丛载》"遗文轶事，有裨考证者，悉已采辑，无遗于一方文献，亦有可藉以征信者焉"。

《三管英灵集》是唐代至清道光间广西诗词大型选集，梁章钜主持编纂。梁章钜（1775—1849），字闳中，一字茝林，号退庵，福建长乐人，嘉庆七年（1802）进士，从道光十六年（1836）起，任广西巡抚5年。《三管英灵集》为其在广西巡抚任上组织文人辑编而成，名"三管"者，是因为唐代在广西分设桂管经略使、邕管经略使、容管经略使分治，故以"三管"称广西。"英灵"者，指所收作者皆已亡故。此集五十七卷，收作品3570余首。与汪森《粤西诗载》相较，此集可与之互为补充而更具广西特点：一是所收560余作者中，广西本土诗人占540余人，而《粤西诗载》中外省诗人居多；二是清代作品占七成，达2500余首，而《粤西诗载》未收清代作品。

《峤西诗钞》二十一卷，为广西上林文人张鹏展所编纂，收广西历代诗作2100余首，作者250余人，大多数为广西人。此集编纂在《三管英灵集》之前，其体例为后者效仿。

《杉湖十子诗钞》，张凯嵩主持编纂。张凯嵩（1819？—1886），字云卿，湖北江夏（在今武昌）人，道光二十五年（1845）进士，在广西为官十数年，先后任庆远知府、左江道道员、广西布政使、广西巡抚。"杉湖十子"指道光间常聚于桂林杉湖畔补杉楼吟咏唱和的龙启瑞、朱琦、彭昱尧等10位诗人，《杉湖十子诗钞》即选录这10位诗人的诗作，二十二卷，"杉湖十子"亦因而得名。

《粤西五家文钞》，侯绍瀛编纂。侯绍瀛为晚清广西永福人，举人，曾官知县。此集为丛书，光绪二十四年（1898）刻成。所收"粤西五家"，与通常所谓"粤西五大家"略有区别，所收为吕璜、龙启瑞、朱琦、王拯、郑献甫，即以郑献甫代彭昱尧。全书二十四卷，其中吕璜《月沧文集》六卷，龙启瑞《经德堂文集》四卷，朱琦《怡志堂文集》六卷，王拯《龙壁山房文集》四卷，郑献甫《补学轩文集》四卷。

他如况周仪《粤西词见》，周嵩年等《桂海文澜》，亦属此类。

经学研究领域，陈宏谋、郑献甫、龙启瑞等学者颇有不俗成绩。

陈宏谋是清代广西、甚至是整个古代广西声名最著的高官，同时也是甚有成就的学者。陈宏谋（1696—1771），字汝咨，号榕门，临桂人。雍正元年（1723）进士，历官近50年。先后在地方担任巡抚、总督，在朝中历任兵部、工部、吏部尚书及大学士，加太子太傅衔。卒谥"文恭"。《清史稿》有传。陈宏谋治学，以经世致用为旨。他半生为封疆大吏，治民之余，尤重教民。他的学术研究著述，也多为此实际目的服务，而少作纯学术之高头讲章。其学术性著述甚多。以今天的标准看，其著述总体是专著少而编著多。他尤其善于选辑古籍精华成书，也擅长校订他人之书。其著述汇为《榕门全集》（一名《培远堂全集》）。《清史稿》卷三百七《陈宏谋传》："宏谋早岁刻苦自励，治宋五子之学，宗薛瑄、高攀龙，内行修饬。及入仕，本所学以为设施……辑古今嘉言懿行，为《五种遗规》，尚名教，厚风俗，亲切而详备。奏疏文檄，亦多为世所颂……宏谋学尤醇，所至惓惓民生风俗，古所谓大儒之效也。"⑮传中特别提及的《五种遗规》，就是陈宏谋用以教化百姓、劝勉官吏的编著性著作，包含五种：《养正遗规》，二卷，主要针对少年儿童的教育而作；《教女遗规》，三卷，指导对女子的教育；《从政遗规》，2卷，采录前代官员的从政事迹，加以点评，用来劝勉官员；《训俗遗规》，四卷，为树淳风去恶俗而作；《学士遗规》，四卷，教导官学学生等治学者。他还有一种《在官法戒录》，也是教育官吏的同类著述。陈宏谋的这些著述，与朱熹的《朱子语类》有某种异曲同工的作用意义，而且其影响要远比《朱子语类》更为深广，更具社会性和普及性。经学研究方面，陈宏谋也是本此宗旨而从事。他将宋儒真德秀的四十三卷的经学著作《大学衍义》加以精选，辑为六卷的《大学衍义辑要》；又用同样的方式将明儒邱濬的长达一百六十三卷的《大学衍义补》选辑为十二卷的《大学衍义补辑要》。同类的选辑还有《吕子节录》，辑自明人吕坤著作。这些经学选辑著作的直接目的，就是给他曾担任地方大员的各省官学作为训导士子的教材。他又自撰《课士直解》，是亲自讲解经书的讲义。这方面的著作还有《四书辑要》和《四书人物考》。他还校订过《御选古文渊鉴》《御纂性理精义》《四礼》《四礼翼》《近思录集解》《小学纂注》等著作。在史学方面，陈宏谋也有不俗成就，主持编纂了一百七十四卷的《湖南通志》，还编著、校订过《增订正史约》《甲子纪元》《资治通鉴纲目三编》《三通序目》等史学著述。《清史稿》本传赞陈宏谋为"大儒"，应是名实相副的。

郑献甫生平已见前文学创作部分。他的经学研究成果有《愚一录》等。《愚一录》，十二卷，内容是对十三经文字、典故、人物、经义等作考释。各卷的研究对象是：卷一为《易经》，卷二为《尚书》，卷三为《诗经》，卷四为《左传》，卷五为《公羊传》、《穀梁传》，卷六为《周礼》，卷七为《仪礼》，卷八为《礼记》，卷九为《孝经》，卷十、卷十一为《论语》，卷十二为《孟子》。观点时有创意。

小学（从大类说亦属经学范畴）方面，龙启瑞的《古韵通说》堪称力作，况祥麟的《六书管见》亦有创见。

在广西历代状元中，著述传世最多者为龙启瑞（生平已见前文学创作部分），在文学创作和学术研究两方面都有突出成就者，也首推龙启瑞。龙启瑞学术研究涉及领域颇广，著述亦多，计有：音韵学著作《古韵通说》，经书研究成果《尔

图上 7-7 陈宏谋《养正遗规》乾隆四年刊本书影

雅经注集证》《经籍举要》，文字学著作《小学高注补正》《字学举隅》《字学举隅续篇》，目录学著作《经德堂书目》《经籍举要》，史学著作《是君是臣录》《班书识小录》《通鉴识小录》，子书研究成果《庄子学诂》《诸子精言》。其中，《古韵通说》是颇受重视的力作。《清史稿》卷四八二《儒林传·龙启瑞传》："启瑞切劘经义，尤讲求音韵之学……而著《古韵通说》二十卷……不拘成说，不执私见，参之古书，以求其是而已。其论本音，论通韵，论转音，皆确有据。"就特别标举此书。音韵学向称绝学，甚难把握。清代是音韵学研究尤其是古音古韵学研究集大成的时代，在龙启瑞之前，顾炎武、段玉裁、江永、戴震、钱大昕、孔广森、王念孙等等学者都在这一领域作出了出色的贡献。龙启瑞在诸家学说的基础上，另辟蹊径，成一家言。此书二十卷，但事实上在第一卷之前，先有《总论》一卷，未计在内，此卷由《论古韵宽严得失》、《论〈诗〉以双声为韵〈说文〉以双声为声》等 6 篇专论组成，从不同角度阐述本书的主要论点与依据，乃是全书的理论基础和核心。而二十卷正文，即是将古韵分为冬、东、支、脂、质等 20 部（清代其他音韵学家有分 17 部者，有分 21 部者），每卷 1 部，各部体例相同：先列"《诗》韵"、"经韵"以作依据，然后从"本音"、"通韵"、"转音"三个角度分论之，最后以"通说"予以归纳总结。其主要思路是"以双声通其所难通者，谓《诗》以双声为韵，《说文》以双声为声，凡三百篇及《说文》偏旁谐声之字，推之群经诸子，向来读之未得其声韵者，无一不以双声通之"（书末谭莹跋）。此种理论，可能不见得完全正确，但其中的新见和创意是不可否定的。陈澧在书后《古韵通说题辞》中推崇说："龙君以第一人及第而著此书，天下之士读之，知最高之科名与最古之学问，一人可以兼之。"

《六书管见》，文字学著作，况祥麟作。况祥麟，字皆知，号花矼，生卒年不详，临桂县人，况周仪之祖父。嘉庆五年（1800）举人。除《六书管见》外，所著尚有《红葵斋文集》《红葵斋诗集》《红葵斋笔记》等。此书二十卷，内容主要是对六书（象形、会意、谐声、指事、转注、假借）作细析，每类前作提要，然后分别从字、音韵、象形、绘形、指事、会意、谐声、省声、转注、假借等角度解释辨析，末引《说文》作考辨。

亦涉及六书中俗字、虚字的运用。

此外，苏时学（生平已见前文学创作部分）的《墨子刊误》也是很见功力的子书研究领域的学术著作。此书二卷，以考据纠正《墨子》中错简、误字为旨，颇有心得。清孙诒让《墨子间诂》多处征引其观点内容；又有《爻山笔话》十四卷，为学术考据笔记，内容丰富，对四书五经、诸子百家、历史著作等等有关内容作考证、校勘等，显示出作者深厚的学问根基。当时的桂林诗人廖鼎声《读爻山笔话奉题一首》赞之云："读书有识真鸿儒，淹通博雅罕畴匹。"⑱而道光间郁林州（治所在今玉林市玉州区）进士钟章元的《天学浅说》，乃是研究天文学的著作，虽然其中内容观点未必尽符科学原理，但此种性质的著述在古代广西是少见的。

第四节　体式多样的史志著述

通志规模大体例善　　府州县志数量众多　　地图文集首次出现　　笔记野史远超前代

如前所述，广西史志著作的真正撰述，始于明代。因此明代广西此类著作在本领域内多有肇开先河之功。但在传世著作数量、体式多样化、拾遗补缺、内容丰富性等方面，清代广西史志著述则是后来居上。

通志方面，清代广西主要有康熙《广西通志》、雍正《广西通志》、嘉庆《广西通志》和光绪《广西通志辑要》。

主持修纂康熙版《广西通志》的是康熙二十年（1681）至二十二年任广西巡抚的郝浴，实际负责编纂工作的是当时的广西提学佥事王如辰、桂林府教授高熊征和进士廖必强。其中高为广西岑溪人，廖为广西全州人。此志于康熙二十二年成书，篇幅不大，四十卷，分图经、沿革、分野、山川等22门。总体看，特色不强。雍正《广西通志》有两种。一种成书于雍正三年（1725），二百卷，由李绂主持修纂。李绂（1673—1750）字巨来，号穆堂，江西临川人。康熙四十八年进士，雍正二年任广西巡抚。雍正四年，猜忌成性的雍正帝将他撤职定罪，连他主持修纂的《广西通志》也被斥为"如此志书，岂堪垂世"而勒令销毁重修。主持重修者为雍正九年继任广西巡抚的汉军镶白旗人金鉷，实际编纂工作由当时的桂林府知府钱元昌、梧州府同知陆纶负责。所谓重修，实则仍以李绂本为底本，加以修订删补而成，于雍正十一年成书，计一百二十八卷，分地理、经济、政文、人物、蛮夷、艺文6大类，下再分45门。有雍正刊本和《四库全书》钞本两种。《四库全书总目提要》赞其"虽颇以诸家遗籍为凭，而于昭代良规分晰具载，指掌厘然，尤足为稽考之助"①。谢启昆主修的嘉庆《广西通志》，是明清两代所有《广西通志》中卷帙最为浩繁者，达二百八十卷。谢启昆（1737—1802），字蕴山，号苏谭，江西南康人，乾隆二十五年进士，嘉庆四年（1799）来广西任巡抚。在任时他聘请学者胡虔具体负责编纂《广西通志》，于嘉庆六年成书。此志体例与此前各本《广西通志》均有所不同，分训典、表、略、录、传5大类，下辖22门，类门减少，归属更为简明。而其资料甚为丰富而翔实，如所收录各类人物达2800余人。此志被称为"谢志"，因其体例合理资料丰富而甚受称赞，当时名宦阮元主持修纂浙江、广东、云南等省通志，体例全仿谢志。《广西通志辑要》为苏宗经首辑，羊复礼、夏敬颐续辑。苏宗经为广西郁林（今玉林）人，生平已见前文学创作部分。羊复礼，浙江海宁人，光绪间署广西镇安知府。夏敬颐为江西新建人，光绪间在广西为官多年，历任知州、知府等。苏宗经鉴于嘉庆版《广西通志》卷帙浩繁，不便披览，就将二百八十卷的原书加以剪裁压缩，取其精华，另作编排，辑为《广西通志辑要》，析为十三卷。后广西巡抚马丕瑶命羊复礼、夏敬颐修订补充，增至十八卷。其书正文除总叙省情部分，其余依各府、州、直隶厅分册，各有分野、沿革、疆域、山川、城池、职官、学校、赋税、宦绩、谪宦、人物、流寓、胜迹、关隘、祠庙、水利等目，并各绘舆图。此书资料虽大部来自"谢志"，实则已可大致视为一种独立的新《广西通志》。

清代广西府州县志，数量众多，是其特色之一。除了少数土州县之外，所有府州县都修纂过本行政区域的方志，有的府州县还不止一种。而存留至今者亦甚多，至少有114种：康熙朝所修21种：《南宁府全志》，《桂林府志》，《平乐府志》，《廉州府志》（康熙十二年），《廉州府志》（康熙六十一年），《西隆州志》，《养利州志》，《左州志》，《全州志》，

《上思州志》，《钦州志》，《平乐县志》，《西林县志》，《阳朔县志》，《永淳县志》，《合浦县志》（康熙二十五年），《合浦县志》（康熙六十一年），《荔浦县志》，《灵山县志》，《灌阳县志》，《上林县志》。雍正朝所修 4种：《平乐府志》，《太平府志》，《钦州志》，《灵川县志》。乾隆朝所修25 种：《南宁府志》，《廉州府志》，《柳州府志》，《梧州府志》，《庆远府志》，《浔州府志》，《镇安府志》，《全州志》，《横州志》，《郁林州志》，《象州志》，《北流县志》，《博白县志》，《岑溪县志》，《富川县志》，《桂平县志》，《来宾县志》，《陆川县志》，《雒容县志》，《马平县志》，《武缘县志》，《兴安县志》，《兴业县志》，《昭平县志》，《平南县志》。嘉庆朝所修 8 种：《平乐府志》，《全州志》，《龙州纪略》，《永安州志》，《灵山县志》，《临桂县志》，《藤县志》，《武宣县志》。道光朝所修 22 种：《廉州府志》，《庆远府志》，《浔州府志》，《上思州志》，《宾州志》，《归顺直隶州志》，《龙胜厅志》，《阳朔县志》，《灌阳县志》，《博白县志》，《桂平县志》，《武缘县志》，《兴安县志》，《平南县志》，《罗城县志》，《西延轶志》，《修仁县志》，《义宁县志》，《永福县志》，《融县志》，《天河县志》，《白山司志》。同治朝所修 3 种：《浔州府志》，《象州志》，《藤县志》。光绪朝所修 29 种：《浔州府志》，《镇安府志》，《郁林州志》，《宾州志》，《恩阳州志》，《新宁州志》，《永宁州志》，《归顺直隶州志》，《宁明州志》，《宁明县志》，《思陵土州志》，《百色厅志》，《永淳县志》，《上林县志》，《北流县志》，《富川县志》，《平南县志》，《防城县小志》，《恭城县志》，《贵县志》，《贺县志》，《藤县志》，《平乐县志》，《迁江县志》，《容县志》，《镇边县志》，《富川县乡土志》，《天河县乡土志》，《凭祥土州乡土志》。宣统朝所修 2 种：《岑溪县乡土志》，《明江厅乡土志》。

　　但是，可以肯定这 114 种远非原有总数，流失散佚情况同样是严重的。以康熙、乾隆二朝而论，两朝时间极长，分别为 61 年和 60 年，而且都号称"盛世"，修史之事应受重视，可是现存地方志仅各 20 余种，像临桂这样的名县都没有留下在这两朝修纂的县志，这显然是不合情理的。而从上列数据，又可知顺治、咸丰两朝未修史，其原因不难理解：顺治朝时清军入关未久，南明政权尚存，天下大乱，无暇顾及不急之事；而咸丰间正值太平天国以广西为基地起事，清廷疲于奔命，人心惶惶，自然也谈不上修史了。从史志之修纂，是可以窥见一些世道兴衰治乱迹象的。

地图集这种特殊形式的史志著作，此前广西尚未有过，清代则已有多种，仅现存者就有同治本《广西全省舆图道里备览》、同治本《广西全省地舆图说》、光绪本《广西中越全界之图》、光绪本《广西舆地全图》等。

以广西为对象或广西人所作的的笔记野史，数量远超前代，内容之丰富亦与此成正比。以广西为对象（或主要对象）的笔记如：闵叙《粤述》，陆祚蕃《粤西偶记》，沈日霖《粤西琐记》，张祥河《粤西笔述》，梁鸿勋《北海杂录》，张心泰《粤游小志》，林德均《粤西溪蛮琐记》，赵翼《檐曝杂记》，雷亮功《桂林田海志》，刘名誉《纪游闲草》，陆次云《溪峒纤志》，等等。此方面的野史有王夫之《永历实录》，计六奇《明季南略》，三余氏《南明野史》，顾炎武《明季三朝野史》，戴笠《行在阳秋》，鲁可藻《岭表纪年》，钱澄之《所知录》，瞿共美《天南逸史》，杜文澜《平定粤匪纪略》，周宜亭《平定猺匪纪略》，杏花樵子《粤匪始

图上 7-8　蒋良骐（1723—1789）国史著作《东华录》书影，清乾隆刻本，原书影印本见《续修四库全书》第 368 册。

末纪略》，苏凤文《堂匪总录》及《股匪总录》，孟森《广西边事旁记》，半窝居士《粤寇起事纪实》，无名氏《平桂纪略》，等等。广西人所作记他省事的笔记野史中，谢济世《西北域记》、唐景崧《请缨日记》最为有名。这些笔记野史或弥补正式史志著作之不足，或可据以订正正式史志著作之误，或为正式史志著作及其它学科研究提供史料，乃是清朝广西史志著述的重要组成部分。尤其是有关南明王朝，清王朝官方所修史志中，是很少有相关史料的，要研究南明王朝在广西的历史，这些笔记野史是最重要的材料来源。

一些广西人在广西之外所撰著的有名史志著作亦在此顺便一提。最著名者应是蒋良骐的国史著作《东华录》。蒋良骐（1723—1789），字千之，又字赢川，全州人，乾隆十六年（1751）进士，历官国史馆纂修、太仆寺卿、通政使等。著述除《东华录》外，尚有诗文集《京门草》《伤神杂咏》《下学录》《覆釜纪游》等。《东华录》32 卷，依据清国史馆所藏原始资料写成，记载满清发源、崛起，平定关外各部落以及蒙古诸部落，最后统一并统治中国的重要历史事件，包括战争、使节往来、朝廷典章制度建立、皇帝诏谕、后妃册立等重大的政治活动。具体记事时间起于明万历十一年（1583）明与满洲的交往，迄清世宗雍正十三年（1735），共计 152 年历史。《东华录》还保留了努尔哈赤、皇太极、顺治帝、康熙帝、雍正帝在不同时期的各种诏谕，特别是《清实录》不载的有关明清交战时的两国交往的原始信件，如《清实录》不载的史可法答摄政王多尔衮的书信等，对研究明清历史人物有重要的价值。蒋良骐时任国史馆纂修，国史馆在东华门内，故题为《东华录》。

第五节　自具面目的艺术探索

画坛宗匠石涛　略有可观的书法艺术　极具特色的少数民族舞蹈曲艺音乐

"艺术"是一个内涵广泛的概念。本节的"艺术"主要指戏剧、民歌、绘画、书法、舞蹈、曲艺等。其中的戏剧、民歌部分，因本书下编有专

图上7-9　石涛山水画，广西壮族自治区博物馆藏。

章论述，此处略去。

清代广西艺坛，从全国的角度看，尚不能称成就骄人，但却也自具面目，特色较为鲜明。

石涛是清代广西画家中在当时和后世具有很大影响、享有全国性声誉的艺术家，不仅是清代广西艺坛的标志性人物，也是清代中国画坛的大师级人物。石涛（1642—1707），本名朱若极，原为末代靖江王朱亨嘉之子。靖江王虽祖籍安徽，但到石涛这一代，已经在广西桂林生活了十几代近300年，是地地道道的广西人了。南明时石涛之父因皇室内讧而死，他得宫中太监救出逃往武昌，尚在幼童即削发为僧，法名原济，字石涛，中年后又号苦瓜和尚、大涤子等。幼时即苦心学画，成年后漫游各地，师法自然，结交画友，技艺精进，终成大家。"石涛以山水画居多，亦擅长画花鸟。其作品卓然而立，构图新颖；笔墨丰富多变，风格雄浑苍润，是清初最具创造力的画家。他师承黄公望、王蒙，但更法自然。写重山复水密而不塞，从自身的漫游中，得其灵性，非宗一派一家。代表画作《泼墨山水卷》《余杭看山图》《搜尽奇峰打草稿》《山水清音》《巢湖图》《柳岸清秋》《巨壑丹岩画》，均艺术风格奇绝。石涛的花鸟画成就也颇大，所绘花果竹兰、鸟禽，用笔豪放，着色用墨淋漓酣畅，图中墨竹，形象生动自然，清幽劲拔而富变化。"[18]晚年更将作画心得上升为理论，著《画语录》（亦名《画谱》、《苦瓜和尚画语录》）十八章，从哲理角度论画法，提出若干独具只眼的观点，强调不迷信古人古法，因为"法自画生"，并非一成不变，所以应"我用我法"，自开新路。他是真正自成一家、独开门派的宗师。作品极多，影响巨大。清代书画家何绍基赞之曰："画至苦瓜和尚，奇变狡狯者，无所不有矣！"⑲著名的郑板桥对石涛也是崇拜不已，屡次在题画诗跋中表露，"石涛善画，盖有万种，兰竹其余事也。……石涛画法，千变万化，离奇苍古而又能细秀妥贴，比之八大山人，殆有过之而无不及处"，"石涛画竹，好野战，略无纪律，而纪律自在其中。爕为江君颖长作此大幅，极力仿之。横涂竖抹，要自笔笔在法中，未能一笔逾于法外。甚矣，石公之不可及也"等等⑳。晚清以至现代画家赵之谦、吴昌硕、齐白石、黄宾虹、张大千、傅抱石等等，无不受其影响。齐白石《题大涤子画像》："下笔谁教泣鬼神，二千余载只斯僧。焚香愿下师生拜，昨晚挥毫梦见君。"㉑乃至推石涛为中国二千年画史上名列第一的巨匠。

　　石涛之外，罗辰、李熙垣、倪鸿、周位庚等清代广西画家，亦各有成绩。罗辰，字星桥，临桂人，生活于乾隆至道光间，生卒年及功名等不详，诗画书俱工，人称"漓江三绝"，有画集《桂林山水》，收画作33幅，并配以纪事短文与诗歌，此种画集，在古代广西为数极少；又有诗集《芙蓉池馆诗草》，收诗213首，附文数篇。李熙垣（1780—1869），字星门，号东屏，永福人，道光十六年（1836）贡生，未仕，以山水画著称，代表作为《江行图》，为40幅之多的系列山水画作。倪鸿（1829—？），字延年，临桂人，未得功名，长期为幕客，著有诗集《退遂斋诗钞》、词集《花阴写梦词》等。他曾师从岭南派知名画家黄培芳学画，其画作《珠海夜游图》《冰天跃马图》颇有名，当时名流陈澧、郑献甫、吴昌硕、李文田均题诗赞誉。周位庚（1730—1800），字介亭，临桂人，乾隆二十八年（1763）进士，官刑部主事、泽州知府等，山水花鸟画俱佳。

　　清代广西书法家，缺乏具全国性声名和影响的人物。但如冯敏昌、李宗瀚、陈璂、李吉寿等书家，均有成就。冯敏昌生平已见前文学创作部分。他除了文才过人，书法亦有成就，其书法宗王羲之父子，于王献之尤得其神髓。有若干作品传世，还著有《鱼山执笔法》。李宗瀚（1768—1831），字北溟，号春湖，原籍江西临川，久寓桂林。乾隆五十七年（1792）进士，官工部侍郎、浙江学政等。精于书法，以行、楷见长，被誉为可与张照、王澍齐名的清朝书家。陈璚（1827—1906），字鹿笙，贵县人，咸丰十一年贡生，官湖南按察使、四川布政使等。著有《随所遇斋诗集》《澹园诗草》。书法学北宋苏黄米蔡四家，颇有名，有《橅古斋法帖》。李吉寿（1815—1896），字次星，号万松老人、梅花馆主，永福人。道光二十三年（1843）举人，官至重庆知府。擅画墨梅，工书法，有《梅花馆扇帖》4卷。

　　而最具特色的清代广西艺术，须从省内各少数民族艺术中寻觅。广西壮、瑶、苗、侗、彝、仫佬、仡佬、毛南、京、水等少数民族，皆能歌善舞且乐此不疲。各民族多有自己独特的舞蹈、曲艺、音乐等。这些艺术形式往往是世世代代口耳相传，文字记载较少。因此，要想以众多确凿的文献依据来证明、论述其源流发展脉络，不易做到。但是，以理推之，那些流传至今的传统艺术，大多数至少在清代是已经存在了的。

图上7-10　永福画家李熙垣（1780—1869）于道光十七年（1837）作水墨纸本写生册页，起自桂林终于湖北。图为册页之一的屏山渡，地在全州。永福县博物馆藏。

因为，清朝灭亡，去今不足百年；而一种能在一定地域流行的传统艺术，其发源、形成与流传，决非短期内可为。而且可以肯定，有相当一部分年代是更为久远的，其中一些甚至可以上溯到原始部落时代的图腾信仰。

少数民族舞蹈种类极多。壮族有蚂𧌒舞、师公舞、僧公舞、道公舞、舞求、铜鼓舞、天琴舞、擂鼓舞、扁担舞、捞虾舞、打砻舞、板凳舞、板鞋舞、采茶舞、斑鸠舞、金鸡舞、翡翠舞、穿花灯、灵娘舞、莫一舞；瑶族有跳盘王、长鼓舞、铜鼓舞、花伞舞、舞猴、蚩尤舞、挞鼓舞、猴鼓舞、龙凤舞；苗族有芦笙舞、嘎芦舞、嘎哩舞、嘎任舞、嘎坐舞、赛曲舞、芒蒿舞、锅转舞、踢杆舞、初机舞、天步舞、地步舞、织布滚麻舞；侗族有踩歌堂、芦笙舞、多耶、匏颈龙舞；京族有花棍舞、进酒舞、跳灯舞；彝族有盾槌舞、大刀舞、彝胡舞、竹丛舞、铜仙舞、铜鼓舞；仡佬族有跳脚舞、踩堂舞；毛南族有条套；仫佬族有依饭舞，等等。这些舞蹈，或用于节日欢庆，或用于神灵祭祀，或用于婚礼丧葬，民族特色极为鲜明。例如，壮族的师公舞，明嘉靖《钦州志》已有记载，源于师公教之巫师（师公）所从事的驱邪、求神仪式，是一种由师公戴面具、持道具表演的舞蹈，从远源看，当是古时傩舞的支派。具体形式，除了师公个人的独舞，还有数十人的群舞，同样戴面具持道具进行，场面壮观。壮族蚂𧌒舞，本属祭祀蛙神之舞（蚂𧌒即青蛙），亦戴面具，其舞姿模仿青蛙动作，与著名的花山岩画中人物形态十分相似，其渊源可能相当久远。苗族芦笙舞，其源亦甚古。此舞必与吹芦笙相伴，而芦笙在唐代文献中即有记载，如唐人刘恂《岭表录异》卷上："葫芦笙：交趾人多取无柄老瓠割而为笙。上安十三簧，吹之音韵清响，雅合律吕。"所指葫芦笙当与后来之芦笙有渊源关系。唐人樊绰《蛮书》亦载岭南蛮人"少年子弟暮夜游行闾巷，吹芦笙或木叶，声韵中皆寄情言，用之呼召"。可证其由来已久。曲艺方面，虽不如舞蹈之盛，然亦有多种形式。其要者，如壮族之末伦（莫伦、巫伦）、唐皇、卜牙、唱天，苗族之果哈，毛南族之排见（阜见），侗族之琵琶歌，仫佬族之古条，京族之唱哈，皆有可观，其自具特色，更不待言。而前述之舞蹈、曲艺，包括民歌，皆与音乐关系密切。音乐也有各种门类。歌曲（民歌曲调）

是各民族都有的。他如舞乐、器乐、戏乐、说唱音乐等，则各少数民族
或尽有或有其中的一部分。其具体形式，更是形形色色难以尽举。以壮
族而言，其歌曲有山歌、小调、习俗歌、叙事歌、儿歌等形式，曲调各
有差异；其舞乐根据不同舞蹈有不同的配乐；其器乐所用乐器甚多，如
马骨胡、双笛、七弦琴、比咧（一种与唢呐类似的乐器）、天琴、鼓，等
等，各类乐器往往有专用的曲调，如马骨胡的八音调、正调、采茶调、
过场调，比咧的雷舞曲、花凤舞曲、铜钱舞曲，天琴的解闷曲、弹天，
等等；其说唱音乐有末伦乐、蜂鼓乐，等等。

第六节　杂糅并生的多元宗教

本土诸神　　向巫教靠拢的道教　　佛教渐衰　　天主教得势　　城乡频见
清真寺　　拜上帝教随太平天国兴起

　　清代广西的宗教，与明代广西宗教近似，呈现一种多元并存、杂糅
并生的局面。没有哪一种宗教能够一统天下，甚至可以说，没有哪一种
宗教能够在这里完全保持它们纯粹的本生面目。

　　道教大约在晋代传入广西，但势力并不强大。道观是不少的，仅清
代广西各地新建的道观就有76座，其中尤以平南为甚，达17座。然而
与其说清代广西民间所信奉的本土宗教是道教，还不如说是多神教更为
恰当。比如遍布民间、凡有丧事或祭祀驱鬼等仪式都不可缺少的"道公"
（至今依然在一些地方存在），就既与道教有些关联，而更多的成分却
是巫术的使者，称之为"巫教"教徒并非不可。又如比道观更为普及的
土地庙，也不能说是纯粹道教的产物。更不必说各地还有许许多多的地
方性、民族性神祇及其庙宇，如桂西瑶族的盘瓠神，龙州的班夫人庙，
横县的伏波庙，桂东南各地的龙母庙，各地均有的关帝庙，贵县的六乌
庙，德保的水神庙，田阳的布罗陀庙，象州的甘王庙，武宣的九仙庙，
乃至于某姓人氏或某家所祀的祖庙、家庙，都应属宗教的产物，又很
难指认它们具体属于哪一种宗教，因为它们所信奉供奉的主神各自就是
一种独立的神祇。至于各少数民族各自崇拜的神灵，那就更多，也更复

杂。如壮族师公教所信奉的神祇有所谓"三十六神，七十二相"，其中既有道教的太上老君、玉皇大帝、张天师，又有佛教的佛祖、观音菩萨，更有本民族的布伯、莫一大王，等等，诸神共存，包罗万象。如果一定要将诸如此类的民间宗教归类，恐怕就只能一概称之为"多神教"了。多神教在广西源远流长，唐刘禹锡《蛮子歌》："蛮语钩辀音，蛮衣斑斓布。熏狸掘沙鼠，时节祠盘瓠。"㉒此"祠盘瓠"者应即广西少数民族。宋周去非《岭外代答》卷十记广西钦州人所祀之神就有雷神、宁谏议、武婆婆、转智大王、邓运使、凌太保，等等。明王济《君子堂日询手镜》记横州（今横县）事，说："横人专信巫鬼。有一等称为鬼童，其地家无大小，岁七八月间，量力厚薄，具牛马羊豕诸牲物罗于室中，召所谓鬼童者五六十人，携楮造绘图画面具，上各书鬼神名号，以次列桌上，用陶器、杖鼓、大小皮鼓、铜锣击之，杂以土歌，远闻可听。一人或三二人，各戴神鬼面具，衣短红衫，执小旗或兵仗，周旋跳舞，有时奋身踊跃至屋梁，或仆于地，或忽据中坐，自称为某神，言人祸福。"㉓到了清代，多神教与道教，在广西更不易截然区分了。

　　与中国其他省份的宗教现象类似，佛教是最早进入广西的外来宗教。佛教可能在东汉末年即已传入广西，东晋时代广西佛教已有一定规模。此后历经千余年而至清，佛寺佛塔之类大增，有名佛寺颇多，如桂林栖霞寺、延龄寺，桂平洗石庵，全州湘山寺，贵县南山寺，梧州冰井寺、光孝寺，横县寿佛寺，南宁乌龙寺，宜州西竺寺，凌云迎晖寺，天等万福寺，等等。但佛教本身的发展却不见得与之成正比。一方面，佛教也在逐渐本土化，也与道教一样有巫教化的色彩，例如民间的请和尚超度亡魂的法事，其程序仪式等每有与道公所为相混者。清初在桂平修建洗石庵，其中既有佛像，也有老子骑牛像。道教虽非老子直接创立，但他却是道教的精神教主。佛道两教并处一堂，庵里甚至还有孔子像、文昌帝君像等，显示出建造者对宗教"兼收并举"的调和态度。而太平天国兴起，许多佛寺被毁，因为佛教是被洪秀全等天国领袖视为"妖教"的。到了清末，西方新思潮涌入，变革之风大兴，佛教更是遭受沉重打击，寺院改为学校、佛像被毁之事频频发生，广西佛教遂一蹶不振。

　　在佛教渐入衰境之时，西方基督教的重要教派天主教却乘中国国势衰微之时，配合他们国家武装侵华的政策，挟其洋枪巨炮之势而长驱直入。天主教早在元代就已入华，明万历间意大利传教士罗明坚曾进入广西桂林企图进行传教活动，但随即遭到广西当局驱逐，未能成功。清顺治初年，南明永历王朝以广西为根据地抗清，传教士瞿纱微、卜弥格以帮助南明抗清的名义得以进入王宫传教，为太后等数十人举行洗礼。但不久清军攻入桂林，瞿纱微被杀，卜弥格被永历帝派遣赴罗马向教皇递送国书，此次传教也谈不上有多少成效。此后直到鸦片战争，天主教都未能再入广西。他们的新机遇是随着鸦片战争后西方列强强行签订的不平等条约一起到来的，因为《北京条约》和《天津条约》规定外国传教士可以在中国自由传教，这回他们有恃无恐了。咸丰四年（1854），法国教士马赖从贵州进入广西西林县传教，拉开了天主教在广西大肆活动的序幕。从此，法国、英国、美国等国家的教士络绎而至，利用各种手段，如对上层人物极意笼络，对下层民众施以医药、教育等方面的小恩小惠，像开办医院、学校等，再佐之以威胁利诱，逐渐扩大地盘。加上他们的强权国家的背景，使得教会逐渐成为广西社会的强势群体。在清后期，仅法国传教士就在广西的临桂、平乐、桂平、邕宁、崇善（在今崇左）、武缘（今武鸣）、宁明、龙州、防城、合浦、柳城、雒容（在今鹿寨）、永福、象州、武宣、荔浦、罗城、修仁（在今荔浦）、百色、西隆（在今隆林）、西林、凌云、苍梧、郁林（在今玉林）、平南、贵县、灵山、上思等近30个州县中建立了49座天主教教堂。其中最早建立者为灵山坪地天主堂，建于咸丰八年（1858）。而光绪初年建于北海涠洲岛的盛堂村天主堂，则以其礼拜堂面积达470平米、可容1500人礼拜而闻名。清朝末期广西的天主教徒，数以万计。

　　伊斯兰教之入广西并非清代才出现，而是宋末元初就已有了。清代，伊斯兰教在广西有了程度较大的发展，建有清真寺25座，虽仍以桂林为中心，但已扩充至南宁、百色、鹿寨等地。清代广西清真寺中，位于今南宁新华街的清真寺为年代最早者，建于顺治间。而保存原貌最为完整的则是建于嘉庆四年（1799）的临桂六塘清真寺，建筑面积1700平米，可容300人礼拜。

拜上帝会亦应一提。

拜上帝会亦称拜上帝教，是一种面目特异、在世时间不过 20 年但却影响巨大的宗教，其创始人为太平天国领袖洪秀全。道光二十三年（1843），洪秀全与冯云山在广东花县创立此教，旋作《原道救世歌》《原道醒世训》等文，宣传其教义，大略谓上帝乃是古今中外唯一真神，其余所谓神灵皆为邪神，故人人均须拜上帝而拒邪神，行善事而拒恶行。主张天下一家，共享太平。后来又订立各种教规仪式，如入会受洗念悔罪奏章，吃饭念感谢文，礼拜上帝唱赞美诗，等等。洪秀全又作《原道觉世训》以及一些神异故事，影射清朝皇帝为"阎罗妖"，号召会众奋起歼灭之。此教虽初立于广东，但在广东并无发展，而最早兴盛于广西桂平。咸丰元年（1851）初，洪秀全率会众在广西桂平金田村起义，名其义军为太平军，军中仍实行教规，如七日拜上帝一次之类。太平天国失败后，此教亦随之消亡。

第七节　大有进步的科技工艺

种养水利技术提高　多种轻工机械发明　矿冶、建筑技术更上层楼
近代先进技术奠基　少数民族传统工艺多有可观

清代的科学技术，以整体视之，较之前代有着巨大的进步，这主要表现在晚清时近代西方科学技术的传入与运用。而传统的科学技术也在前代基础上得到发展，在农业、轻工业、矿业、制造、建筑等方面均有颇佳成绩。

清代广西人口剧增，粮食需求自然成倍增长。这就要求除了大量增加土地种植面积之外，还要在农业技术、水利设施、粮食品种等方面下功夫。几种原产于美洲的农作物在清代被引入广西：适合山地种植的玉米在清中叶之后成为桂西地区的主要农作物之一；而番薯这种高产作物的引入，更辅助解决了大量人口的吃饭问题。至少从中期开始，花生也普及开来，各州县志中多有记载，如道光《桂平县志》："花生，十余年前种者尚少，今则遍地皆然。"㉒道光《博白县志》亦称："地豆，

一名花生，又名番豆，新近出产益多，博邑农民之利，稻谷外，惟此为最。"㉕稻谷的品种在乾隆间已增加到近百种。乾隆间，浦北县三合乡桥头村人在水利设施中使用了俗称"透地龙"的反虹吸管技术，在无法直接渠引灌溉的地形中进行较远距离引水升高灌溉，这是前所未有的新技术。造水车自河中自动提水灌溉岸上田地、利用水利建造水碾以碾米这类技术更臻完善。著名的灵渠和相思埭，在清代得到了多次整修。同治间，广西开始发展蚕桑业，至光绪间，全省已产蚕丝 20 余万斤。光绪间，广西早期农业科学研究机构广西农林实验场在桂林成立，更标志着近代农业科学技术的奠基。

在西方近代机械传入广西之前，清代广西已经有了若干轻工业机械的发明应用，这些民间发明家中的佼佼者有梁建枢、苏民甫、莫桂玉等等。梁建枢为贵县人，其发明的机械有双体织布机、切薯藤机、切薯片机、锯木机、吸水机等，其中双体织布机虽仍属旧式木制织布机，但却可以一人同时织两匹布。苏民甫为融县人，发明割草机、磨粉机及复合农用肥。莫桂玉亦为融县人，他改进过的水碾，既可用于碾米，又可用来织布。这些发明创造，切近民生，经济实用。光绪三十三年（1907），南宁首次出现了用蒸汽机驱动的机器加工大米的工厂，则是借鉴了西方传入的技术了。

矿业的开采、加工冶炼技术不断提高。清代广西有铜、铁、锡、银、金、铅等金属出产，某些方面居于全国前列。南丹的银锡厂每年仅缴税额即近 2000 两银；临桂的涝江铜矿在雍正间一年产铜近 10 万斤；乾隆末全省炼铁炉达 64 座；渌泓（在今扶绥）铅厂年产铅 20 万斤以上，等等。煤矿业也有发展，光绪间的富贺煤矿（在今钟山）年产煤近万吨。所有这些，都需要不断进步的技术的支撑。光绪间，富贺煤矿引进外国技术采煤；贵县三岔山银矿开始采用机器采掘，均为新式矿业技术之开端。光绪三十二年（1906），广西始建第一座兼具地质勘探、矿山开采功能的煤矿西山煤矿，宣统二年（1910）建成。

建筑技术方面亦有可观进步。（见下编第四章"建筑"）

兵工厂的建立，电报、电灯的问世，更是各种近代高精技术综合运用的产物。龙州制造局是广西最早的近代兵工厂，由苏元春筹建于光绪二十五年（1899），购进德国的机器设备，生产子弹和修理枪炮等。而在更早的光绪十年（1884），由两广总督张树声主持修建的起自广州经梧州、南宁而至龙州止的电报线路完工，并成立龙州官电局。这是广西的第一条电报干线。随后即在各府州县扩展增设电报局十余处。而宣统元年（1909），北海保兴电灯公司成立，这是广西第一个电灯公司，使用10千瓦柴油发电机供电。

　　民族工艺从来都是极具特色的亮点，清代广西的民族工艺亦不例外。其中的织染、刺绣、陶器、银饰等可为代表。壮、瑶、苗、侗诸族，均有传统织染技术，其产品除用于一般衣着的布匹外，又有更精美的"锦"之制作，如壮锦、瑶锦、苗锦、侗锦等。这些锦虽非丝织品而用棉纱制作，但工艺精巧，图案美观，色彩绚丽，兼具原始古朴风貌。壮锦尤为诸锦之最，与蜀锦、云锦、宋锦等著名锦缎齐名，被称为中国名锦之一。刺绣技术，多用于衣裳、鞋帽、头巾、围裙、背带之类，各族皆有，而以壮族之绣球为知名。清人沈日霖笔记《粤西琐记》即载："僮妇（按：指壮族妇女）……手艺颇工，染丝织锦，五彩烂然，与刻丝无异，可为茵褥。凡贵官富商，莫不争购之。又有僮人布，亦以青白缕相间成文，极坚韧耐久，用为手巾，每一幅可三四年不敝。"[25]钦州的陶器称"泥兴陶"，因仿著名的宜兴陶而名，质地细腻，精美雅致，种类繁多，至今仍为广西名品。银饰流行于壮、侗、苗、瑶等各民族间，以女性用品如头链、项圈、手镯、胸牌、耳环、发簪等为主，亦有孩童帽饰之类，制法多样，美观精巧。这些传统工艺虽然大多并非始肇于清代，但在清代得到了更进一步的改进和完善。晚清时期，广西官方还在若干城市设立了工艺厂，初步将部分民族工艺品纳入集约化生产。如光绪三十年（1904），梧州工艺厂、桂林工艺厂相继建立。梧州厂招收工人200人，桂林厂有工人300人，制作藤器、竹器、土布、草席等，产品物美价廉，大有销路。而且两厂工人之技艺精湛者，又被派往各地新厂担任教习。各类工艺厂发展迅速，且各有特色。如庆远工艺厂生产壮锦等，钦州工艺厂生产毛巾、棉布等。浔州工艺厂甚至将轻罪犯人作为工人使用，使之在劳动改造的同时也能习得一门手艺。这些工艺厂的建立，在解决社会问题的同时，也在一定程度上发展了民族工艺。

第八节　开启新局的体育卫生

传统体育重龙舟竞赛　新式体育后期兴起　民间名医不绝于书　西
医传入与现代医院建立

中国传统的体育活动，其动机大抵与娱乐或别的实用性目的有关，例如划龙舟、舞龙、舞狮、武术、足球（蹴鞠）、博戏等等。纯粹为健身而进行的体育运动是很少的。广西亦然。

当代广西的传统体育项目中，舞狮乃强项之一。然而，在相关古文献中，却很少见到广西舞狮运动的记载。文献中记载最多的，是赛龙舟。明人魏濬《峤南琐记》卷上："梧州竞渡，龙舟长十余丈，可坐五十余人。有衣白数人，分立舟上，每棹动，则右手麾小白旗，左手麾袖。袖甚长，如所谓郎当舞袖也。"㉗明人王济《君子堂日询手镜》记横州（在今横县）龙舟竞渡，尤为精彩："横州虽为殊方僻邑、华夷杂处之地，然亦岁有一二节序可观。遇端阳前初一日，即为竞渡之戏，至初五日方罢。舟有十数只，甚狭长，可七八丈，头尾皆刻龙形。每舟有五六十人，皆衣红绿短衫裳，鸣钲鼓数人，搴旗一人，余各以桨棹水，其行如飞。二舟相较胜负，迅疾者为胜，则以酒肉红帛赏之，其负者披靡而去。远近男妇老稚毕集江浒，珠翠绯紫，煓炫夺目。或就民居楼屋，或买舟维绿阴间，各设酒，歌鼓欢饮而观，至暮方散。"㉘明邝露《赤雅》卷下亦有《桂林竞渡》一则。清光绪《百色厅志·风俗》："端阳侈竞渡，尚角黍。"㉙其实此一体育活动在广西的历史远超乎这些文字记载，贵港、西林等地出土的铜鼓上就已镌刻有竞渡纹图，而著名的左江花山岩画也有竞渡图。这应该是广西最古老、最流行的群体性传统体育项目，且至今不衰。南宁市近年来每年举办国际龙舟邀请赛，更将先人此项活动发扬光大。此外，在全州出土的宋代钵口细颈裙边壶有舞龙图像，说明此项运动在古代广西亦曾流行。至于武术技击的练习，那是何朝何代都相当普遍地存在的，文献记载亦不少，如宋周去非《岭外代答》："邕州溪峒之民，无不习战，刀弩枪牌，用之颇精。"㉚但此种习武，恐怕归于军事训练更为合适。

带有近现代性质的体育活动，是在清后期才出现的。19 世纪后期，北海开埠，英、法、德、美、日等国在北海设领事馆或办事处，洋人们随之带来了新式足球、赛马等体育活动。而在各类新式学校逐步开设后，一些球类、田径、体操之类体育项目也渐次在梧州、北海、桂林、南宁等城市的学校开展，并逐渐成为正式设置的课程。一些学校建起了专门的体育场所，如成立未久的广西大学堂在光绪三十年就建了运动场、体操场。

而全省运动会的召开，则标志着清末广西体育的进一步发展。尽管参加者只有学校师生，但毕竟是一个具有奠基意义的事件。光绪三十三年（1907）十月，广西当局在桂林举办广西学界第一次游艺会，为期两天。广西巡抚衙门拨款 1500 两银作为举办经费。这是广西最早的全省运动会。有 39 所中小学 990 人参加，分甲级组、乙级组、来宾组、职员组比赛。甲级组有 6 所中等学堂组队参加，项目有 300 米、600 米、800 米竞走（赛跑）、戴囊竞走、算术竞走、犬牙形竞走、拾物竞走、越脊竞走、暮夜进军、拉绳、跳高、跳远。总成绩前三名分别为陆军小学堂队、测绘学堂队、官立简易师范学堂队。乙级组有 33 所小学堂组队参加，项目有百米竞走、犬牙形竞走、计算竞走、记忆竞走、越脊竞走、电信竞走。前三名为简易师范学堂附属高等小学堂队、六塘公益初等小学堂队、南区第三初等小学堂队。来宾组项目为提灯竞走、匙蛋竞走；职员组为提灯竞走、300 米竞走。总体看，竞争性不强而富娱乐性。而这也正是中国传统的体育精神。光绪三十四年（1908）又在桂林举行第二次同样性质的运动会，据说参加者达 51 所学校、3700 余人。

清代广西人口剧增，社会医药卫生事业，也相应地有了较大的进步和发展。即便仅仅从文献记载方面观察，亦可见其大端：

首先是医学著作增多，民间名医见诸记载者不绝于书。例如：道光《灌阳县志》载清代县人王振秩，擅医，著《医案秘要》。同治《苍梧县志》载县人李世瑞，康熙贡生，著有《集验医案》。光绪《平南县志》载县人甘庸德，字元夫，善医，人称"一剂先生"，誉其可一剂药而治愈疾病，著有《药性赋》《药王游猎赋》。光绪《恭城县志》载清代县人周庆扬精医术，著有《急症良方》。光绪《永宁州志》载清代州人赵廷桢，精医好施，著有《至善剂》。民国《全县志》载县人谢济东，清代万乡桥渡村人，擅医，著有《脉理素精》；又载县人蒋励常，乾隆举人，著有《医学纂要》；又载县人唐锡祀，精医，光绪二十八年疫病流行，救数百人，著《医科备要》；又载县人蒋励惺，良医，著《惺斋医案》。民国《贵县志》载县人龚振家，清代人，精岐黄术，著有《医书撮要》；又载清代县人龚彭寿，著有《医学粗知》，五万余字；又载乡人梁廉夫，道光贡生，任百色厅学正、南宁府教授等，精医，著《不知医必要》。民国《桂平县志》载清代县人黄道章，精医，著有《家传验方集》；又载清代县人陆兰溪，精医，著《兰溪医案》；又载道光至光绪间县人程士超，精医，著有《医中参考论》《星洲实录》（星洲为其师之号）。民国《阳朔县志》载县人黄周，字达成，清代人，精通医学，著有《医学撮要》《灵素内经体用精蕴》。民国《永淳县志》载县人屈遵德，字明古，乾隆举人，任宜山教谕，精医术，著有《医门心镜》。民国《灵川县志》载清代县人周启烈，精医，著有《续方书撮要》《方脉秘传》。民国《融县志》载清代县人路顺德，举人，精医，著《治蛊新编》。民国《隆山县志》载清代县人王少卿，精医，著《临症经验医案选录》。民国《灌阳县志》载清代县人唐征濂，贡生，精医，著有《各种奇方》。民国《龙津县志》（龙津县，今龙州县）载清代县人区景荣，字心安，精医，著《心安医话》。民国《武宣县志》载县人张炳辰，道光间任教谕，著有《拯婴汇编》等医书。又道光二十年（1840），桂林龙敬业堂出版《方验辑成》。道光二十六年，武宣人鲍相璈著医方总集《验方新编》。咸丰八年（1858），广西巡抚劳崇光重刻韦进德著、桂林杨氏鸿文堂出版的《医学指南》。同治十三年（1874），柳州凌元堂刻印《女科仙方》，等等。这里还不包括民间流传的医疗成果与名医事迹，特别是自有体系和丰富实践经验的壮医药学，一向在民间发挥其独特的重要作用，而旧时鲜有载录。

其次，医疗卫生机构渐增，西式医院出现。一些地方政府设置了面对大众的医疗卫生机构，民间慈善人士亦时有襄助。例如，清梁鸿勋《北海杂录》载北海有太和医药局，设于光绪十六年，光绪《百色厅志》："厅城牛痘局在泰平门外公馆街，光绪五年，同知杨廷兴以入官屋改设，延医生一人及募应门司爨者，官捐月脩火食等银十四两。行之数载，远近鲜豆患者。医局附设牛痘局内，光绪七年，同知陈如今因悯属境多疾疫，实多误于庸医，特延访明医理者一人，以正其误，月捐脩银十两，另由商民捐资施药，岁以为常。"[31]民国《龙津县志》："医药局于宣统初年成立，延请中医生，主任医药杂务。民间贫寒之家有疾病者，就局诊治，不收诊金，间或有赠药剂者。"[32]民国《雒容县志》（雒容在今鹿寨）："惠生堂在南城外雷庙

图上 7-11　清末北海普仁医院

街，光绪二十四年创建，一座三间，专为羁旅养病之所，存款生息，备赠医药。"[33]民国《象县志》："济生善堂，宣统元年十二月，由绅民捐资办。……其时州牧曾广致又提拨公款若干，延聘医士一人施诊，并任患者留医，略具医院形式。"[34]等等。

宣统二年（1910），梧州著名中医许瑞芝倡导成立梧州红十字会，这是广西第一个红十字会。还可提及者，宣统三年（1911），广西医生刘绍香等在桂林成立崇华医学会，以弘扬本土医学。虽影响不大，但其心可嘉，亦能由此见出本土医学的成长和力量。

清代后期，西式医药开始进入广西并逐渐形成一项事业。尽管最初系由西方传教士为配合其传教活动而开展，目的在于以新式医术博取华人信任，进而吸引更多的人入教，但客观上有利于民众和文化文明的进步。广西第一家现代性质的医院出现在光绪九年（1883），是美国南方基督教浸信会牧师兼医生纪好弼创办于梧州的竹椅街西医院。而这位牧

师早在此前 20 年的同治元年（1862）就已经在梧州开始他的施医传教活动。这是一个标志性事件。此后，同类医院在广西逐渐增多，这些医院多设在梧州、北海、南宁、桂林等城市。其中有名者如：光绪十二年（1886），英国基督教圣公会传教士、医生柯达夫妇在北海创办普仁医院，前述梁鸿勋《北海杂录》于此亦有记载，称此医院建于光绪十二年，义务诊病施药，每年就诊人数达三万余人。这家医院即今北海市人民医院之前身。普仁医院还曾于光绪间附设过一所麻风医院，在其存在的 60 余年中，收治麻风病人近 300 人，后改为广西麻风医院。光绪二十九年（1903），美国南方基督教浸信会教士麦惠来在梧州建思达医院，后改名思达公医院、梧州市工人医院。思达公医院还曾在宣统元年创办思达初级护士学校，是为广西第一所护士学校。宣统三年（1911），英国基督教圣公会女教士柏德贞在桂林开办道生医院，是广西第一家以妇科为主的医院，后改为桂林市妇幼保健院。此外尚有：光绪二十三年（1897），英国基督教循道会传教士麦路德在梧州开诊所，后扩为梧州西医院。光绪二十五年（1899），法国传教士赖保理在南宁建教堂，附设玫瑰医院。光绪二十六年（1900），法国驻越南总督在北海办法国医院，后改广慈医院。光绪三十一年（1905），法国传教士周怀仁在南宁建麻风病人收容所。光绪三十三年（1907），英国传教士祁士理扶在南宁建道救医院。至于光绪四年美国牧师希乃锡在桂平开设的耀心瞽目院，则是收容盲童的机构，不能算是真正的医院。

　　清代广西地方志及清人笔记中，还有着大量的有关广西所产药材的记载。几乎所有的府州县志都有此类内容。例如，乾隆《柳州府志》卷十二《物产》记金银花、骨碎补、无患木、接骨草、半夏、地肤等各类药材 80 余种；光绪《平南县志》所载达百余种。此种例子不胜枚举。笔记中亦多。如史学家、名诗人赵翼在广西任镇安知府（镇安府治所在今德保）时，作有笔记《檐曝杂记》，其中记当地"有草名三七，三桠、七叶，其根如萝卜，为治血之上药。刀斧伤，血方喷流，以其屑掺之立止"；"山羊之血，治刀斧伤最灵，是物生山中，尝食三七故也"；"又一种石羊……其胆可止喘"；"蛤蚧，蛇身而四足……能润肺补气壮阳。"㉟又如曾任广西提学使的陆祚蕃所作笔记《粤西偶记》，记广西特产中，"穿山甲也，四足拱立如马……其甲入药，性走窜，治疮毒”；“独脚莲草，如黄连根而甚大，专治痈疽肿毒”；“蛇黄，蛇腹所生，可疗疮毒”；“石燕，山谷所生，全不类燕，乃类蛤而实石也，大者为雄，小者为雌。可治眼疾”㊱。等等。

第九节　向现代文明转型

对外交流与西学东渐　近代报刊问世　新式教育体系建立　新式图书出版与公共图书馆事业诞生　电信与新式邮政等文化型产业兴起

　　传统文明向现代文明转型，思想价值观念的转变首当其冲。因为只有思想认识发生了转变，实质性的各种变革才有可能。从切入途径观察，对外交流、舆论宣传、教育改革等都直接或间接地对晚清广西人的思想观念产生转型的导向影响。

　　晚清之前，广义的对外交流，在广西也已有很长历史。其主要形式，以广西人移居海外为多。移居原因，或为谋生，或为避难，或为征战而留居。移居之地，主要为东南亚国家。例如明永乐间派大军征讨安南并留镇该国，后来撤军，一部分军人留居未回。清康熙间，南明将领杨彦迪等抗清失败率军逃往安南定居，遂成为被称为“明乡人”的华侨，等等。而越南等国，亦与广西有着经贸往来。例如，越南古史《大南实录》正编第四纪卷四十载：嗣得二十二年（清同治八年，1869）五月，“琼平抚臣邓算请委摄办长定府武维桢往清国龙州买米，以应军需。许之。”㊲安南到中

图上 7-12　广西第一个留学生马君武（1881—1940）

国朝贡，其使者入境事也多由广西办理。如清人闵叙笔记《粤述》即载："康熙癸卯，安南黎维禧遣使臣阮敦、杨皓、同存泽率通事彝目人等入贡，馆于南宁之沙街。"⑧鸦片战争之后，广西人以劳工身份出国者更是数以万计。但是，此类交流，对广西自身的文化发展谈不上有什么影响。

在晚清留学热兴起之前，近代广西已经受到一些与传统格格不入的社会思潮的影响，例如太平天国之起事与康有为之来桂讲学。太平天国的发源地在广西，尽管洪秀全等领导者宣传的是一种以反清为目的的变异的基督教思想，但是对广西的传统文化传统思想的冲击和影响仍然是不小的。而康有为于光绪二十年（1894）、光绪二十三年（1897）两次来桂讲学，虽然所讲内容为经学，但却贯穿着变法维新思想，而且他还在桂成立学堂、学会，创办报纸，对广西社会风气的变革是有着先导作用的。然而，真正对广西文化变革产生更为重要的实质性影响者，或曰对广西文化产生更直接更深远影响的事件，应是较大规模的主动出击式的对外交流，即晚清时代以省人出国留学为导线的西学东渐风潮。此所谓"西学"之"西"，包括了作为西学东传"中转站"的日本。日本自明治维新起，锐意革新，效法西方，得以富国强兵，实际上可视为西学东渐的第一个成功范例。晚清中国兴起留学热潮时，日本因其地理位置近、费用低廉，而又"同文"，其文字较易学习，故被众多留学生作为首选国家。广西亦然。首开留学先例而有据可查的是桂林人马君武（1881—1940），他于光绪二十七年（1901）七月自费留学日本，光绪三十三年（1907）转德国柏林工业大学，宣统三年（1911）获工学博士学位，为中国留德学生首获博

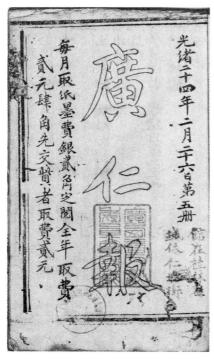

图上 7-13 《广仁报》报头，原件存广西壮族自治区博物馆。

士学位者。光绪三十年（1904），广西开始选派公费留学生，当年派出 2 人，为临桂人李质、象州人苏寿松。继马君武之后到清朝灭亡，短短 10 年间，广西的公费、自费留学生总数，据统计，共达 377 人，而此一统计显然不可能没有遗漏。留学生来自 34 个州县，而以桂东、桂北地区者居多，人数在 30 人以上的县为：容县 39 人，桂平 37 人，贵县、藤县均为 36 人，临桂 33 人㊴。其中，留学日本者占九成以上；留学欧美者为少数，一般均为公费生。这些留学生所学专业，以法政、师范、警务三种最多，其次为农学、理化、陆军、体育、工业，其他尚有铁路、政治经济、医学、商学、矿冶等等。这些留学生们可以说是真正意义上的与外国进行主动的文化交流的第一批广西人。留学的经历，给他们自身的思想观念带来的变化无疑是巨大的，此种变化，来自于眼界的开阔、对新事物的接触和了解、对西方富国强兵的直接感受，更来自于先进与落后的鲜明对比、对国家危亡命运的深深忧虑与耻辱感。而他们学成归国回到故乡，对广西的影响尤为深远。他们多成为新思想新文化的传播者，改革与革命的先行者，各行各业的骨干力量。例如，马君武留学期间即成为同盟会的领导人之一，任秘书长，回国后历任大元帅府秘书长、广西省长、广西大学校长等，他还是著名的革命文学团体"南社"的早期成员和卓有成效的翻译家，是一位具有多重身份的近代风云人物。卢汝翼（1878—1918），桂平人，1904 年留学日本东京法政大学，回国后任国会议员、广西军政法制局局长等。蒋继尹（1889—1929），全州人，光绪三十年（1904）起先后留学日本东京帝国大学、早稻田大学，回国后任北京农业大学教授、广西大学总务长等。苏寿松（1873—1939），象州人，光绪二十九年（1903）留学日本，先后入东京高等师范、早稻田大学，回国后任广西铨叙局局长等。广西留学生在东京创办的刊物《粤西》，对宣传革命思想起到了积极作用。

在翻译和编写社会科学、自然科学著作，传播科学知识、推动社会进步方面，他们更是贡献突出。马君武率先翻译了法国卢梭的《民约论》，传播西方民主思想，影响了一代青年和学人。1903 年 2 月，他在东京留学生主办的杂志《译书汇编》发表《社会主义与进化论比较》一文，称赞马克思和科学社会主义，并在文后附录了马克思著作书目，这一目录不仅是近代中国第一份关于社会主义的研究书目，也是迄今为止我国文字记载中所见到的最早的马克思主义著作目录⑧。他还先后翻译了社会科学方面的《法兰西今世史》《自由原理》《物竞篇》《天择篇》和自然科学方面的《矿物学》《平面几何学》等论著。他不但创作了脍炙人口、振奋民心的爱国诗篇和笔锋犀利的政论文章，还是拜伦诗篇最早的译者之一。除马君武外，靖西人曾彦（1886-1966），光绪三十二年（1906）毕业于日本中央大学法律科，他所编译的《动物学》《植物学》《化学》《物理学》《数学辞书》《查尔斯密小代数》《生理卫生学》等教科书也曾发挥过开先声的良好作用。

新思想的传入，新人才的回归，新风气的养成，加之全国性维新变革大环境大气候的影响，给晚清广西带来了一系列的实质性的深刻的文化变革。

首先是社会舆论体系的初步建立与民智的开发。其主要途径是报刊的举办和以新式教育逐渐取代旧式教育。光绪二十三年（1897），康有为来桂林讲学，倡议办报，广西第一种报刊《广仁报》遂问世（晚清广西的此类新式刊物，性质形状均亦报亦刊，故此处统称报刊）。此刊由桂林一些官员与圣学会成员创办，32开本，每期数十页，既报道时政新闻、经济动态等，又介绍西方民主政治教育科技情况，更注重发表时事评论、政治言论等。尽管外形有如书籍，但内容已是近代新闻报刊。此后各种类似报刊纷纷面世，到清朝灭亡时，除了《广仁报》和广西留学生在日本办的《粤西》之外，广西本土的重要报刊还有：《广西新报》，梧州革命党人、立宪派人士陈太龙等创办于光绪三十四年（1908）；《漓江潮》，广西同盟会人士马君武等创办于光绪三十二年（1906）；《南报》《南风报》，广西同盟会侯声等先后创办于宣统二年（1910）；《广西官报》，广西官书局创办于光绪三十三年（1907），实际上是广西巡抚衙门报刊；《桂报》，广西铁路总公所创办于光绪三十四年（1908）；《广西教育杂志》，广西学务公所创办于宣统元年（1909）；《军国指南》，广西军政界人士杨曾蔚等创办于宣统二年（1910）；《桂林官话报》，广西教育总会宣讲所创办于宣统二年（1910）；《梧江日报》，中国同盟会广西分会创办于宣统三年（1911）。此外，还有桂林的《人钟》、《宏文丛报》、《医药浅报》，梧州的《女镜》、《西江报》、《宪报》、《救国晨报》、《商业新报》，南宁的《兴汉报》、《救国旬报》，等等。这些报刊虽然宗旨不完全一致，主办者身份、背景不同，生存时间与发行量不一样，但是总体看来，或宣传民主救国思想，或输出变法维新理念，或传播新闻信息，或普及科学知识，在促进社会变革、开发民智、改良社会风气乃至于推翻专制独裁、建立民主共和制度等方面，都起到了不同程度的积极作用。像《南报》虽只出了 3 期、《南风报》也不过 8 期就被迫停刊，仍在广西辛亥革命的发动中留下了鲜明的印记。

　　教育是社会列车的发动机，一切进步均须以之为基础。四书五经八股文不能救中国，以科举考试为终极目的的旧式教育不能适应新的社会需求和世界潮流，这是晚清中国的爱国志士们的共识，当然也是广西爱国志士的共识。清廷在光绪三十一年（1905）正式废除在中国延续了 1300 余年的科举制。而在此之前的光绪二十七年（1901），教育的改革已经开始，其主要的标志是清廷颁布诏书决定改书院为学堂并废除八股，新式学校开始建立。广西的新式学校，始于戊戌变法的光绪二十四年（1898），此年广西巡抚黄槐森在桂林开办了广西史上第一所中西学结合的新型学校——体用学堂。此后 10 余年间，新式学校在广西相当大量地涌现，初具规模。这些学校，从学历层级上看，有初等的小学堂，有中等的中学堂、实业学堂和师范学堂，甚至已经有了高等学校。小学堂分初等（初级小学）、高等（高级小学）和两等（完全小学）三种，到宣统元年（1909），全省已有小学 1078 所，在校学生 45507 人。小学所开课程，有读经、修身、算术、文学、历史、地理、格致、体操、图画等。中等教育方面，光绪二十五年（1899），梧州中西学堂成立，四年后改梧州府中学堂，这是广西最早成立的中学。此后，各府陆续开办中学堂，至宣统二年（1910），全省共有中学堂 14 所。中学堂学制 5 年，开设课程有修身、读经、中国文学、外国语、历史、地理、博物、算学、法制、理财、体操、图画等。与此同时，一些中等程度的师范学校和职业技术学校也建立起来。光绪后期，广西陆续建成简易师范学校或师范培训机构 40 多所。至宣统初，这些学校被整合成三所大型师范学堂：广西第一初级师范学堂，设于梧州；广西第二初级师范学堂，设于桂林；

广西第三初级师范学堂，设于南宁。而光绪三十四年又开办广西女子师范学堂于桂林。这些师范学校，分完全科和简易科，前者学制5年，后者2年或1年。所开课程与中学大略相同而根据各自的学制、性质亦有调整。实业学堂即中等职业技术学校，其专业主要有农业、蚕业、轻工业、林业等。开办最早者为光绪三十二年（1906）建立的梧州中等蚕业学堂（后改广西第一中等农业学堂）；开办最多者为蚕业讲习所，有30多所。这些学校，规模都不大。高等学校方面，最先开办者是光绪二十八年（1902）成立的广西大学堂，次年改为广西高等学堂，学制4年，分文科的经学、文学、政法、商科和理科的工科、农科、格致科。光绪三十三年（1907），广西优级师范学堂成立，其性质有如今之师范学院。次年，广西法政学堂成立；宣统元年，广西高等巡警学堂成立，皆为高等学校性质。所有这些初、中、高等学校，初步建构了一个新式学校、新式教育体系。虽然各方面的条件亟待改善，学校的数量不敷需要，质量也亟待提高，但毕竟已经开始与现代教育接轨。

　　与教育息息相关的图书事业，也发生了可喜的变化，这主要体现在新式图书出版机构和公共图书馆的初步建立。光绪三十二年（1906），广西当局在桂林成立广西官书局，改变传统的雕版印刷方式，购置新式铅印机器设备，出版各类新式教科书、乡土教材、官方文件等，并在南宁、梧州、柳州等10余个府州设立分局。公共图书馆事业方面，广西官书局的前身桂垣书局，于光绪十六年（1890）成立之后，曾储备各类

图上7-14　1906年春广西同盟会支部在桂林成立（采自《广西一览》）

图书 1 万余册，供书院生员及其他学子借阅，这已属于公共图书馆性质了。可惜的是，广西官书局建立后，取消了此项业务。光绪三十一年（1905），在龙州出现多家"学社"，如龙州学社、新民学社、开明学社、解冻学社等，这些学社多由开明士绅举办，有固定的社址，社内陈列各种报刊图书，读者可自由入内阅读。此种设施，其实质已是公共阅览室、公共图书馆了。

　　而各项文化性实业与其他公共事业如电信、邮政、卫生、体育等的兴起，更使广西文化整体素质得到革命性的提升。清末广西的电信事业，仍仅限于有线电报一项，始于光绪九年（1883）。当时正值法国侵略越南并威胁中国西南边境安全，两广总督张树声为备战需要，开工架设由广州经梧州、南宁至龙州的电报线路，次年完工，同时在梧州、龙州成立电报局。此后逐年增设，又开通了南宁至云南剥隘、桂林至湖南长沙、龙州至越南同登、桂林至柳州等多条电报线路，并成立相关的管理机构。"在政府中央大力推动、广西地方长官有效执行的有利条件下，广西省的电报分局与子局，从 1901 年的 10 家，剧增为 1911 年的 49 家，并改以桂林为总局，分局 11 处，子局 38 处，铺设电线则已长达 7500里，较诸 10 年前，成长 4.4 倍"⑪。近代邮政亦随之建立，取代原来古老的驿站式书信递送方式。"广西邮政的现代化，发生在十九世纪末。1897 年 6 月，大清邮政局在梧州设立分局。1900 年 6 月，再在浔州设立分处。其后，紧接着在贵县、柳州、庆远以及贵州的贵阳均设分处。业务的扩展，一开始即突飞猛进。例如梧州甫行设局翌年，所经营的信件已有 12213 件；四年之后的 1902 年，单是头一季（前面三个月），就有20735 件，换算为一年，可能在八万件以上。四年间成长六到七倍，足见民间需要量之大"⑫。新的邮政业务包括信函、书报寄送等，且初步形成一个省内邮政网络。至宣统末，全省已建立邮政分局及代办处 220 余个，而且其中的北海邮政总局还管理着广东、广西两省的 6 个分局及 9个代办所。新式邮政和电信事业的兴起，对文化传播具有的重要意义是不言而喻的。至于近代卫生事业和体育事业的发展情况，前文第八节已有简介，此处不赘。

　　晚清广西的文化变革，至少对本省而言，意义重大，影响深远。

首先，从精神层面观察，省人之整体思想观念因之发生巨变，不再认为四书五经长袍马褂不可移易，认识到了自身的致命缺陷以及补救之必要性与急迫性。这就为革故鼎新，图谋进一步的发展提供了至为关键的内驱力，一切都因此具备了可能性。

其次，物质层面之影响尤可目睹。以今日之眼光与标准衡量，晚清广西在各经济领域诸如工业、农业、电信、铁路，等等，其实力仍属有限；但是，它却完成了一个从无到有的翻天覆地的变化，为广西在民国时期成为全国强省之一（至少是军事强省之一）奠定了坚实的基础。

新的时代开始了，广西凭借晚清文化剧烈变革所养成的动力与基石，向着现代文明社会稳步前行。

【注释】

①②④⑤ 此数依据杨新益等：《广西教育史》，广西师范大学出版社，1997 年。

③ 据陈茂同《中国历代选官制度》所列数据统计。华东师范大学出版社，1994 年。

⑥ 袁行霈主编：《中国文学史》，第四卷第三章第五节，高等教育出版社，1999 年。

⑦ 王国维：《人间词话》附录，吉林文史出版社，1999 年。

⑧ [清] 龙启瑞：《经德堂文集》卷四《彭子穆遗稿序》，光绪四年（1878）刻本。

⑨ 刘声木：《桐城文学渊源考》，民国十八年（1929）直介堂丛刻本，卷七。

⑩ 韦湘秋《广西百代诗踪》（广西人民出版社，1995 年）第二章第八节将赵观文唯一传世的作品《桂州新修尧舜祭器碑》文末段的四字铭文作为诗大赞之，似欠妥。

⑪《怡志堂诗集序》，黄蓟辑《岭西五大家诗文集》（民国十三年桂林典雅书局排印本）附。

⑫ 张炯等主编：《中华文学通史》第五卷，华艺出版社，1997 年。

⑬ 郭延礼：《中国近代文学发展史》第一卷，高等教育出版社，2001 年。按：本自然段内容参考了王德明发表于《南方文坛》的《论广西文学在晚清的崛起》一文。

⑭ [清] 张维屏：《国朝诗人征略》，中山大学出版社，2004 年。

⑮《清史稿》卷三〇七，《列传九十四·陈宏谋》。

⑯ [清] 廖鼎声：《冬荣堂集·拙学斋诗三编》，光绪二十三年（1897）廖振乔酒泉官

癣刻本。

⑰《四库全书总目提要》卷六十八《史部二十四·地理类一·广西通志》。

⑱ 郑师渠总主编，赵云田主编：《中国文化通史·清前期卷》，中共中央党校出版社，2001年。

⑲ 转引自汪世清编：《石涛诗录》，河北教育出版社，2006年。

⑳ [清] 郑燮：《郑板桥集》，上海古籍出版社，1979年。

㉑ 转引自郭怀若：《石涛书画研究》，首都师范大学博士学位论文，2009年。

㉒《全唐诗》卷三百五十四。

㉓ [明] 王济：《君子堂日询手镜》，《丛书集成初编》第3120册。

㉔ [清] 袁渵业修，黄体正等纂：《桂平县志》，道光二十三年（1843）刻本。

㉕ [清] 任士谦等修，朱德华等纂：《博白县志》，道光十二年（1832）刻本。

㉖ [清] 沈日霖：《粤西琐记》，《丛书集成续编》第54册，上海书店，1995年。

㉗ [明] 魏濬：《峤南琐记》，《丛书集成初编》第3120册。

㉘ [明] 王济：《君子堂日询手镜》，《丛书集成初编》第3120册。

㉙ [明] 邝露：《赤雅》，《丛书集成初编》第3121册。

㉚ [宋] 周去非：《岭外代答》，《丛书集成初编》3118册。

㉛ [清] 陈知金修，华本松纂：《百色厅志》，光绪十七年（1891）刻本。

㉜ [民] 李文雄修，陈必明纂：《龙津县志》，民国三十五年（1946）稿本。

㉝ [民] 臧进巧修，唐本心纂：《雒容县志》，民国二十三年（1934）铅印本。

㉞ [民] 吴克宽等修，刘策群纂：《象县志》，民国三十七年（1948）铅印本。

㉟ [清] 赵翼：《檐曝杂记》，《续修四库全书》第1138册。

㊱ [清] 陆祚蕃：《粤西偶记》，《丛书集成初编》第3122册。

㊲ 转引自黄国安等编：《近代中越关系史资料选编》，广西人民出版社，1988年。

㊳ [清] 闵叙：《粤述》，《丛书集成初编》第3122册。

㊴ 方园：《清末广西留学热潮的兴起与影响》，《广西社会科学》1993年第4期。

㊵《广西通志·社会科学》，广西人民出版社，第14页，1999年11月。

㊶㊷ 朱法原：《从变乱到军省——广西的初期现代化》第四章，（台）中央研究院近代史研究所专刊》76辑（1995）。

下编

第一章

山水

　　广西山水，万态俱备，众美兼呈，诸如桂林山水之奇美，桂平西山之幽美，贵县南山寺之秀美，乐业天坑群之壮美；宁明花山之古拙，德天瀑布之大气，凤山三门海之怪异，等等，难以殚述。而在美的外观之下，广西山水又体现出丰厚的人文内涵，互为表里，相得益彰。怪怪奇奇而又蕴含着丰富人文积淀的广西山水，造就了博大深厚的广西山水文化。广西的山水文化，是广西人的骄傲，是全人类的财富。

第一节　美甲天下"其怪且多"

　　桂林山水美甲天下　　桂平西山林泉冠绝　　花山景区古拙取胜　　地质公园雄阔幽峭

　　广西佳山好水甚多，当然首推桂林山水。"桂林山水甲天下"的诗句，早已走出广西，走出国门，成为招徕世界游客的一张名片或金字招牌。但很少有人会想到，它竟出自南宋一位并不著名的诗人——王正功之手①。究竟是王正功成就了桂林，还是桂林成就了王正功，这已经不重要了。

图下 1-1 漓江之春

明王士性在畅游广西特别是桂林之后，由衷赞叹："广右山水之奇，以鉴赏家则海上三神山不过。"②奇，正是桂林山水的特征：山奇，水奇，洞奇。

王士性之前的古人，于此已早有体会评论。曾任广西最高地方长官的宋代著名文人范成大，在其笔记《桂海虞衡志》中就已提出了这一千古不移的论断：

　　余尝评桂山之奇，宜为天下第一。士大夫落南者少，往往不知，而闻者亦不能信。余生东吴，而北抚幽蓟，南宅交广，西使岷峨之下，三方皆走万里，所至无不登览。太行、常山、衡岳、庐阜，皆崇高雄厚，虽有诸峰之名，政尔魁然大山；峰云者，盖强名之。其最号奇秀，莫如池之九华，歙之黄山，括之仙都，温之雁荡，夔之巫峡，此天下同称之者，然皆数峰而止耳，又在荒绝僻远之濒，非几杖间可得。且所以能拔乎其萃者，必因重冈复岭之势，盘亘而起，其发也有自来。桂之千峰，皆旁无延缘，悉自平地崛然特立，玉笋瑶簪，森列无际，其怪且多如此，诚当为天下第一。韩退之诗云："水作青罗带，山如碧玉簪。"柳子厚《訾家洲记》云："桂州多灵山，发地峭竖，林立四野。"黄鲁直诗云："桂岭环城如雁荡，平池苍玉忽嵯峨。"观三子语意，则桂山之奇固在目中，不待余言之赞。顷尝图其真形，寄吴中故人，盖无深信者。此未易以口舌争也。③

范氏以其"生东吴，而北抚幽蓟，南宅交广，西使岷峨之下，三方皆走万里"的资格，对桂林之山作出的"天下第一"的评判，无疑是有理有据、凿凿可信的。可是，不但他向未到过桂林的朋友讲述时朋友不信，哪怕他叫人按实景画成图画寄给他家乡的友人看，依然还是"无深信者"。何以如此？大约是因为实在太奇，令人不敢相信世间会有这般景致。宋曾丰《免解进士应致远过晋康见谓以文字而忤权要听读藤州十余年得旨自便赋诗赠行》诗："桂林山罗千万怪，收为诗胆吞渤澥，敢与九疑魑魅对。"大抵亦为此意。王士性《广志绎》卷五《西南诸省》对桂林山水亦有赞语："桂林无地非山，无山而不雁荡；无山非石，无石而不太湖；无处非水，无水而不严陵武夷。"他的意思是桂林的山、水、石兼具当时全国各地最有名的山、水、石的特点。不过，这一赞美恐怕并未说到点子上。

桂林之山，奇在何处？上引范成大文的总括有代表性："桂之千峰，皆旁无延缘，悉自平地崛然特立，玉笋瑶簪，森列无际，其怪且多如此。"宋陈藻《题静江》诗："四野皆平地，千峰直上天。"（静江即桂林）这才是它独有的奇处。

不过，这还只是总体特点，具体到各山，则又有各自之奇。比如：独秀峰，在王城之中，孤峰矗立，形如利剑，直刺青天。清中期诗人袁枚咏之曰："来龙去脉绝无有，突然一峰插南斗。桂林山形奇八九，独秀峰尤冠其首。"④略得其似。峰上有状如天梯的石道直达山顶，山脚多洞，以颜延之曾读书于其中的读书岩最有名。独秀峰所在的王城，为明代靖江王的府邸，亦为一景。象鼻山，在阳江与漓江相汇处，其状极似一头低头饮水的大象，象鼻插入水中，鼻与象身之间形成一个贯通的大圆洞，称水月洞，范成大《桂海虞衡志·志岩洞》说此洞"望之端整如大月轮，江别派流贯洞中。踞石弄水，如坐卷篷大桥下。"洞壁石刻甚多，最早者为唐代诗人元结所题"水月洞"三字，有宋人蓟北处士诗曰"水底有明月，水上明月浮。水流月不去，月去水还流"，颇形象；象头上有象眼岩，形如象眼；象背上有明人所建佛塔普贤塔，亦称宝瓶塔。七星山，由七座圆形小山峰组成，排列之状有如北斗七星，故总名七星，宋张去华《游七星岩》诗："桂林平地起山尖，独此奇峰个个圆。上应星辰三四点，中藏空洞几千年。"其中北边部分称普陀山，山有普陀岩、玄风洞、玄武洞、白鹤洞、石林、永泉等景致；南三峰远眺状如月牙，称月牙山，亦称龙隐山，有龙隐岩、龙隐洞、月牙岩、丹桂岩、襟江阁等景致。普陀山旁有骆驼山，其状如一匹伏地而卧的单峰骆驼，又如一把长嘴茶壶，故亦名壶山。叠彩山，其山层层横断状，有如一层一层的彩缎堆叠而成，正如唐代桂管观察使元晦《叠彩山记》所言："山以石文横布，彩翠相间，若叠彩然，故以为名。"⑤亦称风洞山、桂山，又分为明月峰、仙鹤峰、越山和四望山；有风洞，亦有名。伏波山，一名洑波山，孤峰挺起，临江而立，山原有伏波庙，纪念东汉伏波将军马援。据说马援征交趾回军时曾过此，山下有名洞还珠洞。南溪山，以在南溪边而名，南溪在唐时即为游览之地，曾任桂管观察使的唐代诗人李渤有《留别南溪》诗，刻于南溪山白龙洞："常叹春泉去不回，我今此去更难来。欲知别后留情处，手种岩花次第开。"⑥山有多处胜景：白龙洞，刘仙岩，观音洞，穿云岩，贡泉，螺窟，等等。

山奇洞更奇。桂林之洞，虽依附于山，却自成系列，自为奇景。宋戴复古《玉华洞》诗："忆昨游桂林，岩洞甲天下。奇奇怪怪生，妙不可模写。"⑦写出了游人的普遍感受，也写出了桂林洞景的总体特征。若具体论其到底奇在何处，则大抵有三：一为洞本身状貌之奇，二为洞内景致之奇，三为摩崖石刻之奇。例如：还珠洞，在伏波山下，因此地有老龙护珠、渔人拾珠而复还之传说，故名。有一上大下小高约4米之柱状石自洞顶垂下，距地一寸左右而止，不与地接，传为伏波将军马援以剑横斩而成，称试剑石；洞壁石刻，包括题诗题辞造像等极多，其中宋人朱晞颜诗颇为切题："天斫神剜不记年，洞中风景异尘寰。江波荡漾青罗带，岩石虚明碧玉环。地接三山真迹在，天连合浦宝珠还。重来恍似乘槎到，惭愧云门夜不关。"七星岩，又名栖霞洞、仙李洞等，洞景极妙，清人张心泰笔记《粤游小识》卷一纪之曰：

> 桂林城东南三里，有七星山……下有岩洞七，榜曰"七星岩"。游岩者必土人导之。从栖霞寺后破壁入，初甚小，如行曲巷，上有一线光射出，土人目曰"一线天"。抵山腰，蹊路纡曲，南折数十步，向东行，豁然开朗。循石磴而下，曰"大洞"，方圆数丈，高倍之，下平如砥，上拱如薨，四壁透明，曰"第一洞天"，有古铭，字漫漶不甚可辨，中空，悬金鱼一，长约尺许，鳞甲欲动，色间黄紫。左壁一龙盘旋蜿曲，曰"黄龙戏水"。右壁一凤，振翼若翔，曰"丹凤朝阳"。皆石笋生成。越数武，曰"第二洞天"。昏如日将夕，举火乃得见，中蹲一猴，高如人，捧二桃作献客状。洞之中又岐出一洞……然火入，见旁立石人，状如荷笠，曰"渔翁撒网"，左手掣网，右手若示人迷津者。越数武，地渐高，曰"摩天岭"，下有深潭，曰"瀛海"，海中仿佛石影八，曰"八仙飘海"，导者发火弹，举照潭水，髯眉毕张，有声殷殷若啸。又数武，曰"迎仙桥"。又数武，曰"方城"，曰"布篷桥"，横鼍背，城列女墙，篷顶平而色白，皆宛肖。钟乳流溢，时作雨后滴沥声。少焉，见洞口光，曰"东方既白"。乃出。以上所称，皆仍土人旧。洞外日丽风和，桃李数千树，奇花初胎，生气远出。东坡诗曰："武陵岂必皆神仙。"是邪？非邪？⑧

读之神往。龙隐洞、龙隐岩在月牙山下，龙隐洞顶有龙形石槽，与洞等长。龙隐岩今亦称桂海碑林，石刻极多。风洞，在叠彩山下，终年有风，南明大臣瞿式耜、张同敞就义于此，洞前有清代广西巡抚梁章钜所立纪念二人之成仁碑。又"北潜洞，在隐山之北，中有石室、石台、石果之属。石果作荔枝、胡桃、枣、栗之形，人采取玩之，或以钉盘相问遗"⑨。他如芦笛岩、隐山六洞，等等，不能尽举。

水之奇，自然首推漓江。"漓江自桂林南来，两崖森壁回峰，中多洲渚分合，无翻流之石，直泻之湍，故舟行屈曲石穴间，无妨夜棹；第月起稽缓，闇行明止，未免怅怅……棹舟南行，晓月漾波，奇峰环棹，觉夜来幽奇之景，又翻出一段空明色相矣。"这是大名鼎鼎的徐霞客笔下的漓江，见其《徐霞客游记·粤西游日记》。徐霞客似乎不是太喜欢水，山光洞景才是他的最爱，爬山钻洞也才是他的最强项。这段写漓江的文字，应该说还有很大的描写空间。但尽管如此，他还是点出了漓江的几个特点："两崖森壁回峰，中多洲渚分合，无翻流之石，直泻之湍。"从桂林到阳朔的漓江，是一幅造化之神笔画就的百里山水长卷，长卷的底色，就是澄碧清澈的江水。徐霞客没有提到漓江水之清，大约他认为这是理所当然之事，无须特别表出吧；其实这正是漓江水"奇"的一大体现。"漓江的水，是出奇的清的，恐怕没有一条河流的水能有这样清。清到不管多么深，都可以看到底，看到河底的卵石，石上的花纹，沙的闪光，沙上小虫爬过的爪痕。"这是方纪先生在1962年所作散文《桂林山水》中的描绘，在徐霞客时代，漓江水的清澈程度，应当更甚于此。清，与其另一特点——舒徐平缓，是联系在一起的，唯其平缓，水流从容，绝无浪涛，方可透视水底。"烟雨漓江"的著名景致，当然也是以这平滑如绸、碧绿清寒的青罗带为中心的。前引方纪文，于此尤为醉心："春雨朦胧的早晨，江面上浮动着一层轻纱般的白濛濛的雨丝，远近的山峰完全被云和雨遮住了。这时只有细细的雨声，打着船篷，打着江面，打着岸边的草和树。于是，一种令人感觉不到的轻微的声响，把整个漓江衬托得静极了。这时，忽然一声欸乃，一只小小的渔舟，从岸边溪流里驰入江来。顺着溪流望去，在细雨之中，一片烟霞般的桃花，沿小溪两岸一直伸向峡谷深处。"[⑩]而两岸奇峰罗列：象鼻山，宝塔山，净瓶山，画山，绣山，白虎山，卓笔峰，七仙女山，朝板山，罗汉山，螺蛳山，鲤鱼山……千态万状，倒映水中，更使水之奇得到进一步的发挥。

山奇，水奇，洞奇，再加以诸般人文胜迹的巧妙搭配和谐组合，此即桂林山水之所以"甲天下"之所在了。

然而，不管桂林美到何种程度，倘若因此而认为广西山水之美仅在桂林，那肯定是一个错误。没人否认桂林山水是广西山水的一个优秀代表，但它绝对不能等于广西山水。真正各具特色的奇山异水，在广西所在多有，指不胜屈。君不闻"桂林山水甲天下，阳朔堪称甲桂林"之说乎？而实际情况应是："桂林山水甲天下，广西山水半桂林。"

民初广西文人陈柱在其所编《粤西十四家诗钞》序言中说："吾闻山水富丽奇秀之区，必多文章卓荦之豪杰……自阳朔而北至桂林之间，流益速，水益清，往往十余尺可见沙石。石壁崭然如<u>丛篁</u>，连绵百数十里，故有'桂林山水甲天下'之语。而自阳朔至苍梧之郡，则又昔日重华南巡之地，居三江之总会，握两粤之咽喉，山水之英灵，抑或西南之奥区神皋焉。由苍梧折而南，沿北流江而上，则有都峤、勾漏、西竺之胜，为幽人羽客栖养之地。而大容十万之险，笼罩数百里，又群山之雄也。自藤溯大黄江而上，而浔而邕而太平；自武宣溯柳江而上，而柳而庆，源益深，山益峻。盖尽吾桂之地，几无地非山，无山不奇，而水又无流不迅。"①指出了广西奇山异水随处皆有的特点。但其介绍不免有些笼统。桂林之外的广西山水名胜，举其要者，桂北方面有：兴安之灵渠，阳朔之碧莲峰、穿岩，全州之湘山寺，龙胜之龙脊梯田，灵川之青狮潭，资源之八角寨，柳州之龙潭、都乐岩、柳侯祠、立鱼峰，象州之温泉，融水之老子山老君洞；桂东方面有：桂平之西山、大藤峡，贵港之南山寺，北流之勾漏洞，容县之都峤山、真武阁，陆川之水月岩，兴业之龙泉岩，博白之宴石山，贺州之姑婆山，昭平之黄姚镇；桂南方面有：宁明之花山，大新之德天瀑布，南宁之青秀山，北海之银滩、涠洲岛，防城港之江山半岛，钦州之三娘湾、八寨沟，崇左之江州斜塔、石林，灵山之三海岩，武鸣之伊岭岩，上林之大龙湖，武鸣、上林交界处之大明山，马山之金伦洞；桂西方面有：乐业之天坑群，凤山之三门海，宜州之白龙洞，靖西之通灵峡谷，金城江之珍珠岩，巴马之百魔洞，德保之吉星岩，凌云之水源洞。等等。难以尽举，举及者也无法一一介绍。于此择要述其一二：

宋人李光（字泰发）本任朝官，被贬阳朔，名臣李纲作《送李泰发吏部赴官阳朔》诗送之，首联曰："阳朔溪山冠百蛮，羡君远宦得跻攀。"居然对李泰发被贬感到羡慕，因为他可以饱览奇异的阳朔山水了。虽属诗人委婉之笔，但阳朔溪山之美是自不待言的。阳朔去桂林百余里，共享漓江，山水景物，多有相似，既可视为大桂林之一部分，也可作为一个单独景区游赏。阳朔亦以山与水之奇美著称，古人之赞美已多。明邝露《赤雅·阳朔道上诸峰》："阳朔诸峰，如笋出地，各不相倚。三峰、九嶷、折城、天柱者数十里，如楼通天，如阙刺霄，如修竿，如高旗，如人怒，如马唷，如阵将合，如战将溃。漓江、荔水，绸织其下。蛇龟猿鹤，焯耀万态。"⑫其中如碧莲峰、书童山、月亮山、穿岩、鉴山、白鹤山、屏风山、东郎山、西郎山、龙角山等等皆有名。碧莲峰尤甚，历代题咏者甚多，唐人沈彬《阳朔碧莲峰》开其端："陶潜彭泽五株柳，潘岳河阳一枝花。两处争如阳朔好，碧莲峰里住人家。"

桂平西山之景，在广西山水名胜中自成一格。林泉之胜，尤为冠绝。桂平为古城，南朝时即已为桂平郡治所，明清时为浔州府治，今为市，西山即在城边。全山数千亩地面均为林木覆盖，仅数百年树龄之古松即有数百株，遮天蔽日，而又疏朗有致，其中有所谓龙鳞松，更为别致。林下溪泉叮咚，奇石四布。楼台亭阁，点缀其间；古迹胜景，不绝于目。楼台亭阁方面，有佛寺龙华寺、洗石庵，前者始建于宋代，而后者虽为清初建，却更有名，一个原因是此庵前主持释宽能法师圆寂之后，火化得舍利子3枚，今供奉于庵内；有纪念唐代御史李明远的李公祠；有半山亭、洗翠亭、画亭、如意亭、云林幽谷亭。山中景方面，

图下 1-2　桂平西山

旧时有"西山八景"之目：碧云石径，云台曲水，古洞仙踪，松海听涛，乳泉琴韵，飞阁月明，龙华晚眺，官桥秋柳。其中的乳泉，在龙华寺旁，"清冽如杭州龙井，而甘美过之。时有汁喷出，白如乳，故名乳泉"[13]。其水甚奇：以杯盛满泉水，再往杯中逐次投入一分硬币，直至120余枚，杯中之水虽涨出杯口如面包状，却居然毫不溢出。山中石景石洞，亦多奇观，如飞来石、试剑石、棋盘石、吏隐洞、观音岩、姚翁岩、一线天等。各处景点，又多摩崖石刻。琳琅满目，美不胜收。此桂平西山之景，今为国家级大型风景名胜区桂平西山风景名胜区之核心景区。该名胜区景点还有本市的太平天国起义原发地金田村，以及大藤峡、白石山等。

　　"二十四峰尖，参差列郡南。半空摩梵宇，绝顶寄僧龛。"这是宋代诗人俞括排律《游南山》的开头四句，"南山"在今广西贵港市郊，有二十四峰，其中的雄狮山上有南山寺，诗中的"梵宇"、"僧龛"指此，尤有名。南山寺建于宋太宗端拱（988—989）年间，宋真宗赵恒赐与图书200余轴，寺内建御书阁供奉。宋仁宗赵祯亲书"景祐禅寺"四字匾额赐之，故南山寺又名景祐禅寺。元文宗图帖睦尔即位前游此寺，书"南山寺"三字，今尚存，刻碑立于大殿内，称"御书碑"。一座寺院而与三位皇帝有关，这应该是不多见的。寺之大殿，实为一面积达1500余平方米的巨洞，洞壁有天然生成石佛3尊及雕刻而成的佛像数十尊，中央则有高8米多的如来塑像。殿东有重千余公斤的大铁钟一口，钟上有文曰"皇宋天圣三年乙丑岁正月抚州匠人曾守政铸造"，已有近千年历史。殿壁还有包括宋代名相李纲在内的历代文人题诗题辞石刻180余通，李纲诗曰："青枫夹道鹧鸪啼，古郡荒凉接岛夷。陆绩故城依石巇，葛洪遗灶俯江湄。光风苒苒吹香草，烟雨蒙蒙湿荔枝。欲作终焉卜居计，自应疴偻不吾欺。"石刻中年代最早者为北宋仁宗庆历元年（1041）陈待制（名不详）的题诗。

　　今日广西境内，有国家级风景名胜区三处：桂林，桂平西山，宁明花山。其中的花山风景名胜区，由花山、德天瀑布、左江斜塔等多处景点组成，而以花山为核心。花山又称画山，因其绝壁上有古岩画而名。此岩壁高250米，宽230米，岩画高40米，宽221米，有1800多个图像，多为男性人物像，大抵均两腿下蹲，双臂上举，或持大刀。亦有女子像及铜鼓、动物像，以赭红色颜料画成，极具震撼力。据考证，岩画作于战国秦汉时期。实为一罕见景观。且此绝壁如此之高，直立外倾，又临江而立，绝难攀援，古人何以能在上面作画，亦是谜团。德天瀑布在大新县硕龙镇德天村旁归春河上游中越边界线中国一侧，瀑布分三级跌落，最大宽度 200 多米，纵深 60 多米，落差 70 余米，十分壮丽。左江斜塔亦称归龙塔，位于今崇左市江州区太平镇左江中小岛上，建于明天启元年（1621），为 5 层塔，高 28 米，其最奇者，塔身并非直立，乃向西南偏西方向倾斜，倾斜度达 4°24′64″，远眺之似乎摇摇欲坠，然而近 400 年来却一直巍然屹立。为世界八大斜塔之一。

而广西 5 处国家地质公园亦堪称之奇景：一为乐业大石围天坑群国家地质公园，其中心景区为 26 个天坑，其中 22 个深度大于 100 米，最深者超过 600 米，坑底多有森林生态群，极为壮观。公园内尚有巨型溶洞 30 余个，还有横跨布柳河峡谷的一座天生石桥，长 280 米，高 145 米。二为位于凤山县的三门海国家地质公园，包括三门海、穿龙岩、鸳鸯湖、马王洞 4 个景区，其中尤以三门海最是奇特，此景位于凤山县袍

图下 1-3　乐业天坑

图下 1-4　凤山三门海

里乡坡心村，一河穿山而入，山内形成几重天窗，上通山顶，下为深水湖泊。第一门内为玉妆湖，面积 4900 平方米，水深 18 米。第二门内为莲花湖，湖四周，面积 640 平方米，水深 16 米。第三天窗中湖为金银湖，湖面 2320 平方米，水深 30 米。三湖湖水翠绿，四壁峻峭，植被繁茂，藤萝悬挂。三湖之间有洞相连，水流贯通，洞中则石笋倒悬，石幔遍布。其景堪称鬼斧神工。2009 年，乐业、凤山两县联手申报以上景区为"世界地质公园"称号，国家已经为之立项。三为涠洲岛火山国家地质公园，在北海涠洲岛，此岛为中国最大最年轻的火山岛，其中有独特的火山景观、海蚀景观和人文景观。四为资源国家地质公园，在资源县，属丹霞地貌景观，景点甚多，如神象饮水、将军骑马壁画、人字天石、生死谷、宝鼎瀑布，等等。五为香桥岩溶国家地质公园，在鹿寨县，包括岩溶生物、岩溶水文、岩溶地貌 3 大类 16 种景观资源系统，具体景观甚多，如桃花潭、九龙洞、迷魂阵、南天门、响水石林、香桥仙境、西眉烟雨，等等，其中的香桥为拱高 35 米、长 48 米的天生石拱桥。

第二节　人文积淀丰富厚重

山水文学悠久丰厚　摩崖石刻琳琅满目　寺观楼阁相映成趣　古桥古塔古色古香　先贤遗踪自成景致

佳山美水本身，是大自然的天造地设。但是，倘若离开了人的发现和人的参与，那就不可能有什么佳山美水；即使人已经发现了自然的佳山美水，若缺少历史的积淀和人文精神的浸润，那所谓佳山美水也不会给人更多更深的感染。

广西山水不仅具备了大自然赋予的天生异质，而且蕴含着深厚的人文积淀，散发出浓郁的文化气息。这些人文积淀主要体现在两大方面：大量的山水文学作品；丰富的人文景观。

任何自然景观，不论多么漂亮，如果没有长期而有效的宣传揄扬，是不可能成为真正的佳山美水旅游胜地的。而山水文学作品，在宣传揄扬方面就有着不可替代的重要作用。明代文学家钟惺给曹学佺的《蜀中名胜志》作序，认为所谓名胜，离不开诗文的揄扬："山水者，有待而名者也，曰事，曰诗，曰文。之三者，山水之眼也。"⑭唐代诗人刘禹锡《九华山歌》："君不见敬亭之山黄索漠，兀如断岸无棱角。宣城谢守一首诗，遂使名声齐五岳。"他指出，毫不起眼的敬亭山，因为南齐谢朓任宣城太守时作《游敬亭山》诗，遂声名鹊起。文豪韩愈没有到过桂林，可他凭传闻想象吟出的两句诗"江作青罗带，山如碧玉簪"，正式开启了桂林山水文化的序幕。而宋人王正功一句"桂林山水甲天下"的诗句，成为千古定论和历朝历代亿万游客奔赴桂林的原动力。古往今来到底曾有多少歌咏广西山水的诗文，这是不可能有准确答案的。尽管已经有了几种收录此类文学作品的书籍，如《八桂千年游——古代广西旅游文学作品荟萃》《桂林山水诗选》⑮，收录了数千首诗词、百余篇文，但是，这肯定只是其中的一小部分。

从体裁形式看，广西山水文学作品有诗、文、词、对联、散曲、赋、铭等；从发表形式说，有载于作品集者，有刻于景区者，有书于相关亭园楼阁者，等等；从描写对象看，几乎所有景区景点都被涵盖。

自唐代柳宗元作《柳州山水近治可游者记》以降，以广西山水为对象的游记散文层出不穷。其中一些乃成专书，如唐人莫休符《桂林风土记》、徐霞客《粤西游日记》等。其中《粤西游日记》占了《徐霞客游记》全书三分之一的篇幅，达 20 余万字。作者不仅以亲身游历所见所闻印证了那些众口交赞的胜景确实名不虚传，而且还记叙了许多名不见经传的、甚至直到今天还未得到开发的奇异风光。例如，他在游了向武州（在今天等县）的百感岩，详细记载其奇妙洞景后，评价说："此洞外险中闳，既穿历窅渺，忽仰透崇宏，兼一山之前后以通奇，汇众流于壑底而不觉，幽明两涵，水陆济美，通之则翻出烟云，塞之则别成天地。西来第一，无以易此。"⑯而这个被游遍天下的大旅行家评为"西来第一"的奇洞，今天仍然默默无闻。再看他的一段描写新宁州（在今扶绥县）山水的文字：

> 自南宁来，至石埠圩，岸始有山，江始有石；过右江口，岸山始露石；至杨美，江石始露奇；过萧村入新宁境，江左始有纯石之山；过新庄抵新宁北郭，江右始有对峙之岫。于是舟行石峰中，或曲而左，或曲而右，旋背一崖，复濚一嶂，既环乎此，转骛乎彼，虽不成连云之峡，而如梭之度纬，如蝶之穿丛，应接不暇，无过乎此。且江抵新宁，不特石山最胜，而石岸尤奇：盖江流击山，山削成壁，流回沙转，云根迸出，或错立波心，或飞嵌水面，皆洞壑层开，肤痕縠绉；江既善折，岸石与山辅之恐后，益使江山两擅其奇。余谓阳朔山峭濒江，无此岸之石；建溪水激多石，无此石之奇；虽连峰夹嶂，无不类三峡，凑泊一处，促不及武彝，而疏密宛转，在伯仲间。至其一派玲珑通漏，别出一番新巧，足夺二山之席矣。⑰

认为此地山水比之阳朔和福建武夷山毫不逊色，某些方面甚至过之。其他游记散文如唐人吴武陵《新开隐山记》、韦宗卿《隐山六洞记》，宋人范成大《桂海虞衡志·志岩洞》诸篇、吴元美《勾漏山宝圭洞天十洞记》、刘谊《曾公岩记》、罗大经《游南中岩洞记》，元人潘仁《刘仙岩记》，明人董传策《青秀山记》、蒋冕《游砦岩志》、茅坤《太极洞记》、王济《游古钵山记》、吴时来《游宝华山记》、张佳胤《游贵县南山记》，清袁枚《游桂林诸山记》、郑献甫《游白龙洞记》、曹秀先《游西山》，等等，不可尽列。

诗词是广西山水文学的重头，数以万千计。举凡有游人处，几乎都有游赏诗词以咏之。略举一些名人之作，以窥全豹。

晚唐名诗人李商隐曾来桂林为官，但所作桂林山水诗不多，《桂林》："城窄山将压，江宽地共浮。东南通绝域，西北有高楼。神护青枫岸，龙移白石湫。殊乡竟何祷，箫鼓不曾休。"又《桂林路中作》："地暖无秋色，江晴有暮晖。空余蝉嘒嘒，犹向客依依。村小犬相护，沙平僧独归。欲成西北望，又见鹧鸪飞。"也算疏空俊朗，但不是很出色。初唐名诗人宋之问被流放广西，作诗不少，《经梧州》："南国无霜霰，连年见物华。青林暗换叶，红蕊续开花。春去闻山鸟，秋来见海槎。流芳虽可悦，会自泣长沙。"虽是流贬者眼中之景，却也清丽可喜。唐代广西本土名诗人曹邺《东洲》咏阳朔江中小洲："江城隔水是东洲，浑是金鳌水上浮。万顷碧波分泻去，一洲千古砥中流。"既是实景，也是夸张。

北宋著名文学家黄庭坚贬广西宜州，过桂林，作《到桂州》："桂岭环城如雁荡，平地苍玉忽嶒峨。李成不在郭熙死，奈此百嶂千峰何。"前二句实写，大笔勾勒；后二句虚写，叹无高手能画此异景，反衬此景之怪奇无匹，不愧大手笔。

"苏门四学士"之一的大词人秦观亦贬广西，于藤州（在今藤县）作词《好事近·藤州与客诵梦中长短句》："山路雨添花，花动一山春色。行到小桥深处，有黄鹂千百。飞云当面化龙蛇，妖矫转空碧。醉卧古藤阴下，杳不知南北。"虽说是"梦中长短句"，所写美景当是藤州所见。

北宋文人王安中被贬象州（治所在今象州县），作《居象州》："孔子生阙里，不陋居九夷。象郡虽云远，土地各有宜。疏梅香渡水，瘦竹笋穿篱。坐待百卉芳，春风兼四时。惜哉此江山，顾肯游者谁。"不以贬谪为意，反为他人不能游此地观此景而惋惜。

南宋初的抗金名相李纲贬琼州过广西，作诗文多种，《桂林道中》："桂林山水久闻风，身世茫然堕此中。日暮碧云浓作朵，春深稚笋翠成丛。仙家多住空明洞，客梦来游群玉峰。雁荡武彝何足道？千岩元是小玲珑。"比喻及对比之法甚妙。

曾任广西经略安抚使的南宋状元张孝祥诗《屏风岩》："高崖划天开，

仄径通乳穴。隈堆青螺髻，巉嵲白玉阙。外有虎豹蹲，中恐蛟蜃蛰。东縈俯雷电，西出挟日月。万壑来悲风，六月不知热。但觉骇心目，未易记笔舌。平生山水趣，岭海最奇绝。洞府二十四，未厌屡齿折。晚乃游此岩，馀地比仆妾。同来六七士，嗜好颇相埒。举酒酹山神，慰汝久湮灭。"称平生所见山水，以广西为最；桂林二十四洞府，又以此岩为最，"馀地比仆妾"，层层递进，末乃点睛。

南宋名诗人刘克庄游桂林，作诗数十首，《伏波岩》："悬崖万仞余，江流绕其趾。仰视不见天，森秀拔地起。中洞既深豁，旁窦皆奇诡。惜哉题识多，苍玉半镌毁。安得巨灵凿，永削崖谷耻。缅怀两伏波，往事可追纪。铜柱戍浪泊，楼船下湟水。时异非一朝，地去亦万里。山头博德庙，今为文渊矣。谓予诗弗信，君请订诸史。"震撼于山之森秀与洞之奇诡，却对于还珠洞内的满壁石刻愤愤然，认为这些摩崖之作毁了自然之美，恨不得借巨灵神大斧削之；又考证此伏波将军乃路博德而非马援，正是宋诗喜说理之风。

曾经主编《永乐大典》的解缙被贬为广西布政司右参议，在桂作诗不少，《桂水歌》最能见其才子本色："广西下来滩复滩，三百六十长短湾。潭心绿水缓悠悠，长湾短湾凝不流。涓涓千尺澄见底，隔江空行鱼曳尾。忽然路绝山势回，峡石水深如怒雷。石齿凿凿森鲸牙，龙腾虎跃鸾回车。我行已过正月半，一夜水深浮汉槎。龙游虎伏杳不见，但见满江圆浪花。浪花飞雪卷万瓦，船下高滩疾如马。浪头起向空中击，举舵齐桡不容力。舟师持篙眼如虎，揹住石头轻一掷。直下水痕奔箭急，齿声剥剥叩神灵。抛纸烧香齐起立，老稚忧怀行感泣。为言水浅仅容舠，下滩失手争纤毫。水声怒起两崖泊，回旋指顾下洪涛。龙君水伯似相晓，水势不大亦不小。烧猪沥酒谢神功，好似鱼游在灵沼。翻思初下象鼻山，恒问行人多苦颜。惊心乐水昭平邑，虑息防危不暂闲。忽见苍梧山上月，耳闻莺语自间关。岂知平地风波恶，何处安流不险艰？此心常似初来日，三峡沧溟共往还。"飞腾跳荡，一泻直下，咏山水之壮美而结于人心之险恶。

明成化间率十余万大军"征讨"广西大藤峡瑶民起义、杀数万人的两广总督韩雍，有《桂山诗》："桂山何奇哉，峰峦起平地。星罗数百里，

像物非一类。列柱擎空高，围屏障天翠。尖分笔格巧，棱削剑峰利。海
螺争献礼，玉笋并呈瑞。重岩垂万象，深洞容百骑。河变梁犹存，关陡
门未闟。还多怪异状，物类无可譬。石罅泻寒泉，清响更幽致。丹青
笔虽妙，图画良不易。想当开辟时，清浊各莫位。精华妙凝结，旁礴
隐深粹。洪水滔天流，壅土日消坠。肖然不可动，参杂如布置。儒先
历览多，载籍有题识。仙都雁荡景，角胜须在次。始知寰中山，奇绝更
无二。所惜在荒远，世人少瞻视。我惭本书生，承乏当闻寄。提兵靖百
越，黾勉幸成事。性爱山水游，羁绊弗能遂。故兹佳胜境，六载始一
至。骇目惊心神，欲去还默记。岂徒玩物理，亦欲长仁智。……"虽然
后面部分忘不了炫耀他的"平贼"之功，但前半描写"丹青笔虽妙，图
画良不易"、"何奇哉"的桂林诸山妙景，亦颇形象。

　　与韩雍同时的广西全州人、官至内阁首辅的蒋冕游其家乡全州名刹
湘山寺，作诗四首，其一曰："孤塔望中青，钟声隔烟树。朝暮见云飞，
不见云归处。"其三曰："山色自古今，鸟声时上下。我来豁尘襟，恍疑
在图画。"颇有唐人笔意。嘉靖间以弹劾巨奸严嵩而被贬广西邕州（治
所在今南宁市）的名臣董传策，有多首歌咏南宁青山（今青秀山）的诗
作，《青山歌》曰："青山高，千峰石笋插层霄。青山下，江水平铺村影
射。青山小，卷石嶙峋竹啼鸟。青山大，五象星罗吹响籁。青山晴，波
光万顷盘蛇城。青山雨，烟霭微茫罩松树。青山风，蛟龙吼怒凌长空。
青山月，青螺一点银盘突。青山暝，渔歌欸乃摇江铃。青山晓，玉露瀼
瀼断林杪。青山清，一股泉飞石上声。青山四时尝不老，游子天涯觉春
好。我携春色上山来，山花片片迎春开。仙人云盖飘亭子，泉水之清洵
且美。我爱泉清濯我缨，白云袅袅衔杯生。披云直上昆仑顶，鞭龙一决
翻沧溟。却洗尘氛破炎昊，路上行人怨芳草。"民歌格调，读之令人有
"欸乃一声山水绿"之想。今青秀山上有董泉，即为董氏居此山时所辟。

　　清乾隆间诗坛盟主袁枚两游广西，所作纪游诗文中，以歌行《同金
十一沛恩游栖霞寺望桂林诸山》最妙：

　　　　奇山不入中原界，走入穷边才逞怪。桂林天小青山大，山山
　　都立青天外。我来六月游栖霞，天风拂面吹霜花。一轮白日忽不
　　见，高空都被芙蓉遮。山腰有洞五里许，秉火直入冲乌鸦。怪石成

形千百种，见人欲动争谽谺。万古不知风雨色，一群仙鼠依为家。出穴登高望众山，茫茫云海坠眼前。疑是盘古死后不肯化，头目手足骨节相钩连。又疑女娲氏，一日七十有二变，青红隐现随云烟。蚩尤喷妖雾，尸罗袒右肩，猛士植竿发，鬼母戏青莲。我知混沌以前乾坤毁，水沙激荡风轮颠。山川人物熔在一炉内，精灵腾踔有万千，彼此游戏相爱怜。忽然刚风一吹化为石，清气既散浊气坚。至今欲活不得欲去不能，只得奇形诡状蹲人间。不然造化纵有千手眼，亦难一一施雕镌。而况唐突真宰岂无罪，何以耿耿群飞欲刺天？金台公子酌我酒，听我狂言呼否否。更指奇峰印证之，出入白云乱招手。几阵南风吹落日，骑马同归醉兀兀。我本天涯万里人，愁心忽挂西斜月。[18]

手法之多端，文字之奇崛，正与所咏对象互为表里。

与袁枚齐名的诗人赵翼任广西镇安府知府，描写桂西山水民情之文学作品甚多，《鉴隘塘瀑布》（此瀑布在今德保县都安乡）："银河落，天绅垂。昔疑古人多夸词，今乃见之天南陲。峨峨鉴隘塘，山半一穴泉暗滋。不知其源自何所，闻从滇徼诸土司。乃知群山总空腹，中通流水无断时，如人血贯骨肉皮。兹焉伏流出，喷作千顷池。前有长石横拦之，拦不住，水倒飞，建瓴直下五丈旗。抽刀欲斩不可断，空山白战蛟龙螭。惜哉远落蛮徼内，未与天台庐阜名争驰。我为作歌张其奇，只恐青山界破，又令人笑徐凝诗。"[19]很有点李白《望庐山瀑布》的气势。

山水对联这种特殊的山水文学作品，虽然篇幅短小，但却高度概括，画龙点睛，精悍凝炼。而且它还有其他文学作品所不及之处：都是发表在景区景点，与眼前景致互为印证，相得益彰。试略品若干：

桂林独秀峰有清人廖鸿熙题联："撑天凌日月；插地镇山河。"壮伟雄浑，与"南天一柱"之气势相称。桂林风洞多风，炎炎夏日亦凉风习习，清人张祥河题联云："到清凉境；生欢喜心。"仅仅八字，却以禅语写景，语意双关，景中寓情。桂林龙隐洞位于月牙山西南侧，山水清幽，洞窟奇特。一条蜿蜒石槽横贯洞顶，槽壁上被水剥蚀出均匀的斑痕，极像龙鳞，故传说称乃老龙隐睡之迹，清刘德宜在洞的东壁上刻联："龙从何处飞来？看秀峰对峙，漓水前横，终当际会风云，破浪不

图下 1-5 全州燕窝楼

尝居此地；隐是伊谁偕汝？喜旁倚月牙，下临象鼻，莫便奔腾湖海，幽栖聊为寄闲身。"既写出了龙隐洞的位置、景色，又暗寄自家胸襟抱负于其中，且能引起观者共鸣。清道光间，广西巡抚梁章钜于独秀峰下重建五咏堂，以纪念颜延之，作一联："得地领群峰，目极舜洞尧山而外；登堂怀往哲，人在鸿轩凤举之中。"独秀峰摩崖石刻甚多，而以唐郑叔齐《独秀山新开石室记》和孟简题名为最古。梁氏又书一联云："胜地如图画，是贤守遗区，雄藩旧馆；灵山论文字，有叔齐作记，孟简题名。"写景、咏史、抒怀，皆有可观。

桂林七星山附近有三里亭、半塘尾，为晚清四大词人之首的王鹏运之故居，王题三里亭联："五岭春明堪驻马；四山云雾听鸣鸿。"绘景如画。

桂平西山山水联亦多。洗石庵门柱联："天竺俯江流，到眼晴岚归爽气；云山经雨洗，点头奇石也思灵。"将洗石庵、思灵山（桂平西山别名）、天竺寺之名嵌入联中，山色禅味，气韵灵动。又门联："楼阁耸奇观，天外云峰撑白石；山门凝爽气，池中烟水隔红尘。"写就山光水色，而又不杂人间烟火气。大雄宝殿门联："竹密不妨流水过；山高岂碍白云飞。"绘景之中，寓含哲理，耐人寻味。而又有悬于前殿之长联："苍梧偏东，邕宁偏南，桂林偏北，惟此地前列平原，后横峻岭，左黔右郁，汇交廿四江河，灵气集中枢，人挺英才天设险；洗石有庵，乳泉有亭，吏隐有洞，最妙处茶称老树，柳纪半青，文阁慈岩，掩映十八罗汉，游踪来绝顶，眼底层塔足凌云。"将西山的地理位置之优越、著名景点之风光、人杰地灵之特征尽数囊括，宛如九天飞瀑，一泻千里，大气磅礴。

他处佳联亦富。贵港南山寺大殿联云："洞门云锁三冬暖；石室风生九夏凉。"虚实相生，有景有情。博白绿珠庙有联："啼鸟怨东风，十斛明珠难买恨；落花似流水，一方古井尚留香。"借杜牧《金谷园》诗扩成，美人千古遗恨，尽入景中。凌云水源洞有清人黎中伟题联："桂林山水夙称奇，到此更入佳境；天下名区将览尽，于斯别有会心。"引桂林山水作陪衬，见得此洞非同凡响。梧州白鹤山白鹤观有楹联："联座涌圆光，一轮朗澈鸳江月；桂宫凝瑞霭，五色平争鹤岭云。"于山光水色描摹之中透出一丝仙风道骨之气。清代容县名文人王维新在其家乡名胜都峤山多处景点题联，题婆娑岩云："送老邵归都峤，越峤贤，越峤隐，斗炼丹都峤洞天，访八三都峤灶；改婆陀为婆娑，优婆塞，优婆夷，齐合掌婆娑世界，育十四娑婆呵。"阑入梵语，又将宋代在此修行的邵彦甫与来游此山的苏东坡之交游典事括入，别具一格。临桂县有名胜华岩，相传吕洞宾曾在此修道，有饮鹤亭，清人朱廷干撰联："凉纳岩中，半卷黄庭消白昼；亭临泉上，一溪绿水涤红尘。"就地取景，很有点仙风道骨的意味。然而却又建有佛寺于此，大士殿有联："华界驻仙踪，看白石题诗，疑是岳阳醉醒梦；岩阿参佛像，对红莲满座，何须海岛拜慈悲。"上联咏道家的吕洞宾，下联咏佛家的观世音，兼收并蓄，和平共处，也正是中国宗教特色。

许多事功胜迹、亮节高风随山水而长存，因名联而永志。清光绪间广西提督苏元春所建有名的边防设施小连城（今已成著名旅游地），其指挥所保元宫有联曰："江城如画，俯视交州，岩岫有灵严锁钥；楼阁环云，上通帝阙，神仙应喜此蓬莱。"在江山如画的描摹中透出保家卫国的决心。合浦县有还珠城，这当然就是那著名的汉代合浦太守孟尝因清廉而致"合浦珠还"故事的遗迹；又有海角亭，始建于宋代，取此处为"天涯海角"之意，亭有联曰："海角虽偏山辉川媚；亭名可久汉孟宋苏。""汉孟"自然是指孟尝；"宋苏"则是文豪苏东坡，东坡晚年南贬，曾在此地停留。有这样两位大名人，此亭无疑必定"可久"了。著名的兴安灵渠，有祀灵渠的开凿者史禄等人的四贤祠，清人张鼎星题联："湘漓异源非异源，自来地志，纷纷忘了相离二字；秦汉杂坝非杂坝，祇此江堤，寸寸亦当雄视千秋。"将评价寓于说理之中，也有特色。钦州有抗法名将冯子材故居，称"宫保第"，因冯氏有太子少保衔而名，也是一处游览之地。老将军之墓亦在钦州沙埠镇，墓有二联，一云："万里干城；一方砥柱。"一云："寸心金石；万世馨香。"都从墓主的丰功伟绩立意，令人起敬。横县海棠祠、怀古亭，乃为纪念被贬此地的宋代名词人秦观而建，有联云："孤馆春寒，雾重津迷，太息桃源无觅处；高城望断，山遥水远，可怜梦魂未归来。"隐括秦观本人词句撰成，伤感迷离，余韵悠悠。

人文景观的其他具体形式更多，如：摩崖石刻、崖画、雕塑，寺庙、楼阁亭园等相关建筑，历史遗迹，涂抹了神话色彩或名人传说的景物，等等。在广西山水胜景中，人文景观起着举足轻重的作用，它们本身就是一种景致，甚至是具有决定性意义的核心景观。比如，宁明花山若没有那著名的岩画，就根本不能成为一个景区；桂林伏波山以及山下的还珠洞，在很大程度上靠洞壁上的100多幅历代石刻题咏以及伏波将军试剑石、还珠老龙的传说支撑，否则此山此洞，应该不会如此有名。这些人文景观的观赏价值、文物价值、艺术价值是不言而喻的。

桂林山水中的人文景观之富，也正与其自然景观成正比。单单是其中的诗文题辞石刻和摩崖造像，其数量就足可惊人了。清代学者叶昌炽学术笔记《语石》卷二："桂林山水甲天下，唐宋士大夫度岭南来，题名赋诗，摩崖殆遍。又多纪功之刻，自大历《平蛮颂》（韩云卿文，韩秀实书）、建中《石室记》（郑叔齐文）以下，盖数百家。"[20]然而实际数量何止数百家？仅据《桂林市志·文物志》所载，就有自南朝起至民国时期的诗文题辞石刻1643件，其中普陀山300件，叠彩山207件，龙隐岩、龙隐洞205件，伏波、独秀、南溪诸峰均在100件以上。各种独具

图下 1-6　钦州三娘湾

历史、文学、艺术价值的刻石比比皆是。而桂林摩崖造像（佛道人物像）亦多达 602 尊，均为唐、宋两代所造。很难想象，如果桂林山水缺少了这些宝贵的人文资源和财富，它的美色、魅力与游人的兴致会受到怎样的损失。

桂平西山的摩崖石刻亦是丰富多彩，有：北宋理学家周敦颐题的"畅岩"；清浔州知府胡南藩题的"乳泉"和候补道张荣组撰写的《乳泉铭》及《吏隐洞题壁诗》；浔州知府张灏题的"吏隐洞"名；清《四库全书》纂修官曹秀先撰写的《游西山记》；清人李少莲题的"碧云天"及对联："尘世路间，不觉忙忙终日；碧云天里，何妨息息片时。"李少莲又有刻于龙华寺旁石壁上的《游思陵》五律二首，等等。

清闵叙《粤述》："真仙岩，在县南六里。高峰怪石，青白相错，溪水穿其中，玲珑清响如环佩。白石嵬然，天成一老子像，故又名老君洞。宋咸平中，颁太宗御书百二十轴藏于内，张孝祥磨崖大书'天下第一真仙之岩'。"此真仙岩在今融水县，亦名老君洞、灵岩。洞中石刻，除张孝祥所书外，尚有不少，如历代诗文题刻和相传为吕洞宾所题"寿山福海"四大字等。其中有著名的北宋《元祐党籍碑》，此碑在广西保留两块，一在桂林龙隐岩，另一块即在此洞，现已移至融水博物馆，极具文献价值。

柳州柳侯祠有"三绝碑"，乃苏东坡书写韩愈所撰纪念柳宗元的名文《柳州罗池庙碑》中后半部分的《迎享送神诗》之碑刻；梧州名胜冰井有唐代诗人、容管经略使元结的《冰井铭》碑："火山无火，冰井无冰。惟彼清泉，甘寒可凝。铸金磨石，篆刻此铭。置于泉上，彰厥后生。"（此地有火山，与冰井隔江相对）宜州白龙洞有北宋人龙管于"大宋元符元年八月秋日"所刻的"供养释迦如来往世十领先尊者五百大阿罗汉圣号"碑刻，更有历代数十幅诗词题咏石刻，其中以太平天国翼王石达开及其部将的唱和诗最为引人瞩目，石诗曰："挺身登峻岭，举目照遥空。毁佛崇天地，移民复古风。临军称将勇，玩洞羡诗雄。剑气冲星斗，文光射日虹。"虽非纯粹写景之作，然而其睥睨一世的气概，却不是一般诗人所能比拟，无疑是诗刻中的镇洞之宝。而白龙洞下有山谷祠，纪念被贬死此地的黄庭坚，始建于宋代，祠中有黄庭坚自作小像碑刻，像旁有黄氏自题小像诗："似僧有发，似俗无尘。作梦中梦，见身外身。"令人回味无穷。宜州亦有南山寺，石刻亦众，其中有北宋时名臣余靖诗、黄忱《平蛮碑》、沙世坚《招抚茆难莫文察碑》等，后者于研究毛南族历史尤具价值（"茆难"者，今毛南族也）。

他如永福百寿岩石刻、柳州鱼峰山石刻、灵山三海岩石刻、鹿寨高岩石刻、博白宴石山摩崖造像等等，均成为山水文化的重要构成元素。此处不赘述，请参看本书下编第二章《摩崖石刻》。

还有一些人文资源如各种名建筑，它们即使不与山水相依存，其本身就已成为上佳景致。

第三节　山水与人和谐共生

山水为人所发现与修饰　人得山水怡情养性　天人合一共生共荣

龙胜县的龙脊梯田，堪称广西一大奇景：连绵数十公里的山坡上，

图下 1-7　龙脊梯田

从山麓到山顶，全部被梯田所缠绕，无以数计的梯田重重叠叠，顶天立地，恢弘磅礴。远观之，无际的田埂画出的无数线条，飘逸潇洒，极具行云流水之妙。若遇稻谷成熟季节，则又如金龙游曳，浩浩荡荡。如今，这里已成游人如织的旅游景区。

此一奇景当然并非天造地设，而是人的杰作。据说梯田的开发始自元代，600 余年来，无数次的增补修饰，终于成就这一人造山水奇观。

而梯田并不能成为这一景区的全部景点。游龙脊者，固然要看梯田，但更要看这些梯田的作者和主人，住进他们的干栏木楼里，痛饮他们自酿的"龙胜茅台"，品尝山泉水煮的龙胜土鸡，欣赏瑶妹壮姑的山歌。这些，同样是龙脊梯田景区的重要组成部分。梯田是龙脊人的生命基地，龙脊人是梯田胜景的灵魂，二者相依为命。

这就是广西山水的又一特点：人与山水，和谐共存，天人合一。

"中国山水美学，完全有别于西方的山水美学。原因大概是中国人与山水的关系同西方人与山水的关系不同所致。大体说来，中国人与山水的关系是皈依、寄托、浑融，以天为主最后达到'天人合一'。'相看两不厌'，不知山川之为我，我之为山川。而西方则长期把山水只是当做生活环境看待，特别是他们提倡人本主义即文艺复兴以后，山水景物降到背景衬托地位。"㉑中国的山水诗如此，山水画——包括以桂林山水为表现对象的山水画，尤为典型，山水占据整个画面，有的完全没有人物，有的即使有人物也是芥豆之微，它所表现的恰恰是人与自然的融合无间，而不是像一些西洋画家所理解的对人的漠视。这是两种文化、两种审美观念的差异。

　　人对山水的喜爱，从根本上看应当是一种远祖情结，因为人类的始祖们本就是以山水为家的。文明的发展让人类向平地迁移，有了房屋，有了城镇村落，逐渐离开了真正的自然山水。然而骨子里却仍然不能忘怀自然山水，这主要体现在智识阶层身上。当然，没有多少人愿意重新去过那种茹毛饮血以山洞为家的生活，也没有多少人愿意离开城市去山间林下搭间小棚子开荒种地为生以欣赏山水之景。于是出现了各种折中的方式：一种是游山玩水。古代士大夫中大约以王羲之、谢灵运诸人为较早的山水旅游痴迷者。这是山水文化的基础，一直延续至今，而且愈演愈烈。另一种是在居住地加上一些人工的微型山水，乃是聊胜于无的心理补偿。苏轼《於潜僧绿筠轩》诗云："宁可食无肉，不可居无竹。"晋人王徽之即使借住别人房屋几天，也要令人在屋边种竹，说："何可一日无此君？"这竹其实就是山水林木的微缩品、代用品。中国园林建筑中不可缺少的项目是池沼、假山，如果有一线淙淙流水那就更为圆满。这同样是山水审美心理的一种产物，是对无法长年置身于真山真水之中之遗憾的一种补偿。反过来，山水能给人品性情操的陶冶与启迪。郁达夫《山水及自然景物的欣赏》："大抵山水佳处，总是自然景物的美点发挥得最完美、最深刻的地方。孔夫子到了川上，就觉悟到了他的栖栖一生，猎官求仕之非；太史公游览了名山大川，然后才死心塌地，去发愤而著书。"说明山水不仅可以陶冶人的心灵性情，甚至可以改变人的立身行事。明人王思任《游唤·序》："天地定位，山泽通气，事毕矣；而又必生人以充塞往来其间，则人也者，大天、大地、大山、大水之所托以恒不朽者也。"更是指出了山水与人之间，有灵犀相通之处。

　　这是人与山水精神层面的和谐共生。在"形体"层面，也不乏同类的表现。广西山水即是如此。前述龙脊梯田之景即是一例，而名震天下的桂林山水亦然。范成大在《桂海虞衡志·志岩洞》中还指出了桂林山水的另一特点："皆去城不过七八里，近者二三里，一日可以遍至。"而他此处所述，乃是八百多年前之事。在今天，桂林各山各洞几乎全都在城中。全世界游人不惜跋涉万里、花费巨资才能一睹芳容的桂林山水，对桂林居民来说，就如自家庭院一般。当然，今天发明了"门票"——千古以来本无此费，这是数十年前方有之事——若不吝门票之费，则桂林数十万居民对这些佳山丽水，就如家中之物，举目可见，举足可至。没有泰山的高不可攀，华山的险不可跻；不必气喘吁吁汗流如注，也无须胆战心惊魂飞魄散。山水与人，如同老友，气定神闲，细细品赏。人居在山水中，山水在人居中；人即山水的一部分，山水亦可视为人的一部分。

　　山水之美，由人之感受而生。没有人的审视欣赏，山水尽管依旧存在，其状貌也依然如故，但其"美"却无法体现出来，因为美是在品鉴者的印象意识中才能存在的，没有审美主体，所谓美便无从表现出来，不为人知，也就无所谓美不美了。在此种情况下，山水只是一种自然的存在，而非美景的存在。而且，某种形式的山水美或不美，亦为人之主观选择的结果，是人的美学观指导下的产物。

　　山水之美需要人的发现，同时也需要人的参与，此种参与的形式是多角度的：保护自然景观不受破坏，修饰自然景观使之更美，建设与自然景观配套的设施，注入人文因素以提高自然景观之品位，广为宣传以扩大其影响，等等。

　　广西山水正是如此。

　　宁明花山以岩画著名，而岩画纯为先民所造。实乃人工之景。当然，推测先民作画之初衷，应当并非"为艺术而艺术"，他们大约并没有要为后人创造一个旅游景点的打算，其所画者，应为其实际生活场景；其所以画者，当出于祭祀或向后人传播某些信息之类。然而，如果没有这些先民的努力，那就不可能有今天的花山山水。而此辈先民，当然就居住在花山一带，居此山水中，居此画境中。彼我一体，亦画亦真，似幻非幻。

乐业天坑，千百万年前即已存在，然而除了当地一些山民，别无他人知晓，但山民于此熟视无睹，因为他们既无赏山品水之闲情逸致，亦无此种审美眼光。他们所关心者，是某一天坑是否有药材且可否攀爬采摘之类。此天坑群之成为著名景点，不过十数年之事。而之所以能如此，除了天坑本身的存在之外，其余就完全是"人功"了：人的发现，人的开发，人的宣传，人的加工。没有人的发现和参与，天坑之美就至今仍会默默无闻。

桂林山水以及桂平西山等，又何尝不如此呢？

人们发现了广西山水之美，又参与了广西山水之美的建构。令人赏心悦目的广西佳山水，既是大自然的赐予，也是古人今人共同创造的作品。广西山水给广西人以生存环境和审美对象，人们又给广西山水以品位和灵魂。

山水长在，价值永恒。

【注释】

① 王正功（1133—1203），南宋宁宗庆元六年（1200）为广南西路提点刑狱，其诗《嘉泰改元桂林大比与计偕者十有一人九月十六日用故事行宴亨之礼作是诗劝为之驾》刻于桂林独秀峰下的读书岩，"桂林山水甲天下"句出自此诗。

② [明] 王士性：《广志绎》卷五，中华书局，1981 年。

③⑨ [宋] 范成大：《桂海虞衡志》，广西人民出版社严沛校注本，1986 年。

④ [清] 袁枚：《登独秀峰》，转引自杨东甫《八桂千年游——古代广西旅游文学作品荟萃》，广西人民出版社，2005 年。

⑤ [唐] 元晦：《叠彩山记》，《全唐文》卷七百二十一。

⑥ [唐] 李渤：《留别南溪》，《全唐诗》卷四百七十三。

⑦ [宋] 戴复古：《玉华洞》，《全宋诗》卷二千八百一十九。

⑧ [清] 张心泰：《粤游小识》，《小方壶斋舆地丛钞》本。

⑩ 蒋静选编：《现代游记选》，湖南人民出版社，1980 年。

⑪ [民] 陈柱：《粤西十四家诗钞》，广西人民出版社，1997年。

⑫ [明] 邝露：《赤雅》，《丛书集成初编》本。

⑬ [清]《（同治）浔州府志》，同治十三年（1874）刊本。

⑭ [明] 曹学佺：《蜀中名胜志》，《丛书集成初编》本。

⑮ 杨东甫：《八桂千年游——古代广西旅游文学作品荟萃》，广西人民出版社，2005
年；刘寿保选编：《桂林山水诗选》，广西人民出版社，1979年。

⑯⑰ [明] 徐宏祖：《徐霞客游记》，《四库全书》本。

⑱⑲ 转引自杨东甫《八桂千年游——古代广西旅游文学作品荟萃》，广西人民出版
社，2005年。

⑳ [清] 叶昌炽：《语石》，《续修四库全书》，第905册。

㉑ 刘益之：《中国山水美学思想简史·绪论》，载范阳主编《山水美论》，广西教育
出版社，1993年。

第二章

摩崖石刻

战国至东汉年间，壮族先民在桂南左江数百公里的悬崖峭壁上绘制了 79 处岩画，总称左江岩画，为迄今我国发现的最大岩画群，在世界艺苑中也堪称奇葩。广西还有源自南朝，兴于隋唐盛于宋，绵延于明清的丰富灿烂的石刻文化，其分布涵盖八桂大地，形成桂林、柳州、宜州、融水等石刻富集区和众多的刻藏点，从原初岩画、人物造像到各种纪事、题名、述怀碑刻，几乎无一不具特有的价值。仅桂林一地即有 2000 件作品，石刻文字多达 200 万，致有"北有西安碑林，南有桂海碑林"，"汉碑看山东，唐碑看西安，宋碑看桂林"之说。

第一节 左江岩画

河畔岩画　旱地岩画　花山岩画　岩画内涵与价值

中国岩画有南北两个系统，广西左江流域的岩画（亦称崖壁画）是南岩画系统的代表作。在崇左市辖区的左江及其支流流域的崇左市江州区和凭祥、龙州、宁明、大新、天等、扶绥等七个县级政区约 200 平方公里范围内的沿江岩壁上，有 79 处岩画，通统被称为"左江岩画"①。

这些岩画作于战国至东汉年间，时间跨度近 800 年。当时生活在此地的民族是瓯骆族，瓯骆族的文化与岩画内容有关联，因此，学术界推定岩画为瓯骆人所画。瓯骆人以赤铁矿粉和牛血等调制而成的颜料在崖壁上作画，日积月累，形成了极具特色的文化奇观。

左江岩画分河畔岩画和旱地岩画两种。其中河畔岩画 70 处，占总数 88.6%，其余 9 处为旱地岩画，分别位于崇左市江州区干岜山、达宁山、楞庙山和扶绥县岜割山、岜赖山、后底山、公合山、吞平山、仙人山。扶绥县这 6 处是旱地岩画最多的地区，而且文化延续时间长，至清代还曾有红崖山、汪投山两处旱地岩画存在。

花山岩画是左江岩画的代表作。古代瓯骆人在今宁明县境内的明江东岸花山崖壁上作画，经数百年的积累，形成画面最大、图像最复杂、内容最丰富的岩画。画宽 200 多米，高约 40 米，是中国已知的规模最大岩画，成为全国重点文物保护单位。画作密密麻麻地布满了数千平米的岩面，由于经历时间长短不同、颜料保鲜水平和岩面受雨水侵蚀程度不一致，故有的图像鲜亮完整，有的较为模糊甚至残缺。尚可辨认的图像有近 2000 个，绝大多数是简化的人物形象，他们几乎都是一种姿势：双腿马步，身体挺直，双手上举。每一组画中往往有个别人像形体高大，腰佩环首刀，像是酋长、巫师一类人物，周围还有动物、铜鼓、铜锣等。

清光绪《宁明州志》载："花山，距城五十里，峭壁中有生成赤色人形，皆裸体，或大或小，或持干戈，或骑马……沿江一路两岸，崖壁如此类者多有。"

由于岩画分布面广，场面宏大，而又奇诡神秘，当地人长时期把岩画加以神化，说必须敬畏岩画，不能以手指向岩画，否则会遭到报应。清汪森《粤西丛载》卷十四引张穆《异闻录》说："广西太平府（今广西崇左市境），有高崖数里，现兵马持刀杖，或有无首者。舟人戒无指，有言之者则患病。"岩画被如此神化，更增加了它的神秘感。

古人作画的目的究竟是什么？众说纷纭，有说"是古代桂西的壮族为了纪念某一次大规模战争的胜利所制作的"；有说"是从绘画向形象文字发展的过渡时期的一种语言符号"；有说"是具有魔法作用的图画或符号，是神圣的巫术礼仪的重要组成部分"。因此，有些专家便提出岩画的三种社会功能：一是消除水旱灾害，二是保障人丁兴旺，三是保佑战争胜利②。

除此之外，还可以有另一种揣测，即作画的目的是祈年。从有关资料可知，一幅岩画非一朝一夕可以完成，瓯骆人不会为了摆脱眼前的困难而匆匆作画，他们很有可能是在每年的春社日，形成了作画献神以表达祈望的习俗。为了便于神灵感知，故选择崖壁作画。献画是神圣的，瓯骆人为了神圣的使命，不惧艰难险阻，千辛万苦到悬崖峭壁上作画。在献神画中，最普遍的祈求是风调雨顺，消除水旱灾害。他们不会等洪水滔天或田野干涸之时才想到作画，因为作画要花好长时间，解不了眼前之急。世界上许多民族都有在春天祈求风调雨顺的习俗，瓯骆人当然也不例外，在春天社日里，富户、首领让画家画上多少不等的画像藉以献神，求神保佑有个好年景。因为作画祈年成为风俗，于是这些画就越来越多，分布越来越广。其中，作画颜料质量好，崖壁坚硬的地方，图像就能够留存下来，成为文化遗产。

在祈年画中，有的献给神灵装备以祈求部族强大。流传的壮族社日有这样的习俗："凡祭社，以木竹制作刀、枪、斧、链各数件置于社前，说是给社神添置武器。"③左江岩画中，有不少人物佩带剑、环首刀之类兵器；有的人物手举武器，而手掌是张开的，这正是奉献之状。献给神灵武器，目的是取悦神灵，驱除鬼疫，保佑一方平安。有的祈年画则是祈求神灵保佑人丁兴旺，生活常有歌舞，洪水不泛滥，行船平安。岩画中人与动物的神态都相当生动，有歌舞之状，有渡船之乐，甚至有男女交媾之戏，显示生活的和谐美好。

无论作何解释，左江岩画中蕴藏着壮族先民的原始宗教思想和艺术风格、艺术精神，因而具有不朽的艺术价值，成为人类古老奇异的精神财富的一部分，这是研究者所普遍公认的。

第二节　摩崖造像与刻像

年代最早的博白宴石山造像　数量最多的桂林造像　显现印度艺术
的李寔造像　张孝祥题赞的刘真人像　名家合力玉成的米芾自画像
早期观音像　贯休十六尊者像　靖江王府群贤刻像

岭南和岭北一样，历代信徒们在崖壁上雕造佛像，以作永远供养，
形成摩崖造像文化。岭南摩崖石雕佛像见证着佛教由南跨海而来、由北
度岭驾到，见证着南北佛的融洽相处、南北佛文化的交流与融合，见证
着各个时代信徒对佛教的虔诚。

广西现存最早的摩崖造像是宴石山造像。宴石山位于博白县顿谷镇
南流江畔，现存高浮雕神像 3 尊，每尊宽 5.5 米、高 3 米。中龛正壁释迦
牟尼佛像，佛像头部长方形，两耳垂肩，身披袈裟，袒右肩，结跏趺坐
于束腰式须弥高莲座上。左右龛菩萨像，其体态、手势、服饰均与中龛
主佛大致相同。造像无题记，从雕刻风格及其造型、面像、服饰分析，
是为隋代佛像。五代南汉刘崇远在此建佛寺，用铁铸造释迦佛像和五百
罗汉像，并于大宝二年（959）作《新开宴石山记》。其中说昔曾有人在
流江临水雕造高约五丈余的佛像。至唐咸通中，高骈奉旨率兵征南诏，
途经此地，分别塑佛像于"洞天"和"洞池"两岩内。也就是说，宴石
山在隋代、唐代、五代均有造像和铸像。

广西摩崖造像分布最广、数量最多的是桂林。隋唐乃至于宋，桂
林佛教甚盛，其摩崖造像众多，现存达 600 多尊，主要分布于市区叠彩
山、伏波山、西山、骝马山、龙隐岩。尤其值得注意的是桂林摩崖佛像
与中原摩崖佛像的形制有较大差异，而与印度、南洋地区的佛像多有相
近[④]。造像为雕刻立体像，主要是佛像，其次是仙道像。

西山摩崖造像，主要分布在西峰、千山、龙头峰、立鱼峰、观音峰
等处，有年号的均是中唐以前作品。其中最具代表性的是观音峰李寔所
造佛像，共 3 尊，名曰阿閦佛像，艺术独特，保存完好，被目为桂林造
像之冠。李寔《西山造像记》刻："大唐调露元年十二月八日随太师太保
申明公孙昭州司马李寔造像一铺。"整龛利用天然山石高浮雕一佛二胁

图下 2-1　唐代桂林西山摩崖造像

侍菩萨，其造像风格，学术界公认受印度艺术影响极深。

　　骊马山现存造像多采用薄雕与阴文线刻技法。主要镌刻佛、弟子、菩萨和供养人像，具有唐代风格，为唐代造像。

　　伏波山还珠洞内的造像丰富多样，为桂林之最，旧有"千佛洞"之称。现存造像多系唐宣宗大中年间（847—859）复兴佛法后的作品，其内容与风格较盛唐时期有新的变化。有大中六年（852）宋伯康《造像记》，其所造像为观音。最具代表性的作品是第 41 龛的 7 尊造像。7 像为 1 佛、2 弟子、2 菩萨、2 供养人。主像毗卢舍那佛，高 0.6 米，圆脸方颐，高肉髻，内着僧祇，外披袈裟，左手轻轻按膝，右手举两指作环状结说法印，结跏趺坐于仰覆莲台狮子座，睿智慈祥而又庄严，身后有火焰状背光。此洞造像有较浓的世俗情态，面像生动、自然，体现了宗教艺术与世俗现实艺术的逐渐结合，反映了佛教在桂林日益世俗化的历史进程。洞内有宋英宗治平元年（1064）佚名僧尼的造像记石刻，记中说"舍衣钵钱，命匠人镌造"，说明宋代仍有尽力于还珠洞造像者。

　　叠彩山现存近百尊造像，面型瘦削、神态忧郁、雕刻较粗糙，具有明显的宋代风格。其中风洞现存 3 件造像记石刻，较为珍贵。一件为宋仁宗嘉祐七年（1062）于吉、苏一娘《造像记》，另两件为宋英宗治平元年（1064）使院都孔目官和僧尼志华的《造像记》。

　　龙隐岩造像中，著名的是日、月光菩萨像。在洞内天然神龛之上，有两尊并列的各高 0.33 米的浅浮雕圆形菩萨坐像，是为日、月光菩萨像。两尊佛像之间有宋仁宗至和元年（1054）区氏八娘《造像记》。日、月光菩萨，也称日光遍照菩萨和月光遍照菩萨，他们是药师如来佛的左、右胁侍，与药师如来合称"药师三尊"或"东方三圣"。《药师经》中说药师如来曾发过十二大愿，要满足众生一切欲望，祓除众生一切痛苦。可见，这位笃信佛教的供养人区八娘舍钱镌造二菩萨"永充供养"，是为了祈求菩萨保佑包括自己亲人在内的一切

图下 2-2　桂林龙隐岩摩崖石刻

众生。岩内至和二年（1055）石刻《镌智者大师等相记》则揭示，僧人不仅仅造佛像，"城里崇明寺住持棋僧义缘，谨用斋资命匠者镌庄就天台教主智者大师、擎天得胜关将军、坛越关三郎相"。他们为中国佛教天台宗创始人"智者大师"智顗、"擎天得胜关将军"关羽、坛越关三郎造像，其寓意颇令人玩味。"坛越"，即"檀越"，亦即施主。为施主造像，表示富人慷慨布施于佛即可成佛。

受佛教造像的影响，道教也有造像。广西道教石刻，多见于桂林南溪山刘仙岩、北流勾漏洞、融水真仙岩等地，而在桂西田东八仙山，也有宋代"八仙"的摩崖造像。

桂林道教造像现在仅存 5 尊，因其稀少而更显珍贵。伏波山珊瑚岩口两尊造像，头包方巾，一作倾谈状，一作静听状。其下有宋宁宗嘉定八年（1215）题刻《戏题诗》："日日青菜羹，夜夜黄粱梦。若问卫生术，只此是珍重。"附近的佛教造像皆为庄严肃穆，而此两老仙超然洒脱，

一副世俗老者的自足神态。结合所题诗来看，更具谐趣。南溪山是道教胜地，其玄元洞有清代圆雕"三清"造像。洞左壁清代道光十一年（1831）三月造像记，记载修造三清像及彩画的信士弟子姓名。这是桂林现存最后的造像。

田东江城镇江城村八仙山东麓崖壁上的八仙山造像，摩崖于宋代。壁画长约 3 米，宽 0.9 米，浮雕人像 10 尊，像高约 0.8 米，姿态优美，形象逼真。其中 8 尊人像，相传就是著名的"八仙"。山因此得名为八仙山。有学者论定，作画并造像的是壮族先人⑤。

桂林摩崖刻像，现存最早的是宋代"桂林刘真人像"，而一次性刻石最多的是明代会仙岩刻像。人物有孔子、仙释、画家、诗人、明代宗室。虽然分布零散，系统性不强，但也是一种文化现象，是刻像文化研究不可或缺的珍贵文献，而且每一件刻像本身均有其艺术价值。

南溪山刘仙岩因刘真人而得名，刘真人即刘景，字仲远，相传他在此地修炼，于宋神宗元丰年间（1078—1085）成仙。后有人为之刻像，题为"桂林刘真人像"。为半身之像，线条豪放，容貌古野，仙道之状神似。像旁有宋孝宗乾道元年（1165）九月广南西路经略按抚使张孝祥题刻赞辞，弥足珍贵。

伏波山还珠洞内的"米芾自画像"，像上方刻宋高宗御笔像赞，右边刻米芾儿子米友仁的跋。跋后有方信孺作记。宋宁宗嘉定八年（1215），广西转运使方信孺从其下属官员、米芾的曾孙处得到画像，刻于还珠洞中，并在记中叙述了米芾事迹及画像之由来。

图下 2-3　桂林龙隐岩观音像

独秀峰读书岩中孔子半身像来历很不寻常。这尊桂林石刻中不可多得的圣人刻像是惠宗至正五年（1345）由畏兀氏塔海帖木儿等大员出资刻造的。作记的是黎载，作画者丁方钟，刊石者朱瑞⑥。原来惠宗年少时曾在读书岩习书，登基后不忘往昔，故有这么多大臣文士出来为孔子造像。

龙隐岩石室中的阳刻观音像，是一件精美的石刻艺术珍品。刻于清代康熙四年（1665），高1.5米、宽1.08米，观音半身高1.2米，有三只眼睛和三个小头、唇上蓄须，属于唐代观音男像风格。信晓和尚募资立石，莫琼镌刻。像下有释信晓《观音像记》，记录了所谓"自画像"的来历、传播、立石缘由。刻工莫琼艺高人胆大，在大面积的崖壁上刻像，而且是采用阳线刻法，技术难度颇大，稍一不慎，前功尽弃。莫琼刻得精美细腻，栩栩如生，后之见者，无不景仰其技艺超凡⑦。

隐山华盖庵的《十六尊者像》石刻，共16石，一石一像，石高1.17米、宽0.51米，线刻。最后一石有乾隆二十二年（1757）"御识"及乾隆五十八年（1793）李宜民刻石题识。《十六尊者像》原系唐末五代初僧人贯休所画，又称《十六应真像》，清初真迹流传至浙江钱塘圣因寺，乾隆游江南，观像而题词。华盖庵石刻系据圣因寺刻石拓本勒石。钩画上石者是桂林画家王凤冈，刻匠是谙于章篆的山阴人孟季堂。孟季堂采用阴阳线相结合的方法雕刻，雄健有力，圆润流畅；细微之处，毛发毕现。刻像精美，世推妙品。这组石刻像现存于桂海碑林博物馆碑阁。

明正德六年（1511）十月十五日，靖江王府宗室聚会一岩，游览赋诗，因称此岩为"会仙岩"。周垚作《会仙岩记》刻石，详记聚会情况及与会26人姓名字号。其后为26人中的宗室人物画像并刻石，像旁刻其诗作。与会文士如周垚、包裕，虽不在26人之列，也有像、诗刻石。包裕时年74岁，为桂林乡贤，曾任云南按察副使。绘像有立身、半身，或缓步或抚琴，神态各异，意趣自如。

北宋时期，今河池市与佛教有关的石刻有：河池镇拉敢屯罗汉岩宋代早期摩崖造像19尊，宜州市白龙洞摩崖造像3处、20余尊和现存中国最早的"五百罗汉名号碑"。白龙洞口上方摩崖处一件宋哲宗绍圣四年（1097）的石刻，额刻："婺州双林寺善慧大士化迹应现图"，此碑有

图 29 幅，每幅都有吊脚文字⑧，内容似记述梁武帝萧衍（464—549）奉佛之事。白龙洞中的 3 处造像，即释迦与众罗汉像（俗称"佛会图"）、一佛二菩萨像、普贤像和绍圣五年的两则造像记，见证着宋代偏远之地也盛行佛教。

第三节　桂林石刻

"宋碑看桂林"　"北有西安碑林，南有桂海碑林"　2000 件作品、200 万字石刻的多方面价值　刻于高大洞顶的天碑　全国仅存的元祐党籍碑　王正功"桂林山水甲天下"诗碑　《五瘴说》《养气方》《乳床赋》《劝农事文》　舜庙碑、平蛮碑、盛事记、城池图

桂林石刻始于南朝时期，其后历隋唐五代、宋元明清，越来越多，形成"桂海碑林"。它包括摩崖石刻、造像与刻像及岩洞壁书。现存作品 2000 余件。造像与刻像已见上文，本节主要谈石刻，兼及壁书。壁书主要是两处省级文物保护单位——芦笛岩壁书和大岩壁书。芦笛岩内的石壁上现存壁书 77 件，其中南朝 1 件、唐代 5 件、宋代 10 件；离芦笛岩口约 500 米的大岩现存壁书 93 件。自南朝起至民国共有摩崖石刻 1643 件，其中有年款的，南齐 1 件，隋唐 37 件，宋代 467 件，元代 28 件，明代 412 件，清代 479 件，民国 36 件。时间跨度近 1500 年，显示其持续发展和绵绵不绝的生命力，成为生生不息的石刻文化。

桂林石刻景观早已为人所重视，明代乡贤张鸣凤说，龙隐岩、龙隐洞"宋游最盛，镌题之众，至环两岩，使壁无完石，他岩未之有也"⑨。清代学者叶昌炽《语石》称："桂林山水甲天下，唐宋大夫度岭南来，题名赋诗，摩崖殆遍"。所谓"北有西安碑林，南有桂海碑林"、"汉碑看山东，唐碑看西安，宋碑看桂林"反映了桂林石刻在中国石刻史上的重要地位。

桂海碑林的形成，与岩石的稳固性和人们刻石永存的文化意识有着密切的关系。唐德宗建中元年（780）刻于虞山的《舜庙碑》提出"刊石播美，垂亿千载"。唐敬宗宝历二年（826）李涉《南溪元岩铭》序谓：

图下 2-4　龙隐岩道光十六年（1836）王元仁书"佛"字

"勒铭洞石，表远迹于他年。"宋代进一步形成石刻文化的高峰，举凡政治业绩、公告、诗文、游记等等均成刊刻题材。而钟灵毓秀的桂林岩洞正是保存和传承文化的极好的平台，因而各方名流、僧俗贤达都乐于在此平台上有所展示。有的石刻完成多年后，其子孙又为之作记。宋理宗淳祐十年（1250）李曾伯将自己在龙隐岩的题名说成是"为先世遗墨拂尘"。其"先世"乃曾祖父李邦彦，宋高宗建炎四年（1130）卒于桂林。死前一年，李邦彦为桂林多处胜景榜书题名，栖霞洞、清秀岩、龙隐岩等胜迹都留有李邦彦遗墨，但他生前名声不佳，史称李邦彦、李曾伯，一奸一忠，忠者不仅仅为乃祖之遗墨"拂尘"，也为家族拂了尘。

　　桂海碑林的艺术价值，体现在两个方面，一为书法艺术价值，一为刻石艺术价值。书法如宋石曼卿《饯叶道卿题名》、黄庭坚书《五君咏》、李邦彦书"龙隐岩"、蔡京书《元祐党籍碑》及清代康有为《观元祐党人碑题记》、刘心原龙隐洞篆书题名、柯梦得普陀山撰书《方公祠堂迎送神曲》，等等，都是不可多得的精妙之作。王元仁（字静山）的大"佛"字最为人所乐道。清道光十六年（1836）之中元节，其年、月、日恰好皆为"丙申"，王元仁特在丙申时作的字径0.53米的草书大"佛"字，字下有一行小字"道光丙申年丙申月丙申日丙申时王静山书"。"佛"字极为神奇，远看像一个梳着发髻的老太太双手擎香，双膝跪地，虔诚地举香拜佛。"佛"字本极神圣，经王静山的艺术创造，更显众生期盼幸福，求佛超度之厚意浓情，令观者顿即动容⑩。为了充分展现原作的丰富内容和书画艺术，良工巧匠付出了艰辛的劳动和高超的技艺。龙隐岩顶宋代方滋等十一人游洞题记和吕师夔等十六人游洞题记，这两件被称为"天碑"的石刻，是刻于高大的洞顶之上的，试想在如此高悬的空间仰面刻石，该是何等的艰难！桂海碑林是文化的宝库，也是刻石的奇观，造就奇观者不是鬼斧神工，而是技艺非凡的勤劳工匠，他们作出了伟大的历史性贡献，虽未留下姓名，却已留芳千古。

多达 200 万字的桂林石刻，内容涵盖政治、军事、教育、科技、宗教诸多方面，具有重要的史料价值。政治军事方面，最著名的石刻是《平蛮三将题名》和《元祐党籍碑》。《平蛮三将题名》是宋将狄青率政府军镇压侬智高起义后立的"英雄碑"。当年领导广西战后重建工作的余靖，为宣扬"胜利"，在桂林镇南峰立《大宋平蛮碑》，在龙隐洞立《平蛮三将题名》碑。

图下 2-5　桂林龙隐岩元祐党籍碑拓本

《元祐党籍碑》是北宋"王安石变法"之后朝廷政治混乱、当权者昏庸滥权的反映。当时争权的"胜利"者蔡京亲自书写"元祐党"名录，立碑昭示全国，司马光、文彦博、苏轼、秦观等 309 人株连其中。不久蔡京失势，朝廷诏令毁碑。南宋时，"元祐党人"梁焘的后代将碑文摹本交给静江府司理饶祖尧重刻于龙隐岩；而"元祐党人"沈千后代沈暐为融州长官，将"家藏碑本镌诸玉融之真仙岩"。这两件碑文成为全国仅存的

《元祐党籍碑》，不仅保存了 900 多年前的真实史料，也因大书家蔡京的墨宝而为世人所珍视。

其余如刻于桂林镇南峰的唐《大历平蛮颂》和《大宋平蛮碑》《瘗宜贼首级记》，独秀峰元代《广西道平蛮记》，明《征古田班师记游诗》《右江北三平寇记》《平蛮碑》，普陀山明代《怀远纪事碑》《东兰纪事碑》《思明府纪事碑》，屏风山宋李彦弼《大宋建筑隆兑州记》，伏波山宋张庄《崇宁新建平允从州城寨记》等石刻，都是研究地方史和民族关系的重要史料。

有些涉及吏治的碑刻也很值得注意，如《劝农事文》《五瘴说》以及陈畴父子《水月洞题记》。宋仁宗嘉祐六年（1061）李师中所撰《劝农事文》刻于龙隐岩，文中指出："人民多因小事争斗，致有杀伤，虽骨肉至亲不相容忍。此深可哀悯！盖劝农亲民官不本教化所致。今后令佐，须晓谕乡老，令劝率子弟……"李师中将民风不正归因于"劝农亲民官不本教化所致"，要求官员不得轻视边远地区，要加强社会教育。梅挚于北宋仁宗景祐初知昭州，著《五瘴说》。此文虽然只有 120 字，实为大文章。宋光宗绍熙元年（1190）朱晞颜刻此《五瘴说》于龙隐洞，期望为官者能免官场"五瘴"之患，跋文对五瘴之说作了阐释："夫租赋、刑狱、饮食、货财、帷薄之瘴，有之，则虽畿甸之内，死所不免。倘于斯五者咸无焉，则瘴土犹中土也。""五瘴"指的就是吏治腐败，而防"五瘴"，则可以使吏治廉明。陈畴父子《水月洞题记》，不但是他们先后来广西为官的记录，题记中的"吏治"精神——"仕宦无小大，食焉必思其报"，直到今天仍不失其警醒意义。

许多石刻反映了科学技术进步。宋孝宗淳熙八年（1181）刻于普陀山的梁安世《乳床赋》，对乳泉凝结的见解，在科技史上得到很高评价，肯定其所得出的关于钟乳石的结论要远早于西方 19 世纪的研究成果数百年。宋度宗咸淳八年（1272）刻于观音阁鹦鹉山崖壁的《静江府城池图》，图面高 3.4 米、宽 3 米，单线阴刻。这份 700 多年前城市建设工程图，是现知中国较早的城建平面图，其中运用了 36 种符号，在地图史上开创大量使用地图符号表示地物地貌的先河，也是最早成功表示岩溶地貌的古地图，是研究宋代桂林城镇建设、军事防务的珍贵资料。图左侧章时发

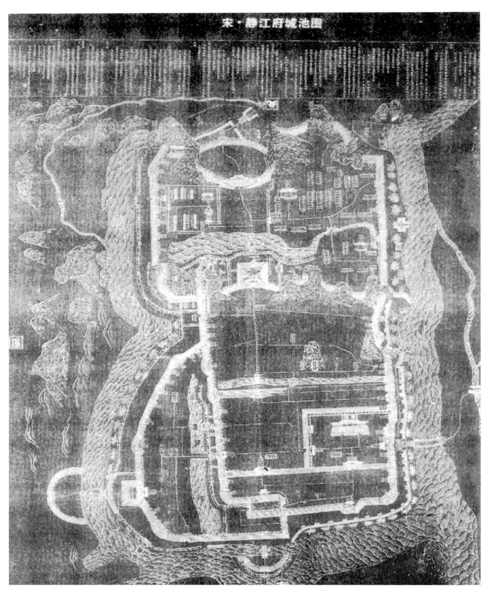

图下 2-6　宋静江府城池图　　采自《桂林石刻》

所撰筑城记云，为抵御蒙古军队南侵，从南宋理宗保祐六年（1258）起，先后四次修筑静江府城，它北倚诸山，东临漓江，由城濠、羊马墙、月城构成纵深防御体系，将著名独秀峰包围其中，体现了当时的战略思想和城建水平。宋徽宗宣和四年（1122）所刻吕渭《养气汤方》也很特别，它详细介绍了药名、灸法、剂量、服法及疗效等，说明官员重视科普教育，关注百姓的防病治病和保健养生，借助石刻使之长久发挥作用，可谓用心良苦。

桂林石刻涉及教育科考者不少。宋高宗绍兴二十九年（1159）于中隐山摹刻的乡贤张仲宇《桂林盛事记》，记录崇宁间，王祖道加强学校建设，教育因此得到发展，"距今应举之士，十倍前日"。府学文庙石刻则元、明、清各朝皆有，从中可见历代推进桂林文化教育、培养地方优秀人材的历史轨迹。

贤哲泽惠，向学风行。旅桂文化名人的影响力在许多石刻中得到生动的印证。宋孝宗淳熙元年（1174）九月范成大作《桂林鹿鸣燕诗》并摹刻于伏波山还珠洞，对中式诸生殷殷劝勉。宁宗嘉泰元年（1201）广南西路提点刑狱王正功在广西乡试结束后，作诗《嘉泰改元桂林大比与计偕者十有一人九月十六日用故事行宴享之礼作是诗劝为之驾》。从诗题目可知，当年乡试有 11 人中举，王正功写诗鼓励他们上进，"桂林山水甲天下"的名句即出自此诗，后全诗刻于独秀峰下读书岩壁，与长青的桂林山水长存。

儒教也是桂林石刻宣示的重点。尧舜是儒家最推崇的上古理想之君，因此历代官员也未忘记在桂林修建尧庙舜祠，举行祭祀，刻石立碑。尧山今为桂林著名风景区，相传秦代在尧山山腰建尧庙，隔江与舜祠相望，虞山现存唐德宗建中元年（780）韩云卿的《舜庙碑》、宋孝宗淳熙三年（1176）朱熹的《有宋静江府新作虞帝庙碑》及次年张栻的《韶音洞记》、元惠宗至正二十三年（1365）刘杰的《帝舜庙碑》、清《重修虞帝庙记》等石刻，其内容多歌颂虞帝功德、记述虞帝庙兴衰、赞美虞山景物。而这一切都与教育兴衰是分不开的，虞庙兴则教育兴，教育兴则儒教兴。儒学家张栻于淳熙二年二月主政广西，奉奠进谒，有感于"栋宇倾垫弗支，图像错陈"，因此指示重建虞帝庙，建成后请好友朱熹撰写碑文。刊刻朱熹碑文后，张栻又作《韶音洞记》。大力尊弘尧风舜德，对儒学传播和社会文化教育的推动，具有重要意义。

桂林曾是佛教和道教圣地，有关石刻自然很多。隋代高僧昙迁云游桂林，于文帝开皇十年（590）在普陀山七星岩壁题写"栖霞洞"3大字。唐宪宗元和十二年（817），怀信等六僧人游桂林南溪山并题名刻石，游芦笛岩并作壁书。释怀信的七星岩《题栖霞洞》诗刻，为现存最早的桂林题刻诗。桂林万寿寺，古称开元寺、善兴寺，唐高宗显庆二年（657）十月，在此寺"建立妙塔七级，高耸十丈"。竣工后置舍利函，《显庆四年舍利函记》石刻云："葬佛舍利二十粒"，"舍利镇寺，普共法界，一切含识，永充供养"。五代时楚国之静江军节度使马賨刻《金刚般若波罗密经》碑，立于此，《金刚经》是南禅宗奉行的经典，此碑见证南禅宗在广西的传播。宋代，广西佛教达到鼎盛。宋孝宗乾道九年（1173）刻石于中隐山的《中隐佛子岩福缘寺修造记》，由造寺之住持沙门祖华口述，西峰寺住持海印大师日澄执笔。这篇文献记录了建成福缘寺的历程，反映祖华僧创建寺院的不懈努力。祖华甚至能够争取得到道士的支持，此举是宗教史上创造释、道成功合作的范例。

　　广西道教始于晋，兴于唐，盛于宋。宋代广西最著名的道士是刘景（字仲远），其名列《历代真仙高道传》。宋仁宗嘉祐五年（1060），李师中作《留题大空子隐居》并刻于刘仙岩。刘景与道教"南五祖"之一的张伯端有交往。刻于刘仙岩的《天台张平叔真人歌赠桂林白龙洞刘道人》490字长诗，宋高宗绍兴十八年（1148）的刊石后记说，刘景于"嘉祐末得是歌"。也就是说，刘景与张伯端的交往是在嘉祐年间（1056—1063）。他们道行相当，相谈甚欢。张伯端著有《悟真篇》，为"道家十三经"之一，《赠白龙洞刘道人歌》即附录于后。刻于刘仙岩内的《养气方》，汤方列草药3种，并记药量、泡制方法、服法和注意事项。并说此方为刘景所传授。刘景去世后，其所居之岩洞成为名胜，又称"刘道人岩"，后被称为"刘仙岩"。绍兴十九年（1149），当地乡绅修路以通岩中，并刻相关诗作于石崖，"永传不朽"。录诗3篇，首篇是李师中的《留题大空子隐居》，第二篇是宋神宗绍圣三年（1096）转运使曹辅的《游刘道人岩》诗，第三篇是当年任广西提刑官的梁子美的和作。李诗是刘景健在时之作，而曹、梁之诗则是对仙人的追忆。被称为刘仙岩石刻书法艺术第一的状元张孝祥《刘仲远画像赞》，成为广西道教文化胜地刘仙岩的点睛之笔。

　　桂林石刻还有纠谬补缺之功。如曾公岩是广西经略安抚使曾布于元丰二年（1079）所辟的一处名胜，僚属尊称而有此岩名，刘谊作《曾公岩记》，诸君唱和赋诗。首唱为陈倩，题为《曾公岩》；曾布首和，题为《次韵》；其他四人诗皆题为《和》。而《全宋诗》不录首唱诗，而且所录诗题目也不一致。又如《全宋诗》录元在庵主人《石堂歌》，小传云："元在庵主人，失其名。"其实，元在庵主人就是蒋卓；还珠洞题名石刻明确记载："嘉定丁丑，中秋良夜……元在庵主人蒋卓。"

第四节　其他著名石刻

祥瑞纷呈的百寿图石刻　荟韩文柳事苏书于一体的三绝碑　黄山谷小像　石达开诗刻　五百罗汉名号碑　"天下第一真仙之岩"　南山寺宝书百轴　二唐碑智耀千秋　岭南现存最早墓碑

　　桂东北地区处于广西南来北往的交通要道，文化发达，石刻也很丰富，除了前述桂林石刻外，还有全州湘山寺、兴安乳洞、永福百寿图石刻等。南宋永福知县史渭镌百寿图于夫子岩，在一个大"寿"字笔画内镶嵌一百个不同字体的小寿字，落款为"绍定己丑知县史渭刻于静江古县，桂林王竃刊"。这一百个小"寿"字乃集百家寿字墨宝，并非史渭一人之字，其巧妙构成所凸显的祥瑞之气千百年来历久而弥新。

　　桂东及桂东南的昭平、钟山，以明代石刻著名，贵港南山寺更是重量级石刻富集之区。该寺宋代称"景祐寺"，据王象之《舆地纪胜》卷一一一记：景祐寺中有石涌成佛像者三。宋真宗咸平元年（998）赐太宗御书二百二十轴藏于御书阁。今有宋代以来摩崖石刻180多件。最早的题刻诗是佚名"陈待制"的作品，摩崖于宋仁宗庆历元年（1041），诗句有"刊垂天子万年碑"。宋宁宗庆元三年（1197），陈谠知贵州（今贵港市）时，题榜"南山"两大字，每字径1.4米，是南山石刻中最大的字。题云："昔我太宗，云章下赉。于皇仁庙，奎文狃至。"[①]前句指"太宗御书"，后句则指仁宗题"景祐禅寺"额匾。宋桂林诗人石安民亦曾题刻诗于此，中有"宝书百轴鬼物护，高阁三成岚气阴"之句。题刻诗中还有著

图下 2-7　集韩文柳事苏书于一体的三绝碑

名诗人曾几的作品，《舆地纪胜》录其诗句。元英宗至治元年（1321）亲王图贴睦尔被流放海南岛，途经贵县曾游南山。两年后奉召返京，重游南山，并亲书"南山寺"3字赐予寺僧。其后图贴睦尔登帝位（元文宗），州官撰跋刻《御书碑》立于石佛洞北壁，景祐寺也就改称南山寺了。广西的元代遗迹本来不多，此处石刻堪称吉光片羽。

桂中柳州乃历史文化名城，石刻为其重要内涵，主要分布在柳侯祠、马鞍山、鱼峰山。市中心柳侯公园内的柳侯祠，有苏轼书写的"荔子碑"等石刻 40 余件。柳侯祠古为罗池庙，庙中附祀名士刘蕡。最早的碑文是韩愈作《柳州罗池庙碑》，为唐书法家沈传师所书，但原刻无存。现存最早的则是"荔子碑"，为苏轼擘窠大字代表作之一，其内容为韩文罗池庙碑中的"辞"，因首句"荔子丹兮蕉黄"，而习称"荔子碑"，简称"荔碑"；又因韩文记柳事而书法出于苏，故又称"三绝碑"。明徐霞客游柳州，购得"苏子瞻书韩辞二纸"拓本，引以为珍。清龚锡绅《谒柳侯祠》诗："苏字泪韩文，碑高八尺咫。飞舞走龙蛇，棱棱蟠石髓。"徐宗培更将荔碑之珍比似神奇的"召公棠"⑫。

柳州马鞍山，古称仙弈山，今存宋以来石刻近 100 件。宋钦宗靖康元年（1126）柳州知州丘永的《仙弈山新开游山路记》中有柳州春游成为习俗的最早记录⑬。石刻出资人柳州天宁寺住持净悟大师觉昕，获悉王安中被贬至象州，前往拜会，并请王为天宁寺作记。后王安中到柳，撰《新殿记》，绍兴二年（1132），觉昕又出资刊石。《新殿记》载吴敏、汪伯彦、王安中"凭轩俯视殿宇，而壮之以为广右第一"⑪。三人均曾官至相位，而后相会于柳州，柳州驾鹤山因而有"三相亭"及相关石刻。《新殿记》对于研究此寺及柳州乃至广西的佛教、对于研究"三相"，都是极其珍贵的第一手资料。

柳州鱼峰山，亦称立鱼山，自古代即为近郭名山，多有题刻。明杨芳《登立鱼峰》诗云："仙人幻迹春常驻，幼妇留题薛半封。"现存古代摩崖石刻 40 余件。元武宗至大元年（1308）梁国栋等的题名，是鱼峰山最早的石刻。明代柳州"八贤"之一戴钦和雒容举人王朝柱等名士均有题诗。清光绪二十九年（1903）马其芬题记，刻下了当时架设广西省会桂林至柳州、柳州至庆远（今宜州市）电报线的记录⑮。

柳州东北鹿寨县雒容镇西南的高岩是一方名胜，岩洞分上、中、下三层，幽深别致，明崇祯四年（1631）知县郭元佐题榜"天然大厦"四字摹刻于岩中。相传北宋状元、永福人王世则早年在此读书，故此岩又名读书岩。岩内刻有王世则诗《高岩立春日》《乙巳岁首春一日……》《登高左岭望迤北诸石山》3 首。王世则生前诗文大都散佚，此石刻是其仅存的完整作品；但石刻之被发现那已经是清乾隆之事了，因而更显珍贵。高岩上层叫白象岩，高广若殿堂，中间有一白色石，其形如白象。宋转运判官方信孺曾来游览，榜书"白象岩"摩崖。清代大诗人郑献甫曾邀徐坤来游，并绘游览图，徐因作《题游白象岩图后》，其中谓："昔贤读书处，阁籍容半乘。"说的是王世则影响很大，其读书岩题名人物中，内阁高官有半车人之多。又盛赞"郑子笔淋漓，盛事绘图赠；珠玑题满幅"。王、郑二贤之游高岩，诚为艺林佳话。

桂中著名石刻富集地还有宜州。广西美术出版社 2000 年出版的《宜州石刻集》收录 200 多件，大多数是宋代至清朝者。石刻主要分布在白龙洞和南山寺。如南山寺的宋徽宗崇宁二年（1103）黄忱《平蛮碑》、宋光宗绍熙四年（1193）沙世坚《招抚峒难莫文察碑》，是毛南族的重要史料。特别珍贵的是有关黄庭坚石刻、五百罗汉名号碑、石达开等和诗石刻。

宋徽宗崇宁三年（1104）夏，黄庭坚来到被贬羁管之地宜州，次年

图下 2-8　黄庭坚书《五君咏》碑刻，今存桂林龙隐岩。

秋亡故于此。虽然时间短暂，但他在此遗泽甚丰。宜州景仰他，建有山谷祠。祠有"山谷先生小像"刻碑，并刻有相传为先生自作像赞："似僧有发，似俗无尘。作梦中梦，见身外身。"宋于山谷祠后建龙溪书院。历代修祠的石刻文献，都是黄庭坚研究的重要资料。

宜州白龙洞崖壁上有题额为"宜州会仙山保民寺罗汉峒新建五百大阿罗汉碑"的一方石刻，碑高 2 米、宽 1.1 米，楷书。所记罗汉名号共518 位，并配有佛教故事浮雕一幅。落款"大宋元符元年八月秋日清信弟子龙管记"。此碑俗称"五百罗汉名号碑"，是全国现存最早的五百罗汉名号石刻。同年七月十五日，信徒龙管在此洞内还有普贤菩萨造像。龙管崇佛的石刻记录，见证了宋代宜州佛教之盛行。

从天京率部出走的太平天国翼王石达开于太平天国十年（1860）三月，驻师庆远府（今宜州市），乘政暇之余率其属官登临白龙洞，见粉墙上刘云青的诗，"寓意高超，出词英俊，颇有斥佛息邪之概"，因喜而和诗，属官孔之昭等亦和之，最后作记并刻石。石达开诗以"毁佛崇天地，移民复古风"相号召，字里行间透出"剑气冲星斗，文光射日虹"的英迈豪气，读之令人动容。这些诗作，以罕见的石刻形式为后世传存了英雄们的风采和踪迹，具有不可替代的特殊价值。

柳州市北融水县真仙岩遗存唐宋以来摩崖石刻一百多处，是广西又一石刻富集区。宋神宗元丰初年，广西经略安抚使曾布等率一班官员在此题咏，首唱者为广西提举常平刘谊，作《留题融州老君岩》，曾布与转运使陈倩、提点刑狱秘书丞彭次云、提举常平秘书丞齐谌四人和之。元丰六年（1083）七月一日，权知融州军州事钱师孟摩刻于岩⑯。宋高宗绍兴十九年（1149）端午，在融州为官的司马备将其祖父司马光的隶书《风火家人卦》真迹全文摩刻于此岩内。此卦在杭州南屏山西麓也有，但人们对其真伪存疑，后学者见真仙岩石刻才证明南屏碑确为司马光所书⑰。真仙岩最为珍贵的石刻是《元祐党籍碑》（现藏于该县博物馆）。宋宁宗嘉定四年（1211）八月，融州军政长官沈暐摩崖并作记。此《元祐党籍碑》与宋宁宗庆元四年（1198）桂林龙隐洞之石刻，碑文基本相同，只有几个人名略异。宋祝穆撰、祝洙增订的《方舆胜览》卷四十一记融州真仙岩："本名'灵岩'，又名'老君洞'……咸平中敕改为真仙岩，颁降太宗御书一百二十轴藏岩内。张安国摩崖大书'天下第一真仙之岩'。"张孝祥题榜摩崖后不久，赵蕃见到拓印手迹，并作诗。

桂西南幅员辽阔，山脉纵横，留存多年的石刻亦常见之。靖西"鹅"字碑、田阳王守仁碑刻、崇左"千年寿"碑、武鸣"凤"字石刻均为名作，而最著者首推上林《大宅颂》和《智城碑》。

唐高宗永淳元年（682）的《六合坚固大宅颂》位于今上林县澄泰乡洋渡村麒麟山石牛洞，是迄今发现的古代壮族地区最早的摩崖石刻。碑文由"序"、"颂"、"诗"3部分组成。当地壮族土官韦敬办为韦氏家族新建大宅而作此文，而文章并没有称颂建筑，却是叙述家族来源，提出永保家业、维护一方安定的主张。韦敬办称，"维我宗祧，昔居京兆，流派南邑"，成为一方首领。唐之"京兆"即长安城。当韦氏家族在今上林县境内发展壮大后，他们不像钦州宁氏那样不断扩张，而是保境安民，享受一方宁静的生活。他们处世格言是"博文则物色益兴，用武则悬巘斩绝"。"兴"为人之所求，"绝"乃人之所避。他们"博文"以求"兴"，避免"用武"以防"绝"。整篇文献流露出老子的"小国寡民"思想，其"大宅"有如远离纷争的小国。

十五年后，韦敬办又在今上林县覃排乡爱长村智城山石壁上刊刻廖州刺史韦敬办《智城碑》，碑文由序和正文两部分组成。碑的首行题款文字甚多。《智城碑》描述韦敬办领导下的远离纷争的小国之美，无异于世外桃源。碑中透露韦敬办创此宁静之区的原因："往以萧墙起衅，庭树暌阴，蓄刃兼年，推锋盈纪，遂乃据兹险奥，爰创州庐。"韦敬办原建"六合坚固大宅"，今又将此地取名"智城"，其"智"固当称道，而最值得珍视的则是，韦敬办总结地方战乱纷仍的起因为"萧墙起衅"。确实，古代广西乃至其他地区，许多"用武"何尝不是因为"萧墙起衅"。"萧墙"有的在家族内部，有的在村寨之间、种族之间，矛盾的根源不外利益、名誉、权力等因素。360年后，北宋广西长官李师中于《劝农事》文中指出："人民多因小事争斗，致有杀伤，虽骨肉至亲不相容忍。此深可哀悯！"韦敬办为了避免"萧墙起衅"、骨肉至亲不相容忍，因而建"大宅"、建"智城"，刻意营造和谐安处的环境。纵观广西石刻，与"用武"有关之碑作历代不绝，看了那些记录着血腥历程的冷冰冰的文字，更反证韦敬办"博文"以求"兴"，避武以防"绝"的智慧高明。这一难能可贵的认识与总结至今仍不失其重大的启示意义。还有值得注意的是，碑文中刻入了武则天时代创造的6个新字，武氏所造新字短时间就传到如此边远的少数民族地区，说明中央政府对这些地方的影响力渗透到各个方面。此外，碑刻中还有壮族创造的几个土俗字，是研究壮族文字的重要资料。

桂南钦廉地区临海临边，石刻多与地域历史文化相关。钦州的《宁越郡钦江县正议大夫之碑》是岭南现存最早的完整隋代墓碑。墓主宁贙（573—608），葬于今广西钦州市钦南区久隆镇新明村石狗坪。据《宁碑》所记，宁贙（xuàn 炫）祖籍临淄，祖父宁逵、父宁猛力、兄宁长真。宁逵于南朝梁武皇帝时为定州（今广西玉林、北流等地）刺史，总督九州军事，南朝陈时任安州（今钦州）刺史。宁猛力、宁长真先后袭职。《宁碑》记宁长真"南定交趾之川，北靖苍梧之野"，称扬宁贙与其父兄"建国兴邦，纯守边疆。威流五岭，勇振三湘"。史载钦州宁氏在南朝至唐初确有很大势力，他们帮助中央政府维持地方安定，发挥了积极作用，但在唐初生变反唐，贞观元年被镇服，世袭地方长官的特权被废除。贞观十年，为避宁氏家族的影响，钦州州治由原来的宁氏地盘（今久隆镇）搬出，新治所在今灵山县旧州镇。尽管如此，宁氏长期形成的势力仍然可观，沈佺期流放交州时，经过钦州，作《答魑魅代书寄家人》，诗句"且惧威非贙，宁知心是狼"，将其姓名藏于头尾。宋之问《宋公宅送宁谏议》诗中的宁谏议，即宁原悌（一作悌原），是宁贙后裔，官至谏议大夫。宋之问对宁谏议颇为敬重。后来宁氏诸先贤被奉为壮族历史人物，此碑也就成了汉族与壮族融合的见证。由于此碑涉及中国南方疆域和历史，对研究中国历史，特别是地方史尤为珍贵。

灵山县三海岩，得益于钦州知州陶弼于宋英宗治平二年（1065）的开发，成为一方名胜，素有"粤西胜景"之美誉。现存摩崖石刻138件，传留了许多实证资料。当年陶弼开发此岩，作《三海岩》诗："灵邑西南古洞天，我来方信海为田。无名不入州图载，有路空闻野老传。此日登山人采蚌，当时饮马壳留钱。颜公昔记麻姑说，三变桑田是果然。"并记："……下有磐石，螺蚌负之。予疑上古之时海渐于此。《诗》云：'高岸为谷，深谷为陵'。岂空言哉？乃因之曰三海岩，而复为诗章，以附新邑图经云。"陶弼诗及记，刻石于宋徽宗崇宁五年（1106），对于三海岩和建治于六峰山下的灵山县治而言，都是历史第一记录。

岳飞儿子岳霖于宋孝宗淳熙初年知钦州，四年（1177）任满奉诏回京，曾游此岩，题诗《过灵山述怀》并刻石。这是岳霖惟一的存世之作。淳熙九年（1182），"钦州沿海巡检、权知灵山县事"某君（佚名）为岳霖诗作跋，刻于其后。此跋文是最早评价岳霖的史料。

三海岩石刻中，具有珍贵研究价值者，还有明景泰二年（1451）汤节的《灵山突兀烟霞古》诗并记、清康熙二十二年（1683）吴兴祚《落落灵山右》诗并记以及其门生周恂的《奉和总制伯成吴老师游三海岩次韵》等。汤节为镇国将军，其记及诗是关于平定广西郁林州黄屋山黄公庞暴动的重要资料。诗中还提到宋代石刻："摩崖拭看读雄文，宋室词章传海宇。"[18]

从上提及的是广西摩崖石刻的部分代表作，尚有许多作品值得研究。所有的作品都是广西文化发展长河流过的不灭踪迹和印痕，闪耀着历史文化之光。

【注释】

① 关于左江岩画，主要参考广西壮族自治区民族研究所编的《广西左江流域崖壁画

考察与研究》（广西民族出版社，1987 年）和《宁明县志》。

② 《广西左江流域崖壁画考察与研究》，广西民族出版社，1987 年，第 169 页、180 页。

③ 《广西通志·民俗志》，广西人民出版社，1992 年，第 313 页。

④ 桂林造像、刻像、石刻等部分，主要参考《桂林市志·文化志》。其第三章为"石刻、壁书、造像"。下不一一详注。

⑤ 蓝怀昌：《广西名胜风景大观》，广西教育出版社，1994 年，第 782 页。

⑥ 《桂林石刻（上）》，桂林内部刊印本，1977 年，第 368 页。下文有关桂林石刻的引文，除了少部分引自别的文献，余皆出于此书，不再一一详注页码。

⑦⑩ 刘玲双：《桂海碑林》，漓江出版社，1997 年，第 63 页、55 页、97 页。

⑧ 李楚荣：《宜州石刻集》，广西美术出版社，2000 年。以下引宜州石刻文字出此书，第 69 页。

⑨ 齐治平、钟夏：《桂胜·桂故校点》，广西人民出版社，1988 年，第 62 页。

⑪ 陈仲良：《风雅八桂》，广西人民出版社，2005 年，第 379 页。石安民诗亦引自此。

⑫ 程朗：《柳侯祠文献汇编》，黄山书社，2004 年。

⑬⑮ 程朗等：《柳江遗珍》，光明日报出版社，2006 年，第 78 页、80 页。

⑭⑯⑰ [清] 谢启昆：《粤西金石略》卷七、卷四、卷七，嘉庆六年（1801）铜鼓亭刊本。

⑱ 《灵山县志》，广西人民出版社，2000 年，第 1165 页。上引三海岩诗文出于此。

第三章

铜鼓

　　广西之有铜鼓，至少有两千多年的历史。这种青铜铸造的打击乐器，有面无底，曲腰，中空，侧附四耳，形似坐墩，因而又称"墩形鼓"，曾广泛分布于中国西南各省和与之邻近的东南亚各国。广西是古代铜鼓的主要分布区，在 80 多个市县中有 70 多个市县出土、流传或收藏铜鼓，整个八桂大地都经过铜鼓文化的洗礼。铜鼓成为广西地域文化、民族文化的标志，在古代娱乐、祭祀和军事政治活动中被作为重要的神器和工具，发挥了独特的功能和作用。壮族铜鼓习俗和田林瑶族铜鼓舞均入选国家级非物质文化遗产名录。

第一节　铜鼓的来源和分布

　　濮越人的创造　广西铜鼓始自战国时代　历史记载不断　民间传世1400 多面　收藏铜鼓最多的博物馆

　　铜鼓从炊具演化而来。最早的铜鼓就是煮饭的铜釜，人们吃饱喝足以后，将铜釜翻过来，敲击其底部，伴歌伴舞以自娱。后来将铜釜改进，作为专用乐器。铜鼓分面、胸、腰、足、耳等部分，浑身遍布纹饰。早期的铜鼓面部较小，胸部突出，腰部较细，足部展开，没有纹饰或仅有较简单的纹饰，称为"釜形鼓"；后来鼓面加大，腰部增粗，纹饰逐渐精美，出现写实图案，才发展成真正的铜鼓。

最早的铜鼓出现在云南中部偏西的洱海——礼社江流域，随着民族的迁徙和民族间的文化交流，濮越人创造的铜鼓铸造技术和信仰习俗逐渐向外传播，分布于云南、贵州、广西、广东、海南、四川、重庆、湖南等省、自治区、直辖市和中国南部毗邻的越南、老挝、柬埔寨、缅甸、泰国以及马来西亚、印度尼西亚等东南亚国家。

图下 3-1 原始形态铜鼓，田东祥周南哈坡出土。今存田东县博物馆。

广西自战国时代始有铜鼓，最早见于右江流域，部分骆越人接受了铜鼓文化。到汉代，骆越人自己已能铸造成熟的铜鼓，自西林、隆林、百色，经田东到南宁、贵港，东至贺州都有铜鼓出土，铜鼓在广西的分布范围从右江一带扩大到整个郁江流域，乃至贺江流域。三国两晋南北朝时期是广西铜鼓的大发展时期，不但种类多，数量大，分布广泛，而且铸作精良，云开大山区、六万山区、浔江两岸，到处竞相鼓铸，把铜鼓文化推到登峰造极的地步。隋唐以后，由于民族的融合、社会的变迁，铜鼓文化在广西东部地区逐渐式微，而在西部地区继续繁荣。

古代文献中最早提到铜鼓的正史是《后汉书》。《后汉书·马援列传》中说：马援南征交趾"得骆越铜鼓"。比《后汉书》成书稍早的《广州记》，记录了东晋时代广州境内的俚僚铸造铜鼓的仪式，当时追求"鼓惟高大为贵，面阔丈余"[①]。《晋书·食货志》记载，因为岭南夷人"宝贵铜鼓"，铸造铜鼓耗铜太多，将流通货币铜钱销毁，用来作铸造铜鼓的原料，晋孝武帝在太元三年（375）不得不下诏令，禁止铜钱输入广州，"铸败作鼓"。几乎与此同时成书的《陈书·欧阳頠传》记载了南朝欧阳颙跟随兰钦攻打广州时，从俚帅陈文彻手里缴获铜鼓的史实，他们所获的是"累代所无"的大铜鼓。应该说明的是，当时的广州辖南海、郁林、苍梧、宁浦、高凉、晋兴等郡，包括今广东、广西的绝大部分地区，在这个地区内的乌浒、俚僚广泛使用铜鼓。

《隋书·地理志》记载：自五岭以南二十余郡，诸蛮都铸铜为大鼓。俗好相杀，多构雠怨，欲相攻击，则鸣铜鼓聚众，到者如云。有鼓者号为都老，群情推服[2]。

唐代广西铜鼓已进入诗人视野。著名诗人李贺《黄家洞》诗，记述了广西黄洞"西原蛮"将铜鼓用于战阵的史实[3]：

> 崔步蹙沙声促促，四尺角弓青石镞。
> 黑幡三点铜鼓鸣，高作猿啼摇箭箙。
> 彩巾缠蹀幅半斜，溪头簇队映葛花。
> 山潭晚雾吟白鼍，竹蛇飞蠹射金沙。
> 闲驱竹马缓归家，官军自杀容州槎。

自唐开始，已有关于广西地区出土铜鼓的记载。唐末刘恂撰写的《岭表录异》写到：懿宗咸通末年（874），幽州张直方贬到龚州任刺史。到任后，修葺州城，掘土得一面铜鼓，任满后将这面铜鼓带回京城，在经过湖北襄汉时，赠送给了延庆禅院。唐代的龚州就在现在广西的平南。

周去非《岭外代答》说："广西土中铜鼓，耕者屡得之"，"所在神祠佛寺皆有之，州县用以为更点"[4]。宋神宗熙宁元年（1068）至元丰元年（1078），广西横州（今横县）共获铜鼓十面，元丰七年（1084）十一月，广西宾州（今宾阳）获铜鼓一面，都被《宋史·五行志》作为祥瑞记载。

明、清以降，正史、野史、笔记小说、诗词歌赋，有关铜鼓的载籍更是屡见不鲜。

埋藏在地下的铜鼓经常在老百姓生产、生活中因开荒种地、打井修渠、下河捕鱼，无意间挖到或捞到。据明清府志、县志不完全的记载，自明景泰三年（1452）起，直到清末，北流、博白、浔州（今桂平）、岑溪、玉林、邕宁、灵山、藤县、钦州、宾阳、宜山、扶绥、象州、合浦等县均不时有铜鼓出土。

当时从地下出土的铜鼓，大都被认为是稀有之物，"非人间所宜私

图下 3-2　西林铜鼓纹饰展示图

宝"，没入省、府、州、县的衙署、学宫，也有的流入神祠、佛寺，或成为士大夫私藏。明嘉靖年间，南宁"城隍庙后寝有小铜鼓"，浔州铜鼓滩打捞出的铜鼓被放入浔州府文庙，从白石山挖出的铜鼓放置在浔州府城清风楼。明弘治年间，博白县铜鼓潭获得的大铜鼓被解送府署。清初，梧州府有铜鼓十数面。关于村民将所得铜鼓献给寺庙的事，在地方志中多有记载。如玉林城西北馒头圩金顺庙铜鼓，是道光二十六年（1846）藤龙堡村民耕获，城西南高沙堡流表村尚书庙的铜鼓是道光年间山中出土，城东印岭村寒山庙的铜鼓是道光三十年（1850）北流新圩人锄田偶获。在清代，仅郁林一县，城东、城西、城北不下 10 座庙宇都有铜鼓⑤。北流、平南、博白、容县、桂平、崇左、龙州、上林等地庙宇也不乏铜鼓踪迹。

考古发掘也会发现铜鼓。发掘贵县（今贵港市）古墓群，从贵县高中 8 号墓中出土 1 面铜鼓，贵县罗泊湾 1 号汉墓出土 3 面铜鼓（其中 1 面已改制成铜案），在西林县普驮粮站开辟晒场时掘出 4 面铜鼓，在田东县周祥、林逢战国墓先后出土铜鼓 4 面；在贺州沙田镇龙中村一山崖洞葬中发现铜鼓 1 面。

现在出土的铜鼓，绝大部分由国有博物馆收藏，广西各级博物馆和文物管理机构已收藏铜鼓 600 多面，其中广西民族博物馆就有 300 多面，是目前中国乃至世界上收藏铜鼓最富的博物馆。桂西地区壮、瑶等少数民族迄今还在使用铜鼓，民间传世的铜鼓有 1400 多面。

广西境内的古代铜鼓绝大多数是本地铸造的。北流铜石岭有汉至南朝的采矿、冶铜遗址，所产的铜就是铸造铜鼓的原料，云开大山区是铸造铜鼓的中心之一。由于文化的交流，邻近广西地区的个别铜鼓会流入广西，同样广西的铜鼓也会流到邻近地区去，甚至流传到中原内地。

战国时期的铜鼓主要分布在右江流域，汉代铜鼓则沿南盘江、右江东下，到达郁江、浔江流域，分布于西林、隆林、百色、贵港、桂平、藤县。三国两晋南北朝至隋唐时期，铜鼓遍布广西各地，形成浔江两岸、云开大山区、六万大山区几个分布中心，宋以后铜鼓文化向西转移，回流到河池、百色，积淀于红水河流域。铜鼓在广西境内分布态势是：桂东北自贺州、昭平、蒙山以南都有铜鼓出土，桂西北自龙胜、三江沿桂黔、桂滇边境各县，晚近时期仍有不少民族使用铜鼓。只有桂北少数几个县不是铜鼓的分布区。出土铜鼓最密集的地区是玉林、贵港、钦州、南宁，梧州南部及来宾、柳州等地区，传世铜鼓最多的是河池和百色。

第二节　铜鼓的类型和年代

两大系统八大类型兼而有之　发展期代表——冷水冲型铜鼓　被誉为"铜鼓之王"的大铜鼓

铜鼓式样繁多。明代邝露作《赤雅》，把它分为"伏波鼓"和"诸葛鼓"两种，认为大的是伏波鼓，小的是诸葛鼓。清代《西清古鉴》根据这种称谓，认为"大抵两川所出为诸葛遗制，而流传于百粤群峒者，则皆伏波为之"，附会了马援和诸葛亮创制铜鼓的传说[6]。自 20 世纪 80 年代以来，我国学者将中国境内出土的铜鼓划分为两大系统 8 个类型，分别称为滇桂系统和粤桂系统。滇桂系统分布于云南、广西、贵州、四川、重庆、湖南，分为万家坝型、石寨山型、冷水冲型、遵义型和麻江型 5 个类型；粤桂系统分布于广东、广西、海南，分为北流型、灵山型、西盟型 3 个类型。广西西靠云南，东邻广东，两大系统 8 个类型的铜鼓兼而有之[7]。

滇桂系统铜鼓，鼓面小于鼓身，胸部膨大突出，花纹大都用单弦分晕，晕圈有宽窄主次之分。这个系统的 5 个类型，发展序列清晰。

　　万家坝型铜鼓，以云南省楚雄万家坝春秋战国时期墓葬出土的一批铜鼓为代表，是原始形态的铜鼓。鼓面特别小，鼓胸特别外凸，鼓腰极度收束，鼓足很矮，但足径大，足沿内有一周折边，胸腰之际有四只小扁耳；花纹特点是简单、古朴，有一种稚拙味，给人以稳重感。鼓面的太阳纹有的仅有光体而无光芒，有的有光芒，而芒数无定。鼓胸和鼓足都素面无纹，腰部也只是由几条纵线，划分成几个空格。广西田东县林逢镇和同村大岭坡、田东县祥周镇联福村南哈坡都出土过这类铜鼓。这类铜鼓主要流行于春秋战国时期。

　　石寨山型铜鼓，以云南省晋宁石寨山汉代墓葬出土的一批铜鼓为代表。是成熟期铜鼓。这类铜鼓面部宽大，胸部突出，腰部呈梯形，足部短而直，布局对称，纹饰丰富华丽。鼓面中心是太阳纹，光体与光芒浑然一体，三角光芒之间填以斜线，太阳纹之外是一道道宽窄不等的晕

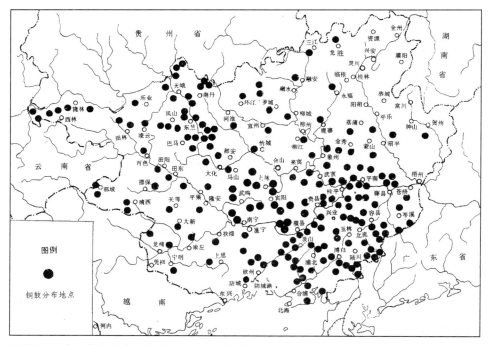

图下 3-3　广西铜鼓分布示意图　采自《铜鼓艺术研究》，1988 年。

圈，窄晕中饰锯齿纹、圆圈纹、点纹等构成的花纹带。宽晕是主晕，饰以旋转飞翔的鹭鸟。胸部也饰有与面部相同的几何纹带，其主晕则是人物划船的写实画像。腰部除晕圈组成的纹带之外，还有由竖直纹带分隔成的方格，方格中饰以牛纹或用羽毛装饰的人跳舞的图像。此类铜鼓造型较雄伟，而纹饰刻划细腻。贵港罗泊湾西汉墓、西林普驮西汉铜鼓墓出土的铜鼓都属此类，田东祥周、百色龙川、隆林共和也出土过此类铜鼓。其流行年代为战国时期至东汉初期，前后延续了500多年。

冷水冲型铜鼓，以藤县濛江乡横村冷水冲出土的铜鼓为代表，是发展期铜鼓。这类铜鼓体型高大轻薄，面径63.5—87.7厘米，身高43.7—66.0厘米之间。鼓面宽大，但不出沿或稍稍出沿。鼓胸略大于面径或与面径相等，稍微膨胀，很不凸出，鼓腰上部略直，最小径在中部，鼓足较高，与胸部高度略等，鼓耳宽扁，饰辫纹，有的在四耳之外，还有半圆茎拱形小耳一对。纹饰总的特点是瑰丽而繁缛。鼓面中心太阳纹基本固定为12芒，芒间夹实心双翎眼坠形纹，鼓面边沿有立体青蛙，有的在青蛙之间再饰马、骑士、牛橇、水禽、龟、鱼等动物塑像，鼓面、鼓身遍布各种图案花纹。鼓面主晕为高度图案化的变形翔鹭纹，有1晕勾连雷纹及由此衍变而来的复线交叉纹。鼓胸多有图案化的变形船纹，鼓腰有变形舞人图案和细方格纹，鼓足多有圆心垂叶纹。冷水冲型铜鼓以桂平、平南、藤县一带最集中，分布于邕江——郁江——浔江——西江两岸，遍布大半个广西。流行年代为东汉晚期至隋唐，以两晋南朝时期最为繁盛。

遵义型铜鼓，以贵州省遵义市南宋播州土司杨粲夫妇墓出土的铜鼓为代表。这类铜鼓的特点是，鼓面无蛙，面沿略伸于鼓颈之外，面径、胸径、足径相差甚微；胸、腰、足各部的高度相当接近，胸腰间缓慢收缩，无明显分界线，胸腰际附大跨度扁耳两对，鼓面边缘无青蛙塑像，但有蛙趾装饰。纹饰简单，几何纹用同心圆纹、连续角形图案、羽状纹、雷纹构成，主纹则是一种由一个圆圈缀两条飘带组成的游旗纹。流行年代从唐到宋，大致延续了600年。

麻江型铜鼓，以贵州省麻江县谷峒火车站一座古墓中出土的铜鼓为代表。这类铜鼓的特点是，体形小而扁矮，鼓面略小于鼓胸，面沿微出于颈外，鼓身胸、腰、足间的曲线柔和，无分界标志，腰中部起凸棱一道，将鼓身分为上下两节，胸部有大跨度的扁耳两对。鼓面无青蛙，太阳纹一般是 12 道光芒，似成定制。主体纹饰以游旗纹、符箓纹、十二生肖纹、鱼龙纹、汉字铭文、莲花纹、串枝花等为主，并和乳钉、栉纹并列组成的纹带相配合。麻江型铜鼓遍布广西西部地区，以河池红水河一带最集中。麻江型铜鼓的铸造，从南宋到清代晚期，前后绵延了 800 年。

粤桂系统铜鼓普遍高大、厚重，铸作精良。鼓身明显分为胸、腰、足 3 节，鼓面大于鼓胸，腰部微束，足部起一道突棱。鼓面中心太阳纹光体突起像一块厚实的圆饼，光芒细长如针，光芒道数少，常见的是 8 道或 10 道；而且芒端常突破第一道弦，有的甚至开叉；鼓面边缘几乎都有立体青蛙装饰；全身花纹以几何图案为主，晕圈密而窄。这个系统包括北流、灵山、西盟 3 个类型。

北流型铜鼓，以出土于北流的铜鼓为代表。体积大而浑厚，鼓面都大于鼓胸，有的边缘下折成"垂檐"。胸部略直，胸的最大径偏下，腰呈反弧形收缩，胸腰间斜度平缓，只有一道凹槽分界。鼓耳特殊，多为圆茎环状耳。纹饰以 3 道弦纹组成晕圈，鼓面晕圈宽而疏朗，鼓身晕圈窄而密集。太阳纹一般是 8 芒。晕圈内以云雷纹为主体，因此有的人又把这类鼓叫做云雷纹铜鼓。有的还装饰菱形纹、水波纹、席纹、方格纹、钱纹、四瓣花纹，精细而少变化。立体青蛙瘦小，蛙身无纹饰。北流型铜鼓以高大著称，原存北流六靖镇水埇庵的大铜鼓面径 165 厘米，残重 299 公斤，是迄今所知最大的一面铜鼓，被誉为"铜鼓之王"。以广西北流和广东信宜为中心的云开大山区的几个县是北流型铜鼓的大本营，在广西境内以北流、陆川、容县为中心。北流型铜鼓铸造年代是从西汉到唐代。

灵山型铜鼓，以灵山县出土的铜鼓为代表。这类铜鼓形制接近北流型，体型凝重，形象精巧。鼓面平展，稍广于或等于鼓身，边缘伸出，但不下折，胸壁微凸，最大径居中；胸以下逐渐收缩成腰；胸腰间仅以细线为界；附于胸腰之际的鼓耳均为带状叶脉纹扁耳。鼓面所饰青蛙塑像都是后面 2 只并拢为一的"三足蛙"，蛙背上饰划线纹或圆涡纹，装饰华丽，有的青蛙背上又有小青蛙，形成"累蹲蛙"；青蛙的数目一般为 6

只，有的 6 只全是累蹲蛙，但大多数为 3 只单体蛙与 3 只累蹲蛙相间逆时针方向环列。鼓面中心太阳纹圆突如饼，光芒细长如针，芒数不一，7芒、8 芒、9 芒、10 芒、11 芒、12 芒都有，以 10 芒较普遍。装饰花纹多以 2 弦分晕，鼓面和鼓身各有 3 道较宽的主晕，以骑兽纹、兽形纹、鹭鸟纹为主体纹样，其他晕圈饰多种纹样。有些鼓的耳下方接近鼓足处，装饰动物塑像，常见的是一对或一只小鸟，也有虎、牛、鹿，这些动物都是头朝下。灵山型铜鼓也较硕大，1993 年在玉林沙田乡六龙村莲塘坪出土的 1 面，鼓面直径达 133.5 厘米。灵山型铜鼓的分布中心是灵山县及与之毗邻的横县和浦北，流行年代自东汉至唐代。

西盟型铜鼓，起源于中越边境线，以云南省西盟佤族地区仍在使用的铜鼓为代表。这类铜鼓器身轻薄，形体高瘦，鼓面宽大，边沿向外伸出，鼓身为上大下小的直筒形，胸、腰、足没有分界线，鼓面太阳纹一般为 8 芒或 12 芒，三弦分晕，晕圈多而密，纹饰多小鸟、鱼、圆形多瓣的团花和米粒纹。鼓面有立体青蛙，常见二蛙或三蛙甚至四蛙叠踞。有的鼓身纵列立体的象、螺蛳、玉树等塑像。龙州、靖西出土过这种类型的早期铜鼓。西盟型铜鼓的年代上限可至唐代（公元 7 世纪），下限到现代。

第三节　铜鼓的原料和铸造

金属成分　矿料来源　铸造工艺

铜鼓的特殊造型和铜鼓上精美绝伦的装饰艺术，除了铜鼓匠师本身具有极高的审美能力和成熟的绘画、雕塑技巧之外，还必须依赖于可塑性和表现力极强的原材料，加上能使这些原材料成型的铸造工艺。如果没有这些条件，铜鼓设计师再高明，也只能画饼充饥。

铜鼓的主要金属成分为铜，这是毫无疑义的。但是绝大部分铜鼓的成分都不是纯铜，而是铜与锡、铅等金属之类的合金。正因为如此，20世纪初研究铜鼓的大师们都称铜鼓为"金属鼓"。

经对众多铜鼓取样分析化验结果证明，铜鼓的合金成分主要是铜、锡、铅3种元素，有些铜鼓还含有少量其他元素。

按照金属成分的不同，铜鼓可划分红铜、锡青铜、铅锡青铜3种类型。

红铜即纯铜，铜在熔炼过程中因吸收空气中的氧，组织中一般含有铜的氧化物，因而形成红铜；此外，铜中也常含少量的铅、锑、铋等杂质。红铜鼓是纯铜铸造的铜鼓，所含铅、锡都在2%以下。用红铜铸造的铜鼓表面粗糙，存在气孔或针孔等缺陷。早期有这种铜鼓，但数量很少。

锡青铜，含锡量高于2%，含铅量低于2%。锡青铜鼓是铜和锡合金铸造的铜鼓。在铜中加入较多的锡，可以降低铜的熔点，提高合金铸造性能。一定数量的锡，还能提高铸件的强度和硬度，改变音响效果，并使铜由红色变为黄色。掌握加锡份量，使其构成适当比例的合金来铸造青铜器，是冶铸技术达到较高水平的标志；用这种合金铸造的铜鼓，表面光滑，造型美观，图像清晰。石寨山型铜鼓和万家坝型铜鼓就主要是用锡青铜铸造的。

铅锡青铜是三元青铜，铅、锡含量都高于2%。但铜中加入锡的含量不能无限制地增加，当它超过6%时，青铜的脆性便逐渐增大，合金的延伸率急剧下降，铸件的机械性能就会变差，铸造出来的铜鼓经不起长期的敲击。如果加入一定数量的铅去代替部分锡，不仅仍然可以起到降低合金熔点的作用，而且因为铅在青铜合金中属于软的基体组织，可以有效地避免高锡青铜的脆性。用这种合金铸造出来的铜鼓可以经得起长时期的敲打而不致于破裂。这种既含铅又含锡的青铜就是铅锡青铜。铅锡青铜的密度较高，流动性最好，对于铜鼓是较为理想的合金材料。成熟期以后的铜鼓绝大多数是铅锡青铜鼓。如冷水冲型铜鼓，其合金元素含量的频率分布集中在含铜量65%—70%、含锡量5%—15%、含铅量10%—25%的范围内，属于高铅的三元合金鼓。麻江型铜鼓合金元素含量的频率分布集中于含铜量75%—80%、含锡量10%—15%、含铅量1%—10%的范围内，属于高锡低铅的青铜鼓，其他元素还有锌、铁、砷、锑、硫、磷，但含量都很低，是原料带入合金中的杂质。

要铸造铜鼓，必须要有铜、锡、铅，铜鼓分布区正好有这三种矿产的丰富资源。《新唐书·地理志》载：藤州镡津有铅，临贺橘山有铜冶，冯乘有锡冶三。⑧镡津在今藤县南，临贺即今贺州，冯乘即今富川，都在广西东部。《宋史·食货志》称，贺州有"锡官"。宋人范成大《桂海虞衡志》说："铜，邕州右江州峒所出，掘地数尺即有矿。"⑨由于铜、锡易得，早在唐高祖武德四年（621）就在桂州（今桂林）置钱监铸铜钱；南汉刘龑时，在邕州铸"乾亨通宝"铅钱。宋代在梧州和贺州都设有钱监，大量铸造铜钱和夹锡钱。广西铜、锡、铅矿的开采，一直延续到近现代，成为重要的经济支柱，历史上自然不缺大量铸造铜鼓的原料。

铜鼓合金中一般都含有铅。这些元素来自矿石铅，矿石铅在形成后，其铅同位素组成就不再发生变化，而且在采炼、铸造过程中始终不变。不同矿区的矿石铅，由于具体成矿条件的差异，铅同位素组成往往各不相同，只要测出铜鼓所用原料的铅同位素，就可找到它的原产地⑩。

对广西古代铜鼓进行取样分析，发现北流型铜鼓的矿料来源主要是北流和容县一带。灵山型铜鼓与之相同。冷水冲型铜鼓的矿料来源则比较复杂，但大部分铜、铅矿料来自冷水冲型铜鼓分布区或其邻区，只有少数矿料可能从其他地区带入。麻江型铜鼓在广西主要集中于河池，经过铅同位素测定，说明其矿料主要来自邻近广西的滇黔交界地区。

古代铜鼓的铸造工艺，由于私授身传，对外严加保密，故未见于记载。现在探讨铜鼓的铸造工艺，只能从对现存铜鼓本身的考察着手。

从铜鼓的外形观察可以看出，铜鼓是用泥范铸造的。铜鼓的面、胸、腰、足4部分是以鼓面太阳纹中心为圆心的同心正圆体，鼓面和鼓胸的花纹都以晕和弦纹为分界，弦纹之间布列各种纹样。有的铜鼓内壁留有细弦纹，表明铜鼓成型时采用刮板或轮盘制作。多数铜鼓的鼓身上有两条纵向合范线，将鼓身分成左右对称的两个部分。凡有合范的铜鼓就是泥范法铸造的。泥范法铸造铜鼓，必须用垫片控制壁厚及支撑外范。早期铜鼓的垫片数量不多，分布不均。石寨山型铜鼓垫片密集，排列均匀。贵港罗泊湾大铜鼓面径只有33厘米，却有垫片7圈37个。

秦汉时期铸造青铜器继续沿用先秦时期的范铸法，并使之发展到多种形式，既有全范铸造法，又有多范铸造法，既行一次铸成，也行分铸合成。石寨山型铜鼓形体已经稳定，装饰花纹清晰，并出现写实图案。铸造这类铜鼓比万家坝型铜鼓复杂得多。这时已巧妙地选择了各种浇注系统，铸造出花纹精细，造型生动的各类型铜鼓。三国两晋至隋唐，铸造冷水冲型、北流型、灵山型等大型铜鼓，采用缝隙浇注，留下的合范缝宽且突起，有明显的凿磨痕迹；少数鼓采用阶梯式浇注法，留下的缝隙有宽窄不同的分段现象。铜鼓的缝隙式浇注系统有两种合范方式：一种是鼓面朝上，以鼓内范为基准，依次组合外范，在两侧合范缝隙上设置浇口，在鼓面太阳纹光体部位设置冒口。另一种是鼓面在下，以鼓面范为基准，依次组合内范及外范，在两侧合范缝上设置浇口，在鼓内壁中心设置冒口，这种合范方式比较困难，但鼓面花纹质量较好。

铜鼓铸造还使用了古老的失蜡法。精细的辫纹扁耳和编织花纹扁耳，不独花纹美观精致，并能从耳边沿由外向内延伸连续，找不到合范痕迹；北流型铜鼓的蛇纹圆茎耳，耳曲如蛇，蛇纹环绕，蛇背部凸起有节，耳根部各有三爪，如此复杂的造型也不见合范缝，可知这些部件都是事先用失蜡法铸造，然后安在鼓身的范上，浇铸时合成一体的。

综合大量实物观察所得，铜鼓铸造工艺流程大致经过制泥模、翻外范、做芯范、合范、浇注和拆范、整理、调音等细致流程。这一整套工艺，集中展现了骆越以及壮族众多先民的高度智慧和冶铸技术与审美水平。

第四节　铜鼓的装饰艺术

几何纹饰　写实图案　雕塑小品

铜鼓是一种乐器和重器，又是一种装饰图案多姿多彩的艺术品。铜鼓上的各种图案，形象地反映了当地民族的社会生活、风俗习惯和宗教意识。因此，有的人说，铜鼓图案本身就是一部内容丰富的民族历史教科书。

铜鼓表面往往布满精细的几何花纹。所谓几何纹饰，是以最单纯的点、线以及圆形、方形、三角形等为基本要素，按照美的法则构成的图案。铜鼓上的几何纹样，有的充当主体纹饰，表现一定的主题思

图下 3-4　铜鼓上的青蛙塑像，自左至右：冷水冲型铜鼓，灵山型铜鼓，北流型铜鼓

想；有的组成各式各样的几何纹带，作为边饰，起着陪衬烘托、美化主体的作用。

铜鼓上最常见的几何纹是云纹、雷纹、水波纹、席纹、钱纹、栉纹、三角齿纹、细方格纹、羽状纹、网格纹、菱形纹、圆圈纹、同心圆圈纹等等。

云纹是指一种自中心逐渐外展的单线旋出图案，回旋卷曲，变幻多姿。雷纹是指几层菱形相套叠的回形图案。云纹和雷纹有时很难严格区分，它们互相转化，或相互补充，因而常被合称为"云雷纹"。云雷纹多以二方连续或四方连续方式组成条带或块状图案，均匀间隔，密布于铜鼓的面部和身部。因为北流型铜鼓和灵山型铜鼓把它们作为主体纹饰，有的学者就把这两类铜鼓直呼为"云雷纹铜鼓"。云雷纹的密布，给人一种精神恍惚，玄妙莫测的感觉，增加了这种形体巨大的民族重器和神器的神秘色彩，因而超出了审美意识的范畴。

钱纹是指外圆内方的铜钱纹。施于铜鼓上的钱纹也有时代前后的变化，有"五铢"钱、四出钱、连钱等形式，开始是写实的，甚或就是用流通的钱币在鼓范上按捺而成，后来则抽象化，成为单纯的装饰纹样。圆圈纹是几何纹样中形制最简单和运用最广泛的一种形式。每个单元的圆，有双层同心圆，有双层同心圆中心另加圆点，有 3 层同心圆，有 4 层同心圆，也有 5 层同心圆中心加点。有的每两个圆圈纹之间加一条切线，或叫勾连同心圆纹。最常见的组合形式是以若干圆形散点式排列成带作为其他图案花纹的分区分界线。

席纹是由横竖相交的线条排列组成的编织纹，用二方连续的排列方式组成纹带。栉纹的结构、组合和在鼓面的地位，同内地汉代铜镜十分相近。锯齿纹的排列组合和出现的场合与栉纹十分相近。所不同的仅在于，栉纹是一道道排列整齐的短直线，而锯齿纹是密集的，一端直平、一端有尖的长三角形。这种锯齿纹也是铜鼓接受汉代文化影响的一种装饰图案。

羽状纹也叫叶脉纹。它是树叶叶脉或鸟羽的模拟。在一条中轴线的两侧岐出平行斜线，有的线条粗短，像飘拂的柳条，有的线条较细长，像片片鸟羽。在排列形态上，有时像是两道栉纹的斜化。

铜鼓上最有价值的纹饰是画像，它包括自然物体的摹写和对生活场景的描绘。居于鼓面中心的太阳纹，是铜鼓上最早出现、也是最基本的纹饰，除了极个别的原始形态的铜鼓以外，几乎每面铜鼓上都有。太阳纹有光体和光芒，围绕着它们的是层层散开的光环。太阳是宇宙中的一颗恒星，是太阳系的主体，它给大地带来万物生长的光和热，带来生命的繁衍。因此，不少原始部族都崇拜太阳。铜鼓上饰太阳纹与古人对太阳崇拜有关。

在石寨山型铜鼓鼓面上最常见的纹饰是翔鹭纹，几乎每一面铜鼓都有一道主晕装饰着一圈展翅飞翔的鹭鸟。这种鹭鸟，有长长的尖嘴，头上长着纤细的羽冠，有圆圆的眼睛，翅膀不很宽，呈三角形，向身躯两边相对平展，尾巴也展开成扇形。每面鼓一般是 4 只，其次是 6 只，也有 8 只，10 只，14 只，16 只，18 只的，最多的达 20 只，几乎都是偶数，都以逆时针方向绕着太阳纹飞翔。飞鸟数目越多，排列越紧密，18只和 20 只的，都是一只咬着一只，有的甚至后一只的头部搭到前一只的尾部，连绵不断，构成一个锁链式的花环。

铜鼓胸部最常见的纹饰是羽人划船纹，船的首尾往往装饰成鸟头鸟尾形象，船上有化装的人物在活动，船下有鱼；船的前后有水鸟。贵港罗泊湾汉墓两面铜鼓都有船纹。小铜鼓上有船 4 条，船形简单，船头船尾高翘，很像现在的竹排，每条船上平坐 2 人，这 2 人都裸体，双手向前划桨。大铜鼓上有船 6 条，船身窄长，首尾高翘，船身中部有 12 道横梁，每条船有 6 人，他们赤身裸体，但头上戴有羽冠，在船中前后排成一行，最前 1 人双手执一根羽杖，像是指挥者，后面 5 人都作相同的划船动作。船头前面站有衔鱼的鹭鸶或花身水鸟，船下有鱼，表示船行在水中。西林普驮铜鼓也有船纹，其中 1 面铜鼓上有船纹 6 组。船的中后部有 1 个像靠背椅一样的栅台，台下有 1 个像鼎一样的器皿。每条船上各有 8 人、9 人或 11 人。9 人一船的，有 7 人戴羽冠，其中 1 人跨坐在船头，3 人平坐划桨，2 人腰前后各挂一块吊幅；手执羽杖起舞，1 人高坐栅台之上，指挥全船，另 2 人没有羽冠，头发向后梳成髻，其中 1 人划桨，1 人在最后掌艄。船的前头有大鱼，后头有长喙鸟。8 人一船的少一无羽冠的人，掌艄由一戴羽冠的人担任。11 人一船的，有 9 人戴羽冠，其中多 1 人划桨，另有 1 人在船尾起舞，其余各人和 9 人一船的相同。这种纹饰反映了当时的竞渡习俗，许多越人生活在水网地区，过着以渔猎为主的经济生活。龙舟竞渡是他们水上生活的演习而已。

铜鼓腰部最常见的纹饰是羽人舞蹈纹，这些舞人常常头戴羽冠，身披羽饰，手舞足蹈。西林普驮铜鼓有舞人 12 组，每组 2 人。舞人头戴高耸的羽冠，身穿吊裙，双臂张开，摆手起舞。贵港罗泊湾铜鼓有舞人 8 组，每组 2~3 人，头插羽翎，上身裸露，身后拖曳长幅，双臂微曲，两手叉开，扭动腰身，翩翩起舞。舞人上空还有 1 或 2 只衔鱼的翔鹭相伴。

除了平面装饰花纹外，有的铜鼓上还装饰立体小雕塑，更增加了铜鼓画面的内容和情趣。铜鼓上最普遍、最广泛的塑像是青蛙。在冷水冲型铜鼓上还有马、骑士、牛群、牛橇、龟、鱼、水禽的塑像；在灵山型铜鼓足部有双鸟、双骑、虎、羊塑像，也是千姿百态。铜鼓上的青蛙装饰在鼓面边缘，有单体的，也有叠踞的。每面鼓面是 4 只或 6 只，头向逆时针或顺时针，或一逆一顺，等距离旋转布置。冷水冲型铜鼓一律 4 只青蛙，形象逼真。北流型铜鼓的青蛙一般为 6 只，小而瘦削，简洁洗炼。灵山型铜鼓的青蛙几乎都是 6 只，3 只单体蛙和 3 只累踞蛙相间环列，蛙的后腿并拢成一，背部饰辫纹、同心圆纹、复线半圆纹，臀部起密线螺旋纹，显得肥大厚实，造型和装饰都很优美。用青蛙装饰铜鼓的含义，有人认为青蛙是益虫，或者把青蛙看作是雨的"使者"，蛙鸣就是下雨的前兆，铜鼓上装饰青蛙与古人求雨有关，使用铜鼓的民族是农业民族，所以特别重视青蛙。

分布在浔江两岸的冷水冲型铜鼓，鼓面上马的塑像有一组的，也有两组相对的，其造型有乘骑和立马两种。乘骑类的组合又有多种形式，

图下 3-5　双骑并驰

参差布列，生机盎然。骑士多较粗壮，有的头戴圆帽，腰佩短剑，双手拉缰，策马徐行。有的骑士背负小孩或怀抱小孩，有的乘坐母马，马驹低头吸奶。

牛的塑像和马一样，也处在鼓面边沿青蛙塑像之间。牛皆短角，隆峰，头向前伸，四肢平稳站立。平南同和乡白坟坪铜鼓，点缀着 3 头朝同一个方向行走的牛塑像，前 2 头并列而行，后 1 头将头伸到前面 2 头牛的后腿之间，紧紧跟随着。后面这头牛背上骑坐一人，似放牧者赶着牛群归来。许多铜鼓上都表现与牛有关的画面。有的塑造一条憨实的水牛，蹒跚地迈着步子。牛脖子上套着稍弯的木轭，两侧拖着长长的辕木，牛背上各停两只飞鸟，像是啄食牛虱的牛鸦，显得格外宁静、安详。还有一组“人牛播耕”塑像：前面 1 头大水牛，昂首平身，鼻上系着一条辫纹粗绳。驾牛人头披条形巾，双脚左右张开，上身微向后倾，一只半球形篓悬挂于右胸前。篓里盛着种子，人的左手牵绳驭牛，右手控制篓孔，1 耕 1 播，灵活自如，反映其耕作技术的熟练。另 1 组“孩童戏鸭”塑像，孩童抱着鸭仔前行，母鸭在后追赶，充满生活情趣。

龟塑像常出现在冷水冲型铜鼓面上。上林县三里镇双罗村云聪铜鼓，在 4 只青蛙塑像之间装饰一个小孩双膝跪在大龟之后，双手抱住龟的左后腿，像被龟拖着走。这一塑像为迄今所仅见。

在灵山型和北流型铜鼓上还可以看到虎的塑像。虎塑像置于鼓的足部，头朝下，尾朝上。硕头巨睛，尖耳獠牙，长尾高翘，足带利爪，一副凶猛矫健的样子。而铜鼓被系耳侧悬的时候，虎便平稳站立，面对鼓

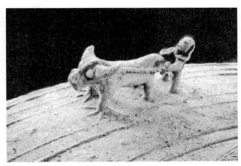
图下 3-7　人牛耕播

图下 3-8　孩童戏鸭

足的后方。当铜鼓敲响时，声音向后送出，似从虎口喷出的吼声，震撼山野，威慑四方。不难想象，拥有此铜鼓者当具何等权威！

第五节　铜鼓的用途和功能

击之以为乐　声喧夜赛神　指挥军阵壮　簪舞谱青春

古代铜鼓做什么用呢？它既有实用功能，又有社会功能，在某些民族中，简直是万能的神物。

铜鼓最初是由炊具铜釜演化为乐器的，其主要用途当然是作乐器演奏。古代许多文献都把铜鼓归属于"蛮夷乐器"类。唐刘恂《岭表录异》说："蛮夷之乐有铜鼓"。直至现代，在壮族、瑶族、苗族的广大农村中，凡传统节日、庆祝集会及婚嫁喜庆，都还有敲铜鼓跳舞的习俗，而且这些民族都有自己的铜鼓舞。都安瑶族过达努节（农历五月二十九日）时，男女青年大跳铜鼓舞是其中一项重要内容。1956 年曾把这种铜鼓舞带到北京怀仁堂献演。

有乐有舞必有歌。使用铜鼓的民族是爱歌的，他们用山歌表达自己的情感，诉说自己的喜怒哀乐。铜鼓声伴随着多彩的民歌在山间飘荡，在歌节四响，起着烘托气氛，制造声势，把歌唱活动推向高潮的巨大作用。

历代诗人对敲击铜鼓载歌载舞的场面作过许多生动的描绘，吟咏这些诗词会使我们融入祖国南疆的古老风情，和先民一起分享丰收和胜利的喜悦。

> 村团社日喜晴和，铜鼓齐敲唱海歌，
>
> 都道一年生计足，五收蚕茧两收禾。⑪

早在宋代，周去非就为我们记录下乡民借铜鼓高歌的生动场景。

至明代龙州仍用铜鼓赛神。永乐年间被贬任广西布政使司参议的解缙有《龙州诗》说：

> 波罗蜜树满城闇，铜鼓声喧夜赛神。
>
> 黄帽葛衣虚市客，青裙锦带冶游人。

不光龙州，广西中西部到明清时期用铜鼓赛神还是司空见惯。清人戴朱弦的《铜鼓歌》曰：

> 蛮溪雾毒苍虬舞，土人架阁悬铜鼓。
>
> 问是当年谁所留，尽说传自汉武侯。
>
> 武侯天威靖蛮落，田畴岁垦桑麻蒻。
>
> 四时儿女吹芦笙，椎牛酹酒欢相嚎。⑫
>
> …………

清道光年间，在罗城三防任主簿的余应杭用古风的形式记述了辖区内"峒民"用吹芦笙击铜鼓为他贺岁的盛况：

> 春风驴荡春日长，丁男歌舞拥上堂。
>
> 先祝太平后祝寿，其风近古多悠扬。
>
> 芦笙铜鼓齐答响，莫谓此地属边防。
>
> 一人起歌众人和，视谁先者为低昂。
>
> 歌声嘹亮厥竟远，天籁不必调宫商。⑬
>
> …………

生活在桂西山区的壮族群众，至今每届农闲，仍好聚集邻近山头赛铜鼓，青年男女常于此间轻歌曼舞，谈情说爱。沿红水河两岸的天峨、南丹、东兰、巴马、大化、都安等县壮乡有一个隆重的青蛙节。青蛙节是赛神祈求丰收的节日。过青蛙节一定要用铜鼓。

铜鼓是低频响器，频率愈低，在空气中传扬愈远，因而适合远距离传递信息。在丛林密布，山陡水急，交通极不方便的地区，在现代化通讯工具普及之前，信息传递不灵成为人们生活中的极大困扰。铜鼓声音穿透力强，能越过高山大川，透过密林浓雾，传到很远的地方去，在某种程度上弥补了这种缺憾。因此同一地区或同一部族特殊的鼓语，会借特殊节奏的声波，形成一张无形的通讯网。

铜鼓用来集众，特别是用在指挥军阵上发挥了它特有的作用。击鼓进攻，鸣锣收兵，古来如此。更何况铜鼓是民族首领手中的权力重器，它的声音就代表了首领的声音，本身就是号令。加上铜鼓特有的打击节奏，能制造出排山倒海的气势，使人精神振奋，热血沸腾。战场上用它，可起到先声夺人的作用。晋人裴渊《广州记》载：当时居住岭南地区的俚僚打仗的时候，就是敲击铜鼓召集部众的，"鸣此鼓集众，到者如云"。到隋代，情况还是如此。《隋书·地理志》说：俚人"欲相攻，则鸣此鼓，到者如云。"⑭明人徐𤊽《送赵淇竹都阃擢粤西参将》诗说："西拂旌霓桂岭寒，辕门号令肃木棺。秋挝铜鼓擒蛮垒，夜枕金戈卧将坛。"⑮战争离不开铜鼓由此可见一斑。

"国之大事，在祀与戎"⑯。由于战争和祭祀都由部落、氏族的头人主持，铜鼓就逐渐由一般乐器上升为礼器，成了铜鼓占有者身份和地位的化身，这很像中原地区的钟、鼎彝器。一如《隋书·地理志》所说："有鼓者，号为都老，群情推服。"⑰

铜鼓既成礼器，就不单是敲击和实用的东西了，而更多的场合是用来陈设，以其数量之多、形体之大、花纹之精，显示主人的权势和富有。铜鼓还可以作为珍贵物品被少数民族的首领赏赐给有功者，借以表示自己对属下的信任和器重。

当铜鼓的声响迅速召集来本部落成员，取得战争的胜利后，在万物有灵的信仰支配之下，人们会把胜利归功于铜鼓的威灵。许多民族用铜鼓求雨，求丰收，以至用作葬具，都是相信铜鼓具有神力的表现。祭祀铜鼓是铜鼓被神化的结果。

由于相信铜鼓有神，有些民族认为以自己的身体和身上装饰的某种物件在特定的场合与铜鼓接触，就可以获得神的佑护。西林县那劳、那兵等地的壮族，在新春佳节敲击铜鼓祈年的时候，妇女们拔下发髻上的银簪扣击铜鼓，她们认为这样可以使自己的头发永不衰白，永远年轻漂亮。东兰县长江乡一带在春节敲击铜鼓祈年时，未出嫁的壮族姑娘配带着银簪连同自己的发辫一起往铜鼓上甩打，然后把银簪拔下来，送给在场的意中人。男女双方都认为这是最珍贵的礼物。等到成婚之日，丈夫将此银簪奉还妻子，可望夫妻百年偕老，鬓发无衰。都安瑶族自治县保安乡一带的瑶族和壮族男女在新春击铜鼓祈年时，也常以银簪扣击铜鼓，以鼓声传情，用鼓调达意，一旦物色到对象，即将银簪作为定情物，送给心上人。大化瑶族自治县七百弄地区的瑶族妇女，在春节和达努节击铜鼓为乐时，也有拔簪击鼓之俗，她们也是希望通过拔簪击鼓，获得铜鼓神灵的佑护，永葆美丽的青春。千年重器就这样承载着传扬着各民族人们的温情、浪漫和向往。

【注释】

①《后汉书·马援列传》李贤注引，中华书局，1965 年，第 841 页。

②⑭⑰《隋书·地理志》，中华书局，1973 年，第 888 页。

③《全唐诗》，上海古籍出版社，1986 年，第 976 页中栏。

④ [宋] 周去非：《岭外代答》（杨武泉校注）卷七，中华书局，1999 年。

⑤ [清] 光绪《郁林州志》卷二十，光绪二十年（1894）刊本。

⑥ [清] 梁诗正、蒋溥等：《西清古鉴》卷三十七。

⑦ 中国古代铜鼓研究会：《中国古代铜鼓》，文物出版社，1988 年，第 29—33 页。

⑧《新唐书·地理志》，中华书局，1975 年，第 1104—1105 页。

⑨ [宋] 范成大：《桂海虞衡志》，齐治平校补，广西民族出版社，1984 年，第 8 页。

⑩ 万辅彬等：《中国古代铜鼓科学研究》，广西民族出版社，1992 年。

⑪ [明] 汪广洋：《岭南杂咏》，见胡朴安《中华全国风俗志》，河北人民出版社，
　　1988 年，上册第 253 页。

⑫ [清] 乾隆《马平县志》卷十《艺文》，清乾隆二十九年（1764）刊本。

⑬ 民国《罗城县志·杂记》，民国二十六年（1937）刊本。

⑮ [清] 汪森辑：《粤西诗载》卷十九，广西人民出版社，1988 年，第四册 128 页。

⑯《左传·成公十三年》，中华书局《十三经注疏》本，1980 年，第 1911 页中栏。

第四章

建筑

考古发现表明，新石器时代广西开始出现干栏建筑，一直延续至今，在民族地区的一些农村尤其普遍。青铜时代开始出现砖瓦房，但泥壁草顶或土墙茅盖仍是主要民居形成。砖瓦房的大量出现，是在秦汉以后。中原文化和佛道文化的传入，与本土文化结合，又形成了一些别具一格的建筑，如土司衙门、王城与宫保府第、灵渠与相思埭、真武阁与大士阁、伏波庙与龙母庙，等等。

第一节　居住建筑

干栏建筑　侗族鼓楼　桂北院落式民居　桂东客家围屋　桂南冯刘府第

广西各族民居多选建在地势较高、干燥向阳、视野开阔的地方，讲求背靠山岭，面向田野，临近河流。民谣说："高山瑶，矮山苗，汉族住平地，壮侗住山槽。"体现了广西各族居住地的环境和分布特点。

少数民族都喜聚族而居，居屋多为干栏式。所谓干栏建筑，实际上是对"人栖其上，牛羊犬豕畜其下"的居住建筑类型的通称。广西属亚

图下 4-1 壮族干栏

热带气候，高温潮湿，洪涝灾害频仍，毒雾瘴气严重，毒蛇猛兽繁多；构筑干栏便可以躲避洪水和毒蛇猛兽的侵害，不受瘴气的薰蒸。广西新石器时代遗址已发现这类建筑形式的遗迹，邕宁顶蛳山、资源晓锦遗址都发现有密集的柱洞。从汉代墓中出土的陶屋、陶仓模型明器得知，秦汉时期广西已广泛流行干栏建筑。壮族干栏分全楼居和半楼居两种。全楼居是高脚干栏，地上立柱，凌空而建；半楼居依山而建，劈山为平台，平台为屋的一部分，另一部分则架在立柱上，悬空成楼。侗族干栏屋一般二三开间为一幢，两旁建偏厦，或在四周廊道上围以栏干，成为"走马转角楼"，房屋多为木瓦结构，使用杉木卯榫构成，不用一根铁钉，却异常坚固。毛南族干栏屋是泥墙瓦顶，楼梯用石条砌筑，故称为"干栏石楼"。瑶族干栏屋狭长，纵深二三进，有门无窗，楼上住人，楼下关牲畜。苗族则住吊脚楼，全木结构，利用山坡，在坡下竖长木柱，坡上竖短木柱，铺板成楼，上面住人，下面堆放杂物，屋内以火塘为中心，起居、饮食、祭神均在火塘边。彝族干栏屋夯土为墙，厚墙小窗，自成特色①。

宋周去非《岭外代答》卷四谈到岭南民居特点和生活习俗时写道："深广之民，结栅以居，上设茅屋，下豢牛豕。栅上编竹为栈，不施椅桌床榻，惟有一牛皮为裀席，寝食于斯。牛豕之秽，升闻于栈罅之间，不可向迩；彼皆习惯，莫之闻也。考其所以然，盖地多虎狼，不如是，则人畜皆不得安。无乃上古巢居之意欤？"②周去非的推想只对了一半，却没有注意到，干栏可避瘴气潮湿。

少数民族建筑以侗族鼓楼最具特色。鼓楼是侗族村寨的特有标志，是侗族集会议事和娱乐庆典的场所。一般每个村寨都有一座鼓楼，有的村寨一个族姓就有一座。鼓楼的大梁上都悬有一个木腔革鼓，用于召集村民聚会议事。鼓楼的平面形式、结构形式和屋顶造型多种多样，有呈四面流水的，有呈六面流水的；有的三五层，有的高达九层；顶的式样有悬山顶、歇山顶和多角攒尖顶；皆以优质杉木凿榫衔接，顶梁柱拔地凌空直达顶层，穿枋纵横交错，上下吻合，采用杠杆原理，层层支撑而上，不用一钉一铆，严密坚固。传说唐宋时期已有鼓楼，但留存下来的鼓楼仅是清代中期以后的，龙胜平等乡平等村的鼓楼群可作代表。平等村依山傍水，坐落于平等河两岸。该村有 8 大姓氏，按族姓各建一座鼓楼于各姓居地中心，有的姓氏人口多则建多座，形成一寨多楼的鼓楼群体。河东岸有 10 座、河西岸有 3 座，分布在方圆 1.5 公里的范围内，均保存完好。鼓楼式样有 2 层四角硬山顶式、民居式、凉亭式，有 3 层檐、5 层檐的多角攒尖顶戏台式、塔式。清雍正十一年（1733）的伍氏鼓楼为最早，是 16 柱 2 层四角硬山顶式；光绪十年（1884）的衙寨小鼓楼，是最小的一座 2 层硬山顶凉亭式鼓楼。这些鼓楼在群居之中各擅其妙。

桂北汉族也多聚族而居，民居多为院落式，称为四合院或三合院，与中原地区大致类同。四合院的布局是三间一幢的平房，中为厅堂，左右为卧室，卧室两侧为厨房，房前有天井，天井两侧为横厅，天井前筑围墙将左右横厅连接，中间开门或建门楼。三合院与四合院式相比，只是缺前面的围墙。这些建筑多为砖木结构，青砖砌墙，青瓦盖顶，人字坡面悬山顶，掩隐在古树丛竹之间。

灵山县大芦村，是劳氏聚居地。建于明嘉靖年间至清朝末叶。包括沙梨园、镬耳楼、三达堂、东园别墅、双庆堂、东明堂、蟠龙堂、陈卓园、宜春园和劳克中公祠等 10 处群落。建筑面积 22 万平方米，砖木结构，青砖绿瓦，天面巨檐翘脊，梁柱以格木制作，漆以朱红颜色。各群落都有围墙，围墙内为四合院，有主屋、辅屋之分，其间以廊分隔。各四合院又互相联成整体。祖屋镬耳楼结构功能齐全，并恪守成规，家庭成员的住房和进出门径都有严格划分，具有浓厚的封建宗法色彩。建于清乾隆年间的东园别墅，规模宏大，内部路径迂回曲折，有如迷宫。建于道光六年（1826）的双庆堂，高大宽敞，各宅院大门、厅堂、楼阁等处，悬挂明清两朝皇帝和总督、巡抚、布政使、学政等官员赐封、题赠的匾额，门口都有楹联，一般刻在木板上，节庆之时，必以红纸照抄一遍，贴于木牌内侧，新旧并行不悖，数百年不变，相沿成俗，成为独特人文景观。

兴安县白石乡水源头村的秦家大院，建于明末，其中高堂、戏院和花厅等建于清乾隆、嘉庆年间（1796—1820）。现存27座，都是砖木结构双层楼房，三横七纵布局，家家相通，户户相连。这些楼房用数吨重的青石方墩垒脚，青砖砌墙。厅堂铺黄色地砖，厅前沟底铺设雕花排水石。窗户镶嵌琉璃窗花，板壁上镶刻各种飞禽、花卉，边庭柱下的石柱础雕凿龙凤吉祥图。各座房屋间的通道全以1米见方青石板铺垫，是青年练功习武的场所。村前的围子园，是村中读书人中举后竖立甲石之地，村北有练习骑射的跑马场。水源头接近湘江源头，300多株百年以上的银杏树环绕古村周围，秋风吹来，满目金黄。

黄姚古镇位于昭平县东北，兴建于明万历年间。占地1平方公里，采用九宫八卦阵势布局，由8条呈条带状的街道和数百间房屋、庙宇、亭桥组成，有东南西北4座门楼，城门的基座用石砖砌成。街道用青灰色方形石板铺设，路面光滑平整，在街心利用突出街面的石头凿出盘道石鱼，房屋层层叠叠，街道曲折迂回，历史上店铺林立，票号云集，商贸兴盛。大街小巷及两旁的店铺票号，至今仍保存着明清建筑的格局与风貌。清代秀才莫遏然旧宅坐落在龙畔街，布局严谨，门前石阶外有石鼓一对，立有拴马桩，门上挂"司马第"牌匾。同在龙畔街有一座兴宁庙，分前座后座，前座是凉亭，供人憩息纳凉，后座是庙宇，祀真武大帝。

两晋至唐宋时期，中原汉人被迫南迁，流落南方山区或丘陵地带，当地官员为这些移民登记户籍时，立为"客籍"，称"客户"、"客家"。多数客家人聚族而居，形成围龙屋、走马楼、五凤楼、四角楼等建筑群，其中以围龙屋存世最多。广西贵港、贺州、岑溪等市、县都有客家围屋，而以贵港君子垌客家围屋群最为著名。

君子垌位于贵港市港南区木格镇云垌村。该村围屋最早始建于乾隆末年，大部分在清咸丰年间建成，是广西最大的客家围屋群。分布范围约6平方公里，由19座围屋城构成，许多围屋至今还处原生态，如段心围、云龙围、谷坡城、桅杆城、显记城、达记城、盈记城、同记城、茂隆城等，十分难得。围屋群集家、祠、堡于一体，是流行于赣粤闽桂一带的"土楼"式传统民居建筑类型的演变形态之一。整个建筑外"围"内"通"，月牙池塘、大城墙、炮楼、枪眼、狗洞、外城门、推笼门等形成完美的对外防御体系；围屋城内回廊四通八达，屋与屋之间、屋与围墙之间均有甬道连贯，步履其间，如入迷宫。围屋的屋脊和墙顶上饰马头状立体装饰，飞檐翼角，精雕细刻，独具匠心，墙体内外"金字顶"或檐外墙顶装饰有宽约0.6米图案纹饰，内容题材体现丰厚的儒家文化。

贺州市莲塘镇的江氏围屋，建于清乾隆末年，占地面积30多亩，分南、北两座，呈犄角之势。南座3横6纵，有厅堂8个，天井18处，厢房94间；北座4横6纵，有厅堂9个，天井18处，厢房132间。整座建筑为方形对称结构，四周有3米高墙与外界相隔，屋宇、厅堂、房井布局合理，形成一体，厅与廊通，廊与房接，迂回折转，错落有致，屋檐、回廊、屏风与梁柱雕龙画凤，富丽堂皇，是典型的客家建筑文化艺术结晶，素有江南"紫禁城"之美称。

岑溪市水汶镇石村梁家围屋，当地人称为碉楼，属清末民初建筑。是一个单围，半月形内环中间建有2进3开间3厢房，前面有一座池

图下4-2　贺州莲塘镇江氏围屋

塘。围屋的 4 角都建有 4 层碉楼，墙上布满内大外小的射击孔，是当时作为瞭望及作战用的，既提高了安全系数，又起到美化作用。梁家围屋的副座建筑墙体采用双层结构，为适应岭南地区炎热多雨的特点，外砌青砖以御风雨，内加泥砖隔热保温，使得屋内冬暖夏凉。

清末广西钦州出了两位抗法名将，他们是冯子材（1818—1903）、刘永福（1837—1917），晚年都回到钦州兴建公馆，他们的公馆都是典型的清代南方府第建筑群，具有简朴典雅的艺术特色。

冯子材公馆位于钦州沙埠镇白水塘村，光绪元年（1875）落成。因他曾被封为太子太保，俗称冯宫保，他的住宅就被称为"宫保第"。占地面积 15220 平方米，包括三山一水一田，有六角亭、珍赏楼、书房、虎鞭塔、菜园等。四周环以高墙，主体建筑 3 进，坐北朝南，每进分为 3 大间，每大间又分为 3 小间，共 9 大间 27 小间。这些建筑都是抬梁式砖木结构，用料相当讲究，室内梁、柱、门窗、匾联多以珍贵的格木制成。浮雕工精，壁画色彩艳丽，造型端庄，朴实严谨。冯子材于光绪八年（1882）解甲归田后居此。中法战起，重新出山，旧居内外留有请将坡、上马石、祭旗坛、系马树、习武场等遗迹。

刘永福公馆在钦州攀桂街。刘永福援越抗法累建奇功，被越南阮氏王朝封为宣光、兴化、山西提督，史称三宣提督。光绪十七年（1891）营建公馆，取名"三宣堂"。占地面积 22766 平方米，大门向东临江，门楣上灰批"三宣堂"3 个红底黑字，两边对联是："枝栖古越，派衍彭城"。二门为 2 层楼房，进深 4 米，面阔 3 间，门顶悬挂红底金字"建威第"匾额，对联是"恩承北阙，春满南天"。门前有 80 多平方米宽的广场，前面是高 4 米、宽 24 米的照壁。主楼 3 进，座北向南，高 12 米。主楼两侧有厢房，共有厅房 119 间。各房之间互相通达。所有墙的上端都绘有彩画，共一百多幅，内容为名山大川、亭台楼阁、松柏花草、飞禽走兽、文臣武将。主建筑四周墙上枪眼密集，与围墙四角的炮楼枪眼遥相呼应，构成严密的防御体系。

第二节　祠堂会馆

燕窝楼　蜂窝楼　莫氏土司衙署　岑氏"官保府"　多处粤东及湖南会馆

明正德六年（1511），工部右侍郎蒋淦在他的老家全州县永岁乡石冈村修建蒋氏宗祠，旧称"敦睦堂"，因其牌楼悬空斗栱排列如燕窝，俗称燕窝楼。燕窝楼坐北朝南，是三进两重天井四合院建筑。沿纵轴线布置牌楼、门厅、两厢房、天井、中殿、亭廊及后殿。主体建筑是木质结构，由牌坊和门楼组成。门楼高 8.7 米，设上四层下三层斗栱，上宽下窄，四周无任何依托，只凭四根木柱高擎。楼的上体弓字形木榫衔接成斗栱；以中间匾额为界，斗栱的方向均向两侧倾斜 45°；各个斗栱都雕刻有精美的图案，栩栩如生。顶为庑殿顶，雕塑麒麟吻兽。门前有八字形叠涩式券脊护墙。门厅、中殿、亭廊、后殿均为硬山抬梁式结构，用青砖铺设地面。门厅与中殿之间隔以天井，有垂带三级石踏步通向中殿；天井两侧设对称厢房；中殿与后殿之间，清代增建亭廊，使之相连。亭廊下有垂带八级石踏步通向后殿；后殿九檩带廊，廊前左右主墙增设穿门。中殿立有 10 多方碑刻，记载明清对宗祠修葺情况；后殿神堂供奉蒋氏历代祖先牌位。门楼出檐翼角，稳重朴实、雄伟大方，为明代建筑所罕见③。

宋朝开国时期的贤臣周渭（922—999）是恭城路口村人，官至监察御史，为人正直，执法严明，声名比赫赫包拯（包公）早 60 年，深受包拯的崇敬，后人敬奉他为周王。明朝成化十四年（1478）为他建庙祭祀，称周渭祠，又名"周王庙"。清雍正元年（1723）重修。周渭祠位于恭城城东太和街，坐西北而向东南，是四合院式院落，原有门楼、正殿、后殿、厢房和戏台，现存门楼、正殿和厢房。门楼为砖木结构，重檐歇山顶，绿琉璃瓦面，楼顶正脊饰宝葫芦、鳌鱼，底层屋脊饰卷草和蟾蜍。面阔五间，穿斗式梁架，外观如蜜蜂窝，俗称"蜂窝楼"。檐柱承托下檐，金柱通顶支承上面重檐，体型于中间骤然缩小，灵巧飘逸。斗栱单体形似鸡爪，以一斗三升为一组，共三百组，千余根坚木互相串连吻合，组成严谨而有规律的蜂窝状，合理承担上层荷载，使屋面飞檐远挑，雄伟壮观。由于蜂窝状的斗拱使气流通过时产生回流，发出轰鸣声，鸟雀、蝙蝠一般不来此筑巢。

壮族地区的土官府第又是一番景象。

桂西北忻城县城关镇南面的中和街，背靠翠屏山建有莫氏土司衙署，这是广西现存的唯一壮族土司衙门。它始建于明万历十年（1582），由莫氏第八任土司莫镇威完成主体建筑，延至清光绪三十二年（1906）最后一任土司，历代都有修建。现存建筑为清道光十年（1830）按工部营造法式重修。建筑面积4万余平方米，中轴线上有大门、头堂、二堂、花厅、三堂和后苑。另有大夫第、参军第、三清阁、文庙、城隍庙、花婆庙、练武场，形成一个以衙署为中心的庞大建筑群。采汉式砖木结构，堂内以高大的优质杉木为柱，在立柱间铆入穿木，与童柱相托，层层抬高，以承梁架，使厅堂内高大宽敞，加之棂格式门窗，室内采光和通风效果良好。

桂西山区西林县那劳村内有一个庞大的建筑群，是明正统年间（1436—1449）上林长官司岑密始建的府第，经其后裔清代云贵总督岑毓

图下4-3　忻城土司衙署

英、两广总督岑春煊父子维修、扩建，形成岑氏家族建筑群。主要有岑怀远将军庙、岑氏宗祠、岑氏土司府、宫保府、荣禄第、增寿亭、南阳书院、思子楼、孝子孝女坊等，占地面积 4 万平方米。岑怀远将军庙是上林长官司岑氏土府迁居那劳村后所建，清光绪元年（1875）岑毓英扩建为四合院，有神堂、两厢房和闸门。岑氏宗祠是光绪三十二年（1906）岑春煊所建，原为四合院建筑，由前座、后座、左右厢房、天井构成，天井中间有六角形鹤亭。宫保府于光绪五年（1879）落成，是岑毓英的宅第，四合院砖瓦结构。荣禄第是岑毓英四弟、二品盐运使岑毓琦的宅第，光绪三十年（1904）建成，也是四合院砖瓦结构。这些建筑丛集在群山环抱、秀水长流的风景佳丽之地，气势恢弘，居住舒适。

由于商品经济的发展，外地来广西经商的人渐多，他们常常以地区为纽带，结成行会，建立各自的会馆，尤以广东（粤东）、湖南、江西会馆最多。

明万历年间（1575—1620）在平乐府城创立的粤东会馆是广西最早的粤商同乡会组织。清康熙五十三年（1714）在夫子祠基础上改建，乾隆五十三年（1788）又加重建的粤东会馆，成为粤商出入广西的常设驻所。旅居南宁的广东新会籍人士于清乾隆初始建的新会书院是南宁市唯一一座保存较为完整的清代会馆建筑。经南宁溯右江而上的广东商人于清康熙年间在百色始建，道光、同治年间两度重修的粤东会馆占地面积达 1600 多平方米，坐西向东，以前、中、后三大殿为主轴，两侧配以相对称的三进厢房和虎廊。庭院和通道铺设红色阶砖和长方形条石。殿堂廊下为蚬木圆柱或花岗岩方条石柱支撑。殿堂屋脊和虎廊檐上的女儿墙均分上下两层，下层饰山川草木、珍禽异兽的浮雕，上层饰舞台戏曲人物的瓷塑。屋脊绝顶饰以双龙戏珠。属典型的岭南传统建筑。1929 年12 月 11 日百色起义，红七军司令部和中共红七军前敌军事委员会就设在这里。

湖南毗邻广西，清代湘商在广西的影响仅次于粤商。他们在聚居桂北的全州、兴安、灌阳、恭城都建有湖南会馆。恭城县城太和街一座，始建于清同治十一年（1872），供过往商旅居住议事，并有戏台戏坪，建筑形式和装饰都是楚地风格。

第三节　古城要塞

两千年前的兴安秦城　700 年前的静江城图　从王府到贡院　"南疆小长城"

广西自战国时期始有城池，秦汉城址一般选择在交通便利的地方，大部分在河旁平地或离河流较近的山岭上。规模都比较小，周长一般在 1000 米以下，平面布局以长方形为主，四角外突并设有角楼建筑，四周挖有宽而深的护城河或护城壕，城墙就地取土夯筑而成。城内采用高台建筑，房屋材料以陶制的板瓦、筒瓦为主，有少量瓦当、铺地砖和水管以及铁钉等建筑构件。已发现的秦汉城址有洮阳、观阳、封阳、临贺、领方、零陵。其中兴安秦城遗址经过考古发掘，情况较明。

秦城位于兴安县城西南 25 公里，大溶江与灵渠汇合的三角洲上。传说是秦戍五岭时所筑，南宋诗人刘克庄《秦城》诗曰："缺甓残砖无处寻，当年筑此虑尤深。君王自向沙丘死，何必区区戍桂林？"④城址东临灵渠，西薄溶江。尚存遗址 2 处：一处在通济村与太和堡之间，城呈长方形，南北长 880 米，东西宽 410 米。现存东、南城垣各一道，东城垣长 830 米，南城垣长 380 米，城垣厚 6—8 米，残高 2—4 米不等，城东、城西分别紧临灵渠和大溶江，城外有城濠和外城卫护。一处在七里圩南侧，俗称"王城"，是一座长方形土城，东西长 246 米，南北宽 156 米，城墙厚 6—10 米，残高 2—4 米，城墙四角有向外突出的角楼建筑，北墙和东墙各有一处向外突出的马面建筑台基，北墙偏东处开城门一座，城内采用高台建筑，有多边形的夯土建筑台 5 处。城墙的夯筑为板筑法，夯土中砌河卵石。城外四周有宽 10—20 米的护城濠。是一座军事色彩较浓的古城。

南朝时期的城址以越州故城为代表。越州故城位于浦北县石埇镇坡子坪仰天窝村附近南流江畔。南朝宋后废帝元徽二年（474）越州刺史陈绍伯始建。城址坐北朝南，依山势构筑，西北为大山环抱，东面、北面是起伏不大的丘陵，南濒南流江，扼今浦北、合浦、博白三县交界一带，是珠江水系通过北流河进入南流江而达合浦海港的惟一通道。分内城外城，均为土墙。外城南墙长约 370 米，西墙长约 280 米，北墙和东墙依山构筑，其中包括 4 个小山包，东北面 3 个，呈品字形。内城构筑在西面的一个山包上，呈长方形，南北宽 130 米，东西长 160 米。北门和东门穿山而成。外城每隔百步有一突出墙外的"马面"，城墙之外，东、北、西 3 面有护城濠。

在桂林市观音阁鹦鹉山崖壁上有一幅巨大的静江府城防图，是宋理宗宝祐六年（1258）以后，静江府为防御蒙古军队入侵，前后 4 次所修城防工事的平面图。下编第二章《摩崖石刻》第三节对此图有介绍，可参见。从图上可看到，传为唐代李靖始筑的子城平面为矩形，东、南、西面各开一门，干道呈丁字形。府治在横街之北，正门谯楼为两个门洞的"双门"。宋仁宗至和二年（1055）余靖筑外城，平面亦为矩形，东城墙为子城的东墙向南延伸而成，其余 3 面城墙包在子城之外。外城东西各两门，南北各一门。宋理宗宝祐六年，为抵御元军南下，广南制置使兼静江府知府李曾伯奉命在城北叠彩山一线筑新城，开城濠，将独秀峰包于城内。其后广西经略使朱祀孙在西城外加筑重城和城壕，赵汝霖修筑沿江泊岸石墙。宋度宗咸淳五年至八年（1269—1272）胡颖在新城的北城外借宝积山、宝华山、粟家山等制高点再筑新城，城内建营驻军。经数次兴建，使静江府城建成北倚诸山，东临漓江，由城壕、羊马墙、月城组成的纵深防御设施。其中城门用券洞、瓮城设箭楼[5]。

明代由于制砖手工业的发展，一般府、州、县城垣多用砖砌。广西山多，且处石灰岩地区，获取石料极为方便，故建城多用料石。

桂林王城位于桂林市独秀峰下。是明代靖江王的府第，故又称靖江王府。南明时代做过永历皇帝的行宫，也称皇城。明太祖朱元璋于洪武三年（1370）封其侄孙朱守谦为靖江王，就藩桂林。从洪武五年在元顺帝潜邸万寿宫旧址上开始按藩王府第规格兴建王府，洪武九年建成，洪武二十六年重修，前后历经 20 多年。王城东西宽 340 米，南北长 555 米，占地面积 18.87 万平方米，全部采用巨型料石砌成。建筑布局以独秀峰为中心，山南为宫殿，山北为花园。端礼门、承运门、承运殿、王宫门、后寝宫、广智门，都与独秀蜂处于南北中轴线上。主要建筑为承运殿，台基长宽各约 60 米，四周为青石砌筑，围以雕刻图案的石栏杆，

图下 4-4 桂林明靖江王府承运殿

前后接以云阶、玉陛、石磴。承运殿北为圜殿，再后是寝宫。宫左为社稷坛，右为家庙。围绕宫殿，广建楼堂厅馆、亭阁轩室，构成规模宏大的建筑群。花园中有独秀峰、月牙池，辅建各式亭台楼榭，陈列奇石假山。洪武二十六年在周围建城墙，至永乐元年（1403）建成。城墙内外均用方整的大青石砌筑，中间填以灰砂、碎石、泥土，夯紧打实。城开4门：东称体仁，南名端礼，西为遵义，北曰广智。城墙上有女儿墙和城楼。清顺治七年（1650）孔有德带清兵攻破桂林，改靖江王府为定南王府。顺治九年，农民起义军围攻桂林，孔有德纵火自焚，王府建筑被毁。现存王城城垣、体仁门、端礼门、遵义门、承运殿台基及其勾栏望柱、云阶玉陛，仍是当年遗物。清顺治十四年（1657）在此建广西贡院，康熙二年（1663）为镇守将军驻节处，康熙二十年又改为贡院，后来在端礼、体仁、遵义3门上分别刻有"三元及第"、"状元及第"、"榜眼及第"石匾。

　　明代府城以太平府城为代表，位于崇左市太平镇所在地，因"丽水旋折，四交若壶"，又名"壶城"；建于明洪武五年（1372）。州城以永宁州城为代表，位于永福县百寿镇寿城圩北端，有一条驿道相通，为古代商业和军事要地；明成化十三年（1477）始建。县城以富川故城为代表，位于富川瑶族自治县富阳镇富江西岸的岭坡上。富川处都庞岭和萌渚岭两列山脉夹槽之间，形成南北风口要道，素有"大风走廊"之称。

明洪武二十八年始建守御千户所，次年筹建城墙，弘治十三年（1500）建东、南、西、北4城门、城楼和城垛。城内街道呈"井"字形布局，路面用鹅卵石镶嵌成各种图案，俗称"花街"。每座城门右侧地下筑有通道，合称"四漏"；城内凿有9个生活用水井，称为"九眼"；东、南、西、北四个方位都挖有储水的防火池，称为"四塘"。城墙周长2313米，高6米，顶部宽2.7米，有城垛909个，城外有护城濠，是一座易守难攻的军事城池。而居民祭祀、娱乐、读书会考、对歌比武均有设施安排，功能相当齐备。

广西是中国南部边疆省份，南与越南为邻。法国殖民主义者侵占越南后，在中越边境沿线驻屯重兵，修建各种明碉暗堡和军事工程，威胁着中国西南边疆。清政府被迫沿线设防，广西提督苏元春统率防军20营，分守沿边各要隘，并着手在险要的高山关口兴建炮台，建立指挥中心和供应基地、军用公路，守边将士和沿边村民栉风沐雨，从光绪十年（1884）至二十二年，经过12年的艰辛劳动，完成连城要塞这一规模

图下4-5　龙州清代小连城一角

巨大的国防工程。工程以大小连城和镇南关为中心，是广西提督行署所在地。凭祥大连城以白玉洞为中心，在方圆 5 公里的群山山脊上，建中小型炮台、碉台 15 座，各炮台之间以城墙相连，白玉洞为前线指挥中心，四周分布 5 个独立作战城堡，与前沿的镇南关及城墙左右、关前隘口诸炮台形成纵横交叉的火力网，镇守镇南关大门。龙州小连城提督行署以龙元洞保元宫为中心，在将山主峰设镇龙炮台，各次峰设 15 座中小型炮台，以城墙相连，构建各炮台之间的联系。同时设小连城前卫炮台群于平而河两岸，钳制镇南关、平而河通往龙州的水陆要道。前沿阵地以镇南关为中心，东翼一线的炮台、碉台群及城墙由西至东，分别设在凭祥、宁明的高山，延伸至防城港、北海的高山和海岛；西翼一线的炮台、碉台群及城墙由东至西，分别设在凭祥、龙州、大新、靖西、那坡沿边的高山顶上。东西两翼中越边境 1000 多公里，沿线的炮台、碉台 165 座，关隘 109 处，关卡 66 处，蜿蜒于崇山峻岭之中，构成气势宏伟的军事防御体系，被称为"南疆小长城"。

第四节　运河桥梁

灵渠创世界运河史奇迹　相思埭沟通漓江与柳江　潭蓬运河开海上通途　风雨桥、惠爱桥、仙桂桥、桂林花桥各异其趣

秦始皇统一岭南时，在桂北兴安县境内开凿的灵渠，是一条沟通湘江和漓江，把长江和珠江两大水系连接起来的运河，全长 36.4 公里，是中国古代伟大的水利工程之一。当年数以万计的民工士卒在极端艰苦环境下开凿的这条运河，比举世闻名的巴拿马运河和苏伊士运河要早 2000多年，无论设计、施工、用料……都创造了后人难以想象的奇迹[⑥]。上编第二章《秦汉时期》对灵渠有详细介绍，可参看。

如果说灵渠是秦代的杰作，那么相思埭（俗称桂柳运河）则是唐代的佳构。在秦人修筑灵渠沟通湘、漓二水 900 多年后，唐武则天长寿元年（692），统治者为了加强对西南地区特别是贵州、云南的控制，开凿了漓江至柳江的相思埭运河。相思埭运河的水源来自临桂县会仙镇泮塘村狮子岩，经分水塘分水，向东经相思江入漓江；向西经永福县苏桥洛清江以达柳江。东渠全部为人工开凿，西渠主要是对原有沟溪加以疏通而成。工程结构基本仿照灵渠，也有分水塘、滚水坝、东西渠道和陡门。以前从桂林到柳州，要从漓江——桂江下到梧州，再逆西江——浔江——黔江——柳江而上才能到达。16 公里长的相思埭开通后，极大地缩短了航程。

潭蓬运河也建于唐代，唐懿宗咸通九年（868）高骈组织疏凿，称天威迳。位于防城港市江山半岛横嵩和潭蓬两村之间，长 2 公里。江山半岛自北向南呈葫芦状伸向北部湾，东面是防城，西濒珍珠港。唐时由廉州（今合浦）驶向交趾（今越南）及东南亚诸国的船只均绕此半岛行驶，十分不便。安南节度使高骈募人将天威迳凿通，使之成为通向安南的交通捷径。因为运河所经之地岩石坚硬，工程艰巨，时人称非仙人不能为。待工程竣工后，当地群众便赞为"天威遥"或"仙人垅"。天威迳开通后，防城港至珍珠港，往来船只，不再绕过江山半岛而直驶越南，航程缩短 40 多公里，而且避开了江山半岛南端白龙尾之风浪搏击，保证了航行安全。天威迳在唐末起过重要作用。北宋时安南独立，与宋交恶，这条运河自此废弃，至民国因围海造田而大部分被湮没。

逢山开路，遇水架桥，这是千百年来人们熟悉的一句古训。远古时期，河流两岸的大树倒下，可以形成天然的过渡依靠，人们受到启发，用粗笨的工具砍倒树木就可架起桥来。在森林密布的山区，人们攀援藤索过涧渡河，从而创造用藤条、竹索制作的吊桥。石板桥和石拱桥的修建，展示了古代交通的进一步发展。广西古代的桥梁也因环境之变，多种多样，有浮桥、梁桥、拱桥和廊桥。

梁桥大多在河床两岸建筑石墩，然后铺设木板或石梁而成。最原始的梁桥是独木桥，后来在河中建石墩或竖木架，搭盖多节木桥或石桥。合浦县城廉州镇惠爱路横跨西门江的惠爱桥就是木桥。清宣统元年（1909）当地绅商集资复建，本地工匠蒋邑雍设计承建，至宣统三年（1911）落成，廉州知府李经野题桥匾"惠爱桥"。全桥长 38.8 米，由砖石结构的单拱引桥和木结构的单跨主桥构成。主桥横跨于两端引桥桥墩之上，净跨 20.13 米，所有构件均采用马来西亚所产质地坚硬的坤甸木制作，因而经久不腐。桥的整体外观似两个并列的三角形桁架，而实际是两个没有下弦拉杆的"人字架"和木拱结构组成的吊桥。人字架的"下弦杆"从中间断开，不承受拉力，只承受桥面荷载所产生的弯矩，是两根多跨的连续梁。俗称八字木的"上弦杆"是一根压弯构件，既有轴向压力，也有弯矩，两端的推力由地面承担，利用下弦杆竖向吊杆悬吊桥面梁和桥面板，供人们通行，中间不设桥墩，便于船舶从桥下过往。

广西保存下来最古老的石拱桥是阳朔仙桂桥。仙桂桥位于阳朔白沙镇旧县村北，横跨在遇龙河东面的一条小支流上，是一座单孔石桥，由 218 块券石分 9 组平砌向上，对砌成拱形，通长 15 米，宽 4.2 米。桥四周为水田环绕，桥拱下有石刻，表明此桥始建于北宋徽宗宣和五年（1123），南宋高宗绍兴七年（1137）重修，"临桂东土匠人"和"大圩匠人"建造⑦。是广西本地匠人建造并有石刻依据的最古的石桥。

明代石桥较多，最有名的是桂林花桥。花桥位于桂林市自由路小东江和灵剑江汇合口。初建于宋，原为木板桥，元末被洪水冲垮，明景泰七年（1456）桂林知府何永全重修。嘉靖十九年（1540），靖江安肃王妃徐氏出内帑，易木为石，改建为石桥，并增建旱桥 7 孔，将水桥部分架木为廊，覆瓦为顶，平添几分妖媚，更名为嘉熙桥。桥的附近花木繁茂，每当阳光和煦的春天和乍晴乍雨的初夏，百花盛开，争妍斗艳，故名花桥⑧。清康熙二十年（1681）广西巡抚郝浴主持将水桥河道深挖，以平缓水流，将木质护栏改为料石护栏，于桥北两侧筑堤岸，以阻挡流水对桥墩的冲击。光绪十八年（1892）黄兴科增建桥亭。现桥全长 134.66 米，水桥宽 6.9 米。水桥桥身高大，各孔跨度相等，旱桥宽 5.3 米，自东向西逐渐缩小，桥面呈斜坡下降。整座桥比例匀称，造型优美，风平浪静之时，在倒影中有如四轮明月，具有很高的历史价值和艺术价值。

廊桥是一种集桥、廊、亭三者为一体的桥梁建筑。侗族风雨桥就是建筑艺术上的这种杰作。风雨桥结构分 3 部分，下部是长方形大块青石围砌、料石填心的桥墩，桥墩为六面柱体，上下游均为锐角，以减少洪水冲击力；中部是桥面，采用密布式悬臂托架支梁体系，全为木结构；上部为桥亭，采用榫卯结合的梁柱体系联成整体。亭廊柱间设计坐凳栏

图下 4-6　三江侗族风雨桥

杆，栏外挑出一层风雨檐，保护桥面和托架桥梁，既实用又美观。建于清宣统二年（1910）的岜团桥，位于三江侗族自治县独峒乡岜团村苗江上，桥盖长 50 米，桥身长 30.4 米，两岸建石台，河中筑一桥墩，桥上覆置 3 座桥亭。它的奇妙处是桥面分人行道和畜行道，两道设在高低不同的两层。桥盖为歇山式，五层重瓴，采用悬臂托架简支的方法，亭、廊、阁均用榫卯，将柱、梁联成整体。其总体构思独具匠心，人畜分道，是最土的"立交桥"。

第五节　古庙古塔

恭城文庙、武庙　瑶族地区百柱庙　壮族地区伏波庙　天南杰构真武阁　海滨奇观大士阁　木龙石塔、左江斜塔

广西寺庙规模大小不一，以小型为多，而且多为向外地吸收移植的

成果。

　　文庙是祭祀孔子的祠庙，又称孔庙。恭城文庙始建于明永乐八年（1410），曾经毁于兵火。明嘉靖三十九年（1560）于西山重修，清道光二十二年（1842）仿山东曲阜孔庙规模再次扩建。现存建筑是咸丰十一年（1861）按原制重建的。砖木结构，坐北朝南。前瞰茶江，北靠印山，依山而建，逐层布置，显得庄严肃穆，有"小曲阜"、"岭南第一庙"的美誉。庙由棂星门、泮池、状元桥、大成门、大成殿、崇圣祠、东西两庑、乡贤祠等建筑构成，占地面积3600平方米。主体建筑是大成殿，面阔5间，进深3间，穿斗式构架，重檐歇山顶，四面回廊环绕。正脊饰双龙抢珠，又脊飞翘，重脊和角脊饰象征风调雨顺的各种神兽，4面翘脊下各有泥塑造像，并挂风铃。封檐板雕饰各式花草树木，气势雄伟，是广西现存规模最大、最完整的文庙。

　　武庙是纪念三国名将关羽的庙宇。恭城武庙始建于明万历三十一年（1603），清同治元年（1862）重修。位于文庙右侧，与文庙相距50余米，文、武两庙既比邻又对称。武庙由戏台、雨亭、头门、正殿、后殿

图下 4-7　恭城文庙

和两侧配殿组成，为四进院落式建筑，建筑面积 1050 平方米。戏台是武庙精华所在，除台基砌石外，余为全木结构。台基石刻有人物浮雕，台上有雕花门窗隔扇和神龛，4 根金柱直通顶层，承托飞檐屋顶，台顶正中置斗八藻井，上尖下圆，好似一个倒挂的大水缸，是古人用来传声的扩音器。台底相应地安放 36 口水缸，用以和斗八藻井相配，产生共鸣。当台上敲锣打鼓时，声音由水缸从不同角度向上反射，集中在藻井中产生共鸣，扩大音响，使声传十里之遥⑨。

五代时期的楚国曾占有桂北和桂东北，第一代君王马殷很有威望，后人建庙祭祀。在今富川瑶族自治县油沐乡福溪村前的马殷庙，因用高矮格木柱一百多根，俗称百柱庙。主殿始建于明永乐十一年（1413），至弘治十二年（1499）才正式落成。大殿由前后两进主殿和其间的连廊、南北两侧连廊及两翼伸出的抱厦等五座建筑构成。外檐采用吊柱作法，庙内构架以榫卯连接，梁枋穿连，共有落地和不落地柱 120 根，柱网排列整齐对称，令人顿生幽深神秘之感。它是我国南方瑶族地区保存最完整、年代最早、规模最大的木构建筑。

横县是壮族人口较多的县，在县城东南 50 里的乌蛮滩北岸有一座伏波庙，为纪念东汉伏波将军马援南征而建。始建年代不详，宋仁宗庆历六年（1046）重修，以后屡有修缮扩增，现存是明清两代建筑。原庙3 进，分钟鼓楼、牌坊、前殿、中殿、后殿、回廊、祭坛亭 7 大部分，建筑面积 579 平方米。四周墙体及檩柱、过梁、檐板、须弥座上雕塑着形态各异的动物、花草、人像；各殿、回廊墙壁上绘有田园风光和神话故事壁画。此处建伏波庙，与其说是纪念马援南征有功，不如说是把他当水神崇拜，祈求保佑行船安全。这与当地一段风俗有关。乌蛮滩长十里，落差大，水流急，岩礁多，稍有不慎，便船毁人亡，故建庙祭之。清嘉庆三年（1798）解元、桂平诗人黄体正撰有《横州竹枝词》5 首，其中一首写道："伏波祠下水潺潺，日落滩头半映山。醉后一声齐鼓棹，直分波浪下乌蛮。"⑩并有自注说："舟过大滩，必祀伏波庙，聚村人饮酒，留滩师放滩。"另外，伏波庙还有一奇，即它虽依山而建，树木掩映，但秋天的落叶并没有堆积庙顶而影响景观。据说工匠在当初建造时，充分利用了山势，将庙背向东北，让风从西南吹来，形成一股上升的气流将萧萧落叶吹走，使庙宇殿顶干净如初。

还值得一提的是岭南特有的龙母庙，因它专门供奉西江水神龙母，故名。在明、清两代，龙母庙曾遍布两广，香火鼎盛，犹如北方之有龙王庙，闽台之有妈祖庙。龙母庙今以梧州所建最为有名。它始建于宋，明代至当代，屡有重修，为殿堂式砖木结构，保有宋代建筑风格，占地面积约 5000 平方米，由山门、前殿、后殿、左右廊房、角亭等组成。正殿正中为龙母坐像，左为清初傅大将军，右为龙太子，均为泥塑。后殿为龙母卧室，有床、被、枕、帐等卧具。整个庙宇壮丽气派。宋真宗时（998—1022）梧州知府陈执中《题苍梧郡》诗中有"龙母庙灵神鬼集"之句（见《粤西诗载》卷二十），其建筑可见一斑。每年农历五月初八龙母诞辰，当地迎神建醮，热闹非凡。清末民初，港澳及两广来朝拜的船只达数百艘。龙母源于岭南古越人有关温媪的传说，本卷下编第九章《民俗》第三节介绍较详，可参阅。

容县县城东，绣江南岸，有一座宽阔的平台，传是唐代容管经略使元结修建的经略台。经略台上耸立着三层方塔形的木构建筑，因曾奉祭真武大帝，被称为真武阁。这是一座明代建筑。高 13.2 米，面宽 13.8 米，进深 11.2 米。全阁用近 3000 条大小不一的格木，以杠杆结构原理串联而成，这些木件相互制约，彼此扶持，合理协调，组成一个优美、稳固的统一体，挺拔秀美，简洁自然。二楼 4 根金柱承受上层楼板、梁架、配柱和屋瓦、脊饰的沉重荷载，柱脚却离地 2 厘米，悬空而立，是全阁结构中最奇特、最精巧的部分，被著名古建筑学家梁思成誉为"天南杰构"。它是利用杠杆结构原理，在

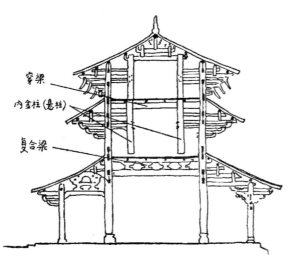

图下 4-8 容县真武阁构架示意图 采自《容县文史资料选集》第三辑

二、三层的金柱上，分上下两层，用十八根枋子穿过檐柱，以檐柱为支点，组成两组严密的杠杆斗栱，栱头托承外面宽阔的瓦檐，栱尾托起金柱，四根金柱在二楼就悬空了。这种独特的杠杆，像天平一样维持这座庞大建筑的平衡，四百多年来，经历了 5 次地震，3 次特大台风，均安然无恙，创造了木构建筑史上的奇迹。

合浦县山口镇永安村的永安古城内有一座木构高阁，原是明成化五年（1469）重修永安城时修建的鼓楼，入清以后，随着永安城军事地位逐渐下降，鼓楼的功能减弱，成了供奉观音大士的宗教场所，因而名为大士阁。大士阁居于永安古城的中心位置，正好处在贯通古城东、西、南、北 4 座城门的两条主要通道的交叉点上，与 4 座城门的距离基本相等。又因该建筑以 4 柱厅为中心，下层通达四衢，俗称四牌楼。全阁由 18 根檐柱、4 根角柱、12 根内金柱、2 根山柱组成纵横排列规整的方形柱网支撑。柱底有石质柱础。整座建筑坐北向南，由前后两座 2 层重檐歇山顶楼阁相连而成。前座为 9 檩无廊木构架，后座为 11 檩无廊木构架，中间无天井相隔，两檐相交处设承霤。上层以木板围护，设门窗等装修，楼面铺设木板，下层敞开，无围护。大木架采用穿斗式结合抬梁式用榫卯联接，以穿枋纵横穿联各柱，结成一个坚实、紧凑的木构骨架。屋檐、飞檐和封檐板均有多种雕绘，显得壮观艳丽。大士阁建筑手法保留了宋、元遗风，久经风暴而岿然屹立，是中国离海最近的古建筑

图下 4-9 合浦大士阁

之一。

广西保存的古代道观极少，梧州白鹤观特别受到重视。白鹤观位于梧州市桂江西岸鸳江路白鹤岗，占地面积 3000 平方米，始建于唐代开元年间（713—741）至咸通年间（860—874），郑畋以翰林承旨学士贬为苍梧太守，增修观宇，临江建书阁。明成化年间（1465—1487）两广总督韩雍开始在此设立书院；清道光十一年（1831），知府钟禄分别在梧州东、南、西、北四个方向办义学，西边的叫绿漪，就设在白鹤观。现存建筑是清代重修，由牌坊、广场、三清宝殿组成，三清殿供奉道教三位最高尊神，石柱刻有对联，上联："莲座涌圆光，一轮朗澈鸳江月。"下联："桂宫凝瑞霭，五色平分鹤岭云。"建筑具有南方道观风格，是广西保存较好的道观。

塔在我国古代建筑类型中起源较晚，它是随着佛教的传入而出现的一种新的建筑类型。广西佛塔，最早见于唐代，以后逐渐兴盛，这些佛塔，因时代变迁，多已毁弃，保存至今的大都是明清两代的建筑。从形制上看，主要是楼阁式塔，也有喇嘛式塔和其他特殊形制的塔。

喇嘛式塔有桂林木龙洞石塔和开元寺舍利塔。

木龙洞石塔位于桂林市东北叠彩山明月峰东麓临漓江边的一块天然蛤蟆石上。塔为圆形喇嘛式，通高 4.34 米，底座直径 1.4 米，由塔基、塔身、塔顶 3 部分组成。塔基由 3 个鼓形石饼相叠形成须弥座，上小下大，周壁浅刻蝉翼纹和仰覆莲花纹。塔身下半部分呈宝瓶形，由上往下收缩，四面雕有拱形浅龛，东西两龛雕佛像，南北两龛雕菩萨像，佛和菩萨均结跏趺坐于莲花形须弥座上。上半部则是一个 13 节的锥形塔脖（即相轮），塔顶为六角形伞盖，伞盖的六角有孔，悬挂铜铃、铁马。盖上再冠以葫芦形宝顶。塔为唐代建筑，有宋人谭舜臣在临江岩的题名石刻可证。石刻云："嘉祐癸卯，寒食旬休，谭舜臣携家登石门，下临江岩，参唐代石塔，览风帆沙鸟。江山之胜，此为最焉。遂舟过虞山。"嘉祐癸卯为北宋仁宗嘉祐八年（1063），刻者点明是唐代石塔；另外从塔身纹饰和塔座所用的双覆莲瓣纹来看，也是唐代常见题材，塔身小龛内的佛像形式和风格也与桂林西山的唐代佛像相似。应该说，木龙石塔是目前广西境内保存下来的最古老之塔。

图下 4-10　桂林木龙洞石塔

　　开元寺舍利塔位于桂林市民主路文昌桥头。隋代在这里建有佛教寺院，初名缘化寺，唐代改称善兴寺、开元寺。唐玄宗天宝九年（750），著名高僧鉴真在第 5 次东渡日本未成之后，飘泊至海南岛，后来北归，路过桂林时，曾在此寺住锡一年。明代改为万寿寺。此寺在唐代建有塔。据唐高宗显庆四年（659）《舍利函记》所载，显庆二年建的舍利塔是一座 7 层砖塔，"耸高十丈"，供奉佛舍利子 20 粒。后因寺庙起火，砖塔崩倒。现存的舍利塔为明洪武十八年（1385）重修，是喇嘛式 3 层砖塔，高 13.22 米，基座为四方形，四面开券门，互相贯通，塔基上是八角形的须弥座，8 面各有圭角形佛龛一个，内有坐佛一尊。须弥座上置覆钵形塔身，塔身 4 面辟壸门，正南面的壸门内安放重刻的舍利函。塔顶是圆形伞盖，置 5 重相轮塔刹，刹顶冠以宝珠形圆顶。整个佛塔造型古朴，稳定庄严，为明代过街式塔中的精品。

　　广西明清时期的塔主要是楼阁式，楼阁式塔是中国传统高层建筑与佛教艺术结合的产物。全州妙明塔、桂平东塔即属此类。

　　全州妙明塔，坐落于全州县城西隅湘山之麓，是湘山寺的镇山宝塔。湘山寺即原建于唐肃宗至德元年（756）的净土院，曾有"楚南第一名刹"之称。塔始建于唐懿宗咸通二年（861），原高 5 层，后毁。宋神宗元丰四年（1081）重建，哲宗元祐七年（1092）新塔落成，高 7 层。绍兴五年（1135）宋高宗赐塔名"妙明"。明万历二十七年（1599）和清康熙四十二年（1703）均维修过，仍保存了宋代建筑的风格。塔为八角形 7 层楼阁式砖木混合结构。塔身用砖砌，塔檐及平座栏杆均用木构。通高 26.6 米，塔身分内外两壁，外壁八角形，对开 2 门，交错而上，每层开门的方向各转 90 度，以保证塔壁荷载均衡。内壁中空为塔心室，平面呈六边形。内外壁间为通道，有砖梯螺旋而上。塔外每层设叠涩与菱牙砖相间出跳承砖檐，檐上有木制风檐、平座、回栏、飞檐翘角。塔檐和平座之下，均有斗拱层层挑托，显示了木构楼阁建筑玲珑秀丽的外观特色。塔顶为八角攒尖式，上置金属相轮七重刹身，再上覆以葫芦形风波铜。四角各系 8 条铁链，其上悬铜铃数枚，风过处，铜铃叮当作响，故飞鸟不落，草木不生。塔上曾挂康熙皇帝御书"寿世慈荫"匾额，后来将此匾文字放大移刻在后山崖壁上。

桂平东塔位于桂平市寻旺乡东塔村浔江东南岸，又叫留雁塔或风铃塔，始建于明万历年间（1573—1620），是知县刘万安倡建，但塔建成 2 层后，刘万安病故，至崇祯年间（1628—1644）由御史李仲熊、浔州知府葛元正增建至 9 层。塔身用砖砌，楼板用木铺设。通高 50 米，分内外 2 壁。外壁第 2 层东南面和西北面对开圭角式门，供采光和登高远眺。以后各层交错而上。其余各面饰圭角形假门，漆有银珠，精巧雅致。塔身每层用 7 皮菱牙砖叠涩挑出二重短檐，檐角微翘。塔檐上部有平座、栏杆。塔顶有圆锥形刹顶，其上置一仰莲托底的铜葫芦。顶上每角悬挂一铜铃。塔内为空筒式结构，平面八角形，分成 14 层，每层铺设木楼板。1 至 4 层，层层设有 6 个圭角式壁龛，每龛置小佛像 1 尊。此塔的主要特点是无基座，塔每层采用砖叠涩出檐，塔身比例匀称，气势雄伟，色彩鲜艳，富于传统建筑艺术风格。

形制特殊的塔有归龙斜塔和板麦石塔。

归龙斜塔，又名镇龙塔，水宝塔，位于崇左市江州区太平镇东北的左江江心孤岛上。在江心建塔，是中国古塔建筑中的孤例。塔于明天启元年（1621），由太平知府李友梅始建。原只有 3 层，清康熙三十五年（1696），知府徐越加修 2 层，遂成 5 层砖塔。塔在鳌头山顶的石砌基座上，座高 5 米，塔基上围有铁索栏杆，供人绕塔仰视。塔身平面为八角形，高 18.38 米，用青砖砌筑，下大上小，逐层收缩，各层之间有 5 皮青砖挑檐线脚，转角处砌成圆形棱柱，柱帽头做素华拱出挑。底层南面和西门各设一拱门，东面上方开一拱形窗，从第 2 层起，自北、西，至南、东，每层依次开拱形窗一个。塔身内空，砖砌螺旋形阶梯逆时针盘旋而上，可在每层窗口观赏塔外江流岸树，舟楫帆影。归龙塔的奇特，在于建塔时有意使塔身迎水流方向倾斜，是工匠们考虑到水的冲击、江心风力和地基沉降

图下 4-11　崇左归龙斜塔

等因素而精心设计的。这种在建塔过程中有意造成的倾斜，显然与世界上其他一些因重心位移或地基下沉造成的斜塔不同，显示了我国南疆少数民族古代建筑工艺的精湛和高超。

　　板麦石塔，位于崇左市江州镇板麦村东南六郎岭宝塔山半腰，是密檐式塔。明万历四十年（1612）江州土官黄河汉按照佛俗，为其早逝的儿子、佛教徒黄绍伦所建。用青石筑造，形制为仿木结构密檐式建筑。塔基由 2 层正方形石块叠成，周边浮雕卷云纹，转角为竹节纹，塔座是铜鼓形的须弥座，足部浮雕卷云雷纹。塔身平面呈六角形，7 层，通高 5.1 米，直径 1.35 米。塔内实心，无门窗设置。塔顶置一石质球形塔刹，直径 0.6 米。塔飞檐短钝，挑檐檩枋，椽子、飞头、瓦陇等均为雕琢而成。塔身每层六面均雕佛像、故事、经文，共 42 幅。其中第 4 层六面雕

刻罗盘状的梵文。整个塔形玲珑秀巧，表现了仿木结构的特点，刻工精美、构图生动，称得上是一件出色的大型雕刻艺术品。

【注释】

① 覃彩銮、黄恩厚等：《壮侗民族建筑文化》，广西民族出版社，2006 年。

② [宋] 周去非：《岭外代答》卷四，丛书集成初编本，商务印书馆，民国二十五年，第 41 页。

③⑨《广西民族传统建筑实录》，广西科学技术出版社，1991 年，第 187 页。

④ [清] 汪森辑：《粤西诗载》卷二十二，桂苑书林校注本，广西人民出版社，1988 年，第七册 104 页。

⑤ 刘玲双：《桂林石刻》，中央文献出版社，2006 年。

⑥《兴安县志》，广西人民出版社，2002 年。

⑦ 黄义兴：《阳朔县自治区文物保护单位简介》，《桂林文化》2004 年第 1 期。

⑧ 曾有云、许正平：《桂林旅游大典》，漓江出版社，1993 年。

⑩ 曾庆全选注：《历代壮族文人诗选》，广西人民出版社，1985 年，第 106 页。

第五章

文学
——临桂词派和岭西五大家等

　　从晚唐诗人曹邺、曹唐开始①，广西文人文学经历了一个从滞后到急起直追的漫长发展过程，真正百卉争艳局面的形成在清代，尤其是近代。关于清代主要诗人的生平及其作品，上编第七章第二节已有介绍，本章重点讲述临桂词派和五大古文家的由来，以及壮族诗人的崛起。

第一节　临桂词派——中国古近词史上最后的著名流派

蒋冕与谢良琦词　"三大中兴词人"　端木埰之影响　觅句堂与宣南词社　王鹏运与况周仪

　　清末临桂词派的出现，标志着广西文学达到了一个高峰，终于引起了全国词人和文学史家们的关注。

　　临桂词派，又称广西词派、粤西词派。因其领袖王鹏运和中坚况周仪、刘福姚等是广西临桂（今桂林）人，故有此称。但临桂词派并非全是临桂人或广西人，正如常州词派并非全是常州人一样，被称为"晚清四大家"的另两位——朱祖谋和郑文焯，就不是广西人，前者属浙江归安（今湖州），后者隶正黄旗汉军籍，只因他们曾从王鹏运学词，时相唱和，且旨趣相同，词风相近，故人们也常把他们归入临桂词派。

临桂词派的出现并非偶然，实乃渊源有自。它既与清代词创作繁荣的大环境息息相关，也与广西文学的自身发展密不可分。这里有必要对广西词史略作回顾。

如果说词有千年发展历史，那么广西在前五百年即使不是一片空白，至少也是寥若晨星。近人谭献弟子刘毓盘撰《词史》②，引有五代南汉林楚翘《菩萨蛮》一阕，这是迄今为止，我们所知道的广西最早的一首文人词，堪称是粤西"词祖"了，然而它模仿花间派的痕迹较重，格调不高，难以入品。

两宋三百馀年，全国词坛繁花似锦，广西依然冷寂。唐圭璋所编《全宋词》卷帙浩繁，搜罗宏富，然仅收籍贯较为确定的广西文人欧阳辟、石安民、张仲宇 3 人各一阕③。

有明一代，当全国戏剧、小说、散曲等通俗文学繁荣兴旺，诗词创作却退居次要地位的时候，广西的词创作反而有了长进。这表现为词人词作有所增加，据统计，李纯、张鸣凤各 1 首，陈瑶、曹学佺各 2 首，舒弘志 4 首。当然，真正有些成就的还数明朝中期朝廷重臣、曾任代首辅三月的蒋冕（1462—1532），他有 34 首词保存至今，算得上是广西词史上第一位"大家"了。这 34 阕从内容看，大都为祝寿等应酬之作；从体裁看，小令多于中长调；从风格看，基本属苏、辛、姜豪放清峻一路。其中价值较高者有送田州张通判赴任的《桃源忆故人》《柳梢青》二阕，送沈太守入觐的《临江仙》《谒金门》《浣溪沙》三阕，均作于 62 岁乞休回到家乡全州以后。这几首词表现了一位正直老臣对国是民瘼的关心，有积极意义。这种关注社会、关注民生的优良传统，为后来的词家特别是临桂词派的精英们所继承并发扬光大。

清代是词"中兴"的时代。广西文人也是如梦方醒。光绪二十二年（1896），况周仪辑刊了《粤西词见》，这是广西现存最早的一部词的总集，明代只辑蒋冕一人，余皆为清人。其清词目次如下：

　　谢良琦 2 首、潘徽 2 首、黎建三 8 首、冷昭 4 首、朱依程 1 首、朱依真 2 首、倪承诜 2 首、况祥麟（况周仪之祖父）3 首、唐建业 1 首、胡元博 2 首、侯赓成 1 首、龙启瑞 35 首、王拯 46 首、苏汝谦24首、周冠1首、周尚文21首、秦致恬1首、张琮2首、李守仁6首、韦业祥6首、吕赓治1首、倪鸿9首、何慧生（龙启瑞之夫人）6首。

我们从中大致能看出在临桂词派正式形成前清代广西词的发展脉络，词人词作已远非前代所能比拟了。

不过由于况氏当时裒辑时所见文献有限，难免遗漏甚多，据后来一些学者从历代文献中作进一步挖掘整理，有作品传世的还有李彬、曾光国、朱若炳、冯敏昌、黄体正、彭昱尧、郑献甫、王维新、封豫、封祝唐、韦丰华、钟德祥、韦懿贞（女）等十多人。有些词人虽为况氏所收，但与存世作品实数差距甚大。如乾嘉时期的平南诗人黎建三，其子黎君弼于道光二十二年为他辑刊《素轩诗集》，其中附有《素轩词剩》1卷，收词36首，而《粤西词见》仅录8首。至于清初的谢良琦这位开广西风气之先的诗人，更是远不止《粤西词见》所收两首，实存词集1卷共51首，仅此一项，就已经超过广西清以前历代词的总和。

谢良琦（1624—1671），明末清初全州人。字仲韩，一字献庵，号石臞。明崇祯十五年中举，年仅17岁，寻遭国变，淡出科场，但仍希望有用于世。入清，顺、康间两任县令，有政绩，两任通判，以谗去官。卒于康熙十一年，未达知命。其人性情孤傲，不随流俗，不攀高枝，在政治上保持独立人格，相见恨晚的好友、大文豪王士禛说他"恃才傲睨，意不可一世"（见《香祖笔记》卷四）。表现在创作上则是独抒性灵，不趋时髦，不宗一派，杂取种种，自成一家。他在《诗馀自序》中既反对明词的"俚且率"，又反对清初词坛的"刻意

图下 5-1　谢良琦（1624—1671）画像
采自《醉白堂文集》

争胜",竞相标榜。与之同时代的杨廷鉴(静山)赞其"具隽伟拔出之才,为海内词坛领袖。自名公巨卿、骚人墨客,得其片言只韵,以为稀世之宝"④,这里面自然包括了对其诗词和古文的总体评价。

就谢良琦个人创作成就来说,古文第一(下节将论及),诗次之,词又次之。但无论哪种文体,他都认真对待。他在《诗馀自序》中写道:"凡吾为文章,岂为自娱乐?亦将以上同于古人,不求人知,不敢立异。至于合与不合,则学所成就,不可强也。诗馀虽小,亦文之一体,既已为之,则亦不敢漫然以从事矣。"⑤可见他并未把词创作当作末技小道,态度是严肃的。综观其词,虽不是篇篇俱佳,倒也多少能给人提供一些艺术借鉴。如《八声甘州·偶成》这阕怀古词,意隐旨远,借唐玄宗遭安史之乱、东汉光武帝艰难兴国,以及严光隐居不仕等典事,抒写亡国之哀,表现出"无可奈何花落去"的惋惜之情。全词境界阔远,格调深沉。同类风格的词作还有《念奴娇·望湖亭感怀》《临江仙·前题》《醉蓬莱·感遇》《玲珑四犯·归舟》《庆清朝慢·中秋》等。集子中表现离情别绪的也不少,大都写得婉转深沉。也有写闺怨或男女私情的,大约是早期之作,有意学花间,但也是"发乎情,止乎礼义"。

说到清词,我们还应记住另一位开创者,乾嘉时期的临桂布衣诗人朱依真。他的词作虽存世很少,但词论方面却有贡献。况周仪在其词《莺啼序·题王定甫师〈婪砧课诵图〉》的题解中指出:"复念吾广右词学,朱小岑先生倡之于前,吾师(王

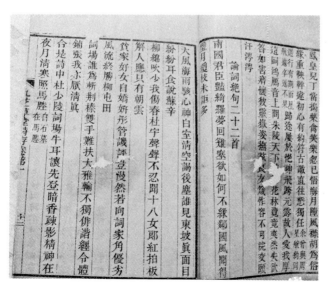

图下 5-2 清道光二年(1822)刊本朱依真《九芝堂诗存》书影

拯）与翰臣（龙启瑞）、虚谷（苏汝谦）继起而振兴之。"⑥所谓"倡之于前"，指的是朱氏的《论词绝句》二十二首。他用极精炼的语言审视南唐、两宋、元明直至清初的词坛大家，寓褒贬于点评之中，从中能看出他的价值取向和艺术趣味。他推崇宋代的苏东坡、辛弃疾、姜白石（夔）等名家，对清朝以朱彝尊、厉鹗为代表的浙西词派，以陈维崧为代表的阳羡词派力挽狂澜，振兴词坛，予以充分肯定，但也批评了周邦彦的"铺张"，朱彝尊的"叠垛"，以及阳羡派一部分人的粗率而未遵苏辛正轨等缺点。特别值得一提的是《论词绝句》第二十一、二十二首涉及到与之同时代的广西两位女词人，他不仅对她们推崇备至，还特地加注，引出二人词中名句，成为研究广西词史之片珍。

　　如果说谢良琦是清代广西词坛的开山之祖，朱依真是广西词论奠基人，那么王拯（定甫）、龙启瑞（翰臣）、苏汝谦（虚谷），就是中兴主将了。

　　三大中兴词人中以王拯的成就最大，所给予临桂词派的影响也最大，况周仪在《粤西词见》中收其词竟多达46首，为诸家之冠，而这还只是他《茂陵秋雨词》4卷、《瘦春词钞》1卷共205首词中的一小部分。他是清代咸、同间广西词坛无可争议的宗主。

　　王拯词同其诗一样，大都是感时抚事、嗟叹身世之作。其中价值最高的是那些反帝爱国作品。且看《暗香·滦阳岁晚行眺酒仙楼下有作》：

　　　　乱峰翠匝，笑几人潦倒，相逢携锸。霰影四遮，雪窖冰庐气萧飒。便拟沙场醉卧，浑忘却、东风鸣甲。甚岁晚、绝塞人家，箫鼓也迎腊。

　　　　闲踏，马蹄怯。叹去国路遥，夜月残阖。玉箫恨撷，回首中原黯如雯。多少飞蓬泪晒，待准备、花时蛮楂。怕恁日、春去也，绿阴梦压。⑦

此词作于他跟随僧格林沁策马奔往边塞抵御英法联军之时，于苍凉悲壮的氛围中抒发慷慨赴死之情志。同类词还有《满江红·重经古北口》《百字令·滦桥》《浪淘沙·荷锸记前游》《声声慢·松涛》《声声慢·行馆小病》《百字令·雨中过青石梁》《摸鱼儿·莽浮生》等。

　　清陈祖望说王拯词"清丽纤绵，于白石、玉田为近；小令亦骎骎上追五代北宋诸公"。清夏成业也评论说："少鹤之作，力追北宋，浏亮浑脱，较美成（周邦彦）无不及焉，洵词家巨手也。"⑧

龙启瑞有《汉南春柳词钞》1卷，收词107首，其中写亲情友情的词情感真挚，奇婉绵邈，如《锁窗寒·赠内》，是送给才貌双全的爱妻何慧生的，写得一往情深；寄赠挚友王拯的《春从天上来》摆脱了一般的应酬套语，把对友人的深深思念推向极致。写景之作也不同凡响。如为人们所熟悉的代表作《金缕曲·送春》《绿意·浓阴绕住》，二者虽同是描写春景，但所取角度不同，立意有别，因而收到异曲同工的艺术效果。

艺术造诣仅次于王拯而能与龙启瑞相颉颃的是苏汝谦。苏汝谦（？—1869），广西灵川人，字虚谷、栩谷。道光二十三年（1843）举人。先后任直隶新乐（今河北新乐市）知县、蓟州（今天津蓟县）知州。咸丰间，曾与王拯一道为镇压农民起义军出谋划策。后终因仕途偃蹇，郁郁返乡，以诗词创作自娱。咸丰四年（1854）临桂唐岳辑刊《涵通楼师友文钞》，内附有《雪波词钞》1卷，《粤西词见》所录苏词28首盖取于此；民国二十三年（1934）北流陈柱辑刊《粤西词四种》，内有《雪波词》1卷，收词37首。集前有自序并王拯按语，集末有王鹏运跋。苏氏自谓是受到广西巡抚周之琦（稚圭）的启蒙和好友王拯的诱导，才逐渐走上词创作道路的，尤其是在北京与王拯唱和的一段日子，词艺大进。其作品既有对乡村牧歌式生

图下 5-3　龙启瑞墨迹

活的赞唱（如《鹧鸪天·郊行》），也有对清王朝、对自己的哀吟（如《南浦·用山中白云谱》《摸鱼儿·归故山》）。

其实，使广西词坛"中兴"的并不只是以上三人，与三人基本上是同时代的彭昱尧、周尚文，也是功不可没。

彭昱尧著有《忏绮盦词稿》1卷，况周仪当时未能见到，故《粤西词见》一首未收，也在情理之中。彭昱尧的很多词写得较为隐晦曲折，这多少受了常州词派讲求"寄托"和"意在言外"的影响。如长调《八宝妆》，表面是写失恋女子伤春，但联系作者曾在京屡试不售、浪迹江湖的经历，当不难理解其怀才不遇之苦闷心情。

周尚文，字释香。清代道、咸、同间象州人。曾在广东任知县。同治五年（1866），王拯赴广州探亲访友，周氏出示《小游仙馆词》请求校正。王为之作序（序见《龙壁山房文集》外集），谓其"得江山之气，大放辞于玉佩琼琚"，并认为"异日论词人，于峤西片玉斯存"。周有《万年欢·出居庸关》一阕，描写险峻关山，苍凉秋景，多慷慨之气，充分显示出作者的艺术功力。这同时让我们想起王拯某些长调的风格，他对王拯这位同乡前辈仰慕已久，受其词风影响，也是很自然的。

"中兴词人"特别是王、龙、苏的崛起是清代广西词坛的转折点，没有他们，就不会有后来的临桂词派。已故广西现代文学家、文献学家黄华表在《广西文献概述》中谈到王鹏运等人与他们的密切关系时这样写道："苏栩谷、龙翰臣、王定甫均先后留官京师，文酒宴会，多以词学提倡后进。光绪初元，三先生虽前后俎谢，流风余韵，尚有存者。况槐庐（龙继栋）、伯谦（韦业祥）秉承翰臣先生之家学（按：韦是龙启瑞的外甥）；半塘之尊人质夫（王必达），又为定甫先生之犹子，半塘之母夫人又为定甫先生之甥，因又当饫闻定甫先生词学之绪论。"⑨

探讨临桂词派形成的外部动因，当然离不开常州词派的巨大影响，而这种影响又是通过该词派后劲端木埰来实现的。

端木埰（1816—约1892），字子畴，江宁（今江苏南京）人。同治初以优贡官知县。后赖祁隽藻举荐，任内阁中书。光绪十二年（1886）后，充会典馆总纂，升侍读。光绪十八年（1892）以疾开缺，未及归，卒。为人兀傲，自甘冷僻，不与时俗谐，尤恶权贵，故把主要精力放在文学尤其是词创作方面及培养后进上。同治十三年（1874），王鹏运也任内阁中书，从端木埰学词，得其亲炙，成为他的得意门生和知交。十馀年后况周仪也到内阁供职，也得以问学于端木埰和王鹏运。

端木埰编有宋词选《宋词赏心录》，光绪十四年（1888）转赠王鹏运阅读，抄本末有“幼霞仁棣清玩，端木埰”题款。又有手批张惠言编《词选》，王鹏运等人亦当寓目。

端木埰词以宋代王沂孙为宗师，重寄托，兼取姜夔之清空、苏轼之雄健，自成一家。有《碧瀣词》2卷，共101首，清彭銮于光绪十六年（1890）编刊的《薇省同声集》收有此集，同时收入的还有许玉瑑（鹤巢）《独弦词》1卷、王鹏运《袖墨词》1卷、况周仪《新莺词》1卷。因为此四人都曾官内阁中书，故称薇省，全称紫薇省（唐代曾改中书省为紫薇省）；又都承袭常州词派，故称为“薇省同声”。此集多为唱和之作，以端木埰和王鹏运酬唱最密。端木埰有《百字令》词一阕，是和王鹏运“自题四十岁带笠小照”的，他勉励王鹏运“清标玉立，况门高通德、齿当强仕”，又嘱咐他“烟波带笠，功成徐遂初志”，这里兼有与王鹏运共勉之意。

图下 5-4　王鹏运（1849—1904）像

端木埰去世后，王鹏运因年岁最长，且得端木衣钵真传，便成为当然领袖，其周围集合了一大批广西和外省有志于词创作的文人，于是临桂词派勃然而兴。

要讲清临桂词派的形成，还不得不提及觅句堂和宣南词社（四印斋）这两个文学团体。

觅句堂原是龙启瑞之子龙继栋（1845—光绪末）在京所居槐庐，也是广西客京文人经常举行文酒之会的场所或组织，户主龙继栋当然是组织者和“吟长”，重要成员除唐景崧、唐景崇兄弟外，还有韦业祥、谢元麒、侯东洲、王鹏运等人。少数外省人有时也参与，如浙江袁昶、安徽俞潞生、山西王粹甫、顺天白子和等。他们相聚一处，赋诗填词，品评推敲，这样就无形之中提高了创作水平。觅句堂究竟起于何时，尚无确考。查其生平行踪，龙继栋于同治元年（1862）中举，以后几次参加会试不第，离京往保定就甥馆。同治末赴京任户部候补主事，那么北京觅句堂词社的成立当在此后的某年。光绪八年（1882），龙继栋"因云南报销案解任候质"，觅句堂也就不解自散。它大约存在了不到十年。唐景崧《请缨日记》于是年十一月二十六日所记较详，可参看。王鹏运在《袖墨词·忆旧游》的自序中也回忆道："曩与薇卿（唐景崧）、伯谦（韦业祥）诸君联吟于槐庐之觅句堂，曾倩子石（谢元麒）作图纪事致乐也。今则槐庐（龙继栋）谪居，薇卿远宦，伯谦、子石先后归道山，所谓觅句堂者，已并入贵人邸第矣。门巷重经，琴尊已杳。"⑩

所幸的是觅句堂虽散，四印斋却在。四印斋是王鹏运的居所，它很自然地成了广西客京词人聚会的中心。因它在平民聚居区——城南宣武门外教场头巷（即校场头条），人们也把它称为宣南词社。

毫无疑问，王鹏运是四印斋即宣南词社的当然盟主或领袖，在这里培养了一大批新锐，包括后来成为"清末四大家"的另3位——况周仪、朱祖谋、郑文焯。徐珂《近词丛话》有这样的记载：朱祖谋为倚声大家……尝曰："余素不解倚声。岁丙申（光绪二十二年），重至京师，王幼霞（鹏运）给事时举词社，强邀同作。王喜奖借后进，于予则绳检不少贷。微扣之，则曰：'君于两宋途径，固未深涉，亦幸不睹明以后词耳。'贻予《四印斋所刻词》十许家，复约同校《梦窗》四稿。时时语以源流正变之故。旁皇求索，为之且三寒暑，则又曰：'可以视今人词矣。'示以梁汾、珂雪、樊榭、稚圭、忆云、鹿潭诸作。"⑪夏孙桐在为《刻烛零笺册》所作跋语中说："光绪中，京师词人以半塘老人为领袖，最初有《薇省同声集》，许鹤巢（玉瑑）、况夔笙（周仪）先后羽翼。至丁酉（光绪二十三年）、戊戌以后，景从益盛。张瞻园（仲炘）、朱沤尹（祖谋）皆致力专及久，卓然成家。馀者入社有先后，有作辍。册内如左笏卿（绍佐）、宋芸子（育仁）、王梦湘（以慜）、易实甫（顺鼎）、由甫（顺豫），并一时名隽。当日，余亦忝侧敦盘之末，执鞭负弩，不足以附骖靳也。"夏孙桐在这里只是列举了词册所收词人，还有很多未入词册而同属宣南词社重要成员的广西籍和外省词人，如参与《庚子秋词》和辛稿《春蛰吟》唱和或为之作序跋的，就有广西临桂状元刘福姚、揭阳曾习今、永嘉徐定超、仪征刘鏸楱、江都于齐庆、夏县贾璵、永定吴鸿藻、满洲恩溥、山阴杨福璋、满洲成昌、应山左绍佐等，再加上王鹏运的妹婿邓鸿荃（号雨人，有《秋雁词》2卷），以及临桂阳颙、张琮、秦致祐这些尚有词作存世的文人，于是形成了一个以王鹏运为中心或偶像的庞大的文学集团——宣南词社，即临桂词派。

王鹏运（1849—1904），字幼霞（一作佑遐）。一生科考不顺，仅以同治举人循例官内阁中书。久之，升内阁侍读，先后值实录馆，参与操办光绪帝大婚庆典，叙劳加三品衔，赏戴花翎。光绪十九年（1893），授江西道监察御史，再转礼科掌印给事中。居谏垣10年，数十次上疏，大都关涉政要。如甲午战败后，上疏弹劾李鸿章等人误国，谏阻光绪帝陪侍慈禧太后驻跸颐和园，为康有为转呈奏章，参加康所办强学会，赞成变法维新，吁请开办京师大学堂，等等，几乎险遭不测。光绪二十八年（1902），深感漏天难补，得请离京，经金陵达上海，讲学于南洋公学；次年赴扬州，主仪董学堂。三十年（1904）抵苏州，病卒。朱祖谋在《半塘定稿·序》中，曾对其一生作了这样的总结："君天性和易而多优戚，若别有不堪者。既任京秩，久而得御史，抗疏言事，直声震内外，然卒以不得志去位。其遇厄穷，其才未竟厥施，故郁伊不聊之概，一于词陶写之。"[12]他一生的确郁郁不得志，常用诗词表达怀才不遇之苦闷，在他的七稿九集中就有一些属于这类作品，这些作品当然有一定的积极思想意义，但这并未超出封建时代具有同类命运知识分子的思想高度；最有价值的是那些紧扣时代主题的作品，诸如甲午战争、戊戌变法、庚子事变等重大历史事件，在他的作品中都有反映，词风为之一变。

《满江红·送安晓峰侍御谪戍军台》：

荷到长戈，已御尽、九关魑魅。尚记得、悲歌请剑，更阑相视。惨淡峰烟边塞月，蹉跎冰雪孤臣泪。算名成、终竟负初心，如何是？

天难问，忧无已。真御史，奇男子！只我怀抑塞，愧君欲死。宠辱自关天下计，荣枯休论人间世。愿无忘、珍惜百年身，君行矣。[13]

安晓峰即甘肃安维峻，官至御史。光绪二十年（1894）的甲午战争，清军大败，朝野舆情鼎沸，安维峻上书弹劾"李鸿章挟外洋以自重，固不欲战"，而所经营掌控的北洋舰队将领怯战溃逃，"不但误国，而且卖国"；又含沙射影攻击慈禧表面还政于帝，却"遇事牵制"。慈禧大怒，立即令帝降旨将其流放口外军台。临行，王鹏运便填了此词相赠。他激情满怀地赞美安维峻"真御史，奇男子"，敢批逆鳞；而且自叹弗如——事实上他自己也有多次弹劾大臣、得罪至尊之举，可谓惺惺相惜。

又如赠给好友文廷式的《木兰花慢·送道希学士乞假南还》（见《味梨集》）等，也属同类题材。

甲午战争中北洋海军全军覆没，清朝再次遭受割地赔款的奇耻大辱。王鹏运用南宋吴文英（梦窗）创制的超长大曲序乐《莺啼序》四叠，来抒发自己悲愤抑郁的心情，全词如下：

> 无言画阑独凭，黯吟怀似水。絮风悄、换到鹃声，乱红飘尽残蕊。听几度、边笳自咽，乡心远逐南云坠。怅风尘，极目栖栖，总是愁思。

> 沉醉休辞，浮名过羽，底英雄竖子！尽空外、归雁声酸，碧山人远莫至。恁天涯、登临吊古，也云里、帝城遥指。算长堤，芳草萋萋，解怜幽意。

> 新词读罢，琴筑苍凉，想寤歌独寐。清啸对、江山形胜，坐念当日，名士新亭，暗顷铅泪。飘轮电卷，惊涛夜涌，承平箫鼓浑如梦，望神州、那不伤愁悴？风沙滚滚，因君更触前游，惊心短歌声里。

> 长安此日，斗酒重携，且吟红写翠。漫省念、关山漂泊，海水横飞，怕有城乌，唤人愁起。与君试向，危楼凝睇。绿阴如幕芳事歇，惜流光、谁解新声倚？从教泪满青衫，俯仰苍茫，恨题凤纸。[14]

这里运用诸多典故和比喻，隐射日本帝国主义的鸱张、清政府的腐败无能，慨叹山河破碎，英雄无觅。正所谓字字血声声泪，感人至深。

最集中反映王鹏运及其临桂词派多数成员爱国情怀的是《庚子秋词》和《春蛰吟》。它们是八国联军侵占北京期间，王鹏运与浙江朱祖谋、广西刘福姚等人的唱和词集。《庚子秋词》填词时间始光绪二十六年庚子（1900）八月二十六，终十一月末，历时 124 天，共得词 622 首，其中王鹏运主唱词 200 首。《春蛰吟》实为《庚子秋词》的续编，王鹏运仍是主唱，和者除朱、刘外，又增加了 11 人（其中有的人如郑文焯等并不在北京，是后来补和的）。填词始光绪二十六年庚子十二月朔，终光绪二十七年辛丑三月末，历时 118 天，得词 124 首，其中王鹏运词 45 首。《庚子秋词》有王鹏运叙记，备言创作缘起。云："光绪庚子七月二十一日，大驾西幸，（余）独身陷危城中。于时归安朱古微学士、同邑刘伯崇殿撰（状元），先后移榻就余四印斋。……秋夜渐长，哀蛩四泣，深巷犬声如豹，狞恶骇人，商音怒号，砭心刺骨，泪涔涔下矣。"⑮徐定超也为此集写过叙，可以与王记互证。叙云："光绪庚子之夏，拳匪之乱，七月既望，各国师及都门，乘舆西狩，士大夫之官京朝者，亦各仓皇戎马奔驰星散。半塘老人独闭门如故，而我同年朱古微学士、刘伯崇殿撰，咸以故居扰于寇，依之而居。余居去半塘最近，晨夕过从，相与慰藉。既出近词一篇见示，则皆两月来篝灯唱酬，自写幽忧之作。以余同处患难，而属弁言于余。余谓言为心声，心之所动，自不能不发之于言。古之作者处此，有为'麦秀''黍离'之歌者矣。如庾信之《哀江南》，杜甫之《悲陈陶》，皆所谓古之伤心人别有怀抱者。"⑯两词集的作品以含蓄隐射之笔，"意在言外"之法，反映八国联军给北京造成的空前浩劫和屈辱，以及两宫出逃所形成的权力真空，寄寓黍离之哀、铜驼荆棘之悲，抒发深沉的爱国主义情怀。这里仅选王鹏运和刘福姚的几首词作为代表，看看所有参与唱和者当时是何等情怀。先看王氏《眼儿媚》：

　　青衫泪雨不曾晴，衰鬓更星星。苍茫对此，百端交集，恨满新亭。

　　雁声遥带边声落，万感入秋灯。风沙如梦，愁挥绿绮，醉拂青萍。⑰

词人身处危城，万感交集，空抚宝剑，报国无门，整日只能以泪洗面了。还有《诉衷情》，也表达出同一种心情：

　　无边光景只供愁，衰鬓不胜秋。关山今夜明月，谁唱大刀头？

　　征雁远，野烟浮，倚层楼。荆高何处？冷落金台，日淡幽州。⑱

两宫久出不归，京城死寂，无处寻觅像荆轲、高渐离这样能为国效力的慷慨之士，也不见重扫黄金台的燕昭王，此情此景，怎一个"愁"字了得！

　　刘福姚的《雨中花》也有一种激昂悲壮的情调：

倦鹊南飞知我意，水天远、危栏怕倚。醉里伤秋，愁中忘晓，去住浑无计。

望渺渺、中原何处是？但目断、寒山晚翠。击筑风悲，吹笳月冷，多少英雄泪！⑲

此词上阕写身处危城，无家可归；下阕则用高渐离击筑送荆轲赴秦和周伯阳逃难入戎典故，并化用辛弃疾《水龙吟》中成句，抒发对帝国主义入侵和自己报国无门的悲愤心情。他还在《思归乐》中用"容几辈、椎埋屠狗"表示对八国联军横暴的轻蔑，以一句"雁门李广尚在否"的反问，呼唤英雄横空出世。

但不无遗憾的是这一酬唱盛举，临桂词派的另一大家况周仪未能参与。考其行踪，他自光绪二十一年（1895）秋间离京后，大部分时间来往于苏、扬、常、沪等地。

况周仪（1861—1926），宣统帝登基后，因避其名讳，改为周颐。12岁受知于王拯，又读到黄苏《蓼园词选》，初学填词。21岁中举，援例授内阁中书；光绪十四年（1888）由川入京到任，结识端木埰、王鹏运，正式学填词，尤得鹏运亲炙。他在《餐樱词》自序中说："余自壬申、癸酉（1872、1873）即学填词，所作多性灵语，有今日万万不能道者，而尖艳之讥，在所不免。己丑薄游京师（按：应是戊子入京），与半塘共晨夕。半塘词风尚体格，于余词多所规诫。又以所刻《宋元人词》属为龂雠。余自是得窥词学门径。所谓'重、拙、大'，所谓'自然从追琢中出'，辄心领神会之，而体格为之一变。"⑳著有词集多种及词论《蕙风词话》，有词作450馀首存世。晚年自谓癖词五十年。与王鹏运、朱祖谋、郑文焯合称为"清季四大词人"。

况周仪在北京任内阁中书虽只有七八年，但因其受王鹏运思想和词风的影响甚深，这七八年是他创作的成

图下 5-5　况周仪（1861—1926）像（载民国《广西一览》）

熟期和高峰期，写过一些有积极思想内容的作品。如光绪十五年（1889）游北京苇湾后与王鹏运的唱和之作——长调《莺啼序》，表面写湖景、写女子幽情，实则别有寄托，它所表现的仍然是美人迟暮，报国无门的郁闷心情，与王鹏运同病相怜。如果说，这首词过于隐晦，不大容易揣摩其微言大义，那么《唐多令·甲午生日感慨》则不难理解其主旨。词曰：

> 已误百年期，韶华能几时？揽青铜、漫惜须眉。试看江潭杨柳色，都不忍、更依依。
>
> 东望阵云迷，边城鼓角悲。我生初、弧矢何为？豪竹哀丝聊复尔，尘海阔、几男儿？ ㉑

甲午年正是中日交战之年，清军先败于朝鲜，再败于黄海，丧权辱国，一切有良知的知识分子都不会保持沉默，况周仪也是如此。他在词中质问当道：偌大中国，难道真的就没有血性男儿吗？也责问自己；为何不能荷戈效力疆场？多么宝贵的爱国情怀！只可惜这种激越高亢的调子，他唱得实在太少。

叶恭绰在《广箧中词》卷二中对王鹏运、况周仪有如下评价："夔笙先生与幼霞翁崛起天南，各树旗鼓。半塘气势宏阔，笼罩一切，蔚为词宗；蕙风则寄兴渊微，沉思独往，是称巨匠。各有其价，故无庸为之轩轾也。"㉒就两人的风格以及对中国近代词学的贡献来说，这种评价是很高的，而且比较中肯；但以思想内容和社会价值论，王词比况词还是要高出许多，不可同日而语。况周仪于辛亥革命后，政治思想转向消极保守，留念清廷，不满革命，甚至一度赞成张勋、康有为的复辟活动。他晚年的很多词就是为旧王朝唱挽歌的。此外，他还写了一些尖艳之词，与其平日的主张相左。

况周仪的最大贡献还是在词论方面。可以说，仅有众家创作实践，而没有他的《蕙风词话》在理论上予以总结，临桂词派就不可能在清末词坛独树一帜，光环耀眼。

《蕙风词话》的核心理论或总纲就是"重、拙、大"。前面所引况周仪《餐樱词》自序在谈到他从王鹏运学填词时提到："所谓'重、拙、大'，所谓'自然从追琢中出'，辄心领神会之。"人们大都据此认为最先提出"重、拙、大"的是王鹏运。

　　所谓"重"，况氏认为，"重"就是"沉着"，就是"厚"。他说："重者，沉着之谓。在气格，不在字句，于梦窗（吴文英）词庶几见之。即其芬菲铿丽之作，中间隽句艳字，莫不有沉挚之思，灏瀚之气，挟之以流转。令人玩索而不能尽，则其中之存者厚。沉着者，厚之发见乎外者也。欲学梦窗之致密，先学梦窗之沉着。即致密，即沉着。非出乎致密之外，超乎致密之上，别有沉着之一境也。梦窗与苏、辛二公，实殊流而同源。其见为不同，则梦窗致密其外耳。"㉓这里讲的是思想内容，无关字句。在谈到学词程序时指出："先求妥帖、停匀，再求和雅、深秀，乃至精稳、沉着。精稳则能品矣，沉着更进于能品矣。精稳之稳与妥帖迥乎不同。沉着尤难于精稳。……情真理足，笔力能包举之，纯任自然，不假锤炼，则沉着二字之诠释也。"㉔在况氏的眼中，沉着是词的最高境界。

　　况周仪还提出过厚重（详上）、凝重这些概念，落脚仍在"重"。唐圭璋对"厚"作了进一步发挥："况蕙风所标重、拙、大之旨，实特重厚字，惟拙故厚，惟厚故重、故大。"㉕况周仪还把"凝重"同"神韵"联系起来，他说："填词先求凝重。凝重中有神韵，去成就不远矣。所谓神韵，即事外致远也。即神韵未佳而过存之，其足为疵病者亦仅，盖气格较胜矣。若从轻倩入手，至于有神韵，亦自成就，特降于出自凝重一格。若并无神韵而过存之，则不为疵病者亦仅矣。……天分聪明人最宜学凝重一路，却最易趋轻倩一路。苦于不自知，又无师友指导之耳。"㉖

　　所谓"拙"，就是《老子》说的"大巧若拙"，就是朴实、自然，有真情实感。拙不是不讲求技巧，而是不露痕迹。况周仪引王鹏运的话说："宋人拙处不可及，国初诸老拙处亦不可及。"㉗他反对词过分雕琢："词过经意，其蔽（弊）也斧琢；过不经意，其蔽（弊）也襤襘。不经意而经意，易；经意而不经意，难。'恰到好处，恰够消息。毋不及，毋太过。'半塘老人论词之言也。"又说："词太做，嫌琢；太不做，嫌率。欲求恰如分际，此中消息，正复难言。但看梦窗何尝琢，稼轩何尝率，可以悟矣。"㉘既不露斧痕，又不显粗率，要做到恰如其分，确实很难。拙又与真实紧密相连："真字是词骨。情真、景真，所作必佳，且易脱稿。"㉙

　　至于"大"，况周仪在《蕙风词话》中并未专门论及，我们只能从其只言片语以及后人的解读中，加以揣摩、理解。他曾举自己在《玲珑四犯》（见《玉梅后词》）中的"衰桃不是相思血，断红泣、垂杨金缕"二句，并引自注"桃花泣柳，柳固漠然，而桃花不悔也"，加以说明："斯旨可以语大。所谓尽其在我而已。千古忠臣孝子，何尝求谅于君父哉？"其门人赵尊岳在《蕙风词史》中就此作了如下发挥："其谓桃作断红，垂杨初不之顾；而衰桃泣血，固不求知于垂杨，亦以尽其在我而已。以此喻家国之大，喻忠孝之忱，非同求知，自尽其我。"（见《词学季刊》一卷四号）这大约就是指托旨重大，给读者以深刻的思想启迪。因此，"大"的反面就是轻佻、浮浅、纤巧。他说："词人愁而愈工。真正作手，不愁亦工，不俗故也。不俗之道，第一不纤。"[30]他在谈到一些人貌袭花间派时批评道："以尖为新，以纤为艳，词之风格日靡，真意尽漓。"在这部词话中，他多次以"纤"组词来反对那些境界狭窄、思想平庸、风格柔靡之作，如：纤丽、纤佻、纤妍、尖纤，等等。况周仪在论述"重、拙、大"时，常常是你中有我、我中有你，并不截然分开，正说明三者联系

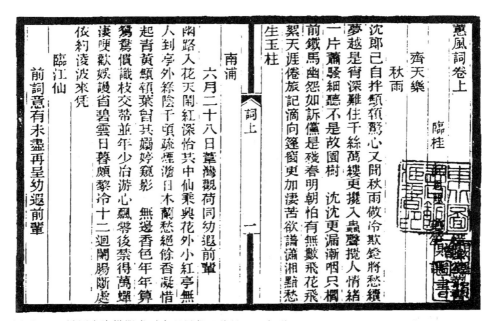

图下 5-6　民国上海惜阴堂刊本况周仪《蕙风词》书影

紧密。如他说："问哀感顽艳'顽'字云何诠？释曰：拙不可及，融重与大于拙之中。"[31]

临桂词派在词的校勘、传播方面也有巨大贡献，此不详述。

第二节　从古文先驱契嵩、谢良琦到"岭西五大家"

北宋释契嵩与清初谢良琦古文　桐城派骨干吴德旋与梅曾亮的播火
"岭西五大家"的引领者吕璜　"岭西五大家"中坚朱琦、彭昱尧、
龙启瑞、王拯

岭西五大家，是指继承桐城派衣钵，从事古文创作卓有成就的广西五位名家——吕璜（月沧）、朱琦（伯韩）、彭昱尧（子穆）、龙启瑞（翰臣）、王拯（定甫）。它之最早得名，来自姚鼐嫡传弟子梅曾亮的一句赞辞："天下之文章其萃于岭西乎？"[32]黄遵在桂林刊行《岭西五家诗文集》丛书，他在跋语中说："有清道光、咸丰之交，桐城之学流衍于广西，而月沧、伯韩、翰臣、定甫、子穆诸子诗古文辞并著名当世……由是天下学者莫不知有岭西五大家矣。"从此"岭西五大家"这一名称为当今多数学者所接受。当然也还有别的称呼，如"粤西五大家"、"桂岭五大家"之类。

在"岭西五大家"之前，广西的古文创作并不是一片空白，也出现过大家，最为杰出者是北宋的释契嵩和清初的谢良琦。

契嵩的古文是广西散文的第一座高峰。现代著名文论家郭绍虞在《中国文学批评史》中论及北宋文论时，对契嵩的古文及其主张给予了很高评价："释子固不重在讨论文事，然而也有足述者，则契嵩之《镡津文集》与德洪之《石门文字禅》可以为其代表。契嵩字仲灵，自号潜子，藤州镡津人，与欧阳修等同时，故其论文主张，非特可以代表释家一派，抑且可以影响到后来的古文家与道学家各方面。"又说："我觉得契嵩在当时学术上的地位，比欧阳修诸人实更重要，在《镡津文集》中很可以看出阳儒阴释的道学之渊源所自，故不仅其论文主张兼有古文家、道学家、政治家诸种之长已也。"[33]

契嵩并无古文理论专文，他的古文观点渗透于他的很多议论文中。韩愈提出"文以明道"，与契嵩同时代的周敦颐提出"文以载道"，儒学大师们都是把"道"摆在第一位，但并不忽视"文"的作用，这也就是孔子说的，"言之无文，行而不远。"作为佛学家的契嵩也不例外，他在《与章潘二秘书书》中说："如贫道，始之甚愚，因以佛之圣道治之，而其识虑仅正。逮探儒之所以为，盖务通二教圣人之心，亦欲以文辅之吾道，以从乎世俗之宜，非苟虚名于世而然也。"㉝我们可以因此概括为"文以辅道"。契嵩曾自述其《原教》《广原教》的创作原则："吾所以为二书者，盖欲发明先圣设教之大统，以谕夫世儒之不知佛者。故其言欲文，其理欲简，其势不可枝辞蔓说。"㉟他在批判韩愈排佛观点的同时，并不否认他在文学上的成就，在《品论》中他承认："韩吏部之文，文之杰也。"但他认为，"韩子第（只是）文词人耳。夫文者，所以传道也，道不至，虽甚文奚用！若韩子议论如此，其道可谓至乎？而学者不复考之道理中否，乃斐然徒效其文，而讥诅佛教圣人大酷，吾尝不平！"㊱他是将韩愈的"道不至"（即未完全理解儒学精髓），同他"文起八代之衰"的巨大贡献严格区分开来的。所以陈垣先生在《中国佛教史籍概论》中说，"契嵩著书名《非韩》，而文实学韩"㊲。是很中肯的。

更值得重视的是契嵩的创作实践。他的《镡津文集》22卷，除数十首诗外，绝大部分为散文，有173篇，各种体裁都有佳作。尤以议论和辩驳见长。他的议论文如《上仁宗皇帝万言书》《辅教编》《非韩》等都是上万言甚至数万言的长文，通篇给人的感觉是，有理有据，论证缜密，无懈可击，词畅气顺，如江河之水，奔泻千里，无有滞碍，毫无拖沓、繁冗、枯燥之弊。其古文的另一个最大特点是，朴素自然，明白如话，这既合乎宋代古文家的口味，也使文化不高的一般僧众容易理解和接受。难怪欧阳修读了他的《辅教编》后惊叹："不意僧中有此郎也！"

他不止善于长篇大论，即使数百字的短文也写得精采绝伦。且看他那篇写给欧阳修的《上欧阳侍郎》书信：

> 月日。沙门某谨伏揖献书于参政侍郎阁下：
>
> 某闻昔者李膺以名儒为天下风教所系，然其望既高，天下之士不可得而辄交，乃目其门曰龙门。今天下之士，指阁下之门犹

龙门也，而阁下之门难升，又过于李膺矣。阁下文章绝出，探经术，辨治乱，评人物，是是非非，必公必当。而天下之士欲游阁下之门者，非有此德，焉敢俯仰乎阁下之前？不惟不敢事其俯仰，亦恐其望风结舌，而不敢蹈阁下之阃阈者多矣。若某者，山林幽鄙之人无状，今以其书奏之天子，因而得幸下风，阁下不即斥去，引之与语温然，仍以其读书为文而见问，此特大君子与人为善，诱之欲其至之耳。其放浪世外，务以愚自全，所谓文章经术，辨治乱，评人物，固非其所能也。适乃得践阁下之门，辱阁下雅问，顾平生惭愧，何以副阁下之见待耶？然其自山林来，辄欲以山林之说投下执事者，愿资阁下大政之馀，游思于清闲之域。又其山林无事，得治夫"性命"之说，复并以其"性命"之书，进其山林之说，有曰《新撰武林山志》一卷，其"性命"之书，有曰《辅教编》，印者一部三册，谨随赍献。尘黩高明，罪无所逃，皇惧之至，不宣。某谨白。⑱

这也是一篇标准的带有北宋文风的古文书信，融叙事、抒情、议论于一体，不枝不蔓，一气呵成，层次分明，意思显豁，措词得体，谦恭有度。

至于明末清初的谢良琦，他不仅在诗词方面卓有成就，在古文创作方面也是广西一位承上启下的人物，好友王士禛称赞他"能为古文"⑲，可见他在清初文坛还是有些影响的。有《醉白堂诗文集》传世，其中文集四卷140馀篇。

谢良琦对于古文有自己的理论主张，并有专文论及，在《与李研斋论侯朝宗》一文中郑重提出："凡为文章以气为主，其次格局，其次议论，而皆整齐之以法度，此世所知也。气厚矣，厚之中有其宽舒；格高矣，高之中有其平衍；议论雅正矣，雅正之中有其奇辟；法度严密矣，求之法度之中而失，求之法度之外而得，世之所难知，人之所难能也。"⑳他在这里大大发展了明末侯方域的"气骨"论。侯氏在《与任王谷论文书》中指出："秦以前之文主骨，汉以后之文主气"㉑，而唐宋八大家之文气骨兼得。对于有明一代，他独尊侯方域古文。他也不讳言其短，但又认为"侯生之所长，已足称于天下"。又说："自眉山父子而后，天下之能为侯生之文者卒亦未见。"㉒故他精选侯氏古文二十多篇供人学习。

　　谢良琦的古文气厚格高，不主故常，足可为后世法。其议论文大多针砭时弊，有的放矢；记叙文特别是记山水名胜之作，并不着意模山范水，而是夹叙夹议，穿插抒情，内容精警而富于理趣。人物传记尤显艺术特色，如《湘中酒人传》，是一篇为自己传神写照之作。良琦任延平通判时，遭人诬陷入狱，出狱后避居城北，生活窘迫，心情郁闷，以饮酒麻醉自己。他写道："酒人坐小舟，操长瓢饮，日尽五斗。既醉，落笔为文章。仰视黄天白日，朗然诵，已而哭，已而投之江，已（而）又饮。……然酒人意不屑，时时饮醉，见人辄骂，见迂儒则骂，见达官贵人则愈骂……及至兰陵，兰陵故多美酒，酒人至是潦落，饮亦甚。既醉，狂叫谩骂，骂其坐人，骂又甚。人不堪，因共谗酒人。"又写道："酒人是时年约四五十矣，须发苍白。自念天地之大，无人可语，悲愁无聊，所与人一切礼数皆废。往往雨淋月黑，则引满向厮养痛饮欢笑，已而哭失声。"[43]活脱脱一副刘伶、阮籍式的酒徒狂士形象！

　　王鹏运在光绪十九年（1893）为《醉白堂文集》所作跋中说："其文师法司马公（光）、韩愈氏，而汪洋恣肆，凡所至所学，抑郁而不得见诸施为者，一于文焉发之，而不以摹拟、剽窃为能事。粤西自永福吕月沧、临桂朱伯韩诸老先生以文名，嘉道间说者遂谓桐城一派在吾粤西，而不知先生固开之先矣。"[44]谢良琦的古文长期以来不为人知，究其原因，盖由于他性情孤傲，交游不广；加之功名不彰，仕履不显；再有就是文集锓版过早（康熙初），流布有限，故而广西文人难得一见。

　　那么桐城派何以流衍广西？还在广西桐城派古文运动方兴未艾之时，湖南"湘乡派"领袖曾国藩在他的《欧阳生文集序》中，就指出桐城之学在赣、湘、桂三地的传播状况，于广西有如下表述："仲伦（吴德旋）与吕璜交友，（吕）月沧之乡人有临桂朱琦伯韩、龙启瑞翰臣、马平王锡振定甫，皆步趋吴氏吕氏，而益求广其术于梅伯言，由是桐城宗派流衍于广西矣。"[45]这里漏了平南彭昱尧。王先谦于光绪年间编《续古文辞类纂》，在自序中对桐城派流衍广西情况，也作过类似表述，增加了彭昱尧，这样"岭西五大家"就齐全了。朱琦在《自记所藏古文辞类纂旧本》中说："先是吾乡吕先生以文倡粤中。自浙罢归，讲于秀峰十年。先生自言得之吴仲伦（德旋），仲伦亦私淑姚先生者。是时同里王定甫、龙翰臣、彭子穆、唐子实辈，益知讲学。及在京，又皆昵伯言（梅曾亮），为文字饮，日夕讲劘。当是时，海内英俊皆知求姚先生遗书读之，然独吾乡嗜之者多。"⑯（《怡志堂文集》卷六）这里作者谦虚，不提自己，却提到唐岳。唐岳，字子实；桂林人。原名启华，字仲方。乡试解元，学博而文名甚盛。曾辑《涵通楼师友文钞》，除精选五大家之文外，又特选老师梅曾亮之文置于书首，使世人初步了解广西与桐城渊源。唐岳之功即在于此。唐岳在京同五大家一道受梅氏熏陶，然至今未见其有文集传世。

桐城派古文理论最初确是吕璜从姚鼐私淑弟子吴德旋那里引进。

吕璜（1777—1840），字礼北，号月沧。广西永福人。嘉庆十五年（1810）中进士，以知县分发浙江，有政绩廉名。道光五年（1825），因会检德清县徐蔡氏尸骨案不实，得罪罢官。居杭州，究心学问，创作诗文。道光八年，吴德旋有事过杭，吕璜邀其留住二十馀日，传授姚鼐之学，讲解古文义法，后来吕氏将其整理成《初月楼古文绪论》。道光十二年，吕返乡，先后主讲桂林榕湖精舍、秀峰书院，直至道光十八年十二月卒（西历已进入 1840 年）。朱、彭、龙、王在桂林期间，都曾受到吕氏熏陶，而彭昱尧更受其亲炙，得益尤多。彭有诗赞其师："文章与世交兴替，当今运会方重熙。班、马、欧、苏继者谁？大雅不作古音稀。粤中古文微乎微，先生崛起为人师。文澜欲倒力挽之，咄哉文士矜瑰奇。……"（见《致翼堂诗集》卷一《题吕月沧先生集》）又在《吕月沧先生哀辞》一文中说："先生既殁，粤人之治古文者嶻然杰出矣，而其源则自先生始，启迪之功岂浅显哉！"（见《致翼堂文集》卷二）

吕氏的古文创作谨守义法，朴实自然。郑献甫一向心高气傲，反对宗派，尤深鄙桐城古文。当读了吕氏《附舟者说》，稍讶之，再读《〈笏山诗集〉序》，益敬之，颇以始终未能一见为憾。及至后来读了全部文集，竟打破对桐城派的偏见，欣然命笔作序（序见郑献甫《补学轩文集》卷二），评价吕璜古文"遒练而无冗语，淳厚而无鄙词，实得古文家正法"。刘声木甚至说吕文"笔力且欲突过（吴）德旋"⑰。都比较合乎实际。但在五大家中，吕璜的文章并不是最好的，有不少质胜于文、理胜乎词之作；他的主要贡献就在于最早在广西引进并传播桐城派古文义法。

　　"岭西五大家"的另 4 位：朱琦〔1803—1861〕、彭昱尧（1811—1851）、龙启瑞（1814—1858）、王拯（1815—1876），他们都曾从吕璜那里聆听过《古文绪论》，有了一定的理论基础，但创作上的真正突飞猛进，那是在京城接受了姚鼐嫡传弟子梅曾亮的实际指导以后。梅曾亮（1786—1856），道光进士，继姚鼐之后擎起桐城大旗，长期在京为官，朱琦等 4 人也曾多次往返京师，与梅过从甚密，或文酒聚会，或请益问难，或评点切劘，久而久之，便得桐城真传。可以说，梅氏对广西这 4 位后起之秀的奖掖诱导是不遗余力的，而 4 人对梅氏也是崇敬有加。今以彭昱尧为例，彭曾撰《马氏姊哀辞》，请梅氏指教，梅阅后点评道："此直似熙甫（归有光）妙处"，"真骚人之言也。"（见《致翼堂文集》卷二该文评语）又如彭撰《袁揆斋哀辞》，梅氏指出几处小毛病，彭昱尧都一一加以认真修改，使之更加符合桐城义法。又如王拯，无论是居京还是离京，他常以己作求教，他的《龙壁山房文集》就曾经过梅氏订正。龙启瑞的《经德堂文集》中有几封致梅曾亮书信，信中每每回忆起在京城与梅氏相处的美好日子，感到由衷幸福。在他目睹外地"所谓诗文，多是横流别派"的情形后，便斩钉截铁地对他的老师说："天下之文章，亦断然必出于京师而无疑也！"王拯曾在《与伯言先生书》中说："（姚）惜抱之殁数十年矣，斯文未丧，非先生其孰归！"（见《龙壁山房文集》卷二）这里特别值得一提的是，道光二十五年（1845），梅氏六十大寿，他的私淑弟子共 9 人齐聚北京龙华寺，举行文酒之会以祝，朱琦、王拯、彭昱尧有幸与会并赋诗，王拯后来请人作图，自己撰《龙树寺寿燕图

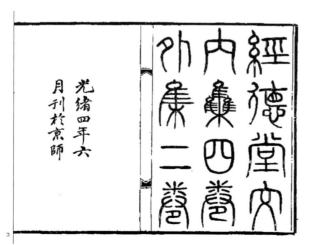

图下 5-7　清光绪四年（1879）京师刊本龙启瑞《经德堂文集》书影

记》纪其盛。朱琦《伯言先生六十初度……》诗曰："桐城倡东南，文字出淡静。方姚惜已往，斯道堕尘境。先生年六十，灵光馀孤炯。绝学绍韩欧，薄俗厌鹙鸱。古称中隐士，卑官乐幽屏。文事今再盛，四海勤造请。独有爱才心，余念付灰冷。"（见《怡志堂诗集》卷五）彭昱尧、王拯亦有诗称颂之。这些诗都说明他们与梅氏关系之密与受教益之多。

五大家的共同特点之一是，旨本六经，学宗理学。吕璜《赠赵生梦龄序》一文在批评了汉学注重章句训诂，而往往忽视经典中的圣人之道后指出，宋代"真人辈出，相与心圣人之心，行圣人之行，言圣人之言，自食息起居以迄乎经纬天地、运量古今之大一，皆默参离合，推见至隐，蕲有当于尧、舜、禹、汤、文、武、周公、孔、孟，不啻面稽而众喻焉。百世而下诵其书，潜玩其旨，敛容起敬，想见省察，存养粹然至善，修之一身，措之国家，天下无在，非天理之流，行由其道，虽希贤入圣可也，虽万世太平可也。"（见《月沧文集》卷四）朱琦撰有《辨学》三篇，阐述了学习儒家经典的意义、内容、方法等，也特别强调学习理学，他在文章中坚定地认为："欲观圣人之道，断自程朱始。"此外还有《孟子说》《荀子书后》《明大礼论》《名实说》等，对理学都作了进一步阐发（以上分见《怡志堂文集》卷一至卷三）。龙启瑞也是以宋代理学为依归，"每作必衷诸道，其论性、论学诸篇，深入理奥，撷宋五子之精而衍其传，真得文之醇者。"（清邹鸣鹤《经德堂文集·序》）王拯论学亦主理学，其代表作有《〈大学〉格物解》及其附记等，他强烈批评乾嘉汉学"所谈既不以行于身，为文至不能通其意"

图下 5-8　清光绪七年（1881）刊本王拯《龙壁山房文集》书影

（见《龙壁山房文集》卷一）。

五大家的共同特点之二是，都有"经世致用"思想，故而为文有的放矢，不作空疏浅薄之论。梅曾亮提出文章要"因时"，他说："文章之事莫大于因时。立吾言于此，虽其事之至微，物之甚小，而一时朝野之风俗好尚，皆可因吾言而见之。"（《答朱丹木书》，见《柏枧山房全集》卷二）吕璜在《示经古书院诸生》一诗中也说："古人贵通经，所贵在致用。"（《月沧诗集》卷二）又在《〈学治体行录〉序》中强调"士人为有用之学"，否则，"则亦一博士而已，一文人而已"。（同上卷三）。他的文章也贯彻了这一宗旨，往往借题发挥，或由此及彼，或以小见大，其《附舟者说》就是这方面的代表作，很为时人称道。只是他离世过早，文章较少触及主要社会问题。

朱、彭、龙、王四位都经历了帝国主义入侵和太平天国革命等重大历史事件，因而在他们的文章中对这些事件或多或少有所反映，尽管观点不一定都正确，如敌视太平天国，有的人甚至办团练以拒，但其思想主流仍然是爱国悯民。如王拯歌颂鸦片战争中抗英烈士的《陈将军画像记》《王刚节公家传跋尾》，论中俄边境问题的《与何愿船书》等，是这方面的代表作。龙启瑞在《致唐子方护院》中提出过防灾六策（见《经德堂文集》卷五），彭昱尧也提出过治河六策（见《致翼堂文集》卷一《河防筦议》）。

这里还应特别提到朱琦，他在道光时期任御史，是有名的谏臣，数次上疏切论时务，直言不讳，与陈庆镛、苏廷魁并称谏垣"三直"，再加金应麟，又称"四虎"（见《清史稿》卷三七八本传）。他撰有《答客问》一文，历数从先秦到宋代有名谏臣之后指出："此数君子者，亦未尝以屡蹶屡起为耻而欲以苟全其名者也。"其中有很多人甚至连性命都不保，他认为这就是"孔子所谓志士仁人有杀身以成仁，无求生以害仁者"（见《怡志堂文集》卷二）。他还写过一篇《续苏允明谏论》的文章，反驳宋代苏洵提出的赏刑并重以鼓励或迫使臣子进谏的观点主张，认为"制刑以劫（威迫）谏，不如慎赏而明示以意"（同上）。近代乃多事之秋，帝国主义侵略气焰十分嚣张，而清廷却日益腐败无能，道光皇帝虽曾一度下诏，鼓励忠言直谏，然也不过是虚晃一枪，像朱琦这样的鲠直言官，也只能被排挤出京城，回乡执教。

五大家虽都曾对清代长期盛行的汉学表示不满，而极力推崇宋代理学，但并非一概排斥考据，他们倒是不敢违背从太老师那里学来的"汉宋兼治"主张。朱琦指出，"为宋之学者不必与汉争"（《怡志堂文集》卷一《辨学下》）

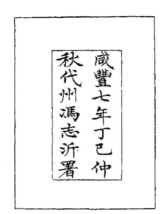

图下 5-9　清咸丰七年《怡志堂诗初编》书影

又说："善学者不独陆王可合，汉宋可合。"（同上卷五《移书堂别稿书后》）五大家都有一定汉学功底，在一些文章中也能自觉加以运用，只是不愿为考据而考据，放弃义理这一根本而已。其中运用考据研究学问卓有成就的，则非龙启瑞莫属。他的《古韵通说》将上古音分为 20 部，奠定了他在中国音韵学史上的地位。

五大家的文章又各具风格特点。吕璜文章已见前述。朱琦的散文尤其是议论文写得激昂峭厉，纵横排奡，有一种不可遏止的气势，这与他性情鲠直，曾居谏垣有关。彭昱尧在五大家中是惟一未中进士者，且年寿不永，但其文章"学尤博，气尤伟"，倘天假以年，"极其才之所至，可无所不到"（龙启瑞《彭子穆遗稿序》，见《经德堂文集》卷二）。王拯议论文不如朱琦、彭昱尧，但他的游记、传序倒有不少脍炙人口之作，如《游百泉记》《游石鱼山记》《䗈砧课诵图序》，或文字清新，或感情真挚；尤其是后者，王拯曾将图与序遍征题咏，一时和者如云。龙启瑞文章条达疏畅，词足理明。

"岭西五大家"一度在全国成为桐城派的后劲，他们继续平息汉宋纷争，继续冲击乾嘉以来的考据风气和愈演愈烈的八股文风，提倡并实践着经世致用之文，为广西争得了荣誉，这正是他们的功绩所在。然而我们也不必过分夸大其作用。首先，自姚鼐去世之后，桐城派虽然薪火不绝，却未能改变整体下滑的趋势，这并非某些人的努力不够，实乃时代潮流使然。差不多与"五大家"生活在同一时代的思想家如龚自珍、魏源等，已不再满足于桐城义法、程朱理学，他们要借经史的"微言大义"来研究现实，针砭时弊，以复古之名行社会变革之实。因此，人们不再把他们归入桐城派，而称为经世文派。他们的思想和文学观显然比"岭西五大家"要高出一筹。当国力日衰，西学东渐之时，更有一批有识之士如冯桂芬、王韬、郑观应等，承接龚自珍、魏源经世之馀绪，著书立说，鼓吹向西方学习，变法图强；文风也为之一变，虽仍是文言，却有向白话文靠拢的趋向，这更是与桐城派分道扬镳了。维新派也是弃桐城而崇拜经世文派，梁启超就承认自己"夙不喜桐城古文"，并指出，"晚清思想之解放，（龚）自珍确与有功焉。光绪间所谓新学家者，大率人人皆经过崇拜龚氏之一时期。初读《定庵文集》，若受电然"⑱。"岭西五大家"勃然而兴，戛然而止，呈现着后继乏人的态势，这对广西来说，也许是一件幸事，因为后来五四新文化的狂飙运动席卷神州大地，提出了打倒"桐城谬种""选学妖孽"的口号，虽然有些偏激，倒也合乎历史潮流，桐城古文从此淡出文坛。

第三节　壮族诗人的崛起

壮族诗人与中法战争　壮族诗人与边疆风土

　　所谓"壮族诗人"，是指遵循汉诗规律、格式，用汉字写作的壮族文人，仅从这一点来说，他们同汉族诗人没有什么两样。

　　古代壮族文学的主流是民间口头文学，这一点为人们所熟知；而口头文学之外是否还有壮族文人文学，知之者盖寡。即以在全国影响颇大的、陈衍选编的《近代诗钞》为例，它收了全国近 20 个省约 370 位诗人的作品，却没有一位壮族诗人。这也难怪，壮族文人文学长期不受重视，据地方志、总集等所提供的线索，明清两代壮族文人诗集或诗文合集原在百种以上。可流传至今的却不到 30 种，而且大都是稿本或抄本，有的已残缺不全，如清代宣化（今南宁市）诗人葛东昌的刻本《晓山杂稿》应有数卷，今仅存一卷；武缘（今武鸣县）进士、诗人韦天宝的《存悔堂遗集》原有六卷，今仅存前三卷。壮族文人的作品除专集外，有相当一部分是靠清代和民国所修地方志，以及总集、杂录之类，才得以保存下来的，特别是道光年间张鹏展编纂的《峤西诗钞》和梁章钜裒辑的《三管英灵集》，在保存广西诗人包括壮族诗人作品方面其功至伟，现在被广西学者珍为拱璧。

至于研究，那就更谈不上了，一直到 20 世纪 50 年代末，才有广西著名民族学家刘介的《广西壮族文人文学史概要》，但也只是内部铅印若干册，发行范围极其有限。1986 年广西人民出版社出版了欧阳若修、周作秋等人编写的《壮族文学史》（2007 年又出版了修订本）。后来又整理出版了几部壮族文人诗集。这样，壮族文人作品才逐渐被人所了解。

在广西，壮族文学同汉族文学一样，起步较晚，一般学者认为它兴于唐，唐以前无闻——文献不足征也。上编唐代一章已经介绍，今保存在上林石牛洞和智城洞的初唐摩崖石刻《六合坚固大宅颂》《智城洞碑》，是当地两位土官的作品，从体式、结构和修辞来看，他们已具有较高的汉文化修养。其中《大宅颂》附有五言诗一首，应是广西壮族文人诗歌的发轫之作，比广西汉族最早的两位诗人曹邺、曹唐的作品还早一百多年。

宋代则有壮族文人覃庆元（进士）、韦旻（隐士），他们各有一首诗流传至今，也是稀若麟凤。元代是空白，到了明代，作品稍多，现存十多位作者写的四五十首诗。有清一代，随着"改土归流"政策的逐步实施，书院学馆的明显增加，科举制度的普遍推行，壮族知识分子的队伍扩大了，从而带动了文学事业的发展。根据我们的初步统计，清初至道光中期，有作品流传至今的壮族文人逾百，诗作逾千。

至近代，文学发展步伐大大加快，据不完全统计，存诗不下万首，须知近代只有 80 年时间，而诗作却是唐初至清道光中期存诗总和的 10 倍以上。

当然，从数量看，近代壮族文人诗歌仍然有限；单看社会效益，壮族文人诗歌也很难同汉族文人诗歌一比高低，因为它们的传播面毕竟太窄。但是，如果我们把壮族诗人当作一个整体来看，其作品不仅题材广阔、内容丰富，而且具有一定的社会意义和教育意义，也不乏文献价值和审美价值，实可与汉族文人文学相互印证，相互补充。这里略去其他，仅就反映中法战争、描写壮族风土人情两方面内容加以介绍，因为这是外地诗人很少道及的，壮族诗人确有填补空白之功。

近代中国的 80 年是万方多难、激烈动荡的时代。一方面是朝政日非，外侮日亟，另一方面是人民反帝反封建的革命斗争风起云涌。这是一个期盼志士仁人的时代，是一个呼唤爱国诗篇的时代。汉族诗人如龚自珍、魏源、张际亮、朱琦、张维屏、黄遵宪、严复、谭嗣同、丘逢甲、秋瑾等等，他们就奏出了时代的主旋律。而身居祖国边陲的壮族文人也没有保持沉默。尽管他们大多数人不从政或政治地位卑微，其号召力和影响面也很有限，但他们依然对时局投以关注的目光，奏出了与汉族诗人不谋而合的时代最强音。像第一、二次鸦片战争，中法战争，中日甲午之战等一系列重大事件，在壮族文人的诗歌中均有反映。

特别值得一提的是，广西西南部是壮族聚居区，与越南接壤，中法战争就发生在家门口，关注并用诗歌反映这场战争，壮族诗人自是责无旁贷。先看中渡县（今鹿寨）诗人韦绣孟的七律《甲申感事》二首（见民国石印本《茹芝山房吟草》）：

> 越雟不闻再入关，狼封豕突又连山。
> 中朝将帅辜恩久，异族旌旗列阵殷。
> 王翦备兵能死敌，班超投笔竟生还。
> 伏波铜柱今安在，已界烟蛮雾瘴间。
> 变守为攻战复和，风云扰攘日生波。
> 尘氛交广飞鹰疾，秋入滇黔怒马多。
> 五月渡泸怀诸葛，十年按剑有廉颇。
> 戎机一误南疆挫，大笑先生魏绛讹。

这是他早期的作品，也是他第一次大胆触及政治时事的作品，所反映的是中法战争的情况（史实详下）。他带着悲愤的心情写下这两首七律，谴责帝国主义的骄横、清朝官兵的腐败无能，以及李鸿章之流的妥协投降。魏绛，本是春秋时代主张与犬戎讲和的晋大夫，这里用来指代李鸿章。近代很多诗人如蒙泉镜、韦丰华、韦麟阁等，都曾用魏绛指代以李鸿章为代表的主和派，以示轻蔑和憎恶。蒙泉镜的七律《感事步韵》

四首，也是因中法战争发出的感慨。其第二首写道："十万军威振虎罴，谁曾三捷奏肤功？摧锋世勋为佳贼，弭衅奇章列上公。……"⑲这里说的是，光绪九年（1883）刘永福率领黑旗军在越南纸桥大败法军；光绪十一年（1885）冯子材相继在镇南关、谅山两败法军，大长了中国人民志气，本应乘胜追击；但李鸿章（所谓"上公"）却担心事态进一步扩大难以收拾，主张"乘胜即收"，于是代表清政府于 1885 年四月与法国侵略者订立《中法停战条件》，六月又签订《中法会订越南条约十条》，使败军一变而为胜利者，直令英雄心寒，国人齿冷！韦陟云的两首长篇歌行体《连城行赠苏大帅》《南关行赠马副帅》（见《红杏山房诗稿》），也是写中法战争的，具有豪雄风格。前者表彰了广西提督苏元春在镇南关之役的英勇无畏，以及巩固边防的举措："昔年法虏乱交趾，荐食公然肆蛇豕；纷纷统驭尚无人，诘尔戎兵旗辄靡。诏谓将军前视师，止齐步伐貔虎罴。粤西出奇旋制胜，追奔逐北如风驰。驻军镇守南关道，修筑炮台置城堡。"后者也是赞美苏元春的副手马盛治在中法战争中的赫赫战功。

　　而另有一些诗人则是亲身经历了这场战争，如赵荣章、钟德祥、黄焕中等。赵荣章（1852—？），龙津（今龙州）人。光绪间拔贡。入苏元春军幕，任提督文案多年，曾参加了抗法战争，一时的胜利使他兴奋异常，然而投降派的妥协却使他心中怒潮难平，他的《书感二首》充分反映了他的内心世界。直到晚年他还喊出"只因报国身先许，杀贼雄心事未完"㊿。始终壮怀激烈，一腔忠悃。

　　钟德祥（1835—1905），字西耘，号愚公。宣化（今南宁）人。光绪二年（1876）进士，选庶吉士，任翰林院编修。旋受命帮办台湾防务。中法战争期间，曾前往中越边境考察军务，而且亲自"治军龙州"，心情无比激动，准备一显身手。这是他一生中最得意的一次，以至事过很多年，他还不断在很多诗中提及。但这只是昙花一现。如前所述，胜利者反而求和罢兵，朝廷的此种荒唐之举，给爱国官兵当头浇了一盆冷水，实为诗人始料所不及；一腔悲愤，形诸楮墨，先后写了《光绪乙酉二月治军龙州，粗以竹支楼为行次；边事适讲解即日谢兵，疏请北上，因纪以诗》、《同唐薇卿（景崶）前辈游紫霞洞作诗，邀尹仰衡、家君寔共和》、《书蔡司马〈龙州因利录〉》、《广州寓庐即事》、《寄龙松岑（继栋）塞外》等数篇（以上均见1966年据钟德祥稿本所抄《蛰窠诗稿》）。请看第一首："龙荒亦臣土，谁引豺虎狼？喋血事可哀，军旌乱云张。天幸一战胜，各夸身手强。为问大将谁？天风激雷硠。危观沧海流，英雄亦旁皇！我今脱然坐，山水同清凉。咄哉此何时？惭愧歌'沧浪'。"爱国之忱，跃然纸上。寄龙继栋（松岑）诗也说："前年越南乱，我忝拥千骑。书生出乘障，四顾无同志。脱然解兵柄，若畏蛇蝎痱。轻舟下乌蛮，清风送归斾。只身入都城，马上只襁被。燕雀翻树颠，鹏蹲若无翅。君如藤缠枝，我叹伏枥骥。"此诗作于从边地返京后，不平之气，溢于言表。

黄焕中（1828—1907）更是一位杰出的爱国主义战士兼诗人。字季尧，号其章。宁明人。仅得贡生便绝意科考，专研韬略。光绪九年（1883），以年过半百之身，应聘入爱国名将刘永福军幕，参赞军事，戎马倥偬二十年，先后参加了在中越边境的抗法斗争、在台湾的抗日斗争。公事鞅掌之余，挥笔写下了大量的爱国诗章。这些诗显示了一种阳刚之美，激人义愤，催人奋进："空言徒议总无功，权利纷纷醉梦中。遍地有人悲夜月，长天作客怅秋风。未谙国事心难白，话到瓜分泪亦红！寰海哀鸿沦浩劫，中华愧煞主人翁。"（《秋兴八首用杜诗原韵》之六，见民国三十七年石印本《思乐县志》。下同）"认仇作父岂徒然，异梦同床黯黯天，家破守贫嫌寂寞，病深辞药

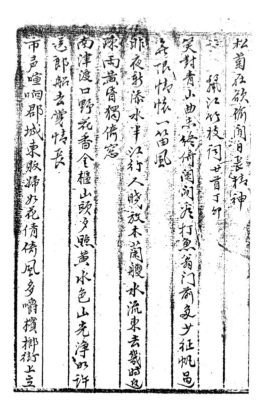

图下5-10　谢兰《丽江竹枝词》手稿

任缠绵。娇妆媲美瘢难掩，饮鸩还期梦苟延。欲挽残棋收好局，满点零乱费周旋"（《感怀世事》之二）。——这里指责最高统治集团出卖台湾，与日本讲和。"望眼抬时怒气冲，高冈立马草葱葱。重洋骇浪鲸波恶，万里奔雷雁阵雄。奋翮九天翻落日，斩蛟东海卷涛洪。环视宇内多英杰，龙驭乌云虎啸风。"（《远望九龙》）这是在台湾受挫后所写，浩气薄霄，忧愤之中还寄予殷殷之期。他晚年随刘永福退居钦州，写下带有总结性的组诗《刘军门幕中杂感》（七绝 10 首），回顾了刘永福的战斗历程，颂扬了他的爱国坚贞，表达自己壮志未酬悲愤难平的苦衷。全诗低昂回环，激情四射，具有悲壮美。

中法战争是中国近代史上的重大事件，如果没有壮族诗人登高呐喊，那将是中国近代文学史的一大缺憾。

壮族诗人充分发挥熟悉本地风俗民情的优势，写了大量风土诗。正如前面所述，他们长期生活在壮族地区，对当地壮民的言行举止、习性爱好、心理状态等，可谓了如指掌。

写风土诗是壮族诗人——特别是长期生活于农村的壮族诗人的当行本色。他们尤喜借用"竹枝词"这种既有汉诗韵律，又带有民歌风味的体裁写风土。壮族本是善歌民族，民歌成为人们生活中不可或缺的精神食粮。壮族诗人既接受汉诗教育，又受到民歌熏染，加之所写又是身边熟悉之事，所以感到特别得心应手。这类作品并不完全同于外地汉族诗人的竹枝词，它们带有浓郁的乡土气息和民族特色。"郎唱汉歌侬唱土，土腔还比汉腔清。"㉛土腔就是壮族民歌，自豪又自信。

现在欣赏一下谢兰作于同治六年（1867）的《丽江竹枝词》（同光间稿本《笔花吟馆诗钞》卷三）㉜。它写的是崇善（今崇左）一带的风俗民情，共 20 首：

笑对青山曲未终，倚阑闲看打鱼翁。
门前多少征帆过，无限情怀一笛风。

昨夜新添水半江，行人晓放木兰艭。
水流东去几时返？疏雨黄昏独倚窗。

南津渡口野花香，金柜山头夕照黄。
水色山光净如许，送郎船去觉情长。

市声迭响郡城东，贩妇如花倩倚风。
多嚼槟榔街上立，迎人一笑齿牙红。

文奎倚岸壁参天，三日圩期泛米船。
郎唤价高侬欲减，与郎交易大江边。

十指无能苦用忧，侬郎贩果卖街头。
荔枝新出偏增价，一倍金钱两倍收。

自小生涯苦用驰，每逢三日记圩期。
郎今欲渡缘何事，说往江州贩荔枝。

负薪输布过东门，担上高悬一瓦樽。
买得酒盐油米去，半江风雨欲黄昏。

民风朴古是农家，昼出耘田夜绩麻。
青布短衣齐腹制，云鬟不用戴山花。

郎居水曲妾山边，记得同歌夜月天。
长恨郎心不如月，月犹照妾几回圆。

一叶扁舟泛绿波，晴天撒网雨披蓑。
得鱼唤酒嬉嬉笑，美味争夸黑水河。

渡头烟起夕阳微，数点渔灯照石矶。
带醉酒人忘摆马，空教稚子候柴扉。

瘴雨蛮烟万里开，时清不上伏波台。
镇南关外颁鱼钥，重译欣看入贡来。

明江地势接龙州，二水分来合一流。
暮听啼猿惊绝域，伏波铜柱壮千秋。

胆重蚺蛇入药材，象牙出自远方来。
也应风土交州近，薏苡槟榔不用栽。

查首当年有政声，弦歌雅化遍壶城。
千秋留得神祠在，不愧南山乐只名。

白云洞口白云封，云散遥看洞外峰。
几处好春明眼底，隔篱敲落一声钟。

文奎山顶共登高，欲问青天首自搔。
领略秋光无限好，诗怀遗恨不题糕。

高低田亩接山坡，俗不他营只种禾。
尚早已闻呼黑堵，猿啼虎啸夕阳多。

天河一水洗欃枪，举郡咸欣颂太平。
十九土司文事重，于今颇有读书声。

　　这是我们见到的壮族诗人歌咏壮乡风土最长的诗篇，内容十分丰富，展现在我们面前的是这样一幅动人风情画：明净的山水，旖旎的风光，三日一聚的圩场，肩挑背扛的行人，货畅其流的边贸，讨价还价的交易，口嚼槟榔的贩妇，多情姣好的姑娘，撒网捞江的渔夫，贪杯忘归的醉汉。……如果诗人不是长期生活在乡村，经常与农民接触，细心观察体会，是断乎写不出令人耳目一新的壮族风土诗来的。这里还应提及的是，诗里嵌入了少量用汉字记音的壮语词汇，如"带醉酒人忘摆马"，据诗人自注，"摆马"就是归来、回家之意。又如"尚早已闻呼黑堵"，"黑堵"，即关门之意。偶尔一用，倒是平添了几分意趣。

壮族诗人运用竹枝词对歌圩的描写尤其引人注目。歌圩是壮族口头文学的重要载体，据潘其旭的《歌圩研究》（广西人民出版社1991年）所述，歌圩除了给青年男女提供以歌传情的场所外，还有自娱自乐、以歌展才等功能。宁明多产诗人黎申产（1824—1896）的《丽江竹枝词》（《菜根草堂吟稿》卷下，广西人民出版社1993年），第二首和第五首也写到了崇左一带的壮族歌圩：

图下 5-11　韦丰华诗稿

"岁岁歌圩四月中，聚观白叟与黄童。陇娘衣服平脐短，唱彻壶关酒面红。""趁圩相约去歌波，伞米归来女伴多。踯躅晚风残照里，牧童沿路唱山歌。"谢兰的《太平竹枝词》第八首写的还是崇左歌圩："四月清和雨乍收，歌场妇女亦风流。乌巾螺髻妆原淡，不采名花插上头。"当然，这里所写较为简单。黄体正的《邕江竹枝词》四首中也有两首写到南宁歌圩："人心不是鸳鸯石，到处相逢唱浪歌。只有鹧鸪山畔路，斜风细雨唤哥哥。""荒城北望瘴江边，一株一株多木棉。花比妾颜红灿烂，丝如郎意软缠绵。"（见《带江园诗草》）

描写壮族歌圩最为详尽、最到位的要数武鸣诗人韦丰华的《廖江竹枝词》十七首（清末稿本兼抄本《今是山房吟草》卷二）：

春风酿暖雨初过，青满平畴绿满坡。

试向黄林林外望，三三佳日好花多。

胙颁真武喜分将，食罢青精糯米香。
忽漫歌声风外起，家家儿女靓新妆。

柔荑斜眼竹篮携，簇立瓜田细草畦。
入耳花歌行要答，莺喉试啭笑声低。

相牵相挽笑眉开，小步寻芳往复回。
特地勾留叉路侧，待看如玉少年来。

綦巾分队路横纵，衬贴春光是冶容。
秾李夭桃相倚处，问谁经过不停踪。

无因倾吐爱花情，抱颈联肩巧比声。
唱到风流欢喜曲，娇娃春意一齐生。

人逢故识注青眸，不觉流连小渡头。
绮语飞来心更醉，情通袅袅短长讴。

钟情人立少年中，眉语斜传一笑通。
待现花容邀着盼，娉婷半匿老娘丛。

士也耽兮女也耽，行歌互答当心谈。
欢场易散愁同结，恼煞西山落日衔。

平林忽暮噪归鸦，蜂尚迷香蝶恋花。
离曲唱来心绪乱，行行还止路三叉。

浓香惯引得芳魂，爱我哥哥送到村。

春庆未阑重订约，姣音遥递话黄昏。

姊妹花开簇锦围，一年一度赏芳菲。
相须领队还教曲，累得娘行也暮归。

白首农夫尽在田，经晔也共爱花鲜。
皤然人老春心在，故引儿童话少年。

儿童本未解风流，比日春情也并优。
超距兴阑清唱起，草坡围坐习歌讴。

传言娱戏兆年丰，台共登春不约同。
行乐及时须尽兴，过兹十日又田功。

灰劫乡村不尽凋，还将故事饰萧条。
熙熙绘出升平象，中泽哀鸿恨亦消。

红粉平看一任人，江干分外有阳春。
兰卿太守曾多事，谕禁花歌枉费神。

　　这一篇竹枝词为我们提供了大量信息：一、歌会在三月清明节举行；二、青精糯米饭是节日特有食品，它实是用五种植物染成的一种保健食品，今称五色糯米饭；三、参加人数众多；四、以少男少女为主体；五、以歌传情——近似于自由恋爱；六、男女对唱，通常是男女各自结伴组队；七、所谓"相牵相挽""挹颈联肩"，是指同伴之间在唱歌时相互牵挽或勾肩搭背；八、男女唱歌虽是随机应变，临场发挥，但平时是要多学多练，并有父母或师傅教的。九、兰卿太守曾下令禁止歌圩，如此昏招，不得人心，自然难以持久○[33]。

　　外地汉族文人有极少数如赵翼也写过壮族歌圩。作为乾隆"三大家"之一的赵翼曾任桂西壮族聚居地镇安府（治今德保县）知府。在任期间，深入村寨，体恤民情，多有惠政，与壮民感情融洽，离任赴广州后，当地还派代表不远千里送万民衣伞，若干年后又为之建生祠。他是不歧视边远少数民族的良吏之一。他的笔记《檐曝杂记·边郡风俗》以及诗歌《镇安土风》《土歌》等都有对歌圩的记载，其中《土歌》较详，可以之比较一下与壮族诗人所写歌圩有何异同。歌曰：

> 春三二月圩场好，蛮女红妆趁圩嬲。长裙阔袖结束新，不睹弓鞋三寸小。谁家年少来唱歌，不必与侬是中表。但看郎面似桃花，郎唱侬酬歌不了。一声声带柔情流，轻如游丝向空袅。有时被风忽吹断，曳过前山又嫋嫋。可怜歌阑眼波横，与郎相约月华皎。曲调多言红豆思，风光罕赋青梅摽。世间真有无碍禅，似入华胥梦缥缈。始知礼法本后起，怀葛之民固未晓。君不见双双粉蝶作对飞，也无媒妁订萝茑。（《瓯北集》卷十六）

它虽不是竹枝词，与上引韦丰华的《廖江竹枝词》却有异曲同工之妙。赵翼比李彦章（兰卿）开通、宽容、高明，他不是站在封建卫道士的立场反对歌圩、反对青年男女的自由恋爱，而是采取欣赏甚至是赞赏的态度。从表现技巧来看，尽管他还不能像土生土长的壮族文人那样将民歌和汉诗糅合得那么自然，但也是在努力汲取壮族民歌的营养元素，可喜可嘉！

壮族诗人用竹枝体并不仅仅写地方风土，男欢女爱，也有写新生事物的，如黄焕中的《海渊竹枝词》就写到了晚清宁明县开办的电报电话局和税务局；他的《龙州竹枝词》还写到书院与军营杂处、读书声与笳角声混响的怪现象。

以竹枝体咏地方风物的还有忻城壮族诗人莫欺（又名震）的《忻城竹枝词》，清末武宣县贡生韦敬端的《武宣南乡竹枝词》，蒙泉镜的《（武缘）新年竹枝词》《凤山新正竹枝词》等。

壮族诗人写风土诗，并非都用竹枝体，也有用一般古体和近体的，如龙州壮族诗人、咸丰拔贡赵荣正的《龙州风土诗》，宁明布衣诗人黄体元写邕江一带风土的七绝《邕江杂咏》五首、六绝《舟中即事》十六首等，也是地方风味十足。

雍乾间诗人、宁明举人农赓尧写壮族女子不裹脚的《村女赤脚行》⑤，也别有特色。诗中写道："村妇有女太娇顽，打扮天然赤脚仙；

阿母有绵不肯裹，却怪佳人跬步艰……商妇不如田妇乐，跣足蓬头去雕琢，绿荷包饭上山樵，樵罢池中采菱角。采莲争采并头藻，水清水浊凭衣濯。不穿绣鞋不穿丝，采苟采兰任己之……"这当然是壮族妇女的审美观，但更重要的是劳动生产的需要。在内地人看来应是男人干的农活，山区少数民族妇女一样也不少干，跋山涉水、犁田插秧，已是司空见惯。外地汉族官员只要深入壮乡，很容易发现这一特有现象，如上举赵翼诗中就提到"不睹弓鞋三寸小"，他的《镇安风土》诗也说"村妇无弓足"。说明裹脚的恶俗在壮族农村长期被排斥。

壮族妇女是生产劳动的主力军，在文化舞台上也不自甘沉寂。《三管英灵集》57卷，其中第五一至五三卷均为"闺秀"作品，收21位女诗人的200多首诗，宾州陆小姑（约1793—约1820）是其中的佼佼者。她的诗作深得滕问海、汪孟棠、况周仪的赏识，其师滕问海有七绝《赠陆小姑》："满城眷属尽神仙，花坠重茵亦偶然，冬岭乔松原自秀，不随桃李报春妍。"

【注释】

① 也有学者提到，在二曹以前，还有武则天时期两位壮族土官所作《大宅颂》和《智城碑诗》（今仍保存在上林县摩崖石刻上），当是广西文人文学或壮族文人文学之始。聊备一说。参看刘介：《广西僮族文人文学史概要》，1959年广西科学院内部铅印本，第14—17页；韦湘秋：《广西百代诗踪》，广西人民出版社，1995年版，第31—38页。

② 刘毓盘（1867—1927），字子庚，清光绪二十三年（1897）拔贡，授云阳知县。1919年秋，任北京大学文学院国文系教授，主讲词史、词曲学等课。1922年秋，编定《词史》铅排，上海书店1985年据此影印。

③《全宋词》有1995年中华书局本。广西这3位作者的词均从《历代词人考略》转引：欧词，《考略》引自《桂林岩洞记》；石词，引自石刻；张词，引自《粤西诗载补遗》。此为韦湘秋《广西历代词评》所采信，韦氏另收有宋代徐畺、唐均各1首，聊备参考。

④ 引自清张鹏展辑《峤西诗钞》谢良琦小传。

⑤ [清] 谢良琦：《醉白堂诗集·诗馀》，1943 年广西刊本。

⑥㉑ 况周仪：《第一生修梅花馆词·蕙风词》，上海中国书店，1925 年。

⑦ [清] 王拯：《茂陵秋雨词》卷三，咸丰九年（1859）刊本。

⑧ 陈祖望、夏成业分别所作跋，均附载王拯《茂林秋雨词》，见民国二十四年（1935）黄蓟辑《岭西五家诗文集》。

⑨ 见《广西建设研究》第四号第五期。

⑩ [清] 彭銮辑：《薇省同声集》，光绪十六年（1890）刊本。

⑪ 《词话丛编》，1934 年唐圭璋辑本。

⑫ [清] 王鹏运：《半塘定稿》，光绪三十一年（1905）广州刊本。

⑬⑭ [清] 王鹏运：《味梨集》，光绪二十一年（1895）刊本。

⑮⑯⑰⑱⑲ [清] 王鹏运：《庚子秋词》，1923 年上海有正书局刊本。

⑳ 况周仪：《第一生修梅花馆词》，上海中国书店，1925 年。

㉒ 叶恭绰：《广箧中词》，1935 年番禺叶氏《退庵丛书》本。

㉓ 况周仪：《蕙风词话》卷二，1925 年上海惜阴堂刊本。

㉔ 书名、版本同㉓，卷三。

㉕ 唐圭璋：《论词之作法》，载《词学论丛》，上海古籍出版社，1986 年版。

㉖㉗㉘㉙㉚ 书名、版本同㉓，卷一。

㉛ 书名、版本同㉓，卷五。

㉜ 引自龙启瑞《彭子穆遗稿序》，见《德经堂文集》卷四，民国二十三年（1934）刊本。

㉝ 郭绍虞：《中国文学批评史》，（津）百花文艺出版社，1999 年，第 325 页、328 页。

㉞ [宋] 释契嵩：《镡津文集》卷十，清光绪二十八年（1902）据扬州藏板印本。

㉟ 书名、版本同㉞，卷一。

㊱ 书名、版本同㉞，卷七。

㊲ 陈垣：《中国佛教史籍概论》，中华书局，1977 年，第 116 页。

㊳ 书名、版本同㉞，卷九。

㊴ 清王士禛：《香祖笔记》卷四，江苏扬州：广陵古籍刻印社 1983 年影进步书局石印《笔记小说大观》本，第十六册。

㊵㊷ [清] 谢良琦：《醉白堂文集》卷二，1943 年广州刊本。

㊶ [清] 侯方域《壮悔堂文集》，上海古籍出版社，1982 年。

㊸ 书名、版本同㊵，卷四。

㊹ 书名、版本同㊵，卷前。

㊺ [清] 曾国藩：《曾文正公文钞》卷一，清同治十二年（1873）上海醉六堂刊本。

㊻ [清] 朱琦：《怡志堂文集》卷六。1935年桂林黄蓟辑刊本《岭西五家诗文集》丛书，文中所引五大家诗文集，均同此刊本，不再一一注出。

㊼ 刘声木：《桐城文学渊源考》，民国十八年（1929）直介堂丛刻本。参考张维、梁扬：《岭西五大家研究》，江苏古籍出版社，2003年。

㊽ 梁启超：《清代学术概论》，上海古籍出版社，1998年，第75页。

㊾ [清] 蒙泉镜：《亦嚣轩诗集》，广西人民出版社，1989年，第210页。

㊿ 引自刘介《广西壮族文人文学史概要》，1959年广西科委内部铅印本。

(51) 黄现琼《凤山竹枝词》，引自1957年据民国黄文观纂《凤山县志》稿本油印本。

(52) 谢兰，字雨阶，崇善（今崇左）人。同治年间贡生，一生未仕，在家乡教馆40年。有诗集《笔花吟馆诗钞》3卷（稿本）存世。是写风土诗最多的壮族诗人之一。

(53) 兰卿，即道光间曾任思恩府（治今武鸣）知府李彦章，福建侯官（今福州）人，嘉庆进士，官思恩时大兴文教，推广水稻栽培技术，颇著政声。韦丰华在诗文中多有推崇，此处无意以一眚掩大德。

(54)《宁明耆旧诗辑·农赓尧诗》，民国刊本。

第六章

戏曲

　　至少在唐代，广西就已经出现了戏剧活动。明末，戏剧活动进一步发展。清道光、咸丰年间，桂剧班社纷纷建立，以桂林为中心向外辐射。清道光年间，戏剧种类大增。民国前后，戏剧专业科班脱颖而出，并主要集中在桂剧、粤剧、邕剧、彩调剧等几个剧种。同时少数民族戏剧也在逐渐发展。广西共有桂剧、壮剧、彩调剧、粤剧、邕剧、师公戏、文场戏、丝弦剧、侗戏、苗戏、毛南戏、唱灯戏、采茶戏、牛哥戏、牛娘戏、鹩戏、鹿儿戏、客家戏、杖头木偶戏、壮族提线木偶戏等20个剧种，并因流传、分布地域的不同，语言、曲调、剧目的差异而形成了各自的艺术特色，具有突出的草根性、地域性和民族性。

第一节　桂剧

　　桂剧与祁剧　戏状元蒋晴川　为桂剧奠基的唐景崧　锦春园主林秀甫　剧目经典传世　表演别具一格

　　桂剧用桂林方言演唱，俗称桂戏或桂班戏，属皮黄戏系统，是广西的传统戏剧之一，主要流行于桂林、柳州、河池、南宁等地以及贺州北部。

明末清初，昆山、弋阳和乱弹等腔已流行于桂林一带。到了清雍正年间，桂林已有独秀班等昆班活动。清乾隆年间，湖南祁阳班常到桂林演出。在这期间，祁阳班受桂林话影响，逐渐改变语音。后来，一部分祁剧艺人落户桂林，开始用桂林话演唱祁阳戏，时人称为桂林班，后人即称之为桂剧^①。

最早的桂剧班社，有清道光年间唱多种声腔的三合、三庆等名班，之后又有瑞华、老仁和、上升、卡斌、锦华等班。

清光绪八年（1882），桂剧第一个科班团体"缨络小社"（福字科班）成立。之后，"宝华群英科班"（宝字科班）、"兰斌小社"（兰字科班）、"芙蓉词馆"（蓉字科班）也相继成立。民国元年（1912），"福珍园女科班"在桂林成立，学徒全部为女生，女性由此进入桂剧的演出活动，桂剧也以此为契机开始走向一个高峰。大约也是由此开始，桂剧逐步独立于祁剧。而"戏状元"的出现，则是桂剧走向成熟的标志。

著名演员蒋晴川（1855—1892），男，原名昌正，广西兴安县湘漓乡犁头圩人。幼随父亲学戏，工花旦，亦善演小生。由于聪明好学，很快便艺成出师。因其演戏不墨守成规，又善临场发挥纠错为顺，故被世人称为"戏状元"。

1882年，蒋晴川执教于桂剧"福字科班"。1892年，蒋晴川与何元宝创办"瑞祥班"。蒋晴川不但戏演得好，而且还能进行音乐创作。如《抢伞》本为高腔戏，蒋晴川把它改为南路弋板，使之成为桂剧的经典保留剧目。蒋晴川对桂剧的另一贡献是小生演唱方法"雨夹雪"的运用：当时的小生唱腔与花旦腔一样，都是唱假声小嗓，蒋晴川改唱小生后，真假嗓结合，使之与花旦的唱腔有了明显的区别。这种真假嗓结合运用的方法后来被人们称为"雨夹雪"^②。

蒋晴川曾到湖南祁剧戏班搭班，向祁剧艺人学习《目连》、《岳飞》、《观音》、《混元盒》四本高腔、昆腔大戏，然后回到广西传授，对桂剧产生了很大的影响。

除了个人拜师学艺之外，桂剧的传承更是得益于科班教育，即通过集体教学来传授桂剧技艺。光绪八年（1882），广东人英辅臣在桂林创办

"璎珞小社科班"，俗称"福字科班"；光绪九年（1883），"宝华群英科班"也在桂林开班。

桂剧科班的出现，不但使桂剧的传承有了更好的保障，也为桂剧向典雅艺术发展打下了基础。

在中国戏剧史上，文人雅士是戏剧艺术发展的重要推动力量。在广西，唐景崧对桂剧的大力扶持，使桂剧进入了一个新的发展时期。

唐景崧（1841—1901），字薇卿（一作维卿），桂林灌阳县人，清代同治五年（1866）进士，先后任翰林院庶吉士和吏部候补主事。1883年初，唐景崧以功赏四品卿衔。光绪十三年，唐景崧调任福建台湾道台兼按察使，中日甲午战争期间升任台湾巡抚。不久，台湾失守，唐景崧逃回大陆，被朝廷开缺置闲，回到灌阳县老家。回到家乡后的第二年，唐景崧定居桂林，开始一系列改革桂剧的活动：仿照京城看京戏的样式，建戏台，搭戏棚，招募艺人乐师，办起名为"桂林春班"的第一个桂剧戏班，把桂北的地方戏和皮黄腔戏加以融合，定曲牌，谱乐曲，并改用桂林话演唱，在表演、唱腔、化妆等方面都进行新的尝试。更为重要的是，唐景崧亲自为"桂林春班"编撰《看棋亭杂剧》40出，包括《晴雯补裘》《芙蓉诔》《黛玉葬花》（一名《看花泪》）《绛珠归天》《中乡魁》（以上《红楼梦》故事），《马嵬驿》《一缕发》《九华惊梦》（以上《长生殿》故事），《独占花魁》《杜十娘》（以上《今古奇观》故事），《游园惊梦》（据《牡丹亭》改编为皮黄）《曹娥投江》《圆圆记》《虬髯传》《燕子楼》《桃花庵》《高坐寺》《救命香》《木兰从军》《可

图下 6-1　著名桂剧活动家唐景崧（1841—1901）像　广西民族文化艺术研究院供稿

中亭》《苎萝访美》（西施故事）《星沙驿》（又名《得意缘》）、《张仙图》（又名《花蕊夫人》）、《杏花楼》（又名《相公变羊》）、《桃花扇》等剧目，桂剧由此拥有了第一批自己独有的剧目，极大地提高了桂剧的知名度，桂剧也因此而成熟起来。

　　光绪二十八年（1902），林秀甫在桂林建立了第一个桂剧戏院"锦福园"，之后又有和园、仪园等戏院相继建成，桂剧正式进入剧场成为固定性的演出。相对固定的演出人员和场所设施，使桂剧从野台演出历史故事逐步演变为以室内小剧场才子佳人戏为主，艺术风格也由粗犷简朴转变为细腻婉约，富于生活情趣，伴奏音乐亦由大锣大钹转以丝弦为主。桂林至今尚留下一些反映当年真情实景的戏台楹联，如："眼前灯火笙歌，直到收场犹绚烂；背后湖光山色，偶然退步亦清凉。"③"忽而君子小人，忽而才子佳人，登场便见；有时欢天喜地，有时惊天动地，转眼皆空。"④

　　桂剧剧目大多取材于东周列国、三国以及唐、宋、元、明、清等朝历史故事，且多为弹腔剧目，其传统剧目比较丰富，曾有"大小本杂八百出"之说。其中，《双拜月》写宋时金兵犯境，王夫人与女儿瑞兰在逃亡中失散，书生蒋世隆与妹妹瑞莲也在乱军中走散。后王夫人收瑞莲为义女，并将之带回家乡。瑞兰则与蒋世隆邂逅，成为情侣，却遭王父拆散。瑞兰回家后与蒋瑞莲结为姐妹。一天，瑞兰与瑞莲各怀心事在后花园拜月祈告，经相互探询后，方知二人原为姑嫂。《打雁回窑》写薛仁贵平辽后回窑探望妻子柳迎春，见

图下 6-2　桂林《名班戏文》书影　广西民族文化艺术研究院供稿

窖内有男鞋，疑妻不贞，欲杀之，及至柳迎春告知此乃儿子薛丁山之鞋，薛仁贵猛然想起，回窖前在汾河湾误伤一打雁后生，正是亲生儿子。《拾玉镯》写农村少女孙玉姣在门前喂鸡、刺绣，适有少年傅朋路过，两人一见钟情。傅朋将自佩玉镯遗置孙玉姣家门口作为寄情信物，玉姣拾镯喜不自禁。此情早为邻居刘妈妈窥见，后孙玉姣托刘为媒撮合。《九华惊梦》为唐景崧创编，写杨贵妃在马嵬坡自缢死后，唐明皇日夜思念，便派道士寻访其魂。道士访遍天庭地府，终于在蓬

图下 6-3 桂剧《拾玉镯》剧照（尹羲饰）
尹羲后人供稿

莱仙岛寻见贵妃。贵妃获悉明皇想念之意，将金钗钿盒各择一半，请道士转呈明皇，以表思念之情。《合凤裙》写宰相梁阙有二女，长女月英幼年许给梅廷选为妻，以合凤裙各半为凭。大比之年，梅廷选入京待试，梁阙留读府中。元宵节时，梁阙入宫伴驾，梅廷选入市观灯。次女秀鸾约姐月英游园，进入梅廷选的书房，戏穿梅廷选的衣服与姐调笑，恰为梁阙归府看见，误认梅廷选与女儿有越礼行为，怒将梅廷选赶出相府，又逼女自尽。妹妹秀鸾设计谎称姐姐已死，并帮助月英深夜潜逃出走。月英逃走时，跌落在菜农韩十五的菜园中，韩十五同情其遭遇，留其在家中，待机助其夫妻、父女团圆。韩十五卖菜遇见梅廷选，将其带回家中，由月英赠银，助梅廷选赴考。梅廷选应试得中，回菜园谢韩十五救助之恩，得知月英受屈始末，二人回至相府，在秀鸾的帮助下，澄清前事，梁阙羞愧不已，同意让梅廷选与月英完婚。《闹严府》是《品朝闹府》的后半段，写严世藩的女儿婉玉见鄢荣俊秀，相思成病，祖父严嵩助其与鄢荣结亲。婚后，婉玉得知鄢荣即曾铣之子，曾铣当年为严家所害，其子遭追捕，化名鄢荣。严世藩不知真情，设宴款待三朝回门的鄢荣，婉玉怕鄢荣泄露真情而严加防范。不料鄢荣酒后误入严世藩同党赵文华

之女赵婉贞绣楼，宴罢不归，婉玉疑为其父所害，便大闹严府，直到婉贞放出鄢荣。

桂剧汲取祁剧、京剧、昆曲等剧种的声腔和表演艺术，唱做念舞俱重，尤以唱工细腻、做工传神见长。

桂剧的声腔音乐属皮黄系统的板腔体，以弹腔为主体，兼有高腔、昆腔、吹腔及杂腔小调等。弹腔分为南路（二簧）、北路（西皮），为板式变化体结构，北路高亢雄壮，南路委婉低沉。唱词为齐言体的七字（二、二、三）、十字（三、三、四）句式，上下句结构。

桂剧用桂林方言演唱，声调优美，抑扬有致，唱腔委婉动人、清澈明亮，具有浓郁的乡土气息。其唱腔分为生腔、旦腔两大类，各行当唱腔因腔调、用嗓及润腔的不同而各具特色。

桂剧的伴奏乐队有文场、武场之分。文场使用二弦、月琴、三弦、胡琴以及曲笛、梆笛、唢呐、啊呐等乐器，兼配部分中、低音乐器；武场使用脆鼓、战鼓、大堂鼓、小堂鼓、板、大锣、大钹、小锣、小钹、云锣、星子、碰铃等等乐器。这些乐器在音色上各有特色，是桂剧声腔音乐的重要组成部分。

桂剧的角色分为生、旦、净、丑四大行当。生行又分生、末、外、小、武；旦行又分旦、占、贴、夫；净行则分为净、副净、末净；丑只分丑和小丑。另有一些跑龙套的下手，统称为"杂"。

桂剧生行的表演风格稳健持重，雍容大方；小生的表演风格潇洒飘逸，清秀俊雅；旦行的表演风格或端庄华贵，或倩丽灵巧，佳者唱做兼备，文武俱能；净行的表演风格雄浑威凛，刚武火爆；丑行的表演风格滑稽而不鄙俗，诙谐而不油滑，轻松自然，恰到好处[5]。

此外，桂剧的手法、眼法、步法、身法包括跳台、洗马、马步、腕子功、紫金冠功、罗帽功、扎髯口、课子、推小车跑圆场以及武术对打、跌箱、打叉、打舌花、耍獠牙、大吊辫、阴阳眼等表演艺术也别具特色。

桂剧的生、旦均为俊扮。老生化妆程序较简单，一般为拍粉、施红、描眉、勾眼。小生、旦脚则稍繁，有洗脸、搽底油、拍底色、揉红、画眉、勾眼、拍粉、上胭脂、描眉眼、涂唇红，并注意颈部、手部的化妆。与京剧不一样的是，桂剧小生眉间一般不揉红，眉毛的画法也更接近于生活。桂剧的净行、丑行以及由老生、武小生、旦脚扮演的少数角色，均根据各种人物的地位、性格和经历，勾绘各种图案的脸谱。图案大多比较粗放，讲究构图变化，色彩对比强烈，简洁而又不失细致。

桂剧基本上沿袭昆腔的演出服饰式样，后来逐步增加水袖并独创了软罗帽、紫金冠等服饰穿戴。

桂剧早期的舞台陈设比较简单，主要是一桌二椅加"守旧"。后来，随着桂剧艺术的发展，桂剧的舞台陈设开始丰富起来，戏曲布景打破传统的"老套"而与剧目的具体情境紧密结合。

桂剧的演出习俗主要有供奉祖师、拜灵位、吃客饭等。桂剧艺人们供奉的祖师是老郎王爷雷海青（一说为唐明皇）。桂剧艺人在老郎庙或住所中堂要悬挂红布或红带，书写"唐朝敕封老郎王爷之神位"；左边写"昭德侯爷"，右边写"观音大士"或"赵公元帅"。每年农历六月二十四日为老郎祖师诞辰，昭德侯爷的诞辰则是十一月初二。每到二位祖师诞辰，各桂剧班社一般要先期举行几场义演，收入全部充作贺诞经费。另外，凡艺人发生内部纠纷，均由戏班中德高望重的长者召集全班人员围坐祖师台前"坐公堂"解决。桂剧戏班每到一地"万年台"演戏，先要拜祭台下的灵位，点烛焚香祭奠曾在此演出而死去的本行子弟，给他们设灵牌，祈望他们保佑演出顺利⑥。桂剧戏班颇多禁忌，除生行、花脸，其他人不得乱坐盔头箱；上台参加演出人员必须在打完开台锣鼓后才能去大小便；平时不准耍扁担、不准钓鱼、不准踢箱子、不准耍雨伞和打狗；清早不许讲梦、讲鬼、讲猴子、讲老虎，等等。

第二节　粤剧与邕剧

同源异流的粤剧与邕剧　震惊全国的红船班起义　供奉老郎神镇台与破台

粤剧、邕剧为广西重要的同源异流的地方戏剧，均起源于"广府戏"。据考证，"广府戏"中的广府，一是指广州府，"广府戏"则泛指在广州府一带进行演出活动的戏剧班社以及这些班社演的戏。另一种观点认为"广府"指的是广东的"下四府"和"上六府"，高州、廉州、雷州、琼州为"下四府"，其中廉州府的范围包括合浦、钦州、北海、防城、灵山等地，现都在广西境内。高州、廉州、雷州、琼州以北则为"上六府"，流行于"上六府"和"下四府"的戏就叫"广府戏"或"广班戏"。

粤剧最初使用一种与鄂、湘、川、滇、黔、桂等省相近似的话语作念白，世人称之为"戏棚官话"。后来，粤剧才开始用广东白话（粤语）作念白，从而使之成为区别于其他剧种的重要标志。

广西与广东地理接壤，文化相近，而在广西东南部地区，更居住着大量的使用粤语的民众，从而为粤剧在广西的生存与发展提供了丰厚的文化土壤。

粤剧大约在清道光年间传入广西。到了清咸丰期间，粤剧在广西已经具有相当规模。

道光五十年（1850），洪秀全于金田起义，发动太平天国运动。咸丰四年（1854），粤剧艺人李文茂与洪秀全取得联络，在广东佛山等地率领红船班弟子起义——红船是粤剧艺人用作交通和住宿的工具，故人们常以"红船班"来称呼粤剧戏班。

李文茂出生于粤剧名伶世家，也精通技击，是当时天地会的拳师。起义后，李文茂把粤剧班中会武功的艺人分类编为三军：小武及武生编成文虎军，二花面及六分等编成猛虎军，五军虎及打武家编成飞虎军。李文茂本人穿起粤剧戏服中的蟒袍甲胄，亲任三军统帅。

咸丰五年（1855），李文茂率领起义军从广东转战广西，攻破浔州（今桂平市），建立大成国。咸丰七年（1857）攻占柳州，自称平靖王。十月再破庆远（今宜州市），为庆祝胜利，特令唱戏酬神。

1858年，李文茂所率义军被清军围攻，李文茂负伤退出柳州，后再退入怀远县，最后病逝于怀远山区。

李文茂起义失败后，粤剧遭到禁演，义军中的粤剧艺人流落民间，加入当地的八音班社。同治初年，粤剧又开始从水路沿西江上溯经梧州和陆路经下四府即广东湛江地区从玉林、合浦、钦州进入广西，原先流落民间的粤剧艺人也聚合起来组成粤剧班社。

这时候，由广西本地粤剧艺人组成的粤剧班社通称"本地班"，而由外来广东粤剧艺人组成的粤剧班社则叫做"外江班"。清人杨恩寿《坦园日记》一书记录有他在梧州、北流等地观看粤剧演出的情形："（同治四年九月）初六日，晴。南门外有白马庙，演夜戏，乃乡间新集部也。随三兄往观，乃《汾阳上寿》、《黑风帕》也。村笛呕哑，甚不耐听，而游人颇盛，沿街夜市，灯火如云。"⑦

道光十五年（1835），仅邕宁县坛洛一乡就建立起光天彩、义凤彩两个粤剧班子。道光二十年（1840），又有龙州康复班到达靖西演出。同治七年（1868），南宁出现了全新凤、寿新凤、台新凤、乐尧天四大本地名班。这些戏班与广东戏班尤其是下四府班的交往更为密切，广西著名粤剧演员小武金、龙田、小武清、白面神、顾二等都经常在下四府演出。在表演剧目、排场、风格上广西本地班与广东下四府班也有许多相同之处，所以能够互相搭班和同台演出。

清末民初，广西与广东的商贸往来不断扩大，粤剧正是在这样的背景下沿着商贸的途径西进，逐步走向高潮。民国初年，黄少金、龙田等组织金田乐班。常年在桂南及广东下四府演出，号称"广西第一班"。而在广西重要城市梧州、桂平、贵港、南宁、柳州、百色等地很早就有粤剧团常年演出。

粤剧传统剧目主要有《六国封相》《闰留学广》《崔子弑齐》《下河东》《莺歌记》《三气周瑜》《金叶菊》《二度梅》《夜送寒衣》《背解红罗》《刘全进瓜》等。其中，《双结缘》写猎户司马海和冯俊安因救驾有功，均被封为"救驾王"。三王好色，见司马海之妻梁氏貌美，乘司马海镇守南疆之机，将其父母杀死，强抢梁氏入府。冯俊安闻讯，大闹王府，偕同妻、妹出逃。二王、三王命大将军凌霄和马标追杀，凌霄对奸王早已深恶痛绝，趁机杀死马标，并与冯俊安等人同往南疆，迫司马海一同起兵，返回京都，奏请皇帝惩办奸王。皇帝偏祖奸王，三王又在金殿杀死梁氏以灭口，司马海和冯俊安等大闹金殿，并将二王和三王杀死。

粤剧演出也有一些习俗。据说在粤剧早期，某个红船班在途中发生了沉船事故，因华光显灵得到救助，之后就拜华光大帝为戏神。因此，粤剧戏班每到一地演出之前都要供祭华光大帝。而到每年农历九月廿八日，粤剧艺人们都会举行隆重的拜祭华光帝仪式，俗称"华光诞"，并演神功戏祈求禳灾免祸。

如果是在新搭建的戏台唱粤剧，就要做一场"开台"：由一人扮演财神赵公明，一人扮演白虎，台中央置放一桌，桌上放一个装满米的米斗，米斗旁放有一把尺子、一把剪刀、一杆小秤，在舞台的左边（即观众席的右边）倒放一张椅子，椅子脚上挂一串猪肉，寓意财和运。除开台外，粤剧还有"破台"的演出习俗：新舞台建成后，演出前戏班要由四人分别装扮成关公、周仓、关平、恶鬼，台中搭起桌子表示高山，台口叠九个碗。关公驱鬼、收鬼，最后一剑将碗全部劈碎。

邕剧形成于清道光年间，主要流行于广西白话地区。邕剧同样使用"戏棚官话"，在声腔上依照粤语的语音字调行腔，与粤剧的行腔风格颇为相近，故常常都被视为"广府戏"，但邕剧与粤剧在声腔的名称上却不尽相同，如邕剧腔分南路、北路，南路是二黄腔，北路是西皮腔（与桂剧相同），粤剧则以梆子腔、二黄腔来划分。

粤剧早在20世纪初就将"戏棚官话"改为粤语，形成演唱和念白的语言一致，而邕剧则一直以"戏棚官话"为道白，但邕剧的声腔却没有用"戏棚官话"，而是使用粤语的语音声调，与粤剧声腔的发声、咬字、用韵、行腔几乎完全相同，两剧的演员可以同台演唱彼此的唱腔，表演彼此的剧目。

粤剧长期向广西传播演出，虽然在一定程度上给邕剧的生存造成了压力，但同时也给邕剧带来交流与学习的机会。为了生存就得要提高自身的技艺，邕剧艺人在这样的情形下不断吸收粤剧的表演程式，因此，邕剧在表演艺术上与粤剧非常相似。不过，邕剧艺人仍然在寻求自己风格的努力下，保留了与粤剧不同的表演特点，如武功戏技巧"大过山"、"打五色真军器"等，惊险、粗犷，堪称绝活。

邕剧有文戏、武戏、笑谈戏三大类，传统剧目约700个，其中《七状纸》写大司马卢雄广及其子其龙、其虎、其豹、其啸依仗权势，横行霸道，强抢民女，先后坑害了月娥、田氏、李氏、周氏等，使很多家庭家破人亡。巡按梁世安不断接到受害者的控告，决心为民伸张正义，便带苦主往司马府理论。卢雄广父子目无法纪，当堂杀死苦主。梁世安忍

图下 6-4 邕剧《五台
会兄》剧照

无可忍，大闹司马府，杀死其虎、其豹、其啸三人后离开。卢雄广命长
子其龙追杀梁世安，世安携妻突围，入京面奏朝廷。皇上命皇伯领兵前
往捉拿卢氏父子，皇伯在苦主的帮助下将卢氏父子杀死。《下南唐》写
宋太祖不听劝阻，到南唐赏花，被孝王围困寿州。高君保闻讯，前往救
驾，途经双凤山，与山主刘金定结为夫妇，婚后别妻赶赴寿州，险遭
刘全暗箭，入城后面奏宋太祖，得除隐患。高君保因卸甲受寒，病倒卧
床，焚香求援，刘金定闻讯赶到，力杀四门闯入寿州，为高君保亲奉汤
药。南唐元帅余洪以药酒迷五王六侯本性，使其自相残杀，均为君保夫
妇所擒，后又破除余洪妖术，宋太祖转危为安。《拦马过关》写宋代杨六
郎兵困三关，向天波府告急，八姐乔装打扮飞驰雅池府搬兵，被萧天佐
部追赶，改道界牌关，被边关酒店店主焦光普拦马留饮。光普原为宋将
焦赞之子，流落北方，借开酒店打探消息，伺机南归，见来者面善，便
多方试探；八姐疑为密探，遂以兵刃相见。焦光普在招架中说出真相。
两人释疑相认，杀死追兵，同出界牌关。《霸王归天》含《鸿门宴》《月
下追信》《夜斩龙沮》《乌江逼霸》等折，写刘邦和项羽的生死争夺，最
后项羽一败涂地，在四面楚歌声中与虞姬双双自刎。

　　邕剧在声腔上以南路和北路（即皮簧腔）为主，吹腔、昆腔和杂腔
小调次之。南北路常用的各种唱腔如平板、二流、散板、哭板、首板、
弋板等，与粤剧较为接近；邕剧古老唱腔和弋板、吊板、七句半等，则

与丝弦戏、桂剧相近。

邕剧行当分生、旦、净、丑四大行，原以武生、小武、散发旦、花面为主，后逐渐衍变成以小武和散发旦为主。

邕剧的生、旦化妆与桂、粤等皮簧剧种大体相似，净脚脸谱大致可分为红脸、黑脸、粉脸、三块瓦脸、破脸、霸脸、和尚脸等。

邕剧脸谱图案质朴、简洁，变化多集中在眼窝及额部，同时还一脸多用，即一个脸谱最多者可为三个人物共用。另外，除净脚开脸外，小武行及旦行也有少数角色开脸。值得注意的是，与广西其他剧种不同，黄、绿色开脸是邕剧独特的脸谱用色。

邕剧演出习俗也不少，它不仅供奉"华光大帝"，还供奉"老郎神"。此外还有"镇台"、"破台"、"扫台"等演出习俗。如临时搭建的戏台叫"百日花台"，初次在这种舞台演出要做"镇台"仪式：由一花脸行当的演员装扮成王灵官，将一只公鸡的鸡冠咬破，用鸡冠血洒在老郎神、华光大帝两位戏祖牌位顶上的钱纸上，然后由师傅给王灵官画第三只眼，再用钱纸将此眼盖住。王灵官手执钢鞭上台，揭起盖在眼上的钱纸，锣鼓、唢呐吹打起来，王灵官口念法咒，做鞭打、驱逐状，然后，将画眼擦去，仪式结束。"破台"则是由一花脸行的演员装扮成王灵官，一小武行的演员装扮成马灵官，并由师傅给二人在额头上开第三只眼，然后用钱纸盖住，上台后才把钱纸揭掉，表示神眼已开。王灵官手执钢鞭，马灵官手执钢叉，二神在台中诛除恶鬼、邪秽。⑧

第三节 壮剧

从土戏、板凳戏到壮剧 《太平春》：最早的壮剧唱本 滇、黔、桂三省汇演 台师杨六练 戏状元黄现炯 研究中国少数民族戏剧发展史的生动个例

壮剧是壮族地区的主要传统戏曲之一，主要分布在广西田林、西林、隆林、凌云、乐业、靖西、德保、那坡、天等、大新、田阳、田东等县以及云南富宁、广南等地，民间相对于汉族戏曲而称其为"土戏"。根据演出空间的具体情况，壮剧还有如下四个名称：板凳戏——一人或几人坐在板凳上演唱，门口戏——移板凳于门口演唱，平地戏——在宽敞的平地上演唱，游院戏——游院串寨演唱。

康熙四十年（1702）前后，田林旧州开始出现地台戏，每年农历二月十九日旧州庆神日、六月初六城隍庙会都做道场唱土戏。

《太平春》是目前已知最早的壮剧唱本，有《开台歌》《喜事歌》《唱新房》《唱村寨》《唱包公》《唱神农》《唱观音》《唱唐皇》《唱节日》《唱清皇》等，唱词均为五言四句，借用汉字为壮语记音，有严格的腰脚韵。显然，《太平春》并不是一个单一的剧目，而是内容繁杂的唱部。从文本上看，应

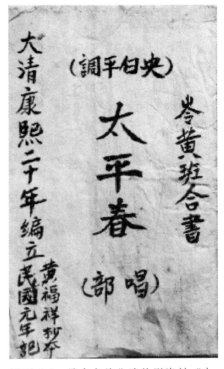

图下 6-5　最古老的北路壮剧资料《太平春》书影　　田林县文体局供稿

是唱"诗"或唱"曲"，故事情节较单薄，但在《太平春》唱部中已可以看到一些与戏有关的内容，因此，产生《太平春》唱本的康熙年间，可以视之为壮剧的萌芽期。

乾隆三年（1739），田林旧州上演有情节、人物的土戏，主要剧目有《四代同堂》《八仙过海》《唐皇游阴府》等。

乾隆十三年（1747），隆林县扁牙艺人韦应章组建了土戏班子"同盟班"。至此，在经历了八音坐唱到板凳戏、门口戏、游院戏、地台戏等阶段后，北路壮剧诞生了。

乾隆年间出现的壮剧第一"台师"杨六练和戏状元黄现炯，更是极大地促进了壮剧的发展。

杨六练，田林县旧州镇那度村人，曾在四川某戏班学艺两年多，回到家乡后带领那度村"坐唱班"加入到旧州镇"游院戏队"的演出活动，

组成了"龙城班"。杨六练精心创作了《农家宝铁》作为戏班的开山之作，乾隆三十年（1765），"龙城班"在旧州街头搭起戏台，演出该戏，轰动四乡，各地艺人纷纷前来求教学艺，杨六练成为北路壮剧的奠基人。后人为纪念他，尊他为第一艺师，号"台师"，意为舞台戏之祖师。

黄现炯（1799—1864），镇安府天保县城（今德保县城）南隆街人，青年时曾在广东学戏，回乡后随妻定居马隘乡。黄现炯根据自己所学，组织当地艺人采用木偶戏的表演形式来演出，此为南路壮剧的早期形态，是双簧戏的阶段。由于黄现炯学的剧目多，双簧戏的剧目通常由他传授，并将当地的民歌加入到双簧戏中，因此人们又将这种演出形式称为马隘土戏，尊称黄现炯为戏状元。

清乾隆三十年前后，壮剧形成了演出班社，可视为壮剧的形成期。

光绪三十二年（1896），岑毓琦在家乡西林县原岑毓英宫保府组建土戏班、维新班，并邀请滇、黔、桂三省十二个土戏班到府演戏，极大地促进了壮剧艺术的交流与发展①。

壮剧因演出所使用的方言不同而分为南路壮剧和北路壮剧。南路壮剧用南路壮话来演出，主要分布在靖西、德保、那坡、天等、大新、田阳、田东等县，北路壮剧用北路壮话来演出，主要分布于田林、西林、隆林、凌云、乐业以及云南富宁、广南等县。

据不完全统计，南路壮剧有传统剧目一百多个，北路壮剧有传统剧目二百多个。壮剧传统剧目有一部分从说唱艺术的口传曲本改编而来，有一部分是民间艺人创作而成，还有一部分则是从邕剧和粤剧移植过来。由说唱的故事唱本传承下来的代表性剧目有《卜牙》《文龙与肖尼》《侬智高》《梁山伯与祝英台》等。

早期壮剧以娱神为主，剧目多为壮族宗教祭祀仪式中的神话传说，而后与民间说唱相融和，逐渐发展为以歌颂本民族神话或当代的英雄人物为主。其中，《农家宝铁》为杨六练根据民间传说创作的第一个壮剧剧目，写壮家老人陈奉春、何妈英夫妇欲选一位称心如意女婿上门奉老。四方后生得知后，纷纷前来求婚，女儿却一概不从。父母无奈，最后只好依女儿之意，以祖传三代宝铁为题，对歌招婿。此剧生、旦、净、丑齐全，唱念全用北路壮语，因此成为北路壮剧由"坐唱"向"走唱"表演成熟的标志。壮剧传统剧目《卜牙》写一位青年后生赴圩场对歌，留宿在老牙家，在村头河边见到一位美丽的姑娘，便请求老牙引见，老牙经过一番周折，把这对青年引到一起，两人通过对歌，互相表达爱慕之意，最后赠巾定情。《文龙与肖尼》由壮族长篇叙事诗改编

图下 6-6　南路壮剧《耍夫妻》剧照

而成，写汉朝时壮族青年文龙娶妻肖尼，后为求功名，赴京应试，得中文武状元。时逢西辽起兵，文龙奉命出征，转战十五年后还乡。文龙继母欲将肖尼改嫁给侄儿文盛，肖尼不肯，成亲之日，借口洗衣出走，欲寻短见，巧与文龙河边相遇。经过一番周折，夫妻相认。回家后，文龙杀死文盛，夫妻团聚。《梁山伯与祝英台》根据汉族同名戏曲故事改编而成，但与汉族戏曲故事不同的地方是壮剧剧本把祝英台写成能歌善唱的壮族村姑，出场是与过路的梁山伯对歌开始，到柳州读书时是女性老师，且梁山伯多次试探英台，以及十八相送一段，均以壮族民间富于情趣的生活为主要内容。

　　壮剧音乐主要来源于山歌、民间说唱、道场音乐等，按戏曲音乐的划分可分为唱腔、曲牌、唱词、乐器几个部分。南路壮剧唱腔分为平板类、喜调类、哭调类。平板类唱腔有平板、平高调、马隘平板、叹调等。喜调类有喜调、快喜调、高调、采花调、快采花调等。哭调类唱腔有哭调、寒调、诗调、古诗调、思感调、扫板等。北路壮剧唱腔分为正调、卜牙调、升堂调、山歌调、采花调、牡丹调、喊板、哭板等。壮剧曲牌包括器乐曲牌和锣鼓曲牌。南路壮剧器乐曲牌有过场调、八音调、拜堂调、贺寿调、仙班调、孔雀调、挑担调等。北路壮剧器乐曲牌有过场调、梳妆调、化妆调、宰杀调、出游调等。此外，壮剧还有唢呐曲牌，包括开台曲、拜寿

调、迎客调、送客调、抬轿调、过路调等。壮剧锣鼓曲牌有做打锣鼓和唱念锣鼓。壮剧唱词多为五字句和七字句，按壮族民歌的韵律，多押腰脚韵。壮剧初期乐器只有一人负责的打击乐，20世纪三四十年代形成较为固定的四人制乐队，由司鼓一人、主胡一人、配胡一人、高边锣一人组成。以后发展成的小乐队是在主胡、配胡的基础上，增加小三弦、二胡、笛子、唢呐等^⑩。

壮剧表演有"女不离扇，男不离刀"之说，也有一些传统步伐、调度规则，但并不拘泥于过多的程式，而是根据壮族宗教歌舞及剧目需要，不断吸收民间及汉族戏曲等各类表演技艺进行充实，形成载歌载舞的表演形式。

壮剧的表演风格体现在唱、念、做、打四个方面。"唱"指的是唱功，即是演唱的技法。南路壮剧不论男女行当，多用本嗓演唱。由于对腰脚韵要求比较严格，所以在"收声归韵"与"依字行腔"上，要求不紧不松。在依字行腔上则要求字调、腔势要结合一致。北路壮剧习惯采用子嗓和本嗓结合的唱法，其中旦行多用子嗓，在子嗓、本嗓的衔接处，要求柔和自然，不显痕迹。生行要求子嗓、本嗓结合，刚柔相济；官（净）行多用本嗓，要求行腔敦厚苍劲；丑行以本嗓为主，为突出幽默滑稽的性格，有时也用子嗓。壮剧的"念"有引白、韵白、诗白、说白等。早期的壮剧用壮话说白，到后来引入了官话，才有了韵白、诗白，后来又把官话的韵白、

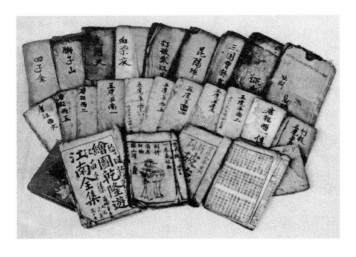

图下 6-7　田林旧州央白壮剧团保存的壮剧剧本
田林县文体局供稿

诗白揉入到壮话中。"做"即表演身段，"打"是指用于表演武打场面的把子功。南路壮剧与北路壮剧在"做功"方面的差别主要表现在"步法"上。南路壮剧的"步法"多是从木偶戏中继承而来，在"手法"、"眼法"、"身段组合"等方面则吸收了邕剧的表演程式。南路壮剧的身段有木偶戏的动作痕迹，棱角明显，如出场走直角提脚跟再转弯，角、点清晰，线条硬朗。因此，南路壮剧在表演上有粗犷、硬实的风格。北路壮剧在"做功"方面以扇功见长，人物出场基本上都拿扇子，小生、花旦用折扇，"板凳戏"丑、彩旦用葵扇。北路壮剧的扇子功、台步都以柔见长，因此形成了圆和、柔顺的表演风格①。

壮剧传统的舞台装置比较简陋，一般以一块底幕左右两侧各垂一块小帘作为上下场的出入口，舞台上放一张桌子两张凳子就算是舞台装置。壮剧比较著名的幕布有"八仙图"。"八仙图"布幕为北路壮剧早年演出时作衬景用，以土布制成，用颜料绘画，分为四幅，张挂时可连成一大幅，每幅画成天、地、人间、阴间四层。布幕右角书一大"福"字，福字下书"满堂吉庆"。布幕左角书一大"寿"字，寿字下书"兰桂腾芳"。最上一层绘"八仙"神像，并写有八句诗："李铁拐先师道德高，汉钟离祖师把扇摇，曹国舅手执阴阳板，张果老骑驴羡凤毛，吕洞宾佩剑青锋客，韩湘子玉池奏玉箫，何仙姑来奠长生酒，蓝采和仙果献蟠桃。"

壮剧的化妆有俊扮和脸谱之分，俊扮是生、旦行的一般装扮，搽底油、拍底色、揉红、描眉眼，脸部干净，不勾画其他的线条图案。脸谱有一定的格式，人物性格、品性自然分明。传统壮剧的服装多为自制，大多用自织的土白布，以红、黑、蓝等颜料按戏服的式样绘制各种图案。

壮剧的演出习俗主要包括祭台、开台、跳加官和送台等。

祭台也叫扫台，一般是在戏台布置之前先由一人在戏台前上香，祭拜村子的社神和祖师，祈求演出顺利。

开台传统上有华光开台、八仙开台和金童玉女开台。金童玉女开台最为常用，金童玉女一般由男女民歌手担任，即兴编唱开台歌，在演出前为观众祝福。

跳加官分男、女两种，男加官饰天官面具，戴官帽，穿官服，腰系玉带，女加官穿班社最光彩美丽的女旦戏服。有时是两小旦同时出场，也有两小旦轮换出场的。

　　"送台"也叫"倒台"，在每一地最后一晚演出时举行。当晚一般要演大团圆的剧目，演出结束时，全班演员着戏装，手拿香火出台列队，参加"送台"表演。金童、玉女在前列，生、旦及众女在二列，其他角色为三列。由开台人出场念白。然后由金童、玉女领头唱《保寨歌》《送社神歌》等。最后是燃放鞭炮，观众和演员道别，交换礼物。有些地方的送台仪式则简化为由歌手唱歌道别，然后燃放鞭炮收场⑫。

　　壮剧作为一种综合性的艺术形式，其题材内容、音乐唱腔、表演技艺等几乎融汇了壮族原生态文化，并通过舞台艺术形象来加以展示，成为壮族文化的宝库和传承的重要载体。壮剧是在壮族民间歌舞和民间宗教艺术的基础上发展而成，它经历了从专事娱神、人神并娱，再到娱人为主的几个发展阶段；其唱腔也是从山歌小调、坐唱故事到扮角色演唱的演变过程。同时，又吸取了汉族地方剧种的艺术养分，是民族文化交流的生动体现，对我国少数民族戏剧发展史的研究具有实证性的价值。

第四节　师公戏、采茶戏与彩调剧

祭神与娱人的师公戏　喜邀同伴看跳师　闻名全国的桂林傩面　"开台茶"、"收台茶"和"丁采茶"　彩调宗师　女性旦脚　彩调三件宝　拜花之习长

　　师公戏是广西传统戏曲之一，也称傩戏、唱师、尸公戏、道公戏，主要流行于贵港、来宾、南宁、平南、桂平、博白、浦北、横县、宾阳等地区，其中，流行于壮族地区的师公戏则称为壮师剧，流行于平话地区的师公戏则称为平话师公戏。

　　师公戏源于古代的傩祭，从师公歌舞（俗称跳师）演变而来。秦汉时，岭南即有"越巫"。随着秦始皇南征岭南，中原傩即与"越巫"相结合，成为在民间由巫师主持的傩祭活动。经唐初李靖、北宋狄青率军入桂，进一步推动了广西傩祭活动的发展，至南宋时已具较大影响，如周

去非《岭外代答》就提到"桂林傩队"业已"名闻京师",其中有"诸军傩"与"百姓傩"之区别。明、清之际,广西傩祭活动更为兴盛,但仍以驱鬼逐疫和请神为主,既娱神又娱人,大多停留在"跳师"阶段,尚未发展成为独立的戏曲剧种。

早期师公所唱所跳大多为配合祭祀、酬神活动,演出的大多是《三元》《北帝》《鲁班》《雷王》《花婆》等与神灵密切相关的节目。后来,为了满足参加祭祀活动亲友的需求而作通宵演出,就逐渐增加了一些娱人的内容。于是,师公所唱跳的内容开始丰富起来,主要有如下三种节目:一种是纯粹的舞蹈;一种是不唱不跳,纯为诙谐性的对话(也无本子,多即兴表演)。另一种就是有歌有舞有简单情节的师公戏。师公们为了更好地宣扬一些神祇特别是那些"土俗神"的业绩,需要编创一些情节进行演出,师公戏开始兴盛起来。清人梁廉夫《贵邑竹枝词》"遥闻瓦鼓响坛墠,知是良辰九九期。三五成群携手往,都言大社看跳师。""放下腰镰力未疲,喜邀同伴看跳师。归来羌豆休忘买,留待明朝逐疫时。"⑬记载了道光年间贵港一带跳师盛行的景况,同时也说明跳师已从娱神转向了娱人。

到了同治年间,洪秀全等组织的拜上帝会将酬神演戏视为"妖"、"邪戏"而禁止演出,加上辛亥革命前后,广西各地破除迷信,师公们不能再公然从事祭祀活动,部分师公为了谋生,便演出一些土俗神或"劝

图下 6-8　南宁平话师公戏《八娘过渡》剧照

善"、"劝孝"的故事，如《白马三姑》、《冯三界》、《冯四》、《冯远》等，而与目连有关的故事以及"二十四孝"的故事，也开始编创进师公戏中。后来，一些专业师公戏团馆又选择其他剧种的传统剧目，如《梁山伯与祝英台》《高文举》《薛仁贵征东》等进行改编移植，在当地农村演出。这时，师公戏已不再依附于宗教祭祀而发展成为独立的戏曲剧种。

师公戏拥有一批影响广泛的传统剧目。其中，《二十四孝》来源于古代二十四个崇尚孝道的历史故事，师公戏艺人将其编成小戏，是师公戏搬演历史人物较早的一批剧目，一般只在丧事时演出，大斋则二十四个剧目串连演完，小斋则选演其中几个，经常演出的有《舜帝孝感动天》《闵子骞单衣顺母》《丁兰刻木侍亲》《朱寿昌弃官寻母》和《董永卖身葬父》等。

《三冯》由《冯三界》《冯四公》《冯远》连台组成，也可以单独演其中一出。《冯三界》写冯三界随母改嫁到贵县县城街上，当地官府逼迫他做里正。为了逃避官府纠缠，冯三界便往北山烧炭。有一天烧了沉香木，香气引来八仙在棋盘石上下棋，三界在一旁观局，一局未分胜负，斧柄却被蚂蚁蛀空。八仙赠予他仙衣一件、仙杖一支和仙葫芦一个。三界归家后，里正李耀、李远以有意抗捐抗税将其捉送官府。县官一见三界便目瞪口呆，说不出话来，以为三界是妖怪，命衙役用铁饼打他，反被三界一口咬去半边。县官又叫人抬来铜钟将三界罩住用火烧，三界也毫发未损。县官无奈，只好将他释放。此后，三界便用仙杖挑着葫芦上山采药行医。《冯四公》写三界的后代冯四侍母甚孝，某日为母做寿，冯母打趣说想吃龙肉，冯四便邀请冯远到北山捉了一条巨龙，回家后，缚在门前大榕树上，龙一绞动，整个县城便震撼起来。冯母应街坊请求将龙放走，冯四欲将龙再次捉回，追龙时，发现县城地下已空，只有几根石柱顶着，于是由县城迁居石龙村，与壮人韦文耀用三界传下的仙杖开出了牛鼻泉，为村民找到水源。《冯远》写冯远由贵县迁居古伦村，住在壮人法进家中，有一天到怀里圩买蓝靛种，中途遇见一位壮族姑娘，两人一路对歌定情，姑娘赠给冯远一个绣球，约定以后相会。后冯远去看望姑娘，发现当地吃水十分困难，约定两人结婚后，解决当地用水问题。全村村民为冯远隆重地举办了婚礼，冯远也践约用宝剑在后山开出了泉水，终老于古伦村。

《达七》也是壮师剧常演剧目，写罗婆的女儿达七爱上勇于为民救灾的青年九官，与之订下婚约。罗婆嫌贫爱富，欲将女儿许配土司的儿子，便对九官百般刁难，以迫其退婚。因九官得到道仙的帮助，克服种种困难，最后赢得成功，与达七结成良缘。

《阴阳师父》是师公受戒仪式中必须演出的剧目，写阴阳师父偕同山瑶去"吃十方"。因山高路远，挑担的山瑶泄气了，师父告诫山瑶说：唱师是为了解除人们的病难，山高要爬，路远也要走。此剧表现了师公不辞劳苦、虔诚传教的精神。

《送鸡米》是平话师公戏剧目，写某村农民有两个女儿，大女出嫁后生下一子，九朝（九天）时回娘家探望。外婆请来算命先生为外孙卜卦算命，说此子将来前途无量，众人皆喜。等到此子长大，果然聪敏过人，与员外之女成亲后，发愤攻读，终于考中状元，全家同享荣华。《送鸡米》为师公戏经常演出剧目之一，具有艺术欣赏价值及民俗学史料价值。

《莫一大王》写莫一大王是河池壮族人，自小练成一身武艺，能搬山筑坝，力大无穷。一天，莫一为邻乡造水渠。土司带兵逼迫壮民交粮，莫一率众抗争，打败了土兵。莫一死后，壮民为纪念其功德，由师公编成故事流传于各地。《高彦真》写高彦真出身贫寒，但自幼聪明好学，京考中榜后，太师慕其才而欲以女许之。彦真不忘家中结发之妻，毅然拒绝。太师恼羞成怒，施计将其害死并投入枯井。高妻孟氏在家赡养婆母，三年大旱，生计无着。因婆婆病重，无钱补养，遂割自身之肉侍奉婆婆。高母察觉，深感其孝，不愿拖累贤媳，溘然长逝。高母死后，孟氏历尽千辛万苦，进京寻夫，猝闻夫君被害，悲痛万分。九天玄女念其忠节孝道，便施法术炸开枯井，救活高彦真，使夫妻团圆，并用天火将太师烧成灰烬。

师公戏音乐尚未形成统一的声腔，各地均在各自师公祭祀音乐中吸收改造。唱腔一般分为两大类，一类是继承师公歌舞阶段的唱腔，在习惯上称作"师腔"。另一类为吸收当地民歌而形成的唱腔，一般以地域命名，如平话山歌腔、平南腔、八塘腔、新塘腔等。

以木制面具代替化妆是师公戏的一大特点，一般扮演什么神就戴什么面具。以后面具多次遭到毁灭，遂以相似面具代替，如正神、凶神、武将、魔鬼或普通老者、老妇、青年男女、丑妇或歪嘴、麻脸的丑男等。后来，有些地方的师公戏不再用木质面具，改用布或纸版画的面具代替，有的则已仿照戏曲改为化妆。

广西拥有悠久的面具制作历史，宋时静江府（桂林）盛行诸军傩和百姓傩，并以面具制作的精巧和品种繁多而闻名全国。桂林的李令公面具有赤、白、金三层脸谱，可作变脸之用。师公面具早期以木色为主，后绘以红、黑、白、赭诸色，在色彩上与戏曲脸谱有相同的作用和效果，如红为忠勇、黑为正直、金为神妖。

采茶戏是广西地方戏曲剧种，俗称唱采茶，主要流行于玉林、钦州、贺州市，以及梧州市的苍梧、岑溪、藤县，南宁市的宾阳、横县、马山和百色市的部分县区。因流行地大多位于广西以南，故又称为桂南采茶戏。

采茶戏源于采茶歌和采茶灯。采茶歌属于民歌，采茶灯则是稍后发展起来的民间歌舞。关于采茶歌和采茶歌舞的形成或传入年代，说法不一。有说采茶歌和采茶灯是清乾隆年间，从江西经粤北传入玉林，再流传到钦州、南宁等地的，依据之一是赣南的"茶腔"与玉林的《十二月采茶》非常相似。也有说采茶歌和采茶灯是清乾嘉以后，随福建、广东北部的居民，大量南迁钦州而来的。还有一说是广西土生土长的。虽各有说法，但在乾嘉年间，玉林、钦州等地盛行采茶歌，并已发展为歌舞结合的采茶灯，却是事实[⑪]。

采茶戏演出剧目大多受粤剧和彩调剧影响，主要有《卖杂货》《卖红绒》《姑娘卖鱼》《斩柴得妻》《倚财娶妻》《煮朝放马》《捣乱鸳鸯》《高文举》《陈三磨镜》《盲佬闹店》《大鲤鱼》《一枝花》等。其中，《煮朝放马》写牧马人放马南山后玩跳八仙及护马、寻马等情节，反映牧马人互帮互助的精神。《陈三磨镜》写泉州陈三（陈伯卿）赴广南返回途中偶遇黄府五娘，留连忘返，五娘为情所动，从绣楼投下荔枝以示倾慕。事后，陈三乔装磨镜工匠，至黄府磨镜。五娘见其面熟，牵动情丝，以礼相待。陈三故作失手跌损黄府铜镜，被黄府扣留府内为奴。五娘闻讯，几番试探，终于知道了陈三的身份和苦心。后陈三家书催返，离别之际，二人以荔枝为表记，月夜花园相会。后五娘毅然与陈三私奔泉州。《大鲤鱼》写钓鱼翁、戽水渔夫和捞虾妇人共得大鲤鱼一条，因各有所需，遂引起争端，后又相互谅解，欢歌欢舞，齐拥鲤鱼而归。

采茶戏的生、旦已形成"七点梅"、"半边月"、"双龙出海"、"田螺形"、"裤裆棋"、"织竹笪"、"倒花篮"、"金线穿针"等程式。在采茶戏里，还有专为突出采茶戏风格而设置的三大道具：花扇、彩帕、钱鞭（钱尺），它们在表演中所占分量很大，各有功法。如借助于花扇表演时，可通过"推窗揽月"、"狮子滚球"、"飞雁照影"、"仙女凌波"、"披柳赏月"、"金凤展翅"、"飞蝶鼓翼"、"锦鸡扑翅"、"观音坐莲"等功法来表现身段美，也可作为代用道具，表演照镜、纺纱、绣锦、遮羞、扑蝶、端盘、托篮、拈花、锄地、扫尘、织布，等等。钱鞭的基本功法有抖鞭、抛鞭、轮转鞭、转指过鞭、打鞭、响鞭、三盘鞭等。彩帕的基本功法有扭花、抖花、甩花、抛花、转花等。

采茶戏音乐是由"茶腔"、"茶插"两类腔调和伴奏曲牌及锣鼓点组合而成的。采茶戏唱词结构除多为七言句外，还有五言句式和长短句式。

采茶戏唱腔除吸收民间小调外，还吸收了地方快板、木鱼、木偶调、麒麟调、春牛调和风俗歌等腔调。这些腔调初时只作一般备用，后来也逐渐广泛运用起来。

采茶戏有唱"开台茶"、"收台茶"和"丁采茶"等演出习俗。

开台茶是采茶戏演出时的第一个节目，由一男扮茶童二女扮茶娘，以载歌载舞形式表演，但内容则有所不同。如容县、平南等地一般是一拜华光（祖师）、二拜神堂、三拜主人。钦州、灵山等地则先由茶公出场焚纸钱，念咒语，在赤脚表演的草席或竹垫的四角各压一张神符后，从两侧引出二茶娘，以歌舞表演三请"刘三姐"。"开台茶"的唱词除按师父传授的外，多由演员根据演出地点、主人、观众等情况即兴编词演唱，内容均以祈福消灾、祝贺丰收、兴旺发财等"彩话"为主。

收台茶也叫"煞台茶"、"唱煞台"，采茶戏班在一个地方演到最后一场末尾时，一般要唱"收台茶"来表示欢送开台时所请之神，同时谢别观众。

"丁采茶"是在正戏将结束时临时加演的小戏,由一身穿彩服,头戴凤冠,手持彩扇的茶姑登场表演,台下观众即掏钱掷上舞台,称之为"砸彩"。过后,茶姑入场,又接演正戏。

彩调俗称"调子戏"、"采茶戏"、"哪嗬嗨"、"大采茶"、"嗬嗨戏"、"山花灯"、"彩灯"等,是广西重要的地方戏剧之一。

彩调起源于桂北农村,主要流行于广西北部、中北、西部、西南部以桂柳方言为通用语的汉族地区和多民族杂居地区,并形成了以桂林、永福为中心的桂北彩调区,以柳州、宜州为中心的桂中彩调区和以百色为中心的桂西南彩调区。

康熙初年,来自湖南的花鼓艺人沿着"湘桂走廊"进入桂北一带,湖南花鼓戏和江西采茶戏随之传入广西,流传期间吸收了"耍板凳龙"、"马仔戏"、"唱彩茶"等民间歌舞艺术和桂剧、文场等其他戏曲形式而逐渐丰富成为以桂柳方言演唱、带有浓郁桂北风情的彩调⑮。道光年间,彩调艺人在桂北各县及桂南的新宁州(今扶绥县)开馆授艺,以传授和演出调子为生,逐渐成为职业艺人。道光十一年(1831),永福县罗锦乡蒙岭村蒙廷章组建调子班,蒙廷章也被后人尊为"宗师"。后来,调子戏渐次由小丑、小旦的"二小戏"发展成为有人物故事的小生、小丑、小旦的"三小戏"。

光绪三十二年(1906),临桂县草头圩出现了第一批女性旦脚,打破了"女子不唱调"的习俗。辛亥革命前后,彩调名艺人辈出,出现"四大状元":冷贵甫、朱五八、罗少廷、秦老四,"四大名旦":吴老年、潘发甫、梁如山、刘芳四,以及"鬼脸王"周朝纲、"调子王"李大树、陈松山等。

在长期的演出过程中,彩调拥有了《双打店》《双背包》《双看相》《双怕妻》《双采莲》《双裁衣》《双推磨》《八百钱斗火》《打皮掌》《小看牛》《补碗》《补缸》《狗保闹学》《化子盘学》《讨学钱》《洗裤还灯》《三看亲》《单打店》《单看相》《打草鞋》《大劝妹》《广节试妻》《唐二试妻》《下南京》《下湖北》《娘送女》《瞎子观灯》《瞎子闹店》《瞎子算命》《一抓抓磨豆腐》《汪三炊烟》《海老三卖罗裙》《王二报喜》《王小二过年》《王三打鸟》《下南京》等36出"三小戏"。在"三小戏"的基础上,艺人们根据小说和民间故事编演了《二女争夫》《打烂瓢》、《恶媳变牛》等"大调子"戏，同时也从桂剧、花鼓戏等移植了一些剧目，如《四九问路》《尼姑下山》《高山上坟》《父子烤火》《空门媳妇》《四季发财》《追舟》《杨君带小》《补皮掌》《刘海砍柴》等。其中，《一抓抓磨豆腐》写豆腐店店主阿德嗜赌，不听妻子梁氏劝阻。梁氏愤不欲生，被寻找替身的吊死鬼满姨娘诱使自缢。佣工一抓抓获悉，巧与吊死鬼周旋，拖到天亮鸡鸣，吊死鬼只好匆匆而去，梁氏获救。阿德归家后闻悉悔恨不已，遂夫妻和好，相安度日。《二女争夫》写张道成及其女儿翠凤、翠玉对落难前来投亲的书生王锦丹冷眼相待，后王锦丹得中状元，张道成父女又百般献媚。翠凤、翠玉为争做状元夫人，不惜用尽卑劣手段，而王锦丹则对在落难时予以同情和帮助的丫环一往情深，最终与之结为夫妻。

彩调音乐多是以曲牌连套体系为主兼含板式变化，分为腔、板、调、曲牌、锣鼓牌和伴奏乐器六类。

腔是彩调音乐中最重要的组成部分之一，彩调的唱腔多达300多种，按行当定名的有老旦腔、摇旦腔、小生腔、旦脚腔、丑脚腔、老生腔、娃仔腔等；按人物身份、职业而分的有相公腔、化子腔、媒娘腔、强盗腔、和尚腔、神仙腔等；按人物舞台行为定名的有挑担腔、划船腔、打铁腔、打鞋底腔等；按劳动和日常生活分的有挑担腔、划船腔、挖地腔、梳妆腔、饮酒腔等；按各种角色走路时演唱的有急腔、赶路腔、三板腔等。此外，还有可以通用于独唱、对唱等多种场合的通用腔。其中以各种表演行当命名的行当腔为各种角色

图下 6-9　彩调剧《对子调》剧照（1962）　广西民族文化艺术研究院供稿

所专有，可根据剧情和人物情绪变化灵活运用。彩调音乐特点突出地表现在衬腔的灵活运用上，常见的唱腔有"哪之嗬了嗨"、"哪嗬了嗨嗨"、"哟咦哟"、"咦儿哟"、"得儿哟"等，它们被广泛地用于调控舞台，增强节奏，加强乐曲的终止感⑯。

彩调的板又名数板、诉板，由诉板头、诉板、诉板尾三部分组成，演唱时可灵活运用。彩调的调多为民间山歌小调经本地语言熏陶、彩调唱腔融合变化后形成的富有特色的唱腔，由于它注重旋律的变化以及保证"以字运腔"、"舍词保调"，经常用在载歌载舞的场面中，在整个彩调音乐中起锦上添花的作用。彩调的曲牌分唢呐曲牌和弦乐曲牌两种。唢呐曲牌多用于欢庆、迎宾、升堂、庆功等场面，由唢呐主奏，根据剧情需要，可加入打击乐或管弦乐配奏。弦乐曲牌曲调优美抒情，节奏自由，富于变化，常用于烧饭、劈柴、观花、赏月、游玩等生活场景。彩调的锣鼓牌主要有一条龙、一钹、三钹、四钹、快四钹、两槌半、三点头等。

彩调有生、旦、丑三大行当。生行细分为小生、老生、娃娃生三类。旦行分花旦、正旦、老旦、摇旦四类。最能代表彩调剧种特色的是丑行。丑行又分正丑、烂丑、褶子丑三类。正丑所饰人物多为农民和各种职业的劳动者，有老有少，性格各异，均为喜剧中正派人物，表演诙谐滑稽，动作明快大方，唱、做、念、舞并重。烂丑多饰演不务正业之辈，以扭矮桩为主要步法，面部肌肉灵活，喜怒无常，言行滑稽，以念、做见长。褶子丑又叫长衫丑，所饰人物多是较有身份者，表演以高、中、矮桩为基本步法，念、做俱佳，扇花技巧较多⑰。

扇子、彩带和彩巾在彩调表演中占有重要的地位和特殊的价值，人称"彩调三件宝"。表演中可将扇子当作扫帚、雨伞、划桨、撑篙、刀枪，从执扇、舞扇花到扇舞组合共有60多种。凡青年男女对舞、对歌等场合，都离不开彩带。彩巾在彩调舞台上为旦角人物当做小道具使用，抛巾、绞巾、花巾、拖尾巾、甩巾等彩巾的表演程式总能让观众看得眼花缭乱。总之，借助普通的"三件宝"来平铺直叙、插科打诨或委婉抒情、辛辣讽刺，许多复杂细微的情节都可生动呈现，是广西其他剧种难以相比的。

　　早期彩调剧演出对舞台及幕布的要求不太严格，通常在乡间找块空地即可搭台演出，布景亦极为简单，如常用竹篱隔在舞台中间做底幕，以质地较厚的深红色布料或丝绒料制作大幕，中央幕布贴一"福"字或喜庆的图案，摆设一桌二椅或一条长凳即为室内布景，或常以一株或数株临时砍下的带叶树枝，立于台上作室外景物。因戏中人物和剧情的需要，也会偶尔搭设山、石头、树蔸等立体硬景。

　　彩调的演出习俗计有 30 多项，涉及演出禁忌、行业暗语、发送戏帖、开台拜坛、供奉祖师、扫台封箱等演出前后必须遵循的各项习俗规定。如供奉祖师习俗：彩调班社供奉的祖师是"九天玄女花姑（也作鼓）娘娘"，平时用红纸写"九天玄女花姑娘娘之神位"，两边分为"清音童子"、"鼓板仙师"，贴于箱笼之内。每到一地演出，即打开箱笼，焚香敬拜，也有用木牌制作，置于后台。又如打加官习俗：在演出正式节目之前，在"一条龙"的乐声中，一旦角手捧盛着班社制作的精美"加官帽"（跟传统戏中县官帽相似）的托盘，表示全体演员，预祝前来看戏的父老兄弟青云直上，加官晋爵。再如拜花习俗：逢年过节时彩调班子到各地演出，各家各户在厅堂的八仙桌上，摆上果品、糍粑等美味佳肴，正中花瓶插上各色鲜花，封一红包（也称利市）置于花中。彩调班中选出 4 名旦角浓妆艳服，双手舞扇花，在锣鼓声中载歌载舞进入厅堂，拉主人上座，以歌舞为其祝福，先表演"拜新年"，内容是恭贺主人新年快乐、万事吉祥等，同时唱出桌上各色花名。拜完花后，主人热情邀请彩调班子全体人员一起品尝果品，并赏以红包。就这样拜完一家又一家，一直拜完全村。另如踩新台习俗：唱戏前，由戏师供奉祖先牌位，牌位上方用红纸书写"老郎在此，百无禁忌"，两旁分别写"九天玄女"、"花姑娘娘"条幅，前桌置一雄鸡，桌前置一碗清水，然后师傅居中而立，四艺徒分立四个台脚，以示金、木、水、火、土。师傅宰杀雄鸡，将鸡血滴于碗中，口念恭请祖师爷临台、保佑弟子登台吉祥。之后师傅用手指蘸起碗中的水，点在全班人员人中穴位，以示驱邪避鬼、演出吉利[⑱]。

【注释】

① 关于桂剧的起源，主要有三种说法，一是认为桂剧自徽调传入，一是认为桂剧由各声腔分阶段传入，另一种说法是汉、湘、祁剧传入。以最后一种说法较为普遍。详见顾乐真《桂剧的源流与形成》，《广西戏剧史论稿》，中国戏剧出版社，2002年，第121页。

② 参见内刊《广西地方戏曲史料汇编》第八辑，第260页。

③ 桂林看棋亭戏台楹联，传为光绪二十年（1894）唐景崧作。

④ 桂林武圣宫戏台楹联。

⑤《中国戏曲志·广西卷》，中国 ISBN 中心出版，1995年，第471页。

⑥《中国戏曲志·广西卷》，中国 ISBN 中心出版，1995年，第472页。

⑦ 转引自顾乐真：《广西戏剧史论稿》，中国戏剧出版社，2002年，第93、94页。

⑧《中国戏曲志·广西卷》，中国 ISBN 中心出版，1995年，第477页。

⑨《中国戏曲志·广西卷》，中国 ISBN 中心出版，1995年。

⑩⑪ 韦苇、向凡：《壮剧艺术研究》，广西人民出版社，1990年。

⑫《中国戏曲志·广西卷》，中国 ISBN 中心出版，1995年。

⑬《贵县志》，光绪十九年（1893）刊本。

⑭《中国戏曲志·广西卷》，中国 ISBN 中心出版，1995年，第87页。

⑮ 关于彩调的起源，主要有两种观点，一是认为彩调是清代初年在民间小调的基础上吸收湖南花鼓和江西采茶的曲调而形成；一是认为清代中叶一批湖南调子（湖南南部花鼓戏的别称）艺人将调子传入广西，期间又吸收了桂北民间山歌、小调，进而于清末民初形成了源于花鼓戏而又别于花鼓戏的彩调。目前学界多接受后一种观点。

⑯ 蔡定国：《彩调艺术研究》，广西人民出版社，1988年，第175页。

⑰《彩调剧词典》，广西民族出版社，1999年，第24页。

⑱ 唐艳红：《彩调的演出习俗及其变迁》，《贺州学院学报》2007年第3期。

第七章

民间文学（上）

　　起自西瓯、骆越乃至更古远的各方先民，在广西这大片土地上，伴随着穷年累月的劳作生息与沧桑变幻，创造了理想所寄、情感所依的众多神话、传说、故事和歌谣。这些披抹着神秘色彩、散发着原生态气息、闪耀着超群智慧与神奇想象力的民间文学作品是诸多广西元素的耀眼标记，也是无比珍贵的沃土和宝藏。本书特辟上下两章以展示其璀璨于一斑。上章提挈大要，领略壮族伟大史诗《布洛陀》、英雄神话《莫一大王》、奇幻故事《一幅壮锦》《达稼达仑》《百鸟衣》，瑶族神话《盘瓠王》《密洛陀》与侗、苗、仫佬、毛南、京、彝等民族民间文学精品，下章则一览名传遐迩的歌海歌仙之丰采。

第一节　广西是民间文学的沃土

越巫信仰与道佛文化相互渗透　敬畏自然　向往和谐　勇敢顽强不屈不挠　创造能力与包容能力兼备

　　广西是民间文学创作的热土。民间故事的产生，离不开岭南山多谷深的自然环境。广西地处祖国南疆，气候炎热，雨水多，雨季长，西江水系发达，植物品种繁多，森林覆盖面广，生态较为平衡。但由于山多石多，土壤较为贫瘠，一旦出现旱涝灾害，各族人民群众的生存就受到很大威胁。因此壮族神话《布洛陀》、《布伯》、汉族《伏羲兄妹造人》、仫佬族《伏羲兄妹的传说》等都反映了古人类饱受水灾之苦的深刻记忆。神话中的雷王，是大自然邪恶的化身，雷鸣、电闪、降雨，给人们造成了恐惧的心理，于是人们便不自觉地创造出雷神的反面形象，还创作出像布伯那样的敢于与雷王作斗争的英雄。虽然布伯以失败告终，但他化为天上的启明星，就很有象征意义，故事仍给人以希望。《山海经》里雷神形象是"龙身人头"，而广西民间所塑造的雷神则是鸟喙、鸡爪，背有翅。有趣的是，在广西各族人民心中，雷王有善恶两重性格：不依群众所需或旱或涝，造成很大灾害，是"恶"；但人们又借助它的威力惩治不忠不孝之徒，是"善"。仅从这点可见各族人民对利用大自然力量来为自己服务的愿望是多么诚朴浓烈。

壮族的布洛陀、布伯神话，一方面反映"以农为本"的壮族先民与大自然争斗（争水）的伟大力量，另一方面越巫信仰与道、佛文化的渗透，又使这种神话蒙上了一层神秘色彩。瑶族密洛陀神话，和壮族布洛陀与姆六甲神话，通常是通过师公、麽公、傩公、道公的演唱加以传承的。师公是崇奉三元（唐、葛、周三相）的武道士，道公是崇奉三清（玉清、上清、太清）天尊的文道士。这些人初识文字，较熟悉本地区的神话传说和故事，会吟唱和编写各种经文，如壮族的《麽经布洛陀》（又称《布洛陀经诗》）就是经过一代又一代师公的不断创作、修改、补充才完成的。所谓"麽"，是壮族的一种民间宗教，从教者称布麽，他們奉布洛陀为最高神，即麽教祖神。布麽在举办法事时喃诵布洛陀经文，为人们消灾弭祸，驱鬼赎魂，还愿祈福，等等。最近40年陆续从壮族聚居区民间搜集和征集到的用古壮字抄写的麽经不下40种，内容有同有异。这些经书都声称，麽教是布洛陀创立的，经书都是布洛陀编就的，意在显示其权威性。"作为麽教祖神的布洛陀形象，各地的麽教经书都给予极度的夸张、神化、渲染，目的是在民众面前树立起一个神秘的至尊、至圣、至高无上的教主形象。"[①]可以这样说，神话故事附丽宗教得以广泛传播，而宗教又借神话故事增加其神秘色彩，彼此借光，互为表里，二者难以剥离。曾经有一段时间，很多乡村把《麽经布洛陀》当作迷信材料加以没收，把师公做法事当作纯粹封建迷信活动加以制止，显然是不对的，好在后来得到了纠正。

广西民间文学，除上述与原始民间信仰密切相关的神话传说之外，还有许许多多别开生面的民间故事，从内容和主题看，至少有以下两个共同点：

一、人们敬畏自然，追求天人合一的理想生活。壮族故事《苏兴与蛟龙》说，苏兴捡到一个"蛋"，蛋生出一条蛇，苏兴把蛇养大。大蛇伤害动物和人。皇上下诏，答应如果有人抓住大蛇，将赐给丞相官位。苏兴带大蛇上了京城，放在大湖里，后来皇帝恩准苏兴把大蛇放入海里，成了巨龙。苏兴是越人后裔，故事表现了崇龙（蛇）意识的遗存，也表现了人与自然界相互协调，避免自然对人伤害的"善处"本领。壮族先民（越、僚）生活在水边，常受鳄鱼的攻击，便"文身"以示与鳄同族同类，以获得鳄鱼的保护。彝族故事《猫狗寻宝》说医生波玛波奇带的"万能药"（金螺蛳）被人盗走，令猫狗去搜寻，猫狗虽寻到了金螺蛳，但却遗失在红水河里，医生对猫狗作了"惩罚"。表面上看故事只是"解释"动物的习性，但也反映了人与动物早期的相处关系。

二、"主人公"都具有勇敢顽强、不屈不挠的精神。广西民间故事具有浓重的民粹主义（平民主义）色彩。上述壮族神话故事《布伯》，直接把斗争矛头指向极权的雷王；壮族传说《莫一大王》、仫佬族传说《稼》、瑶族传说《侯大苟》把斗争矛头指向封建王朝；汉族《合浦珠还》传说把矛头指向朝廷贪官；瑶族传说《蓝老勇智治莫土司》指向土官；斗争的情节环环相扣，波澜起伏，表现了人民群众不可征服的伟大力量。

这两个共同点从人与自然和人与人关系两大基本层面上，展现了古代先民生存环境之复杂、艰难，也总结了人们应对图存的种种智慧和经验，虽亿万斯年而不失其鲜活的生命力。

广西12个世居民族，彼此和睦相处，虽有山河阻隔，但文化交流从来就没有停止过，表现在民间文学方面，既各自独立，又相互吸引，有些故事你中有我，我中有你，很难说谁是最早的源头。如《百鸟衣》的故事，广西有，中原地区也曾流传，不能因此断定中原就是源。当然，有些源头是明确的，如《梁祝故事》本于汉族，故事发生地在浙江。不知何时传到了广西少数民族地区，人们喜爱这个凄美故事，于是按照自己的审美趣味，对故事进行适当改造加工，如瑶族所描写的梁山伯身着猎装，祝英台撕下自己衣袖，书写血书作死别；壮族传说中梁祝上学堂的地址是在柳州，他们上学没有书童相随，而是自己用竹扁担挑书箱行李。苗族描写梁山伯吹奏芦笙，祝英台踏歌起舞；梁祝死后化彩蝶，马广自尽化黑蝶。这一现象说明，广西各民族既有独创本族故事的本领，又有移植改造别族故事的能力，充分显示其包容性。

　　广西民间文学品种齐全。像神话既有散文体神话，也有诗体神话；传说既有"飞头僚"式的人物传说，又有奇异的山水传说和民族文化积淀丰厚的风俗传说；民间故事除了动植物故事和生活故事外，更有充满梦幻色彩的神奇故事，如灰姑娘型、百鸟衣型、田螺姑娘型、蛇郎型、青蛙皇子型、找幸福型、妈勒访天边型、狗耕田型、狼外婆型……广泛流行在各民族的乡间，多姿多彩，百听不厌。这些作品既是地域文化，也是整个中华民族文化有机组成部分。如壮族灰姑娘型故事《达稼达仑》流传既久且广，与唐段成式《酉阳杂俎》续集卷一《支诺皋》中所载有关叶限姑娘的故事相类。叶限故事"约早于 17 世纪法国拜诺尔《故事集》1000 年"[②]，是世界上许多国家流传的"灰姑娘型"幻想故事最早的完整记录。段成式在这一故事的最后有如下说明：叶限故事乃"成式旧家人李士元所说；士元本邕州洞中人，多记得南中怪事"。这一交代告诉我们，此故事曾在壮族聚居地区邕州（今南宁市）一带民间流传，属于口头文学，颇喜猎奇的段氏只是将其记录在案。就是说，这一故事的产生比文字记载还要早。当然，这类故事并不存在东方和西方谁受谁影响，或谁摹仿谁的问题，李惠芳曾这样写道："一个民族所流传的故事，至少有三分之一属于国际性或世界性的。人们发现，有许多故事，在全世界几乎所有的民族中间，都能找到它们的踪迹。"[③]虽说如此，但孰早孰晚，还是可比较的。

　　民间文学并不如一些人所想象的那么简单、直白，许多蕴藉丰富的厚重之作，出自各民族之口口相传。姆六甲与布洛陀的神话，完整表现了壮族先民稻作生产的历史，他们阴阳互动、齐心合力的传统观念，反映了广西各族蛟龙（鳄）崇拜观念所体现的人与自然的早期关系。瑶族的盘瓠神话是我国典型的图腾神话之一，透露了各种文化创造、社会发展的远古信息，为全世界人类学研究提供了难得的范例。

第二节　壮族民间文学

壮族伟大史诗《布洛陀经诗》　寓意深长的蛟龙（鳄）崇拜　竹崇拜
与《莫一大王》　令仙女惊叹的《一幅壮锦》　早于西方的灰姑娘故
事《达稼达仑》　流播广远的《百鸟衣》

春秋战国时期，广西境内活跃着"百越"种族的西瓯和骆越两个支系，当今壮族便是西瓯、骆越的后裔。壮族先民在西瓯、骆越之后被称为乌浒、俚、僚。宋朝典籍出现"撞"字，后又写成"獞"字。"撞"本源于音近，但被人赋含好斗、冲撞的贬意，"獞"更是辱称，民国二十八年（1929），政府才令以"僮"代"獞"④。中华人民共和国成立之前，壮族民间有布僮、布依、布雅依、布侬、布土、布曼、布提等四十多种自称。中华人民共和国建立之后，统称"僮"。1965 年，遵照周恩来总理的倡议，国务院决定把僮族的"僮"改为"壮"。"壮"是强壮、茁壮的意思，又不会念错音，壮民乐意接受。据 2001 年统计，壮族有 1700多万人口，主要在珠江流域生息繁衍。不少民族学者认为，壮族并非单一族源。岭南土著民族是壮族主源，东南沿海的百越民族，荆楚民族，巴蜀民族和华夏民族都是壮族的来源。壮族历史悠久，文化丰富，特别是民间文学，具有较鲜明的自主、开放、整合的民族特征。从民间文学角度观察，可分神话、传说、故事三部分，这里略述各自的特色。

一、神话。姆六甲（也译姆洛甲、麽渌甲、米洛甲、乜渌甲等）是人类开天劈地的创世女神，她是万物之母，也是人类的始祖母。神话说天、地、海（水）初成之时，大地沉寂，后来长出草，草长出一朵花，花中生出姆六甲女神。她从花中生出来，然后自己造人，她张开两腿站在两座大山上，让阵风吹来，她撒尿淋湿了地，便捏泥人，泥人都活了起来。中原女娲造人未分性别，姆六甲神话则说她采来杨桃和辣椒向人群撒去。吃了辣椒的泥人变成男人，吃了杨桃的泥人变成女人。从此天下便热闹起来。在《布洛陀经诗》中，姆六甲与布洛陀男神并列为始祖神，壮人有事就虔诚地"去问布洛陀,去问姆六甲"。很多学者认为,壮族及侗族、仫佬族、毛南族、水族、瑶族民间流传的花婆、达皇、雅芒、雅汪的故事,就是姆六甲神话的衍化,姆六甲的神位已随父系社会的强化而淡出,降为生育女神。

布洛陀是继姆六甲之后的改天造地的智慧男神,是父系社会力量强大的祖神、主神和首领。具有人文始祖的原生性和神圣性。他既是血缘上的远祖,又是一位文化英雄。他不是凭借至高权力凌驾于社会之上的皇帝、君主,而是以自己超凡的智慧、能力、善良和贡献受到后世子孙的敬仰。红水河及其上游北盘江,右江及其上游驮娘江、西洋江,都江及其上游龙江,右江上游乃至越南、老挝北部等地域都有布洛陀经书流传。右江河谷的田阳敢壮山,每年农历三月初七至初九,成为七、八万壮民及兄弟民族都来朝拜布洛陀和姆六甲的盛会。

布洛陀与姆六甲的关系,民间主要有两种说法。一说姆六甲是布洛陀的母亲,一说姆六甲是布洛陀的妻子。在流传的二千多年间,壮族先民及其后裔在不同的社会发展阶段形成了生殖崇拜、图腾崇拜以及氏族寻根意识、血缘家庭观念的层叠现象。于是,布洛陀和姆六甲结合,生下六男六女,彼此婚配,繁衍了人类,这样他们便成为壮族先民及其后裔的始祖。这种认识,在古壮字诞生之后便由巫师以"经诗"形式固定下来,并不断补充、修正、润色,具有壮民族民间巫教信仰的综合属性。

布洛陀神话说,古时天地分为三界,雷王管上界,布洛陀管中界,"图额"管下界,图额是壮语,指的是鳄鱼(蛟龙)。崇拜"图额"是壮族先民的原始信仰之一。《淮南子·原道训》云:"九疑(嶷)山南,陆事寡而水事众,于是民人被发文身,以像鳞虫。"为何要这样做?〔汉〕高诱注:"文身刻画其体,内默(墨)其中,如蛟龙之状。以入水,蛟龙不害也,故曰以像鳞虫也。"[5]"九疑山南"的行政区域指广西东北部和广东北部,文化上泛指岭南广大地区,古为越人居住地。鳞虫也叫鼍龙或扬子鳄,俗称猪婆龙。体长2米多,背部、尾部有鳞甲,力大,穴居江河岸边。《汉书·地理志》云:"(粤人)文身断发,以避蛟龙之害。"[6]《赤雅》记述:"忽雷,鳄鱼也,居溪渚中,以尾钩人而食之。"[7]越人后裔壮族称鳄鱼为"图额",并视之为水神,是壮族崇拜的四王之一。《布洛陀经诗》称雷王、图额、洛陀、老虎为四王。壮族及同源的仫佬、毛南、水、仡佬、布依、傣及西南地区的彝、纳西、白族，都普遍流行关于龙的神话。在神话中，布洛陀俨然很有权威的部落首长。他负责安排各种动物的活动规律，也教会动物帮人类做事；他带领大家运送高大铁树来撑高天幕，到雷劈榕树处取火给大家做熟食。他还会采集植物来造牛，采木头来造干栏（房屋）。人间有事都"去问布洛陀，去问姆六甲"。布洛陀身上鲜明地显示了劳动者的智慧力量和道德伟力。壮民大都认同他是壮族的人文始祖，并把融民族信仰、科学知识、祭祀方式、生活习俗为一体的《布洛陀经诗》视为最神圣的经书。有歌唱道："百张好树叶，难凑（衬）一朵花，千百本厚书，不比《布洛陀》。"

《布洛陀经诗》1991 年整理翻译出版。分 19 章，长近万行。2003 年又出版 8 卷《麽经布洛陀》影印本，500 多万字。2007 年，出版了《壮族神话集成》148 万字。总体上说，布洛陀神话是壮族古代口头文学的不朽之作，是壮族先民用大量心血凝聚而成的文化瑰宝，是壮族人民有关生衍繁息、创造奋斗的百科全书，它蕴含着壮族的传统哲学观念，布洛陀形象已成为壮族人民开发岭南、征服旱涝灾害的不竭动力。他先后四次派遣老鹰和乌鸦到天庭与雷王理论，不厌其烦地调整人与动植物以及人与人的关系，成为维系部族社会制度和传统习惯法的纽带。

布洛陀神话以奇诡的想象著称，布洛陀与人的形象基本一致，但他又高大无比。有歌唱道："布洛陀走了，胡须万丈长，拿去红河洗，漂流南大洋。布洛陀太老，难把胡须收。住山上的人，孝敬布洛陀，就去帮他拖，就去帮他收。收回山上挂，拖回山上晾，一绺挂一处，流水下涟涟。布洛陀好心，胡子留山梁，大绺成瀑布，小绺成山泉。"使布洛陀魁伟壮实的巨人形象跃然纸上。长诗多为五言，押腰脚韵，多用对偶。如（所引为壮汉文对照）：

Sam	gaiq	Sam	Vuengz	Ciq
三	界	三	王	治
Siq	gaiq	Siq	Vuengz	cauh
四	界	四	王	造

Lengq　mhouq　miz　mbux　fong

烂　　无　　人　　帮　　补

Mong　mbouq　miz　boux　saeg

脏　　无　　人　　帮　　洗

Gag　aeu　fwnz　gag　ndaeyngx

自　　打　　柴　　自　　烧

Gag　lap　laemx　gag　gwn

自　　挑　　水　　自　　吃

Bae　haemq　baeuq　You　doh

去　　问　　布　　洛　　陀

Pae　haemq　mo　loeg　gyap

去　　问　　麽　　渌　　甲

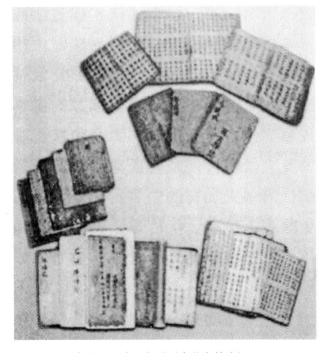

图下 7-1 《布洛陀经诗》书影（古壮字抄本）

当然，应该指出，经诗中偶有"造出土司管江山，造出皇帝管国家"的"君权天授"观念，有"千个鬼神是祖公安排，万个鬼神是祖公创造"的神灵意识。这都是在巫公、师公、道公参与创作过程中出现的布洛陀的"异化"，是壮（越）巫文化在吸纳儒家文化、道家文化和佛家文化的过程中出现的驳杂现象，我们必须区别对待。但从整体上说，布洛陀仍然是壮族群众生活的忠实守护神。《布洛陀经诗》集民间宗教信仰之大成，集壮族民间歌谣之大成，毫无疑问，是中华民族的宏伟史诗之一。

在壮族诸神中，勇射太阳（旱情）的特康（郎正、侯野）也是力量的象征，意志的象征，表现了壮族先民热切改造恶劣环境的美好愿望；敢于挑战雷神的布伯上天下地，斗智斗勇，令雷神战战兢兢，更显示了壮族先民改造自然的伟大气魄。

二、传说。民间传说是人民群众口头创作的与一定历史人物、历史事件和地方风物密切相关的传奇故事。人民群众在叙述一定的历史人物、历史事件中，真实地表达自己的思想感情，同时对他们所叙述的对象给予评价。因此人们常将民间传说称作"口传的历史"。但是民间传说不等于历史的真实。它通常根据历史上某个人物、事件或某地山川风物、习俗、土特产演化出生动的情节，这"演化"就是讲述者的夸张式的渲染、说明和解释，带上浓重的幻想性。但传说的幻想是艺术的自觉表达，有别于神话的非自觉性。

体现竹崇拜的《莫一大王》传说流播很广。壮族民间"大王"一词带有"非凡英雄"的本意。传说莫一大王出生时头上长有十二只眼睛，粗臂粗腿，力大无穷。皇帝知道莫一武艺高强，便请他到京城做官。莫一到了京城，每晚仍腾云回家住宿，第二天天亮前又赶到京城办事。这事连他母亲也不知晓。后来妻子怀胎，母亲责怪。一天晚上，妻子把莫一一只靴子收起，以便向母亲辩白。莫一起床不见靴子，无法上京，便用泥巴仿做靴子。太阳升起，他怕迟到，伸手把太阳压下山去。皇帝升殿，见太阳上来又落下，十分惊怪。后得知是莫一所为，更怕莫一造反，遂用计要把莫一杀掉。莫一知道便逃回家。在屋后种上竹子，叫妻子每天浇水，竹长了不要卖掉。巡察官员砍竹，见每节竹一个人，未睁眼。竹林被砍，竹人全死。皇帝派兵来讨伐，莫一的头被砍下立即飞上天空，对皇兵大笑，皇兵被吓得都逃跑了。莫一提着自己的头走回家，路上遇到砍柴人便问：树砍了还会发芽吗？砍柴人答：树砍了树根还会发芽。到村边碰到割薯藤的人，又问：薯藤割了还会长吗？那人答道：薯藤埋下泥土里还会生根长藤。莫一回到家里，问母亲"人头掉了人还会活吗？"母亲哭道：孩儿，人头割掉了人哪能活？莫一听了此话立即倒下。妻子把莫一的头放在瓦缸里，七天之后，一群蜜蜂从缸里飞出，一直飞到京城，见了皇帝和朝官就蜇。

宋人周去非在《岭外代答》中已载有"莫一大王"称呼，说明莫一大王传说颇为久远。莫一大王一方面勇于同恶劣的自然环境斗争，戳穿山洞疏通洪水，搬山造海制盐，为民造福；另方面敢于向代表封建制度利益的皇帝、官员作斗争，死了仍化蜂去战斗，此种不屈不挠的精神，深受广大群众所颂扬。

一些民族英雄传说与民族历史、民族信仰、生存环境及民族语汇密切相关。仅以生活环境而言，从竹派生出来的竹食、竹居、竹椅、竹箕、竹布、竹墙，无一不是生活所需，从生存安全而言，竹箭、竹弩、竹剑，也很有神奇作用。从图腾原理看，竹笋为越人的大宗食品，被视作图腾也颇在理。有关竹王神话传说为《华阳国志》记述之后，《后汉书》《水经注》《述异记》等文献均有记载，故一部分越人以竹（祝）为姓，立竹王三郎庙以祭。壮语称竹笋为"郎"（rangz），因而"郎"与竹相关的传说常常出现在民族头人和英雄的事迹中。《侬智高传说》有这样一个情节：起义军正在地头吃午饭，周边光秃秃的，没有一片树荫。阳光又很猛，一士卒随意说了句"有树荫就好了"，侬智高即用自己的竹筷插在地里，于是马上长出两丛竹林，给大家阴凉。《三王子庙》传说说，玉帝要发洪水，布洛陀授意岑天壮将顶天的南天竹砍来做天弓射玉帝，但竹子太长，竹梢迟迟未垂到地上，岑天壮便砍下做成竹弓，搭上神箭直射玉帝，却只射着玉帝的铜盆，玉帝派雷公下来砍了岑天壮的头，并发洪水报复。布越抓住大竹浮上山顶，重建竹楼，并在王尸化石的楞村山上建起岑王庙。

在右江流域，岑王庙的传说较多，这与明代岑氏土司的长时期存在有直接关系。人们爱竹拜竹，在很多史事传言都有竹节育人、竹叶成箭一类的情节。竹子强大的生命力，成为民间创作的重要比喻，借此表达人民褒贬爱恨的感情和生生不息、前仆后继的战斗精神，直至近代壮族民间传说仍然承继这一优秀的传统，尽管故事情节和象征物发生了多种多样的变化。《双身杀敌》便是一例。相传太平军将领萧朝贵与清兵作战，挑选百名精兵打前锋，分前、中、后三队。深夜四更过桥，发现桥下一死去的清兵旁有一位重伤的兄弟在呻吟，便脱下自己的外衣，把头巾扎低，装扮成士兵背伤员上桥追赶队伍。两军正在厮杀，他大呼一声，挥动板刀冲进敌群。在他的感召下，太平军勇敢杀敌，直至清兵大败。这时，萧朝贵才发现自己背上还有个受伤的战士。一位部将调侃他这般勇猛，原来是背上有个兄弟在助力。"双身杀敌"一时传为美谈。在反帝保境的传说中，也有很多与古代英雄一脉相承的可歌可泣的事迹。《刘二打番鬼》传说：刘永福的黑旗军人少，武器只是一些粉枪大刀，敌不过番鬼佬（法国侵略军）的洋枪洋炮。其部下刘二想出一条巧计：肉搏战。他选出几百名勇士，各持大刀，背一筒苏木水打头阵，番鬼佬听到号筒声，迅速开了枪，刘二的兵一个个倒下，番鬼头人用望远镜瞭望，见倒地的人个个血渍斑斑，地上也满是血浆，于是下令兵马冲杀过来。他们来到"死尸"当中，"死尸"突然跃起，挥刀喊杀，番鬼佬招架不住，仓皇逃窜。这时，后援兄弟也纷纷包抄过来，番鬼死的死，伤的伤，逃脱的番鬼惊魂未散地叹道："刘二的兵太厉害，死了还能返生。"这样一些惊天地、泣鬼神的传说故事在广西边境一带广为流传，战事虽是惨烈，但集合在黑旗军下的壮民、汉民、瑶民团结一致，誓死保卫国家的奋勇精神更是令人肃然敬佩。

三、故事。壮族民间故事多奇幻，并在鲜明的二元对立情节中表达壮族人民的爱恨情仇。

《一幅壮锦》故事，流传于桂中一带。说一老妇人靠织锦过日子，一天，她到圩上卖了壮锦，又买一张五色彩画回家，她叫三个儿子拢来，一齐看彩画上的村舍，边看边说我们能住上像画上的屋子就好了。三儿子给母亲提议，把图画织进锦里。母亲欣然答应，用五彩带仿照图画一针一线地织，织了三年，织成了一幅美丽的壮锦。忽然一阵大风把壮锦刮飞了。母亲追出去晕倒在门外，三个儿子把母亲扶起，醒过来的母亲叫他们去找回壮锦。老大和老二半路得到仙奶奶赠送的金子，进城享受去了。老三不要金子，乘石马历艰险到了太阳山顶，见仙女正学织妈妈那幅壮锦，趁深夜仙女们回房休息，把母亲的壮锦藏进胸口，跨上石马跑回家园。当老三把这幅壮锦展开，大地立即变得像壮锦一样富丽堂皇。老三和锦上的织衣仙女结了婚，过上幸福生活。老大和老二则沦落成了叫花子。故事颂扬了艰苦奋斗创造幸福的美德。

《达稼达仑》是壮族灰姑娘型的故事，流传左右江和红水河壮族聚居地。徐宏搜集的这个故事叙述西庄有人办喜事，后娘把亲生女儿达仑打扮漂亮赴宴，却要前妻的女儿达稼在家里拣清五大斗黄豆、芝麻，用桶挑满三缸水，不让她去吃喜酒。化作乌鸦的亲娘帮助达稼，达稼把事情一一办好，并在枇杷树下挖出有衣、裤、手镯、耳环的包袱，也打扮赴宴。过桥时，达稼不慎将一只凤嘴鞋掉进河里，得以与拣鞋的秀才成亲。达稼婚后带子回娘家，被达仑推下水井，变成一只小斑鸠，达仑将斑鸠攥死，煮汤来喝，喝不完把汤泼在后园，后园长一丛毛竹，达仑到竹林乘凉，一棵毛竹弯下将她挑上竹顶。她跌落地面后把竹子全砍倒。一老婆婆要一根竹子去做织布机的绕线筒。从此天天有织好的布搁在织布机上。有一天，老婆婆发现从线筒里出来一位姑娘织布，便认作女儿。这姑娘便是达稼。在老婆婆的帮助下，达稼见到了秀才和自己的儿子，一家团圆。达仑母女俩却变成了整天叫喊"害人害己"的鹧鸪鸟。鹧鸪鸟的叫声给人们触及灵魂的警示。

《百鸟衣》的故事流传于桂北、桂南各地甚至外省。流传横县的《百鸟衣》故事讲青年亚原打柴归途中，一只公鸡跳上柴担跟到家里，母亲说不是自家东西不能要，儿子把公鸡送到村边放行。但晚上公鸡又进家，一连几天都这样，只好把公鸡留下养着。过了半年，公鸡变成一个美丽的姑娘，与亚原结成夫妻。皇上看上姑娘美色，派兵差来抢走姑娘。临别时，姑娘吩咐亚原上山打一百只鸟，用羽毛缝成衣服去找她，便能团圆。亚原遂照妻子的话，打来一百只鸟，制成百鸟衣。到京城后，穿上百鸟衣，敲锣打鼓，又跳又舞，进了宫廷。引得姑娘笑的合不拢嘴。皇帝也很高兴地对亚原问道："小伙子，你怎么会使我的爱妃这般欢乐？"亚原答："我穿的是神衣，谁见谁心欢！"皇帝问："你的神衣要多少钱？我买！"亚原说："神衣不卖，皇上要穿，我脱下来和你的龙袍换穿一下可以！"皇帝为讨姑娘欢心，当即把龙袍脱下交给亚原，换穿上百鸟衣，见姑娘在笑，皇帝也笑着狂舞。哪知百鸟衣把皇帝紧紧箍住，皇帝挣扎着。姑娘突然大声呵斥："怪物怪物，给我打！"皇帝在乱棒中化作山鸡飞进了山林，亚原带着妻子双双返回家乡。这个美丽神奇的传说故事，于20世纪50年代经壮族诗人韦其麟再创作，成为一部精彩的长篇叙事诗，影响及于海内外。

第三节　瑶族民间文学

体现瑶族主体意识的盘瓠王神话　开天辟地的密洛陀神话　魅力无穷的千家峒传说　强化民族精神的渡海传说　作为固定仪式的盘王歌

"瑶族是我们这个伟大家族的统一的多民族国家的重要成员之一，中华民族的历史有多长瑶族历史也有多长，在创造蕴藏深邃的丰富多彩的中华文化中，瑶族做出了重要贡献。"⑧瑶学专家赵廷光高屋建瓴地概括了瑶族悠久的历史。学术界形成这样的共识，当今瑶族是尧舜禹时代"有苗"的后裔。瑶族自称中的有勉、尤绵、董本尤、谷岗尤、土尤、尤蒙等，"有"和"尤"的记音与"有苗"族名有着血脉相连的联系。他们的语言属汉藏语系苗瑶语族瑶语支。此外，还有苗语支、侗水语支、汉语方言语支等。瑶族的族称，史书记载不一，因而争议很多，但南北朝以前，瑶族先民与南方少数民族被统称为"蛮"，如荆蛮、盘瓠蛮、长沙蛮、武陵蛮、五溪蛮等。南北朝时，出现了"莫徭"的称号。"莫徭"是免于徭役的意思。唐代起，瑶族成为单一的民族实体。并且逐渐向岭南迁徙。追溯瑶族的源头，大家认为瑶族与苗族、畲族有共源关系，其最远可追溯到五帝时期的三苗、九黎。瑶族的发祥地，当在黄河长江中下游地区，范围包括今山东、河南、湖北，以及河北、安徽、江苏部分地区。

瑶族何时从中原迁徙岭南进入广西？地方史志没有明确记载。宋代周去非《岭外代答》卷十提及宋孝宗乾道丁亥年（1167）桂北瑶民造反失败及宋乾道癸巳年（1173）静江府（治桂林）瑶民起义失败都被迫"纳款"（立契"悔改"）一事⑨，说明当时灵川等县瑶民活动非常活跃。清代乾隆五十六年（1791）立的恭城县势江《审照碑记》载："势江源八甲，地近山瑶，于唐、宋、元时，每逢寇盗，素无宁息。"可见势江这地方起码在唐代已有瑶民居住。《隋书·地理志》记载长沙郡"杂有夷蜒，名曰'莫瑶'"⑩。清代《临桂县志》卷三十二追述了临桂瑶民参与唐僖宗乾符六年（879）黄巢农民起义的历史，由此也可知隋唐之时广西境内瑶族群体已有踪迹。现在广西境内瑶族人口150.37万，占国内瑶族人口的60%。分布在金秀、富川、都安、大化、巴马、恭城6个瑶族自治县以及龙胜、全州、灌阳、贺州、南丹等28个县市内。因而以广西的瑶族民间文学为平台，全面掌握整个瑶族的文化变迁的特征，很有必要。

瑶族神话传说表明，瑶族先民原居中原，是古老华夏民族的一支。盘瓠神话和《过山榜》均追忆高辛氏帝喾与瑶族远祖关系密切。帝喾属东夷部落少昊氏，是古越族的先民。《尸子》云："少昊金天氏邑于穷桑，日五色，互照穷桑。"⑪穷桑即扶桑，扶桑是太阳神树，少昊居扶桑，按理就是以太阳为图腾。殷商以太阳、鸟为图腾，出自少昊系统。《过山榜》叙其祖先来历所列山名，就是会稽山。"禹葬会稽，鸟为之耘。"（清孙诒让《墨子间诂》附录《墨子佚文》）这说明瑶族先民有一支是崇拜鸟图腾的东夷。有史学家认为：东夷有三大族团，即莱夷、徐夷、淮夷，他们居住北至渤海，南到长江，东到泰山南北的山东全境，以及淮河中下游的江淮平原。周灭商后，三夷成了周公东征的主要目标⑫。另有史学家考证，莱夷活动地域的莱州、登州即今之山东临淄、博兴、诸城等地，古有薄姑之国，活动于帝喾、颛顼之前。薄姑就是后来的莱夷。而"盘瓠"则是"薄姑"的音转。莱夷战败，由此向南逃遁；徐夷失败，迁往洪泽湖，淮夷在战乱中也内迁。许多史料证明，瑶族的主要一支是东夷及后来的越族（于越、山越、东瓯越、闽越）融合而形成的新部落，故今广西很多瑶民还有来自山东、江淮、浙闽等地的说法。战国以降，荆蛮（盘瓠之一支）逐渐强盛，建立起以自己族称为名的鄝国⑬，成为楚国的一支主要力量。他们以重黎（祝融）、彭祖为先祖，创造了灿烂的荆楚文化。秦灭楚后，荆蛮瓦解，一部分向岭南撤退，与南越、骆越融合，形成了隋唐之后崛起，以盘瓠为主体意识的瑶族。在这当中，汉族文化对瑶族文化的影响尤为显著。《旧唐书》卷一六〇《刘禹锡传》提到，唐时"蛮俗好巫，每淫祠鼓舞，必歌俚辞"。还说到刘禹锡出任朗州（湖南常德）司马，"或从事于其间，乃依骚人之作，为新辞以教巫祝。故武陵溪洞间夷歌，率多禹锡之辞也"⑭。我们暂且不探究刘禹锡当年"为新辞以教"的目的，也不管撰史人关于"武陵溪洞间夷歌，率多禹锡之辞"

的见解是否正确；但可以肯定的是，刘禹锡把汉族歌谣带到武陵溪洞，对瑶族文化的发展无疑起了促进作用。

瑶族民间文学以口传为主，一些汉族古籍也有记载。像盘瓠神话，早见于《后汉书·南蛮西南夷列传》。而汉族的传说故事，像《梁山伯与祝英台》《董永》《文龙与肖尼》等也广泛在瑶区流传。

瑶族的神话，当然首推《盘瓠王》。相传古时候平王养有一只身上有二十四个斑纹的龙犬，非常令人喜欢。又有高王者常出兵侵扰，平王非常忧虑，便张贴告示许愿：谁人能灭高王，金银财宝任他取，三个公主任他挑。不料龙犬前来应召，愿只身前往。龙犬渡海，历七天七夜，到达高王国土，直奔高王宫殿。高王大喜，决定收养龙犬，并举行宴会庆祝，结果喝得酩酊大醉。次日清晨，高王如厕，龙犬跟随，趁着四下无人，猛然咬下高王的睾丸，又咬断高王的颈项，于是衔着高王的头颅渡海回国。平王见状大喜，马上设宴款待，但龙犬不吃，平王不解，经王后和三公主提醒，才知原来的许诺没有兑现。平王面有难色，但又担心失信于天下，不得已只好将三公主许配龙犬，龙犬终于如愿以偿，婚后幸福无比。后龙犬嘱三公主将自己蒸煮数次，由狗变成了人。平王派他到南京十宝殿做大王，名叫盘护。"盘护"的"护"是瑶语，意为"王"。后来盘王和公主生下六男六女，并教他们打猎、耕织。平王知道后，十分宽慰，除差人送去金银供享用外，还颁发榜文，赐盘护十二个子女为瑶家十二姓，并令各地官吏全免盘王子孙的粮赋差役。有一天，盘护领着六个儿子上山打猎，不幸被山羊的犄角所触，随山羊一同坠崖而亡，儿子们把盘王尸体抬回来，砍梓树做鼓身，蒙上山羊皮，制成大鼓和长鼓，公主背大鼓，儿子们提长鼓，边走边舞，六个女儿持手帕边哭边唱，共同悼念盘王。广西各地瑶民流传的盘瓠神话基本都是如此。

《盘瓠王》这一口头传说与《后汉书·南蛮西南夷列传》、晋干宝《搜神记》卷十四所记载大同小异，大约先有口头传说，然后才被喜搜奇猎异的小说家甚至史家采录书中，就是说文字记载是流而不是源，正如晋陶渊明的《桃花源记》是流而不是源一样。

龙犬之所以称盘瓠，实有所本，据《太平御览》卷七五八所引《搜神记》，故事却与上述不同，说的是："高辛氏有老妇人得耳疾，医为挑治，得卵，大如茧，或以瓠离，覆之以盘，俄而卵化犬，因名盘瓠。"⑮闻一多则认为盘瓠即"匏瓠"，盘、匏读音相近，而《说文》以匏、瓠互训，都是葫芦的意思⑯。刘尧汉也说："盘瓠是葫芦的别称。"⑰

从我国洪水神话得知，葫芦是人类生命之舟，也是瑶人的母胎。盘瓠之命名承载着瑶人对葫芦永久的信仰和崇拜。还有些故事如《伏羲兄妹》神话也与葫芦有关。此故事在金秀坳瑶流传的是：

从前有个张乐国，犯了天条。天神下书威胁要劈他。他知道后，马上到河边去捞浮苔来糊屋顶。一天，风雨大作，雷公劈将下来，因屋顶滑，雷公跌落院中，被张乐国用鸡笼罩住，关在屋里，准备外出买盐回来腌雷公酸。嘱伏羲兄妹看守雷公，交代不能给雷公喝水。后来雷公多次要水喝，他们就给锅巴水。雷公很感激，对他们说：有鸟叫你种葫芦你就种，叫你收葫芦你就收，叫进葫芦你就进，叫封葫芦你就封，叫出葫芦你就出。说完拔一颗牙给他们做种子，然后上天去了。雷公上天后，即跑到海龙门把水塞住，水马上上涨。张乐国刚挑盐到家，水涨很快，无路可走，立刻倒撑雨伞坐在上面，随水漂浮上天。雨伞碰到天门，雷公知道张乐国追来，赶忙开闸，水即退，张乐国随水降落，碰在松树上跌死。伏羲兄妹坐进葫芦，随水涨落，走遍天下，不见人影，乌龟告诉他们天下人死光了。九天玉女劝他们说："你们两兄妹要结婚才有人种。"他们不肯结。九天玉女叫他们滚石磨，石磨合了不肯结；叫他们隔沟烧火，火烟串在一起了也不肯结；叫他们隔沟种竹，结果竹尾连在一起了，他们才结婚。婚后不久，生下像西瓜样的肉团，九天玉女拿刀砍碎，右手抓起肉末撒在平地，成了壮人汉人；左手抓起肉末撒在山区，成了瑶人；还剩一点肉末扫门口，便成了坳瑶人（瑶族的一个支系）。瑶人认为，伏羲也是他们的始祖，因此也把伏羲当神来崇拜，在金秀、富川、恭城瑶人聚居区建有不少伏羲庙。《盘王歌》中设有"葫芦晓"一章，就是歌颂葫芦的。

叙事长诗《密洛陀》是瑶族布努支系的创世神话，广泛流传于布努瑶分布的都安、大化、巴马、田东、隆安、东兰、凤山、凌云等县份。密洛陀的"密"是母亲的意思，"洛陀"是母亲的名字。《密洛陀》的故事梗概如下：

相传在混沌的远古时代，天地未分，天气地气缩成团。当中有一面铜鼓，铜鼓里睡着一个女人。经过九千九百年，突然发生一声巨响，密洛陀女神醒过来了。她走到裂缝边缘，手托铜鼓上半边变成天，脚踩下半边变成地。这位女神最先做的第一件事是，造出太阳和月亮，然后令九个大神造山、挖河、造万物。接着，密洛陀想找个好地方造人类，她先派四个"爬地"的去找；第一次派聋猪去，聋猪出去只顾拱土吃蚯蚓，没完成任务，密洛陀用棍子打着了它的耳朵，从此它聋了。第二次派野猪去，野猪出去只顾找红薯吃，没完成任务，密洛陀把一筐火灰泼过去，从此野猪一身灰溜溜的。第三次派狗熊去，狗熊出去只顾找蚂蚁吃，没完成任务，密洛陀用蓝靛水泼它，狗熊染了一身黑。第四次派麝香去，麝香出去贪吃青草，也没完成任务，密洛陀抓起一根燃烧的柴火掷过去，正中麝香的肚皮，烧起了一个泡泡（即香腺结成的块状物）。又派四个"飞天"的出去找。第一个是啄木鸟，它出去只顾找虫吃，吃饱就回来，密洛陀顺手抓起花背带打过去，贴在背上，从此啄木鸟的背是花的。第二个是长尾鸟，它出去找丝瓜吃，没完成任务，密洛陀顺手就射一箭，正好射中尾巴，至今长尾鸟的尾巴还夹着长长的箭。第三个是乌鸦，它出去见到火烧山，就找被烧死的东西吃，全身都被熏黑了。它回来说：没找到地方。发怒的密洛陀往它嘴里塞了一颗石头，乌鸦痛得"呀呀"直叫。第四个是老鹰，它飞上高空，盘来旋去地侦察，终于找到了一块好地方。老鹰回来领密洛陀去看，密洛陀很满意。地方找到了，密洛陀决定用蜜蜂的蜂蛹造人，她用蜂蛹炼了三天三夜，然后放到箱子里密封九个月，蜂蛹变成了人类，有了汉、壮、苗、瑶民族，地上开始热闹起来了。

这篇神话，反映女神密洛陀开天辟地，创造人类的伟大业绩，颇为生动。尽管神话没有讲述密洛陀的身躯相貌，但从她在大山里孕育千年之后，"爆裂化生"来看，她的确是神性十足的。密洛陀化生之后，主宰了万物。天，由她来造；人，也是由她来造；一切鸟兽，都得听她的调遣。这一切按理说，都是不可能做到的，但密洛陀却做到了，这是瑶族先民对密洛陀的赞颂，反映了原始氏族社会早期母系社会时代人们对母亲的爱戴和崇敬。现在，自称"布努"的瑶族最大的传统节日——达努节（又称瑶年或祖娘节），传说就是纪念密洛陀诞辰的。每年农历五月二十九日——密洛陀的生日，家家户户杀鸡宰羊，聚集山场庆贺，有的跳铜鼓舞，有的对唱山歌，有的点冲天炮，有的聚餐敬酒，热闹非常。可见瑶民对密洛陀崇拜之虔诚。

密洛陀在创造这一崭新的世界中，与飞禽走兽发生了密切的关系。她先后派出八个飞禽走兽为她做事，这些飞禽走兽也像人一样接受指挥去工作，而当它们完不成任务的时候，一一受到密洛陀的惩罚。这些飞禽走兽似乎就是密洛陀家中的成员。这是符合原始人的思想状况的。在远古时代，人们无从把自己与动物区别开来，认为动物也像人一样有思想、有感情。实际上这些飞禽走兽的喜、怒、哀、乐和好恶……完全是人们无意识地赋予的。从神话所反映的生活内容判断，可能产生于人类已经学会驯养动物的阶段，显示了人类与大自然的亲和力。神话叙说密洛陀对八个飞禽走兽做事结果的怒和喜，都巧妙地结合着解释这些动物的形状和习性。每个动物都有一个简短而完整的故事；八个故事连起来又能较完美地表达神话的主题。这是《密洛陀》神话最鲜明的一个艺术特色。

在几千年的历史中，由于部族之间的征战，或封建皇朝内外的争夺火拼和对异己力量的征剿，瑶族沦落成为一个迁徙频繁的民族，因而口传的迁徙传说特别的多，又特别有趣，如著名的《千家峒传说》。千家峒是瑶民富饶的家园。大峒田，犁不完，苞米长有尺五长，谷子长得比巴掌大，山上牛羊成群，村里鸡鸭成帮。有一年天旱，官府派官员来收田税。瑶人千家，轮流宴请，官员天天酩酊大醉，久久不回府，官府误认官员已被杀，便出兵征讨。瑶民只有逃离，把香炉破成十二瓣，每姓收藏一瓣。另传把牛角锯成十二截，每姓收藏一截，决心等待有一天重聚祖居地。但迁徙越走越远，千家峒在哪？千百年后一直是瑶民心中一个不解之谜。1941年，大瑶山瑶民曾发动"打回千家峒"的起义，因遭国民党政府镇压而失败。20世纪下半叶，很多人也自发寻找"千家峒"。著名民族学家费孝通曾题辞："瑶胞寻根千家峒，史实有待大家争。"从文化学角度观察，千家峒只是人类构想的一种境界，如桃花源、香格里拉，而非实际地名。

《渡海的传说》是瑶族迁徙中的一个著名传说。"海"可能是指江、湖，也可能是现在真正意义的海。瑶人被迫离开自己祖居地，中途要乘船过海，海上风浪大，经过七天七夜，好不容易登上一个小岛，大家生火煮饭，水未烧开，小岛慢慢下沉，大家慌乱起来，细看，这小岛原是大鲸鱼的背，火烧痛了就要开溜。大家又登上木船出发，又经七天七夜，遇到了旋涡。头人说，现在拢不着岸，近不着滩，怎么办？于是，大家祈求盘王保佑，此法果然灵应。从此以后瑶民年年"还盘王愿"，永记祖先恩德。此故事中所言的"鲸鱼"应为神龟。龟背略平，由于长久背上长满苔藓海草（夸张为树木），故给人误认为是"陆地"（岛）。五代刘崇远《金华子》、元代方回《虚谷闲抄》书中均有渡海遇龟宝的故事原型。传说是解释"还盘王愿"祭祀活动的成因，带有鲜明的宗教意识，也体现了一种民族精神，强化了瑶民对盘王（盘古、盘瓠）的崇奉信念。

瑶族歌谣内容繁多，尤以祭祀歌和情歌最著。特别是《盘王歌》最具代表性。

《盘王歌》亦名《盘王书》《盘王大歌》，是"还盘王愿"的祭祀歌。晋代已有瑶族先民"用糁杂鱼肉，叩槽而号，以祭盘瓠"的记载（干宝《搜神记》卷十四），推测当时已有其雏形。唐代诗人刘禹锡《蛮子歌》所记的"时节祭盘瓠"活动，盘王歌应有较大发展，至宋代趋于完善。《盘王歌》主要有二十四路和三十六段两种手抄本。湖南江永有南宋度宗咸淳元年（1265）的手抄本，广西金秀有明宣德年间（1426—1435）的

图下 7-2　山子瑶宗教经书（清至民国写本），原件藏广西民族古籍整理办公室。

手抄本。1997 年由广西少数民族古籍整理办公室编的《盘王大歌书》有13000 多行，是当今盘王歌的善本。盘瑶系统的过山瑶、平地瑶、坳瑶、排瑶、山子瑶（蓝靛瑶）都有祭盘王的习俗。有家愿、村愿之分。"家愿"一至三天，"村愿"七天。不管家愿、村愿，均请道公、师公、麼公立坛行法事，大家一起唱歌跳舞，以歌舞乐神、祈福禳灾。《盘王歌》在祭盘王的过程中分段演唱，开始先唱"唱来由"、"请神"，中间唱传说歌、神话歌、故事歌、情歌、农事歌、苦情歌和滑稽歌，高潮时唱"还愿"，结束时唱"送歌"。祭祀过程融合了瑶族祖先崇拜与道教信仰，祭祀目的是纪念先祖功绩，恳求先祖继续给子孙降福，以保风调雨顺，人丁兴旺，六畜繁荣，生活吉祥安泰。歌曰：

> 正月请，下到凡间过新年；家家同吃新春酒，同庆瑶家乐无边。
> 二月请，二月恭请五圣君；二月有个二月二，吃完年酒好耕耘。
> 三月请，三月不觉又清明；盘瓠本是瑶家祖，祭扫墓灵泪淋淋。
> 四月请，四月禾苗又转青；托福先君来保护，盘瓠功高永记心。
> 五月请，恭请盘王来降临。恭请盘瓠到下界，遍施药草救瑶民。
> 六月请，恭请盘王五圣君；恭请盘瓠坐正位，瑶家纪念请尝新。

先祖盘瓠被誉为"五圣君"，恭请他从"天池"来到下界，接受瑶民供奉。盘瓠在此已是玉皇大帝、太上老君的化身。

《盘王歌》中，不只有庄严神圣的祭祀内容，还有大量的幽默风趣的生活歌和情歌，像猜谜歌融入了许多能启开智慧的生活知识和民俗文化。如《何物歌》：

> 何物变，变成何样得娘连；得郎变成何物子，上娘头上作何眠？得郎变，变成一样得娘连；得郎变成罗帕子，上娘头上作横眠。
> 何物变，变成何样得娘连；得郎变成何物子，上娘头上作何眠？得郎变，变成一样得娘连；得郎变成金钗子，上娘头上作横眠。
> 何物变，变成何样得娘连；得郎变成何物子，何物团圆娘身边。得郎变，变成一样得娘连；得郎变成耳环子，耳环团圆娘耳边。
> 何物变，变成何样得娘连；得郎变成何物子，何物魁魁娘颈边。……

十几问十几答，通过问答显示瑶民的智慧和聪明。此种问答式歌唱俗称盘歌，是南方民族对歌的传统形式，很受群众喜爱。有人认为，此与陶渊明的《闲情赋》很有些相似。

《盘王歌》中的《见大怪》专章汇聚大自然和社会诸多"怪象"奇思怪想，充满了生活情趣和鬼魅的情思。如：

> 出世不曾见小怪，今年见怪大如天；
>
> 青泥出笋官床底，山蛤上床盖被眠。
>
> 出世不曾见小怪，今年见怪笑哈哈；
>
> 上塘得见龟拜鳖，下塘野鸭拜天鹅。

这些歌是为求得一时的愉悦，抑或反讽失常的世事？任由听者去深思！

瑶族民间的"石牌话"也值得一提，它很像村规民约。如保护森林，石牌话写道：

> 森林是个宝，吃穿全靠它。无山瑶难生，无树瑶难存。山要保，林要护。不许纵火在山，不准放火于沟。谁敢放火焚林，谁敢放火烧山，他就犯了十二条"三多"（项），他就违反了十三条"俄科"（款），众人惩他，石牌办（罚）他。

瑶族"信歌"形式也很特别。所谓"信歌"，就是以歌作为交际工具传递信息，这比散文体书信更能表情达意。如迁到交趾居住的瑶民写信回老家，动员他们的兄弟姐妹也搬迁到交趾去，称为《交趾曲》，第一段写由于"大朝官反"，逼得瑶民离乡：

> 一片乌云四边飞，大朝众偶（大家）共商量，齐共商量了，渐渐受人（串连）就离乡。得见大朝官反烂，十分难坐又难安。出路无盘费，也着去交趾。搬家出门多悉忆（忧心），十分愁忆路途长。半路无家住，妻儿男女睡草坪，行出路头无方便，饱多饱少无人知；姐妹脚又痛，朝哭夜晚泪涟涟。

下面写搬迁过程：

> 一片乌云四处飞，大朝众偶赴交趾。出路多愁忆，愁愁忆忆无人知。行路就行平乐府，象州过了到柳州。过了柳州渡，大家撑船不闻忧，行过一州又三县，来宾过了又迁江。过了龙虎渡，遥遥远远到田州。过了田州到百色，百色街巷好风流。姐妹齐停下，齐齐

停下且宽游。

接着写出广西，进云南，入交趾，迁徙路线交待的十分清楚，也写出了沿途见闻及情感波澜。

第四节　侗、苗、仫佬、毛南、京、彝等民族的民间故事

侗家鼓楼　龙女献身炼铜鼓　婆王送花　孤儿得幸福　巧斗蜈蚣精
围着金竹丛歌舞　阿芳配红鲤　谁把谷种带人间

广西侗族主要聚居在桂北三江侗族自治县，约30多万人口。侗族是百越民族的后裔，有始祖神"萨"和张良张妹等神话流传。传说内容以工匠人物传说最为突出。如《花龙与风雨桥》说，布卡和他的妻子蓓冠非常恩爱，劳动时形影不离。一天，一阵大风卷来，蓓冠被螃蟹精拖到河底岩洞里，逼她"成亲"。河里的花龙赶来，斗败螃蟹精，救出蓓冠。人们感激花龙，便将河上的小桥建成大桥、四条中柱刻上花龙图案，名桥为回龙桥，又叫风雨桥。此故事传达出百越后裔的侗家人对龙的崇拜心理。《兄妹建鼓楼》的故事说，寨里建鼓楼，一户三兄妹都热心拿出自己拿手的手艺，妹妹的侗锦，老弟的竹编，大哥的鼓，给鼓楼增添了生气。财主的儿子见楼妹漂亮手巧，便强力抢夺。村里一小伙子出计救楼妹，寨老按"款约"（民间组织的"法律"）惩罚了财主。故事反映了惩恶扬善的民族心理。《娘梅》是侗族最有典型意义的爱情故事，塑造了主人公坚贞不渝的性格。

侗歌和谐优美，歌词也很富有诗意。《侗族大歌》可说是集侗族歌谣之大成。它分为叙事大歌、声音大歌、三龙大歌、增冲大歌、洞大歌、隆兴大歌、高增大歌等，大抵是传统礼俗歌，抒情而富哲理，体现了侗族群众美好愿望和情操。一般所说的琵琶歌是用琵琶伴唱的，一人自弹自唱，有短歌和长歌。《银情歌》是琵琶歌中的精华，有长有短，短的一二十行，长的二三十行。句子长短不一，短有三、五字，长则达七十五字，双句押韵，韵有头、腰、脚韵，音乐性很强。

学榕树遮荫，学月亮做灯，

　　　　学石板铺路，学高山耿正，

　　　　你这样做人哟，越古越精神。

　　此歌中"荫"、"灯"、"正"、"人"、"神"都是押"in"或"eng"韵。

　　广西苗族主要聚居在桂北融水苗族自治县及桂西隆林、西林等县。人口约 45 万。苗族先民为九黎、三苗、五溪蛮。南宋光宗绍熙五年（1194），荆湖南路安抚使朱熹在祀"五溪蛮"时曾提到僚、仡、伶、苗四族。苗成为单一民族从"五溪蛮"中分化出来。广西苗族有《创世大神与神子孙》的大型神话。神话说纳罗引勾是半人半兽的开辟神，仍藏古罗也是一个大神，他们互相帮助，开天辟地，和泥造人，并引导男女青年去游坡，并组织"埋岩"。纳罗引勾还创造了百兽，并教猪、虎、牛、熊如何生活。

　　《殷略和埋耶兄妹》神话讲的是，洪水过后世界只剩下殷略、埋耶两兄妹，他们在女神抵力古莫指点下，在竹子、南瓜、竹鼠帮助下，结为夫妻，生下了一团肉坨。他们把肉坨切成十二个人形娃娃，但不会讲话。抵力古莫又叫他们生火烧干草和竹子，烧得噼噼啪啪响，于是那十二个人形娃娃也叫起了妈妈、爸爸。

　　《龙女化铜鼓》说的是龙女牺牲性命铸成了苗人最喜欢的铜鼓。苗家兄弟俩分家时，哥哥占去了田地和犁耙，弟弟只得一个钓鱼钩，仙人同情他，就吹了一口气，从此弟弟钓鱼总钓得很多。哥哥来借鱼具去钓，却只钓得死鱼烂虾，气得把鱼具统统丢进了江里。此时，龙王爷正出来巡游，喉头被鱼钩钩住，怎么取也取不下来，他吩咐龙女到人间找医生，说谁能取下鱼钩就将龙女许配给谁。弟弟知道哥哥丢掉他的鱼竿非常着急，恰遇龙女说情求援，弟弟便去给龙王拔掉了鱼钩。龙王喜，便把龙女许配给弟弟。弟弟与龙女婚后生活美满。龙女知道苗民特别喜欢铜鼓，便参与试炼，直至投炉献身。

　　仫佬族是骆越的后裔，"濮僚"的一支。唐时称"天河僚"、"伶僚"，又名"姆佬"。中华人民共和国成立后确定为仫佬族，人口 16 万，主要聚居在今罗城县。仫佬族民间崇拜七里英王、花婆王，有"喜乐愿"的传统习俗。传说罗义、罗英父女制服百兽后，大家生活日渐太平，于是定每年立冬为依饭节，每逢此节，即举行隆重祭祀，以报先祖之恩。《婆王神话》是仫佬族传说中的代表作。故事说，人是婆王花山上的花，婆王把花的生魂送给谁家，谁家就生小孩，送红花生女孩，送白花生男孩。人死了，生魂又回到花山上⑩。

　　毛南族也是古代骆越民族的后裔，宋代史书称毛南族聚居区（今环江一带）为"茆滩"、"茅滩"、"冒南"，地名演变成了族名。毛南族现有8万人口，生活在石山地区。民间故事也多反映他们战胜自然的奋斗过程，崇尚石匠。《三九赶山》就是这样的神话。毛南族的《盘哥古妹》这个神话也特别，其他族把盘古当成一个人、一个神，但毛南族却说是男女二人。

　　《找幸福》是毛南族著名的故事，故事说孤儿要上南天门问南极仙翁：世上怎样找到幸福？他走到百草峒讨水喝，主人托他问18岁女儿不会说话怎么办？他到桃花寨投宿，主人又托他代问桃树为何开花不结果？他到东龙河，鲤鱼驮他过河，托他问修炼800年的鲤鱼为何还跳不过龙门。孤儿到了南极仙翁面前，别人托问的事都得到了解答，再问自己的事时，仙翁说天下规矩只能解答三件事。他返回时，见到鲤鱼，告诉鲤鱼拔掉两根须便能过龙门。鲤鱼吐一夜明珠给他。他回到桃花寨，帮主家在树根下挖出一坛金子，满园桃树结了果。他回到百草峒，哑女一见到他就对爹爹喊："你的姑爷回来了！"故事表达了"助人者得幸福"的主题。

　　京族是生活在海边的民族，聚居北部湾巫头、山心、沥尾三岛上，人口2万多人，主要从事海上捕捞和养殖。京族民间故事多与海洋有关。如《三岛传说》南海白龙岭有个蜈蚣精，每只船过岭前都要送一人给它吃，否则兴风作浪，把船掀翻。好心的神仙想把它堵死在洞里，但也失败。后来神仙化作乞丐，以煨熟的几十斤重的大南瓜投入其口，镇住了蜈蚣精，并使其断作三截变成三个岛。

　　彝族主要聚居在滇、黔、川一带，广西彝族人口最少，不足万人，但其与我国古代西部羌族有密切关系。公元3世纪以后，一部分迁移到今广西隆林、那坡等县。彝族的跳弓节是彝族对自己祖先创业和迁徙活动的纪念节日。人们围着金竹丛歌舞，讲述着他们对祖先的敬意。传说一女子到水边洗身，一节金竹筒流来紧贴她双脚，金竹筒裂开，一婴儿落地。这女子抱回婴儿，抚养成人。婴儿长成个英俊的后生，武艺高强，后来他当了彝王。彝人便在自己村边种上金竹，纪念自己祖先，并建有竹王祠。1985 年有学者赴那坡县参加跳弓节，亲耳听到当地"腊摩"（师公）在金竹丛前吟唱传统民歌《金竹生彝王》，叙述的就是上述故事。这一故事与《后汉书·南蛮西南夷列传》和晋常璩《华阳国志·南中志》的记载基本相同，而民间口头文学应早于此二书。彝族崇拜竹子，看来由来已久。更有意思的是，《吴越春秋》卷九载有一首《弹歌》，歌曰："断竹，续竹，飞土，逐肉。"学术界公认它是一首非常古老的民歌，而不是某个文人的作品。它以极简洁质朴的语言，叙述砍竹制成弹弓，用土块作弹子追逐射杀禽兽的全过程。今"云南宣威和广西那坡彝族的古老丧葬歌舞中，就遗存有'飞土，逐肉'的舞蹈，有许多传说与《吴越春秋》记载的《弹歌》的起源、内容极为一致。"[19]在今天一些地方的彝语中仍称打猎为"撵山赶肉"或"找肉"。清段玉裁《说文解字·肉》说："生民之初，食鸟兽之肉，故'肉'字最古……人曰肌，鸟兽曰肉，此其分别也。"堪称语言中的活化石[20]。

彝族虽崇拜竹十分普遍，但并非惟一，他们由于支系繁多，也崇拜龙、虎、鹰、葫芦、榕树等一大批动植物，因而又产生了另一批创世神话，如《阿鲁举热》《梅葛》《勒俄特衣》，等等，而且很多故事都能从汉文史籍中找到依据，有着极为深厚的文化底蕴。

广西水族约 2 万人，聚居桂西北一带。水族属骆越的后裔，明末邝露《赤雅》一书提到"水族"的族名，语言属汉藏语族壮侗水语支。民间故事《水麒麟》《夜开门》《李孟进和雷雪娇》《白鹅的羽毛》等颇生动形象。《夜开门》叙说阿芳姑娘到财主家打工，财主安娜的活计没完没了，阿芳常常又饥又累，常常挨打挨骂，只能到河边哭诉。河里的红鲤鱼现身说自己是龙王的儿子，可帮她改变险恶的环境。便送给她一颗宝石，并吩咐说，晚上用宝石敲三下，叫声"夜开门"，大石口就开门，你就可进龙宫去取自己想要的东西。从此，穿的、食的，阿芳都靠龙宫提供。财主探知情况，也照阿芳去做。但财主贪得无厌，龙宫门变成了地狱门。财主掉进去死了。后来龙王儿子娶阿芳做了自己的妻子。红鲤鱼（龙王儿子）的所作所为，体现了中国人民惩恶扬善的传统道德准则。

　　广西仫佬族人口只有 3 千人，居住在隆林各族自治县。仫佬族与唐代"僚"人关系比较密切，唐、宋时古书上的"葛僚"、"佶僚"、"革老"、"仫佬"，都是一脉相承。仫佬族民间故事《春节敬狗》《放牛郎与白姑娘》《玉姑娘》和《拉郎找金子》等故事都较生动形象，重在道德教育。《春节敬狗》故事反映仫佬族农耕的变迁经历。开始只种玉米，生活较清苦。天神决意送稻谷给仫佬人。怎样送？狗只有四个脚，没有手，把稻种绑在狗尾上，因路途遥远，爬山过岭，还要过河过江，风吹雨淋。狗来到人间，稻种全散失了。狗回去告知天神。天神想，还是让稻种贴紧狗的全身。狗小心翼翼，但过河时身上的稻谷全被浸湿。只有尾巴高高竖出水面，才保留了一些稻种，终于送到仫佬人手中。仫佬人的粮食总算较充裕了。故每年春节，仫佬人做了粑粑总是先给狗吃，最后人才吃。此传说反映出山地民族要发展水稻生产从而摆脱缺粮状况的强烈愿望。苗、瑶、畲等民族的神犬盘瓠，突出其智勇品格，仫佬族神犬则是表现其无私、执着、纯朴的美德，故事具有鲜明的艺术个性。

【注释】

① 《布洛陀寻踪》第二章，广西民族出版社，2004 年。

② 王文宝：《中国民俗学史》，巴蜀书社，1995 年，第 64 页。

③ 李惠芳：《中国民间文学》，武汉大学出版社，1999 年，第 120 页。

④ 《广西省政府令·奉令禁止滥用夷猺等名称》，引自《广西通志·民俗志》，广西人民出版社，1992 年，第 430 页。

⑤ 《诸子集成》第七册，中华书局，1988 年，第 6 页。

⑥ 《汉书》，中华书局，1962 年，第 1669 页。

⑦ [明]邝露：《赤雅》，蓝怀恩考释，广西民族出版社，1995 年，第 143 页。

⑧ 奉恒高主编：《瑶族通史》，赵廷光序，民族出版社，2007 年。

⑨ 杨武泉校注：《岭外代答》，中华书局，1999 年。第 424 页

⑩ 《隋书》，中华书局，1973 年，第 898 页。

⑪ 《太平御览》卷三引《尸子》，《四库全书》本。

⑫ 顾铁符《楚国民族述略》，湖北人民出版社，1984 年，第 73 页。

⑬ 奉恒高主编：《瑶族通史》，民族出版社，2007 年，第 114 页。

⑭《旧唐书》，中华书局，1975 年，第 4210 页。

⑮ [晋] 干宝：《搜神记》，中华书局，1979 年，第 168 页。

⑯ 闻一多：《神话与诗》，华东师大出版社，1997 年，第 65 页。

⑰ 刘尧汉：《论中国葫芦文化》，《民间文化论坛》，1987 年第 3 期。

⑱ 龙殿宝等：《仫佬族文学史》，广西教育出版社，1993 年，第 122 页。

⑲ 王光荣：《彝族歌谣探微》，广西人民出版社，1991 年，第 21—22 页。

⑳ 王光荣：《彝族歌谣探微》，广西人民出版社，1991 年，第一章第一节和第六章第
　　三节。

第八章

民间文学（下）

宋周去非《岭外代答》卷七记载："广西诸郡，人多能合乐，城郊村落，祭祀婚嫁喜葬，无不用乐，虽耕田亦必口乐相之。"①广西素有"歌海"之称，生活在广西的各族人民一直有以歌代言的习惯，唱歌成了他们生活中不可或缺的部分，而歌圩则是他们集中展示才能的平台。优秀的民间歌手常常是临机自撰，出口成章，即兴发挥，而被神化了的刘三姐不过是千千万万民歌能手中涌现出的杰出代表，她成了广西民歌的一个符号、广西文化的一张名片。

民间长篇神话诗、创世史诗，严格说来也属民歌，前章已作介绍；本章重点介绍常采取问答或联唱形式的风俗歌和情歌，并重点介绍歌圩与歌仙刘三姐。

第一节　风俗歌

待客歌　上梁歌　婚嫁歌　丧葬歌

在生活歌化的民间，最典型的场景当是人们在群体劳动、赶圩、做客、路遇、休闲和互访聚会中的歌唱活动。当一个人带着他或她的朋友到另一位朋友的村寨帮助劳动或拜访时，村里的异性往往前来对歌，有时是通宵达旦。

在融水、三江等县苗族、侗族社会，两个村寨会结为友好并轮流到对方寨子做客，侗语称之为"月也"，通常发生在农历正月或八月。届时，客寨每家派一个代表，组成出访团体，由寨中有威望的人率领，到主寨拜访。

当他们即将到达主寨时，主寨的男女老少要到寨口迎接，同时用生产工具、生活用具等设置重重障碍，摆开歌阵唱拦路歌，称"塞寨门"。下面是流传于融水苗族自治县侗族的一首拦路歌：

　　　主：哥禁寨，哥养鹅崽禁开门。／哥养鹅崽封了寨，进进出出不让行。

　　　客：莫禁寨，哥养鹅崽莫禁门。／若是杨家你拦路，我是张家李家你也拦路是何因？

　　　主：砍倒大树不便移，大树拦路路难行。／客人若要把村进，绕过后边走后门。

　　　客：大树倒了草又生，你拿草标当个拦路人。／我念天上符语驱得邪，草标移去寨安平。

　　　主：你说什么客桌上睡？何人来到让它行？／何人来到叫它醒？何人醒来谁进村？

　　　客：三个龙王殿中睡，龙女来到叫它行。／龙女来到叫它醒，它醒来了我进村。

主寨歌队用歌提问，客寨歌队用歌回答，每答对一次就可以撤去一个路障。如果答错，客队要燃放鞭炮，表示歉意和敬意，主队也不会再坚持，而是把所有的路障都撤去，迎客人进寨。在寨子里的鼓楼前，主客双方都摆出自己的拿手好戏，开展演侗戏、唱侗歌、舞龙舞狮、赛芦笙等丰富多彩的联欢活动。"月也"结束时，主寨又集结队伍把客人送到寨口，再次唱起拦路歌表示挽留的意思，双方依依惜别，相约下次到客寨相见。

除了以歌迎接客人之外，广西很多民族还要以歌招待客人，让歌唱贯穿于相会的每一个环节。

在传统的水族社会，人们待客十分热情周到。客人进门后，主人先打水给客人洗脸洗脚，然后敬茶、敬烟、设酒席款待，并让歌唱贯穿于相会的每一个环节。下面的唱和发生在主人为客人送水洗脸洗脚时，主人对客人一路辛苦表示问候，客人则表达了对主人的感谢和对这份情意的珍视：

主：咪嘞——我尊敬的客人！／我们这里的路太小，耗子钻过来也会脱三层毛。／我们这里的路太陡，猴子爬过来也会跌三次跤。／我们这里的路弯弯盘盘哩，老虎走过也会转得头晕耳烧。／打一盆水给你洗脸洗脚，它可把千辛万苦洗掉。／水浑浑黄黄哩你不要嫌弃，水浑人清（亲）哩才好结交。／咪嘞——水浓情更浓哩浓胜胶。

客：咪勒——我尊敬的主人！你的话一字一句像石板路一级一梯分明。／金砖路有哩我找不见，银子搭的桥有哩我爱走得很。／石板路是石块砌的，越走心里越踏实哩越走脚杆越有劲。／只要有花香哩蜜蜂就不怕山高路远，只要友情深哩我就不怕路险峻。／银河水好哩我却没那种好命，这盆水浑因为它溶进了我们的情意。／咪嘞——洗在脸上洁在心。

很多民族有无歌不成宴的习俗。过去，那坡县和靖西县交界的壮族男女青年在喝喜酒或满月酒时，往往在酒桌上当面对歌：

问：既摆酒歌先问酒，桌上喜酒从哪来？

答：桌上喜酒东家请，叫我（俩）喝了把歌摆。

……

问：今晚喜喝朋友酒，何时到妹把帖请？

答：深弄泉边一枝花，无蜂喧闹一身静。

那坡县彝族人也习惯于在酒席间以歌代言。逢年过节和进新居、婚嫁等仪式的聚众饮酒过程中，总有一人领头，其他人附和，不停地唱歌。歌有"开腔"、"表情"和"展望"三种调式。"开腔"调用于开头部分，叙唱这一餐酒席的性质、起因、主人家谱等，如数家珍，以"哈喂"为主要衬词，声调平缓。"表情"调用在中间阶段，主客双方互相敬贺，表达相依相助之情，以"呐吧"（感谢）为主要衬词，声调激昂，气氛热烈，一边唱歌还一边互相敬酒。"展望"调用于结尾部分，主客双方颂扬现实的美好生活，憧憬未来的日子，包含了依依惜别的的感情。

仡佬族人在婚嫁宴会上也敬酒对歌，主人以歌劝酒，客人以歌回敬，一来一往，好不热闹：

　　　　主：金黄糯谷仓连仓，糯米甜酒一大缸。／客人不嫌酒味淡，先喝三碗再开腔。

　　　　客：好久不到这方来，这方高坎又高崖。／高坎高崖猴子路，不为喝酒我不来。

　　　　主：叫你来呀叫你来，别人栽菜你摘苔。／别人喝酒你吃饭，不会喝酒不要来。

　　　　客：我要来呀我要来，别人栽菜我摘苔。／你们喝酒我吃饭，不会喝酒我也来。

　　　　……

宴饮时要唱，宴饮前后更要唱。在壮族民间，主客双方的聚会对歌可以从白天延续到晚上。其中，白天在户外唱，晚上则会进入主人家里唱。在家里对歌时，歌者要在正式对歌之前不遗余力地表达对主家的感谢和赞美。歌者离去时，人们也会用歌表示挽留，双方走一程唱一程，情意缠绵，依依不舍。

对于广西各族民众来说，建新房与家庭未来的命运密切相关，是一项极其神圣的工作。从破土奠基、立柱上梁、新居落成到进入新居，都要择吉日举行一些祭祀活动，并伴随着仪式性的歌谣唱诵。

东兰县壮族起新屋，择吉日破土动工时，要设坛祭祀，诵《破土谣》：

　　　　手拿锄，脚踏土。／地摇摇，响咕咕。／龙王开金柜，犀牛开银库。／金子三百三，银子五百五。／金子垫，银子铺。／垫新房，铺新屋。／造个新房春常驻，起个新屋满福禄。

环江毛南族上梁时，在架梯、登梯、上梁、送福、洒雨、撒粮等环节上，由外祖父主持相应的仪式。架梯时，主家把一架特别制作的九级木梯靠在副梁上，木梯的每一级都挂有一个红包，外祖父走到梯子前面唱起被当地人称为"欢"的歌谣：

　　　　百事办停当，我把贺欢唱。／吉日太阳升，正好上红梁。／亲朋挤满堂，心中喜洋洋。上梁对利市，日后定兴旺。

龙胜各族自治县汉族的上梁有包梁、染梁、攀梁、踩梁、回梁等内容。临桂县汉族上梁时则有迎梁、上梁、缠梁、钉梁、安梁、开梁口、讨红包等程序，下面这首歌是他们在安梁时唱的：

> 一脚一步安梁头，子子孙孙封官侯。／二脚二步安梁身，子子孙孙坐朝廷。／三脚三步安梁角，探花榜眼五经魁。

新居落成后，在正式住进新居之前，主家要举行仪式。玉林汉族大平山乡举行进新居仪式时要唱歌表达美好的愿望：

> 入宅升龛颂"九如"，阴阳从引永安居。／同堂五代丁财旺，万古千秋庆有余。

宋周去非《岭外代答》卷四具体描述了壮族地区婚嫁时人们"迭相歌和"的盛况：

> 岭南嫁女之夕，新人盛装庙坐，女伴亦盛饰夹辅之。迭相歌和，含情凄惋，各致殷勤。名曰"送老"。言将别年少之伴，送之偕老也。其歌也，静江（即静江府，治所在今桂林市）人倚《苏幕遮》为声；钦（即今广西钦州市）人倚《人月圆》。皆临机自撰，不肯蹈袭，其间乃有绝佳者。凡"送老"，皆在深夜。乡党男子，群往观之，或于稠人中，发歌以调女伴；女伴知其谓谁，亦以歌答之。颇窃中其家之隐慝，往往以此致争，亦或以此心许。

在善于以歌代言的广西各民族中，无论是已经自由恋爱定情或未建立恋爱关系，青年男女在走向婚姻时，通常都需要由媒人出面与双方的家长进行沟通，并且伴随一定的仪式，包括登门求亲、讨八字、定亲到出嫁、迎亲、回门等内容，而这些仪式总少不了相应的歌唱活动。如订婚时，男方要给女方送酒肉和其他彩礼，双方亲友会在酒席上尽情地对歌：

> 男：枫树沙树根连根，两家今日始结亲。／天赐良缘奴欢喜，三亲四戚皆赞成。／只为两家初相见，相见如同过路人。／未曾得拜亲家父，未曾供奉亲家神。／既然亲家垂厚爱，奴当登临亲家门。／虽然奴家少礼仪，空手也得来交心。
>
> 女：鸭仔脱壳刚学游，怎能击水赛龙舟？／奴女眉毛未长就，

亲家偏要苦追求。／奴家认可结亲事，几层欢喜几层愁。／油盐未曾上街买，田垌新谷未曾收。／粗菜淡饭未曾备，贵人驾到怎应酬？／等到明春宽裕时，定邀亲家进"栏楼"②。

订婚后不久，男方要选个好日子，请许多亲戚带上丰盛的酒肉到女方家设宴讨八字。讨到八字后，姑娘就算是男方家的正式成员了。这个讨八字的仪式相当隆重，期间媒人会和主家进行对歌。出于礼节，女方在男方的热切期待面前，往往不会马上答应，而是一再推托。于是，男方需要一再表达自己的愿望，与女方形成多回合的对歌：

　　男：脚踏门前石台阶，手扶门外木栏杆。／奴今想来讨八字，讨要八字带回还。／若还讨得八字转，奴家老少皆喜欢。

　　女：美酒奴倒喝个够，若要八字奴心忧。／鱼肉奴倒吃不停，若要八字未点头。／只为奴女年纪小，八字未给出门楼。／早前奴讲慢订婚，无奈亲家再三求。／早前亲家已说过，只来奴家叙婚由。／今日双方姻缘定，不得八字又何愁？　／若还亲家要八字，费神再等两三秋。

巴马、都安一带的瑶族，有专门用于说亲时表达婚礼事宜的订亲词。男女青年恋爱定情后，由双方家庭各选派一名高明的歌手相约会面，用定亲词来商量婚礼的诸多事宜。其中，男方家庭派出的歌手称为"布商"，女方派出的称为"嗨把"，他们都由壮年男子充当。定亲的日子到来时，女方家在大门外摆上一张八仙桌，桌上放着一个小酒坛、两个酒杯和一个装有筷子（根数不论）的竹筒。"嗨把"站在桌旁，等待着"布商"的到来。"布商"带着三至五个贺婚人到来，双方互相致礼之后，"嗨把"就捧起筷子筒摇动起来，同时根据筷子摇动的节奏开始朗诵定亲词。诵完一段就抽出一根筷子放到"布商"面前。"布商"紧接着诵答，诵完一段之后，就把筷子捡起握在手中。双方就这样一问一答、一诵一和，当所有的筷子都转移到"布商"手中时，双方就端起酒杯互敬，定亲仪式便到此结束。

在东兰壮族村寨，男女婚事定下来后，男方会拿礼物前往女方家拜见老人。临走时，女方老人则会送布匹给女婿做衣服，女儿也送布鞋给同来的好友歌伴，此时男方歌伴就唱《谢衣鞋歌》，表达感谢和赞美之情：

　　岳母送新衣，丝线织得密。／鲜美耀人眼，皇子见我忙作揖。／
同伴站身边，我高了半尺。／岳母送新衣，丝线织得密。／衣扣排对
排，费几多手艺。／鲜美耀人眼，皇子见我忙作揖。

　　女方家则会请女歌手唱《答谢衣鞋歌》，表达谦虚之意，如：

　　今年运气差，种棉变成麻。／女婿谢衣鞋，难有话回答。

　　衣是麻线缝，鞋是烂麻打。／今年运年差，种棉变成麻。

　　逢人莫要讲，免得惹笑话。／女婿谢衣鞋，难有话回答。

　　婚事定下来之后，女方准备嫁妆，新娘的闺中密友也要参加到准备
嫁妆的工作中来，如做新鞋、缝新被等。在传统壮族社会，每个新娘可
以根据家庭情况准备一床或多床被子，其中包括一床可以使用一辈子的
壮锦被子。缝新被子时，女方要邀请同龄姐妹帮忙。这时，姐妹们要讲
吉利话、唱祝贺歌。下面是东兰壮族缝新被时所唱的歌：

　　晒台打起长丝线，未曾穿线心先连。／一张新被红耀眼，摘串桃花绣
四边。／

　　丝线桃花开不谢，送给新郎盖百年。／晒台拉起长丝线，未曾穿线心
先连。／

　　好日好时办好事，姐姐妹妹更心甜。／一张新被红耀眼，摘串桃
花香四边。

　　广西壮、汉、瑶、苗、侗、仫佬等民族中，新娘出嫁前都有哭嫁的
习俗。各地哭嫁歌在表现形式上不尽相同，但大多包涵别父母、兄弟姐
妹和骂媒人、骂接亲者等内容。在扶绥壮族民间，哭嫁歌可由十部分组
成，分别是叹祖宗、叹爹娘、叹叔婶、叹哥嫂、叹三更、叹骂丈夫、叹
骂媒人、叹骂抬猪汉、叹骂抬轿夫、叹入轿门等。下面是"叹爹娘"的
部分，抒发了对父母养育之恩的感激和不得不离开他们的痛苦：

　　爹啊娘！女哭一声痛娘心，爹娘养女真难忘。／热天扇风扇过
夜，冷天不让女身凉。／哪口不甜不喂女，爹娘养女抵饥寒。／人家
鱼肉吃不完，我娘家穷难度餐。／我娘家穷常挨饿，吃水留渣把女
养。／人家穿绸又穿缎，我娘棉被没一床。／人家住在高楼阁，我娘
茅屋独一间。／两件单衣娘一件，一件包女遮风霜。／二十年来爹娘
养，今朝含泪离开娘。／今晚还睡爹娘屋，明日睡在人家房。……

今朝就要分离去，女儿声声哭断肠。／爹娘心痛如刀割，请我爹娘坐厅堂。／一拜爹娘糖果饼，二拜爹娘苦心肠。／三拜爹娘衣着我，爹娘恩情重如山。／爹娘恩情深过海，不知几时报得完。

钟山县汉族地区新娘到男家时，男方要派亲友在门口迎接并举行一系列仪式，迎花轿、卷帘、下轿、上台阶、喝酒、拜见父母、谢媒等各个环节都少不了歌唱。宾阳县汉族民间的婚礼上，主家要请有儿有女、夫妻双全、只结过一次婚的中、老年妇女来铺床，一边铺床还会一边唱下面这首《铺床歌》：

铺床先，手拿禾秆抖连连。／旧时铺床三百六，现时铺床无文钱。／一铺禾秆二铺席，再来铺上好毛毡。／花被枕头床上摆，哥嫂同枕吐甜言。／铺好新床抢柑子，柑子团团粒粒甜。／柑子团团人想吃，哥嫂两人各半边。／吉日良时铺好床，更深哥嫂上床眠。／哥是主要睡在内，嫂是新来睡外边。

在婚礼酒席上，参加婚礼的各方也少不了要唱歌祝贺，表达对新人的赞美与祝福。下面这首歌流传资源县苗族民间，是宾客们喝茶时唱的祝贺歌：

吃了主家一杯茶，一世福气在主家。／屋前岩石变金子，园后黄土成朱砂。

吃了主家二杯茶，双富双贵又文华。／麻雀进屋变鸡崽，田中蚂蜧变鱼虾。

吃了主家三杯茶，三载接你在主家。／养猪养牛成狮子，石榴树上结南瓜。

吃了主家四杯茶，四季茶花在主家。／煮水变成糖茶水，吹火火筒变唢呐。

对生的渴望，阻挡不住死神的脚步。但事死也就是事生，当死亡到来时，人们往往要举行隆重的丧葬仪式，这既是为死者安息，更为生者平安。它通常要由道公来主持，从接到噩耗、入殓到出殡，都有一整套严格的仪式，并伴随相应的歌唱，道公和亲人各有专门唱词。

壮族民间的丧葬仪式主要针对中老年人。从死者断气闭上眼睛开始，就离不开歌唱。在大化、东兰一带，人们把能见到死者断气闭上眼睛看成一件有福气的事情，除了死者的亲生儿女以外，房族中比较亲近的侄辈也要来守在一旁。亲生的长子或长女嘴里衔着一根筷子，不说话，守在一旁的其他人则唱挽歌，表达内心的悲痛之情：

呵哈——悲泪满面流，万箭刺穿心。／老人呀！请你再睁一次眼，看看儿女思念情。／哀肠若寸断，江海滚雷霆。／老人呀！请你再伸一次手，摸摸儿女的孝心。／只有幸运的儿女，才看到老人咽下最后一口气。／只有多福的后代，才见到老人闭上安详的眼睛。／放心咽气吧，儿女不忘前人恩！／安心闭目吧，后代不断好儿孙！

呵哈——筷条衔在嘴，话儿涌心田。／老人呀！请你再张一次嘴，嘱咐你的众儿孙。／珠泪落不断，哀歌满天庭。／老人呀！请你再竖一次耳，听听儿女的心音。／人生哭泣多少次，惟有这回湿透心。／只盼哭声推神船，渡送老人去仙境。／只盼泪眼变山泉，泉源不断恩爱情。

在隆安县壮族民间，入棺被视为死者离开阳间的标记，也叫做“离阳”。在人们的想象中，死者从阳间到阴间要经过十座桥，所以要从第一桥唱到第十桥：

走过第一桥，举步去阴府。／闭嘴又闭眼，儿呼不回顾。……走过第四桥，儿女对棺拜。／祭品地上摆，子孙把酒筛。……走过第十桥，子孙永别离。／叔伯与邻居，相见不相识。

在平南县汉族村寨，人们在死者断气、砍顶梁竹撑持挽帐、买水、沐浴、为死者煮粮饭、道场开场锣鼓响、来祭奠者上五枝香、上孝、入殓、封棺、选墓地、放水灯等环节中都要哭丧。下面是买水时的哭丧词：

阿爷呀！／双膝跪落东边向呀！眼望东边日不亮呀！／三文铜钱来买水呀！三文沉底一文浮上来呀！／买水买条长流水呀！保你儿孙像流水那样久久长呀！

在丧礼上，回顾、总结并赞颂死者的一生是一个重要内容。毛南族民间的这一环节由主持葬礼的道公模拟死者子女的语气来完成，一共要唱十首歌，敬十次酒。当夜深人静时，道公坐在灵台旁，死者的子孙围坐着，其他亲属和乡亲则站在外面。道公每唱一首，一位乡亲就要向灵台敬一次酒，孝男同时手持幡旗向灵牌叩拜一次。下面是其中一首：

> 娘还在家热腾腾，今去荒野冷清清。／露浸雨淋不知冷，霜打雪埋不知寒。／节日点香拜灵位，娘若有灵请领情。／七杯酒啊献亡灵，哀纳受，七杯献亡灵！

隆林苗族的葬礼包括开路、入殓、吊丧、砍牛、出葬等环节，前后大约需要一星期，在此期间也有许多歌谣。其中有一些是主持仪式的麽公唱的，如"开路歌"。如果死者是女性，死者的亲兄弟前来吊丧、出丧时，还要分别唱"姐妹词"、"提伞词"等。下面这首"姐妹词"表达了弟弟对死去姐姐的深情和内心的悲痛：

> 啊，我的姐！　／兄弟赶路好匆忙，现已来到你身旁。／脚趾走得弯又弯，脚跟走得咚咚响。／兄弟走到那边坝，听说姐姐命已丧。／兄弟来到那边坡，听说姐姐命已亡。／姐本有话对我说，原谅兄弟赶不上。／只能来到三岔路，拿着"格器"③和我讲。／啊！我的姐！　／兄弟来到半路上，满心凄凉泪汪汪。／一步来到小席边，两人合起坐一旁。／拿起"格器"提姐名，摆下好酒给姐尝。

居住在隆林县境内的仡佬族民众抬棺出门时，师公要念诵《开路词》，为死者开路送行：

> 你犯天来你犯地，你犯地来你犯天。／魔鬼飞过你家的房顶，它喊你你就去吧！　／你要背上一把大锯子，去割断冬瓜树桩吧。／你再带上一把大斧子，去砍断青钢树桩吧！／你家有几间房，一间关牛，一间关马，一间关猪，一间关鸡。／你抓一把米，喂饱你家老母鸡。／你就转身朝一边走，你家有只黑毛狗。／你丢一根胃头给它吃，你就转身朝一边走。／你家门口有棵树，你舅父住在贵州。／你家门口有捆草，你舅父住在对面河。／我身上生脓包，我要回家去了。／我身上生脓疮，我要走了。／你要跟你公你婆，你去就去吧！／你要同你爸你妈，你要去就去吧！

砍牛是苗族、瑶族丧礼的重要环节。在南丹县里湖乡白裤瑶村寨，如果死者是正常死亡，就要砍牛送葬并由主持仪式的师公唱诵经歌，所唱之歌包括祭炮歌、祭桩歌、祭牛歌、祭刀歌、牵牛歌、哭牛歌等。

第二节　情歌

试探对方的初识歌　表达爱慕的赞美歌　山盟海誓的定情歌　情意绵绵的相思歌

明朝末年曾在广西游历的广东著名文人邝露写有《赤雅》一书，记录广西少数民族地区民族风情、山川地貌、古迹名胜、珍禽异兽、趣事轶闻等，其中有一段文字生动描述了春季和秋季青年男女到山野间对歌谈情的情景：

> 峒女于春秋时，布花果笙箫于名山。五丝刺同心结，百纽鸳鸯囊。选峒中之少好者，伴峒官之女，名曰天姬队。余则三三五五，采芳拾翠于山椒水湄，歌唱为乐。男亦三五成群，歌而赴之。相得，则唱和竟日，解衣结带相赠以去。春歌正月初一，三月初三；秋歌中秋节。三月之歌曰浪花歌。④

广西很多民族的男女青年通常多是通过对唱山歌来交往、恋爱。这种两性间的对歌，大多具有一定的程式。它们通常是"定调不定词"：曲调是固定的，以一个衬词起头，使众多歌者的声音同步，然后分成二声部或三声部，和谐优美，非常动听；歌词则是"临机自撰"，内容不断翻新。不过，变化之中也要遵循特定的"歌路"，表现男女双方从初会探情、两情相悦到别后相思的整个过程，从内容上可以分为初识歌、试探歌、赞美歌、离别歌、相思歌、重逢歌、怨情歌、热恋歌、定情歌等。但在每一次具体的对歌中，双方并不一定都能把"歌路"全部走完，有时是双方因为时间关系不得不匆匆离别，有时则是情趣不合而中止对歌。即使是情投意合的，也很少能在一次对歌中就进入难舍难分的热恋和定情阶段，而是需要一个逐渐相互了解的过程。另外，对歌就像长流水一样，各个阶段并没有截然分明的界线。

初识歌是青年男女初次见面时互相打招呼的歌。当青年男女三五成群来到歌场时，并不会马上就投入对歌。而是要一边停停走走，一边唱着传统的"游歌"。这些歌不针对具体的人和事，却很贴近当时的环境。如：

一路唱歌一路来，一路唱得百花开。／花开引得蝴蝶舞，花开引得蜜蜂来。

一路唱歌一路来，一路看见百花开。／妹的花开香千里，哥是蜜蜂万里来。

如果见到合适的对象，他们（通常是男方）就会唱起"见面歌"，即"初会歌"。这类歌就像一个人在街上没话找话地和别人搭腔一样，一般是互致问候、赞美、询问或谈起沿途见闻。如："妹是林中一只凤，哥是河里一条龙。／隔山隔水来相会，难得今日来相逢。"

女方听到后，通常并不会马上回应，除非对方是她们特别想交往的人。有时即使回应，也不会把自己的真实情况告诉对方，如：

男：两手摆摆去哪块？两手摆摆去哪村？／妹住哪村妹就讲，哥背干粮在后跟。

女：两手摆摆来这块，两手摆摆来这村。／妹家住在无名寨，针落大海哥去寻。

男：鸟有窝来蛇有洞，水有源来树有根。／妹住哪村大胆讲，为何无名讲哥听？

女：高山斜斜妹无姓，大路平平妹无名。／妹娘养妹十分苦，不比哥是富贵人。

男：葫芦落水半边沉，像是有心又无心。／见妹名姓皆不讲，黑夜点灯哥难寻。

女：黑夜点灯不见字，白天白日不见星。／因为妹家十分苦，不得读书无姓名。

唱"见面歌"是礼节性的探问，也是第一次自我亮相，双方可以从中了解对方是不是机敏聪慧而且礼貌真诚、大方得体。如果首次见面印象好，双方也会很礼貌地回应，用各种事物作比喻，把自己的情况一点一点地告诉对方，这样就会越走越近。

在认准对方就是自己想要对歌交往的对象之后，一方就开始唱"求歌"了。"求歌"是邀请对方正式对歌时所唱的歌，它和"见面歌"一样，一般多由男方唱出来。但它和随意唱答的"见面歌"不同，要按礼仪程序重新发歌。有时向女方求歌的男队不只一个，那么，他们的歌要押不

图下 8-1　苗族青年男女对歌寻找意中人

同的韵脚。听到男方求歌，女方通常并不会马上回应。她们有时会一边随口闲话一边侧耳倾听，有时则静静地听着不作任何表示。这时候，男方每唱完一首就要停下来创作新的山歌，然后接着再唱，每一首都会紧扣希望与女方对歌的意思，直到女方正式回应。面对众多的求歌者，女方步哪个歌队的韵脚，就说明她们接哪队的歌。

试探歌通常在双方正式开始对歌之后。初次见面，双方需要进一步了解，互相试探是不可避免的。这种试探也是一个由浅入深的过程，最初可能是以互相盘问唱答的方式了解对方的知识面。他们盘唱的内容十分广泛，有神话传说、历史故事、天文地理及各种生产、生活知识。尽管很多"盘歌"并没有表达男女之间的爱慕之情，但却可以考察对方的聪明才智和应变能力，增进相互之间的了解，从而起到沟通心灵的作用。有时，对歌双方也会把自己的情意寄寓在一问一答之中，例如：

女：什么生来口对口？什么生来头对头？　／什么成双耳对耳？什么成双头并头？

男：剪刀打来口对口，手镯打来头对头。／草鞋成双耳对耳，我俩成双头并头。

女：什么有脚不会走？什么无脚走九江？　／什么有心苦又苦？什么有心甜过糖？

男：板凳有脚不会走，大船无脚走九江。／莲子有心苦又苦，连妹有心甜过糖。

渐渐地，一方开始互相试探对方的心意，表达自己要连情的愿望。一般情况下，另一方不会马上肯定回应，而是找各种借口委婉地表示拒绝，例如：

男：今早走过藕塘边，莲藕开花朵朵鲜。／哥想伸手摘一朵，不知哪朵是哥莲（连）？

女：捡好灯草在箐间，恁大未曾偷过莲。／九冬十月人挖藕，娘妹不给拢塘边。

有时，双方都是有意的，但无法知根知底，所以往往需要多方试探，了解对方对自己是否真心实意。如：

男：这条河水绿荫荫，不知是浅还是深？　／丢块石头问深浅，唱句山歌试妹心。

女：鸟儿不知鱼在水，鱼也不知鸟在林。／哥你不知妹的意，妹也不知哥的心。

男：路边杨柳绿荫荫，风吹柳枝动哥心。／哥问这蔸杨柳树，为何不给哥遮荫？

女：妹是江边苦竹笋，几时才能长成林？　／日头晒在树底下，遮荫又像不遮荫。

经过互相的沟通和了解，对歌双方互相倾心，就会唱起相互夸赞、表达爱慕之情的赞美歌，例如：

男：妹你生来白西西，好比园中花一枝。／蝴蝶看见不舍走，蜜蜂看见不舍离。

女：难比你，你才真是花一枝。／走过河边鲤鱼跳，走过山边百鸟啼。

男：见妹生来白莲莲，勤快好像小蜜蜂。／插秧好比鸡叮米，织布好比绣彩凤。

女：不比你，真难比你恁英雄。／挑担好比下山虎，犁田好比过江龙。

在试探之后，相互之间了解逐渐加深，就可以大胆地披露早日结合的心声了。例如：

男：蜡烛点灯独条心，哥今一心来交情。／只怕家穷泥土瘦，好花落地难生根。

女：好花哪怕泥土瘦，好双哪嫌哥家贫。／穷人靠手种五谷，哪见富贵吃金银。

男：糯米煮饭软对软，甘蔗榨糖甜对甜。／我俩结交苦对苦，哥穷妹苦结同年。

女：草鞋合脚才好穿，哥穷妹苦心中甜。／连情不是转眼过，石板架桥望千年。

在确定关系之后，双方通常会互赠信物。如男方送女方手镯、镜子、糕点之类，女方则会做布鞋给男方。

定情之后，往往唱盟誓歌：

男：哥有心来妹有心，我俩结交一条心。像那高山红棉树，籽落崖石永生根。

女：妹有心来哥有心，我俩结交一条心。像那山中金银花，生同开花死同藤。

情长日短，在对歌中，时间不知不觉就过去了，双方便坦露离别时的心境：

女：我俩对歌唱不尽，日头下山天阴沉。虽然我俩情意重，人不离分天离分。

男：我俩对歌唱不尽，日头下山天阴沉。眼看我俩分离去，只恨没有捆日绳。

女：唱歌唱到日落山，我俩情意唱不完。妹拿绳索哥拿锁，锁住日头在半山。

男：唱歌唱到日落山，我俩情意唱不完。哪得砍来长竹竿，撑住日头唱一番。

别后的双方，饱受相思之苦：

男：今早出门去耙田，各人相思各人知。／见妹打伞田边过，黄牛挨打几多鞭？！

女：今早哥过妹门前，妹织壮锦在房间。／只因闻到哥声气，不知断了几根线？！

　　女：想哥迷，想哥迷迷哥不知。／蜘蛛结网三江口，水推不断是真丝。

　　男：想妹一年又一年，想妹一天如过年。／铜打肝肠都想断，铁打眼睛也望穿。

爱愈深，思愈切，感情深厚的双方会尽可能地到歌圩上去相会。别后的重逢，有时是格外的甜美，但有时也会因爱生疑：

　　男：丢久不走这山沟，不知水断是水流。／很久不见妹的面，不知妹念是妹丢？

　　女：丢久不到这条沟，好像山崩路塞头。／今日得见情哥面，好像云开见日头。

　　男：楼上点灯楼下明，哥弹琵琶妹弹琴。／自从那年断了线，冷冷落落到如今。

　　女：楼上点灯楼下明，哥弹琵琶妹弹琴。／线断因为风吹断，冷落因为不知因。

一旦消除对方的疑虑，双方的感情会再次爆发，大胆的倾诉别后的相思之情。也正是在多次的对歌交往中，双方情感日渐加深。

第三节　歌圩

欢乐圩市　三月三歌节　歌圩的起源　传情与交友

　　近人刘锡蕃《岭表纪蛮》说："（僮乡）无论男女，皆认唱歌为其人生上之切要问题。人而不能唱歌，在社会上即枯寂寡欢，即缺乏恋爱求偶之可能性，即不能通今博古，而为一蠢然如豕之顽民。"⑤除了日常生产、生活之外，前面提到的婚丧嫁娶、进新居等仪式和各类节日更是人们对歌交情的重要场合。这种习俗发展到极致，便形成了一种以社交和娱乐为主要目的、以聚会对歌为主要特点的特定节日，如苗族的"坡会"、仫佬族的"走坡"、瑶族的"风俗岭"和壮族"歌圩"等，其中又以壮族歌圩最为著名。

"歌圩"壮语北部方言叫"圩蓬",意为"欢乐的圩市";壮语南部方言叫"航端",意为"峒场圩市"。也有叫"隆峒",意即"下峒场唱歌",或叫"喔坡",意即"出到坡地唱歌"。在汉文古籍中,有称之为"浪花歌"、"春圩"或"跳月圩"的。由于这种活动是以相互酬唱的形式为主体,"每场聚众不下千人","唱和竟日",犹如圩市,后来人们便把它统称为"歌圩"。

"歌圩"大多是在春秋时节举行,尤以三月初三为最盛。届时男女老少盛装艳服,从四面八方赶赴当地传统歌场,通过对歌赏歌来开展社交活动,"勒貌"(小伙子)和"勒骚"(姑娘)则歌而赴之,以歌相会,披露心声,谈情说爱。

参加歌圩活动的人员不分男女老少,小规模的"歌圩"有一两千人,大规模的"歌圩"多达数万人。在歌圩中,除了青年男女的对歌交情之外,还有搭阁、抢花炮、唱戏、抛绣球等。在歌圩中,男女老少各得其所,中老年人大多和朋友交谈畅饮或赏歌听戏、购买各种日用品,孩子们则会购买各种玩具、食品等。其中,最引人注目的就是青年男女的对歌交友活动了。

关于壮族歌圩,清代汉族文人赵翼尤其是壮族黎申产、谢兰、韦丰华等诗人笔下均有生动的描绘。参见下编第五章《文学》第三节。

至 20 世纪 80 年代前后,广西尚有 642 个歌圩点,其中规模在 10000 人以上的歌圩点有 75 个[⑥]。

关于歌圩的起源,壮族民间有不同的说法。一种说法是为了祷祝丰收。如在靖西县,就有这样的传说:

在好多年以前,有一天,天旱得很厉害,眼看禾苗就要枯死了,村里的人非常着急,无法可想,大家便打锣打鼓去河边求天拜地,希望上天保佑人间,快点下雨,以解救民众苦难。很凑巧,不几天,果真下雨了,这一年他们得到了从来未有过的丰收。稻谷呀,包米呀,红薯呀……家家都堆得满满的。他们为了答谢上天恩情,便在旧历正月初一、初二、初三这三天,杀猪宰牛,大摆酒席,同时还舞龙舞狮来庆贺丰收,一边舞,一边唱,开始时是唱些丰收歌感谢上天的话。最后,青年男女便唱到爱情上来了。男的唱了女的唱，互问互答，非常热闹。以后，每年正月天，他们都举行这样的活动来庆贺丰收和歌唱爱情，这些日子，也就成为歌圩了。⑦

当地人至今还认为：举行歌圩的地方可以获得神灵的福佑，来年收成好，诸事顺利；长辈如果把孩子们带到歌圩上，可以让他们长得更健壮。与此同时，一些地方的民众把当年的天灾人祸归因于没有举行歌圩。

第二种说法是为了对歌择婿。如平果县乜娘山歌圩传说就认为，古时，当地高山上住着一位叫"乜娘"的仙女，她有两个女儿，既漂亮又勤劳，还是唱歌能手。每年七月当山坡上野果成熟时，她俩便到山上边摘果边唱歌，因而声名远播。许多青年人便相约趁七月节到山上同她对歌，结果唱了三天三夜还不分胜负；又在春节约她对歌，仍不分高下。从此，附近的青年男女，每年两次汇集到山上和"乜娘"的两个女儿对歌，便形成了歌圩。

第三种说法是为了悼念殉情者。如武鸣县一带有传说认为，从前有两个男女青年，从小就相爱，常用山歌表露心怀。后来受封建包办婚姻迫害，终于在中秋节双双殉情。青年们为了纪念他们，每年中秋节就聚集唱歌，便形成了歌圩。

第四种说法是源于刘三姐传歌。说是因为刘三姐每到一个地方，众多的人为向她学歌而聚集成歌圩。或说是为纪念刘三姐在八月十五唱歌"骑鲤升天"而聚会唱歌，世代相传形成中秋歌节⑧。

图下 8-2　侗族老者传歌

第四节 歌仙刘三姐

刘三姐的前世今生　歌圩女儿　从"嚛三妹"到刘三姐　刘三姐文
化现象

在漫长的发展进程中，歌圩中出类拔萃的歌手被推举为歌王，成为
众人推崇的对象。而居于歌王之上的，就是被誉为歌仙的刘三姐了。

有关刘三姐唱歌、对歌和传歌的故事主要流传于广西、广东、贵
州、云南、湖南、江西、台湾和香港等 8 个省、自治区和特别行政区内
的 69 个县市。其中，广西有贵港、桂平、平南、容县、玉林、梧州、
横县、扶绥、大新、都安、上林、马山、东兰、环江、罗城、宜州、柳
州、柳城、龙胜、三江、融安、柳城、鹿寨、来宾、象州、金秀、蒙
山、阳朔、灵川、桂林、灌阳、荔浦、平乐、恭城、富川、昭平、钟
山、贺州等 38 个传播地，占 55%⑨。显然，以广西的传播地点最为密
集，覆盖了广西的东南西北多个地域，并且辐射广西以外地区。其中，
又以广西宜州有关歌仙刘三姐的传说最具代表性。

据民间传说，刘三姐生活于唐代，从小聪慧过人，能歌善唱，12 岁
即出口成章，妙语连珠，以歌代言，名扬壮乡，后到各地传歌，慕名前
来与她对歌的人络绎不绝，但短则一日，长则三五天，个个腹空词穷，
再无歌对答，羞赧而退。她的才华却遭到流氓恶霸的嫉恨，后被害死于
柳州，终骑鲤鱼上天成了仙。

清屈大均《广东新语》卷八也有类似记载，只是不叫刘三姐而称刘
三妹，其中云："尝与白鹤乡一少年登山而歌。粤民及瑶、僮诸种人围
而观之，男女数十百层，咸以为仙。凡作歌者，毋论齐民与佷、瑶、僮
人、山子等类，歌成，必先供一本祝者藏之，求歌者就而录焉，不得携
出。"⑩情节、结局、地点不完全相同，算是另一版本传说。

流传于今宜州市的《歌仙刘三姐》更是具体唱叙了刘三姐历经磨难
而成为歌仙的故事：刘三姐六七岁时就会唱歌，后与哥哥到今宜州市一
带靠打柴为生。在这篇歌中，刘三姐与众不同，她的歌唱才华更是非同
一般：

　　　　姐去砍柴不用刀，只用脚踩手来摇。／姐唱山歌口渴了，攀藤上
树吃葡萄。

　　　　冬寒百鸟把巢归，姐去砍柴夜里回。／半途之中把歌唱，喜鹊听
见难舍飞。

　　　　回到后园拣艾菜，晚间明月照石崖。／姐心想到月宫去，脚下又
无腾云鞋。

　　　　天光出门姐就唱，歌声引得凤凰来。／焖村姐妹称赞姐，唱歌人
中姐最乖。

　　　　双脚盘坐石崖唱，唱得遍地百花开。／唱得蜂蝶花间舞，唱得蚂
拐把头抬。

　　　　山歌越唱心越迷，唱得太阳落了西。／夜睡床上梦中唱，引得金
鸡赶早啼。

　　因为刘三姐太痴迷于唱歌，财主对她怀恨在心。哥哥也认为她败坏
门风而多方阻止她唱歌，但都没有成功。最后，哥哥一怒之下，趁三姐
上山砍柴之机，砍断藤条让她掉到水里。但三姐流落到鱼峰山，成为歌
仙。在险恶的环境中，也是歌唱帮助三姐度过难关的：

　　　　姐把葡萄藤绞转，圆圆整整像只篮。／姐坐葡萄藤篮内，浪涌波
飞唱歌玩。

　　　　身落江河浪滔滔，河里鱼虾都来朝。／急水滩头唱一句，风平浪
静姐逍遥。

　　壮族民间宗教经典《麽经布洛陀》中有"嘹三妹造友"，《壮族民歌
古籍集成·欢岸》中也有"嘹三妹造友"之说。这里的"嘹"在壮语中
是"玩"、"玩耍"、"娱乐"、"玩乐"的意思（一说"嘹"是壮语"我们"
的意思，"嘹三妹"即"我们的三妹"）；"友"在壮语中是"爱情"、"爱
恋"、"婚恋"的意思。"嘹三妹造友"意为"好玩乐的三妹造出了男女之
间的爱情"。而唱山歌，就是三妹最钟爱最擅长的玩乐。在壮人观念中，
刘三妹就是"嘹三妹"，"嘹三妹"是始创山歌的人，是歌仙，人们尊称
她为"三姐"，这也是壮族"好歌"、"以歌为乐"的民族文化心理的生
动体现。汉文化到来以后，文人们用汉字记载"嘹三姐"时，演变成了
"刘三姐"，使三姐有了姓氏。

准确地说，刘三姐并非某个具体的人，而是壮族群众根据自己对山歌的体验和理想追求而塑造出的一位崇高典型。"刘三姐乃歌圩风俗之女儿。"⑩刘三姐不但与歌圩紧密相连，更是歌圩文化的集大成者。

同时，刘三姐也是壮汉文化交流、碰撞、融合的产物。秦汉以后，中原民族大量南迁，尤其是唐代，汉族文化在岭南广泛传播，不仅使"官话"（汉语西南方言）成为壮汉民族之间交流的通用语言，而且壮族传统的五言四句体的"欢"（即山歌）也吸收了汉族七言四句体的诗歌、民歌形式，但仍保留壮族押"腰脚韵"的传统。"嘹三姐"就是在这种文化的碰撞中变成"刘三姐"的。流传在广西的刘三姐歌谣，一般为七言四句体，并分为壮歌与汉歌两大类。而刘三姐本人，民间传说中她是土生土长的农家女，是用山歌斗败三个秀才的"歌仙"；而在一些文人的记述中，她又变成通经史、识诗书，与秀才是"阳春"对"白雪"互相酬唱的才女，这也是壮汉文化交流、碰撞、融合的具体表现。因此，从本源上来说，"刘三姐山歌"则是壮族及其先民创作的以"刘三姐"艺术形象为表征的传统歌谣文化的积淀和升华，同时又在民族杂居的地区流传并衍生演化，进而形成了丰富多彩的刘三姐文化。

清乾隆年间，在蒋士铨所撰的昆剧《雪中人》第十三出中有《刘三妹》戏文一折。剧中主要是演绎具有岭南民族特色的一些情歌，只表现刘三妹与秀才对唱的场面，没有其他的故事情节。此当是最早把刘三姐搬上戏曲舞台之作，但刘三姐只是整部昆曲剧本中的一个小插曲。

随着岁月的推移和民间艺术发掘工作的逐步深入，以刘三姐为题材的歌剧、戏曲、故事传说和叙事歌谣陆续出现于各地民间和舞台、报刊，20世纪50年代末、60年代初更发展到举行整个广西地区的多剧种《刘三姐》大会演，相应的电影与多媒体创新之作也乘势而起，不特风靡国内，在海外也产生了广泛的影响。刘三姐自山野草泽进入现代艺术殿堂，形成一种雅俗共赏，长盛不衰的文化现象，并为广西打造了一张亮丽的名片，再次显示民族民间艺术的不朽生命力。

【注释】

① [宋] 周去非：《岭外代答》卷四，中华书局，1999年，第158页。

② 栏楼：壮语，"栏"是房或家，"楼"是我们，合起来的意思是"我们的家"。

③ 格器：占卜器具，由两片竹木组成，无论向死者送物或说话，都用格器占卜。

④ [明] 邝露：《赤雅》卷上，商务印书馆，1936年，第7页。

⑤ 刘锡藩：《岭表纪蛮》，商务印书馆，1934年，第156页。

⑥ 详见《歌圩分布表》，引自潘其旭《壮族歌圩研究》附，广西人民出版社，1991年。

⑦ 刘定任：《靖西歌圩概况》，见《广西歌圩资料》第一辑，1963年编印。

⑧ 潘其旭：《壮族歌圩研究》，广西人民出版社，1991年，第50、53页。

⑨ 覃桂清：《刘三姐纵横》，广西民族出版社，1992年，第61、94页。

⑩ [清] 屈大均：《广东新语》卷八，中华书局，1985年，第261页。

⑪ 钟敬文：《刘三姐传说试论》，见《钟敬文民间文学论集》（上），上海文艺出版社，1982年。

第九章

民俗

在原始社会时期，由于生产力和认识能力的低下，人们的生产和生活更多地受制于大自然，从而产生了对自然万物的崇敬或恐惧。于是，就产生了万物有灵的观念，以及神化自然的原始性思维。由于认识的差异，久而久之，便形成了独具特色的，包括生产、生活、节庆和自然崇拜在内的广西民俗文化。

第一节 生产习俗

春祭犁田 老人开播 鸣炮插秧 拜敬秧神

很久以前，广西各族先民就已通过改良野生稻来进行稻作生产。随着时间的推移，稻作生产成为广西农业生产的主要方式，并形成了丰富多彩的生产习俗。

1. "春祭犁田"

凌云、乐业一带的壮族地区，每年都要在立春这一天举行一次具有深远意义的春祭，用以祈求风调雨顺、五谷丰登。这天一早，壮族群众就在春田旁搭盖好彩棚，然后县官乘轿带领部属来到春田，并进彩棚换上花色祭服，随后由礼仪生陪同到春田作象征性的春耕：县官使犁，在春田里犁一个大圆圈，众吏把种子撒在被犁铧翻起的新土内。罗城仫佬族在立春前一日，由县官到县城东郊水田试犁，各"冬头"跟随于后，将谷种撒一部分到田里，表示耕种开始。之后，各家各户亦仿效举行开土迎春仪式。立春当天，"冬头"将剩下的谷种分给各户，各户即焚香祭祖，牵牛到田里犁三犁，将谷种撒到田里。瑶族地区也有开春试犁的习俗。恭城一带每逢立春，县官也要亲自试犁，表示开春耕种季节已到，黎民百姓不得怠慢、闲游。

壮族地区"春祭犁田"后第二天，还要"拜春牛"——先由村民在先一天搭好的彩棚旁用稻草扎成一头春牛，涂上泥巴，再用彩纸糊裱，黄色表示五谷，白色表示棉花。然后，由县官手持彩鞭作出鞭打春牛的动作，并唱道：一打风调雨顺，二打国泰民安，三打万民乐业，四打五谷丰登，五打牛头落地……。唱毕，由礼仪生举斧砍牛，以牛招春。接着，来自各村寨的乡民争抢砍下的春牛"骨肉"，拿回去或撒入田里，或放入牛栏以祈牛群繁衍，五谷丰产。

2. 播种与插秧

德保、马山一带流传"老人开播"习俗。每年春天播种前，一般要先由农妇备好五色糯饭和鸡、酒、肉等到田边祭田神，祈求神灵保佑今年丰顺。然后，将一柚树枝穿空蛋壳插于田边。当日下午，由村老或家中老人先播第一畦谷种。播完后，还要屏气绕秧田一圈，在畦头、畦尾插上枫、柚等树枝，并在田中插稻草人。此后，全村或家人方可下田播种。民间认为，让子孙多的老人开播，今年才能丰收。除此之外，人们还要祭拜五谷之神。如在侗族民间，人们常常要祭拜"萨闷"。萨闷为侗族神话传说中分管五谷的女神，侗民每年二月二十日在撒谷种前要到秧田边敬她。敬祭时要杀鸡杀鸭、焚香化纸，口中默念，求她保佑所撒的谷种不漂浮、不烂秧，并保风调雨顺、五谷丰登。

"鸣炮插秧"是德保县钦迷乡一带壮族地区的农作习俗。春插时，人们在村边选择一块最大的保水田作为全村春插的"指挥田"。早晨，被请来的一群姑娘站立于"指挥田"边，她们不仅是插秧能手，而且能歌善唱。村寨里的其他人则站在田边看热闹，各地专程来的男歌手也集中在田坎上。最先由村老指点姑娘在"指挥田"中央插几行秧，接着，点燃三个地炮，宣告全村插秧开始。姑娘们闻声下田，山歌随之起伏。人们认为如此才能保取丰收。金秀瑶族也有"鸣炮扯秧"的习俗：第一天扯秧要统一行动，由社老选择吉日，召集众人到田间，他先拔一束秧苗，到一块较平的田里，对着日出的方向，作插秧示范动作，插上四株秧，成正方形，并向众人说明注意事项，然后对天鸣炮，宣布扯秧开始。之后，全村各户同时下田扯秧。

侗家人甚至视秧为神，年年都要祭拜。"敬秧神"一般在每年谷雨后第五天举行。当天午后时分，各村寨分别按古老传下来的规矩，以两只鸡头作为祭品进行拜祭。傍晚时分，各家则备上公鸡、猪肉、粑粑、豆腐、香纸等，携锅碗来到河边，挖一火坑并架铁锅煮稀饭，然后在沙坝上铺垫稻草举行祭拜。祭时还要敬献一个用纸折叠而成的牛打脚，祈求秧神保佑春耕季节耕牛健壮、农事丰收。祭毕，合家老小围圈而坐，共进野餐。

崇左、扶绥县一些壮族村屯，每年三、四、六月从播种到插秧，都要祭祀禾神：三月初三，时值下秧，人们做糍粑摆在田边后，一边播种一边祈祷，求禾神庇佑秧苗长齐。四月插秧前，人们杀鸡祭田，传说这是为禾神下田开路。六月六，每家要杀一只鸡去拜田。先用秧苗两三蔸膜拜，祈求今年丰收。同时，插一些小花旗在田边，并烧纸钱，以示人们对禾神的崇敬。

"五谷神"是侗族敬奉的植物神，多在春、夏二季播种、插秧之际祭祀，供品多为一块刀头肉、二杯酒、三炷香和一叠钱纸。

第二节　生活习俗

敬花婆以求生育　对歌择偶　走坡坐妹　婚前哭嫁　不落夫家　百家米贺寿　"请水"浴尸　捡骨重葬　葫芦和岩洞

广西各族民众在长期社会发展过程中形成的生活习俗包括生育、婚嫁、寿诞、丧葬等方面。

图下 9-1　上林壮族花婆神台

1. 生育

古时，壮族、仫佬族、毛南族以及瑶族等族民众认为人类生命都是由生育神花婆所掌管的花转生而来，因此，也就形成了一系列与花有关的生育习俗。

壮族流行"安花"仪式，即立花婆神位，祭敬花婆，以求生育，主要有新婚安花，不育安花，初产、三朝、满月、百日、周岁安花。如红水河一带壮族小孩一生下，外婆家就要为外孙请花婆，即请道公或巫婆到野外摘一大丛野花，插到产妇床头的墙上，这就是"花王圣母"的神位了。以后凡孩子身体不好，都要给花婆烧香顶礼祀奉。每年初一，孩子一起床就得向花婆叩头。"安花"之后，供奉至本家所有孩子年满三十六岁后才撤销。

汉族缺子嗣者，将新木两条染红，再披上红纱，备香纸及三牲，到村外做架桥仪式，给围观者送粽子吃。以后得子，取名"桥送"、"桥生"。

毛南族奉圣母娘娘为专管生育的花神，求子育子等生育大事都要求助于圣母，进行许愿还愿。人们婚后不久，就在神灵前口头许愿，然后在新房门上围起红布条，插上花

图下 9-2　壮族花婆神像

枝，名叫"搭红桥"，表示向圣母娘娘许愿"求花"。到了生下孩子建家立业后，便要在适当的时候择吉日还愿。还愿时要杀牲设宴敬神。

德保瑶族婚后如果多年不孕，要在正月安神求花，其仪式是由女家折取桃、李、梨花枝插上礼盒，再剪三个纸人放礼盒上面，由一老妇捧出门外先行，同时备酒肉礼担送至男家。至村头时，一妇作婴儿啼哭声，男家人出来迎接，并应声说"孙儿到家了"。在门口双方互相敬酒、放鞭炮，道公迎神祈祷。礼担内有一只煮熟的小鸡，由不育夫妇入房共吃。小孩有病时，要在正月祈花王"盘花"。苗族妇女不育，也有到溪边举行架桥求花仪式的。

德保、天等壮族有七岁"培花"之俗：待小孩长到七岁左右，做父亲的要给小孩缝一件染黄姜汁的"黄衣"，择吉日请道公在黄衣上画符念魔后给小孩穿上，或请巫婆来唱巫，称"培花"。侗族小孩有病时，常常要砍一条木，系上红纸，携带猪肉、鸡、鱼等祭品，到一处桥头，用新木加宽桥面，然后拜祭"萨高桥"（桥头婆婆），保幼儿平安。

2. 婚嫁

广西各族青年能歌善舞，一般都是以歌为媒，通过对歌来恋爱择偶。"凡娶妻不由媒妁，男与女答歌通宵，已，即去。"[①]"春秋二社，士女毕集。男女未昏（婚）嫁者，以歌诗相应和，自择配偶。各以所执扇帕相博（交换），谓之博扇。归日，父母即与成礼。"[②]

壮族各地均有歌圩，每逢歌圩日，男女青年成群结队对唱情歌，以定百年之好。除了对歌外，还伴有抛帛、抛绣球、碰彩蛋、送球、击槽对歌等活动。

大苗山一带苗家流行"坐妹"习俗，男女青年相聚一堂通过对唱山歌来互相倾吐爱情。每当夜幕降临，三江、融水侗族男青年就结伴弹着琵琶去寻找自己心爱的姑娘。已经有了目标的青年，就去专访其心上人，站在她的木楼下唱情歌。直到次日拂晓，双方订下再次约会的时间和地点，姑娘才送男青年离开。

仫佬族男女青年则通过"走坡"来交流感情。走坡时，通常是男女各两人作伴，一人唱一人跟。开始时主要是集体对唱，男女双方各推两名歌手对唱，其余的人旁听或参谋。如某对男女青年互相中意，经过对歌彼此有所了解，便可离开集体，单独约会。

毛南族青年男女一般会借婚庆贺喜的机会，相邀到村头村尾、坳口山边对歌，或者是利用节日、农闲、走村、串寨、"坐夜"对歌。先是集体对歌，男女青年产生了好感，到了夜晚，一对对情侣便悄悄到野外单独约会。

京族男女青年可以在劳动中通过对唱山歌自由恋爱。每当驾排出海或捕鱼归来时，男女青年便相聚在一起对歌。每逢哈节，则成群结伴欢聚于哈亭外面，通过唱情歌，对"哈物"，结识自己称心如意的对象。往往歌欲罢而兴犹未尽，便三三两两来到海边沙滩或丛林中散步游逛，进行"踢沙"和"摘木叶"，寻找意中之人。

广西壮族、瑶族、仫佬族有姑娘出嫁前哭嫁习俗。壮族哭嫁以三天为常见，也有十天半月以上的，但真正的"哭唱"还是婚前三天，主要是婚日的头天晚上及临离家前。桂南壮族姑娘哭嫁尤为普遍。凡到某家姑娘"哭嫁"时，邻居婶嫂便在附近巡听评论。一般"哭嫁"每天早晚各"哭唱"一次，每次一二小时，多数有送嫁"十姐妹"来伴哭。哭唱的内容包括哭祖先、哭父母、哭兄嫂、哭姐妹、哭自己，主要是是诉说父母养育之恩以及自己留恋父母又不得不离开的心情。

壮、侗、苗、仫佬、毛南等民族以及部分苗、瑶、汉族地区旧时都有"不落夫家"的习俗：青年男女结婚后，夫妻并不立即同居。婚后次日，新娘即返回娘家居住，到农忙、节庆才到夫家，每次住数日又返娘家。不落夫家的时间，一至二年或三至五年不等。期间，妻子住夫家的时间一年比一年增多，感情亦随之加深，一般要到妻子怀有身孕后，才真正在夫家住下。

3. 寿诞

益寿延年是人们的良好愿望。广西壮族、侗族、毛南族都流行"添粮祝寿"习俗。在一些壮族地区，每年农历九月初九也叫做"祝寿节"。届时，家中若有老人在满六十岁，子孙们就要杀鸡宰鸭为其祝寿，并给他置一个寿米缸，以后每年农历九月九都要向米缸内添米（寿米）。此缸米只有老人生病时才煮吃，但决不能将之吃完。德保一带壮族村寨，家中老人做寿时，要将众亲友送来的大米装入一竹箩中，放于神龛下，俗称"魂米"。同时，还要在老人的床头放一空竹箩。然后，在两个竹箩之间挂一幅黑布。参加祝寿的人每人拿一个小碗排坐于黑布两边：先由左边第一人往箩中舀米，倒给对面（即右边）第一人，再转倒给左边的第二人。依此左右先后顺序，将米运到老人床前的空箩，直到运完为止。每运一碗"魂米"，要间运一次"魂钱"，每次一枚，老人寿龄多少，就运多少"魂钱"。运完后，由道公将一束粽叶插入米箩中，两小时后取出察看，粽叶隙缝中所夹"魂米"越多越好，以之卜占老人寿运长短。

毛南族的寿诞习俗叫"添粮补寿"，包含着讨粮补寿和送粮补寿两种形式。前者是家庭经济贫困办不起添粮仪式的，由老人准备一些零碎钱，到圩市米摊讨一点米，然后向箩里丢下几分钱。卖主知道老人要补寿，也都十分乐意，不计较价钱。老人讨得"百家米"后，每餐抓一把放进锅里煮吃，直至吃完。后者往往是经济较宽裕之家，由子女筹办。届时，亲友各带三五斤米来，还用红纸剪一大"寿"字贴在一块蓝布或黑布上送给老人表示祝寿。主人则把宾客送来的米倒入箩里拌匀，师公对神台向寿神唱《十二月添粮添寿歌》，每唱一月从箩里舀起二三两"百家米"。舀起的"百家米"即给老人补寿专用，也是每餐抓一把放进锅里煮吃，吃完为止。

4. 丧葬

壮族民间一般将36岁作为界限，认为死于36岁之前的人为非正常死亡，死于36岁之后的人才是正常死亡。只有正常死亡的人才有资格列入祖宗神位，享受相关祭祀活动。

汉族地区人老临终，家人齐聚身旁，以示告别。有的地方人死后，由孝男孝女到河边或井边投钱币、烧香焚纸钱"买水"浴尸，然后鸣枪、放炮、敲锣打鼓或嚎啕痛哭向村邻报丧。入殓时，一般要请师公或道公打斋超度亡灵。择吉出殡、择地而葬的风俗普遍流行。

壮族也有人死汲水浴尸之俗。浴尸水必须由孝男持瓮到河边或井边汲取。大新县下雷一带，孝子去买水时必须头戴竹制白布丧帽，身穿白布孝服，脚穿草鞋。将水提回家后，加柚树叶或柑桔树叶、桃树叶、黄皮树叶烧至温热，俗称"解秽水"，由孝男孝女用此水亲自给死者浴尸。浴尸后，就开始为死者剃发梳头。凭祥、崇左等地剃头梳发后，还要给男子戴帽，女子包头，然后开始换新衣裤和鞋袜，俗称换"寿衣"、"寿鞋"或"冥服"。更衣后，一般要在死者的口中放金属钱币，俗称"含金"。上林、隆林等地在浴尸、换衣后，便将死者安置在靠椅上坐，接受子女跪拜，作为最后诀别，然后移尸于堂屋的灵床上平躺下来盖上白布，待吉时入殓。周去非《岭外代答》

图下 9-3　明代南丹崖洞葬：上左：棺架上的人头像；上右：高架棺；下：大化整木圆棺。

述之甚详，云："钦人始死，孝子披发，顶竹笠，携瓶瓮持纸钱，往水滨号恸，掷钱于水，而汲归浴尸，谓之买水，否则邻里以为不孝……邕州溪峒则男女浴于川，号泣而归。"③近代广西许多地区，这种人死后要去"请水"的习俗不但传承了下来，还形成了具有巫文化色彩的仪式：1. 由师公率众孝子到河边或井边请水。孝男手捧灵位，身背葫芦，师公念咒画符于水，孝男用葫芦盛满施法之水并带回家。2. 请回水后，用十余丈白布架桥，由二孝子于前后作桥墩，前者持布头按在头顶，后者持布尾，捧灵位，其余孝众在布桥两侧将桥慢慢扶起走回。3. 把布桥抬到灵位前之后，师公开始念经，祈请诸神将亡灵引过桥去沐浴净身。接着，师公领众道徒念经，请"救哭"、"九幽"、"朱陵"三神下凡迎接亡灵升天。

入殓之后，壮、汉、瑶、苗、毛南等民族一般都要请道公、师公来做道场。道场有一定的程式，依次为安坛、请圣、祭师、禁坛、压帅、破狱、召亡、踏戒、度桥、朝灯送福、开禄、冥途引路、行孝灯、驱邪消灾等，其内容主要是超度亡灵、告慰死者，每一仪式都有专门的经文、唱腔、鼓乐、法器与舞仪。经文常常就是民间传说故事，故此俗不但涉及世俗宗教还有着宝贵的民间文学价值。

除土葬外，广西各民族还形成了其他不同的葬俗。其中，具有一定的文化关联且影响较大的有屈肢蹲葬、捡骨葬和岩洞葬。

考古材料证实，"捡骨葬"可以追溯到新石器时代的母系氏族社会，在9千多年前的桂林甑皮岩遗址中所出土的18座墓葬，其中就有两处为"捡骨葬"，而在邕江流域左江南岸的敢造文化遗址出土的14座墓葬中，也发现有"捡骨葬"。

捡骨葬最引人注意的是骸骨必须按顺序放入金坛中使之呈蹲坐状。考古材料表明，这一"屈肢蹲葬"的葬式在一次葬时就已出现。如在桂林甑皮岩、横县西津、邕宁长塘、扶绥县敢造等新石器时代遗址中都出现过这一葬式：形如人的蹲踞姿势，上体略向前倾，两手下垂，也有的交手于胸前呈抱膝状，下肢弯曲并曲至胸前。在今广西天峨、隆林等壮族地区，仍流行类似的葬式。不仅要求骸骨按人的蹲踞姿势排放，更在乎它所处在的位置——金坛和岩洞之中。金坛这一装骸骨的容器，实际上是葫芦的变形，而葫芦乃女性子宫的象征。因此，这种变形葫芦似的金坛，在壮族先民的原始思维中自然也具有子宫的象征特征和生殖功能。在他们看来，生命源于子宫，死后亦当回归子宫，这样才可以使灵魂获得再生，才能前往祖宗那里。因此，他们才把死者的骨骸按其出生前在子宫内的姿势放入金坛中。同理，在壮族先民的原始思维中，岩洞也是女阴的象征。因此，捡骨葬把金坛放入岩洞中，乃寓示着置子宫（金坛）于女阴（岩洞）之中的意思。

岩洞葬也是广西著名的丧葬习俗，主要在壮族与瑶族地区流传。人们往往要排除艰难险阻，把死者或用棺材或用"金坛"甚或是直接将尸体裸露放置在岩洞中，后人每年清明节祭祀祖先时，只需在岩洞前设坛祭供，习惯上称之为"拜山"。

第三节　信仰习俗

土崇拜　水崇拜　龙母崇拜　树崇拜　花崇拜　雷崇拜

在万物有灵观念的影响下，广西各族先民一方面认为自然万物都有灵魂，同时认为人类生命自身也存在着一个循环的内在周期，即使肉身消失，其灵魂依然存在，并继续发挥着一定的影响。这种认知在长期的生产与生活中不断积累，进而形成了极具特色的关于土、水、树、花和雷崇拜的信仰习俗。

1. 土崇拜

桂西南部分壮族地区，流行"做田祭"即祭祀田峒神的活动。相传田峒神是天帝的儿子，受天帝派遣主管人间田峒，主宰着五谷的丰歉。习惯上，对田峒神的祭祀，为一年一小祭，三年一大祭，一般在农历十一月举行，小祭三日，大祭七日，整个祭祀过程分为供拜、诵经、舞拜、扫荡、会餐五个阶段。人们认为通过如此隆重的祭祀敬拜，就可获得田峒神的保护与赐福。

广西各村寨附近一般都有土地庙，此虽与中原地区无异，但祭祀方法却有不同。里面供奉着两块直立石头为土地神。祭祀土地神一般在农历二月初二举行，这一天全村举行集体祭祀，通常要杀一头大猪，隆重者杀一头大水牛，煮猪血或牛血粥，全村老幼，每人都喝一碗。

在侗乡古道经过的山坳边，常常建有用石头砌成的小屋，小屋中供奉的神灵就是"坳头土地"。人们认为"坳头土地"管阴阳两界之事，白天送给行人徐徐微风，夜晚则坐坳守卡，为行人壮胆。

2. 水崇拜

壮族地区新娘过门的第一天，首先要到最远的泉眼去挑水，同时还要往泉中丢一枚铜钱或硬币，以祭拜水神。新娘所挑回的水，由家婆分送给村寨里的亲戚。赵翼《檐曝杂记》亦云："婚夕，女即拜一邻妪为干娘，与之同寝。三日，为翁姑挑水数担，即归母家。其后，虽亦时至夫家，也不同寝，恐生子不能做后生也。"④说的是婚后三日新娘要为夫家挑水，但这里的挑水，显然不能等同于日常生活中的挑水，而应该是具有特殊的文化内涵。鉴于上述活动主要是由新娘和其家婆来完成，我们有理由认为其目的与祈求生殖力增强有关。"不孝有三，无后为大。"对新娘而言，最为重要的当是要有繁育后代的能力。为使这一点得到保障，也出于对水的生殖力的崇拜，新娘才要在过门后的第一天以祭拜水神作为到夫家后的首件大事。

广西十万大山一带的壮族十分崇拜水神，每年的除夕、正月初二、正月十五都祭水神。人们一早到井边河边烧香上供，放一串鞭炮。回家时挑一担水回去。这样经过祭祀水神以后的水，人喝了会健康长寿，家畜饮了又肥又壮，灌溉庄稼定获丰收。

挑新水也是侗族地区新年的第一件大事。侗家在新年初一的零点开始，家家户户都要带着香烛纸钱去井边挑新水。到了井边，要焚香点烛，口中默念，祈求水神恩赐新的一年饮用水。将新水挑来，就烧茶开门，迎接新一年的春天。

一些地区出于对水神的敬仰，甚至为水神建起了庙宇。位于德保县大旺乡峒内村后山脚泉口上的兰峒水神庙，由庙宇和庙前石柱亭组成，泉水从庙宇下涌出，通过石柱亭流向田垌。庙内有一块用古壮字刻成的水神牌位。庙前有一块石碑，上有清道光年间重修水神庙的碑记。兰峒周围有泉数眼，而以后山泉出水最大，故立庙祀之。

3. 龙母崇拜

龙母崇拜是广西最具特色的水神崇拜习俗，影响遍及西江流域和港澳地区。在众多关于龙母的纪念活动中，以梧州龙母诞最为隆重：每年农历五月初八梧州龙母祖庙都会有一个被誉为四海朝宗的盛会——龙母诞。诞期一开始，来自广东、香港、澳门以及东南亚一带的进香车船便纷纷驶至梧州。一连数日，龙母庙香烟缭绕、炮竹声声，进香祈祷者多达数十万人之众。

梧州一带传说龙母姓温，是藤县人，由于家境贫寒，出生后父母将她放在一个大盆里，放在西江上漂流，被德庆程溪一个姓梁的打鱼人拾起收养。龙母长到十几岁的一天，在西江河边拾到一个巨卵回家，孵出了五条小龙，从此她便养了这五龙，因而人们称她为龙母。龙母有预知人间祸福的本领，从小立下利泽天下的决心，带领当地民众整治水患，为民消灾除祸。龙母去世后，当地人为了纪念这位有德于民、有功于国的女中英杰，便为她立庙，岁岁祭祀。实际上，龙母崇拜习俗源于古越人对于水神的崇拜。具体而言，龙母崇拜习俗与壮族地区特别是环大明山周边壮族地区名为《特掘的传说》有密切的文化关联。可以说，龙母崇拜习俗正是在壮民族水崇拜习俗的基础上融合了来自中原地区汉族龙崇拜习俗的一种文化习俗。

4. 树崇拜

广西雨量充沛，树木茂盛，人们和树的感情特别深，几乎各民族都崇拜枫木，特别是苗族对枫木的崇拜最为虔诚。在苗族洪水神话传说中，枫树被认为是人类生命的起源。

图下 9-4　壮族村寨边的树崇拜

苗乡住地，一般栽有许多枫树，不许砍伐侵犯。迁移时必须先种枫树，视其存活情况来决定能否在此久住。

武鸣一带壮族村寨往往都有一棵受到特殊保护的树木，俗称"祖宗神树"。"祖宗神树"一般以木棉树、榕树和枫树为最普遍。人们不能随意接近，更不允许损伤砍伐，也不允许在其附近大小便，说一些亵渎神灵的话语，更不允许在附近发生两性关系，违禁者将会受到神灵的惩罚，轻者破财生病，重者身体致残，甚至死亡。

广西侗族的"吃彩节"又叫"感恩节"。举行"吃彩节"的时候，要先挖一棵枫树或楠木树，连根带叶移栽于本宗族祖坟山的后垄上，各宗支又分别在树的周围埋一木桩。各户用彩带一根，一端系于树干上，另一端系于木桩上，形成五彩缤纷的"伞状"，这象征每一宗支都是由这一祖先繁衍而来，彩带越多就越发达和兴旺。祭祀开始，由祭师念诵祭词，各户分别焚香礼拜，虔诚祈祷，默念本家谱系，将本家祖先一一请出来祭祀。祭毕，还要由祭师带领每户的主祭人吹笙领舞，众人则围着彩树歌舞，歌舞多为感恩祈祷，以求丰收和兴旺发达。歌舞完毕，便争先恐后，抢折树叶，装在衣袋里带回，意为迎请祖先回家。从此，这棵树被奉为神树，受到全村寨人的保护。

仡佬族地区久婚不育、缺乏子嗣的人家为了祈求得子，要向那些大家公认有灵气的古树拜祭，并且必须是夫妇一同携礼品前往。如果是孩子生病，则由父母带着孩子去拜祭。拜祭时，要当着古树的面给孩子起名（诸如"木生"、"根生"之类），孩子要称古树为"树保佑爷"、"树保公"。

"岜圣母"在毛南语中的意思是"圣母山"。"岜圣母"坐落在环江毛南族自治县下南乡松马屯背后，山峰形似马鞍，在马鞍处有一尊十丈多高、状如一位妇女身背小孩昂首阔步的巨石，被传为"圣母"的化身，因而得名。按照毛南族的民间习俗，如果妇女多年不孕，就需要到"岜圣母"来求子。在圣母巨石的中部有个洞，活像人的肚脐。洞里长有一棵桃树，曾连年开花结果，被誉为"仙桃"。每逢桃树结果时，不孕妇女都要带上粽子、鸡蛋等供品，到圣母山脚下供奉，以求早生贵子。

对竹子的崇拜，也是广西各民族树崇拜习俗的重要组成部分。《华阳国志》卷四《南中志》云：有竹王者，兴于遯水。有一女子浣于水滨，有三节大竹流入女子足间，推之不肯去，闻有儿声，取持归，破之，得一男儿，长养有才武，遂雄夷狄，氏以竹为姓。捐所破竹于野，成竹林，今竹王祠竹林是也。王与从人尝止大石上，命作羹，从者曰无水，王以剑击石，水出，今王水是也。破石存焉……（汉）武帝转拜唐蒙为都尉，开牂牁，以重币喻告诸种侯王，侯王服从，因斩竹王，置牂牁郡，以吴霸为太守⑤。《后汉书》卷八十六《南蛮西南夷列传》也有类似记载。竹王之辖地行政区划上当与今桂西壮族聚居地属同一区域。

壮族《布伯的故事》表明：当伏依兄妹不肯结合以繁衍人种的时候，是竹子出来劝解他们成亲，使人类得以繁衍。壮族对竹的崇拜不仅表现为有"竹生人"的信仰与传说，人们还把竹的生殖力贯注于生命的成长过程。如壮族地区的"生命树"习俗，现今东兰还有流行：如果孩子饮食不佳，老人体弱多病，家人认为其命单薄，便请麽公来种竹，以增补其命，求其如竹之生机勃勃。所种多是山竹、绵竹、楠竹。栽种时要摆好酒、肉、米、鸡、猪头肉、红蛋、红糯饭等熟祭品，然后请麽公来唱念命苦命薄，请青竹赐给安康长寿。随后麽公立竹，培第一铲土，再由一位父母双全的男青年继续培土，麽公撒一把米及挂红布条后，即领小孩或老人回家。

5. 花崇拜

在壮族神话传说中，人类的女始祖神姆六甲是从花朵中生出，而人类生命都是姆六甲屋后花园里的花转到世上来的。因此，没有生育的妇女在花王神生日那天，都要到野外采花来佩戴。而且，到怀孕时，因为担心小孩出生没有灵魂，还要请师公到野外求花，并在路边小沟举行架桥仪式，以便花能从桥上过来。小孩出生时，要请巫婆到野外去请花，即摘一把野花放到生产妇女的床头来安花王神位。从此，每逢初一、十五都要对花王神位拜祭，以保佑小孩健康，直到孩子长大成家，母亲床头的花王神位才拆除。（参见本章第二节）

壮巫认为阴间有个花婆，专管 36 个花园。每个花园里各有 36 个花色品种，是专为人间生儿育女安排的。凡阴魂要轮回到人间再次投胎时，其灵魂必先飞到花园里，附在一种花的花朵上，然后由花婆安排到人间投胎。花婆赐给白花的就生男孩，赐给紫红色的花就生女孩。

花婆王又叫花王、帝母、花王圣母。农历二月初二是花婆王的圣诞期，也有的奉农历二月十九为花婆王的生日。

对花王的祭祀，一般都很隆重，如民国《来宾县志》所云：

> 花王圣母者，省称曰花婆。嗣艰者，祈祷尤虔。县城东楼及在厢里、格兰村、南一里、永平团、羊腿村皆立专庙奉祀。其赛会游神在每岁夏历六月六日。龙洞、鳌山亦祀花林圣母。鳌山香火最盛，其赛会游神，远乡必至。其神三像并坐，中一像貌最老，左右者次之。在右者类中妇，锦袍玉带，凤冠珠履，俨然妃嫔妆，旁座别有七子、九子两娘娘，韶秀如三十许人，华裙露袂，群儿攀附胸腹、肩膝。一七、一九，隐寓多男之意。

6. 雷崇拜

广西壮族、侗族、仫佬族等民族的洪水神话中认为雷神一方面严重威胁着人类繁衍，但更通过雷神牙齿所种出的葫芦拯救了人类。在这种观念的影响下，壮族地区一直流传着有关"雷公禁婚"的习俗：每年农历八月至次年二月，天上的雷公关门睡大觉，是吉利季节，人们都要在这期间办理婚事。而每年三到七月，是雷公出门办事的时候，天上不时传来隆隆雷声，就意味着雷公在禁止人间办理婚事。谁敢违背，就会受到雷公的干预，不但婚事办不顺，家庭也不会美满。因此，在这一时间之内，人们一般不问亲、不订婚、不结婚。

在布努瑶地区，如果眼睛忽然失明或肿痛，人们就会认为是雷公要病人背负它。这时，就要用一头猪、一头羊和七只鸡作为祭品到雷庙去祭祀雷公；代祭的人数必须是奇数。水族地区的群众认为新春第一声雷响为母雷苏醒发情，因此，在新年第一次听到雷声时，要采取一系列的行动来表示迎接。此外，还要以雷鸣的方向来判断凶吉，作出应对。

图下 9-5　壮族道公的五雷印

广西民间对雷神多有供奉。壮族传说远古时，人们在雷王坡上建造了一座雷王庙。雷王庙建成后，那一年下了七七四十九天雨，生产获得了大丰收。从此以后，如果遇到干旱，人们就到雷王庙祭祀求雨，果然多有灵验。反之，如果有人得罪了雷神，雷神就会不给人间降雨，使得禾苗枯干，甚至会颗粒无收。宋人周去非《岭外代答》卷四载："广右敬事雷神，谓之天神。其祭曰祭天。……其祭之也，六畜必具，多至百牲。祭必三年，初年薄祭，中年稍丰，末年盛祭。每祭，则养牲三年而后克盛祭。其祭也极谨。虽同里巷，亦有惧心。一或不祭，而家偶有疾病官事，则邻里亲戚众忧之，以为天神实为之灾。"⑥宋人蔡絛也曾在《铁围山丛谈》中指出："今南人喜祀雷神者，谓之天神。祀天神必养大豕，目曰神牲。……大凡祭祀之礼，既降神，而后始呈牲。于是主人同巫觋而共杀之，乃畀诸庖烹而荐之焉。"⑦都安瑶族地区，每个村屯一般都有"雷庙"，并由村中的一位老人做管庙人。每年九、十月间，都要杀猪杀羊祭祀一次。侗族民间普遍敬畏雷神，认为雷代表着天的意志，司管五谷和罪孽判罚。有关雷的禁忌很多，突出地反映了雷所具有的惩恶扬善的世俗文化功能，因而人们不得不千方百计讨好雷王。上思县一带壮族地区，每年都要举行一次"送雷公节"。农历的九月初九这一天，家家户户都蒸煮糯米饭，到村边地头烧香供拜，意为致谢雷公带来雨水，让大地五谷丰收，祷祝雷公返回天庭。一直到清末民国初年，在桂林城北郊外仍有一占地约三亩的雷祖庙，主要用于旱时求雨。其雷祖的形象从面具上看，乃满脸深蓝，头有白色犄角，状如闪电发光，左嘴角露出颗獠牙，怒目圆睁，凶气十足。在师公跳神之时，扮演雷祖的角色要左右手各持一把宽口板斧，动作多为腾云驾雾、挥斧劈云之状。

第四节　节庆习俗

春节粽粑　侗年互宴　壮族蚂蜗节　壮族牛魂节　毛南族鬼节　瑶族盘王节　苗族坡会　仫佬族依饭节　京族哈节　仡佬族拜树节

广西民俗文化中的节庆习俗源远流长，内容丰富，特点鲜明，其中又以春节、侗年、壮族蚂蜗节、瑶族盘王节、苗族坡会、毛南族分龙节、彝族跳弓节、京族哈节、仫佬族依饭节和仡佬族拜树节最为突出。值得指出的是，不少节庆常常出现相似甚至相同的内容，体现了广西各民族之间长期形成的文化互动与影响。

1. 春节

过春节原为中原之俗，后传入广西，便逐渐成为各民族共同的节日，诸如贴春联，说吉语，互相拜年，舞龙灯耍狮子，等等，大致同全国一样，但也有独具特色的习俗，如饮食习俗中的包粽粑即为一例。春节包粽粑不同于端午节的包凉粽（角黍），虽然所用主料都是糯米，但形状、大小、内容物颇不相同。粽粑每个用糯米少则半斤，多则一两斤，以柊叶（俗称粽叶）包裹，里面夹有馅料，最主要的馅料有绿豆（浸泡，去壳）和腌制的五花肉（呈条状，近世发展到用板栗、香菇、红枣、腊肉、猪脚等为馅）。粽粑包成长方形或方形，中间隆起，以绳或柊草绑缚，先武火煮沸，再以文火煮 6 小时左右方熟。通常是一家人围在一起包，有说有笑，其乐无穷，颇有点北方人围坐包饺子的气氛。北魏贾思勰《齐民要术》卷九引崔浩之母卢氏所撰《食经》提到的"粟黍"，《南齐书·明帝本纪》、《资治通鉴》卷一四〇所说的"裹蒸"等，均与今之粽粑相似；但包粽粑之法在北方早已失传，惟岭南保存下来并有所创新。今肇庆、梧州仍保留"裹蒸"这一古称。清初屈大均《广东新语》卷十四《茶素》所说"以柊叶裹者曰……肉粽"，指的就是今天的粽粑。包粽粑主要流行于西江流域壮、汉地区，时间并不限春节，平日也有，但以春节为最盛。

2. 侗年

侗年在侗语中是"吃冬"的意思。广西各地侗族过侗年的时间不尽相同，农历十一月初一，这是叫父亲为"亚"的支系过的，叫父亲为"卜"的支系则定在十一月初六。但有些地方为了便于各家都能请到亲戚朋友，从初一到初九都在过冬节。由于侗家人好客，在初一之后的十五天里，各村寨的侗家人宰鸡杀鸭，吃"罢抗"（侗语，酸水鱼的一种），互相宴请，唱祝酒歌，跳多耶舞，欢庆一年来的好收成，祈求来年五谷丰登，六畜兴旺。

"侗年"的来历与侗家人纪念祖先有关，各村寨的侗族民众以祖先进寨的日子为纪念日，举行隆重的过冬节以示庆贺。吃年饭前，家家户户打开大门，全家人（包括客人）围坐在火塘边，由家长举行"斗煞"活动，一边烧冥纸，一边念祭祖吉语，接着鸣放鞭炮，然后就可以吃饭喝酒了。侗家平时请客在午餐或晚餐，而冬节宴请亲友在早晨，从上午九、十时起，家家办酒肉邀请客人，互相举杯祝贺。侗年一般要持续

图下 9-6　侗族冬年长桌宴

1～3 天，若要举行斗牛，斗鸟，唱琵琶歌，吹芦笙等活动，有时也长达 5～7 天。

3. 壮族蚂蜗节

壮族蚂蜗节主要流行东兰县红水河两岸的金谷、巴畴、长江、隘洞、东兰、长乐、大同等乡镇的壮族村寨，同时，与东兰县相连接的天峨县六排镇纳洞村、云榜村，巴暮乡板么村，南丹县吾隘镇那地村也流行该活动。

壮族蚂蜗节通过祭祀、埋葬青蛙来预测年景，祈求人畜兴旺、风调雨顺。节日从正月初一开始，历时各地不一，有的 5 至 7 天，有的长达一个月。可以一个村（屯）单独举办，也可以由几个村（屯）联合举办。节日主要程序为：（1）找蚂蜗。正月初一早饭后，大人小孩三五成群下田间地头寻找蚂蜗。按惯例取两只，一公一母，并交由主持此次活动的负责人装入一节剖开的竹筒内（称"蚂蜗棺"），合好绑紧，用彩色纸糊面。（2）游蚂蜗。第二天，青少年们抬着"蚂蜗棺"巡游本屯各户，念诵祝词。祝贺主家新年万事如意，六畜兴旺，五谷丰登。（3）祭蚂蜗。正月十五日，在沿袭固定的蚂蜗坟边竖起五六米高的彩色纸幡，摆上祭品，敲打铜鼓皮鼓，祭祀蚂蜗。（4）葬蚂蜗。各地葬蚂蜗日期不同，但都在正月二十五至二月初七这段时间内。葬蚂蜗的仪式也不同，规模有大有小。这天早饭后，屯里响起三声"地炮"，青年们就扛上四面铜鼓上村

图下 9-7　天峨县纳洞河壮族蚂蜗节

边高坡上敲打。晚上全屯男女老少汇集纸幡下，举行葬蚂蜗仪式。葬蚂蜗前，先将去年旧尸骨取出，观其颜色，骨黄预示这年风调雨顺，五谷丰收；骨白则干旱，五谷歉收，而棉花却丰收；骨黑则庄稼、人畜有病有灾。然后，由一老者念诵祭词，埋葬新蚂蜗。（5）化装表演。葬蚂蜗前，外村赶热闹的后生源源而来，此时，两位老翁戴假面具，用破布烂蚊帐裹身，扮成"蚂蜗公"和"蚂蜗婆"，在一群各戴七丑八怪假面具、手持棍棒的"蚂蜗仔"护卫下走进人群中。"蚂蜗公"和"蚂蜗婆"走过道和巡垌一周之后，即悄然离去。"蚂蜗仔"们则留下维护秩序。之后，过道上出现"算命先生"、"渔翁"、"卖药郎"等几个角色，按角色持道具即兴表演，内容均为预祝新年万事如意、风调雨顺、六畜兴旺、五谷丰登。接着两男两女〔女的也由男的装扮〕在过道上齐唱赶鬼歌。（6）对歌。主持人宣布歌场纪律，与一人齐唱开场歌后，蚂蜗歌会开始，十几队甚至几十对歌手按男女分排，双双对对唱山歌。

壮族作为稻作民族，历史悠久，根据自己长期的生产生活经验，他们意识到，只要雨水充沛，秧苗就能茁壮成长，水稻就能丰收。当田间地头群蛙鼓噪时，就预示着天要下雨，农民的喜悦之情便油然而生，所以他们把青蛙当雨神来崇拜，当巫风夹杂其中，青蛙就变得更加神圣了。正如英国著名人类学家弗雷泽在《金枝》一书中所指出的那样，青蛙"跟水的密切关系使它获得了雨水保管者的广泛声誉，并经常在要求上天下雨的巫术中扮演部分角色。"[⑧]这就不难理解，为什么铜鼓上常常饰有青蛙图案了。

4. 牛魂节

牛魂节又称敬牛节、牛王节、脱轭节、牛诞节，主要流行于广西壮、瑶、侗、汉、仫佬、毛南、彝等民族地区，于每年农历四月初八举行，也有在六月初八或八月初八举行。民间认为四月初八为牛王诞辰，人们为感激它的功劳，便在牛王下凡这一天祭祀牛魂。这一天，各家各户将牛栏修整并清扫干净，在牛栏门口贴一小张四方红纸为牛祈祷。把牛牵到河边或池塘边洗刷干净，有的地方还将牛牵到较大的草坪上相聚。有的则在屋外摆上酒肉、瓜果等供品祭牛，家长牵一头老牛围着饭桌边走边唱牛歌，赞颂、酬谢牛的功德。各家各户用枇杷叶包五色糯米饭来喂牛。龙胜龙脊一带建有牛王庙，四月初八杀猪祭牛神。

5. 毛南族鬼节

毛南族的鬼节从七月初七开始准备，天微亮主人就拿一根尖头扁担出门，把扁担插在屋外楼梯边的泥地里，放一顶竹笠在扁担顶端，中间扎一束草或树叶，点上三柱香然后祝祷："公奶啊！拴马在这里。"如果家里有新过世的人，七月七这天要烧纸钱给新亡之人"分田"，要杀鸭祭祀，把新亡人的遗物拿出来一件一件在烧钱纸火上面掠过。初七这天祭过祖之后到十二日为止，每天都以日常用餐来敬奉祖先，到了七月十三早上，妇女打点好行装带上小孩，拿一只鸭和香、酒、肉、钱纸等回娘家敬祖祈福，外婆回送糍粑、红蛋、禾把。晚上杀鸡不杀鸭，在主妇卧室门边供祭，叫做"安花佑子"，焚香化纸后给小孩分红蛋然后上桌吃饭。十四日这一天一家人都在家里欢聚，早晚两餐都要杀鸭，开怀畅饮。十五日这天早上要送祖先回去，先杀鸭供奉，再把从初七到十五烧的钱纸灰用两张芋叶或竹壳包好，用一根小竹片一头挑一包，叫做公奶的钱担，送到村外或小河边，表示送祖回家。

6. 瑶族盘王节

盘王节是广西瑶族最为盛大的传统节庆，一般在秋收后至春节前的农闲时间举行。其仪式因支系不同而互有差异，但欢聚一堂，祭祀祖先

图下 9-8 恭城瑶族盘王节祭盘王

盘王，祈求全族平安，五谷丰收却是基本一致的。主持盘王节仪式一般由四名师公各司其职：还愿师、祭兵师、赏兵师、五谷师。每位师公带一名助手共 8 人，还请来 4 名歌娘歌师、6 名童男童女、1 名长鼓艺人以及唢呐乐队。过山瑶盘王节仪式主要分两大部分进行。第一部分是"请圣、排位、上光、招禾、还愿、谢圣"，主要是祭五谷农神，招禾还愿，祈求丰收。接着是"还三愿"，供"盘王猪"奉神，最后是"谢圣送圣"，把挂的道教神像全部撤下。第二部分是请瑶族的祖先神和全族人前来"流乐"（瑶语，意即玩乐）。这一部分分为前后两部分，"流乐"上卷是请三庙，摆大猪，供长鼓，其中长鼓象征盘王。先是请歌师歌娘出来摆歌堂，模拟瑶族的歌堂仪式，唱情歌以娱盘王，接着分别打长鼓、吹竹笛、打沙板、吹唢呐，表演给盘王看。然后要举行隆重的"挂红罗花帐"仪式，请出 3 名童女，其中 1 名作新娘打扮，又称为"盘王女"，以娱盘王。"流乐"下卷主要是摆下洪沙大席，专门宴请盘王，由主持仪式的 4 位师公、举办盘王节的男主人和歌娘一齐吟唱瑶族历史长诗《盘王大歌》。《盘王大歌》共有七任曲（瑶语"任"即层或段的意思），每一任曲即有一个大段落，唱完一任曲后，把《盘王大歌》歌书从菜碗上拿下来，师公先给盘王夹菜斟酒，接着众人吃菜喝酒，接着把《盘王大歌》歌书摆到菜碗上又往下吟唱，唱到三任曲后，歌娘即在长桌下起歌堂，开始唱《盘王歌》（一种专供歌娘唱的歌）；当唱到五任曲时要杀一头猪供奉盘王，这时还愿师公则偷出男主人在春天许下的愿交给歌娘到门外读破。唱到七任曲时师公请出千年歌堂良愿歌词，给盘王纸钱，这样"流乐"下卷才告结束。整个仪式一般要举行一天一夜。最后解神意，送圣归去，盘王节活动方告结束。

　　7. 苗族坡会

　　苗族坡会是融水境内以苗族为主，各族群众悼念先烈、禳灾祈福、庆贺丰收的民间传统节日，举办时间大约在正月初三至十七。从初三开始，各村寨的男女老少举家出动，四处赶坡，乐此不疲。而正月十七之后，进入生产阶段，人们要把主要精力投入生产劳动。从正月十八开始，各村寨的芦笙都被封存起来，各种集体娱乐活动也相应停止，直至秋天收获季节才能恢复。苗族坡会分布在各乡镇村屯，有的规模大一些，有的小一些；坡会之间有的相距近一些，有的远一些，有时一天会有几个坡会同时举行。各个坡会既有传统祭祀仪式，又有比赛娱乐项目，其中以吹芦笙踩堂为主，同时还有斗马、赛马、芒蒿等多种活动。"忍整英"坡会的"万民伞"很特别，举行入场仪式时由寨佬鸣锣开道，随后是一名身强力壮的男青年撑"万民伞"领路，另一寨佬撑一把用自家织成的白手巾扎好的油纸伞跟后。然后各寨队伍进场绕三圈，放铁炮、鸟枪、燃鞭炮，开始坡会活动。安陲乌勇"芒蒿"坡会的"芒蒿"活动独具特色。"芒蒿"是苗语音的汉译，"芒"指面具，"蒿"泛指神灵。芒蒿活动除了表现驱邪祈福的一般意义外，还具有生殖崇拜的意义。扮演芒蒿者一般选择年轻力壮的男青年，带上面具，身披芒藤，并有公母之分：公的用金猫兜（一种植物的根部）做生殖器，安放在下身处，母的背着一小孩（小孩用芒草或稻草扎成）。公芒蒿走到姑娘的楼下赖手（苗族民间习俗，青年男女相遇，希望与对方的手相触，以示爱慕），如姑娘不予理睬，甚至关门，他就手执金猫兜，做出象征性动作，路上遇到姑娘追作一团。杆洞乡"百鸟衣"坡会也因其"百鸟衣"的独特内容，吸引了贵州等地的芦笙队和群众参加，最多达65堂芦笙，数万人前来赶坡。

8. 仫佬族依饭节

仫佬族依饭节又称"喜乐愿"，是罗城仫佬族隆重的传统节日。其主要内容是举办"依饭节道场"，师公们唱内容丰富的唱曲，以鼓点伴奏，边唱边舞，一般经过起坛、请圣、点牲、唱牛歌、合兵、送圣等程序。启坛又称"闹坛"，由师公上香点红烛，献三牲，敲鼓奏乐，边唱边礼拜，请各路神灵和先人降坛。请圣又称"启圣"，用迎神表一张，上列迎请三十六路诸神，师公上香，点红烛，敲锣打鼓奏乐，身穿法衣，脚穿草鞋，请哪路神就戴哪路神的木质面具，边舞边唱，一直到请完三十六路诸神。舞姿、唱词要与所扮之神的身份相符。点牲时，鸣锣通知各户带活鸡一只到坛，祭后血与内脏留给师公，首事及特邀长者共餐。唱牛歌则是在供桌上摆簸箕一个，内盛熟猪肉一方，糯谷穗几束，三碗饭，五杯酒，一只红公鸡，一碗白米，一个红封包，一个用稻杆扎成的看牛郎，两个牛模型。扮牛郎的师公手执金竹鞭，身背竹篾编的饭箕，边唱

图下9-9 宾阳炮龙节

牛歌边绕供品舞，请大圣牛哥来保护耕牛。合兵是整个道场的高潮。各户送来的谷穗和牛模型，放到铺在地面的新草席或红纸上，师公拿着公鸡悬空翻三十六筋斗，然后把血酒洒在上面，由各户带回摆在香火上。送圣又称送"梁九"。扮梁九的师公佯装酒醉，肩扛系在竹杆上的一个吹胀了气的猪尿泡，边舞边给后生讲性知识，一问一答，最后用脚踩响猪尿泡，整个道场仪式结束。依饭节节日食品丰富多彩，家家户户包粽粑、蒸糯饭、杀鸡鸭，奉上各式各样的红薯牛（黄牛），芋头牛（水牛）及稻穗，并备素食品、茶叶、柑桔、芝麻、甘蔗、黄豆（豆腐）、绿豆、沙姜、八角、胡椒、甜酒等数十种，还备有其他美味佳肴。九冬十二寨及邻里亲朋好友往往借此机会，走亲访友，既可参加仫佬族传统的依饭节民俗活动，又可观赏到传统文娱、体育活动的表演和比赛，还可品尝别有风味的民族食品。

9. 京族哈节

哈节是京族岁时习俗中最为隆重的传统节日，包括祀神、祭祖、文娱和乡饮四项重要活动。传说陈朝时，越南有一位歌仙到京族地区，以传授歌舞为名动员京族人民起来反抗陈朝的统治，得到京族人民的爱戴和敬仰。后来人们便修建"哈亭"并设立神位来纪念他。同时因为他的歌声悠扬动听，深受人们的喜爱，所以后人便以唱歌的方式来歌颂他。于是，一年一度的唱哈便成为京族的节日。"哈节"的日期各地有所不同。沥尾、巫头两岛在农历六月初十，山心岛在八月初十，红坎村在正

月十五。每逢哈节，
京族男女老幼身穿节
日盛装汇集到哈亭听
哈，之前迎神、祭祀
唱哈的活动过程，大
致分为迎神、祭神、
入席唱哈、送神四个
部分。"唱哈"前一
天，集队举旗擎伞抬
着神座到海边，把京
族信奉的"镇海大王"

图下 9-10　京族哈节迎海神

等诸神迎于哈亭，然后在当天下午三点钟左右开始祭神。祭神完毕，即
入席饮宴、唱哈。每席六至八人。酒肴除少数由"哈头"供应外，大部
分由各家自备，每餐由入席人轮流出菜，边吃边听"哈妹"唱歌。这是
唱哈节的主要活动项目，节目有情歌、灯舞、乐舞、歌唱族杰等，人们
纵情欢歌跳舞持续多天。唱哈至尾声时进行送神，送神毕，哈节结束。

10. 仡佬族拜树节

拜树节是隆林仡佬族的传统节日。相传仡佬族祖先迁徙来隆林时，
本家族长房带着祖宗公婆的香炉和灵位先走，到达德峨乡么基树下屯，
没有房子，寄住在别人家里。由于别人家中有祖宗神位，自己祖宗神位
不能放在别人家里，便到寨子旁的两棵老青树洞安放。从此，这两棵青
树便成了本家族的祖宗树。全族规定每年农历八月十五为祭祖宗树的节
日，称为"拜树节"。祭祀祖宗树，要杀一头黄牯牛，每三户一组，合伙
出牛（或共同饲养，或凑钱到集市购买），到第二年则换另外三户，如此
循环。祭祖的前几天，首先杀牛聚餐，除本族人参加外，还邀请附近寨
子的人来会餐，会餐只吃牛下水及其他酒菜，留下牛心祭祀祖宗树，牛
肉按会餐人数平分，各带一份回家。祭祀祖宗树，由长房主祭，先将两
只半斤重的小公鸡扭断脖子，扯出翅膀、鸡脚以及牛心等作为祭品。祖
公树要放一只鸡头、鸡的左边翅膀和脚；祖婆树也要放一只鸡头、鸡的
右边翅膀和脚。上述祭品均用红纸包好，分别送进祖公祖婆的树洞里，

再用纸钱封好树洞，由长房向祖宗树跪下祈祷、敬酒、鸣炮、会餐，并将牛心分给本族中各户家长或长子每人一片。

【注释】

① [清] 汪森辑：《粤西丛载》，广西民族出版社，2007 年，第 749 页。

② [清] 汪森辑：《粤西丛载》，广西民族出版社，2007 年，第 756 页。

③ [宋] 周去非：《岭外代答》卷六，上海远东出版社，1996 年，第 138 页。

④ 王英志编：《袁枚赵翼集》，凤凰出版社，2009 年，第 380 页。

⑤ 刘琳：《华阳国志校注》，巴蜀书社，1984 年，第 175—177 页。

⑥ [宋] 周去非：《岭外代答》（杨武泉校注），中华书局，1999 年。

⑦ [宋] 蔡絛：《铁围山丛谈》卷四，中华书局，1983 年。

⑧ 詹·乔·弗雷泽：《金枝》，中国民间文艺出版社，1987 年，第 101 页。

第十章

文化带

著名历史地理学家谭其骧指出，"中国文化有地区性，不能不问地区笼统地谈中国文化"①。广西文化的地域性不仅表现在与其他省份的比较上，也表现在广西境内各个地区的差异上。按照一定地理范围内文化生成的历史、特色、资源、内涵，以及文化标志、人文精神等，广西文化依桂东北、桂东与桂东南、桂南、桂中、桂西南及桂西北等6个区域而形成各具特色的文化带。

第一节　桂东北文化带

山水甲天下的中国历史文化名城——桂林　人间仙境阳朔　人才辈出的临桂　百"寿"福地——永福　文武两庙并立的瑶乡——恭城中原文化南传要道——全州　古老的灵渠在这里流淌——兴安

桂东北文化带大体包括今桂林市及其周边地区，大部分市县分布于湘桂走廊一带，故又称湘桂走廊文化带。在交通不便的古代，这里是岭北岭南文化交流要道，中原文化、湘楚文化进入较早，与本土文化交融的历史较长，教育发达，科举兴盛。自唐至清末1300多年间，桂东北共考取进士 579 人，占广西进士 1127 人的 51%。历代全国选取进士 102795 人，以全国 300 个地区计，平均每个地区 342 人，桂东北历代进士人数大大超过全国各地区平均数②。

桂东北文化带的中心城市桂林，系中国历史文化名城和世界旅游胜地。西汉元鼎六年（前 111）建城，为零陵郡始安县治。南朝梁天监六年（507）设桂州。大同六年（540），州治从桂林郡（今柳州市东南）迁始安，开始成为桂北一带行政中心。宋代为广南西路治所。元代先后为广南西路宣抚司（宣慰司）、广西行中书省、静江府、静江路治所。明代为靖江王藩王府、广西地方布政使司、提刑按察使司、都指挥使司等三司和桂林府治。南明皇帝朱由榔两次驻跸于此。清代为广西巡抚衙门驻地和桂林府治。清末民初是广西军政府驻地。

桂林已发现的古人类文化遗址有旧石器时代晚期的宝积岩遗址，新石器时代的甑皮岩遗址。古代墓葬主要有明靖江王陵。古代窑址有唐代桂州窑、宋代新华窑。历代古城遗存有始建于唐的古南门、宋静江府城墙、明王城。宗教建筑有始建于唐、重建于明的舍利塔，建于明的普贤塔。古桥梁有初建于宋、重建于明的花桥。

唐大历（766—779）中始建的桂州州学和宋建宣城书院，元建静江书院，明建桂林、丽泽、漓江等书院与桂林武学，清建秀峰书院、榕湖书院、孝廉书院以及维新派创设的广仁学堂、广西体用学堂、广西大学堂等，在各

图下 10-1　首次吟出"桂林山水甲天下"的北宋王正功诗刻拓片

个时期的广西文化史上写下重要的篇章。

　　桂林山水秀甲天下，文物古迹众多，历代文人以桂林为题材创作的诗词近 5000 首，散文游记近 200 万字，名胜楹联约 1000 副③，神话传说数百个，书法绘画作品不计其数。还有大量高价值的石刻和石窟造像驰名国内。桂剧（桂戏）、彩调剧、文场、零零落、渔鼓、傩戏等流行，其中前三者被誉为桂北戏剧的三朵红花。

　　奇诡多姿的喀斯特地貌使桂林山峰离立度大而相对高度不大，山坡陡削，山体百态，伏波、独秀、普陀、象鼻、南溪、斗鸡、叠彩、七星诸峰及尧山、虞山，点缀于市区和漓江两岸，与人为伴。河谷宽阔平坦，江水清澈见底。溶洞发育良好，幽深莫测，已发现岩洞约 2000 个，七星岩、元风洞、芦笛岩、龙隐岩、水月洞名传遐迩。山峰和溶洞多奇石，鬼斧神工，玲珑剔透，唐初采为"贡石"，太宗十分喜爱，赐名"瑞石"，并赋诗赞美："爽气澄兰沼，香风动桂林。"从桂林至阳朔近 100 公里长、20 公里宽的漓江两岸，称为百里画廊，是桂林山水的精妙所在。古往今来游人如织，各种题刻和摩崖造像琳琅满目。

　　百里漓江从中游进入阳朔境。隋开皇十年（590）改熙平县为阳朔县。古迹有唐归义故城遗址、乐州故城遗址和元代阳朔城墙，有始建于宋宣和五年（1123）、绍兴七年（1137）重修的仙桂桥，明永乐（1403—1424）间建筑的遇龙桥，始建于唐的阳朔西街。科举史上，阳朔有 22 人考取进士，205 人考取举人（含武举人 38 人）。唐大中四年（850）进士曹邺是桂北地区第一个进士，官至吏部郎中，《全唐诗》收其诗作两卷传世。阳朔自然风光奇绝，境内有形状各异的山峰 2 万多座，清澈见底的河流 17 条，幽深莫测的洞穴无以数计。百里漓江岸畔的绣山彩壁、半边渡、九马画山、青螺堆髻、黄布倒映、白沙渔火、兴坪风光、二郎峡均为著名景点。青峰环野立，碧水傍城流的县城风光更是"阳朔仙境"的绝妙解读。其中碧莲峰如出水芙蓉，亭亭玉立，系阳朔最耀眼的地标；山下城郭俨然，街道纵横，人烟稠密，唐人沈彬赋诗赞曰："陶潜彭泽五株柳，潘岳河阳一县花。两处争如阳朔好，碧莲峰里住人家。"碧莲峰东麓的漓江之畔，薰门迎客，楼阁聚宾，名人题刻目不暇给。清人王元仁写的"带"字，明人鲁铎和近人吴迈的诗，尤其引人注目。吴迈诗云：

"桂林山水甲天下，阳朔堪称甲桂林。群峰倒映山浮水，无水无山不入神。"曾任两广总督9年的浙籍学者阮元，为阳朔山水所陶醉，愿放弃高官来此作县令，至今画山石壁犹有其题刻："清漓一曲绕山流，往来何人不举头。六年久识奇峰面，五度来乘读画舟。"县城旁边还有榕荫古渡、月亮山、书童山、灵人山、莲花岩等风景。其中榕荫古渡的大榕树已有1300多年树龄，高约17米，树干6人才能合抱，气根飘悬，生机盎然；传说歌仙刘三姐曾在此对歌。

临桂东北与桂林市区相连。唐武德四年（621）析始安县置福禄县。贞观八年（634），因"附郭桂州"，福禄县省入始安县并改名临桂县。新石器时代文化遗存有大岩遗址，古迹有开凿于唐长寿元年（692）的相思埭（又称桂柳运河）。官学始办于唐。元代始办县学，直至清末。宋至清季县境先后设书院13所。唐至清代共出状元5名，其中清代4名。唐乾宁二年（895）赵观文大魁天下，是广西历史上第一位状元。清嘉庆二十五年（1820），邑人陈继昌连中三元，是广西历史上第二位三元及第者，也是中国历史上最后一位三元及第者。另外3名状元分别是龙启瑞（道光二十一年，1841）、张建勋（光绪十五年，1889）和刘福姚（光绪十八年）。从光绪十五年至十八年，科举考试共开3科，临桂县除出两名状元外，与刘福姚同科的还有7名举子中进士。光绪十八年榜共取进士317名，其中广西籍12名，临桂籍中进士者占全榜人数的2.5%，占广西籍进士人数的66.6%，北京临桂会馆大门遂贴出"一县八进士，三科两状元"的对联，加以颂扬。明清两代，广西举子参加全国科举考试中进士者711人，其中临桂籍242人，冠绝广西各县。从明洪武庚午（1390）至隆庆庚午（1570）的180年间，临桂一县共出解元16名。一些科举世家名声远播。鼎鼎大名的"临桂张"即有两家，一为张策、张言家族，一为张腾霄、张文熙家族。张策是丙子（1516）举人，其子张言是乙未（1535）会元，张言四个儿子均登科第，有"同胞四科第"之美誉。张腾霄则系嘉靖壬午（1522）举人，儿子文熙为五经魁首、丁丑（1577）进士，父子都是诗人；文熙的三个儿子亦有科名，其中五经魁首两人，所以有"父子三经魁"之说。还有况氏家族，从嘉庆五年（1800）况祥麟中举，到况澄、况澍中进士，再到光绪五年（1879）词人况周仪中乡榜，一门三代，科名不断。临桂可谓人才辈出，除上述人物外，唐有诗人曹唐。明有曾任礼部和吏部尚书、文渊阁大学士、太子少保、太保、少傅兼太傅的吕调阳，地理学家张鸣凤。清有教育家、思想家和朝枢重臣陈宏谋，画家周位庚，官至内阁学士兼礼部侍郎的周德润。陈宏谋是陈继昌的高祖，陈继昌三元及第后，陈家宗祠贴出对联"祖父当朝一品，元（玄）孙及第三元"，两广总督阮元题"三元及第"额于桂林王城正阳门（原端礼门）上。近代，这里产生临桂词派，执牛耳者为王鹏运、况周仪，他们和朱祖谋、郑文焯一起被尊为清季词学四大家。

永福东北与临桂为邻。唐武德四年（621）析始安县地置永福县，以县治南 5 里永福山为名。始建于明成化十三年（1477）的永宁州城，为广西保存最好的明代城垣。唐长寿元年（692）开凿的相思埭流经县境东部罗锦乡，至苏桥珠江口流入洛清江。窑田岭宋代窑址，曾出土青绿釉印花瓷器一批。永福县学创设于唐初。历代共有 13 人考取进士。宋太平兴国八年（983）状元王世则，大观（1107—1110）初武状元李琪，粤西古文五大家领袖吕璜，名画家李熙垣，彩调名角蒙廷章，诗书画俱佳的李吉寿，曾任山东学政的于建章，以诗文闻名的张其鍠等，均出自永福。百寿汇于一寿的"寿"字石刻弥足珍贵。土地会、财神会、观音会、娘娘会、清明会等在百寿一带流行。李王（李琪）出游是永福最大的游神祭祀活动。

恭城在阳朔东面，紧邻湖南，素多瑶人聚居。唐武德四年（621）改茶城县为恭城县（一说隋大业十四年即公元 618 年建恭城县）。金堆桥春秋墓、巨塘晋至南朝古墓群和长茶地、大湾地南朝墓为今人留下生动的历史记忆。文庙（孔庙）、武庙及戏台、周渭祠门楼、湖南会馆戏台、龙虎关遗址等极具文物价值。民间普遍爱好"打油茶"，有"恭城土俗，油茶泡粥"之谚。家家户户每天早上必喝油茶，客人进屋，立刻打油茶奉上，直至三碗过后方能撤碗。瑶族月月立节，尤以农历六月十六至二十三日游行挞鼓为隆重。农历八月十五的山歌会、十月的盘王节和农历二月初二、六月二十三、十月二十的赶瑶圩，也是重要节日。瑶族能歌善舞，流行长鼓舞、师公舞，结婚以招郎入赘为普遍；老人去世，唱梅山挽歌，因为传说瑶族来自梅山。

　　全州南隔灌阳与恭城相望，处湘桂走廊北端，是中原文化进入广西的要道。五代后晋天福四年（939），楚文昭王马殷以湘山为寿佛周宗慧（法名全真）得道所在，奏改湘源县为全州。1912年废州为县，因"全县"二字易生歧义，1959年改称全州县。才湾卢家桥遗址、安和龙王庙山遗址和显子塘遗址、龙水渡里园遗址、凤凰马路口遗址可追溯到新石器时代人类活动的踪迹。古墓葬群占地数万平方米，有双藻田、大梅子坳等东汉墓群，十份山汉晋墓群，龙尾巴东汉至南朝墓葬群等。古城址有秦零陵、汉洮阳和隋唐湘源县故城。始建于唐至德元年（756）的湘山寺及建于宋元祐元年（1086）年的妙明塔、建于明正德六年（1511）的燕窝楼、建于清同治元年（1862）的精忠祠戏台，以及清白茆坞孝子牌坊等均为著名古建筑。湘山石刻林、湘山寺后石涛兰花石刻和湘山寺放生池遗存的石雕动物群，堪称艺术珍品。湘山寺保留有清康熙帝的"寿世慈荫"题刻，凤凰乡乡贤寺有明嘉靖帝"天下第一清官"题匾。县城东约6公里的湘江蓑衣渡为太平天国南王冯云山殉难处。历代所建柳山、清湘、明经、梅潭、湘山、凤坡、湘门等书院造就大批人才。宋至清末有143人中文武进士，1570人中举人。蒋家、陈家、谢家等名门望族书香代传、人才济济，其中就有兄弟尚书兼诗人蒋冕、蒋昇。全州历史文化名人还有诗人谢良琦、思想家谢济世、史学家蒋良骐、文学家蒋琦龄，其成就和影响均超出了广西地域。

　　兴安位于全州西南方。宋太平兴国二年（977），取"兴旺安定"之意，改德昌县为兴安县。境内湘江及其支流两岸分布有属于新石器时代的磨盘山遗址、左关岭遗址。古代伟大的水利工程灵渠大、小天平和铧咀位于县城东南隅；北渠位于城东；南渠从城东南流向西北，再转向西南，绕城而去。其他重要古迹还有秦城遗址及古严关、四贤祠、万里桥、三里桥等，其中万里桥是广西迄今发现的最古老的石桥。宋严关窑址，曾出土大批珍贵瓷器。乳洞岩岩壁有摩崖文字和佛教造像。宋始办县学。明清两代20人中进士，其中包括唐则及其两个儿子叔夏、叔献。其他名人还有宋直臣唐介、官至邕管观察使的蒋允济，清嘉庆武状元秦本洛，清末民初"桂戏状元"蒋晴川等。

第二节 桂东与桂东南文化带

岭南文化发祥地和广西水上门户梧州 汉至三国岭南经学研究中
心——苍梧 西风吹泪古藤州——藤县 太平天国发源地——桂平
晋美女绿珠故里——博白 "铜鼓之王"故乡——北流 支撑真武阁
的大地——容县 扼南北古道要冲的贺州 油茶飘香书更香的富川

桂东与桂东南文化带以梧州为中心，大体包括珠江水系西江的浔
江段及西江重要支流贺江、桂江下游、濛江、北流河、郁江下游等河流
（段）两岸；浔江下游段是西江主要一段，因此又可称西江文化带。这一
文化带是以古苍梧文化为基础，在中原文化、广东文化和湘楚文化的影
响下，经域外文化的推动而形成的，占主导地位的是汉族文化，包括被
称为"积极进取、勇于开拓的舜帝文化"④，龙母文化，太平天国文化，
华侨文化，等等。

梧州处浔江、桂江交汇处，是广西水上门户，早在旧石器时代晚
期，已有人类活动。春秋战国时期，百越之一的原始部落"仓吾"族在此
居住，后来苍梧郡、苍梧县即因此得名。作为桂东与桂东南文化基础的
古苍梧被认为是岭南文化、珠江文化的发源地和粤语的发祥地⑤。汉高后

图下 10-2 西江：广西的母亲河。

吕雉五年（前183），南越武王赵佗封其族弟赵光为苍梧王，在此筑城；元鼎六年（前111），置苍梧郡、广信县。清江藩云："广者指广信言也，汉武帝元鼎六年开南粤地置南海、苍梧、合浦三郡，属交州刺史。司马彪《续汉书·郡国志》：'苍梧郡广信'。刘昭注：《汉官》曰：'刺史治。'县名广信者，谓初开粤地宜广布恩信也。"⑥元封五年（前106），交趾刺史部移治于此。隋开皇三年（583），改广信县为苍梧县。唐武德四年（621），置梧州，为州治，乃得名之始。明成化六年（1470），在此设总督府（辖广西、广东）、总兵府、总镇府。

梧州古墓葬分布较多，有汉墓、三国两晋南北朝墓、明代桂王墓等。古代遗址有汉代富民窑遗址、宋代钱监铸钱遗址、南越苍梧王城遗址。古建筑遗存有始建于北宋的龙母庙，始建于唐开元（713—741）间的白鹤观，建于清代的允升塔。教育事业发轫于汉代。西汉古文经学家陈钦始办的陈氏私学是岭南最早的私学，近代广西最早的新式中学堂和师范讲习社也创立于梧州。宋至清末，梧籍士子考取进士11人（不含今苍梧县）。南传佛教于汉代从海上丝绸之路传入梧州，出现中国第一位佛学家牟子。唐代佛教兴盛，建有光孝寺、冰井寺等著名寺院。西方天主教、基督教则分别于清同治九年（1870）、光绪十六年（1890）传入梧州，并开办学校、医院。

清光绪二十三年梧州开埠后，成为广西商业中心和经济中心乃至云贵等地进出口货物集散地，市场规模在西江流域仅次于广州⑦，形成较深厚的商业文化。其重要标志是适应南方炎热多雨气候、商住合一的骑楼建筑大量出现，至今还保留约7

图下 10-3　始建于北宋，后经重建，21世纪初扩建的梧州龙母庙东门。

千多米长的骑楼街道。在商业活动中，形成许多特殊的风俗习惯。如商铺供财神，过年舞醒狮给商铺贺岁。把动物舌头改叫"利"，因为"舌"与"折本"的"折"音近，为商家大忌；动物的肝也改叫"润"（如猪润），因为肝与赔得干干净净的"干"同音，亦为商家大忌。至于呼胶卷为"菲林"（film）、篮球为"波"（ball），以及"电灯胆——唔通气"之类的词语、歇后语的形成，也在在显露着西方文化的烙印。

梧州民间崇拜南巡途中"崩于苍梧之野"的舜帝，特建舜帝庙祭祀，自唐以降，香火不断，历代官员墨客在此留下许多缅怀舜帝的诗篇，宋苏轼《吾谪海南，子由雷州。被命即行，了不相知。至梧迺闻尚在藤也。旦夕当追及，作此诗示之》（简称《至梧州示子由诗》）云："九疑连绵属衡湘，苍梧独在天一方……我行忽至舜所藏。"连从未到过此地的诗人也赋诗感怀舜帝。唐杜甫《暮冬送苏四郎偯兵曹适桂州》诗说："为谒苍梧庙，看云哭九疑。"

梧州人崇拜龙母。每逢龙母诞，龙母庙举行醮事和各种文娱活动，远在南洋、港澳的香客也会如期赶来，朝拜龙母，摸龙母床，照龙母镜，用龙母梳，洗龙母水，喝龙母茶，通宵达旦，热闹非凡。这些民俗和由龙母崇拜而产生的大量诗词、楹联、传说、戏曲等构成独特的龙母文化，使梧州成为岭南龙都⑧。

梧州历史文化名人除上述陈钦、牟子外，还有汉经学家陈元，明学者、官至南京工部尚书的吴廷举，清诗人、书画家许懿林和学者、诗人李璂。

苍梧西北面和南面分别同梧州市区接壤。汉元鼎六年（前111）置苍梧郡，今县境属苍梧郡广信县（治广信，即今梧州市）。隋开皇三年（583）广信更名苍梧县，治梧州，并为苍梧郡治。古建筑遗址及遗存有新地隋歌罗城遗址、京南尚书义学、石桥乡明石桥、戎圩清粤东会馆和炳蔚塔等。戎圩粤东会馆中竖立的《重建粤东会馆碑记》刻于清乾隆五十三年（1788），碑文记述粤商在戎圩的经商情况，对于研究两粤文化交流，特别是粤东文化对粤西文化的影响有重要价值。古代窑址有东汉大坡窑址。古墓葬有夏郢（今属梧州）莫龙编侯墓、倒水（今属梧州）东汉墓和南朝墓。苍梧兴学历史悠久，东汉末至三国士氏一家6人均为从政学者，士赐曾任日南太守，其长子士燮字威彦，曾任交趾太守，次子士壹合浦太守，三子士䵣九真太守，四子士武南海太守，孙士廞武昌太守。士赐、士燮为著名经学家，全国士人往依者以百数，形成以士燮为领袖的学术集团，苍梧一时成为岭外经学研究中心。县境北部京南圩桂江畔石壁刻有"汉士威彦先生故里"8个大字，附近还遗存有纪念士燮的尚书义学。自宋迄清，苍梧共考取进士29人（不包括今梧州市），举人438人。浔江盛产鱼花，长洲江段是广西最大淡水渔场，所产鱼花供应省内外各地。每年清明至处暑为鱼花汛期。渔家设洪考先师神位，定期祭拜，祈求鱼花生产平安繁荣。鱼花从捞育到运卖，有一套特殊技巧和风习。

藤县东与苍梧交界，因产白藤而得名。隋开皇十二年改石州为藤州。明洪武二年（1369）镡津县省入藤州，十年降州为县。古代窑址主要有东汉古龙窑址、南朝中隆窑址、宋中和窑址和一些隋唐窑址。唐代创设州学。宋代始设县学。唐至清末共有22人考取进士，其中唐贞观七年（633）考取进士的李尧臣是广西历史上第一个进士。历代名人还有唐诗人陆蟾，宋高僧契嵩，太平天国忠王李秀成、侍王李世贤、英王陈玉成、来王陆顺德，清农民起义领袖邓立奇等。藤县处浔江两岸，北流河过境，是古代中原通往徐闻和合浦，连接中国海上丝绸之路的交通要道，朝廷出使交趾的要员，到桂南和桂西南任职的流官及谪戍海南、桂南、交趾等地的迁客如宋之问、苏轼、解缙等大多途经此地，留下历史足迹及精彩诗文。苏轼两过藤州，其中绍圣四年（1907）五月初一日与谪贬雷州途经此地的胞弟苏辙（子由）在北流河东岸的江月楼会面；兄弟在藤州盘桓多日后一起经容县、郁林（今玉林）、陆川至雷州，于六月十一日揖别，苏轼在幼子过陪伴下渡海赴儋。词人秦观途经此地时仙逝光华亭，后来客死宜州的诗人黄庭坚在《病起荆江亭即事十首》之七一诗（清汪森辑《粤西诗载》作《镡江即事》）中无限深情地说："闭门觅句陈无己，对客挥毫秦少游。正字不知温饱未，西风吹泪古藤州。"

桂平东隔平南与藤县相望。隋开皇（581—600）间废桂平郡为桂平县。新石器时代文化遗址有寻旺上塔遗址、大塘城遗址、牛骨坑遗址等。古代窑址有宋西山瓷窑遗址。古代建筑遗址及遗存主要有明东塔、武靖州城遗址、麻垌寿圣寺，清大成国王府遗址。西山为佛教圣地和游览胜地，有始建于唐、改建于清的龙华寺和始建于清的洗石庵，另有石刻多处，还有清澈甘甜、可供酿酒的乳泉。宋理学家周敦颐及其弟子程颢、程颐曾到西山一游，并留下石刻"畅岩"二字。县境内有道教七十二福地的罗丛岩和第二十一洞天白石山。西北部黔江下游为明瑶民起义活动中心大藤峡。宋创办浔州州学。明清两代先后创办书院 3 所。清代考中进士 20 人、举人 277 人。历代名人有明大藤峡瑶族起义领袖侯大苟，清乾隆间被称为"三潘"的诗人潘鲲、潘鰲和潘兆萱，书法家岑昆，诗人黄体正、吴祖昌，太平天国东王杨秀清、西王萧朝贵、北王韦昌辉。清道光（1821—1850）末洪秀全在此传播太平天国革命思想，组织拜上帝会，并于 1851 年 1 月 11 日在金田村誓师起义，组成太平军，进军南京，于 1853 年建都天京（南京）。发源于桂平金田村的太平天国革命对中国近代史发生重要影响。金田起义地址及太平军活动地点三界庙，均为全国重点文物保护单位。桂平流行粤剧。境内浔江和郁江段盛产鱼花，尤以东塔一带所产鱼花为有名。明代，石嘴必岭、平安等村始建鱼花庙，以农历三月二十日为鱼花节，祭拜鱼神。

博白北隔玉林、兴业与桂平相望。唐武德四年（621）置博白县，因博白江（今小白江）而得名。伏波祠、宴石寺、绿珠庙、绿珠井和为纪念仓颉、沮涌而建筑的字祖庙以及刘永福倡建的刘氏宗祠和双凤合水桥等，均多历史人文负载。位于顿谷乡石坪村的宴石山西面有广西最早的摩崖造像。县学创办于唐贞观五年（631）。书院创办于明代。历代博白籍士子考取进士 22 人，其中唐梁恩、梁忠兄弟二人同科考中进士，宋李时亮榜眼及第。西晋金谷藏娇绿珠坠楼的哀怨故事，引发历代骚人吟咏不绝⑥。唐杜牧《金谷园》诗云："繁华事散逐香尘，流水无情草自春。日暮东风怨啼鸟，落花犹似坠楼人。"

博白东北的北流，因北流河从南向北流经县境而得名。南朝齐武帝永明六年（488）置北流郡，梁（502—557）废郡为县。北流古代遗址有唐铜州故城遗址、民安铜石岭汉晋冶铜遗址、平政岭峒宋代瓷器窑群遗址。境内发现铜鼓较多，并以体型硕大厚重，鼓面宽大，青蛙塑像小而

图下 10-4　建于清代的北流景苏楼　　摄于 20 世纪 90 年代

朴实等特色被命名为北流型铜鼓。古建筑景苏楼，为纪念宋文学家苏轼于元符三年（1100）离开廉州北归途中经过北流而修建。楼分两层，下层廊壁刻东坡舣筏图，楼前挂"坡仙舣筏"匾额。市区东北 5 公里勾漏山主峰下的勾漏洞，因岩洞勾、漏、曲、穿而得名，传说晋葛洪曾在此修道炼丹，故在洞口筑葛仙祠，在岩内塑葛洪像，是道教胜地第二十二洞天。历代朝廷派往交趾等地的使者、到桂西和桂南任职的流官以及流放海南岛的迁客骚人大都路经此地，并顺道游览勾漏洞，吟诗题词，刻石纪念，今存石刻 120 多幅。其中纪录最早到此游览的学者为东汉甘肃人王符。此后李纲、解缙、胡濙、程文德、徐霞客等，均曾到此游览。解缙诗云："北流县下古铜州，平地山岩耸玉楼。谁为丹砂赴勾漏，人传青竹满罗浮……"市区西 7.5 公里与玉林市玉州区交界处的松花镇甘村有古代与天涯海角齐名、令人谈之色变的鬼门关遗迹。北流于唐贞观三年（629）建县学。宋至清末，县人参加科举考试，共考取文进士 28 人、举人 255 人。其中阙邦觐 19 岁中进士，获钦点翰林庶吉士。

　　容县西和西南部与北流相连。唐武德四年（621）置铜州，复以境内大容山而改名容州。明洪武十年（1378）改容州为容县。古代遗址有唐容州故城遗址、汉唐西山冶铜遗址、唐琼新陶瓷遗址、宋城关瓷窑遗址。铸于唐贞元十二年（796）的景子铜钟，钟重1750公斤，全身铜色光润，形象庄重，饰以纵横弦纹浮雕。经略台相传为唐诗人元结任容管经略使时于乾元（758—760）初始筑。明万历元年（1573）为奉祀真武大帝以镇火灾，在台上建成杠杆结构的三层楼阁——真武阁。真武阁与江南三大名楼滕王阁、黄鹤楼、岳阳楼相似，而三大名楼原物早已荡然无存，重建不知凡几，唯真武阁400多年来始终巍然屹立，被建筑学界誉为"天南杰构"。十里乡有杨外村，传说为杨贵妃故里，有杨妃井、杨妃庙、杨妃梳妆台等遗址和杨妃山。县城南10公里处有道教圣地、道书列为第二十洞天的都峤山。山多洞，南洞有刻石文字；北洞传说古有出米寺，寺中一出米窟，每日定时出米，不多不少，恰够寺中和尚做饭。历代名人游览都峤山后题咏甚多，如宋李纲《绝句五首》。唐贞观元年（627）创建州学，明代创办社学。宋至清季先后兴办书院5所。元至清末，容县籍士子167人中举，21人中式进士，著名科举门第有封、王两家。容县是广西著名侨乡，1840年鸦片战争后，大量容县籍人士迁居国外，主要分布于东南亚和欧美等地的几十个国家与地区，其中最多的是马来西亚，其次是泰国、新加坡。容县和祖籍广西其他市县的华人华侨在侨居国建立各种社团组织，联络乡情，互相帮助，兴办公益，发展经济，设立学校，继承和宏扬中华民族文化和传统美德，保持与祖（籍）国和家乡的联系及乡谊。泰国勿洞容县籍华侨华人不畏艰险，经过几代人努力，把原本荒凉的山地变成泰国重要的橡胶生产基地，当地人把勿洞称为"广西村"。

　　贺州西南部与苍梧接壤，处湘、粤、桂3省份交界地带，西江一级支流贺江及其支流大宁河过境。汉元鼎六年（前111）置临贺县。三国吴黄武五年（226）置临贺郡。南朝至隋，临贺郡先后改为临庆国、贺州。明洪武十年（1377），贺州改为贺县。贺州古城遗址主要有贺街汉至清临贺故城遗址，是我国现存县级行政治所城址中延续时间最长、保存最为完整的城址。宋代贺州钱监遗址和临贺故城四周汉至南朝墓葬群、铺门高寨西汉墓、黄田新村汉墓群及浮山寺、梵安寺、沸水寺、桂花井、鹰扬关、粤东会馆，均具历史文化价值。过境的贺江北接从湖南道县双屋凉亭到广西富川葛坡镇的秦代岭口新道，是秦汉时期南北交通要道——潇贺古道的重要组成部分。贺州最早的官学临贺郡学创办于东晋，也是广西最早的官学。历代贺州籍士子共有11人考取进士。五代末至北宋初诗人翁宏、清末官至国史馆副总裁的于式枚都是贺州人。民间流行桂剧、采调剧、客家戏、客家山歌等。较特殊节日有浮山歌节、瑶族盘王节。自称"阴地棉"的土瑶，女子穿长衣和长仅6寸的特短裤，头饰精制的平头木帽；男子上衣长仅1尺2寸，下穿宽大长裤，头包白毛巾；男女均以五彩丝线为饰品，常结寨聚餐。

富川东南部同贺州市区相交，处西江支流贺江上游——富江两岸。汉元鼎六年（前111）置富川县，因富水（江）得名。秦始皇平定岭南后，组织力量开辟中原通往岭南的"新道"，其中一条从湖南道县双屋凉亭到富川葛坡，长约170公里。此道位于都庞岭和萌渚岭之间，富川境内经麦岭、青山口、黄龙、古城街（今已被龟石水库淹没），宽1—1.5米，因以鹅卵石铺筑而被称为"花阶砖路"。新道北接湘潇二水，南连富江（贺江），号称"楚越通衢"。古代建筑有明富川故城、城北凤溪建筑群、朝东马殷庙、回澜风雨桥、秀水古民居等。麦岭御史岩岩壁刻有倒写、倒刻、倒读的"三倒"《穿石岩诗》和"拙林道人"4个大字，书法工整。南宋始办江东书院，明创建富川县学。清道光（1821—1850）间，瑶族聚居区创办五源书院和蒙泉义学，对瑶族子弟进行汉文化教育。瑶族聚居区有女性文字——"女书"流传的踪迹。宋至清末，有多人考取进士，全部出自秀水村毛氏家族，包括1名状元（宋毛自知）。过山瑶大多招郎上门，平地瑶也有此俗。瑶族尊重舅权，新人结婚时由双方舅父接亲迎亲。青年男女"答歌相配"。饭前惯打油茶。油茶是一种以茶叶、生姜为原料，经专用器具精心捣碎，再用特殊炊具烹制并加入猪油、葱末等作料，然后佐以油炸花生米、糍粑等小吃享用的饮料。来客必以油茶相待，而且必喝三碗，即所谓"一碗疏，二碗亲，三碗见真心"。

第三节　桂南文化带和桂西南文化带

中国历史文化名域和开埠最早的港口——北海　海上丝绸之路始发港和南珠之乡——合浦　京师万里到天涯——钦州　同越南山水相连的防城　顶蛳山文化广布南宁　壮文化富集地武鸣　"振古如斯"有崇左　边关文化荟凭祥

桂南文化带又称北部湾文化带，大体包括今北海、钦州、防城港 3 个濒临北部湾的城市及其周边地区。这一文化带是在史前古人类文化和骆越文化的基础上，壮族文化、京族文化和瑶族文化接受中原文化、广东文化的影响并在西方文化促进下相互融合而形成的，汉文化与壮族文化、瑶族文化、京族文化并存，而以汉文化为主导。

桂西南文化带大体包括今南宁、崇左两市及其周边地区；大部分市县分布或靠近中越边界线中方一侧，中越边界上有著名的友谊关、平而关和水口关，宾阳和邕宁（今属南宁）间有古代广西内地的门户、引发历代文人诗情的昆仑关，因此又可称为边关文化带。这一文化带是在骆越文化基础上，壮族文化同中原儒家文化、广东文化、西方文化相融合而形成的，壮族文化是主流，但汉文化处于主导地位。

中国历史文化名域北海位于广西南部，南濒北部湾。清康熙元年（1662）设北海镇标驻此，因市区北面临海而得名。古迹有福成下窑陶瓷遗址、白龙珍珠城遗址，冠头岭炮台、地角炮台和集佛道儒于一体的普渡震宫。近代建筑有包括英、德、法 3 国领事馆旧址、北海海关、森堡洋行、北海天主堂、双孖楼、女修院、贞德女子学校、普仁医院和清邮政局等 16 个地点的全国重点文物保护单位。清光绪二年（1876）年北海开埠，比当时广西龙州、梧州、南宁 3 地开埠都早，开埠后商业和对外贸易发达，是两广和云贵等省货物进出口港和较早接受西方文化的地方，近代学校、医院、体育运动和作为近代商业标志的骑楼建筑出现较早。商业文化发达，如商店开业要大牢祭拜财神，亲朋祝贺要制"三多图"和致送以招牌为鹤顶格的对联，等等。流行粤剧及耍花楼、西海歌、咸水歌、客家歌、黎歌等，角雕、贝雕和贝雕画驰名。著名海滨浴场——银滩，因沙白如银而得名，这里滩平、沙细、浪软，海水自净能力强，被誉为"东方夏威夷"。西南海域中的涠洲岛为广西第一大岛，也是我国最年轻的自产淡水的火山岛，可利用资源十分丰富。北海特产珍珠、合浦珠母贝、海参、沙虫、中国鲎等。疍民较多，因职业不同而分为渔疍、珠疍和蚝疍。疍民有举家随船出海的习惯，船称家口船，在岸边则建固定房子，叫疍家棚。疍家棚依岸凌水，植木为桩，架栋为椽，上覆竹瓦，围以竹壁；下铺木板，板上打蜡，纤尘不染，席地坐卧。疍民习俗特殊，吃饭时筷子不能架在食具上（搁浅之意），汤匙和碗等不能覆置（翻船之象征），空船要说吉船（粤语"空"与"凶"同音）。有未订婚男子的，在船尾种一盆草，未订婚女子则在船尾种一盆花。婚礼多在水上连舟成排、张灯结彩进行，一般举行2天，有送礼、取花、接亲、"碌艇"（摇晃接亲彩艇）等活动。新娘出嫁前10天左右每晚例行"叹家姐"，即以歌代哭，内容不外感谢父母养育之恩，思念兄妹、姐弟或姐妹之情，因每句开头均有"叹家姐"三字而得名；也有母女、姐妹对哭的，声音凄切、感情真挚，闻者动容。

合浦县在北海市区北面，汉元鼎六年（前111）始设。包括廉州、乾体等港口在内的合浦古港形成于西周，汉代成为中国海上丝绸之路始发港，三国时，海上航线延至罗马，外商来华由此入境者络绎于途。汉至唐，南洋、西洋各国来华朝贡必经此地。宋代成为广西漕运海盐的中心，与交趾互市的口岸。有新石器时代牛屎环塘贝丘遗址、草鞋村汉陶窑址，始建于宋的海角亭、大士阁，始建于明万历年间的文昌塔和惠爱桥，始建于清的东坡亭。合浦汉墓群，规模大，墓葬数量多、随葬品丰富，被列为全国重点文物保护单位。宋创设廉州府学，清有书院26所。明清两代士子考取进士15人、举人111人。合浦龙眼已有2000多年种植历史，汉墓已有荔枝标本出土，宋元符三年（1100）苏轼从儋州北归过廉州时初尝合浦龙眼后赞不绝口，即席赋《廉州龙眼质味殊绝可敌荔枝》诗，流传千古。合浦珍珠世称南珠（或称廉珠、白龙珍珠），凝重结实，晶莹玉润，历来闻名于世。民间有许多关于珍珠的传说、故事，"合浦珠还"已成为汉语成语。历代还有许多关于合浦珍珠的诗文，如唐项斯《蛮家诗》、宋郭功甫《寄苏子瞻自珠崖移合浦》、明顾梦圭《珠池叹》、清冯敏昌《采珠歌》，等等。

钦州东南与合浦相连，南瀕北部湾。南朝梁普通四年（523）置安州。隋开皇十八年（598）为避免同名，改安州为钦州，取钦顺之义。史前文化遗址有那丽独料新石器时代遗址。古建筑有隋钦江县故城遗址、宋天涯亭、文峰卓笔塔、清广州会馆、刘永福故居三宣堂、冯子材故居宫保府、那蒙竹山民居等。天涯亭为宋钦州知州陶弼始建，因"钦地南临大洋，西接交趾，去京师万里，故以天涯名"。辖区南部钦州

图下 10-5　清光绪间竖立的中越边界碑，右为广西段 53 号界碑（大新德天），廖端摄（21 世纪初）　左为广东段（今属广西）1 号界碑（东兴竹山），蒋廷瑜摄。

图下 10-6　清光绪乙酉年（1885）在镇南关率领大刀队战胜法国侵略军的冯子材像　采自《南宁百年图录》（上卷）

湾内有 230 多个岛屿，港湾众多，历史上是海防要地。汉伏波将军马援南征交趾时经此转道。清康熙（1662—1722）年间曾派重兵镇守湾内龙门岛，以防外敌入侵。光绪（1875—1908）间，为巩固海防，曾在龙门、鹰岭等岛屿和乌雷半岛建造炮台。湾内东南部的钦州港为天然良港，孙中山在《建国方略》中将其列为待开发的

图下 10-7 刘永福书"虎"字中堂(今存广西壮族自治区博物馆)

南方大港,此规划现已实现,钦州在龙门港湾内的著名风景区——龙门七十二泾的仙岛公园立有目前中国最大的孙逸仙(中山)铜像以为纪念。龙门七十二泾因群岛构成 72 条水道而得名,泾泾相通,各泾如奔腾的蛟龙,围绕着明珠般的 72 个岛屿,有如群龙戏珠,故称"龙泾珠还",又称"南海蓬莱",引发历代骚人雅兴,写下不少诗文。明董传策赞美"龙江一曲绕营隈,水满堤罗泾自开。七十二溪分复合,八千万里去还来。川鲸暂隐珠帘洞,海蜃频嘘白玉台。谷口桃源如有路,渔郎误入几时回?"1907 年 7 月至 1908 年 3 月,孙中山领导的革命党人黄兴等在钦州一带先后发动钦防起义和钦廉上思起义,加速了反清斗争的进程。宋代钦州始办州学,自明洪武甲子年(1384)至成化丁未年(1487)考中进士 2 人、举人 16 人。明清两代先后创办书院 11 所。历史名人有隋代官至钦州都督府的宁长真,明代因捐资办学而受邑人钦仰的黄秋槐,清代参与四库全书编纂的冯敏昌,抗法英雄冯子材和刘永福,在中法战争中屡立战功的骁将杨著恩和冯兆金,被孙中山委为镇南关都督而指挥镇南关起义的黄明堂,等等。民间流行粤剧、粤曲。壮族惯过岭头节,流行跳岭头(壮族师公舞)。

防城东北部与钦州交界。清光绪十三年(1887)划钦州西部置防城县。防城史前文化遗址有亚菩山、马兰嘴、杯较山和社山海滨贝丘遗址。江山半岛潭蓬村和潭西村之间的潭蓬运河(又称天威径、仙人垅)筑于唐咸通(860—874)年间。为抵御倭寇入侵,清康熙五十六年(1717)在今企沙乡炮台村修筑石龟头炮台。光绪间,又在今江山乡白龙尾尖端的 4 个山丘上分别修筑龙珍、白龙、龙骧、银坑 4 座炮台,总称白龙炮台。白龙炮台与石龟头炮台共同控制防城江口和北仑河口,俗称"龟蛇守水口"。光绪十六年,在那梭乡炮台村炮台岭建炮台 1 座,以防法国帝国主义从越南经陆路侵入我国。防城（包括今东兴市）与越南边界线长120公里，中法划界时竖立界碑1—33号[⑩]。

南宁位于桂西南，处郁江干流邕江段两岸。东晋大兴元年（318）置晋兴县，治今南宁市区；晋兴县同时为晋兴郡治所。隋开皇十八年（598）撤晋兴郡置宣化县，直至清末。唐贞观六年（632）因州西南有邕溪水，改南晋州为邕州；咸通三年（862）分岭南道为东、西二道，岭南西道治邕州（今南宁）。元泰定元年（1324）朝廷以平定南疆兵乱，改名南宁路。明改为南宁府。

南宁市有顶蛳山贝丘遗址、豹子头贝丘遗址、灰窑田贝丘遗址等新石器时代遗址，其中以顶蛳山贝丘遗址最具代表性，被命名为顶蛳山文化。南宁也是新石器时代晚期大石铲分布密集地区。古建筑有宋邕江防洪堤遗址、为纪念抵抗交趾入侵、坚守城池而殉难的苏缄而建立的城隍庙遗址、清城墙遗址以及始建于唐的昆仑关、天宁寺，始建于宋的铜鼓陂水利，始建于明的青山塔、罗文村韦氏祖屋，清新会书院、粤东会馆、两湖会馆、五圣宫、安徽会馆、金狮巷民居群等。

南宁历史上最早创办的学校是唐代的邕州州学。明代书院有敷文、东泉、东廓、中廓、西廓多处，其中敷文书院为王守仁所创办，王守仁在公务之余，曾登台讲学。元始办社学、义学。历代宣化（含今南宁）籍学子参加科举考试，共考取进士27人。

南宁民间流行邕剧、粤剧、丝弦戏、桂南八音、板凳龙舞、平话山歌、南宁木鱼歌、南宁大鼓、师公舞等。古代碑刻有明青秀山摩崖文字、王阳明遗像石碑、南宁府学书碑和清雷婆岭摩崖文字。

南宁外来文化主要有佛教、基督教和天主教。佛教于唐开元十四年（726）始建龙兴寺，明末清初是鼎盛时期，有九庵十八寺；1949年底仅存水月庵等寺庙4处。清末，天主教、基督教分别传入南宁。天主教建有主教府、南宁总堂、南国街分堂、南伦街分堂和郊区分堂，开设拉丁书院、圣家会女修院、玫瑰印书局和明德留产院。基督教建有圣公会南宁救恩堂、安息日南宁堂等，还创办了小学和医院。

南宁于唐景云（710—711）间设逢卯圩农贸市场，宋代在西溪口（今石埠）设"僚市"。明为左、右江及云、贵商品集散地，朝廷在南宁设广西提举买马司专司买马和中转业务。清乾隆（1736—1795）间，外省商人多经此转赴安南（今越南）。光绪三十二年辟为商埠后，工商业进一步发展，今兴宁路、解放路一带仍遗存早年的商业建筑——骑楼。

武鸣南与南宁市区相连。1912年，旧桂系首领、县人陆荣廷任广西都督，崇尚武功，意"以武而鸣于天下"，改武缘县为武鸣县。武鸣县新石器时代文化遗址有岜勋贝丘遗址、蜡烛山遗址等。古代墓葬主要有独山、岜旺和敢猪岩先秦岩洞葬，元龙坡西周春秋墓群、安等秧战国墓群等。武缘县学创设于唐初，思恩府学于明嘉靖七年（1528）迁入县境。明嘉靖四十年（1561）始办书院，至清末先后办了6所。明正德三年（1508）始办社学，清康熙间始办义学。明清两代有7人考取进士，139人考取举人。壮族教育家刘定逌，诗人韦丰华、黄彦坊、蒙泉镜、覃海安，女诗人张苗泉，学者黄君钜、黄诚沅，代表壮族文人和作家群的崛起。壮族曲艺及山歌广泛流行。歌圩有家歌圩和野歌圩之分。野歌圩在野外举行，各地时间不一。每场歌圩聚集千人左右，多时可达一万，唱和竟日，薄暮不散。

崇左东北隔扶绥与南宁市区相望。唐末置左州。崇左旧石器时代遗址有濑湍矮洞及新和乡、那隆乡等多处。在木榄山智人洞发现11万年前早期现代人下颌骨，新石器时代遗址有冲塘、何村等贝丘遗址。古代建筑有明斜塔——归龙塔、板麦石塔、金山寺等。县境左江两岸28处岩画，属左江岩画的一部分；左江岩画又称左江崖壁画、左江崖画，其中以崇左市辖宁明县的驮龙乡耀达村明江（左江支流）东岸花山岩画最为有名，是左江岩画的代表性杰作。县城旁金柜山峭壁有明御史毛伯温题字"元老壮猷，平交伟绩"，左江南岸码头右边石壁有清梁世遵书"振古如斯"4字。太平府学和左州州学分别创建于明洪武三十年（1397）、嘉靖八年（1529）。成化（1465—1487）间始办社学，隆庆（1567—1572）间县内设立社学16所。清雍正元年（1723）创办县学，清末创办太平中学堂。民间流行采茶戏、舞春牛、舞麒麟。民歌有壮族山歌、白话山歌、蔗园话山歌等。徐霞客《粤西游记》中有关崇左、左江的记载甚多。特殊节日有壮族那央节（农历二月初二）、扫墓节（农历三月初三）、牛魂节（四月初八）。部分乡村壮族老人嗜吃蒌叶，认为吃蒌叶可防牙痛。

凭祥东北隔宁明与崇左相望。宋皇祐五年（1053）置凭祥土峒，为凭祥得名之始。1913年设县。凭祥西面和南面与越南国接壤，边界线长97公里，有友谊关、平而关，1885年中法战争中大败法军的镇南关大捷即在友谊关的关前隘展开。清末，清廷同法国会勘中越

图下10-8　清光绪三十三年（1907）孙中山领导镇南关起义时亲临右辅山炮台慰问起义将士，并操纵大炮向清军射击。这是孙中山当时所戴的军帽，里子上写有"镇南关占领纪念　高野"9字，"高野"为孙中山化名。　采自《南宁百年图录：上卷1901—1949》。

边界并绘图设立中越界碑（或称界石）[⑪]。中法战争后，广西提督苏元春在中越边界广西段中方境内铺设边防公路；修建炮台109座，其中凭祥是重点防御地区，县境内建有多处炮台，各配备德国造克虏伯大炮1门；今存大炮部分已分别运往南宁市人民公园、广西博物馆和北京中国军事博物馆展览。各炮台多有碑记，叙述有关情况。1907年孙中山领导的镇南关起义地址就在右辅山镇南、镇中和镇北炮台，孙中山曾亲临炮台慰问起义将士。市区北面1.5公里处的大连城，也是苏元春督边时作为防御工事依山就势而建的城墙，并将周围各山连为一体，构成规模宏大的军事指挥中心，故名大连城。城内设大行营、提督行台、演武厅、军械局、兵房、操场、庆祝宫、武圣庙及商店等。半山腰有一天然的白玉洞，从洞口右侧可登山顶，俯瞰大小连城内外（小连城在毗邻的龙州县境）；洞内有历代刻石文字。连城要塞遗址为全国重点文物保护单位。白马山脚的东汉班氏夫人墓，现存墓碑立于清道光九年（1829）。右铺山麓旁的小土山为万人坟，埋葬在中法战争中牺牲的部分清军官兵。

第四节 桂中文化带和桂西北文化带

中国历史文化名城——柳州 麒麟山人家园——来宾 传说中的刘三姐故乡——宜州 发现百色手斧的桂西名城——百色 百粤遗迹存德保 句町雄风振西林

桂中文化带以柳州为中心，包括柳州及其周边地区，其核心地带分布于西江干流重要支流——柳江两岸，故又称柳江文化带。柳江文化带是在史前古人类文化和骆越文化基础上，壮族文化和瑶族文化接受中原汉族文化和回族文化的影响，并相互融合而成。其中最具特色的内涵为史前文化，土司文化，刘三姐文化，瑶族文化，盘古文化。

桂西北文化带大体上包括桂西、桂西北的郁江上游右江和西江干流上游河段——红水河两岸及附近各县市，故又称右江和红水河文化带。这一文化带是在史前文化和瓯越文化的基础上，壮、侗、仫佬、毛南、水、仡佬、瑶、苗、彝等民族文化在汉文化影响下互相融合而成，以史前文化、铜鼓文化及民族艺术、习俗为其鲜明特色。《红水河文化研究》一书认为，红水河一带是广西土著文化的发源地，是广西以壮族为主体的少数民族文化的摇篮[⑫]。

地当广西地理中心及南北交通枢纽的柳州市经济地位显要，文化内蕴丰厚，系中国历史文化名城。汉代属潭中县，隋改潭中为马平。唐贞观八年（634）改为柳州，因柳江得名。柳州是史前文化遗存丰富地区。柳城有巨猿洞。市区旧石器时代遗址有白莲洞遗址，新石器时代遗址有白莲洞下层、鲤鱼嘴上层、蓝家村等遗址。古代建筑有始建于唐的灵泉寺和柳侯祠，始建于明的东门城楼、西来古寺，始建于清的清真寺和蟠龙双塔等。柳侯祠为纪念唐哲学家、文学家、政治家柳宗元而建。柳宗元于元和十年（815）三月任柳州刺史，十四年十月病卒于任上。他在柳州4年多做了许多好事：革除陋习，解放奴婢，桂管经略观察使令所辖各州仿行，一年中释奴1000多人；修复孔庙，兴办教育，导引士子"孝父忠君，言及礼义"，"南方为进士者，走数千里，从宗元游，经指授者，为文辞皆有法"（《新唐书》本传）。清汪森在《粤西通载·发凡》

图下 10-9　柳城县楞寨山半山腰上的硝岩洞发掘出大量巨猿化石，被称为"巨猿洞"。柳城县文物管理所供稿

中也说，"其兴文教也……若以粤西论，则宜推柳子厚始"。为弥补礼教之不足，柳宗元修复大云寺，借助佛教"事神而语大"，"以佐教化"。他还主张民族和睦，反对以武力镇压少数民族，并带头植树种柑，发展生产。这些措施得到社会认同，他也受到柳州人民的爱戴，除建祠外，后来又修柳侯公园、柳宗元衣冠墓、柑香亭等纪念建筑。柳侯祠今存历代碑刻 40 多件，其中集韩（愈）文、苏（轼）书、柳事于一体的"三绝"碑——荔子碑十分珍贵。而韩愈文、沈传师书、记柳宗元在柳州政绩的"柳州罗池庙碑"和据说是柳宗元手迹的"剑铭碑"也是重要碑刻。市南郊有龙潭公园，当年柳宗元曾在此祈雨，撰有《雷塘祷雨文》；石壁有明柳州八贤之一张翀的题刻。柳江南岸的驾鹤山，是汉潭中县故城遗址，现存小桃园、三相亭、驾鹤书院等石刻多处。柳州唐代首设柳州州学。宋绍兴二年（1132）春起，王安中等先后流寓于此，创办驾鹤书院，"观书论诗"，史称"柳寓三相"。王安中撰有《新殿记》文及《咏罗池》等诗词，并在石壁刻《新殿记》和"驾鹤书院"、"熊氏园竹里"等大字。元代建有府学，清代开办柳江书院等。宋至清季，柳籍士子参加科举考试，有 50 人登进士榜。当地历代名流有明"柳州八贤"（戴钦、张翀、徐养正、周琦、龙文光、孙克恕、佘勉学、佘立），清代文学家、岭西古文五大家之一王拯，官员、学者杨廷理，同盟会柳州地方组织负责人、革命烈士刘古香。民间流行桂剧、采茶剧和粤剧。传说歌仙刘三姐曾在柳南立鱼峰对歌成仙，乘鱼上天。今鱼峰山公园的刘三姐对歌台，仍是

中秋之夜各路歌手聚集对歌的繁华场所。

来宾在柳州之南。来宾旧石器时代晚期文化遗址麒麟山人遗址，曾发现残破的人类头骨化石1具，被命名为麒麟山人。古建筑遗址有二沟村唐归化县故城遗址和歌朗村循德县故城遗址，蓬莱洲宋故城遗址。明万历间重建的文辉塔至今犹存。县学创办于宋开宝二年（969）。清代创办劝学所、义学和书院。宋至清代士子参加科举考试，共有5人考取进士，8人考取举人。民间流行壮师剧、彩调剧、丝弦剧、桂剧、粤剧及渔鼓、蜂鼓、零零落等说唱文艺与民族歌舞。

宜州居柳州西北。有赖康岩新石器时代遗址，窑头堡宋窑址、德胜宋窑址及宋铁城遗址、香山寺遗址，唐龙水县城故址、明河池守御千户所遗址和永定、永顺两个长官司衙门遗址。宋淳熙元年（1174）为纪念大诗人、大书法家黄庭坚而建的山谷祠今仍遗存。德胜牛岩为太平天国翼王石达开与清地方团练激战地。北宋始设宜州州学。南宋创办县学。至清末先后开办书院10所。历代宜州籍士子考取进士41人（宋28人、明11人、清2人），举人255人（明210人，清45人，含武举15人）。其中宋皇祐元年（1049）状元冯京是广西历史上第一位三元及第者。明万历（1573—1620）间，周齐、周衮、周立、周元、周襄父子叔侄兄弟5人先后中举，县人建"五桂联芳"石牌坊以纪其盛。山谷祠有黄庭坚自画像及自画像赞真书石刻。白龙洞有历代摩崖文字60多方，包括石达开及其部将唱和诗刻；以宋代"五百罗汉名号碑"最著名。另有造像3处20多尊。龙隐岩前石壁有宋余靖、方信孺、张自明等名人题刻和宋沙世坚镇压茆难（今毛南族）莫文察的碑记，是研究毛南族历史的重要资料。铁城今称古城峒，两山峭壁间刻有《宜山铁城颂》、《宜州铁城记》两方大型摩崖文字。民间文艺活动丰富多彩，下枧河传为刘三姐故里，山歌唱对之风尤盛。宋度宗为皇子时曾任宜州观察使、节度使。杨家将文广、武经大夫云拱、诗人张自明曾先后任宜州知州。文学家赵抃任宜州通判时为士子讲学。黄庭坚编管宜州时常为地方人士写字、治病，教授诸生，直至逝去；所作《虞美人·宜州见梅作》云："天涯也有江南信，梅破知春近。夜阑风细得香迟，不道晓来，开遍东南枝。玉箫弄粉人应妒，飘到眉心

住。平生个里愿杯深，去国十年，老尽少年心。"明代大旅行家徐霞
客对宜山亦情有独钟，曾在此考察 30 天，留下游记 2 万多字。

百色位于广西西部。百色系壮语村寨"剥涩"（意为洗衣服的地方）
汉译，20 世纪 50—60 年代的字典词典均注音 bǒ sè，现已改注为 bai
sè。1912 年设百色县。百色旧石器时代文化遗址主要有百谷遗址、大
梅遗址、南半山遗址、杨屋遗址、上宋遗址等，出土砍砸器、手斧、手
镐、刮削器等石器一大批，其中特具标志性意义的手斧被命名为百色手
斧。新石器时代洞穴遗址有百维遗址，台地遗址有革新桥遗址等。古代
建筑遗存主要有清粤东会馆。百色的私塾创设于清康熙十九年（1680），
光绪间创办书院。光绪三十一年（1905）开办小学，翌年建成泗色中学
堂，三十四年创办女子小学。

德保西北部与百色市区相连。德保县出土文物有新石器时代石斧、
汉代铜斧等。县城东北面的百粤道遗迹，从汉龙村弄迷屯后的山弄至阿
弥坳下今县农资公司仓库，全长 1.75 公里，其中阿弥山地段 389 米，山
东麓一块石头上刻"百粤坡" 3 个正书大字。广西人民出版社 1998 年 8
月出版的《德保县志》说，（百粤道）"何年修筑待考"。有人从陡坡石级

图下 10-10　德保"百粤坡"石刻　　采自《德保县志》，1959 年出版。

上留下的许多深达 10 多厘米的马蹄印推测，可能是古代岭南百粤民族及其后裔进行国内外交流和通商的必经之路。古建筑遗址还有宋镇安府城池、明营盘等。古建筑遗存有清观音阁、钟灵阁、一览亭等。德保是南路壮剧的发源地。壮族有包花安神之生育习俗，瑶族则有安神、求花、盘花扣锁等生育习俗。歌圩一般在春季农事到来之前举行。历史人物有明土官岑天保（天保县即因其而得名），清南路壮剧创始人黄现炯等。土特产品有八角、茴油、田七、矮马、蛤蚧等。其中八角、茴油质量优异，茴油早年出口欧洲供法国提炼香料，故有"巴黎香水，天保茴油"之说。清史学家、文学家赵翼曾任镇安知府，对镇安（今德保）一带的风俗习惯兴趣浓厚，并在其所著《檐曝杂记》卷六及一些诗歌中加以记载和反映，如《土歌》《镇安土俗诗》《镇安土风诗》等，相当传神。

西林东隔田林与百色相望。西林县地在汉代属句町国。现有壮、汉、苗、瑶、彝、仫佬、毛南等民族。普驮汉代铜鼓墓中出土作为葬具的铜鼓 4 面，陪葬品有鎏金铜马俑、铜坐俑、珠贝、玉石等。在离铜鼓墓 20 米处出土汉代铜棺 1 具，长、宽、高分别为 200、66、68 厘米，铜板厚 0.5～1.5 厘米，净重 400 公斤。古代建筑遗存有那劳村清代岑毓英岑春煊父子营建的宫保府建筑群，包括荣禄第、思子楼和南阳书院。云贵总督岑毓英、两广总督岑春煊都是西林人。清咸丰六年正月（1856 年 2 月）在这一带发生引发第二次鸦片战争的西林教案（又称马神甫事件）。咸丰十年，太平天国翼王石达开率部回师广西时曾进驻西林定安（今属田林），贴出《太平天国军纪告示》。

第五节　文化名村

桂北文化名村：兴安水源头、灌阳月岭、灵川江头　桂东及桂东南文化名村：富川秀水、玉林高山、灵山大芦　太平天国革命发源地金田村　以岑氏建筑群著称的壮族村寨那劳村　历史价值长存的黄姚古镇

前述 6 个文化带及其所属 30 个市县立体地呈现了广西各文化带的基

本面貌，下面叙述分布于广西东西南北的 9 个著名村镇则为加深对广西地域文化的体察提供基层的典型个例。其中桂北、桂东及桂东南文化名村 6 处，太平天国策源地 1 处，桂西壮族村寨 1 处，文化古镇 1 处。

　　水源头村为兴安县白石乡属自然村，北距县城兴安镇 28 公里。村前有一小溪从田垌中流过，途经鳌头村注入高尚乡上桂峡水库，是湘江主源头，故名。相传明洪武（1368—1398）间一位山东秦琼后代被贬到桂北，其后人的一支在此定居，经过多年繁衍，人口不断增加，现有多姓居民。村子里的主要建筑为秦家大院。大院长约 120 米，宽约 60 米，全系两层青砖瓦房；其中高堂、戏院和花厅等建于清乾嘉（1736—1820）年间，前后费时 22 年。现存房屋 27 座，占地约 1.5 万平方米；三横七纵布局，分 4 组，各家相连。采硬山式，砖木结构，以数吨重青石方墩垒脚。各座房屋堂屋铺黄色地砖。厅前阳沟底部铺雕花排水石。房内板壁上镂刻各种飞禽、花卉图案，窗户镶嵌琉璃花窗；边庭柱下的光滑碌石上雕凿着精细的龙凤吉祥图案；山头描画花卉龙凤。各座房屋间的通道全以约 1 米见方的青石板铺垫。居中房屋大门正开，两旁的房屋则大门朝里，另有一座侧房大门朝前，构成一个相互照应的整体。各座房屋之间为高堂、戏院和花厅。其间通道，旧时为青年人练功习武场所，现存当年练功用石墩 1 方，重 190 公斤。另有从旧学堂移来的石狮 1 对，俗称青龙、白虎，光洁如玉。村庄向学风气浓厚，明、清两代共出武状元 1 名，文进士 20 名，举人数十名。武状元秦本洛故居大门屋檐下挂有硕大的红漆金字"武魁"木匾，下署"钦命赠武职郎秦本洛恩科武魁嘉庆十三年戊辰岁季冬月榖旦立"，匾下方门楣上为以《易》中卦文书写的"乾坤"卦篆。匾右方有一块"文魁"匾[13]。村前占地 10 多亩的"围子园"旧址，原是村中读书人中举后竖立甲石的场所，今残存甲石若干。村北是旧时练习骑射的跑马场。各家均有古代留下的石水缸。一些人家还保存有刻着兵书、宝剑、雨伞等花纹的木椅和雕花镂凤的大床与古色古香的红立柜。关于湘江源头有清嘉庆、乾隆年间竖立的石碑，字迹已漫漶不清。村庄旁有 300 多棵国家一级保护植物银杏，树龄均在百年以上。

　　月岭村为灌阳县文市镇辖村，西南距镇政府驻地灌阳镇 2 公里，三面环山，后山形如犀牛望月，故又名望月岭。村庄占地 4.5 平方公里，始建于南宋嘉定十七年（1224）。现存建筑物大部分建于明末，小部分建于清乾嘉（1736—1820）年间，建筑面积4.86万平方米。所有房屋均为硬山式，青砖包墙，青瓦覆盖，木楹基础，方形地砖，格扇门窗，脊饰鳌鱼，顶塑葫芦，多属典型的官府式四合院。其中以翠德堂、继美堂、多福堂、宏远堂、文明堂、锡嘏堂等6座大院最具特色。这些大院依地势由高到低自东南向西北排列，东西两路各3座大院，风格一致。每座大院由4幢以上房屋组成，均有大、中、前门。每幢房屋又分为上、下两部分，两侧配有厢房。前部设大门、天井、大堂，然后是中门；后部有天井、后堂。另外有排水沟、石碓、石磨、粮仓、鱼塘、花园、戏楼等。6座大院共有大小房屋30多幢计300多间。各房既是一个独立的整体，又与其他房屋相通。每幢房屋均绘有花鸟鱼虫图案，大多寓意福禄封侯、富贵吉祥。村内道路全以青石板铺设，历经700多年沧桑后已被脚板磨得光洁平滑。村头有炮楼，四周砌围墙，村中设碉堡。村外还有广西壮族自治区文物保护单位"孝义可风"牌坊、文昌阁、石亭、石寨，灌阳县文物保护单位催官塔、文峰塔、将军庙等建筑。其中"孝义可风"牌坊为当时知县唐景涛于清光绪十六年（1836）奉旨为其母史氏而立，题额"孝义可风"，为道光帝手迹。牌坊系石料砌筑的三间式仿木结构。题额上方镂雕寓意"天官赐福、爵禄封侯、连升三级"的八仙、喜鹊、马鹿、蜜蜂、猿猴、莲花等动植物图案；一梁南北西三面均镂刻一对姿态各异的麒麟，二梁两面镂刻戏珠的双龙；二层匾书刻史氏简历，三层匾南北两面分书"孝义可风"、"艰贞足式"。牌坊上还刻有当时申请旌表史氏而逐级上报的呈文和自上而下的批文，在全国同类牌坊中似罕见。"孝义可风"牌坊被誉为"石雕博物馆"[14]。

江头村为灵川县青狮潭镇辖村，全称江头洲村，坐落于青山绿水和田畴之间，东南距县城灵川镇15.5公里。村庄始建于明弘治（1488—1506）间，开山为宋理学家周敦颐第十四代孙。全村古建筑群规模宏大、种类繁多，包括民居、祠堂、殿堂、楼阁、亭子、石塔、桥梁、水井、牌坊等，还有碑刻。现有民居180多座。民居连接成片，布局精巧，风格古雅，特色鲜明。村巷道路以卵石铺面，纵横有序，两旁宅院相连，青砖高墙，静谧幽深。房子大多为砖木结构平房，硬山顶。其中建于光绪八年（1882）的爱莲家祠最具代表性。家祠楼阁相接，重檐覆顶；有风雨亭、歇憩亭、祭祀殿、文渊楼、大门楼、兴宗门等建筑。这些建筑有部分已被毁坏，但作为主体建筑保留下来的部分仍然完好，可窥其清代建筑风格。各种装饰精妙，尤重雕刻。雕刻种类多样，举凡木雕、砖雕、石雕，无不齐备；雕刻方法繁杂，仅镂花一法，便有20多类500多种；雕刻工艺细腻，纹饰线条秀丽，图案美观。村庄文化内蕴丰富。一是不少古代建筑各有寓意。爱莲家祠取周敦颐名篇《爱莲说》"出淤泥而不染"之意，"五代知县"宅因屋主一家五代均任过知县而成佳话；进士街、秀才巷、闺女楼、护龙桥，等等，也无不各有缘由。二是现存古代牌匾多，"解元"、"进士"、"知州"、"盐大使"、"奉政大夫"、"荣禄大夫"、"德风望重"、"慈善可风"及历代周氏子弟在各地任职的挂匾、诰封匾、功荣匾等今存200多块。三是一向重视教育，延请名师授业，曾任两广总督和直隶总督的刘长佑，广西巡抚和云贵总督张月卿，山西巡抚鲍源深，湖北巡抚严树森，广西巡抚马丕瑶、张联桂、史念祖，广西按察使胡松楣、张安圃，广西布政使黄植庭等近百人，曾在此教书育人[⑮]，留下不少史迹、嘉言。正因为重视教育，周氏后裔人才辈出，明清两代共出秀才上百人，举人27人，会试贡生8人，进士8人。自清嘉庆（1796—1820）年间起的100多年间，全村168人出仕；涌现一门两进士、四代四举人、五代五知县等人文盛况。四是保存至今的文物多，除牌匾雕刻外，还有古碑、古楹联、古石刻、古木床、古饰器、古砚、古字画、古币、古石磨、古兵器等。古代楹联内涵深厚，如"先代贻谋由德译，后人继述在书香"；"心诚功成，水滴石穿"，等等。五是爱莲文化凸显。除爱莲家祠外，还有爱莲堂。环村皆塘，塘皆种莲。各家窗棂、门扇、石阶、柱础、地砖、神龛，到处雕刻着精致的莲花纹样图案。《爱莲说》精神融入族规家训之中。家祠每个雕花窗棂图案都是一个汉字，联组成"循礼"、"遏制"、"亲贤"、"敏事"、"慎言"等家训。2005年江头村被评为"中国最具旅游价值古村落"。其建筑工艺、史迹数量、名人数量、清官数量在广西著名村落中均居第一位。

　　黄姚街为桂东昭平县黄姚镇辖街道，俗称黄姚古镇，因早年居民以黄、姚两姓为多而得名。古镇发祥于宋，现存街道建筑始建于明嘉靖

图下 10-11　黄姚古镇

三年（1524），自此商业逐渐发展，至清乾隆（1736—1795）间达到鼎盛。在群峰叠翠、清溪环绕、树木参天、绿竹掩映的秀雅田园中，古镇按九宫八卦方位布局，包括 8 条带状街道和 600 多间民居、庙宇和桥梁、亭子等，成为九曲回环、小桥流水的梦幻家园。街道以大青石板铺设路面，总长约 10 公里，最宽处 5 米，窄处不到 2 米；路面光洁，偶有利用天然岩石雕凿的盘道石鱼。房屋多为两层结构，具有典型的明清风格和岭南风貌。现存建筑规模约 16.2 万平方米，有各式民居及店铺票号。坐落于龙畔街的莫氏旧宅布局严谨，规模宏大，门前有石鼓 1 对，竖有拴马桩，据说其先人曾任大司马。镇上现存各姓宗祠 11 座，寺庙宫观 20 多座，亭台楼阁 10 多处。其中古戏台始建于明嘉靖三年，清光绪（1875—1908）间重修；台底四角原各置大水缸 1 口，唱戏时可产生共鸣，10 公里外也能听到锣鼓声。人们看重匾额，认为建筑物匾额有如人的脸面，故一房一匾，有房必有匾。现存牌匾 50 多块，如莫氏旧宅"司马第"匾、清刘宗标题"模范长留"匾、兴宁庙"且坐喫茶"匾，等等，其中"且坐喫茶"匾被列为中华名匾[18]。此外，传至民国楹联亦多有存留。民间节日以农历三月初三唱大戏为有名。土特产品主要有黄姚豆豉、九制黄精、酸梅等，其中以豆豉为主可做成豆豉宴。

秀水村为富川瑶族自治县朝东镇辖村，位于秦汉岭南"新道"——潇贺古道东南侧，东南距县城富阳镇 30 公里。这里山水秀丽，故名。村旁有鲤鱼出水状山峰名秀峰山，村庄曾名秀峰村。为毛姓聚居地，始祖毛衰。村庄始建于宋政和（1111—1118）间，由八房（宣教）、安福、水楼、石余4个自然村组成，居民绝大部分姓毛，杂以少量何、宋姓人。有毛氏祖祠（4座）、状元楼、民居、书院和私塾（4所）、进士门楼、戏台（5个）、花石板街等明清建筑遗存。还有一个洋气十足的"吉美孚"门楼，是一个毛氏后裔曾当买办的见证。毛氏宗祠青砖绿瓦，龙脊上翘，屋檐飘逸，气势壮观。据《毛氏族谱》记载，为使后裔牢记祖先沿秦汉古道南迁至此的传奇经历和创业艰辛，毛氏宗祠和各进士楼大门宽度，皆依秦汉古制，设计为1.25—1.55米，与秦汉车舆宽度相同；门框和石质门槛也做成古车舆形状，门口两旁立车轮形石鼓和半车轮形石月；状元坪前以鹅卵石铺设的花街上的图案，也寓意秦汉两代的车舆轮子[①]。毛姓历来重视教育。早先，毛氏子弟到朝东就读；南宋嘉定十四年（1221），曾任会稽太守的毛奎在本村秀水东岸始办江东书院，分来薰、拂云、侍月、烟斋等馆，族中子弟就近读书。毛奎辞官回乡后亲自授徒，并写《勉学》一文勖励子孙。书院历代续办不辍，素以师训严、校纪厉、教学精、学子专而闻名，成为各书院、私塾的榜样，今剩书院残碑1块。除江东书院外，还有鳌山石窟寺书院、上山书院、对寨山书院。自宋代起，秀水村中进士者不少，就一个村子而言，实为广西之冠；秀峰挹爽造就一代状元，毛自知于宋开禧元年（1205）状元及第。状元楼两层飞檐，造型别具一格，大门上方现存金匾3块，中为"状元及第"匾，左、右分别为"文魁"、"进士"匾；大厅正中塑宋状元毛自知坐像，墙壁绘有图画，反映毛自知刻苦读书、钦点状元、为国征战等故事；天井池中栽种荷花，十分雅致。村中还有上至皇帝、下到知府知县赐封、贺赠毛氏族人的各种匾额。

高山村为玉林市玉洲区城北街道辖村，南距市区5公里。村庄分布在7个土丘上，周围村庄在洪水季节常受水灾，唯独这里从未被淹，故名高山村。村庄始建于明天顺七年（1646），占地9.1平方公里，有牟、陈、李等7个姓氏先后从山东栖霞、牟坑等地迁入。居民中牟姓占大部分。古建筑群主要包括具有典型岭南建筑文化特点的民居和宗祠，多连片而建，呈梳式布局。现存民居60座，150幢，500多间；各姓宗祠 13 座，其中牟姓宗祠 9 座；火砖铺筑路面的巷道 9 条，长约 900 米。还有戏台、剧场、围墙、石碑、水井、墓葬等。民居和宗祠一般为三至五进，每座建筑都有大量的木雕、泥塑、石雕，大门采用岭南特有、防盗效果好的推栊（趟栊）以及融美学、礼教和风水为一体的屏风。其中以清道光六年（1826）李拔谋进士第和牟日铢故居最具代表性。宗祠规模宏大，如绍德祠占地近 1200 平方米，为四进结构；第四进设观音厅，族中男子结婚举行婚礼后须在厅中住 3 宿，以求祖先神灵和观音菩萨保佑，早生贵子，多子多福。村人重视教育，崇尚科举。清末，共有学馆（含蒙馆、大馆）15 所。清末李氏创办高山村日语学校。各姓均从家族资产中拨出一定比例供族中子弟读书，即蒸尝助学制度，绍德祠尚存有关支持族中后裔读书的石碑 1 方。有清一代，当时人口只有 1000 左右的高山村，共出进士 4 名，举人 21 名，秀才 211 名[18]，因此被人称为进士村。地理学家徐霞客考察广西时，于崇祯十年（1637）七月二十六日途经这里，并在此留宿，徐氏住宿处瓦房至今犹存。全村现存古壁画 300 多幅，古泥塑 100 多件，以及进士匾、文魁匾、楹联、画像、古籍、石刻文字、雕花屏风、龙凤床等大量文物。2007 年 6 月入选中国历史文化名村。

大芦村是灵山县佛子镇辖村，西距县城灵城镇 8 公里，因原有一片芦荻竹而得名。为劳氏族人聚居地，始建于元至元十八年（1281）。主要建筑为从明嘉靖二十五年（1546）至清道光六年（1826）所建的镬耳楼、三达堂、东园别墅、双庆堂等 9 个岭南风格的建筑群落，占地 22 万平方米。多深宅大院，前后几进，每个大院有房数十间；中轴线上一般有大门、大厅、堂楼、后楼、下房等，其间各有天井、塞口墙相隔，形成各自独立的院落。各建筑群落均有明显的时代特征。如建于明嘉靖二十五年（1546）的祖屋镬耳楼结构功能齐全，并恪守成规，各家庭成员卧室及进出门径划分严格，不得混淆，具有浓厚的封建宗法理念。筑于清乾隆（1736—1795）间的东园别墅规模宏大，路径迂回曲折难辨。建于道光六年（1826）的双庆堂高大宽敞，舒适实用。各宅院大门、厅堂、楼阁等处，悬挂明清两代皇帝、高官赐赠匾额，其中三达堂所挂"拔元"匾，为道光十七年（1837）劳念宗考取国子监头名后由两广总督邓廷桢领衔题赠，笔法苍劲，鎏金制作，端庄高雅。各宅门口均有楹联，刻于红木板上悬挂，逢年过节或重大喜庆活动时用红纸另外誊抄一副，贴于木牌外侧墙上，相沿成习，几百年来从不改变，成为独特景象。这些制作于明清两代的楹联，经精选后保留至今仍在使用的有305副，词意多属尽忠报国、勤俭持家、修身积德、读书耕田之类，如"赤子兴邦安黎庶，丹心报国显忠良"，"克尽兴邦责，中全爱国心"，"忍而和齐家上策，勤与俭处世良图"，"忠厚传家安且吉，和平处世炽而昌"，"惜衣惜食，不但惜财兼惜福；求名求利，须知求己胜求人"，"仰天但使人无愧，作事何须世尽知"，"好把格言训子弟，须寻活计去饥寒"，"读书好，耕田好，识好便好；创业难，守成难，知难不难"，等等。全村重视教育，历代涌现文武生员102人；其中47人出仕，78人获封赠⑲。这里盛产荔枝，每当五六月份，荔枝挂满枝头，一片火红。诗人吴必启于嘉庆六年（1801）到此访友时曾赋诗赞美："宅绕清溪耸秀峰，松林鹤友晚烟笼；小楼掩路斜阳外，半亩方塘荔映红。"农历七月十四日合族吃茄瓜粥，以示不忘祖德。八月十八（八月庙）晚上表演传统舞蹈"跳岭头"。

金田村为桂平市金田镇辖村，位于镇人民政府驻地大宣圩南3公里处，南距桂平市区桂平镇30公里。旧风水理论认为，这里的田地为第一道水，又是沙质土壤，十分肥沃，故田贵如金，引来富户抢购，因此得名金田。金田村北枕群峰巍峨的紫荆山，南向金田平原，进可攻，退可守，形势险要。村庄历史可上溯到明代。清道光二十四年（1844）冯云山到金田、紫荆一带宣传发动群众，建立拜上帝会；至二十七年，以此为根据地，拜上帝会组织发展到邻县，共有会员2万多人。1851年1月11日，洪秀全、杨秀清、冯云山、萧朝贵、韦昌辉、石达开等在此团营，举行震惊中外的金田起义，建号太平天国。现金田村有起义营盘、练兵场、旗杆石、犀牛潭、打造武器遗址，大宣圩有起义地点三界庙，均为全国重点文物保护单位。营盘位于村后的犀牛岭上，地势高峻，背靠紫荆山，原是明侯大苟领导的农民起义军所筑，太平军加以修整、扩建，作为大本营，四周筑墙，方圆1亩多，中央一块高约1米的大石头即为旗杆石；太平天国起义当日，洪秀全亲手在旗杆上升起杏黄大旗，宣誓起义。现在营盘建有太平天国起义纪念碑和洪秀全塑像。犀牛潭在营盘北麓。起义前，拜上帝会会员在韦昌辉家建造 12 座打铁炉，以打制农具为名，日夜赶制刀枪。为掩盖打铁声，在韦家池塘里放养 100 多只大鹅，鹅声鸣叫不止，使外人难以听到打铁声音。打制好的武器在夜里丢入犀牛潭储存。揭竿起义时，起义领袖向拜上帝会会员宣布："我们穷人没有饭吃，要起来反清灭妖，上帝亚爸已赐我们许多武器。"于是戽干潭水，果然发现大批刀枪，会员欢呼雀跃，纷纷拿起武器，参加金田起义⑩。三界庙始建于清乾隆（1736—1795）初期，道光二十四年重修，雕梁画栋，屋脊有人物、鳌鱼、宝珠等灰雕。起义前后，三界庙几度成为太平军指挥所，1851 年太平军由武宣复出金田时，三界庙是洪秀全的行辕。

那劳是桂西山区西林县那劳乡辖村，西北距县城八达镇 39 公里，人口 1000 左右，壮族。清代曾在此设西乡总局，现为乡政府驻地。这里处郁江干流上游驮娘江南岸和驮娘江支流那劳河西岸，两江相汇，沃野平畴，故名那劳（壮语"那"是田，"劳"是猪板油，肥沃、膏腴之意）。那劳村创建年代无考，而岑氏始祖迁居那劳则肇自明代。清末民初，那劳岑氏出了一批文武官员，仅五品以上便有 23 人，其中以云贵总督岑毓

图下 10-12　建于清光绪间的西林那劳村官保府

英，云贵代理总督岑毓宝（毓英弟），四川总督、两广总督、云贵总督岑春煊（毓英子）等 3 人为著名，有"一门三总督"之称。尤其是岑毓英、岑春煊父子，有功于朝廷，声名显赫。自明至清，岑氏子孙在那劳营造了规模宏大的建筑群。宫保府位于村子中央，由岑毓英于清光绪二年（1876）始建，五年落成，毓英四弟毓琦后来扩建；因岑毓英曾被授予"太子少保"衔而得名。府第依山傍水，坐西朝东，占地约 3600 平方米，有房 13 栋，分前、正、后厅，厢房，佛堂等部分，外筑高 2 米的围墙，全为青砖青瓦清水墙。围墙南北各有闸门一座，青石柱门框，上刻门联。整座房子雕梁画栋，色彩艳丽。中座屋脊上徐徐而下的蝙蝠灰雕和蝙蝠背上打开的书本以及底座腾云的麒麟，共同寓意着福从天降、开卷有益。正厅原悬挂有慈禧太后御书"福寿"、"松竹"等匾，均为黑底黄字，是慈禧分别于光绪二十六年、三十年和三十一年岑春煊生日时书赐的，后移存西林县博物馆。岑怀远将军庙为纪念明上林长官土司岑子成之远祖岑怀远而建，始建于上林长官土司迁府那劳村的明弘治（1488—1505）年间，为那劳岑氏建筑群中历史最悠久部分。其他重要建筑还有增寿亭、荣禄第和南阳书院。书院前厅内屏风张贴岑毓英撰写的《岑氏族塾笺》，为岑氏子弟入学后的必修课；后厅设孔子牌位，门外立有岑毓英所撰岑氏祖训牌座，凡违规学生，都要跪在以卵石铺设的地面上对孔子牌位思过[21]。岑氏历来重视教育，家族鼎盛时，常从外地延聘名师，为族中子弟提供良好的教育机会。书院前广场为观戏台，北路壮剧在这里世代传承并不断发展。岑毓琦曾邀黔桂滇三省 12 个戏班到那劳会演，好戏连台，弥月方散，还给各戏班赏赐银钱绸缎。

【注释】

① 《中国文化的时代差异和地区差异》，《复旦学报》1986 年第 2 期。

② 吕朝晖：《失之交臂的遗憾》，见吕余生主编《桂北文化研究》，广西人民出版社，2008 年，第 140 页。

③ 袁凤兰等主编：《桂林市志》（中），中华书局，1997 年，第 1194 页。

④ 潘琦：《西江文化初探》，见李俊康主编《西江文化研究》，广西人民出版社，
2004 年，第 5 页。

⑤ 广西壮族自治区党委宣传部、梧州市委宣传部课题组：《寻找远去的家园——古苍
梧文化底蕴研究》，见李俊康主编：《西江文化研究》，广西人民出版社，2004 年，
第 58 页。

⑥ 江藩：《炳烛室文集》，转引自蒙起鹏：《广西通志稿·地理篇—郡县沿革—广西统
部》，见广西省通志馆编《广西通志稿·地理篇》（共 13 册）第 1 册第 4 页，油印，
线装，1949 年 6 月。

⑦ 廖建夏：《商会与近代梧州的市场发育》，见李俊康主编：《西江文化研究》，广西
人民出版社，2004 年，第 354 页。

⑧ 黄伟宗：《关于珠江文化与西江文化的研究开发》，见《西江文化研究》，广西人
民出版社，2004 年，第 115 页。

⑨ 20 世纪 60 年代，诗人、广西通志馆副馆长吕集义还引领了一次有郭沫若等诗人参
与的唱和。

⑩⑪ 光绪十年（1884）越南沦为法国保护国。

⑫ 潘琦：《研究区域文化　开发文化资源　推进先进文化发展》，见唐正柱主编：《红
水河文化研究》，广西人民出版社，2008 年 12 月，第 1 页。

⑬ 刘春山：《探访百年古村水源头》，见 "www.xatvw.com"。

⑭ 唐辉吉等：《月岭古宅留真颜 "孝义可风" 显风流》，见《南国早报》2003 年 2
月 13 日。

⑮ 周向东：《漫游江头古村落》，见《广西日报》2004 年 4 月 3 日。

⑯ 毛殊凡：《黄姚古民居》，见岭南文化百科全书编纂委员会编：《岭南文化百科全
书》，中国大百科全书出版社，2006 年 12 月．第 379 页。

⑰ 《秀水村》，见 "百度百科"。

⑱ 梁志敏：《玉林高山村的建筑文化》，见《玉林日报》2005 年 11 月 2 日。

⑲ 《大芦村》，见 "百度百科"（http://baike.badu.com/view/1671385.htm）。

⑳ 凌崇征：《韦昌辉的早期活动》，见贵港文化网 2010 年 1 月 27 日。

㉑ 黄炳会：《拜谒那劳》，见富宁政务网 fnzww@126.com，2009 年 2 月 19 日。

附　录

一、广西文化大事记

（史前——公元 1911）

距今约 80 万年至 70 万年	百色盆地有古人类活动，出现旧石器时代石器——百色手斧。
距今约 5 万至 4 万年	柳江人等古人类在广西分布渐广。
距今约 2 万至 1 万年	桂东北、桂中、桂南、桂西等地岩溶洞穴有麒麟山人、灵山人等古人类居住。
距今约 1.2 万年至 7000 年	进入新石器时代，广西居民开始从山洞移居河旁台地和滨海地区。原始居民开始掌握石器磨制技术，制造生产工具。桂林甑皮岩人发明制陶技术。
距今 6000—2500 年	广西地区进入农耕社会，出现人工栽培水稻。
西周时期（约前 11 世纪至前 771）	广西开始制造青铜器，烧制印纹陶器。 出现崖洞葬。 合浦一带居民开始下海采珠。
春秋战国时期（前 770 至前 221）	广西先民开始建造干栏式住房。 广西先民在左江两岸岩壁绘制岩画。 骆越人开始使用铜鼓。 桂东北一带居民开始铸造铁器。 广西先民用砭石、陶针、骨针等治病。

秦始皇二十七年（前220）	秦始皇派尉屠睢率兵50万，分5路进攻百越，其中两路进入广西。三十三年（前214）秦统一岭南，在岭南设桂林、象、南海三郡，广西纳入秦朝版图。
二十八年（前219）	兴安灵渠开凿；三十三年（前214）凿通。施工中使用石制水准方位器。
西汉（前206至公元25）	合浦成为中国古代海上丝绸之路始发港。苍梧广信（治今梧州市）陈钦、陈元、陈坚（或作陈坚卿）祖孙三代研习经学，成为古文经学家。陈钦撰《陈氏春秋》（已佚），与刘歆齐名而自成一家。陈元撰《春秋训诂》《左氏异同》（均已佚），与桓谭、杜林、郑兴司为学者所宗。陈氏开办私学，传授古文经，苍梧成为岭南经学中心。
西汉晚期至东汉（约前50至公元220）	梧州出现富民坊窑群，烧造釜、锅、罐、瓮等陶器。
顺帝永和三年至三国（137—265）	苍梧广信士燮，弟壹、䵋、武，子廞、徽，壹子匡等祖孙三代研习经学，开办私学，依者以百数，形成以士燮为领袖的学术群体。士燮注《春秋经》（已佚）。
熹平六年至三国吴初（170至约223）	苍梧牟子撰中国最早的佛学著作《理惑论》。
献帝建安（196—220）间	刘熙、虞翻等先后在苍梧设馆授徒，苍梧研习儒家文化成风。
东晋永和（345—356）间	临贺郡学创办，为广西最早设立的官学。
隋 大业十三年（617）	广西最早的县学——灌阳县学创办。
唐（618—907）	壮族民间出现土俗字（古壮字）。 宋之问、张九龄、李商隐等唐代诗人先后旅桂，写下一批有关广西的山水诗作。 桂州诗人曹唐、阳朔诗人曹邺在世。后其诗收入《全唐诗》。
贞观十年（636）	藤州（今藤县）李尧臣中进士，为广西中进士第一人。
调露元年（679）	昭州司马李寔在桂州（今桂林）西山观音峰捐造佛像一批（今西山四峰仍存佛龛98龛、造像242尊）。
永淳元年（682）	韦敬办撰《大宅颂》刻于石壁。15年后，韦敬一代韦敬办写颂诗"智城"碑文。

长寿元年（692） 沟通漓江和洛清江的相思埭凿通。

天宝八年至九年（748—749） 鉴真和尚住锡梧州、桂林传法。

元和十年至十四年（815—819） 柳宗元任柳州刺史，兴办文教，传播汉文化；倡导医学，将治疗霍乱、疔疮和脚气病的验方编成《柳州救死三方》。

咸通九年（868） 潭蓬运河（或称仙人垅、天威迳，在今防城港市江山半岛）开凿。

约大顺元年（约890） 刘恂撰《岭表录异》。

乾宁二年（895） 临桂赵观文中状元，为广西第一个状元。

光化二年（899） 莫休符撰《桂林风土记》。

宋约咸平三年至宝元三年（约1000—1040） 全州高僧楚圆被尊为临济宗七世祖禅师。

景德四年至熙宁五年（1007—1072） 藤州镡津释契嵩在世，撰《镡津文集》（含《辅教编》），被仁宗赐号明教大师。

庆历间（1041—1048） 宜州推官吴简、画工宋景等绘制中医学史上第一幅实绘人体解剖图——《区希范五脏图》。

皇祐元年（1049） 宜山冯京中状元，乡试、会试、殿试皆得第一，为广西历史上第一个三元及第者。

绍圣三年（1096） 广南西路转运使司在桂州（今桂林）开雕王叔和《脉经》，为广西第一部官刻雕版书。

元符三年（1100） 苏东坡留寓广西，在廉州写《廉州龙眼质味殊绝可敌荔枝》等诗。

崇宁三年至四年（1104—1105） 黄庭坚编管宜州，与州人讲学吟咏，撰《宜州乙酉家乘》等诗文。

绍兴二年（1132） 柳州驾鹤书院创办。

淳熙二年（1175） 范成大撰《桂海虞衡志》。

约淳熙十六年（1189） 周去非撰《岭外代答》。

嘉泰元年（1201） 王正功作诗"桂林山水甲天下"题刻于桂州独秀峰石壁。

嘉定八年（1215） 全州清湘书院创立。

明（1368—1644） 广西出现新的图书印刷工艺——以靛青代墨的蓝印本。
临桂张鸣凤撰《桂胜》《桂故》。

天顺六年至嘉靖十一年（1462—1532） 全州蒋冕著《湘皋集》。

弘治元年（1488） 桂林在府城西北丽泽门内建武学。

六年（1493） 周孟中纂修《（弘治）广西通志》完稿并刊刻，为广西最早编修的通志。

	嘉靖七年（1528）	王阳明在广西兴办教育；南宁创设敷文书院。
	三十五年（1556）	全州进士赵孟豪与族侄赵良重合刻《瑞芝轩诗集》，为广西最早的家刻本。
	万历元年（1573）	在始建于明洪武十年（1377）的玄武宫基础上扩建的容县真武阁落成。
	崇祯九年至清康熙四十五年（1636—1706）	岑溪高熊征编修《广西通志》《桂林府志》《岑溪县志》。
	十年至十一年（1637—1638）	徐霞客考察广西 30 多个县，行程 6000 多公里，写有《粤西游日记》。
清	顺治四年（南明永历元年，1647）	奥地利耶稣会会士瞿纱微到桂林，成为第一个留在广西传教的教士。南明永历王室多人接受洗礼入教。
	十四年（1657）	广西始行乡试。
	康熙二十四年（1685）	广西布政使崔维雅发布《立义学以广文教议》；此后广西各地陆续创办义学。
	三十五年（1696）	兴安县瑶壮义学创设。
	三十五年至乾隆三十六年（1696—1771）	临桂陈宏谋撰《五种遗规》《培远堂全集》。
	四十四年（1705）	汪森编成《粤西通载》（《粤西诗载》《粤西文载》《粤西丛载》）。
	四十七年（1708）	中外人员开始合作编制 1:150 万的广西省图，后于 1718 年编成，收载于《皇舆全览图》。
	雍正十一年（1733）	金鉷修《广西通志》成书并刊刻。
	乾隆（1736—1795）间	浦北县三合乡引水工程使用反虹吸管技术。钦州学者、诗人冯敏昌参与《四库全书》修纂。
	三十四年至道光三十年（1769—1850）	桂林况祥麟撰《六书管见》等。
	四十二年至四十七年（1777—1782）	李调元辑《粤风》并刊刻。
	嘉庆五年（1800）	谢启昆开设志局主修《广西通志》，翌年成书。
	约嘉庆五年至同治年间（1800—1874）	桐城派古文在广西的代表岭西五大家（吕璜、朱琦、龙启瑞、王拯、彭昱尧）形成。
	十九年至咸丰八年（1814—1858）	临桂龙启瑞撰《古韵通说》《经籍举要》等书。
	二十五年（1820）	临桂陈继昌中状元，为广西历史上第二位三元及第者。
	约道光元年至同治六年（约1821—1872）	象州郑献甫著《愚一录》，对十三经文字、典故、人物、经义作详细考订和注释。
	道光二年（1822）	上林张鹏展编《峤西诗钞》并刻印。

十六年（1836）	广西巡抚梁章钜编《三管英灵集》。
二十四年（1844）	洪秀全到贵县赐谷村（今属贵港）传播新道；二十七年又转到桂平紫荆山与冯云山相会，发动群众，扩大拜上帝会组织。
三十年十二月初十日（1851 年 1 月 11 日）	金田起义爆发，宣布推翻清朝统治，建号太平天国。太平天国革命运动发展到 18 省，动摇了清朝统治，打击了外国侵略者，对中国近代史产生深远影响。
同治至光绪年间	龙继栋、王鹏运先后在京创词社觅句堂和宣南词社，以王鹏运为首的临桂词派逐渐形成。
同治元年（1862）	美国南方基督教浸信会牧师纪好弼进入梧州传教施医赠药；1883 年 6 月在竹椅街开设西医诊所。
六年	苏时学所撰《墨子刊误》在广州刊行。此书研究成果为后来孙诒让的《墨子间诂》所吸收。
咸丰六年正月二十四日（1856）	2 月 29 日，西林教案（马神父事件）发生。
光绪二年（1876）	9 月 13 日（七月二十六日），北海开埠。
三年（1877）	北海海关建立气象观测站，使用近代气象仪器进行气象观测。 永福张其鍠著《墨经通解》。
十二年（1886）	基督教英国圣公会传教士兼医生柯达夫妇在北海建立普仁医院。
十五年（1889）	6 月 1 日，龙州开埠。
十六年（1890）	桂垣书局在桂林创立，为集图书印刷、收藏和借阅于一体的文化机构。
二十年（十二月）至二十三年（1895 年初至 1897）	康有为两次到桂林，创立"圣学会"，传播维新变法思想；创办《广仁报》，为广西近代报纸之始。
二十二年（1896）	11 月，龙州海关始建龙州水文站，为珠江流域最早设立的水文站。 是年，临桂况周仪整理辑印《粤西词见》，为粤西词作有总集之始。 岑毓琦邀请黔桂滇三省 12 个戏班到西林那劳村会演。 唐景崧改革桂剧，组建桂林春班，编写桂剧剧本演出桂剧。 梧州厘金司督办谭国恩联合官绅捐资创办新式学堂——中西学堂（今梧州市三中前身），开设国文、英文、算学、几何 4 科；二十九年（1903），改为梧州府中学堂。
二十三年（1897）	6 月 3 日，梧州开埠。 6 月中旬，康有为倡建的广仁学堂在桂林开学。

二十四年（1898）　　　　9月，梧州商绅向子振等集股合办《梧报》。广西在省城桂林设立体用学堂，为广西第一所新型学堂。

二十五年（1899）　　　　10月，《算学报》在郁林（今玉林）创刊，为广西首家专业科技类报纸。

二十七年（1901）　　　　马君武自费留学日本，为广西自费留学第一人。

二十八年（1902）　　　　广西体用学堂改为广西大学堂，为广西近代第一所高等教育机构；1904年广西大学堂改为广西高等学堂。

林秀甫等在桂林创办广西第一个戏院——景福园，演出桂剧等。

二十九年（1903）　　　　梧州设师范讲习社，为广西开办师范教育之始。

三十年（1904）　　　　　两广学务处通令各厅、州、县设置地方学务公所。

广西测绘学堂在桂林创办，蔡锷为学堂总办。

三十一年（1905）　　　　废科举（文科），兴学堂。桂林的蒙泉、兑泽、爱日、培凤四义学书院受命一律改为初级小学。

龙州学社、开明学社、新民学社分别在龙州成立。

三十二年（1906）　　　　广西巡抚林绍年等将桂垣书局改为广西官书印刷局，为广西第一家新型图书出版、印刷机构。

《劝学所章程》颁布，广西各府、厅、州、县相继成立劝学所。

在苍梧长洲（今属梧州市）设梧州中等蚕业学堂（长洲蚕业学堂）。该校于1909年改为广西第一中等农业学堂。

龙州设立广西边防初级师范学堂。

同盟会员马君武、蒙经等主办的《漓江潮》《独秀峰》先后创刊于桂林。

三十三年（1907）　　　　广西省城女子师范学堂在桂林创办。广西学界第一次游艺会在桂林举行，设竞走（跑步）、跳高、跳远等竞赛项目。

桂林将庙宇、公所等20多处改办小学堂，附设半日学堂，以便平民补习，为广西民众业余教育开端。

在修仁金秀瑶族地方（今属金秀瑶族自治县）设开化小学，招收瑶族子弟入学。

张鸣岐等从上海购进铅活字机器印刷设备，在广西官书局设置印刷部。

三十四年（1908）　　　　　　康有为门生陈太龙在梧州创办《广西新报》。

广西法政学堂在桂林创办。

广西土司学堂在桂林创办，招收各少数民族土司子弟入学。

广西省教育会成立，会址驻桂林。

宣统元年（1909）　　　　　　6月初，同盟会员甘绍相、区笠翁在梧州出版《广西日报》。

广西省图书馆（今广西壮族自治区桂林图书馆）在桂林筹办；1911年广西省图书馆建成，是广西最早的省级公共图书馆。

《广西教育杂志》创刊。

二年（1910）　　　　　　　　6月，广西第一家宣传研究军事问题的期刊《军国指南》月刊在桂林创刊。

9月23日，广西同盟会支部机关报《南报》在桂林创刊，次年改为《南风报》。

是年，《桂林官话报》在桂林出版。

三年（1911）　　　　　　　　8月，刘绍香等在桂林成立崇华医学会。

9月，同盟会会员区笠翁在梧州创办《梧江日报》。

10月31日，梧州各界在梧州府中学堂集会，宣布梧州独立。市民纷纷剪去辫子。

11月7日，广西宣布独立，成立军政府，下设教育司。

二、广西壮族自治区全国重点文物保护单位表

(1961—2006)

批次	公布时间	单位（处、地点）	合计（处、地点）
1	1961-03-04	桂平金田起义旧址（清，1851）	1 处 1 个地点
2	1982-02-23	容县经略台真武阁（明），三江侗族自治县程阳永济桥（民国）	2 处 3 个地点
3	1988-01-13	百色中国工农红军第七军、龙州第八军军部旧址（1929—1930）1 处 2 个地点，兴安县灵渠（秦一清），合浦县大士阁（明），宁明县花山岩画（战国—东汉）	4 处 5 个地点
4	1996-11-20	合浦县合浦汉墓群（汉），忻城县莫土司衙署（明—清），桂林市靖江王府及王陵（明）1 处 2 个地点，临桂县李宗仁故居、桂林市李宗仁官邸（民国）1 处 2 个地点，苍梧县李济深故居（民国），田东县右江工农民主政府旧址（1929），桂林市八路军桂林办事处旧址（1938）	7 处 9 个地点
5	2001-06-25	百色市百谷遗址，田东县高岭坡遗址（旧石器时代）1 处 2 个地点，桂林市甑皮岩遗址（新石器时代），邕宁县顶蛳山遗址（新石器时代），三江侗族自治县岜团桥（清），贺州市临贺故城（汉—清）1 处 3 个地点①，桂林石刻（唐—清）1 处 21 个地点②，北海市近代建筑 1 处 15 个地点③，钦州市刘永福、冯子材旧居建筑群（清）1 处 2 个地点	8 处 6 个地点
6	2006-05-25	柳州市白莲洞遗址（旧石器时代至新石器时代），柳州市鲤鱼嘴遗址（旧石器时代至新石器时代），那坡县感驮岩遗址（新石器时代至战国），兴安县秦城遗址（秦—晋）1 处 5 个地点④，上林县智城城址（唐），灵川县江头村和长岗岭村古建筑群（明—民国）1 处 2 个地点，富川瑶族自治县马殷庙（明—清），全州县燕窝楼（明—清），恭城瑶族自治县古建筑群（明—清）1 处 4 个地点⑤，柳州市柳侯祠碑刻（宋—民国），北海市、防城港市、宁明县、凭祥市、龙州县、大新县、靖西县、那坡县连城要塞遗址和友谊关（明—清）1 处 340 个地点⑥，容县近代建筑（清—	20 处 417 个地点

续表

批次	公布时间	单位（处、地点）	合计（处、地点）
6	2006-05-25	民国）1 处 11 个地点⑦，蒙山县太平天国永安活动旧址（1851）1 处 22 个地点⑧，三江侗族自治县马胖鼓楼（民国），梧州市中山纪念堂（民国），东兰县广西农民运动讲习所旧址（1925），河池红军标语楼（1930），兴安和全州县湘江战役旧址（1934）1 处 16 个地点⑨，南宁市、宾阳县、柳州市昆仑关战役旧址（1939—1940）1 处 5 个地点⑩，柳州市胡志明旧居（1942—1954），北海市大清邮政局旧址（归入第五批北海近代建筑，此处只计 1 个点）	20 处417 个地点
合计			42 处⑪480 个地点

注：

① 包括大鸭村城址，洲尾城址和河西城址 3 个地点。

② 桂林石刻包括还珠洞摩崖造像及石刻、西山摩崖造像及石刻、骝马山摩崖造像及石刻、普陀山摩崖石刻、龙隐岩龙隐洞摩崖石刻、叠彩山摩崖石刻、虞山摩崖石刻、镇南峰摩崖石刻、隐山摩崖石刻、独秀峰摩崖石刻、南溪山摩崖石刻、象鼻山摩崖石刻、鹦鹉山摩崖石刻（含桂州城池图）、中隐山摩崖石刻、宝积山摩崖石刻、清秀山摩崖石刻、穿山摩崖石刻、月牙山摩崖石刻、雉山摩崖石刻、会仙岩摩崖石刻、府学文庙碑刻等，共 21 个地点。

③ 包括英国领事馆旧址、法国领事馆旧址、德国领事馆旧址、北海海关旧址、德国森宝洋行旧址、北海天主堂旧址、涠洲岛盛塘天主教堂旧址、涠洲岛城仔教堂旧址、主教府楼旧址、德国信义教会旧址、会吏长楼旧址、双孖楼旧址、女修院旧址、贞德女子学校旧址、普仁医院旧址等 15 个地点，加上第 6 批清邮政局旧址，共 16 个地点。

④ 包括通济村城址、七里圩城址、水街城址、马家渡城墙埂子、石马坪秦—汉晋墓群等，共 5 个地点。

⑤ 包括文庙、武庙、周渭祠、湖南会馆等，共 4 个地点。

⑥ 要塞遗址跨北海市、防城港市、宁明县、凭祥市、龙州县、大新县、靖西县、那坡县等市县，分布在中越 1000 多公里的边境线广西一侧，包括大、小连城两个提督行署在内东西两个方向共有炮台和碉台 165 座、关隘 109 处、关卡 66 处，共 340 个地点。

⑦ 包括黄绍竑别墅、黄绍竑故居、黄旭初别墅、黄旭初故居、罗奇别墅、苏祖馨别墅、韦云淞别墅、夏威和夏国璋别墅、马晓军别墅、容县图书馆、容县中学旧教学楼等，共 11 个地点。

⑧ 蒙山县太平天国永安活动旧址包括蒙山镇永安州城墙（含天王发布诏令处、洪秀全封王处、翼王府武庙、瞽井），莫家村冯云山指挥所旧址，文平村北十里长墙，文平村东炮台；太平军保卫永安防御工事遗址包括东西两翼瞭望岭东炮台、团冠岭西炮台，南线大教岭炮台、中营岭营盘（含太平圣库遗址）、西浮岭营盘、古海岭营盘、黄绞岭营盘、仙台岭营盘，以及水窦村营盘、罗瓮村营盘，西南线奕岭营盘、北线红庙炮台、上阳营盘、龙眼堂营盘等 14

个地点；清军围攻永安工事遗址包括佛子岭营盘、独松岭营盘、西马营营盘、朝占营营盘及玉龙关战场、三冲战场、天平坳战场等 7 个地点；总共 22 个地点。

⑨ 湘江战役旧址包括兴安光华铺阻击战场旧址，界首渡口旧址，中央机关渡江指挥部旧址——界首三官堂，中央机关驻扎地旧址——界首红军街，红军转战休整地旧址——华江乡千家寺（红军标语楼）、光华铺、界首镇城东村，兴田村红军烈士墓，全州县脚山铺阻击战场旧址，大坪渡渡江旧址，屏山渡口渡江旧址，凤凰嘴渡口渡江旧址、脚山铺易荡平烈士墓、灌阳县新圩阻击战场旧址，文市灌江渡口旧址，红三军团新圩阻击战指挥部旧址——水车乡九如堂，新圩阻击战战地救护所旧址——下立湾村蒋家祠堂，新圩阻击战红军烈士墓等，共 16 个地点。

⑩ 昆仑关战役旧址包括昆仑关战役旧址（含陆军第五军昆仑关战役阵亡将士墓园）、昆仑关、白岩村前线指挥部旧址、柳州市桂南会战检讨会旧址、柳州市护蒋洞旧址等，共 5 个地点。

⑪ 其中古遗址 9 处，古墓葬 1 处，古建筑 11 处，石窟寺及石刻（含岩画）3 处，近、现代重要史迹及代表性建筑 18 处。

题注：本表根据《广西百科全书》，《广西年鉴》1997 年卷、2002 年卷和 2007 年卷，《广西大百科全书》文化卷，以及维基百科文章《广西全国重点文物保护单位》、百度百科文章《全国重点文物保护单位》等有关材料互校、整理而成。

三、广西入选国家级非物质文化遗产表

(2007—2011)

批次	批准时间	非物质文化遗产项目名称	所属类别	申报地区或单位
1	2007 年	布洛陀	民间文学	田阳县
		刘三姐歌谣	民间文学	宜州市
		侗族大歌	民间音乐	三江侗族自治县
		那坡壮族民歌	民间音乐	那坡县
		桂剧	传统戏剧	广西壮族自治区
		桂南采茶戏	传统戏剧	博白县
		采调	传统戏剧	广西壮族自治区
		壮剧	传统戏剧	广西壮族自治区
		壮族织锦技艺	传统手工技艺	靖西县
		侗族木构建筑营造技艺	传统手工技艺	三江侗族自治县
		京族哈节	民俗	东兴市
		瑶族盘王节	民俗	贺州市
		壮族蚂𧊅节	民俗	河池市
		仫佬族依饭节	民俗	罗城仫佬族自治县
		毛南族肥套	民俗	环江毛南族自治县
		壮族歌圩	民俗	南宁市
		苗族系列坡会群	民俗	融水苗族自治县
		壮族铜鼓习俗	民俗	河池市
		瑶族服饰	民俗	贺州市、南丹县
2	2008 年	壮族嘹歌	民间音乐	平果县
		壮族三声部民歌（第一批扩展项目）	民间音乐	马山县
		瑶族蝴蝶歌（第一批扩展项目）	民间音乐	富川瑶族自治县

批次	批准时间	非物质文化遗产项目名称	所属类别	申报地区或单位
2	2008 年	瑶族长鼓舞	民间舞蹈	富川瑶族自治县
		田林瑶族铜鼓舞	民间舞蹈	田林县
		邕剧	传统戏剧	南宁市
		广西文场	传统戏剧	桂林市
		钦州坭兴陶艺	传统手工技艺	钦州市
		宾阳炮龙节	民俗	宾阳县
3	2011 年	密洛陀	民间故事	都安瑶族自治县
		京族独弦琴艺术	传统音乐	东兴市
		壮医药（壮医药线点灸疗法）	传统医药	广西壮族自治区中医院
		吹打（广西八音）（第二批扩展项目）	传统音乐	玉林市
		藤县狮舞（第二批扩展项目）	传统舞蹈	藤县
		田阳壮族狮舞（第二批扩展项目）	传统舞蹈	田阳县
		黄泥鼓舞（第二批扩展项目）	传统舞蹈	金秀瑶族自治县
		侗戏（第二批扩展项目）	传统戏剧	三江侗族自治县
		毛南族花竹帽编织技术（第二批扩展项目）	传统美术	环江毛南族自治县

四、历代广西文化名人一览表（按生卒年排序）

序号	姓名	字号	生卒时间	籍贯	仕履	著作	地位和影响
1	陈　钦	字子佚	？—公元15	梧州	西汉为五经博士，新莽时为厌难将军。	《陈氏春秋》（已佚）	1. 古文经学家，与刘歆齐名而自成一家。其子陈元亦为经学家，为学者所宗。东汉赵岐《三辅决录》："《左氏春秋》，远在苍梧。" 2. 创办陈氏私学，为岭南最早的私学。
2	士　燮	字威彦	137—226	苍梧	先后举孝廉、茂才，任巫县令，迁交趾太守，三国时被封龙编侯。	《春秋经注》《公羊传注》《穀梁传注》（均已佚）	1. 经学家，全国依者以数百计，形成以其为领袖的经学集团。2. 创办士氏私学，武均为从政的学者，时人称鲐，与弟壹、䵋、武均为"四士"。
3	牟　子		170—？	梧州	郡太守和州刺史先后授为佐吏，均不就，致力佛教研究。	《理惑论》	佛学家，最早在岭南宣传佛教。
4	曹　邺	字邺之（一作业之）	约816—约875	阳朔	齐州推事、太平节度使幕府掌书记、太常博士、祠部郎中、洋州刺史、吏部郎中。	《曹祠部集》《艺文志》等，均已佚。宋人辑成《曹祠部集》2卷，清《唐诗百名家全集》收其诗集2卷，补遗1卷，《全唐诗》收录其诗108首。	诗人，诗作《官仓鼠》《捕鱼谣》最具讽刺性，向来为人所称许。

续表

序号	姓名	生卒时间	字号	籍贯	仕履	著作	地位和影响
5	曹唐	？—？	字尧宾。	临桂	官至使府从事。	原有诗集3卷，已佚。《曹从事诗集》收存诗2卷，实有诗155首。	诗人，以独特风格的小游仙诗98首奠定其在晚唐诗坛的独特地位。
6	契嵩	1007—1072	俗姓李，字仲灵，号潜子。	藤县		《镡津集》(含《辅教编》)。今存诗80多首，古文100多篇。	高僧、文学家，所著阐述佛学理论，说明"佛之道与儒干道合"，佛与道相辅相成而非相斥，宋仁宗赐号"明教大师"。
7	蒋冕	1462—1532	字敬之，号敬所。谥文定。	全州	历任吏部侍郎、礼部尚书、太子太傅兼武英殿大学士、内阁首辅。	《湘皋集》40卷。	文学家，集中有诗词集8卷，收诗600多首、词34首。况周仪辑《粤西词见》，以蒋冕为粤西词开山之祖。
8	谢良琦	1626—1671	字仲韩，号石臞、献庵、湘中酒人。	全州	历任鄜县县令、常州通判，宜兴令、延平通判等。	《醉白堂文集》《谢献庵诗选》《约谱》(后二种均已佚)等。	文学家，传世古文150多篇、诗300首，词51首。其词作的数量在广西可谓前无古人，艺术成就也超越前代，为百年后临桂词派的崛起作出奠基性贡献。
9	石涛	1642—约1718	本姓朱，名若极，法名原济(元济)，字石涛，号瞎尊者、苦瓜和尚、大涤子、清湘老人等。	桂林	自小出家，10岁起习画，漫游湘、苏、浙、皖、冀等地，后定居扬州。	《画语录》(或称《苦瓜和尚画语录》)《画谱》《大涤子题画诗跋》。	画家、绘画美学家。长于山水画，兼工兰竹花鸟。山水画自成一格，主张"借古以开今"，"我法我用"，"笔墨当随时代"，无强调从自然中吸收创作源泉，画法上用着灵话、构图新奇，讲求气势，善于用墨。艺术主张和绘画实践都影响深远。

续表

序号	姓名	生卒时间	字号	籍贯	仕履	著作	地位和影响
10	谢济世	1689—1756	字石霖，号梅庄	金州	历任浙江道御史、湖南粮储道、湖南驿盐长宝道	《谢梅庄先生遗集》《梅庄杂著》，存诗50多首	文学家、思想家。批判矛头直指宋明理学，引起清统治者恐慌。一生刚直不阿，虽九死而未悔，赢得当时和后世敬重。袁枚《随园诗话》、昭梿《啸亭杂录》和《清史稿》本传均有所记载。
11	陈宏谋	1696—1771	原名弘谋，避清高宗讳改为宏谋，字汝咨，号榕门。	临桂	历任甘肃、江西、陕西、湖南、湖北、河南、江苏等省巡抚，两广总督兼江苏巡抚，兵吏、工等部尚书，协办大学士、东阁大学士等。	《五种遗规》，《培远堂全集》	思想家、教育家和教育家思想家。崇尚宋明理学，光大理学理论，为一代大儒。提倡普设义学并身体力行，主张重视女教，培养贤女。主张学用结合。所撰《五种遗规》被1903年颁布的《奏定中学堂章程》列为中学堂修身课教学内容。
12	冯敏昌	1747—1808	字伯求，号鱼山。	钦州	曾任翰林院编修、会试同考官、户部、刑部浙江司行走、河南司主事，主掌广东端溪等多家书院。	《小罗浮草堂诗集》《小罗浮草堂文集》《河阳金石录》《孟县志》《华山小志》《鱼山执笔法》等。	文学家、教育家、书法家。存诗约2000首，与张锦芳、胡亦常并称"岭南三子"，诗名远播中原。参与《四库全书》编修，在广西仅此一人。曾主讲河南河阳书院，主掌广东端溪、越华书院，乡回澜书院，制订学规。书法宗法二王，字体英俊豪迈。

续表

序号	姓名	生卒时间	字号	籍贯	仕履	著作	地位和影响
13	张鹏展（壮族）	约1760—1840		上林	云南乡试副主考官，福建道监察御史，光禄、太常寺少卿，奉天府丞兼管学政，太仆、太常二寺卿，山东乡试主考官，提督山东学政，通政使司通政使。	编《峤西诗钞》《国朝咸山左诗续钞》，著《谷贻堂全集》《诗文集》、《读鉴绎文》等。	教育家、文学家、文献学家。先后任桂林秀峰、上林澄江、宾阳等书院山长。编《峤西诗钞》，所创体例为后来梁章钜编《三管英灵集》所效仿。
14	吕璜	1777—1838	字礼北，号月沧，晚号南国老民。	永福	浙江庆远（今龙泉）、山阴（今绍兴）、钱塘（今杭州）等知县。	《月沧文集》《月沧诗集》《初月楼古文绪论》等。	文学家、教育家，岭西古文五大家之首，有"一代经师"之称。晚年辞官后先后任榕湖经舍（经古书院）、秀峰书院山长，"以经学、古文学课诸生"，将桐城派文学思想传入广西。
15	郑献甫（壮族）	1801—1872	名存纻，别字献甫，字小谷，号识字耕田夫、草衣山人、白石先生。	象州	刑部主事，后辞官回乡专事著述和教育。	《朴学轩文集》《朴学轩文集续刊》《郑氏家记》《朴学轩文集外编》《鸿爪续集》《朴学轩诗集》《朴学轩诗集续词》《朴学轩扶鸾诗词》《愚一录》《四书翼注》《象州志》等等。	文学家、教育家、经学家。一生创作诗词约3400首。先后主讲广西雒江、德胜、庆江、榕湖、象合、柳江、孝廉和广东顺德凤山、广州越华等书院，人称"两粤宗师"。

续表

序号	姓名	生卒时间	字号	籍贯	任履	著作	地位和影响
16	龙启瑞	1814—1858	字辑五，号翰臣（一说是字）。	临桂	历任翰林院修撰，顺天乡试同考官，广东乡试副考官，侍讲，提督湖北学政，通政司副使，提督江西学政，布政使。	《经德堂文集》《浣月山房诗集》《汉南春柳词钞》《古韵通说》《字学举隅》《经籍举要》《尔雅经注集证》《小学高注补正》《班书识小录》《庄子诂》《是君是臣录》，等等。	音韵学家、文字学家、文学家。所著《古韵通说》将古音（上古韵）分为20部，在音韵学史上有一定地位。修订增补其父所著《字学举隅》，对汉字进行规范。岭西古文五大家之一，广西"三大中兴词人"之一。
17	唐景崧	1842—1903	字维卿，一作微卿或微卿。	灌阳	曾任吏部候补主事，后投笔从戎，因参加中法战争，立功升二品秩，官至台湾巡抚，"台湾民主国""总统"，广西体用学堂中文总教习。	《请缨日记》《诗稿》《谷闲吟馆诗存》《谜拾》《看棋亭杂剧》。	戏剧家、创造桂剧唱腔，编写40多部戏曲，被誉为"桂剧之父"。支持康有为来桂传维新思想，成立圣学会，创办广西第一张报纸《广仁报》。
18	王鹏运	1849—1904	字佑遐，一字幼霞，中年自号半塘老人，晚年自号鹜翁、半塘僧鹜。	临桂	历任内阁中书，侍读，江西道监察御史，礼部掌印给事中，后任学于上海南洋公学，主仪扬州学堂。	自编词集7稿9集，计乙稿《虫秋集》，丙稿《味梨集》，丁稿《鹜翁集》，已稿《校梦龛集》，庚稿《庚子秋词》，辛稿《南潜集》（因作者辛早卒科甲不利，无甲早年词集）。	词人，倡导"拙、重、大"理论，成为临桂词派领袖。

续表

序号	姓名	生卒时间	字号	籍贯	仕履	著作	地位和影响
						稿，共收词600多阕。	
19	况周仪	1859—1926	原名周仪，后避宣统帝名讳，改名为周颐；字夔笙，别号又号，晚年又号蕙风。	临桂	历任会典馆绘图处协修、国史馆校对，叙劳以知府用，分发浙江，入两江总督端方幕，辛亥革命后寓居上海，以卖文为生。	词集总名《第一生修梅花馆词》，收《新莺词》《玉梅词》《蕙风词》等9种，后精选为《蕙风词》。又著词论集《蕙风词话》，辑印《粤西词见》，著《退庵丛谈》等多种，后汇成《蕙风丛书》。	词论家、词人。所著《蕙风词话》与陈廷焯《白雨斋词话》、王国维《人间词话》并称清末三大词话。为临桂词派（粤西词派）骨干，与王鹏运、朱祖谋、郑文焯被称为"清末四大家"。
20	马君武	1881—1940	名道凝、和，字厚山，以号行。	恭城	历任民国南京政府实业部次长、民国军政府交通部长、非常大总统府秘书、广西省长、上海大夏大学、北京工业大学、广西大学、中国公学等校校长等。	译著有《达尔文物种原始》《人类原始及类择》《自然创造史》《平面几何学》《微分方程式》《实用主义植物学》《矿物学》等，著《达尔诗稿》《马君武文》。	教育家、科学家、翻译家。参与创办广西大学，前后3次出任广西大学校长，强调要从广西实际出发培养人才。留学德国期间兼任波恩化工厂工程师，回国后曾任广州石井兵工厂总工程师，两广硫酸厂厂长，与李四光创办桂林科学实验馆等。精通日、英、德、法文字，翻译科学、道德、经济、政治等著作多种。病逝时周恩来送"一代宗师"挽幛，朱德、彭德怀题"教译在人"挽词。

主要参考文献

1. 《北户录》，[唐] 段公路，《说库》本。

2. 《北齐书》，中华书局"二十四史"点校本，1972 年。

3. 《陈书》，中华书局"二十四史"点校本，1972 年。

4. 《赤雅》，[明] 邝露，《丛书集成》本。

5. 《桂林风土记》，[唐] 莫休符，《丛书集成》本。

6. 《桂海虞衡志》，[宋] 范成大，广西人民出版社，严沛校注本，1986 年。

7. 《桂胜·桂故》，[明] 张鸣凤，广西人民出版社，齐治平等点校本，1988 年。

8. 《国朝诗人征略》，[清] 张维屏，中山大学出版社，2004 年。

9. 《汉书》，中华书局"二十四史"点校本，1962 年。

10. 《（嘉庆）广西通志》，[清] 谢启昆修，嘉庆六年（1801）刻本。

11. 《晋书》，中华书局"二十四史"点校本，1974 年。

12. 《旧唐书》，中华书局"二十四史"点校本，1975 年。

13. 《君子堂日询手镜》，[明] 王济，《丛书集成》本。

14. 《梁书》，中华书局"二十四史"点校本，1973 年。

15. 《岭表录异》，[唐] 刘恂，清光绪十九年（1893）刻本，广西民族出版社校补本。

16. 《岭外代答》，[宋] 周去非，江苏广陵古籍刊印社影印《笔记小说大观》本，1983 年。

17. 《明史》，中华书局"二十四史"点校本，1974年。

18. 《南齐书》，中华书局"二十四史"点校本，1987年。

19. 《南史》，中华书局"二十四史"点校本，1975年。

20. 《峤南琐记》，[明] 魏濬，《丛书集成》本。

21. 《峤西诗钞》，[清] 张鹏展辑，道光二年（1822）清远楼刻本。

22. 《清史稿》，中华书局，1977年。

23. 《三管英灵集》，[清] 梁章钜辑，约道光二十一年（1841）广西桂林省城十字大街汤日新堂刻本。

24. 《三国志》，中华书局"二十四史"点校本，1959年。

25. 《史记》，中华书局"二十四史"点校本，1959年。

26. 《宋史》，中华书局"二十四史"点校本，1977年。

27. 《宋书》，中华书局"二十四史"点校本，1974年。

28. 《隋书》，中华书局"二十四史"点校本，1973年。

29. 《铁围山丛谈》，[宋] 蔡絛，中华书局，1983年。

30. 《魏书》，中华书局"二十四史"点校本，1974年。

31. 《新唐书》，中华书局"二十四史"点校本，1974年。

32. 《徐霞客游记·粤西游日记》，[明] 徐宏祖，《四库全书》本。

33. 《瑶僮传》，[清] 诸匡鼎，《小方壶斋舆地丛钞》本。

34. 《元史》，中华书局"二十四史"点校本，1976年。

35. 《粤西丛载》，[清] 汪森辑，广西民族出版社，2007年。

36. 《粤西偶记》，[清] 陆祚蕃，《丛书集成》本。

37. 《粤西诗载》（桂苑书林编辑委员会校注），[清] 汪森辑，广西人民出版社，1988年。

38. 《粤西文载》，[清] 汪森辑，广西人民出版社，1990年。

39. 《粤西琐记》，[清] 沈日霖，《小方壶斋舆地丛钞》本。

40. 《粤西种人图说》，[清] 佚名，《小方壶斋舆地丛钞》本。

41. 《周书》，中华书局"二十四史"点校本，1971年。

42. 《彩调艺术研究》，蔡定国，广西人民出版社，1988年。

43. 《侗族民间叙事文学》，过伟，广西人民出版社，1993年。

44. 《二十四史广西资料辑录》，广西通志馆摘编，广西人民出版社，1989 年。

45. 《仫佬族民间文学探索》，王光荣，广西人民出版社，1994 年。

46. 《广西出土文物》，广西博物馆文物管理委员会编，文物出版社，1978 年。

47. 《广西大百科全书》，中国大百科全书出版社，2008 年。

48. 《广西方志编纂史》，雷坚，广西人民出版社，2007 年。

49. 《广西教育史》，杨新益等，广西师范大学出版社，1997 年。

50. 《广西九章》，黄树森主编，广西人民出版社、广东人民出版社，2009 年。《广西历代名人名胜录》，党丁文，广西民族出版社，1991 年。

51. 《广西民族传统建筑实录》，广西民族传统建筑实录编委会，广西科学技术出版社，1991 年。

52. 《广西通史》，钟文典主编，广西人民出版社，1999 年。

53. 《广西通志》，广西人民出版社，1992—2002 年。

54. 《广西一览》，赖彦于主编，广西印刷厂，1935 年。

55. 《广西壮族文人文学史概要》，刘介，广西科学工作委员会壮族文学史编辑室编印（内部），1959 年。

56. 《广西左江岩画》，广西壮族自治区文化厅文物处等，文物出版社，1988 年。

57. 《桂北文化研究》，吕余生主编，广西人民出版社，2008 年。

58. 《桂海碑林》，刘玲双，漓江出版社，1997 年。

59. 《京族文学史》，苏维光、过伟、韦坚平，广西人民出版社，1993 年。

60. 《岭表纪蛮》，刘锡蕃（介），商务印书馆，1934 年。

61. 《岭西五大家研究》，张维、梁扬，江苏古籍出版社，2003 年。

62. 《刘三姐纵横》，覃桂清，广西民族出版社，1992 年。

63. 《毛南族文学史》，蒙国荣、王弋丁、过伟，广西人民出版社，1992 年。

64. 《麽经布洛陀》（影印注释），广西民族出版社，2004 年。

65. 《苗族神话研究》，过竹，广西人民出版社，1988 年。

66. 《瓯骆遗粹》，中国国家博物馆等编辑，中国社会科学出版社，2006 年。

67. 《山水美论》，范阳主编，广西教育出版社，1993 年。

68. 《太平天国》，中国史学会主编，上海人民出版社、上海书店，2009 年。

69. 《桐城文学渊源考》，刘声木，民国十八年（1929）直介堂丛刻本。

70. 《铜鼓艺术研究》，蒋廷瑜，广西人民出版社，1988 年。

71. 《西江文化研究》，李俊康主编，广西人民出版社，2004 年。

72. 《瑶族歌堂诗述论》，蓝怀昌、李荣贞，广西人民出版社，1988 年。

73. 《瑶族通史》，奉恒高主编，民族出版社，2007 年。

74. 《瑶族文学史》，农学冠，广西民族出版社，2001 年。

75. 《粤江流域人民史》，徐松石，广东人民出版社，1993 年。

76. 《中国各民族原始宗教资料集成》壮族卷、瑶族卷，中国社会科学出版社，1998 年。

77. 《中国民间歌谣集成·广西卷》，中国社会科学出版社，1992 年。

78. 《中国民间文学》，李惠芳，武汉大学出版社，1999 年。

79. 《中国民俗学史》，王文宝，巴蜀书社，1995 年。

80. 《中国通史》，白寿彝总主编，上海人民出版社，1989—1999 年。

81. 《中国民族的形成》，李济，上海人民出版社，2008 年。

82. 《中国文化通史》，赵云田主编，中共中央党校出版社，2001 年。

83. 《中国文学史》，袁行霈主编，高等教育出版社，1999 年。

84. 《中国戏曲志·广西卷》，中国 ISBN 中心出版，1995 年。

85. 《壮剧艺术研究》，韦苇、向凡，广西人民出版社，1990 年。

86. 《壮泰民族传统文化比较研究》，覃圣敏主编，广西人民出版社，2003 年。

87. 《壮族》，广西壮族自治区民族事务委员会，人民出版社，1988 年。

88. 《壮族通史》，张声震主编，（北京）民族出版社，1997 年。

89. 《壮族歌圩研究》，潘其旭，广西人民出版社，1991 年。

90. 《壮族民间文学概观》，韦其麟，广西人民出版社，1988 年。

91.　《壮族神话集成》，农冠品编注，广西民族出版社，2007 年。

92.　《壮族文明起源研究》，郑超雄，广西人民出版社，2005 年。

93.　《壮族文学发展史》，周作秋等，广西人民出版社，2007 年。

94.　《壮族医学史》，黄汉儒等，广西科学技术出版社，1998 年。

索　引

　　说　明：

　　一、本索引是主题词索引。原则上，作为索引条目的主题词是本卷的研究对象、重点展开论述或详细介绍的内容，分为以下几类：1. 人名。包括本省籍文化名人，非本省籍但曾居于本省、对本省文化产生重要影响者；2. 地名。只录本省内对文化产生过重大影响的地名。文中人物籍贯的古今地名均不收录；3. 篇名。包括有重要影响的著作、诗文、书画等；4. 文化遗产名（包括非物质文化遗产）或遗迹名；5. 其他专有名词，包括器物名、学派名以及具有地域文化特色的文化现象等。

　　二、索引条目按第一个字的汉语拼音（同音字按声调）顺序排列，同声同调按笔画顺序排列；第一个字相同，按第二个字音序排列。以下据此类推。

　　三、条目后的阿拉伯数字表示该条目所在的页码。

　　四、总绪论、绪论、注释、参考文献、图注、后记、跋不做索引。

后　记

　　《中国地域文化通览·广西卷》（以下称《广西卷》）从 2009 年初春启动，历经两年有余，终于杀青付梓。我们在如释重负的欣慰之余，回顾它的工作进程，深深感到：《广西卷》撰写中迈出的每一步，都留下大家辛勤劳动的印迹；它的每一个环节的推进，也曾经让我们享受到认识深化和思想提升的愉悦；而它从蓝图初现到即将竣工，则更是上下齐心、多方努力的结果。

　　《广西卷》的运作一直受到广西壮族自治区领导的高度重视和关心支持。2009 年初经研究决定，由自治区副主席李康担任《广西卷》组织工作委员会主任和编委会主任，自治区人民政府办公厅副主任吴建新，自治区政府参事室副主任、广西文史研究馆馆长柳盛权等为副主任。编委会发扬民主，多方听取文史馆领导和专家意见，遴选两位在学术上深孚众望的历史学家和出版家担任主编，并且充分尊重主编，放手让主编行使职权，使工作迅速步入正轨运行。李康副主席十分关心有关问题的解决，并多次接见作者，慰勉有加。当《广西卷》第一次送审本上报获得好评后，李副主席即在汇报批件中表示"感谢各位专家"，"望再接再厉，争取将此书打造成为特色鲜明的传世精品。有何困难，请及时告知，我们当做好保障和服务工作"。自治区人民政府秘书长王跃飞批示对广西文史研究馆和《广西卷》编撰工作"应予表扬"。领导的重视、关心和支持，使《广西卷》编撰工作沿着国务院参事室、中央文史研究馆领导和《通览》编委会确立的方向又好又快地展开。

编写地域文化通览，既是一个系统工程，又是一个创新工程。即以《广西卷》而论，它涉及到地理、历史、民族、宗教、哲学、科技、教育、文学、艺术等方方面面。如何从复杂纷纭的材料和现象中理清事物的脉络，发现其内在联系，科学立论，制订大纲，确定各章作者，尽快进入状态，就成为亟待解决的问题。考虑到钟文典先生年事已高，又远在桂林，编委会确定刘硕良先生为责任主编，全盘负责整个编撰工作。在他的主持和带领下，大家同心同德，群策群力，融洽共事，辛勤劳动，使编写工作得以有条不紊地进行。此中甘苦，难以缕述。这里就编撰工作的步骤进程择其要点略述一二，以志其事。

一是先"磨刀"后"砍柴"，先务虚后务实。2009 年春夏工作初期，我们多次召开座谈会，诚邀自治区社会科学界的专家学者潘其旭、农冠品、曹光哲、雷坚、欧薇薇、区向明、蒋钦挥、林亦、刘君达等十余人，与经过多方考量遴选出来的目标作者一道，就如何撰写《广西卷》出主意，想办法，畅所欲言。专家们在发言中揭示了广西地域文化中不少亮点和带规律性的问题，并就"写什么"和"怎样写"取得了不少共识。专家学者一致认为：广西文化是中华文化中不可分割的组成部分。在人类文化和中华文化发展的历史长河中，广西文化发轫萌生、成长前进，走过的道路漫长曲折、复杂多艰。先秦时期，广西的起点不低，由于多种因素的制约，前进步伐曾长时期未能跟上中原先进地区，晚古近代才逐步赶了上来。到 1911 年中国封建王朝崩溃，新时代新文明开启之际，广西文化有如一个攒足了劲的英俊少年，正紧随时代潮流，探寻更高更远大的目标向前进发。总的来说：广西地域文化内容丰厚，撰写工作大有可为，关键是如何准确把握广西本土文化与中原文化、海外文化的关系，如何深入展现广西文化的地域性、民族性和交融性，如何以现代的世界的眼光观照历史文化，以利于新时代新文化的构建和发展。座谈会的召开，使《广西卷》的编撰思路更加明晰，从而确定了全书的基本框架。

二是修改完善《广西卷》大纲，制定撰写进程的"路线图"。在整个运作过程中，我们自始至终注意认真学习国务院参事室、中央文史研究馆下发的有关文件，力求领会丛书主编、副主编和编委们的讲话精神，具体落实丛书宗旨和体例规范。同仁们深为有幸参与《中国地域文化通览》这样一个高水平宏伟工程而感到责任重大，不敢掉以轻心，同时也深切认识到丛书不是个人专著，必须在统一规范中发挥各自的创造性，而不能各行其是。我们在工作进程中除有明确的方向和周详的规范可循外，还不断得到丛书编委会的有力指导，陈进玉主任、袁行霈馆长、陈鹤良副主任和分工联系广西卷的副主编程大利先生，丛书执行副主编、审读组负责人陈祖武先生，丛书审读组成员、中华书局编审柴剑虹先生，以及丛书其他副主编、专家与国务院参事室文史业务司司长、《中国地域文化通览》编撰办公室主任陈思娣、处长杨志新、维莉斯和副主编助手郑艳、刘薇、王称、库晓慧、马维洁、孙立涛、刘永海等同志对我们报送的写作提纲、部分样章和全书初稿，提出了诸多改进意见和建议。2010年11月22日在南宁召开的《中国地域文化通览·广西卷》《广东卷》《海南卷》编撰工作会议上，《丛书》编委会和编撰办领导、专家对《广西卷》送审本从总体上表示满意，认为《广西卷》"最接近丛书编委会的要求"，并就如何进一步完善书稿提出修改建议，给了我们很大的启发和帮助。

三是围绕《丛书》关于学术性、可读性和现实性的要求，逐章讨论，仔细修改，求得质量上的不断提高。我们多次召开全体作者会议，提前印发各章初稿、二稿或三稿，要求大家会前细心审读，会上普遍发言，并整理成文字记录，会后送交有关作者参考。除内容外，对篇幅控制、相互照应、文字表达等方面也不断提请注意。作者改完后，正副主编和特邀编审认真作了多次统改统编。

四是作者队伍的组建经过较周密的考虑。学术成就、社会影响和专长、民族、年龄结构都须全面顾及，还要便于协调，并有按时完成任务的时间保证。人数不宜太多，也不能太少。下面是本卷作者及分工说明：

主　编：钟文典　刘硕良
副主编：卢斯飞　顾绍柏

提纲执笔：刘硕良

绪　　论：刘硕良

上　编　第一章：彭书琳

　　　　第二章：蒋廷瑜

　　　　第三、四、五章：何平

　　　　第六、七章：杨东甫

下　编　第一章：杨东甫

　　　　第二章：黄权才

　　　　第三章：蒋廷瑜

　　　　第四章：彭书琳

　　　　第五章：顾绍柏

　　　　第六、九章：廖明君

　　　　第七章：农学冠

　　　　第八章：廖明君　陆晓芹

　　　　第十章：廖子良

附　　录：廖子良

后　　记：卢斯飞

图片统筹：蒋廷瑜　廖子良　余亚万

统　　稿：刘硕良　顾绍柏　卢斯飞

统　　校：黄权才

在作者成员中，有 5 位目前还在岗位上从事教学、科研或兼任行政工作，他们能分出时间来共襄盛举，而 8 位离退休老同志也不惮辛劳，奋力投入，都是十分难得的。在《广西卷》即将出版的时候，我们十分怀念两年来共事的愉快时光。同时，我们还要特别感谢为本书增光添彩的摄影家王梦祥、余亚万、张力平、张小宁和来自各方面的图片作者，给我们提供了丰富多彩的图像作品。

《广西卷》的撰写出版，得到了自治区文化厅、民委、宗教局、外事办的大力支持。文化厅覃溥副厅长在百忙中读完全稿，提出了宝贵的意见和建议，广西人民出版社、广西师范大学出版社、广西民族出版社在图书资料方面给了我们很多的帮助。在此我们谨表示衷心的感谢。

　　《广西卷》的运作是在广西文史研究馆的主导下进行的。柳盛权馆长本着对工作高度负责的精神，把握方向，紧抓重点，多方协同，依靠专家，最大程度地做好了保障和服务工作。自治区政府参事室主任冼祖元到任后，高度重视和积极推动《广西卷》后续工作的进行。朱嘉新副馆长为协调各个环节，推动撰写工作顺利进行付出了很多心血。在他们领导下，馆内工作人员蔡敏、凌沛钊、李力、晏玉英、韦俊、凌上霄等同志，任劳任怨，配合完成各项工作，让我们在良好的环境中心情愉快地完成任务，在此一并表示衷心的谢意！

　　中华书局十分重视《中国地域文化通览》的出版，编辑对书稿进行了认真的审读，提出了许多修改建议。接着，我们又邀请自治区专家学者梁超然、周民震、韦其麟、黄铮、覃彩銮、覃圣敏、农冠品、梁扬、梁德林、秦邕江、苏运钦等十余人参加《广西卷》审稿会，听取他们提出的中肯和有益的意见。在集思广益的基础上，我们按照丛书编委会"精益求精"的要求，对《广西卷》书稿作了进一步的修订、加工和润色，尽可能做到不负大家的期望。

编　者

二〇一一年六月三十日

跋

　　《中国地域文化通览》34 卷系国家重点文化工程。经过六年的努力，终于出版发行。我谨代表《通览》组委会和编委会，向参与《通览》撰稿的 500 多位专家，参加讨论和审稿的各位专家，以及以各种方式给予本书关心、支持和帮助的领导及朋友们，向精心编校出版本书的中华书局，表示衷心的感谢和崇高的敬意！

　　在这部约 1700 万字的巨著公开发行之际，我有三点想法愿向读者请教：

　　《通览》是我国第一部按照行政区划梳理地域文化，学术性、现实性和可读性兼备的大型丛书。在大量可信资料的基础上，《通览》各分卷纵向阐述本地文化发展的历史脉络，横向展示各地独具魅力的文化特色和亮点，可视为系统、准确地了解我国地域文化底蕴的读物。2008 年 7 月，在确定《通览》作为国家重点文化工程时，国务委员兼国务院秘书长马凯明确指出：“希望精心准备，通力合作，成为立意高远、内容殷实、史论结合、特色鲜明的传世精品。”本着这一指导方针，中央文史研究馆和各省、自治区、直辖市文史研究馆、文化机构或文化组织，均高度重视、精心组织实施，并在当地政府的指导下，聚集各领域的专家学者，协力攻关。这是《通览》编写工作得以顺利推进的重要原因。香港卷、澳门卷、台湾卷亦在各方社会贤达和学界名家的参与和支持下完成。

　　《通览》编撰历时六年，先后召开规模不同的各种论证会、研讨会、审读会上千次。袁行霈馆长亲任主编，国务院参事室原副主任陈鹤良和 12 位中央文史研究馆馆员任副主编，主编统揽全局，副主编分工联系各分卷，从草拟章节目录到审定修改书稿的各个阶段，他们均亲自参与，非常认真负责，严守学术规范。全书普遍进行了"两上两下"的审改，有些分卷达三四次之多。各卷提交定稿后，编委会还进行了集体审读，各卷根据提出的意见做了最终的修订。贡献最大的还是各位撰稿人与各卷主编，他们研精覃思，字斟句酌，不惮其烦，精益求精，这是本书水平的保证。中华书局指定柴剑虹编审提前参加审稿讨论，收到书稿后又安排了三审三校。中华书局的一位编审感慨地说："像《通览》这样集体编撰的大部头著作，能有如此严肃认真的态度，近年来确实不多见。"

建议各地运用电视、广播、网络、报刊等，对本书加以必要的推介、宣传、加工和再创作。可根据《通览》的内容，改编为中小学的乡土教材，以加强对青少年了解家乡、热爱家乡的教育。可用人民群众喜闻乐见的多种形式，让中华优秀传统文化滋润民众的心田。地域文化所蕴含的优秀传统文化基本元素，更普遍更有效地融入社会道德文化建设，必将有助于提升全体国民的道德素质和文化修养。

当前，地域文化研究如何深入？一是可对近百年来地域文化的发展脉络做出梳理，也就是撰写《通览》的续编。我们鼓励有条件的地方政府，率先独立负责地启动《通览》续编的工作。若能为《通览》补上 1911 年后的百年之缺，无疑是件大好事。二是拓展地域文化的科学研究，进一步探讨中国地域文化发展变化的规律，努力建设扎根于民间、富有时代特征、紧密服务于经济社会发展的地域新文化。文化大发展大繁荣，不能割断历史，不能超越历史，而只能在继承优良传统的基础上有所创造、有所创新。三是要探讨中华地域文化同世界文明的关系。今日之中国已同世界各国一道进入了经济全球化和信息化快速发展的新时期，只有放眼世界，博采众长，才能建设好我国的新文化。

总之，我们希望各地重视这部书，充分利用它，并进行地域文化的更深入研究。

《通览》生动展现了中华地域文化的多样性，揭示了中华文明多元一体的大格局。正确认识和处理统一性和多样性的关系，非常重要。这不仅是发展地域文化的要求，也是中国现代化建设的基本要求。一个国家、一个民族，尊重和倡导多样性，才能源源不断地激发全社会的创新活力，否则势必导致单一、呆板、停滞和退化。历史和现实表明，尊重和倡导多样性，对今天的国人来说，实在是太重要、太紧迫了。无庸置疑，社会主义为经济、文化、社会发展的多样性，开辟了前所未有的巨大空间。一方水土养一方人，一方水土孕育一方文化。当地域文化所蕴含的中华民族固有的道德、智慧和审美，渗透到人们的思想、行为、情感和性格中去，渗透到经济活动、城乡建设、社会管理等领域中去，那么我们的经济建设、政治建设、文化建设、社会建设、生态文明建设必将呈现出更加生机勃勃的繁荣景象。我们期待着，无论是历史名城还是新兴城市，都拥有自己的独特风格和文化内涵，如城市建筑再也不要从南到北都是"火柴盒"式的高楼林立。我们还期待着，在文化和艺术领域能涌现出越来越多植根于乡土的传世佳作，使中华文明的百花园更加绚丽多姿。当神州大地现代化建设万紫千红、异彩纷呈的时候，也就是中华民族真正强大和受人尊敬的时候。

综观数千年，中华文化不仅源远流长，博大精深，而且峰峦迭出，代有高峰。弘扬中华文化是 21 世纪的中华儿女共同肩负的神圣使命。我们愿为此贡献绵薄之力。

陈进玉

2012 年 11 月 21 日